Loch (Hrsg.)
Die Krankheitslehre der Psychoanalyse

Die Krankheitslehre der Psychoanalyse

Eine Einführung

von **Peter Kutter, Wolfgang Loch,
Hermann Roskamp, Wolfgang Wesiack**

Herausgegeben von
Wolfgang Loch

5., ergänzte und korrigierte Auflage

S. HIRZEL
Wissenschaftliche Verlagsgesellschaft Stuttgart

Herausgeber:

Prof. Dr. med. Wolfgang Loch, Nervenarzt und Psychoanalytiker, Emeritus, Tübingen/ Rottweil

Autoren:

Prof. Dr. med. Peter Kutter, Nervenarzt und Psychoanalytiker, Professor für Psychoanalyse im Fachbereich Psychologie der Universität Frankfurt/Main.

Dr. med. Hermann Roskamp, Nervenarzt und Psychoanalytiker, Stuttgart

Prof. Dr. med. Wolfgang Wesiack, Vorstand des Instituts für Medizinische Psychologie und Psychotherapie der Universität Innsbruck

CIP-Titelaufnahme der Deutschen Bibliothek

Die Krankheitslehre der Psychoanalyse: eine Einführung / von Peter Kutter ...
Hrsg. von Wolfgang Loch. – 5., erg. u. korrigierte Aufl. – Stuttgart: Hirzel, 1989
    ISBN 3-7776-0456-9
NE: Kutter, Peter [Mitverf.]; Loch, Wolfgang [Hrsg.]

Vorwort zur 5. Auflage

In dieser Auflage wurden einige notwendige Ergänzungen und Korrekturen vorgenommen. Eine weitergehende Überarbeitung des Werkes bleibt einer späteren Auflage vorbehalten.
Die Autoren danken Frau Dr. Claudia Frank, die liebenswürdigerweise bei der Überarbeitung der 4. Auflage, insbesondere des ersten Kapitels, wertvolle Mitarbeit geleistet hat.

Tübingen, im Oktober 1988   *Wolfgang Loch*

Vorwort zur 4. Auflage

Wir freuen uns, unseren Lesern eine 4. Auflage vorstellen zu dürfen. Die Autoren haben sich erneut bemüht, den Text auf den neuesten Stand zu bringen. Im besonderen kam es ihnen auch darauf an, unterschiedliche theoretische Auffassungen innerhalb der Psychoanalyse zu artikulieren und, soweit im gebotenen Rahmen möglich, kritisch zu bewerten.

Tübingen, im November 1982   *Wolfgang Loch*

Vorwort zur 3. Auflage

Alle Autoren dieses Werkes haben für diese seine 3. Auflage ihre Kapitel gründlich überarbeitet, verbessert und erweitert. Sie glauben, daß es ihnen gelungen ist, die in den letzten Jahren auf ihren Gebieten allenthalben erzielten Fortschritte, sei es in Hinblick auf neue Erfahrungen (wie insbesondere in der Psychosenlehre und in der Psychosomatischen Medizin), sei es in bezug auf psycho-soziale Perspektiven (vorab in der Neurosen- und Psychosenlehre) oder theoretische Gesichtspunkte, zur Geltung zu bringen. Zugleich kam es den Verfassern aber auch darauf an, ,,das Neue" mit ,,dem Alten" zu verbinden, bzw. es als dessen Fortentwicklung und Vertiefung erkennen zu lassen. Im übrigen möchten wir hoffen, daß die ,,Krankheitslehre" wie bisher den Studenten der Psychoanalyse ein verläßliches ,,Lehrbuch", den Praktikern eine nützliche ,,Wiederbegegnung" und ,,neue Anregung", allen Lesern aber wiederum ein ,,Anreiz zum Nachdenken und zum fruchtbaren Widerspruch" ist.

Tübingen, im April 1977   *Wolfgang Loch*

Inhaltsverzeichnis

**Grundriß der psychoanalytischen Theorie
(Metapsychologie)**

Von W. Loch

Grundzüge der Neurosenlehre

Von H. Roskamp

Psychoanalytische Aspekte psychiatrischer Krankheitsbilder

Von P. Kutter

Einführung in die psychosomatische Medizin

Von W. Wesiack

Einleitung

Seit dem Ausgang des vorigen Jahrhunderts hat sich aus der Beobachtung und dem Studium neurotischer, insbesondere zunächst hysterischer Krankheitsbilder die Psychoanalyse entwickelt. Die *Psychoanalyse* ist heute ein Fachgebiet eigener Prägung, eine selbständige Disziplin, denn sie verfügt 1. über eine *eigene Forschungsmethode*[1], mit deren Hilfe sie ihre Daten gewinnt und 2. über eine eigene *allgemeine Theorie* – die psychoanalytische *Metapsychologie* –, die die gewonnenen Daten integriert und systematisiert und die an der Erfahrung zumindest qualitativ bestätigt werden kann. Die Psychoanalyse vermochte auf Grund ihrer empirischen Befunde und deren theoretischer Deutung 3. eine *Krankheitslehre* zu entwickeln, d.h., sie gelangte zu Aussagen über die Struktur und Kausalgenese solcher Krankheitsbilder, an deren Aufbau und Herkunft psychische Faktoren bestimmend und gestaltend beteiligt sind. Die Psychoanalyse entwickelt 4. eine Behandlungstechnik, die *psychoanalytische Psychotherapie*. Schließlich entwarf die Psychoanalyse 5. eine umfassende *Persönlichkeitstheorie*, in der über die Genese, die Struktur und Funktion der Psyche systematische Feststellungen getroffen werden.

In diesem Buch wollen wir uns vor allem mit der Theorie und der Krankheitslehre der Psychoanalyse beschäftigen. Wir werden nicht auf die Behandlungstechnik eingehen. Die Persönlichkeitstheorie der Psychoanalyse werden wir, soweit es zur Klärung der behandelten Themen erforderlich ist, im Rahmen der allgemeinen psychoanalytischen Theorie behandeln. Das gleiche gilt für die Forschungsmethode der Psychoanalyse, deren zentrales Ziel der Aufweis der *„geheime(n) Motive"*[2] des psychischen So-Seins ist, derjenigen Motive, die im phänomenalen Bestand des Bewußt-

---

[1] S. Freud schreibt zu Recht die stolzen Worte: „In Wirklichkeit ist die Psychoanalyse eine Forschungsmethode, ein parteiloses Instrument, wie etwa die Infinitesimalrechnung." (1927, S. 360).

[2] S. Freud, 1895, S. 298, s. auch S. Freud, 1914, S. 48, wo darauf hingewiesen wird, daß gerade die Annahme von „Tendenzen und Neigungen" – also von Motiven – die Möglichkeit schuf, die „psychische Spaltung" bei der Hysterie nicht mehr physiologisch (wie es O. Breuer getan hatte), sondern nunmehr psychologisch zu erklären. Man vergleiche ferner P. C. Kuiper, 1964/65, S. 15.

seins nicht *unmittelbar* repräsentiert sind. Es geht also um Motive, die gleichsam hinter dem Bewußtsein liegen, weshalb die Psychoanalyse auch *Tiefenpsychologie (S. Freud,* 1928, S. 422) genannt wurde. Über die Auffindung der geheimen, der verborgenen Motive wurde es bekanntlich Freud möglich, die Bedeutung und den Sinngehalt der hysterischen Phänomene, der Zwangshandlungen und -gedanken, der Phobien und Wahngebilde, der Perversionen und Charakterzüge zu entschlüsseln. Die Verfolgung der Motivgeschichte bis in die Kindheit, bis zu den Traumen, die Erziehung und Milieu dem sich entwickelnden Kinde zufügen, enthüllte darüber hinaus die enge Verklammerung, die zwischen den biologisch-somatischen Vorgängen und den psychosozialen Verhältnissen und Einflüssen besteht. So wurde deutlich, wie die Interaktionen zwischen dem Individuum und der Welt, wie im handelnden und erlebenden wechselseitigen Umgang die Motive entfaltet und begründet werden und wie umgekehrt die einmal entwickelten Motive wiederum in Handlungsvollzüge übergehen. Mit diesem Hinweis auf die Motive, ihre Geschichte und Erforschung[3] sind die Ziele und Befunde der psychoanalytischen Methode in ihren allgemeinsten Merkmalen charakterisiert. Auf den folgenden Seiten wird zur Darstellung kommen, wie diese Befunde in der Sprache der Psychoanalyse, auf dem Gebiete der Theorie und Krankheitslehre abgebildet werden.

Bezüglich der Auswahl des in dieser Einführung dargestellten Stoffes sind die Verfasser von zwei Überlegungen geleitet worden: Sie wollen das hier mitteilen, was im Rahmen der Psychoanalyse als gesicherte Erkenntnis gelten darf, das was wir als „soliden Grundstock, der nur modifiziert und ausgebaut, aber nicht mehr abgetragen wird" (*S. Freud,* 1933, S. 189) bezeichnen können. Die Autoren bemühten sich überdies, das in einer Weise zu tun, die nicht allzuviel voraussetzt. Vor allem aber kommt es ihnen darauf an, dem interessierten Leser neben der notwendigen Information stets auch die Möglichkeit zu einer eigenen Urteilsbildung offen zu lassen und ihn zur weiteren Vertiefung anzuregen. Angesprochen werden sollen vor allen Dingen Mediziner, Ärzte, Psychologen, Soziologen, Pädagogen und alle diejenigen, die mit der Psychologie des Menschen unmittelbar oder mittelbar zu tun haben. Im speziellen gilt unsere Einführung denjenigen, denen es darum geht, das fehlgeleitete, das krankhafte Sinnen und Trachten, Verhalten und Gebaren ihrer Mitmenschen, ihrer Patienten und Schutzbefohlenen in bezug auf seine Herkunft, seine individuelle Pathogenese und psychosoziale Abhängigkeit zu begreifen.

Wolfgang Loch

---

[3] Th. v. Uexküll nennt den „Begriff des Motivs einen psychosomatischen Grundbegriff" (1963, S. 112), weil Motive „wirklichkeitsgestaltende Mächte sind, die uns vorschreiben, wie wir die Welt erleben und wie wir uns in ihr verhalten müssen" (1. c. S. 102).

Grundriß der psychoanalytischen Theorie (Metapsychologie)

Wolfgang Loch[*]

Motto: ,,Die Methode der Sozialwissenschaften wie auch die der Naturwissenschaften besteht darin, Lösungsversuche für ihre Probleme – die Probleme, von denen sie ausgeht – auszuprobieren'' (K. R. Popper, 1962, S. 235). ,,Es gibt keine Lösung, die permanent gilt; jede Lösung öffnet nur ein neues Universum'' (W. R. Bion, 1977, S. 7).

I. ÜBER THEORIENBILDUNG

Noch bevor der Leser mit den psychoanalytischen Auffassungen der Neurosen, der Psychosen und psychosomatischen Krankheitsbilder bekannt gemacht wird, soll er durch die folgende Darstellung der psychoanalytischen Theorie in den Stand gesetzt werden, die in den entsprechenden Kapiteln entwickelten Anschauungen klarer zu verstehen, und zwar sowohl in ihren Voraussetzungen als auch in ihrem Aufbau und in ihren Zielen. Natürlich wäre es auch möglich, genau umgekehrt zu verfahren, d.h. die Theorie an den Schluß zu stellen. Ganz ohne Zweifel kann man z.B. eine fremde Sprache allein aus der Praxis heraus lernen und sich erst später mit ihrer Grammatik vertraut machen. Aber der Beginn mit der Grammatik – in unserem Fall mit der Theorie – hat doch den Vorteil, daß man über die Grundbegriffe des neuen Gebietes, ihre Baugesetze und Funktionen sogleich einen besseren Überblick gewinnt, womit man auch ihre Verbindung wie ihre Unterscheidung von benachbarten Wissensgebieten deutlicher erfassen kann und ihre Tragweite erkennen lernt. Das ist insbesondere allen denjenigen nützlich, die sich in einem bisher fremden Sachgebiet eine erste Orientierung verschaffen und von seiner praktischen Bedeutung einen vorläufigen Eindruck erlangen wollen.

Unser Gegenstand ist die psychoanalytische Theorie. Wir müssen als erstes klären, was ist eine Theorie und als zweites, was ist Psychoanalyse? Man unterscheidet ,,deduktiv-empirische'' und ,,empirisch-generalisierend-

* Frau Dr. Claudia Frank sei für ihre wertvolle Mitarbeit bei der Neuherausgabe gedankt.

induktive Theorien" von „ontologisch-normativen" und „dialektisch-historischen Theorien" (W. P. Narr 1969, S. 41 ff.) Die beiden letzten Theorie-Gruppen finden hier keine Berücksichtigung, was in Hinblick auf das Thema gerechtfertigt erscheint, denn die psychoanalytische Theorie (Metapsychologie) hat es mit kausal-determinierten Vorgängen – die freilich nicht allein nach dem klassischen, „scientifischen" Modell zu begreifen sind (Ch. Taylor, 1975, S. 267 f., S. 118 f.) – zu tun, deren (therapeutische) Analyse erst über die Aufhebung von (unbewußten) „Kausalzusammenhängen" (J. Habermas, 1968, S. 330) das Individuum dazu frei macht, am gesamtgesellschaftlichen, dialektisch ablaufenden Prozeß bewußt, reflektierend teilzunehmen bzw. ihn zu durchschauen und womöglich zu beeinflussen, ohne dabei von irrationalen Zwängen geleitet zu werden (vgl. zu dieser Thematik die die hier vertretene Auffassung durch sorgfältige Argumentation untermauernde Arbeit von W. D'Avis, 1975). Von „Kausalzusammenhängen" übrigens glauben wir in der Psychoanalyse sprechen zu müssen, weil, wie aus folgendem genauer zu entnehmen sein wird, die Psychoanalyse es (1) mit Trieben, die zwar in einem interaktionalen Kontext gestaltet werden, ihm aber nicht allein ihre Entstehung verdanken und außerdem (2) mit Phänomenen wie Angst und Schmerz (und Affekten, Emotionen überhaupt) zu tun hat. Beide Faktorengruppen determinieren zweifellos „kausal" – wobei „Verursachung" in bezug auf Affekte und Emotionen nicht i. e. S. „nomologisch" zu verstehen ist, sondern gemeint wird damit, „der Handelnde spürte, das Motiv trieb zur Aktivität an" (D. McIntosh, 1979, S. 413), – (eine ausführliche Diskussion der Zusammenhänge zwischen Emotionen und Motiven einerseits und Situationseinschätzungen andererseits findet sich bei W. Lyons, insbes. S. 70 ff. u. a. S. 162 ff.) so daß der „wissenschaftliche Erklärungstyp" bzw. die „Erklärungsskizzen", die der Analytiker benutzt, wenn auch nicht „deduktiv-nomologisch" im engeren Sinne, so doch „probabilistisch-nomologisch" strukturiert sind (s. C. G. Hempel, 1970, der überzeugend zeigt, daß genetische Erklärungen in der Geschichte, wie auch Erklärungen durch motivierende Gründe – und diese beiden Erklärungsformen sind für die Psychoanalyse charakteristisch – durch ein solches Modell gedeckt werden. Dies vor allem deshalb, weil sie induktiv-statistische Erklärungen sowie die Einsetzung von Dispositionsbegriffen (siehe S. 11, Abs. b), die ja nicht analytische Konsequenzen, und also synthetische, d. h. nomologische Aussagen implizieren, benutzen (L. Carnap, 1936, zit. nach C. G. Hempel, l. c. S. 233). Man bedenke auch, die Psychoanalyse verlöre ihr Ziel, ihren besonderen Ort im System der Wissenschaften, wenn sie in bezug auf die eine (die naturwissenschaftliche) oder in bezug auf die andere (die hermeneutisch-geisteswissenschaftliche) Einstellung „ontologische Totalisierungen" (H. Lichtenstein, 1976, S. 178,

P. Ricoeur, 1965, insbes. S. 352 ff. und A. Parkin, 1979) vornehmen würde. (Vgl. zu dieser Thematik auch: H.-V. Werthmann, 1982; W. Loch, 1978). Man unterscheidet nun im Rahmen deduktiv-empirischer und empirisch-generalisierend-induktiv ausgerichteter Theorien[1] eine allemeine Definition des Begriffs Theorie von einer speziellen. Im Sinne der letzteren sind Theorien axiomatisierte, deduktive Systeme, insofern sie – wie etwa in der Mathematik oder theoretischen Physik – von axiomatischen primären Feststellungen oder Postulaten ausgehen und aus ihnen sekundäre Feststellungen, Schlußfolgerungen, Theoreme ableiten. Im Sinne der ersteren, allgemeinen Definition sind „Theorien beschreibende und/oder erklärende Systeme von Symbolen". Auf psychologische Theorien trifft letztere Definition ganz vorwiegend zu, wobei noch einzuschränken ist, daß „Symbolisierung" hier in allgemeinster Bedeutung verstanden werden muß, also die Benutzung hypothetischer Konstrukte (Kunstausdrücke wie etwa „Über-Ich", „Trieb" usw.) meint. Theorien werden im beschreibenden, wir können auch sagen klassifizierenden und erklärenden Sinne gebraucht. In der Psychologie verfügen wir noch nicht wie in den exakten Naturwissenschaften über aus Symbolverknüpfung gebildete „Kalküle" und somit natürlich auch nicht über „Formalisierungen", das ist über „eine Metatheorie" im engeren Sinne. Unter Metatheorie im engeren Sinne wird dabei ein System verstanden, das die gegenseitige Abhängigkeit zwischen den Kalkülen und Axiomen abbildet. Eine Metatheorie ist demgemäß eine Art Metasprache, eine solche Sprache nämlich, die über die „gewöhnliche" sogenannte Objekt-Sprache des Alltags aussagt, über sie Regeln formuliert und die ihr geltenden Forschungsergebnisse ausspricht (W. Stegmüller, 1954, S. 172). Die psychoanalytische Metapsychologie ist in diesem soeben genannten Sinne keine Metatheorie. Sie ist auch keine (wie neuerlich vorgeschlagen wird) „nicht-empirische" Metahermeneutik, die „. . . den pathologischen Zusammenhang von Umgangssprache und Interaktion . . . in einem sprachtheoretisch begründeten Strukturmodell" darstellt (J. Habermas, 1968, S. 310), denn einer totalen „linguistischen Transkription" (P. Ricoeur wies wiederholt darauf hin, z. B. 1970, siehe auch H. Lichtenstein, 1976, S. 178) widersteht die „Archäologie des Wunsches" (s. dazu S. 28 ff.), mit der die Psychoanalyse so wesentlich befaßt ist und die nach unserer Auffassung auch „die Frage, aus welchen Ursachen" . . . „eine Person bestimmte" Wünsche und also „Gründe hat" (S. Toulmin, 1970, S. 302), einschließt. Allerdings erhellt die psychoanalytische Behandlungstechnik die Zusammenhänge zwischen Sprache, Intention und Interaktion,

---

[1] Im folgenden stützte ich mich vorwiegend auf: K. B. Madson, 1961, und J. M. Bochenski, 1954.

die ja qua Deutungs-,,Kunst'' ein dialektisch, mit Negationen und Setzungen von Gründen und Begründungen voranschreitendes Verfahren, das hier aber nicht zur Diskussion steht, darstellt. Es darf jedoch nicht übersehen werden (was meines Erachtens auch R. S. Steele, 1979, widerfährt, der die hermeneutisch-dialektische Natur der psychoanalytischen Methode klar beschreibt), daß die Kräfte bzw. Reize, die auf das Individuum einwirken, sei es (a) von außen (der externen Realität), sei es (b) von innen (den im Ursprung biologischen Trieben) ,,Ursachen'' sind, und daß beide Ursachen im Rahmen der psychoanalytischen Situation wirksam werden und nicht ausschließlich interpretativ ,,durch die Kraft der Reflexion bezwungen werden'' (J. Habermas, 1968, S. 312), sondern daß ihre Veränderung der extern-realen Rahmenbedingungen (des ,,Setting'' und des ,,Holding'', D. W. Winnicott, R. A. Spitz, M. Balint, M. S. Mahler usw.) sowie der nicht vermittels Deutung virtualisierten Real-Objekt-Anteile des Analytikers (R. Greenson u. M. Wexler, 1969) bedarf. Die psychoanalytische Metapsychologie ist auch nicht eine Art Metaphysik, welch letztere nach dem wesenhaft Unerfahrbaren, Unwandelbaren bzw. nach dem Sein des Seienden fragt, also weder Erfahrungswissenschaft noch Formalwissenschaft ist (W. Stegmüller, 1954, S. 22). Metapsychologie soll zunächst im Rahmen der Psychoanalyse nur aussagen, daß wir es mit ,,der allgemeinste(n) Ebene psychologischer Begriffe'' (H. Hartmann, 1952, S. 174) zu tun haben, und insbesondere ,,mit denjenigen psychologischen Untersuchungen, *die nicht auf bewußte Phänomene beschränkt sind*'' (H. Hartmann, 1959, S. 314, 317, 318, hervorgehoben von mir; vgl. S. Freud, 13. 2. 1896 und 10. 3. 1898, wo erstmalig der ,,Name Metapsychologie'' für die ,,hinter das Bewußtsein führende Psychologie'' verwendet wird). (Zur Entwicklung des Begriffes Metapsychologie s. P. J. van der Leeuw, 1967. Über die gegenwärtigen Kontroversen, die bezüglich dieses Begriffes wie der Theoriefähigkeit und des wissenschaftlichen Status der Psychoanalyse entbrannt sind, informiert u. a. R. R. Holt, 1981, und A. H. Modell, 1981).

II. ZUR GRUNDLEGUNG DER PSYCHOANALYTISCHEN METHODE

Inzwischen haben wir wiederholt das Wort Psychologie verwendet. In der Tat ist die Psychoanalyse, insoweit sie als Forschungsmethode das Seelenleben untersucht und die so gewonnenen Befunde zum Aufbau einer Theorie benutzt, eine Teildisziplin der Psychologie. Psychologie ist nun im allgemeinsten Sinne zu definieren als die ,,Wissenschaft vom Verhalten des Organismus'' (Mc Dougall, Watson, in K. B. Madson, a.a.O. S. 39). Diese Definition vermeidet von der Seele zu sprechen, und sie enthält auch nicht das Wort Bewußtsein, beides Ausdrücke, die durch ihre philosophischen, metaphysischen Bedeutungen zu Mißverständnissen leicht Anlaß geben können. Soweit wir uns nämlich in dem hier gemeinten Sinn mit Psychologie und im speziellen mit Psychoanalyse befassen, handeln wir nicht von der Seele als dem „bestimmenden Selbst", sondern als „bestimmbarem Selbst" (I. Kant 1781 und 1787, A 402; B-). Wir gehen auch nicht von überkommenen „biomorphen, technomorphen oder sozimorphen" Modellvorstellungen über die Seele und ihre Vermögen aus (E. Topitsch, 1958), wie sie von Platon bis zur Gegenwart unsere Erkenntnis der seelischen Ereignisse gelenkt haben, sondern betrachten vielmehr das, was tatsächlich Seele („Innenwelt", G. Frege, 1918, S. 40) genannt wird, zunächst einfach „als eine bequeme Abkürzung für ein System, das zusammengesetzt ist etwa aus ... Charakterzügen, Haltungen, Stimmungen, ... Hoffnungen, Sparsamkeit, Warmherzigkeit usw." (J. O. Wisdom, 1964), „eine Welt der Sinneseindrücke, der Schöpfungen, (der) Einbildungskraft, der Empfindungen, der Gefühle und Stimmungen, ... Neigungen, Wünsche ... (i. e.) Vorstellung(en)" (G. Frege, l. c.). Man könnte an einen kybernetischen Begriff – besser Leerbegriff – anschließend sagen, „Seele" sei zunächst ein „schwarzer Kasten", der in dem Geschehen: Reiz-Reaktion als intervenierende Variable dazwischengeschaltet ist, wie es etwa die Formel

$$S - O - R$$

angibt, wobei mit S ein Reiz (ich sehe z. B. einen Tiger), mit R eine Reaktion (ich bekomme Angst und laufe davon), mit O, das was geschieht, damit S den Vorgang R bewirkt, symbolisiert werden soll.

Von einer solchen allgemeinen formalen Charakterisierung ausgehend können wir uns jetzt ein Bild machen, wie Theorien zustande kommen: In der *ersten Stufe der Theoriebildung* haben wir den sogenannten *Protokollsatz* als Basis. Der „Protokollsatz" oder „Basissatz" (in der Wissenschaftstheorie – E. Ströker, 1977, S. 18 ff., S. 122 ff. – werden beide Begriffe nicht identisch gesetzt. Die letzteren „haben den Status singulärer Beobachtungssätze") ist der Ausgangspunkt für alle folgenden wissenschaftlich-theoretischen Untersuchungen einer empirischen Wissenschaft (zu diesen gehören die Naturwissenschaften, die historischen – und die Sozialwissenschaften). Ein Basisbeziehungsweise Protokollsatz ist eine Aussage über sinnlich beobachtbare Phänomene und bezüglich dieser wie jener liegt „intersubjektive Regelhaftigkeit ... in der Leibesbeschaffenheit und Organfunktionalität der Subjekte" zugrunde (l. c. S. 129). In den Naturwissenschaften werden Beobachtungen mittels der äußeren Sinne (Gesichts-, Tastsinn usw.) gemacht. In der Psychologie wird daneben die Introspektion als Beobachtungsmethode zugelassen. In allen Fällen aber wird man zugeben müssen, daß Protokollsätze über „unmittelbare Erlebnisse" hinausgehen, d. h. immer schon theoretischen Charakter haben (K. R. Popper, 1966, S. 61 ff.), der mit der an die „Repräsentationsfunktion" geknüpften Erlernung von Zeichen (im weiteren Sinne von Symbolen), die verweisen, die Bedeutung tragen, zusammenhängt (H. Oetjens, 1975, S. 175). Für die Psychoanalyse gilt, daß sie ihre Ausgangsdaten, ihre Protokollsätze, mittels Introspektion[2] und Empathie (K. Kohut, 1959, S. 59; vgl. F. M. Basch, 1983, der den kognitiven, wenn auch nicht unbedingt bewußten, Leistungen einschließenden Prozeßcharakter der E. betont) gewinnt. Aber hier ist nun sogleich etwas ganz Entscheidendes anzumerken: Es ist nicht gleichgültig, innerhalb welchen Feldes etwa ein Physiker seine „sinnlichen" Beobachtungen macht, ja vielmehr erst innerhalb eines bestimmten Feldes, respektive sogar erst durch das definierte Feld werden die Gesetze, die die beobachteten Ereignisse regieren, auffindbar und demonstrabel. Galilei z. B. untersuchte das Fallen des Körpers im luftleeren Raum oder auf der schiefen Ebene und schuf sich damit konstante, reproduzierbare Feldbedingungen als Voraussetzungen für den Aufweis der Fallgesetze. Analoges gilt für die Psychoanalyse. Für die Psychoanalyse wird das spezifische Feld, innerhalb dessen sie ihre primären Aussagen gewinnt, ihre Protokollsätze aufstellt, repräsentiert durch die psychoanalytische Zweiersituation, also durch die *psychoanalytische* Arzt-Patient-Beziehung. Sie ist hergestellt, wenn drei Momente, ein unspezifisches und zwei spezifische, zusammenkommen:

1. (unspezifisch): Ein Patient sucht den Arzt zwecks Behandlung auf, d. h. mit der Absicht, dem Arzt seinen Leidenszustand zu offenbaren (sei es durch Demonstration einer objektiven Krankheit – etwa eines gebrochenen Beines –, sei es durch den Bericht eines subjektiven Leidenszustandes – etwa von angsterfüllten Schwindelgefühlen –) und ihn um seine Hilfe in der Bekämpfung dieses Leidens zu bitten.

2. (spezifisch): Der Arzt sieht davon ab, die „objektive" Symptomatik (das gebrochene Bein mit seiner functio laesa, seiner Schwellung usw.) wie etwa auch den subjektiven Leidenszustand (das ängstliche Schwindelgefühl) direkt und unmittelbar zu behandeln. Das kann der Arzt aber z. B. im Falle der Schenkelfraktur überhaupt nicht und im Falle des Schwindelzustandes nur bedingt, wenn nämlich das Symptom nicht infolge seines Schweregrades eine direkte und unmittelbare ärztliche Bekämpfung (seine Eliminierung durch physikalische Amputation, physikochemische Aufhebung etc.)

---

[2] Daß Introspektionen nur möglich sind, wenn man schon Teilnehmer an einem bestimmten „Lebensform" korrelierten „Sprachspiel" ist, was aus L. Wittgensteins (1945) Nachweis sich ergibt, daß es keine „private Sprache " geben kann, soll hier vorausgesetzt werden. Impliziert ist damit (wie soeben schon gesagt), daß jede Protokollaussage intersubjektive, auf Konventionen beruhende Voraussetzungen umschließt. Auch D. McIntosh (1979, S. 411) betont, daß wir nur dann die Bedeutung einer Äußerung, wie z. B. „Stones ist wütend über Smith" verstehen, wenn wir „einer Gemeinschaft von geteilten Erfahrungen" angehören.

erzwingt. Dieses Vermeiden der Behandlung des präsentierten Symptoms heißt, der Arzt richtet sein Augenmerk auf diejenige „Schicht", die in kausalgenetischer Betrachtung vor dem Symptom liegt. Mit anderen Worten, die „Ursachen" der Symptome sollen anvisiert werden, damit sie, insofern das überhaupt möglich sein sollte, behandelt oder etwa gar aufgehoben werden, auf daß dadurch der Symptomatik der Boden entzogen wird. Im Unterschied nun zur somatischen Medizin fragt die psychologische Medizin nicht nach körperlichen „Ursachen" (oder konditionalen Konstellationen), sondern nach seelischen.

Wenn wir diese Vorentscheidung annehmen, also somatische Kausalfaktoren hinfort vernachlässigen, gilt: 3. (spezifisch): sobald Arzt und Patient sich innerhalb eines so definierten Beziehungsnetzes befinden, kommen zwei weitere Sachverhalte zustande, denen eine schlechthin entscheidende Relevanz für die psychoanalytische Beobachtung und Theoriebildung zukommt. Es werden nämlich nunmehr alle Mitteilungen des Patienten durch zwei Zielvorstellungen bestimmt: a) die der Behandlung und b) die der Person des Arztes (S. Freud, 1900, S. 537). Was immer der Patient in der Konsultationsstunde jetzt (wenn der Arzt wie unter 2 angegeben sich verhält!) sagen wird, auch „das scheinbar Harmloseste und Willkürlichste wird als in Verbindung mit seinem Krankheitszustand stehend angesehen" und bekommt dadurch eine Beziehung zur „Person" des Arztes. Diese Verquickung aller Mitteilungen[3] des Kranken mit der Person des Arztes ist gerechtfertigt, weil, wie Freud im Verlauf seiner „Studien zur Hysterie" (1895) erkannte, seelische Krankheiten in bestimmten traumatischen *zwischenmenschlichen Verhältnissen* gründen, und daß sie zur Auflösung gebracht werden können, wenn es gelingt, *ihre Symptomatik* in dem ursprünglich pathogenen Verhältnis, also jetzt im Arzt-Patient-Verhältnis zur Darstellung zu bringen. Letzteres ereignet sich in der sogenannten Übertragungsneurose (S. Freud, 1905 a, S. 118 ff.; 1914, S. 135 ff und 1917, S. 462), d. h. der Patient inszeniert, im Gegensatz zur spontanen Übertragung (die allerdings auch ihrerseits nicht ohne Mitwirkung des Therapeuten erfolgt, denn dessen Verhalten enthält stets Züge, die sich dazu eignen, daß sie der Patient an seine Übertragungsphantasien assimiliert, M. M. Gill und I. Z. Hoffmann, 1982, S. 140) nicht ohne „spezifische" (z. B. im „setting liegende") Mitwirkung des Analytikers (H. W. Loewald, 1971, S. 61 ff.), diejenigen zwischenmenschlichen Konstellationen im Verhältnis, im Umgang mit dem Arzt, die den Ursprung seiner Krankheit enthüllen, bzw. sich im Verhältnis zum Arzt isomorph abbilden. Über die Behandlung der Übertragungsneurosen gewinnt nun der

---

[3] Um Mißverständnisse zu vermeiden, sei angemerkt, daß rein „konventionelle" Mitteilungen, Nennung des Namens, der üblichen Lebensdaten usw. hier nicht gemeint sind.

Patient eine neue, nicht pathogene zwischenmenschliche Beziehung und damit die Chance zu einer seelischen Umwandlung und Umstrukturierung. Und dieses Ziel erreicht die Psychoanalyse – um es noch einmal zu sagen –, indem sie stets die Mitteilungen der Kranken als Äußerung ihrer Krankheit und damit *zugleich* als Ausdruck ihrer Beziehung zum Arzt interpretiert. Allein aus dieser Feststellung heraus wurde es möglich, die „geheimen", die „unbewußten" *Motive* der Patienten aufzufinden, gelang es somit, Verhalten und Symptomatik *zu verstehen*. Mit diesem Verstehen – und soweit es darum geht ist die Psychoanalyse als eine „semantische Theorie" zu begreifen (Ch. Rycroft, 1966, S. 18, vgl. Th. Szasz, 1962) – ist eine erste notwendige und unabdingbare Voraussetzung für die Überwindung der Symptome geschaffen, worauf hier nicht weiter eingegangen werden kann (s. dazu W. Loch, 1965, 1966).

Wir sind aber mit diesen Ausführungen bereits bei der *zweiten Stufe der Theoriebildung, der Hypothesenbildung* angelangt. Um zu veranschaulichen, was damit gemeint ist und was hier geschieht, soll von einem kurzen Beispiel ausgegangen werden. Nehmen wir an, im Rahmen einer solchen Begegnung eines Patienten mit dem Arzt käme der Arzt auf den Gedanken, dem Patienten zu sagen, aus dem, was Sie mir mitteilen – es möge sich um einen Streit mit dem Vater gehandelt haben, von dem ein Patient, der wegen Erythrophobie zur Behandlung kam, berichtet hat –, entnehme ich, daß Sie mit Ihrem Vater um die Gunst der Mutter konkurrieren. Diese Aussage des Arztes ist im Vergleich zu den Mitteilungen des Patienten, im Vergleich zur Protokollaussage, eine zweite Aussage. Sie ist ein Nachsatz, der – wie man auch sagen kann – den Protokollsatz erklären und ihm einen zureichenden Grund geben soll. Die Frage erhebt sich sofort, können wir diese durch regressive Reduktion (I. M. Bochenski)[4] gewonnenen Behauptung erklären-

---

[4] In der Logik kann man drei Grundformen des Schließens unterscheiden: die Deduktion, die Induktion und die Abduktion. Die beiden letzteren führen zur Hypothesenbildung.
Genereller Satz und Fall → Ergebnis (Deduktion)
Fall und Ergebnis → genereller Satz (Induktion)
Ergebnis und genereller Satz → Fall (Abduktion)
„Die Deduktion liefert den Beweis, daß etwas sein muß; die Induktion zeigt, daß etwas wirklich wirkt; die Abduktion schließlich legt nahe, daß etwas sein kann." (Peirce, zit. nach U. Eco, 1975, S. 265).
Bei der Abduktion, die zur „logic of discovery" gerechnet wird (R. Heede, 1971), handelt es sich um das Auffinden retrospektiver Voraussagen, um Wahrscheinlichkeitsfolgerungen von der Konsequenz auf das Antezedens. Abhängig vom jeweiligen Freiheitsgrad können verschiedene Abduktionstypen differenziert werden. Im obigen Beispiel besteht die Abduktion, die Ableitung des Ergebnisses (Verhaltensweise), in der Auswahl eines verfügbaren generellen Satzes (Konkurrenz mit dem Vater um die Gunst der Mutter). Es handelt sich dabei um eine Abduktion mittleren Freiheitsgrades, das heißt, sie hat weder quasi-automatischen Charakter, noch wurde das Vermittlungsgesetz völlig neu entwickelt (s. U. Eco, 1975; K. Apel, 1975;

den Charakters beweisen, d. h. finden wir andere Sachverhalte, die sie erfüllen, die ihr entsprechen, und zwar sinnlich wahrnehmbar und objektiv
aufzeigbar sind (s. A. E. Meyer, 1962)? Denn nur, wenn das gelingt, ist
unsere Behauptung *verifiziert*. Mit anderen Worten, wir müssen die als
Erklärung benutzte Behauptung, der Patient konkurriere mit seinem Vater
um die Gunst der Mutter, durch andere Beobachtungen, die als Protokoll-
aussagen festgelegt werden können, bestätigen. Wir gehen dann umgekehrt
vor wie bei ihrer Aufstellung, d. h. wir gehen jetzt im Sinne einer progressiven Reduktion vor, indem wir aus der ursprünglichen behauptenden oder
erklärenden Hypothese neue Sätze ableiten bzw. ihr zuordnen, die sie erfüllen. Wir setzen also den auf den Patienten bezogenen Wahrheitswert der
Erklärung „Konkurrenz mit dem Vater um die Gunst der Mutter oder weil
die Mutter geliebt wird" als vorerst unbekannt an und suchen für ihn
Bestätigungen aus sonstigen beobachtbaren Verhaltensweisen oder Mitteilungen des Patienten. Die Verifikation, die Bestätigung kommt demgemäß
durch eine progressive Reduktion zustande. Der Schluß vom Nachsatz auf
den Vordersatz ist aber nie für alle vorkommenden Fälle nachprüfbar. Verifi-
kationen sind daher niemals endgültig. Hingegen sind Falsifikationen (Verneinungen des Nachsatzes, Verneinungen der Vordersätze) logisch zwingend, also allgemein gültig, falls man sie demonstrieren kann.
Wir können jedoch einen Schritt weitergehen und das Konkurrieren des
Patienten mit seinem Vater als Ergebnis seiner Liebe zur Mutter ansehen
oder umgekehrt ausgedrückt, sein Konkurrieren mit dem Vater als Ausdruck
seiner Liebe zur Mutter. Damit kommen wir zur Aufstellung der *3. Stufe der
Theoriebildung:* Es läßt sich nunmehr ein *Gesetz* formulieren, was wir so
ausdrücken: Der Betreffende, in unserem Fall ein männlicher Patient,
unterliegt in seinem derzeitigen Verhalten der Dynamik einer Beziehung, die
beschrieben ist, wenn ich sage, er liebt seine Mutter und er konkurriert mit
dem Vater um die Liebe dieser Mutter. Vielleicht hat mancher Leser
gemerkt, daß ich mit diesem Sachverhalt unversehens den sogenannten
Ödipus-Mythos herangezogen habe, gemäß welchem der Knabe und Jüngling wegen seiner Liebe zur Mutter mit seinem Vater in ein Rivalitätsverhältnis gerät.
Der Ödipuskomplex (einen ausführlichen Überblick über dies für die
Psychoanalyse so wesentliche Konzept geben: R. C. Calogeras und F. X.
Schupper, 1972, und R. C. Calogeras, T. E. Alston und F. X. Schupper,
1976; siehe auch W. Loch, 1984) ist als ein Gesetz aufzufassen, das das
gesamte emotionale Beziehungsgefälle zwischen Eltern und Sohn oder

---

R. Heede, 1971; R. Hegselmann, 1978; vgl. K. Heinrich, 1981, 91 f.). Die Abduktion steht in
einem engen Zusammenhang mit dem Primärvorgang (s. unten).

allgemeiner ausgedrückt zwischen Eltern und Kindern formuliert. Umgekehrt gesagt, die zwischenmenschlichen Beziehungen in der Familie werden durch den Ödipuskomplex abgebildet. Von großer Bedeutung ist dabei noch die Tatsache, daß der sogenannte vollständige Ödipuskomplex zwei gegenläufige Ausrichtungen umschließt. Eine positive, heterosexuelle (der Sohn liebt die Mutter und rivalisiert mit dem Vater; die Tochter liebt den Vater und rivalisiert mit der Mutter) und eine negative, homosexuelle (der Sohn liebt den Vater und rivalisiert infolgedessen mit der Mutter; die Tochter liebt die Mutter und betrachtet den Vater als Konkurrenten). Welche von beiden Ausrichtungen dominiert, wird weitgehend von den Milieuverhältnissen bestimmt. In diesem Sinne entscheidet das Schicksal über spätere homosexuelle oder heterosexuelle Ausrichtung der Gesamtpersönlichkeit.

Eine *4. Stufe der Theoriebildung,* die wirkliche Theorie im engeren Sinne, erreichen wir, wenn wir aus diesem Gesetz Folgerungen ziehen, etwa sagen, unter der Wirkung des Ödipuskomplexes erfährt das psychische Leben des Patienten eine bestimmte mehr oder minder dauerhafte Prägung. Zum Beispiel wird als Niederschlag der angedeuteten Verhältnisse unter Mitwirkung von anderen, hier jetzt nocht nicht zu erörternden Kräften, das Über-Ich entwickelt, ein Steuerorgan des psychischen Lebens (s. weiter unten). *Theorien werden so zu erdachten Erklärungen für die aufgestellten Gesetze.* So war die Theorie der Gravitation eine Erklärung für die Fallgesetze. Und so ist die, wie wir noch sehen werden, Strukturierung der Psyche in einzelnen Instanzen (etwa das Über-Ich) eine Erklärung für das So-Sein der betreffenden Menschen. Auf diese Weise werden ,,Kunstnamen'' (Gravitation, Trieb, Über-Ich usw.) eingeführt, die man auch *Konstrukte*[5] nennt. Ihnen entsprechen keine irgendwie sinnlich wahrnehmbaren Sachverhalte, sondern die Gesetze, denen sinnlich wahrnehmbare Sachverhalte gehorchen, Sie ,,erklären'' diese Gesetze. Konstrukte können im strengen Sinne nicht verifiziert werden, weil ihre Bestätigung nur indirekt erfolgen kann, nicht durch sinnlich nachweisbare Tatbestände. Wir sprechen hier von Validierung und meinen damit, daß ihre Brauchbarkeit genügend erhärtet ist, wenn sie eine genügend breite Gruppe von Phänomenen theoretisch verstehbar gemacht haben. (Das Konstrukt Libido zum Beispiel, von dem wir gleich sprechen werden, erwies sich als geeignet, eine ganze Gruppe von psychologischen Erscheinungen, besonders aus dem Gebiet hysterischer Krankheitsbilder, verstehbar zu machen, dadurch wurde es validiert.)

Konstrukte oder hypothetische Ausdrücke kann man auch ,,intervenierende

---

[5] S. Freud spricht von ,,intellektuellen Hilfskonstruktionen'', wobei er hinzusetzt, daß sie ,,ihre Abänderungen, Berichtigungen und feinere Bestimmungen durch gehäufte und gesiebte Erfahrung'' erwarten (1938b, S. 81). Vgl. auch S. Freud, 1900, S. 614, wo in demselben Sinne der Ausdruck ,,Hilfsvorstellungen'' benützt wird.

Variablen" nennen (E. C. Tolman, 1942). Es ist gemeint, daß sie diejenigen supponierten Größen darstellen, die als Wirkfaktoren zwischen den Reizen und dem beobachteten Sachverhalt stehen. Um es wieder am Beispiel klarzumachen:

a) Der Patient lebt innerhalb einer bestimmten Familie, in der der Vater diese und jene bestimmten Eigenschaften hat und z. B. in einem bestimmten Zeitpunkt, t,1 der Mutter des Patienten einen Vorwurf machte. In diesen „konkreten Bedingungen" sind unabdingbare Variablen zu sehen. Wir können auch von Antecedensbedingungen und/oder Randbedingungen reden.

b) Der Patient liebt seine Mutter. Er unterliegt den durch die Ödipuskonstellation bedingten Verhältnissen. Die intervenierende Variable ist hier die „Libido", verstanden als eine „Kraft" – und somit ein „Realgrund" –, die den Patienten die Mutter begehren läßt und damit Rivalen hassen macht. Wir sagen, in abgekürzter Sprache, im Fachjargon, der Patient hat einen „Ödipuskomplex" und damit eine bestimmte Disposition.

c) Der Patient beginnt im Zeitpunkt t,2, der auf t,1 unmittelbar folgte, mit dem Vater einen Streit.

(c) ist das beobachtete, protokollierte Verhalten, das „Explanandum". Der unter (b) genannte, gesetzmäßige Faktor ist das „Explanans", aus dem logisch, kausal oder wahrscheinlichkeitstheoretisch das Explanandum „erklärt wird" (C. G. Hempel, 1970; vgl. W. Stegmüller, 1969, S. 449ff.; W. Leinfellner, 1965, S. 150ff., H. Westmeyer, 1972).

Die unter b) auftretenden „Sätze" respektive „Worte", wie die Eigenschaften der gewählten Konstrukte oder hypothetischen Ausdrücke können nun aus verschiedenen Gebieten hergeleitet sein:

1. aus der Neurophysiologie, d. h., die intervenierenden Variablen sind z. B. in bestimmten neurophysiologischen, strukturellen oder physikochemischen Verbindungen zu sehen,

2. deskriptiv phänomenologisch ausgerichtete Forscher gewinnen sie allein aus der Introspektion,

3. schließlich werden für das zu untersuchende Gebiet eigenständige Ausdrücke entwickelt. Dies trifft insbesondere für die Psychoanalyse zu.

Freud erkannte in einer bestimmten Entwicklungsphase seiner Forschungen, daß er die ursprünglich im wesentlichen neurophysiologisch gewählte Nomenklatur aufgeben müsse. Er wählte neue Konzepte, die sich eng an physikalisch-mechanistische Begriffe anschlossen, wodurch falls man sie wörtlich interpretierte oder die gemeinten Sachverhalte reifizierte (etwa das Über-Ich als Homunkulus verstand), zahlreiche Mißverständnisse heraufbeschworen wurden. Es ist demgegenüber korrekt, wenn man die psychoanalytischen Konzepte als „mentalistisch-hypothetische Ausdrücke" versteht, also als Konzepte auffaßt, die über durch Introspektion und Empathie gewonnene Ereignisse Hypothesen ausdrücken, und zwar in „neutral-formaler" Weise, d.h. ohne über neurophysiologische Prozesse etwas auszusagen oder zu präjudizieren (K. B. Madson, 1961, S. 28 und 39). Trieb, Libido, psychische Energie, Über-Ich, Es usw. sind z.B. derartige Konstrukte[6].

Die soeben entwickelte Anschauung sagt nun aber nicht, daß die theoretischen Ausdrücke der Psychoanalyse nicht auf neurophysiologische Ereignisse zu beziehen seien, daß sie ihnen nicht – zumindest „partiell" – korreliert werden *könnten*, es sei denn, wir würden einen streng dualistischen und parallelistischen Standpunkt hinsichtlich des Seele-Körper-Problems einnehmen. Falls wir uns für eine monistische Lösung des Leib-Seele-Problems entscheiden (eine Entscheidung, die den Vorzug hat, die Annahme einer Interaktion zwischen Körper und Seele zu vermeiden), dann ist die Auffassung, daß psychoanalytische Konstrukte mit bisher nicht identifizierbaren neurophysiologischen Ereignissen – was freilich, soll den psychischen Phänomenen nicht durch eine sie zerstörende Reduktion Gewalt angetan werden, die Erweiterung der neurophysiologischen Begriffswelt (wie es Ch. Taylor, 1975, S. 118 ff. andeutet) erfordert – korrelierbar sind, sowohl mit der Theorie des Epiphänomenalismus (psychische Ereignisse sind Epiphänomene somatischer Prozesse) wie mit der der Identität (psychische und physische Ereignisse sind Darstellungsmodi einer transempirischen Identität) zu vereinbaren (s. dazu B. B. Rubinstein, 1965, S. 41; B. B. Rubinstein, 1967, S. 21 ff., der aus diesem Grund die metapsychologischen Terme „protoneurophysiologisch" nennt). Eine moderne Form der Identitätstheorie ist der „Funktionalismus", wie er z.B. von H. Putnam (1981) vertreten wird. Hier werden dem Gehirn „nicht physikalische" Eigenschaften zugeschrieben, Eigenschaften, die unabhängig vom materiellen Substrat sind (z.B. ist auch das Programm einer Rechenmaschine von ihrer materiellen Zusammensetzung unabhängig). Das aber gilt von Vorstellungsbildern, Empfindungen usw. denn solche Phänomene sind ja sicher nicht „analytisch äquivalent" bzw. „synonym" mit physikalisch-chemischen Zuständen, wohl aber können sie mit ihnen synthetisch identisch sein (l.c. S. 111, 118, 119), i.e. „die Eigenschaft ... in einem bestimmten Gehirnzustand" sein ist „dieselbe Eigenschaft" ... „wie eine Empfindung von bestimmtem qualitativem Charakter haben."

---

[6] Nach dem heute zumeist akzeptierten *empiristischen Sinnkriterium* ist es nicht erforderlich, daß die Konstrukte total (d.h. weder durch Korrespondenzregeln noch durch Definitionen) auf „Beobachtbares" zurückgeführt werden können. Es genügt, wenn sie eine „*Voraussagerelevanz* oder *prognostische Relevanz*" besitzen (s. W. Stegmüller im Anschluß an R. Carnap, 1969, S. 465).

III. DIE METAPSYCHOLOGISCHEN GESICHTSPUNKTE

Wenn wir uns nach diesen allgemeinen Erörterungen der psychoanalytischen Theorie der Metapsychologie zuwenden, dann wollen wir auf D. Rapaports und M. M. Gills (1959) Ausführungen aufbauen. Zunächst wollen wir wieder von unserem Beispiel ausgehen. Unsere obige Aussage, genauer der Teil unserer Aussage, der von der Konkurrenz des Patienten mit seinem Vater handelt, ist dann eine *allgemeine empirische Aussage*, kann sie doch durch weitere Beobachtung verifiziert werden. Hingegen ist die Feststellung, der Patient befinde sich im Stadium des Ödipuskomplexes, als Formulierung einer ihm zur Zeit zukommenden Disposition verstanden, eine *spezifische psychoanalytische Aussage*, und die der theoretischen Stufe angehörende Aussage ,,innerhalb der ödipalen Situation wird durch deren Überwindung das Über-Ich gebildet'' hat als *allgemeine psychoanalytische Aussage* zu gelten. Schließlich machen wir eine *metapsychologische Aussage*, wenn wir bestimmte *Kräfte* annehmen, ihr *Mit-* und *Gegeneinanderwirken* im Rahmen spezieller *Reifungsstadien* des gesamten Organismus und koexistierender bestimmter *psychosozialer Umfelder*, damit die *Gesamt-Persönlichkeit herausgebildet* wird.

Indem wir letzteres tun, also seelische Kräfte und Energien supponieren, mittels derer durch intraorganismische wie interorganismische Prozesse das Sosein der Gesamt-Persönlichkeit herausgebildet wird, treffen wir Feststellungen hinsichtlich derjenigen ,,minimal (notwendigen und ausreichenden) Annahmen, auf denen die psychoanalytische Theorie basiert'' (D. Rapaport und M. M. Gill, l. c. 155). Wir führen nämlich die folgenden Gesichtspunkte ein:

1. Den *dynamischen* (wir reden von Kräften),
2. den *ökonomischen* (wir reden vom Mit- und Gegeneinanderwirken dieser Kräfte, was durch eine ,,Energiebilanz'' ausgedrückt werden kann),
3. den *strukturellen* (wir reden vom Prägen, von der Entwicklung stetiger Reaktionsformen der Persönlichkeit),
4. den *genetischen* (wir reden von bestimmten sukzessiven Reifungsstadien) und
5. den *adaptiven* (alles geschieht innerhalb eines psychosozialen Umfeldes).

Die ersten drei Gesichtspunkte hatte bereits Freud (1920, S. 3) benutzt, die beiden letzten sind in den vergangenen Jahrzehnten immer stärker beachtet worden, insbesondere aufgrund von H. Hartmanns (1939, 1960, S. 83) und E. H. Eriksons (1957) Untersuchungen.

1. Der dynamische Gesichtspunkt:

Der dynamische Gesichtspunkt handelt von psychologischen Kräften. Kräfte werden durch ihre Richtung und Stärke definiert. Sie stellen sich in

Trieben, Affekten, Ich-Interessen und Konflikten dar und wir können sie studieren, ohne ihres organischen Substrates zu gedenken, weshalb, wie oben erwähnt, die sie beschreibenden hypothetischen Ausdrücke primär nicht neurophysiologischer, sondern mentalistisch-phänomenologischer Natur sind. Beim Zusammenwirken von psychologischen Kräften kann es sich einmal um Summeneffekte handeln (also ein vektorielles Geschehen) oder um kompliziert aufgebaute Effekte der Mischung und Entmischung von beteiligten elementaren Kräfteeinheiten wie Trieben, Affekten usw. Besondere Beachtung verdient noch die Unterscheidung zwischen psychologischen Kräften, ,,deren Richtung durch Ziel-Objekte determiniert wird und deren Tätigkeit die äußere und innere Umwelt verändert, und den psychologischen Kräften, deren Richtung durch eine intrapsychische Organisation bestimmt wird und deren Tätigkeit allein die innere Umwelt verändert'' (D. Rapaport und M. M. Gill, 1959, S. 155).

2. Der ökonomische Gesichtspunkt:

Beim ökonomischen Gesichtspunkt geht es darum, die beobachteten Phänomene (z. B. Symptomwandel und/oder Sublimierung usw.) hinsichtlich ihrer psychoenergetischen Bilanz (womit ,,Verschiebungen und Verwandlungen'' von Energien supponiert werden *müssen*) zu studieren. Aussagen über energetische Vorgänge sind logisch gesehen natürlich bereits eine Folge der supponierten psychischen Dynamik. Denn wo Kräfte wirken, müssen definitionsgemäß Energien verbraucht oder ausgetauscht werden. Aber ebenso wie jene sind diese ohne Rekurs auf neurophysiologische Ereignisse zu erfassen. Sowohl der dynamische wie der ökonomische Gesichtspunkt sprechen von Quantitäten. Im letzteren Falle handelt es sich um richtungslose skalare, d. h. um rein numerische Größen, während Kräfte, wie schon herausgestellt, Richtungscharakter haben, Vektoren sind. Wenn wir nun auch nicht daran zweifeln, daß es im psychische Bereich Kräfte und Energien gibt, daß wir Beobachtungen mit den entsprechenden Merkmalen ausstatten müssen (man denke nur an die variable Stärke unserer Affekte und Triebspannungen), so haben wir zugleich zu betonen, daß wir bisher keine verläßlichen Maßstäbe besitzen, um diese psychologischen Kräfte und Energien zu messen. Eventuell wird sich eines Tages ein Ausweg aus dieser Schwierigkeit anbieten, indem man lernt, die psychischen (nicht die neurophysiologischen) Konzepte des Triebes und des Affektes durch ihre Organisationshöhe – d. h. etwa durch die Art und Weise wie ,,im mehr oder weniger infantilen Sinne erotisch und aggressiv ... ungesteuert somatisch-gefärbt und unter egozentrischen Aspekten'' gehandelt wird (R. Schafer, 1975, S. 47) – zu beschreiben. Maßstäbe hinsichtlich der Triebe wird dann die Art

des Objektbezuges, hinsichtlich der Affekte die korrelierte Ich-Funktion, die Abwehrfunktion etwa, abgeben. Mit dieser Möglichkeit, durch Messung der Organisationshöhe eine quantitative Charakterisierung vorzunehmen, wäre auch ein Anschluß an die Informationstheorie gewonnen, da die Form der Organisiertheit wie ihre Effektivität mit der Informationsmenge gekoppelt sind. (So schreibt M. F. Basch, 1976, S. 87: ,,Daß die Kraft einer Nachricht ein Verhalten zu erzwingen besser in Informationseinheiten, denn in Energiekalorien gemessen werden sollte''. Man kann auch statt von der Kraft einer Nachricht von ,,der Intensität'' eines ,,Motivs'' ausgehen und bedenken, daß dessen partielle Erfüllung diese Intensität vermindert, so daß hinfort ein dem ersten verwandtes Motiv, mit geringerer Intensität ,,besetzt'', erstrebt werden wird. Auf diese ,,empirische'' Weise vermag man eine numerische (Intervall-) Skala aufzustellen, d.h. man gelangt zu einer Quantifizierung der psychischen Energie, womit dieser Begriff als ,,psychologische Idee'' gerechtfertigt ist, D. McIntosh, 1979, S. 416, 417.)
Man darf zudem nicht übersehen, daß die metaphorische Sprache, in der psychoanalytische Deutungen oft abgefaßt werden, durchaus der ,,archaischen Körpersprache der Kindheit'' (R. Schafer, l.c. S. 42) entspricht und eben gerade deshalb therapeutisch ,,richtig'' und zweckmäßig ist, denn diese Sprachform wird vom infantilen Teil des (regredierten) Patienten verstanden. Und man darf vor allem nicht übersehen, daß der Psychoanalytiker es oft zunächst nicht mit schon Symbolcharakter tragenden Affekten und Emotionen im Sinne ihres Vorkommens bei einer entwickelten Persönlichkeit zu tun hat, sondern mit gesamtorganismisch bedingtem ,,affektiven Verhalten'', das eine ,,nicht reflexive, unwillkürliche Antwort auf Stimulation'' (nämlich traumatischer Art) darstellt (M. F. Basch, 1975, S. 506), und einen ,,quantitativen Aspekt'' aufweist (vgl. J. Piaget, 1973, S. 261: ,,. . . the affective mechanisms . . . are based on energies . . .''. Eine Übersicht zur Kontroverse ob der ökonomisch-energetische Gesichtspunkt beizubehalten oder aufzugeben sei, findet sich in A. Applegarth, 1976. Über die historischen Hintergründe des Energiebegriffes im Werk Freuds informiert R. M. Galatzer-Levy, 1976).
Eine interessante Begründung für eine ,,Steigerung der Erregung'' – also für ein energetisches Geschehen – durch ,,seelische'' Vorgänge gibt P. Stadler (1982). Aus einer Zusammenschau der Forschungsansätze S. Freuds, J. P. Pawlows und H. Seyles entwickelt er die Hypothese, daß, insofern ,,Erregung'' (Freud) ,,Aktivierungsniveau'' (Seyle) und ,,unspezifischer Orientierungsreflex'' (Pawlow) als analoge Konzepte gelesen werden, ein subjektiver Faktor, repräsentiert im sogenannten ,,dynamischen Stereotyp'' Pawlows, in der pathogenetischen Kette der Psychosomatosen und Neurosen von großer Bedeutung ist, und zwar deshalb, weil das dynamische Stereotyp

durch eine Aufeinanderfolge von aus der Umwelt stammenden, an sich unspezifischen Reizen und den dazugehörenden Reaktionen gebildet wird und sich (Pawlow) als Gefühl manifestiert. Veränderungen der Reizsituation stören die Gestalt des Stereotyps und somit die korrelierten Gefühle, womit insgesamt eine Erregungssteigerung resultiert (S. 110, S. 111). Zu bedenken ist allerdings, daß die ganze Ableitung, die hier versucht wird, sowohl „Erregung" als solche wie die Wahrnehmung von Gefühlen voraussetzt.

3. Der strukturelle Gesichtspunkt:

Der strukturelle Gesichtspunkt verlangt, daß bei der Erklärung aller psychologischen Phänomene auch Strukturen aufgeführt werden. Die These lautet demgemäß: Die Psyche ist strukturiert. Freud spricht vom psychischen Apparat und meint damit, daß die Seele gegliedert ist, nämlich in die drei Bereiche Es, Ich, und Über-Ich und daß in ihr „Mechanismen" (z.B. Abwehrmechanismen oder Affektabfuhr auf bestimmte Bahnen etc.) tätig sind, die als „psychologische Regulationen" (D. Rapaport und M. M. Gill, 1963, S. 157) wirken.
Strukturen kann man auch als Konfigurationen mit „langsamer Stoffwechselrate" (D. Rapaport und M. M. Gill, l.c.) – vielleicht besser „Veränderungsrate" – kennzeichnen, relativ permanente Formen innerhalb der Unsumme sich ständig vollziehender Prozesse, die zwischen und innerhalb der Strukturen stattfinden. Schließlich zeigen Strukturen Gliederungen, insbesondere im Sinne einer hierarchischen Formierung. Die fundamentale, die gleichsam kleinste strukturelle Einheit ist die „Gedächtnisspur". Sie ist „der seelische Niederschlag einer Wahrnehmungserfahrung, die durch einen sinnlichen Reiz von beliebigem Ursprung" zustande gekommen ist (E. Glover, 1947, S. 483). Eine solche Gedächtnisspur kann unter strukturellen und energetischen Konzepten betrachtet werden. Einmal entstanden gilt hinfort, daß sie neue äußere Reize mitformen wird, wie umgekehrt innere Reize, das sind z.B. Triebregungen, durch sie Beeinflussung erfahren werden. Mit anderen Worten: „Energie wird durch Struktur kontrolliert, und Struktur hat keine Funktionen, es sei denn, sie wird durch Energie aktiviert" (K. M. Colby, 1955, S. 29)[7]. Die Anerkennung dieses Zusammenhanges macht es auch klar, daß „anscheinend qualitative Differenzierungen der Energie (z.B. Neutralisierungen, Aggressivierungen, Desaggressivierungen usw., W. L.) durch Differenzierungen der kontrollierenden Strukturen erklärt werden können, so daß Energie (bzw. „Informationseinheiten", s. oben, W. L.) sich verschieden verhält, nicht weil sie als solche verändert

---

[7] Zur Fortsetzung dieses Gedankenganges s. S. 25 ff.

wurde, sondern weil sie in verschiedener Weise dirigiert wird" (A. Apple-garth, 1971, S. 411).

4. Der genetische Gesichtspunkt:

Die genetische Betrachtung fordert, daß alle psychologischen Phänomene hinsichtlich ihres Ursprungs, ihrer Reifung (sie betrifft die organische Seite) und Entwicklung (sie betrifft die psychische Seite) beurteilt werden. Von den gegenwärtigen Symptomen ausgehend, müssen die sie bedingenden, die ihnen zeitlich vorausliegenden Zustände und Funktionen erschlossen werden (S. Freud, 1913, S. 411). Es geht also stets darum, kausal-genetische Verknüpfungen aufzustellen. Zudem haben die psychischen Phänomene eine kongenitale und konstitutionelle Basis (man denke z. B. an die hormonal gesteuerte Triebreifung, die neurophysiologisch verankerten Gedächtnis-und Wahrnehmungsfunktionen usw.), mit der sie verbunden sind und bleiben. Nach hereditär verankerten Gesetzen verlaufen außerdem die verschiedenen Reifungsschritte des Gesamtorganismus. Sie verknüpfen sich in höchst komplexer Weise mit den „akzidentellen" Faktoren, so daß die resultierenden psychischen Entwicklungen mit ihren Diskrepanzen, Asynchronien und Krisen in dieser Sicht auf „Ergänzungsreihen" zwischen diesen und jenen beruhen (S. Freud, 1905a, S. 141/142; vgl. J. Sandler und W. G. Joffe, 1967). Eine besondere Eigenart der seelischen Entwicklung ist ihre Reversibilität, die mit dem Begriff Regression (s. dazu W. Loch, 1963/1964; M. Balint, 1964, B. Dejung, 1967) beschrieben wird, der u. a. impliziert, daß einmal gebildete psychische Strukturen erhalten bleiben und neuerlich unter bestimmten Umständen in Funktion treten können (S. Freud, 1913, S. 413 und 1915a, S. 223).

5. Der adaptive Gesichtspunkt:

Der genetischen und somatischen Determination der psychologischen Phänomene (z. B. hinsichtlich der Konstitution der Triebradikale) steht die Tatsache gegenüber, daß die Ausformung des Seelenlebens, seine Gestaltwerdung, auf der *Interaktion* zwischen den mitgebrachten Potentialen, der *inneren Realität* und den prägenden und lenkenden Einflüssen des Milieus, der *äußeren Realität*, beruht. Der lenkende Einfluß der äußeren Realität besteht dabei sowohl in der Kanalisierung wie in der Umformung bzw. der Verwerfung der Triebe bzw. Partialtriebe. Der prägende Einfluß der Realität ist besonders deutlich hinsichtlich der identifikatorischen Prozesse (S. Freud, 1923) wie der Gewinnung der eigenen Identität (E. H. Erikson, 1950, 1956). Darüber hinaus dürfte gerade für den Menschen gelten, daß „*ein*

Realitätsprinzip im weiteren Sinne" das „Lustprinzip in seinen Ansatzmöglichkeiten steuern kann" (H. Hartmann, 1939a, S. 114, 115, Hervorhebungen im Original). D. h., daß die Zuordnung von Lust- bzw. Unlustqualitäten zu bestimmten Erfahrungen und Erlebnissen kein rein biologisch-prädeterminiertes, sondern ein soziales Ereignis ist (s. dazu: Lichtenstein, H. 1961, S. 179; Loch, W. 1962/63, S. 416/417). Um das zu verstehen, müssen wir in Rechnung stellen, daß „das letztlich (ultimate) führende oder regulative Prinzip bei der Anpassung in psychologischer Perspektive gesehen sich auf Gefühlszustände (feeling states) bezieht", was sich aus der Tatsache ergibt, daß beim Menschen das „Ich" das Organ der Anpassung ist (sein muß), welches seinerseits in seinem Kernbereich mit den Zustandsgefühlen Sicherheit und Wohlbefinden zusammenhängt bzw. identisch ist (W. G. Joffe und J. Sandler, 1968, S. 447; W. G. Joffe und J. Sandler, 1967, J. Sandler und W. G. Joffe, 1969). In dieser Sicht ist die Entwicklung des psychischen Apparates „Konsequenz einer ganzen Serie von adaptiven Prozessen" und das „von Moment zu Moment Funktionieren des seelischen Apparates . . . Anpassung im Sinne der bestmöglichen Weise auf alle an ihn gestellten Anforderungen" (J. Sandler und W. G. Joffe, 1969, S. 81).

Anpassung[8] und Einpassung des Individuums an die umfassenden Außenweltgegebenheiten erfolgt teils *autoplastisch*, teils *alloplastisch* (z. B. Anpassung des Kindes an die Mutter, Anpassung der Mutter an das Kind). E. H. Erikson hat gezeigt, wie aus einer derartigen umgreifenden Perspektive „der(n) gesamte(n) Lebenszyklus als ein integriertes psychosoziales Phänomen" dargestellt werden kann (E. H. Erikson, 1964, S. 114). Die menschlichen Tugenden, wie Hoffnung, Treue, Liebe, Fürsorge, Weisheit etc., aber auch das Gefühl für „Ganzheit" und „Wahlfreiheit" (E. H. Erikson, 1964, S. 148) erscheinen so als Produkte einer engen wechselartigen Verflechtung der individuellen Epigenese mit der „Generationsfolge und dem Wachstum des Ichs" (E. H. Erikson, 1964, S. 135).

IV. DIE LEHRE VOM PSYCHOLOGISCHEN KONFLIKT

Um nach diesem gedrängten Überblick über diejenigen allgemeinsten metapsychologischen Gesichtspunkte, die wir zur Erklärung des menschlichen Verhaltens heranziehen, bzw. zum Aufweis seiner gesamten Bedingungszu-

---

[8] Es ist zu beachten, daß Anpassung nichts mit Opportunismus und Konformismus zu tun hat, vielmehr ist eine Art „freier Anpassung" gemeint, die die Möglichkeit des Rückzuges bzw. der Realität einschließt mit dem Ziel ihrer besseren Bewältigung und der Möglichkeit „eine neue Umwelt sich zu wählen oder zu schaffen, der man sich anzupassen vermag" (H. Hartmann, 1939, s. auch E. E. Krapf, 1961, S. 444).

sammenhänge benutzen, tiefer in die spezielle Betrachtungsweise der Psychoanalyse einzudringen, müssen wir einen weiteren Schritt vollziehen. Er soll wiederum zunächst am Beispiel aufgezeigt werden. Es hieß weiter vorn, das Verhalten des Patienten sei Ausdruck seines Konkurrierens mit dem Vater um die Gunst der Mutter. Mit anderen Worten, der Patient wird zu einer bestimmten Umgangsform, nämlich dem Konkurrieren mit dem Vater, veranlaßt wegen seiner Beziehung zur Mutter. Was in dieser Ausdrucksweise als „Kausal-Genese" (*wegen* seiner Beziehung . . .) erscheint, bekommt, wenn wir es jetzt als mit der Beziehung zum Vater koexistent, das ist als simultan zu ihr ansehen, den Aspekt eines dem Konkurrieren gegenüberstehenden gleichzeitigen Faktors. Das Gesamtverhalten ist so als Ausdruck eines *Konflikts* zu verstehen, des Konfliktes nämlich, der zugespitzt gesagt darin besteht, daß der Patient die Mutter liebt und begehrt und mit dem Vater kämpft und daß das eine wie das andere Angst bzw. Scham oder Schuld, d. h. für das Ich „traumatische Situationen" auslösen (Ch. Brenner, 1976, S. 8ff.). Dieser „ödipale" Konflikt kann verschiedene Ausgänge haben, die sogenannten Lösungen des Ödipus-Konflikts, die eine wichtige Reaktionsbasis des Charakters der Person darstellen. (Was für ödipale Konflikte gesagt ist, gilt auch für andere, „praeödipale".)

Damit haben wir eine für die Psychoanalyse typische und entscheidende Verstehensebene gewonnen. Wir haben gesehen, daß man das aktuelle Gesamtverhalten des Patienten (insbesondere auch seine Symptome) als konfliktbedingt auffassen kann. In dieser Sicht ist die Tiefenpsychologie eine *Konfliktpsychologie*. Es geht in ihr zunächst immer darum, das Sosein eines Patienten und im besonderen auch seine pathologische Symptomatik nach dem soeben aufgezeigten Konfliktmodell als Resultante der sich im Konflikt gegenüberstehenden Tendenzen, Strebungen oder Triebe zu begreifen. Wie Freud zeigte, kann man den Konflikt auf verschiedenen Ebenen aufweisen und also analysieren (D. Rapaport, 1960, S. 216ff.).

Der Konflikt, und dies war die frühe empirische Entdeckung J. Breuers und S. Freuds an jenem berühmten Fall Anna O. mit seiner hysterischen Symptomatik, wird *erstens* gesehen zwischen *Umwelt* und *Ich*. D. h. Erinnerungen an traumatische Erlebnisse auf der einen Seite und soziale Schicklichkeit und Selbstachtung auf der anderen liegen miteinander im Streit. Die letztere repräsentiert sich im „*herrschenden Ich-Bewußtsein*" (S. Freud 1892/93, S. 15). Das *erstere*, die Erinnerung, die es gilt bewußt zu machen, war das unbewußt gewordene traumatische Erlebnis. Indem Freud *zweitens* das am herrschenden Ich-Bewußtsein dynamisch wirksame Prinzip als *Zensor* bezeichnete und den *triebhaften Ursprung* der traumatischen Erlebnisse erkannte (also gewahr wurde, daß oft keine realen Erlebnisse, insbesondere solche sexueller Verführung, sondern sexuelle Phantasien an ihrer Stelle standen)[9], bekam das Konfliktgeschehen den Charakter *Trieb gegen Zensor*. Damit war eine gänzliche Internalisierung des Konflikts verbunden, d. h. der Gegensatz Trieb–Zensor und seine Geschichte wurde eine sich innerseelisch abspielende Ereignisreihe.

Nach dem Ausbau der vorwiegend dynamisch orientierten Triebpsychologie wurde der strukturelle Gesichtspunkt entwickelt. Die in der Struktur *Es* zusammengefaßten Triebe, Repräsentanten des biologischen Untergrundes, wurden so (1) denjenigen strukturierten Teilen der Psyche gegenübergestellt, die ,,äußere Wirklichkeit" vertraten, die sich vorwiegend aus der Relation Organismus-Realität entwickelt haben, d. h. dem *Ich* und (2) dem *Über-Ich*, das gleichsam die Nachfolgschaft des Zensors übernahm und damit innerseelisches Regulationssystem für die Triebe und die aus ihnen abgeleiteten Aspirationen wurde. Der Konflikt liegt jetzt *drittens* zwischen *Trieb-Natur* und *strukturierter Psyche*, wobei zu beachten ist, daß den psychischen Repräsentanzen der Triebe, etwa den Urphantasien vor allem, eine struktur-schaffende Kraft zugeschrieben wurde, so daß insbesondere das Über-Ich einen betont endogenen Charakter bekam. Wieder müssen wir im Auge behalten, daß die psychischen Strukturen ideelle Entitäten sind. Sie sind also nicht direkt zu beobachten. Was wir am Patienten beobachten oder intro-spektiv bei uns selbst wahrnehmen, sind demgegenüber die realen Verhält-nisse, ist die gegenständliche Welt, auf die der Konflikt projiziert wird, bzw. in deren Material der Konflikt dargestellt wird. Die Realität wird an ihrem ,,an sich" bei dieser Betrachtung eingeklammert, ja geradezu verneint, sie wird nicht in ihrer Existenz, wohl aber in ihrer Essenz allein als Ausdrucks-form eines unbewußten triebhaften Geschehens verstanden. Hierin liegt übrigens ein Kunstgriff mit entscheidenden therapeutischen Konsequenzen, denn erst durch eine derartige Einstellung wird die analytische Therapie möglich, kann doch erst durch die Aufhebung der objektiven die *subjektive Bedeutung* der gegebenen ,,Realität" aufgefunden und womöglich im Verlauf der Behandlung verwandelt werden, und zwar in dem Maße verwandelt werden, in dem es gelingt, die die Wahrnehmung und Einschät-zung der objektiven Realität deformierenden triebhaften Phantasien umzu-formen.

Eine betontere, zum Teil sehr einseitige Beachtung finden die aus der Realität stammenden Faktoren in der sogenannten neo-analytischen Schule (K. Horney, H. S. Sullivan usw.). Der pathogene Konflikt spielt sich *viertens* in der Sicht dieser Schule primär zwischen dem *Individuum als Ganzem* und seiner *psychosozialen Umwelt* ab. Mit anderen Worten, die Ansatzmöglich-keiten der Triebe und folglich auch ihre gesamte Ausdifferenzierung werden

---

[9] Zur Frage psychischer Traumen vgl.: W. Loch, 1970; M. Balint, 1969; S. S. Furst, 1967.

allein auf die realen Gegebenheiten bezogen. Im extremen Fall sehen manche Vertreter dieser Auffassung in gesellschaftlichen Verhältnissen die ausschließlichen Determinierungen der psychischen Charaktere und Funktionsweisen. Man vernachlässigt den „gewachsenen Fels" (S. Freud), das biologische Fundament. Einen mittleren Standpunkt in diesem ja im Grunde uralten Streit – zwischen angeboren, vererbt und anerzogen, erworben – nehmen etwa wie schon angeführt H. Hartmann, E. H. Erikson, R. Spitz, A. Freud, M. Balint, D. W. Winnicott, E. Jacobson, M. S. Mahler u. a. ein. Diese Autoren geben trotz der exakten Beachtung gesellschaftlicher Faktoren die biologisch-somatische Basis, insbesondere die „somatische Quelle" der Triebe nicht auf.

V. PSYCHOANALYTISCHE GRUNDBEGRIFFE

Wir wollen uns jetzt denjenigen speziellen psychoanalytischen Begriffen zuwenden, denen im Rahmen der metapsychologischen Gesichtspunkte eine fundamentale Bedeutung zukommt.

1. Der Triebbegriff

Der Triebbegriff und die gesamte Trieblehre (s. dazu insbesondere S. Freud, 1905a, 1915, 1917, 1938b) haben für die psychoanalytische Betrachtung eine grundlegende Bedeutung, denn im Sinne einer dynamisch reduktiven Interpretation der gegebenen psychischen Phänomene sieht die Psychoanalyse in den Trieben die „causae ultimae" der seelischen Erscheinung (D. Rapaport, 1960), im Sinne eines genetischen Aufbaus des Seelenlebens ihre „ causae primae". Was aber ist überhaupt mit dem Triebbegriff im Rahmen der psychoanalytischen Theorie gemeint? Unter Trieben (Sigmund Freud, 1915a, S. 212, spricht gelegentlich auch von „Triebreiz" und „Bedürfnis") versteht man Kräfte, die (a) ihren Ursprung in einer *somatischen Triebquelle* nehmen, die sich (b) *psychisch repräsentieren*, u. a. durch einen *dranghaften Charakter* und vor allem durch *Vorstellungs-* und *Affektrepräsentanzen*[10], die ihr (c) *Ziel* in ihrer Befriedigung suchen (letztlich also in einer „Aufhebung des Reizzustandes an der Triebquelle", S. Freud 1915a, S. 215, vgl. S. Freud, 1905a, S. 85/86), auf diesem Weg auf ein (d) *Objekt*

---

[10] „Würde der Trieb sich nicht an eine Vorstellung heften oder nicht als Affektzustand zum Vorschein kommen, so könnten wir nichts von ihm wissen" (S. Freud, 1915, S. 276). Zur Frage des Zusammenhanges wischen Gefühlszuständen als ererbten Erlebnisformen und Emotionen, die sprachlich festgemacht werden sowie der Bedeutung emotionaler Kommunikation (s. M. F. Basch, 1976a).

angewiesen sind, „an welchem" oder „durch welches" sie ihr Ziel, die Befriedigung, erreichen. Dieses „Objekt" ist „das Variabelste am Triebe, nicht ursprünglich mit ihm verknüpft, sondern ihm nur infolge seiner Eignung zur Ermöglichung der Befriedigung zugeordnet. Es ist nicht notwendig ein fremder Gegenstand, sondern ebensowohl ein Teil des eigenen Körpers. (In diesem Fall erfolgt die Triebbefriedigung autoerotisch.) Es kann im Laufe der Lebensschicksale des Triebes beliebig oft gewechselt werden" (S. Freud, 1915a, S. 215).

Im Unterschied zu den Trieben – und hier liegt eine bedeutungsvolle Differenz, die oft nicht genügend beachtet wird – sind Instinkte weitgehend festgelegte, vererbte Reaktionsformen, d. h., sie umfassen neben den Momenten „Strebung", „Verlangen", „Spannung" noch eine schon festgelegte „Technik". Insofern kann man sagen, daß „der Instinkt durch die Anthropogenese zum Trieb entartete" (K. R. Eissler, 1975, S. 31). Beim Menschen finden sich kaum differenzierte Instinkte oder Instinkthandlungen vergleichbar etwa dem instinktiv ablaufenden Verhalten der Tiere, wie dem Nestbau oder dem Balzspielen der Vögel, der Rudel- oder Sippenbildung der Säugetiere (z.B. der Affen) usw. Man kann beim Menschen wohl höchstens von Instinktfragmenten sprechen. Für den Menschen ist charakteristisch, daß seine Instinktfragmente ihren psychischen Stellenwert dadurch erlangen, daß ihnen psychische Repräsentanzen – nämlich Vorstellungs- und Affektrepräsentanzen – zuteil werden. Freud meint das, wenn er sagt, der Trieb sei der „psychische Repräsentant der aus dem Körperinneren" (zum Unterschied von aus der Außenwelt) „stammenden, in die Seele gelangenden Reize" und er sei „ein Maß an Arbeitsanforderung, die dem Seelischen infolge eines Zusammenhanges mit dem Körperlichen auferlegt ist" (1915a, S. 214). In dieser Definition Freuds wird Trieb, genauer dessen energetischer Anteil, als kausal wirkende unabhängige Variable verstanden (was sich auch aus einer sorgfältigen Exegese der Traumdeutung übrigens herleiten läßt – siehe dazu R. K. Shope, 1973, S. 289; S. Freud, 1917b, S. 55) und die Existenz des „Seelischen", der „Seele", vorausgesetzt. Die Seele, besser die seelische Funktion, muß immer schon gegeben sein, damit das, was aus dem Körperinneren stammend und als Maß an Arbeitsforderung erscheint, in Trieb verwandelt wird. Es ist anzumerken, daß demgegenüber viele Forscher (siehe z.B. McIntosh, 1979, S. 417/418) die Auffassung vertreten, das Freudsche Triebkonzept beziehe sich sowohl auf Körperliches wie auf Seelisches. Damit sei auch der Gedanke preiszugeben, den Trieben eine im „nomologischen Sinne" kausale Rolle überhaupt zuzuschreiben. Zu dieser Lesart Freuds bekennt sich auch L. Binswanger (1956, S. 223), der u.a. Freuds Wort „Die Trieblehre ist sozusagen unsere Mythologie" (S. Freud, 1933, S. 101) als Hinweis dafür auffaßt, Freud habe den Menschen, den

„homo natura", wie Binswanger gerne sagt, von seinem tiefsten Grund her als ein ". . . Absichten und Tendenzen hegendes Wesen verstanden".
Freuds Definition macht es auch ganz klar, daß für die Psychoanalyse Trieb ein psychologischer Begriff ist, d. h., „die Phänomene, die er konzeptualisiert, sind *nicht* somatische Prozesse – noch Mangelzustände, noch homöostatische Ungleichgewichte, noch hormonale Überschüsse, nicht einmal nervöse Zentren oder Systeme –, sondern Verhaltensweisen" (D. Rapaport, 1960, S. 193, Hervorhebung im Original). Die Betonung des psychologischen Aspektes des Konstruktes Trieb ist deshalb so wichtig, weil sie uns erlaubt, „die genaue Erkenntnis der" (organischen) „Triebquellen . . . für" (eben) „die Zwecke der psychologischen Forschung" für „nicht durchwegs erforderlich" zu halten (S. Freud, 1915a, S. 216).
Zur Einteilung der Triebe:
S. Freud hat – wie z. B. vor allem E. Bibring (1936) herausgearbeitet hat – insgesamte 4 Triebtheorien aufgestellt. Wir wollen uns hier mit 3 Fassungen begnügen: (1) der Theorie der Sexualtriebe, (2) der Theorie der Ich- und Selbsterhaltungs-Triebe, (3) der Theorie der erotischen Libido und der zerstörenden Destrudo.

Sexualtriebe

In der klinischen Erfahrung waren zuerst die *Sexualtriebe* in Erscheinung getreten. In ihnen hatte Freud diejenigen Faktoren erkannt, die, in konflikthaftem Gegensatz zum herrschenden Ich-Bewußtsein stehend, ihren versteckten, verkleideten Ausdruck in neurotischen, insbesondere hysterischen Zuständen (Anfällen, sensorischen oder motorischen Syndromen etc.), aber auch in Zwangsmechanismen, Phobien und anderen psychopathologischen Phänomenen fanden. Zu den Sexualtrieben zählen „alle sinnlichen Begierden" (R. Waelder, 1960, 1963, S. 100), nicht nur die sinnlich-genitalen, d. h. im engeren Sinne sexuellen, sondern auch die sinnlich-prägenitalen Strebungen, wie z. B. Zärtlichkeitsstreben und Kontaktstreben. Auch der Sadismus gehört in dieser Klassifikation zu den sexuellen Trieben. Das Studium der sexuellen Triebe hat vor allem vier wichtige Erkenntnisse gebracht: (1) Die Kenntnis der bislang von der Forschung weitgehend übersehenen kindlichen Sexualität, (2) die Lehre von der Entwicklung der Triebe – von ihrer Transformation und Sublimierung, die unter der Bezeichnung Triebschicksale zusammengefaßt werden und im wesentlichen durch die Abwehr der Triebe zustande kommt (S. Freud, 1915a, S. 219). Man spricht in diesem Zusammenhang auch von der Zähmung der Triebe (O. Fenichel, 1945). (3) Die Lehre von der Unterteilung der Triebe in Partialtriebe (z. B. Einverleibungstrieb, Schautrieb, Zeigetrieb, Wissenstrieb usw.). (4) Die Lehre von der Fusion der Partialtriebe unter dem Primat der Genitalität. Die reife Genitalität umschließt im analytischen Sprachgebrauch sowohl orgastische Potenz wie „Generativität", womit insbesondere „das Interesse an der Erzeugung und Erziehung der nächsten Generation" (E. H. Erikson, 1953, S. 59) gemeint ist.

Die Kenntnisse der Triebgenese sowie der Partialtriebe, Einsichten, die zur Aufstellung der sogenannten psychosexuellen Organisationsstufen führten, eröffneten uns neue, auch therapeutisch wichtige Verstehensmöglichkeiten für die neurotischen Krankheitsbilder, wie auch für die Gruppe der Perversionen und Charakterneurosen. Es gelang nämlich, derartige psychopathologische Syndrome sowohl phänomenologisch-deskriptiv wie auch kausalgenetisch mit den Partialtrieben und den psychosexuellen Organisationsstufen in Zusammenhang zu bringen, als Entwicklungsstörungen und partielle Infantilismen aufzuschlüsseln oder sie – vom Standpunkt der reifen Persönlichkeit her gesehen – als Ersatzbefriedigung zu erkennen. Die Analyse dieser Krankheitszustände vermochte dabei, die zwischen den ursprünglichen Triebbedürfnissen, die gleichsam Urmotive darstellen, und den beobachteten psychopathologischen Phänomenen liegenden Zwischenglieder in einen oft lückenlosen, funktionalen Zusammenhang zu bringen. Man konnte so nachweisen, daß der sexuelle Trieb im Verlauf der pathologisch mißglückten Entwicklung nicht seine „normale" Transformation erfahren hatte, daß er nicht seinen sexuell triebhaften Charakter verloren und sein primäres Sexualobjekt wie Sexualziel (Befriedigungsform) aufgegeben hatte. In diesen letzteren Vorgängen sehen wir wichtige Reifungskriterien. Wenn man an triebenergetischen Konzepten festhält spricht man von *Desexualisierung* der sexuellen Energie, welch letztere auch mit dem Terminus *Libido* belegt wird. Man beschreibt diesen Wechsel von der reinen triebhaften Energieform einer Strebung zu einer den Ich-Funktionen gemäßeren auch als *Neutralisierung* der Triebenergie. Zusammen mit dem Verzicht auf unmittelbare Triebabfuhr und zusammen mit der Kontrolle der Triebbefriedigung durch das Ich und Ersetzung der primären Triebziele durch Ich-Ziele, sprechen wir dann vom Prozeß der *Sublimierung* (H. Hartmann, 1955, vgl. hierzu auch: L. Kaywin, 1966 und P. Fürstenau, 1967). Seinem Wesen nach besteht dieser Sublimierungsprozeß darin, daß die durch „Triebe" gelenkten Interaktionen zwischen dem Säugling und seiner(n) Bezugsperson(en) zu „Element(en) eines innerlichen Motivations-Repertoires" werden (H. W. Loewald, 1982), was, in technischer Sprache ausgedrückt, beschrieben werden kann als eine Entwicklung, die „von der infantilen Abhängigkeit vom Über-Ich-Ideal zur introjektiven Identifikation mit dessen Prinzipien" fortschreitet (D. Meltzer, 1973, S. 127).

Ich- und Selbsterhaltungstriebe

Dem sexuellen Trieb stellte Freud zunächst als zweiten „Urtrieb" (S. Freud, 1915a, S. 216) den *Selbsterhaltungstrieb* gegenüber, dessen Exekutivorgan das Ich war. Hierher gehören Bewältigungstendenzen, Abwehrvorgänge, d.h. Maßnahmen, die sich gegen die inkompatiblen Triebstrebungen richten, Machtstreben und Geltungsbedürfnisse.

Die Selbsterhaltungstriebe sind im Vergleich zu den plastischen, sich gegenseitig vertretenden, Aufschub duldenden Sexualtrieben „unbeugsam unaufschiebbar . . . imperativ" (S. Freud, 1933, S. 104).

Lebenstrieb und Todestrieb

In dem Bestreben, die mannigfachen Erscheinungen des Trieblebens, die „Buntheit der Lebenserscheinungen" auf letzte Einheiten zurückzuführen, in nicht zerlegbare „*Urtriebe*" zu zergliedern, kam Freud schließlich zu der Annahme, daß es zwei Grundtriebe gibt: Den *Eros* und den *Destruktionstrieb* (1920, 1938b, S. 71). Der letztere wird auch *Todestrieb* genannt, da sein Ziel darin gesehen wird, „das Lebende in den anorganischen Zustand zu überführen". Der erstere Trieb, dessen Ziel darin besteht, „immer größere Einheiten herzustellen und so zu erhalten", hat aufbauenden, konstruktiven Charakter, er heißt demgemäß *Lebenstrieb*, und er umschließt die Gegensätze von Selbst- und Arterhaltung, Ich-Liebe und Objekt-Liebe.

Über Freuds Lebens- und Todestrieb-Hypothesen herrscht keine einhellige Meinung. Viele sehen in den Begriffen vom Lebens- und Todestrieb weniger psychologische Konstrukte wie in den früheren Konzeptualisierungen, sondern eher biologische Begriffe und halten sie deshalb für den Forschungsgegenstand „Seele" für unangemessen[11]. Es soll hier nicht in eine extensive Diskussion dieser Frage eingetreten werden (eine anregende Erörterung der Problematik unter besonderer Berücksichtigung Freuds eigener Beiträge gibt A. Compton, 1981) es sei nur soviel gesagt, daß einige Forscher von der klinischen Erfahrung her glauben feststellen zu müssen, man fände wiederholt einen „nicht reduzierbaren", nicht reaktiv-auslösbaren „Rest . . .

---

[11] J. Lampl-de-Groot (1956/57, S. 201 u. 203) schlägt deshalb vor, „von sexuellen, aufbauenden und destruktiven oder aggressiven *Trieben* auf der einen Seite, von Lebens- oder Todesstrebungen oder *-kräften* auf der andern Seite zu sprechen". Letztere beziehen sich dann allein auf somatische Phänomene. Freud selbst (1920, S. 65) sagte übrigens in Hinblick auf seine „Spekulation über die Lebens- und Todestriebe", es würde uns wenig stören, daß soviel befremdende und unanschauliche Vorgänge darin vorkommen . . . Dies rührt daher, daß wir genötigt sind, mit den wissenschaftlichen Termini, d.h. mit der eigenen Bildersprache der Psychologie (richtiger: der Tiefenpsychologie) zu arbeiten. Sonst könnten wir die entsprechenden Vorgänge überhaupt nicht beschreiben, ja würden sie gar nicht wahrgenommen haben."

essentieller Destruktivität" (R. Waelder, 1960, 1963, S. 237), der sehr wohl Reflex eines Todestriebes sein könnte, einer Destruktivität, die aber ebenso-gut als „archaisches Triebziel" im Sinne „der Inkorporation von Objekten" verstanden werden kann, und in diesem Sinne bedeutet der Versuch, „engen Kontakt" zum Objekt herzustellen, zugleich dessen „Zerstörung" (O. Fenichel, 1945, S. 60; vgl. E. Simmel 1944, C. Rokitanski 1869, zit. nach K. R. Eissler, 1975, S. 40). Es ist sicher, daß wir aber mit einem derartigen Postulat eine Grenzüberschreitung begehen, ja in metaphysische Bereiche vordringen, denn der Tod, auf den der Todestrieb direkt Bezug nimmt, ist kein Ereignis des Lebens (L. Wittgenstein, 1921, 6.4311) und somit sensu strictiori kein Untersuchungsgegenstand einer empirischen Wissenschaft. Allerdings können wir von Todesfurcht sprechen und von ihr ausgehen. Wir müssen auch zugeben, daß eigene Aggressivität diese Todesfurcht unter Umständen verstärkt, ja letztere infolge ihrer Projektion als Reflex der ersteren erscheint (A. Stokes, s. bei R. E. Money-Kyrle, 1961, S. 34 ff.). Andererseits müßten wir fragen, ob unsere eigene Aggressivität nicht im Dienste der Art- und Selbsterhaltung, also des Lebenstriebes überhaupt entwickelt wurde, also als inhärente, undifferenzierte Abwehrorganisation zu verstehen ist (J. S. Grotstein, 1977, S. 411). Falls wir aber mit manchen Forschern (z. B. K. Lorenz) annehmen, daß Aggression um vieles älter ist als persönliche Freundschaft und Liebe, und falls wir mit Haeckel der Meinung sind, daß die Ontogenie die Phylogenie rekapituliert, dann ist auch die Hypothese vertretbar, daß „die ersten Austauschhandlungen zwischen Mutter und Baby . . . in Analogie zu den Balzritualen stehen und also als elaborierte Prozeduren anzusehen wären mit dem Ziel, die primären aggres-siven Beziehungen zu neutralisieren, sie in Liebe zu konvertieren" (D. H. Malan, 1979 S. 191; vgl. dazu E. Gaddini, 1972, der auf S. Freuds – 1905; 1924a, S. 375 – Idee fußend, daß „Schmerz- und Unlust, Spannung", Resultate aggressiver Erregungen, eine „libidinöse Miterregung" auf Grund physiologischer Verhältnisse auslösen, die Hypothese vertritt, der Aggres-sion komme gegenüber der Libido Priorität zu und Libido diene der Zähmung der Aggressivität; vgl. auch dazu S. Freud, 1937b, S. 535, 536). Wenn wir jedoch an die allgemeine Triebdefinition Freuds denken, dann wäre die Hypothese möglich, daß die psychische Repräsentanz, der psychi-sche Reflex des Entropiegesetzes, also der katabolischen Prozesse im Organismus, eben der Todestrieb ist (R. E. Money-Kyrle, 1955, S. 508)[12]. „Beutemachen und Fressen (und Verteidigung) . . . die primären Ausdrücke

---

[12] S. auch S. Bernfeld und S. Feitelberg (1930). E. Jones (1962, S. 328) betont, daß sich nach Auffassung „der Physiker die Beziehung zwischen Entropie und Todestrieb" nicht verteidigen lasse.

des Todestriebes'' imponieren dann als Reaktion auf das 2. Gesetz der Thermodynamik, den Entropiesatz und die Derivate des Todestriebes, sind homolog zu den ,,Beute- und Verteidigungs- oder zwischenartlichen Instinkten der niederen Tiere'' (M. Ostow, 1958, S. 14 und 15)[13].

Im Rahmen unserer empirischen Forschungen brauchen wir diese Frage nicht weiter zu verfolgen, genügt es doch durchaus, destruktive Tendenzen etwa als Folge von Versagungen[14] zu verstehen oder das, was als pure ,,autonome'' Destruktivität imponiert, als ,,ein abgesprengtes Stück des seelischen Apparates'' (z.B. auch als neurophysiologisch ausgelöste Angriffsreaktion, D. Ploog, 1975[14a]), das nicht mehr ,,in die Hierarchie des Ichs eingeordnet ist'' (R. Waelder, S. 140), zu begreifen. Es genügt in theoretischer wie praktischer Hinsicht, und in der Therapie wurde und wird stets so verfahren, daß man nachzuweisen versucht, *exzessive, unnötige* Destruktivität ist ein Produkt einer psychischen Mischfunktion, einer Fehlanpassung, die in einer gewissen Objektbeziehung entstanden ist'' (F. G. Pleune, 1961, S. 483). Es handelte sich dabei um eine Objektbeziehung, die nicht erlaubte und womöglich erlauben konnte, daß das ganze konstitutionell vorgegebene Motilitätspotential in libidinöse Strebungen integriert werden konnte. Die so übrigbleibende, nicht libidinös gebundene Motilität muß sich dann, insofern sie zur psychischen Erfahrung und Repräsentanz gelangen soll, über Schmerz- und Haßerlebnisse (als intervenierende Variablen) als Aggression manifestieren (D. W. Winnicott, 1950–1955) oder in Verbindung mit anderen Faktoren zu destruktiven Reaktionsbereitschaften transformieren (vgl. W. Loch, 1970). Eine derartige Ableitung des Aggressionstriebes geben auch J. H. Smith, P.-N. Pao und N. A. Schweig (1973), die die Tendenz, sich von einem Spannung erzeugenden Reiz (bzw. Objekt) zu entfernen, als ,,Prototyp der Aggression'' und die sich einem Befriedigung gewährenden Reiz (bzw. Objekt) zu nähern, als ,,Prototyp der Libido'' beschreiben. Indem Aggression Verhalten, das Spannung löst oder abführt durch eliminative oder destruktive Akte gegenüber der Quelle dieser Spannung konzeptualisiert, wird es möglich, von ihren Schicksalen bzw. denen des Todestriebes zu reden (P. Ikonen u. E. Rechardt, 1978). Aber auch gemäß dieser letzteren Betrachtung ergibt sich, wie aus dem gerade Gesagten, daß ursprünglich die ,,Kraftpotentiale'' von Aggression

---

[13] S. auch K. Lorenz, 1963, A. Mitscherlich, 1956/57 und 1958/59.

[14] Eine rein reaktive Entstehung schließt aus, daß vom Trieb gesprochen wird, denn Triebe besitzen definitionsgemäß endogenen, spontan autonomen Charakter, vgl. H. Kunz, 1964.

[14a] Vgl. hierzu A. Schwartz (1987, S. 477 f.), der unter Hinweis auf zahlreiche experimentelle Ergebnisse herausstellt, daß ,,viele anscheinend instinktive Verhaltensformen von Emotionen gesteuerte und funktionell wertvolle ,motorische' Programme repräsentieren, deren ,Muster' (tapes) aus vererbten zirkulären Vernetzungen (circuity) bestehen, wie sie etwa in den motorischen Kernen der Basalganglien lokalisiert sind.''

und Libido identisch sind (l.c. S. 339). Allerdings gilt für manche späteren Entwicklungen, insbesondere den pathologischen Narzißmus, den letztlich keine konsumatorische Aktion zu befriedigen vermag, daß gerade Aggressionen destruktiver Art unstillbar werden können und höchstens durch Erschöpfung schließlich aufhören (K. R. Eissler, 1972, S. 65, S. 73). Die enge Verflechtung von Narzißmus und destruktiv-aggressivem Verhalten wird übrigens heute von verschiedenen Forschern deutlich und überzeugend herausgestellt (s. z.B. H. Rosenfeld, 1971; H. Guntrip, 1971, S. 37; G. Rochlin, 1973; vgl. auch D. Rapaports an Freud anzuknüpfenden Hinweis, daß „das Konzept narzißtische Phase das Konzept Todes-Trieb überflüssig macht", 1953, S. 551).

Die durch die oder in den Sexualtrieben tätige Kraft heißen wir, wie schon erwähnt, *Libido*. Sie ist eine „quantitativ veränderliche Kraft" (S. Freud, 1905a, S. 118) und zu sondern „von der Energie, die den seelischen Prozessen allgemein unterlegen ist", z.B. von der im „Interesse" der Selbsterhaltungstriebe wirksamen Energie (S. Freud, 1907b, S. 430). Die dem Destruktionstrieb zugehörige Energie wird von manchen Autoren *Destrudo* genannt. Freud selbst ließ sie unbezeichnet (S. Freud, 1938b, S. 72).

2. Die Transformation der seelischen Energie in Triebe und Wünsche

Wir versuchten zu zeigen, wie der Versuch, den Triebbegriff näher zu erläutern, in erhebliche Schwierigkeiten führt, wie seine Anwendung zur „Erklärung" der psychischen Sachverhalte es immer notwendiger macht, die Triebe *selbst* zu „erklären", oder ihnen schon immer selbst Absichten, Intentionen zuzuschreiben. Auf dem Weg von den Sexual- und Selbsterhaltungstrieben (eine Einteilung, die sich zunächst aus der alltäglichen Erfahrung herleitet) über die erotischen und destruktiven Triebe (sie sind „*psychologische* Begriffe"), zum Lebens- und Todestrieb („sie sind *biologische* Begriffe", R. Waelder, 1960, S. 98) hatte Freud genau das versucht. Er war so zu einem Dualismus gekommen, der zunächst keine weitere Reduktion zuzulassen schien. Sollte es nun darüber hinaus möglich sein, Lebens- und Todestriebe auch im Rahmen einer energetischen Konzeptualisierung als abgeleitete Phänomene zu begreifen? In der Tat scheint das vorstellbar, wenn man die Energie, die beiden Manifestationen zugrunde liegt, als von ihnen abtrennbar ansieht. Freud (1923, S. 272, 273) selbst hatte schon von „indifferenter, verschiebbarer Energie" gesprochen, die sich mit Libido oder Aggression zu vermengen vermag. Allerdings begriff er sie als „desexualisierten Eros" (l.c.). Versteht man die indifferente Energie als Ausdruck eines archaischen, wenig differenzierten Stadiums, dann kann man mit anderen Forschern (E. Jacobson, 1954, R. A. Spitz, 1965, S. 167ff.) davon ausgehen, daß libidinöse und aggressive Triebe sich aus einem „anfänglichen psychoökonomischen Zustand, der charakterisiert ist durch eine geringe Spannungshöhe und durch eine generelle diffuse Verteilung der noch undifferenzierten psychologischen Energie innerhalb des primären, strukturell ebenfalls undifferenzierten Selbstes" (E. Jacobson, 1964, S. 14) heraus entwickeln. Erst unter dem Einfluß innerer Reifeprozesse und äußerer Reize – zu denen in ganz hervorragendem Maße die psychosozialen Verhältnisse, die sogenannten Objektbeziehungen des heranwachsenden Kindes gehören – bilden sich die Triebe, genauer ihre Repräsentanzen (bzw. Korrelate), nämlich Affekte, Vorstellungen und mit ihnen die „internalisierte Welt" (H. W. Loewald, 1972, S. 789; H. W. Loewald, 1971, S. 119) im Sinne psychologischer Entitäten, d. h., es entstehen libidinöse und destruktive Strebungen und Bedürfnisse. Im psychisch weitgehend undifferenzierten Embryonal- und frühesten Säuglingsstadium (der „funktionalen Phase" E. Glovers, 1949) entlädt sich zunächst die primäre, undifferenzierte Energie (bzw. Aktivität) vorwiegend über physiologische Abfuhrbahnen. Im Verlauf der ersten postnatalen Lebenswochen und innerhalb des ersten Lebensjahres werden im handelnden und erlebenden Umgang mit der Welt, und das sind in diesem Stadium die mütterlichen Pflegepersonen bzw. die Mutter selbst, die mit ihnen kommunizierenden und eigengesetzlich reifenden Wahrnehmungs- und Gedächtnissysteme, die durch ihre Pflege und Wartung mit ihnen in Verbindung stehenden Körperfunktionen und Körperregionen (man denke an Nahrungsaufnahme, Ausscheidung und alle sonstigen unzähligen Haut-, Lage- und Temperaturgefühle, wie auch sämtliche sensible-sensorischen Reizungen) von der anfänglich undifferenzierten seelischen Energie „besetzt", die auf diese Weise „topisch"[15], d. h. strukturell differenziert wird, wie es S. Freud im Grunde bereits im „Entwurf einer Psychologie" (1895) impliziert hatte und wie es soeben am Beispiel der Aggression in nuce demonstriert wurde. Zugleich werden alle Erlebnisse mit Lust- und Unlust-Sensationen gekoppelt[16]. Hierdurch gewinnt die eine Gruppe von Erfahrungen einen positiven, einen erstrebenswerten, libi-

---

[15] Den Hinweis, daß die Unterscheidung von „Triebarten" „topisch" – was in diesem Zusammenhang mit strukturell gleichbedeutend ist – erfolge, gibt Freud anläßlich der Diskussion des Zusammenhanges zwischen libidinösen und Selbsterhaltungstrieben, nach dem der libidinöse Anteil der letzteren erkannt war (S. Freud, 1920, S. 56).

[16] Die Kopplung des affektiven Systems mit dem Triebsystem – genauer mit den fundamentalen Körperbedürfnissen – ist nur in bestimmten Fällen absolut festgelegt, invariant, z.B. im Falle der Atmung. Immer notwendigerweise wird bei Sinken des Sauerstoffgehaltes der Atemluft neben verstärkten Atembewegungen ein heftiger Unlustaffekt entstehen. Derartige invariante Zuordnungen begründen die von der psychoanalytischen Theorie nie aus den Augen gelassene Verbindungen mit den somatischen Gegebenheiten.

dinös-getönten, die andere einen negativen, einen vermeidenswerten Aspekt (vgl. S. 27). Während die Reaktion auf positive Erfahrung darin bestehen wird, den Wunsch nach ihrer Wiederholung zu wecken (man wird eine solche Erfahrung lieben), kann die Erfahrung negativer Erlebnisse nur das Streben auslösen, diese Erlebnisse und somit die ihnen korrelierten Erfahrungen oder äußeren Wirklichkeiten zu vermeiden (man wird diese Erfahrungen fürchten oder hassen). Zur Erreichung des letzten Ziels dienen grundsätzlich vorab zwei Wege: Flucht vor dem Schmerz oder dem Angst auslösenden Erlebnis, oder, falls dem Organismus dazu die Mittel gegeben sind, Zerstörungen der als Ursache der negativen Erfahrung erkannten Quelle. Das letztere stellt dann aggressives Verhalten dar, und was sich hierin offenbart, nennen wir den Aggressionstrieb[17]. Wie man sieht, impliziert die Annahme einer weitgehend undifferenzierten Ausgangslage das Ins-Spiel-Treten einer Reihe von weiteren Faktoren, damit die Differenzierung des ursprünglich vorhandenen energetischen, neutralen, d.h. ungerichteten Aktivitäts-Potentials erfolgen kann. Vor allem sind 3 Faktorengruppen am Differenzierungsprozeß maßgeblich beteiligt: (1) Die Gefühle der Lust und der Unlust bzw. des Schmerzes (d.h. das Lust-Unlust-Prinzip), (2) die Einflüsse der Objekte, in erster Hinsicht in diesen frühen Stadien der entscheidenden Pflegepersonen, im Regelfall der Mutter. (3) Über die Interaktion, über Befriedigungs- und Versagungserlebnisse entstehen in Verbindung mit der Fähigkeit mnemische Niederschläge der gemachten Erfahrung zu bilden, psychische Bedürfnisse oder Wünsche, sei es nach Wiederholung positiver, sei es nach Vermeidung negativer Erfahrungen und damit libidinöser und/oder aggressiver Triebe bzw. Zielsetzungen[18]. Letztlich sind so Wünsche, die man auch „quasi-Bedürfnisse" nennen mag, einschließlich der sie begleitenden Vorstellungs- und Affektrepräsentanzen, die eigentlichen psychischen Repräsentanten des Triebes und nicht „primäre . . . basale biologische Bedürfnisse" (F. G. Pleune, 1961, S. 484).

Freud schreibt übrigens: „. . . nichts anderes als ein Wunsch sei imstande, den (seelischen, Ref.) Apparat in Bewegung zu bringen . . ." (S. Freud, 1900, S. 604)[19]. Die Herausbildung von Wünschen – und Wünsche beziehen

---

[17] Die soeben skizzierte Auffassung, wonach „Ziele und infolgedessen der Trieb erworben werden" aufgrund „transaktionaler Erfahrungen" bei vorgegebenen „sensomotorischen Verhaltensmustern" (I. Ch. Kaufmann, 1960, S. 324), wird auch von M. Schur geteilt (1960, S. 620ff.); vgl. ferner F. G. Pleune (1961) und die Ausführungen über das „Realitätsprinzip im weiteren Sinne".

[18] Zuwendungs- oder Annäherungsreaktionen einerseits, Abwendungs- oder Rückzugsreaktionen andererseits gelten als die beiden biologischen Grundkategorien des reaktiven Verhaltens (T. C. Schneirla, 1959).

[19] Vgl. zu dieser Auffassung M. Schur (1966, S. 68), der schreibt: „die Entstehung des ‚Wunsches' kennzeichnet den Beginn der Funktion von dem, was wir psychische Struktur

sich nach unserer Auffassung nicht nur auf reine Triebstrebungen, sondern auch auf narzißtische Bedürfnisse und das Sicherheitsstreben (J. Sandler, 1976, S. 34) (und im Gefolge davon die Entwicklung von Phantasien, z. B. auch durch die der Tagträume, J. A. Arlow, 1963, im Dienste der Bewältigung der wunschgeborenen Konflikte, J. A. Arlow, 1968) – ist demgemäß ein seelisches Fundamentalereignis, das in enger Nachbarschaft steht zur Imagination und Phantasietätigkeit, zur Wahrnehmung und Entstehung von psychischen Symbolen und Repräsentanzen überhaupt. Es sind dies psychische Prozesse und Funktionen, die Freud (S. Freud, 1900, S. 354, 356; S. Freud, 1901, S. 699) ursprünglich als gegeben voraussetzte, die aber heute auch gerade von psychoanalytischer Seite, in der Psychosenforschung und Entwicklungspsychologie eine immer stärkere Beachtung finden (E. Jones, 1919; M. Klein, 1930; S. Isaacs, 1948; S. Kubie, 1953; Ch. Rycroft, 1956, 1958; D. Beres, 1960, 1965; H. Werner und B. Kaplan, 1962; J. H. Phillips, 1962; J. Sandler und B. Rosenblatt, 1962; M. Bénassy und R. Diatkine, 1964; H. Schlegel, 1964; S. Kreitler, 1965; J. Laplanche und J.-B. Pontalis, 1968; D. Beres und E. D. Joseph, 1970). Der Wunsch, in der gerade skizzierten Weise entstanden, ist somit eine verinnerlichte erlebte Erfahrung, ein geronnenes Handlungsschema mit emotionalen, conativen und cognitiven und nicht zuletzt motorischen Komponenten. Im Falle seiner Aktivierung, d. h. im Augenblick, in dem er aus bestimmten Gründen in Funktion tritt, wird er seiner Herkunft gemäß Erleben und Handeln determinieren bzw. kodeterminieren. Man kann deshalb den Wunsch (in ihm übrigens wird jetzt in zunehmendem Ausmaß das „Konzept" gesehen, das das „metapsychologische Konzept Trieb [instinctual drive]" verdrängt bzw. überflüssig macht, R. R. Holt, 1976, S. 179) als eine psychische Mikrostruktur betrachten, in der Erlebens- und Verhaltensinformation gespeichert sind. Dasselbe gilt dann mutatis mutandis von den Makrostrukturen der Psyche, wie wir sogleich sehen werden.

Doch bevor wir damit zum Strukturbegriff überhaupt kommen, noch einige weitere Erläuterungen des Energiebegriffes. Es wurde schon darauf hingewiesen, daß über das Lust-Unlust-Prinzip eine erste Steuerung des Seelenlebens zustande kommt. „Entdeckt" wurde diese steuernde, regulierende Funktion des Lust-Unlust-Prinzips an bestimmten psychopathologischen Verhaltensformen, nämlich solchen, die infolge ihres dranghaften, triebartigen Charakters zum unmittelbaren und unaufschiebbaren Ausdruck, zu sofortigen Handlungen zwingen, wie gewisse phobische Erlebnisweisen und

---

nennen." J. H. Smith (1976, S. 160) betont, daß ein „Wunsch" – freilich auf „primitiver" Ebene – ein Objekt, eine äußere Realität und auch ein Bedürfnis, eine innere Realität, benennt und also bereits „die Struktur eines Satzes" aufweise, denn das Bedürfnis weise auf das „Ich", das Subjekt hin, „Handlungen und Objekt" auf „die Anlage der verbalen Struktur".

Affekte, Zwangseinfälle und Impulse, Wahngedanken usw. Der Kranke, der etwa versucht, einem Zwangsimpuls zu widerstehen, wird von Angst befallen, womöglich von Panik überwältigt, d.h. er empfindet starke Unlustaffekte. Diese sind es, die ihn zu Abwehrmaßnahmen, z.B. Gegenzwängen veranlassen. Andererseits war durch die Beschäftigung mit solchen Kranken aufgefallen, daß Symptome im Verlauf der psychischen Therapie verschiebbar wurden und daß sich zudem Affekte durch Symptome vertreten lassen und umgekehrt. Beide Beobachtungen gaben Anlaß, eine psychische Energie zu postulieren, die in solchen Prozessen abgeführt, entladen werden muß (man denke an die bekannten Abreaktionen, den Affektsturm und die dadurch erreichte Katharsis), die als solche also verschiebbar ist, ja in andere Formen transformiert werden kann. Wenn wir diese Annahme machen, dann kann man sagen, diejenigen Prozesse, die den Charakter der Dringlichkeit und Zwanghaftigkeit besitzen, lassen erkennen, daß sie vom Unlustprinzip gesteuert werden. Sie sind von der Art, daß alles darauf ankommt, die angestaute Energie (die sich subjektiv als Unlustgefühl bemerkbar macht) rasch abfließen zu lassen. In energetischer Perspektive ist aus diesem Grund das Unlustprinzip eine Ausdrucksform des allgemeinen Entropieprinzips (D. Rapaport, 1960, S. 74, 77, vgl. S. 11), welches bekanntlich feststellt, daß innerhalb abgeschlossener Systeme von energetischen Potentialen Prozesse in Richtung auf einen Gleichgewichtszustand hin ablaufen, wodurch eine möglichst gleichmäßige Verteilung der Energie erreicht wird (etwa in Richtung auf eine Homöostasis; Herrschaft des Konstanzprinzips). Prozesse, die in diesem Sinne vom Lust-Unlust-Prinzip reguliert werden, müssen demgemäß durch eine ungebundene, frei verschiebbare Energie unterhalten werden. Ihnen gegenüber stehen nun aber seelische Vorgänge, die keinen oder nur einen gering ausgeprägten triebhaften Charakter aufweisen, das sind solche, die nicht auf sofortige Erledigung und Spannungsabfuhr zielen, sondern Aufschub dulden. Wir sagen in solchen Fällen, der Betreffende läßt sich von seiner Vernunft, von nüchternen Überlegungen leiten. Sein regulierendes Prinzip ist nicht die unmittelbare Lust oder Unlust, vielmehr weiß der Betreffende, sich den ,,objektiven'' Gegebenheiten anzupassen oder er vermag sie in Rechnung zu stellen und sein Triebbedürfnis aufzuschieben. Abgekürzt gesagt, er wird in seiner Reaktion und in seinen Handlungen vom ,,Realitätsprinzip'' geleitet. Aus der Sicht des ökonomisch-energetischen Gesichtspunktes hat man gesagt, die bislang primär triebhafte Energie sei im Verlauf einer solchen Entwicklung dieses triebhaften Charakters entkleidet worden, sie wurde desexualisiert, respektive desaggressiviert, womit sie auch die Merkmale der ungebundenen freien Beweglichkeit einbüßte und eine gebundenere Natur annahm. Es ist sicher korrekter – oben wurde schon darauf hingewiesen – anstelle derartiger, die weitere Hinterfragung der Phänomene eher blockierender denn fördender Konzepte von Differenzierungen der kontrollierenden Strukturen, den damit korrelierten Objektbeziehungen und Motivationssystemen zu reden (R. Schäfer, 1968a).

Auch *Überbesetzungen* und *Aufmerksamkeitsbesetzungen* sind als Funktionsmöglichkeiten eines bestimmten psychischen Differenzierungsgrades zu verstehen, nämlich desjenigen, der es erlaubt, einem bestimmten Ziel oder einem bestimmten Motiv bewußte Beachtung zuzuwenden (R. Schäfer, l.c. S. 63)! Dies heißt nicht, daß die besondere Mobilität, die wir diesen Besetzungen zuerkennen, nicht neurophysiologische Entsprechungen haben kann (A. Applegarth, 1971, S. 402).

3. Der Begriff der seelischen Struktur

a) Primäre und sekundäre psychische Prozesse und die topische Einteilung

Weiter vorne hatten wir schon gesehen, wie über die im handelnden Umgang mit der Welt erlebten Erfahrungen erste seelische Strukturen, Mikrostrukturen, aufgrund einer vorgegebenen mnemischen Fähigkeit des Organismus gebildet werden. Wenn sie einmal entstanden sind, kann auf sie im seelischen Leben zurückgegriffen werden, dann wird der so gebildete Wunsch zum Agens, das das psychische Leben bewegt und gestaltet. Der erste Schritt dabei ist die „halluzinatorische Besetzung der Befriedigungserinnerung" (S. Freud, 1900, S. 571, S. 604), die sogenannte „halluzinatorische Wunscherfüllung", die zwar als solche drängende biologische Bedürfnisse nicht stillen kann, wohl aber in ihrer durch Überich-Einflüsse (Zensor) ausgearbeiteten Form psychologische Gratifikationen gewährt (J. Sandler, 1976, S. 39, 40). Damit ist eine *Wahrnehmungsidentität* (S. Freud, 1900, S. 571) hergestellt, sie gilt als der Kernvorgang des sogenannten seelischen *Primärprozesses*, eines Vorganges, der dynamisch gesehen von der Tendenz, Triebbesetzungen frei und rasch zu übertragen, gelenkt wird (S. Freud, 1900, S. 600ff.) und formal gesehen neben dem Charakter der *Bildhaftigkeit* vor allem durch die Merkmale der *Verschiebung* und *Verdichtung* und also Symbolbildung gekennzeichnet ist. Diese Vorgänge können sowohl vom energetischen wie vom strukturellen Standpunkt aus interpretiert werden. Im ersten Falle sagen wir der „psychische Apparat" stehe ganz unter der Herrschaft des Lust-Prinzips und ziele deshalb auf rasche Spannungsabfuhr. Das führe dazu, daß dem primären Perzept analoge Perzepte leicht ersatzweise besetzt und womöglich zudem mehrere Perzepte zu einem zusammengeschmolzen werden. Man spricht dann von „symbolic equations" (H. Segal, 1957, S. 395) um auszudrücken, daß einer epikritischen Wahrnehmung disparat erscheinende Begriffe oder Perzepte im Rahmen des psychischen Primärpro-

zesses gegeneinander austauschbar sind. Z.B. ist eine solche Gleichsetzung
die bekannte Identität Brust – Phallus und Skybalon – Kind. Betrachtet man
dieselben Erscheinungen aus struktureller Sicht, dann imponiert der Drang
zu sofortiger Spannungsabfuhr als Folge des ,,Fehlens einer dynamischen
und strukturellen Entwicklung''. Primärprozeßfunktionen sind in beiden
Hinsichten demnach Korrelate einer nur ,,minimal definierten oder organisierten'' seelischen Struktur (R. Schafer, 1968, S. 48, 49), d.h., sie sind der
,,infantile Typus der Denkbarkeit'' (S. Freud, 1905b, S. 194). Dieser Typus
der Denkarbeit würde etwa der dritten sensomotorischen Organisationsstufe (J. Piaget, 1936; P. H. Wolf, 1960; A.-M. Sandler, 1975) entsprechen.
Andererseits kann das Primärprozeßgeschehen auch als regressives Phänomen (vgl. G. Jappe, 1971), nämlich als ein Zusammenbruch des etwa dem
sechsten sensomotorischen Stadium entsprechenden Organisationsniveaus
betrachtet werden. Das heißt das magisch-wunscherfüllende Denken kommt
regressiv zur Dominanz im Sinne einer Kompensation der äußeren frustrierenden Realität. Diese Auffassung findet auch bereits bei Freud eine Stütze
(1900, S. 493, S. 535, S. 610; 1905b, S. 193), nämlich überall dort, wo Freud
von einer ,,Motivation'' des Primärvorganges, etwa durch den Zensor
spricht. Freud fand die Funktionsgesetze des psychischen Primärprozesses
bekanntlich bei der Analyse der Träume, bei seelischen Phänomenen also,
die nicht oder kaum vom diskursiv reflektierenden Denken geleitet werden.
Das Ich nimmt gleichsam die Primärprozesse beim Witz (S. Freud, 1905
b) und bei kreativen Prozessen überhaupt in seinen Dienst[20].
Träume, die einen deutlichen Geschehenscharakter, eine pathische Form
besitzen, sind insofern ganz besonders geeignet, uns diejenigen Faktoren
studieren zu lassen, die außerhalb der bewußten Intentionalität das seelische
So-Sein bestimmen. Freud nannte diese Faktorengruppe *unbewußt* und
postulierte damit das Unbewußte als ein System, das gleichsam hinter dem
Bewußtsein liegt oder hinter dem Vorbewußtsein, wobei letzteres verstanden wird als prinzipiell bewußtseinsfähig, insofern nur unsere Aufmerksam-

---

[20] Eine detaillierte Diskussion der Genese Dynamik und Struktur des ,,Primär-Prozesses''
geben M. M. Gill (1967), R. R. Holt (1967), P. Noy (1969), V. H. Rosen (1969); vgl. auch G.
Jappe (1969) und W. Loch (1971). Wie sich die Funktionsweise des Primärprozesses aus den
Erkenntnissen J. Piagets und L. S. Wigotskys über die kognitive Entwicklung, die beide
Forscher vom handelnden Umgang des Kindes mit der Welt und nicht, wie Sigmund Freud, von
der Wahrnehmung ableiten, ,,erklären'' läßt, zeigt M. F. Basch (1981). Allerdings vernachlässigt Basch, daß Freud schon 1895 (S. 410, 444, 445) dem Handeln, der Motorik unter den
Termini ,,Abfuhrnachricht'', ,,Bewegungsnachricht'', ,,Tätigkeit'', bei seiner frühen Darstellung der Primär- und Sekundärvorgänge einen wesentlichen Stellenwert zuwies. Vgl. dazu auch
A.-M. Sandler (1975), die die klinische Bedeutung der sich aus dem handelnden Umgang mit
der Welt sich herausbildenden kognitiven und affektiven Schemata herausarbeitet.

keit sich ihm zuwendet. Das Unbewußte ist vom Vorbewußten und das Vorbewußte ist vom Bewußtsein durch je einen sogenannten „Zensor" (S. Freud, 1915b, S. 290) getrennt. Die Zensoren sind Instanzen, die dafür sorgen, daß unbewußte Inhalte nicht unmittelbar, nicht ohne weitere Bearbeitung bewußt werden, würde doch ihre unverhüllte Bewußtwerdung zu einer ernsthaften Störung eben des inzwischen entwickelten und herrschenden Ich-Bewußtseins Anlaß geben. Bei diesen jetzt „unbewußten" Inhalten handelt es sich, vom nunmehr bestehenden Ich-Bewußtsein aus geurteilt, um primitive, frühinfantile Wünsche, die die erreichte wachbewußte Einstellung gefährden, indem sie die mit ihr gewonnene Sicherheit und Befriedigung gewährende Realität (verkörpert durch die entsprechenden Beziehungspersonen) in Frage stellen oder sogar aufheben. Die zensurierende Instanz sorgt also, indem sie abwehrt bzw. den Ausdruck der abzuwehrenden Wünsche nur in entstellter Form zuläßt, für die Aufrechterhaltung eines je bestimmten Realitätsbezuges. Die durch solche Abwehrleistungen entstehende manifeste oder Oberflächenstruktur (die Wünsche sind in dieser Betrachtung gesehen dann eine auch schon übrigens symbolische oder zumindest präsymbolische Form besitzende „Tiefenstruktur") stellt eine „symbolische Form,, dar, die aufgrund bestimmter Übersetzungsregeln, die wie ein „Filter", eine „Abwehr" wirken, zustande gekommen ist und die ihrerseits Ausdruck für „Kriterien höherer Ordnung" (regulierender Prinzipien) ist (M. Edelson, 1937, S. 247, S. 263), die den Sekundärprozeß bestimmen bzw. charakterisieren.

Mit der Beschreibung von bewußten, vorbewußten und unbewußten Vorgängen haben wir eine *topographische* Einteilung der psychischen Tätigkeit vorgenommen. Eine solche Topologie ging der strukturellen Gliederung der Psyche voraus. Freud faßte übrigens diese beiden Entwicklungen in der theoretischen Begriffsbildung nicht als eine Kontradiktion auf, wie seine mehrfachen diesbezüglichen Hinweise bezeugen (S. Freud, 1938b, S. 135; 1926a, S. 302). Man sollte sie vielmehr als sich gegenseitig ergänzend betrachten, denn die topographische Einteilung sagt nur etwas darüber aus, ob ein psychischer Inhalt bewußt, unbewußt oder vorbewußt ist, wobei die Merkmale bewußt, vorbewußt, unbewußt „Qualitäten" der psychischen Akte (S. Freud, 1938, S. 85) sind. In einer derartigen Sicht können wir demgemäß das Bewußtsein als ein „Sinnesorgan, welches einen anderwärts gegebenen Inhalt wahrnimmt" (S. Freud, 1900, S. 150, 579, 580, 621, 622) auffassen. Damit wird das Bewußtsein nicht etwa seiner Bedeutung und einzigartigen Stellung enthoben, die vielmehr von der Psychoanalyse immer herausgestellt wurde. Es sei zum Beispiel nur daran erinnert, daß Freud am Ende seines Lebens wieder betonte: „. . . Bewußtheit . . . bleibt das einzige Licht, das uns im Dunkel des Seelenlebens leuchtet und leitet" (1938,

S. 147)[21]. Wohl aber erlaubt uns eine solche Auffassung die Untersuchung der Frage, welche Qualitäten (M. M. Gill, 1963, S. 60, 63 und 158) denn bewußte Phänomene besitzen müssen. Es werden insbesondere drei Qualitäten beachtet: (1) Sinnesreize, die, eine bestimmte Intensität vorausgesetzt, eine „Aufmerksamkeitsbesetzung" in die Wege leiten (S. Freud, 1900, S. 546, 598, 621), (2) Lust-Unlust-Empfindungen und (3) Worterinnerungen, welch letztere energetisch gesehen Überbesetzungen sind (S. Freud, 1900, S. 608, 622).

Im bewußten und vorbewußten Seelenleben laufen nun die seelischen Prozesse gemäß dem *Sekundärvorgang* ab, bei dem anstelle der „Wahrnehmungsidentität" eine „*Denkidentität*" (S. Freud, 1900, S. 607) hergestellt wird, und an die Stelle der ungehemmten Energieabfuhr der Triebbesetzungen (etwa über die dem Triebgeschehen nahestehenden Phantasievorstellungen oder Primäraffekte) sind durch Aufmerksamkeitsbesetzungen und Überbesetzungen[22] ausgezeichnete Gedanken und Affektsignale, die mit der „objektiven" und im Gruppenkonsensus validierten „äußeren" Welt in Übereinstimmung sind, getreten. Falls Sekundärprozesse ablaufen können, vermögen wir über das Denken zu handeln, und zwar so, daß letztlich wieder das Ziel, die „reale" Wahrnehmungsidentität und damit die Triebentspannung durch eine Veränderung der Umwelt erreicht wird. Der Plan, dieses Ziel zu erreichen, erfordert die Fähigkeit, Umwege im Denken und Handeln machen zu können, erfordert vor allem Verzicht auf die unmittelbare Bedürfnisbefriedigung, was natürlich voraussetzt, daß die antizipierenden Funktionen herangereift sind. Der Weg von einem Triebwunsch zu einer Befriedigung nimmt also „normalerweise" in der reifen Psyche – und das heißt strukturell verstanden eine „Psyche", die über eine „Hierarchie von regulierenden und regulierten Motiven" verfügt (R. Schafer, 1968a, S. 56) – den soeben genannten Verlauf. Mit anderen Worten, es gibt eine normale Hemmung der triebhaften Impulse durch deren Umwandlung, d. h. Neutralisierung zu Aufmerksamkeitsbesetzungen und Überbesetzungen. Auf diesem Wege werden Triebimpulse letztlich bewußt ohne entstellende Umformung, und es gelingt, mittels des Einsatzes der Denkmittel, des perzipieren-

---

[21] Zur „Erforschung der Prozesse, die der subjektiven bewußten Erfahrung" zugrunde liegen, hat zwar S. Freud (1900, VII. Kapitel) wesentliche Anregungen gegeben, aber erst in jüngster Zeit wurden diese Ansätze weiter entwickelt (D. Rapaport, 1951; 1960; J. Aufreiter, 1960; M. M. Gill u. G. S. Klein, 1964, S. 493).

[22] (D. Rapaport, 1960, S. 208). Im Unterschied zu Rapaport (l. c. 228) u. m. E. in größerer Übereinstimmung mit Freud (1938b, S. 86) nehme ich hier eine Verschiedenheit zwischen Aufmerksamkeits- und Überbesetzungen an. Ich unterstelle der ersteren eine freie willkürliche Beweglichkeit bei fehlender Dringlichkeit, den letzteren, repräsentiert in den Worterinnerungen, eine stärke Fixierung (vgl. zu dieser Problematik: R. R. Holt, 1962).

den, des kritischen und planenden Denkens und der exekutorischen Funktionen zur Erfüllung der Triebimpulse zu gelangen (M. M. Gill, 1963, S. 21). Im Rahmen dieser Abläufe haben vorbewußte oder bewußte Vorgänge die Bedeutung von Regulationen, sie transformieren das ursprünglich allein herrschende Lustprinzip zum Realitätsprinzip. Unter dessen Herrschaft wird eine breite Skala von Außenweltbedingungen zur Befriedigung der triebhaften Strebungen in Rechnung gestellt und benutzt[22a].

b) Zur Genese und Funktion des Ich und des Selbst

Die verschiedenen Funktionen, die Garanten dafür sind, daß das Realitätsprinzip Regulator des seelischen Lebens und damit des Gesamtverhaltens des Organismus wird und sein kann, werden nun dem *Ich* zugeschrieben. Korrekter müssen wir von unserer Sicht sagen, wir definieren das Ich durch alle diese Funktionen, wodurch es den Status eines Konstruktes im oben angegebenen Sinne bekommt. Einige derjenigen Apparate, mittels welcher das Ich diese Funktionen ausübt, sind ihm von Anfang an zugehörig. Es sind die von primären Konflikten unabhängigen *autonomen Ich-Apparate*, zu denen der Anlage nach Wahrnehmung, Motorik und Intelligenz gehören, ebenso wie „die Apparate, die Erinnerungsspuren bilden, die Schwellenwerte der Spannungstoleranz . . .[23], die spezifischen Verbindungen zwischen Trieb und Befriedigung gewährenden Objekten" und „die Kanäle der Affekt-Abfuhr und ihrer anscheinenden Intensität". Die Anerkennung vererbter, Verhalten bestimmender Strukturen schließt natürlich nicht aus, daß so bestimmte Funktionen durch neurotische Konflikte beeinträchtigt werden (H. Hartmann, 1939a, 1960, S. 87, 119; D. Rapaport, 1951, S. 692, 693) können. Zu diesen autonomen Funktionen gehören auch Verhaltensweisen, die der Abwehr solcher Reize bzw. Erlebnisse dienen, die das aktuelle Ich bedrohen würden. Weil dem Ich die Regulation und Exekution

---

[22a] Zur „Logik" der Primär- und Sekundärprozesse hat I. Matte-Blanco (1975) grundlegende Feststellungen getroffen. Er zeigte, daß die ersteren einer symmetrischen, die letzteren einer asymmetrischen Logik gehorchen. Im Falle der Symmetrie sind die Objekte einer Beziehung vertauschbar, hingegen ist das nicht der Fall bei Asymmetrie. So gilt bei Asymmetrie: A gibt etwas an B. Bei Symmetrie ist zugleich wahr: B gibt etwas an A. Aus genetischer Sicht, vom Standpunkt der primären Identifizierung (Adualismus) ist eine derartige Vertauschbarkeit ohne weiteres einzusehen. Man kann von daher auch verstehen, daß u. U. ein Patient alle Dinge miteinander gleichsetzt, die „berührbar" sind. Überhaupt ist es möglich, die Mechanik der Abwehrmechanismen aus den genannten logischen Regeln abzuleiten. Z. B. ist eine „Verschiebung" von Gefühlen oder auch Vorstellungen von einem Objekt zum anderen notwendige Folge der Gleichsetzung der Objekte (s. dazu auch E. Rayner, 1981).

[23] In „Manuskript E" (1894) diskutierte Freud bereits die Vorstellung, daß „endogene Spannung kontinuierlich oder diskoninuierlich wächst" und „jedenfalls erst bemerkt wird, wenn sie eine gewisse *Schwelle* (i. O. hervorgehoben, W. L.) erreicht hat".

unseres Denkens und Handelns, Sinnens und Trachtens obliegt – bzw. man müßte besser sagen, diese Regulation liegt ihm zugrunde, weil es „der durch den direkten Einfluß der Außenwelt unter Vermittlung von W-Bw (Wahrnehmung – Bewußtsein, W. L.) veränderte Teil des Es ist" (S. Freud, 1923, S. 252) –, sind wir berechtigt, vom Ich als *Organ der Anpassung* zu reden (S. Freud, 1938, S. 68 und H. Hartmann, 1939a). Wir wollen damit sagen es vermittelt, es stellt ein Gleichgewicht her zwischen den verschiedenen Realitäten, mit denen der Organismus verknüpft ist, der inneren, biologisch triebhaften und der äußeren, sozial kulturellen. Indem das Ich solche Funktionen wahrnimmt, dient es der *Selbsterhaltung*, übernimmt also eine Aufgabe, die im Tierreich durch weitgehend angeborene Instinkthandlungen vollzogen wird. Der entscheidende Moment im Hinblick auf gerade diese Aufgabe der Ich-Tätigkeit ist in seiner synthetischen Funktion zu sehen, die der „zentralisierten funktionellen Kontrolle" (H. Hartmann, 1959, S. 318; 1947, S. 73) zugrunde liegt. Wie das Ich vom Verlauf der Ontogenese allmählich gebildet wird, kann im Detail hier nicht geschildert, vielmehr nur kurz skizziert werden. Man nimmt heute zumeist an, daß aus einer „undifferenzierten Ich-Es"-Matrix (S. Freud. 1938b, S. 72, H. Hartmann, 1939a, H. Hartmann, E. Kris und R. M. Loewenstein, 1946, H. Hartmann, 1952) zunächst ein „primär-narzißtisches Lust-Ich" (S. Freud, 1911, S. 235; 1915a, S. 238) hervorgeht. Freud schrieb einmal, daß dem „purifizierten Lust-Ich", das die Summe aller positiv gefärbten Gefühlszustände, die mit der Vorstellung des Selbst (der Selbstrepräsentanz) verbunden werden und also den „Narzißmus"verkörpern (A. Holder u. C. Dare, 1982, S. 794, 795), ein „anfängliches Real-Ich" vorangehe (1915a, S. 228). Er dürfte hierbei an die Zeit gedacht haben, in der etwa die Träume noch nicht die Aufgaben der Wunscherfüllung hatten, die sie ja erst bekamen, nachdem „das gesamte Seelenleben die Herrschaft des Lustprinzips angenommen hatte" (1920, S. 33). Das ist aber die Zeit in der das „Realitätsprinzip im weiteren Sinne" gilt (s. S. 18). Eine Anerkennung dieser Zusammenhänge bedeutet, in der Herrschaft des Lustprinzips dann die des Realitätsprinzips einer bestimmten Entwicklungsstufe, nämlich der frühen narzißtischen[24] zu

---

[24] Vgl. zum Problem der kontroversen Definition wie der Entwicklung des Narzißmus – die mit der des „Selbstes" und dem „narzißtisch besetzten" Objekt (W. Kinston, 1982) in enger Verbindung steht – und des narzißtisch Gleichgewichtes: Das Kapitel über psychiatrische Krankheitsbilder sowie S. Freud, 1914a; M. Balint, 1960; H. Rosenfeld, 1964; W. G. Joffe u. Sandler, 1967; H. Kohut, 1969; W. Schuhmacher 1970; A. Miller, 1970; W. Loch, 1967; B. Grunberger, 1971; H. Argelander, 1971; S. E. Pulver, 1972; M. S. Mahler, 1975; R. Edgcumbe u. M. Burgner, 1973, S. 296: „Primärer Narzißmus ... bezieht sich auf – die frühen Erlebniszustände des Kindes und die energetische Besetzung primitiver Repräsentationen dieser Erfahrungen." In theoretischer wie in klinischer Hinsicht dürfte von großer Bedeutung sein, daß „pathologischer" Narzißmus in enger Verbindung zum Neid (M. Klein, 1957) steht, d. h.

sehen, in der im Rahmen der Mutter-Kind-Dyade die Bedürfnisse des letzteren wie der ersteren übrigens (A. Balint, 1933/1939) optimal erfüllt werden, weshalb auch von der Dyade gilt, daß in ihr das Kind dem „Lust-Ich" der Mutter entspricht. Die Interpretation des Lustprinzips als Realitäts-prinzip einer bestimmten Entwicklungs- oder Organisationsstufe ist im Einklang mit der allgemeinen Feststellung Rapaports, daß die großen resultierenden Prinzipien (Konstanz-, Nirwanaprinzip) und – wie hinzuge-fügt werden muß – auch die Gefühlshomöostase Sicherheit und Wohlbefin-den (W. G. Joffe und J. Sandler 1967, S. 742) jeweils Realisationen des Entropiegesetzes unter verschiedenen strukturellen Bedingungen darstellen (D. Rapaport, 1959, S. 157; vgl. J. H. Smith, 1977, wo diese Frage ausführlich diskutiert ist). Man versteht unter Lust-Ich eine Organisation, die alle mit Schmerz, Unlust und Mißbehagen einhergehenden Erlebnisse als zum Nicht-Ich gehörig betrachtet, oder weniger adultomorph in der Fach-sprache ausdrückt, es ist ein Stadium, in dem starke Spannungszustände noch nicht zur Höhe des Sekundärprozesses integriert werden können. Letzteres ist ja sicher erstmalig in Ansätzen möglich in der Phase des „ruhigen Wohlbehagens", (P. H. Wolff, 1959, spricht von „alert inacti-vity", vgl. M. S. Mahler, 1975, S. 43 u. 44) einer Befindlichkeit, die der erfüllten, „primären Liebe" (A. Balint, 1933, M. Balint, 1935, 1937) korreliert und die allein jene „Kontinuität des Seins" schafft (D. W. Winnicott, 1960, S. 590, 594), jenes „Sicherheitsgefühl" (J. Sandler, 1960) gewährleistet, welches auch die Voraussetzung für die Entfaltung des „gegenständlichen Wahrnehmungsbewußtseins" (E. Schachtel, 1955/56) und wohl auch des „Gedankenbilden" und des „Denken können" (W. R. Bion, 1962) ist. Nunmehr etablieren sich um die Geschehensabläufe in denjenigen „Schnittpunkten", welche durch die notwendigen Körperbe-dürfnisse gelenkte Subjekt-Objekt-Interaktionen „herstellen", Erfahrungs-.und Erlebnisniederschläge, die man „Ich-Kerne" nennt (E. Glover, 1932, 1943). Diese Ich-Kerne sind also recht eigentlich das Produkt eines „bio-psycho-sozialen Simultangeschehens" (W. Loch, 1962, S. 351). Je stärker der Akzent auf dem erstent Anteil, um so mehr sind wir berechtigt, von einem Körper-Ich[25] zu sprechen. Je geringer der somatische Pol am Gesamt-geschehen beteiligt, um so „entsomatisierter" und um so reiner die soziale

---

als Abwehr einer frustrationsgeborenen und von destruktiver Aggression bestimmten Neid-Reaktion gegenüber dem guten Objekt sich entwickelt (H. Segal, 1982). Es ist dabei weniger bedeutsam, ob ein solcher Zustand praktisch sofort nach der Geburt entsteht, oder erst nach einer längeren primär narzißtischen Phase, welche ihrerseits sowohl auf perfekter Anpassung zwischen Säugling und Pflegeperson beruht, wie auch der Unfähigkeit des Säuglings, Unlust, Schmerz als psychische Phänomene zu erleben.
[25] „Das Ich ist vor allem ein körperliches" (S. Freud, 1923, S. 253).

Herkunft und Funktion der entstandenen psychischen Repräsentanz. Dem Körper-Ich könnte man so ein „Sozial-Ich" gegenüberstellen, das immer ein (sekundäres) „Real-Ich" wie auch – weil es im Sinne des Sekundärprozesses, d. h. mit Befriedigungsverzögerung, Antizipation und mit Denkidentitäten, Vorgänge, die aufs engste mit der Sprache und ihrer Entwicklung zusammenhängen, so daß man aus dieser Sicht das Ich geradezu eine „vocalauditory organization" nennen kann (H. Edelheit, 1969, S. 382), arbeitet – stets ein „Abwehr-Ich" (B. Apfelbaum, 1966, S. 462) ist. Ihre Artikulationsstelle ist gleichsam der „Schaltbereich", von dem aus die somatischen, individualpsycho-pathologischen bzw. kollektiv-pathologischen Entwicklungen abzweigen.

Ein wichtiger Körper-Ich-Kern, wahrscheinlich der erste und also die weitere Entwicklung fundierende wie kanalisierende ist das „Mund-Ich" (W. Hoffer, 1950). Die einzelnen Ich-Kerne schließen sich im Laufe der aufsteigenden Entwicklung zum Gesamt-Ich zusammen. Dies muß, soll es seine Funktion, Organ der Anpassung zu sein, vollbringen können, ein (sekundäres) „Real-Ich" werden. Das bedeutet, es muß auch widersprüchliche Erfahrungen, die damit verbundenen Spannungen erleben können und integrieren, d. h. „ich-haft" erleben und nach Modus des Sekundär-Prozesses, also letztlich begrifflich-verbal bearbeiten lernen. Alle diese hochkomplexen Vorgänge nehmen ihren Anfang in den innerhalb der Dual-Union Mutter-Kind – wir könnten sagen, wenn wir sie uns als Ellipse denken – gleichsam zwischen ihren beiden Brennpunkten aufbrechenden Ereignissen. Geht man von dieser Dual-Union aus, dann können wir mit M. S. Mahler (1958, S. 77; 1968, S. 7ff.) unterscheiden: eine präsymbiotische oder normal autistische – während dieser Zeit hat die Reizschranke (s. S. Freud, 1920) eine große Bedeutung –, die mit dem „präobjektalen Stadium" von R. A. Spitz (1965) und dem der totalen Abhängigkeit im Sinne der passiven „primären Objektliebe" (M. Balint, 1937) analog ist[26] und eine eigentlich symbiotische Phase. Letztere – für sie ist der Übergang von einer vorwiegend propriozeptiven zur betonteren sensoriperzeptiven Besetzung wesentlich (M. S. Mahler et al., 1975, S. 46)[27] – beginnt etwa mit der Wahrnehmung des bedürfnisbefriedigenden Objektes" (A. Freud, 1952), also zur Zeit des

---

[26] In ihr wird auch eine erste Grenzkonstanz, nämlich hinsichtlich der Entgegensetzung von „polaren Qualitäten" (Hell-Dunkel, Lust-Unlust) erreicht (D. Roth und S. J. Blatt, 1974). – In der neueren Säuglingsforschung (J. Lichtenberg, 1987) herrscht die Ansicht, daß Neugeborene bereits aufgrund ihrer angeborenen Organisation zu komplexen Interaktionen befähigt sind.

[27] In dieser Periode erfolgt die Differenzierung von (Partial-) Objekten in bezug auf deren bestimmte Eigenschaften und vor allem in bezug auf ihre Lage auf der horizontalen Achse (oben-unten und umgekehrt) (l. c.), weshalb von Stratifikations- und Beziehungskonstanz zu sprechen ist.

Dreimonatslächelns (R. A. Spitz, 1954). Hierauf folgt die (*erste*) „Trennungs-
und Individuationsphase" (M. S. Mahler und B. J. Gosliner, 1955), die über
vier Subphasen (1) Differenzierung und Entwicklung des Körperbildes –
5.–10. Monat –, (2) Übungsperiode – 10.–15. Monat –, (3) Annäherungspe-
riode – 15.–22. Monat –, (4) Konsolidierung der Individualität und Beginn
der emotionalen Objektkonstanz – 22.–36. Monat – (M. S. Mahler et al.,
1975)[28] schließlich, d. h. nach Überwindung „der zweiten Individuationsphase", der Pubertät, in der „Ich- und Triebregression ein obligatorisches
Moment" darstellen (P. Blos, 1967, S. 163 u. S. 172), zu einer reifen, auf
Gegenseitigkeit beruhenden, die eigenen wie die Bedürfnisse des Partners
berücksichtigenden (M. Balint, 1947) Abhängigkeit (W. R. D. Fairbairn,
1941, S. 39) führt resp. führen soll, denn nur allzu häufig resultieren auf dem
Gebiet der Objektbeziehungen, ebenso wie auf dem Gebiet der mit ihnen aufs
engste verwobenen Triebentwicklung ernsthafte Entwicklungsstörungen,
Schädigungen, die vor allem zu den sogenannten „borderline"-Neurosen,
zu den Psychosen, den Charakterneurosen und Perversionen wie auch den
psychosomatischen Krankheiten in Beziehung stehen. Insbesondere haben
noch u. a. neben den soeben genannten Forschern H. Hartmann (1939), W.
Hoffer (1949, 1950) sowie R. Spitz, D. W. Winnicott (1958) und O.
Kernberg (1975) wichtige Beiträge zur Einsicht in diese verwickelten Zusammenhänge geliefert. Die den verschiedenen den Umgang mit emotionalen
Objekten betreffenden Entwicklungsphasen zugeordneten Phantasiesyste-
me haben M. Klein und ihre Schule (s. dazu auch Kap. III) beschrieben.
Insbesondere wurden die „schizoid-paranoide" und die „depressive Position" herausgearbeitet. Beide Verarbeitungsmodi der Objektbeziehungen
entstehen schon in den ersten Entwicklungsphasen und beeinflussen in
wesentlicher Weise die Bewältigung späterer Konfliktsituationen, wie z. B.
die ödipale Krise, wobei dann entweder Spaltungs- und Projektionsmecha-
nismen, die zu paranoid-schizoiden Konstellationen führen oder introjektive, mit unzureichenden reparativen Möglichkeiten gekoppelte, die zu

---

[28] Den ersten beiden Subphasen dürfte „Sequenzkonstanz" zuzuordnen sein, d. h., die
Verbindung zwischen Raumpunkten und der Beachtung von Gleichgewicht und Symmetrie
werden möglich (l. c.). In der dritten und vierten Subphase entfalten sich Dreidimensionalität,
Objekt- und Selbstkonstanz (l. c.). Letztlich sind alle die genannten Entwicklungen bestimmt
durch eine von den „drei großen, das Seelenleben beherrschenden Polaritäten" (S. Freud,
1915a, S. 232) bedingte Dialektik. Diese Polaritäten sind: 1. Die „biologische": „Aktivität-
Passivität", 2. die „reale": „Ich-Außenwelt" und 3. die „ökonomische": „Lust-Unlust".
Wenn nun bezüglich des Seelenlebens gelten darf, daß die zweite Polarität die erste ist, die sich
post partum herausbildet und dabei in nicht linearer Weise mit der „Aktivität-Passivität"
korreliert, dann kann man zeigen, daß (F. B. Simon, 1982) die Abspaltung des Realitätsprinzips
vom Lustprinzip in Schritten erfolgt, die sich in Übereinstimmung mit den grundlegenden
logischen Operationen befinden bzw., daß diese durch jene begründet werden.

depressiven Reaktionen Anlaß geben, vorherrschen (s. dazu H. Segal, 1964a und 1982). Kontrovers ist, ob genetisch gesehen die paranoid-schizoide Position der depressiven vorausgeht oder ihrerseits eine pathologische Lösung der letzteren darstellt (W. Loch, 1981).

Die genannten Autoren, wie auch E. Jacobson (1954, 1964) und E. H. Erikson (1957, 1964), führen dabei über Freud hinausgehend noch den Begriff „Selbst" ein, womit insgesamt „die eigene Person" (H. Hartmann, 1950, S. 27), vor allem ihre Erlebnisaspekte (das Selbst der „Selbstbewußtheit" und des „Selbst-Bewußtseins") als auch strukturelle Anteile ... Repräsentation des subjektiven „Ichs" im Gegensatz zum „Nicht-Ich" (A. Holder und C. Dare, 1982, S. 789, Anmerkung 2), bezeichnet werden soll. Das Selbst seinerseits, „ein Produkt der ichgesteuerten Wahrnehmung"[29], gewinnt seine erste Form aus dem Dialog mit der Mutter (R. Spitz, 1957, 1963). Aufgrund einer „organisierenden Tätigkeit" (J. Sandler, 1960, S. 733 ff.) werden eine „Ur-Identität" (H. Lichtenstein, 1964, S. 53 ff.) und eine „Ur-Identifikation" (W. Loch, 1961/62, S. 715) entwickelt, die wir als „Bezugsrahmen oder Nullpunkt betrachten" können, auf den sich Repräsentanzen spezifischer psychischer und physischer Zustände beziehen und die in summa das abgeben, was wir das „Selbst" nennen (L. A. Spiegel, 1959, in: L. A. Spiegel, 1961/62, S. 224). Dieses „Selbst" bildet gegenüber den Triebkräften und der äußeren Realität eine „unabhängige, dritte Variable", denn es ermöglicht eine „konstante, invariante Korrelation" zwischen ökonomischen, triebdynamischen und strukturellen Faktoren im Sinne von „Permutierungen" (wie etwa ein musikalisches Thema), ohne seine fundamentale und zugleich fundierende Identität zu ändern (H. Lichtenstein, 1965)[29a]. Es ist übrigens wichtig zu realisieren, daß infolge der fortschreiten-

---

[29] Die Rolle der Wahrnehmung bei der Genese des Ichs wurde von S. Freud wiederholt eigens herausgehoben, z. B.: „Wir sehen es (das Ich, W. L.) vom System W (der Wahrnehmungen, W. L.) als seinem *Kern* (von mir hervorgehoben) ausgehen" (1923, S. 251).

[29a] Aus der Perspektive einer systemischen Entwicklungstheorie unterscheidet D. N. Stern (1985) vier Stadien des „sense of self", deren jeweils typische, die Erfahrung organisierende Reaktions- und Interaktionsformen des Kindes entsprechen:
1. „Sense of an emergent self". Ihm liegt ein „physical self" zugrunde mit einem Minimum von Kohärenz.
2. „Sense of core self" (2. bis 6. Monat). Das Kind hat jetzt schon das Gefühl vom „caregiver" getrennt zu sein.
3. „Sense of subjective self" (7. bis 9. Monat). Ihm korrelieren interpersonale Beziehungen.
4. „Sense of verbal self" (Beginn 15. bis 18. Monat).
Jetzt ist die symbolische Dimension erreicht und fängt an, dem Kind zur Verfügung zu stehen, so daß auch Konflikte möglich werden. Zugleich entsteht das „semantische" Gedächtnis, während in den davorliegenden Stadien wohl nur „episodische" Ereignisse im Gedächnis ihren Niederschlag fanden. Nach Stern gibt es keine Dichotomie im emotionalen affektiven Bereich vor der Dichotomie „Selbst-Anderer".

den Differenzierungen und Integrationen zwischen dem „guten idealen bzw. idealisierten Objekt und den Selbstrepräsentanzen" (J. Sandler und B. Rosenblatt, 1962; O. Kernberg, 1975; J. D. Lichtenberg, 1975), ihrer Zusammenfassung zum „grandiosen Selbst" (H. Kohut, 1971) oder zum omnipotenten „mad-self" (H. Rosenfeld, 1964, S. 337), schließlich zwischen dem „zusammenhängenden Selbst" (H. Kohut, 1971), d. h. dem „Selbst verstanden als der Totalität aller Reflexionen auf sich selbst" (D. J. de Levita, 1966, S. 301) und der „Identität" verstanden als „Sammelbegriff für verschiedene Arten von Rollen" (D. J. de Levita, l. c.) unterschieden werden sollte. (Zu dem interessanten Problem einer Differenzierung zwischen „numerischer, qualitativer und personaler Identität", ihrem Zusammenhang mit dem nicht hintergehbaren Modell der dreistrahligen Zeichenrelation [und damit auch mit der 3-Personen-Beziehung, W. Loch und G. Jappe, 1974] sei auf M. Looser, 1976, insbes. S. 84 ff., verwiesen.) In all diesen Zusammenhängen sehen wir wieder (und schon mehrfach wurde darauf verwiesen), welch außerordentlich wichtiger prägender und steuernder Einfluß der gewährenden *und* versagenden Umwelt, dem Objekt (bzw. den Objekten) in der psychischen Ontogenese einzuräumen ist. Es gilt in bezug auf diese Verhältnisse der Satz: „. . . die Differenzierung der psychischen Struktur und die Beziehung des Selbst zu äußeren Objekten stehen in wechselseitiger Abhängigkeit miteinander (are interdependent); die Natur dieser wechselseitigen Abhängigkeit kann als dialektisch charakterisiert werden" (H. Hartmann, E. Kris, R. M. Loewenstein, 1944, S. 27; vgl. G. S. Klein, 1976, S. 178, 180, wo der „wir"-Aspekt der „Selbstheit" betont wird).

c) Zur Genese und Funktion des Es

Freilich, auch wenn wir die überragende Bedeutung der Objektbeziehungen herausstellen, wollen wir die Rolle angeborener Störungen im Bereich der primären autonomen Ich-Apparate (wie Wahrnehmung, Gedächtnis, Motorik, verstanden als angelegte Potentialitäten oder autonome Leistungen) sowie der mitgebrachten Triebradikale für den Prozeß der Strukturbildungen nicht vernachlässigen. Die letzteren werden im Rahmen der psychoanalytischen Theorie unter dem Begriff des *Es* zusammengefaßt (H. Hartmann, 1959, S. 329). Das Es ist einerseits das Reservoir der Triebe und hereditären Dispositionen: „die allererste dieser psychischen Provinzen oder Instanzen nennen wir das *Es*, sein Inhalt ist alles, was vererbt . . . ist, vor allem also die aus der Körperorganisation stammenden Triebe" (S. Freud, 1938b, S. 67/ 68). Dem Es ist andererseits alles das zuzurechnen, was verdrängt wurde, also das dynamisch unbewußte Material, das schon einmal bewußt bzw. vorbewußt war, dann aber die entsprechenden Besetzungen, also Aufmerk-

samkeits- und Überbesetzungen – die unbewußten, die triebhaften „Es"-
Besetzungen bleiben erhalten, sie gehen nach heutiger Auffassung auch in
der Psychose nicht verloren (J. A. Arlow u. Ch. Brenner, 1969) – entzogen
bekam (S. Freud, 1938b). Weil dem so ist, weil das Es die Triebradikale und
die verdrängten Triebtendenzen, die schon immer mit Objektbeziehungen
fusioniert waren, also eigentlich im obigen Sinne „Wünsche" enthält (s.
S. 25 ff.), hat es entscheidende Wirkmacht, drängen doch beide Faktorengruppen auf Entspannung der ihnen eigenen energetischen Potentiale.
Wie uns diese Beschreibung der Genese des Es zeigt, enthält das Es auch
strukturiertes Material. Es ist keineswegs „ein Chaos, ein(en) Kessel voll
brodelnder Erregungen", wie Freud gelegentlich schrieb (1933, S. 80)[30].
Vielmehr bilden Ich und Es ein hierarchisch gegliedertes Kontinuum von
Kräften und Strukturen (M. M. Gill, 1963, S. 140 ff.), das heißt auch, beide
sind Resultate der „Adaptation", allerdings „auf sehr verschiedener Organisationsstufe" (H. W. Loewald, 1960, S. 21; H. W. Loewald, 1971,
S. 101). Das Es „enthält" die primitiveren, noch sehr triebnahen Strebungen
und Wünsche, das Ich die komplexeren Motivationssysteme einschließlich
der Rahmenkoordination für die Planungs- und Handlungsvollzüge. Ein
fließender Übergang zwischen den beiden Strukturen ergibt sich übrigens
schon aus Freuds (1923, S. 251) Hinweis, daß Ich und Es nicht scharf
voneinander getrennt seien. Wir haben auch zu beachten, daß das Ich
seinerseits teils mit triebnahen Energien arbeitet und insbesondere in seinem
Abwehraspekt dynamisch unbewußt ist und daß diese Abwehrstrukturen
über Primärprozesse aufgebaut werden (S. Freud, 1923, S. 244 und M. M.
Gill, 1963, S. 105 ff.). Im Lichte einer solchen Auffassung wird klar, daß Es
und Ich wie auch andere Strukturen, wenn man sie als reine Begriffe
konstruieren würde, zu Fiktionen werden, was übrigens immer expressiv
verbis angemerkt wurde (S. Freud, 1900, S. 609). Wir haben uns schließlich
stets vor Augen zu halten, daß Ich und Es (wie auch das Über-Ich) streng
genommen nur im pathologischen Fall als singuläre Entitäten zu beobachten
sind, aber in der „normal" funktionierenden, „gesunden" Psyche praktisch
nicht voneinander getrennt werden können (S. Freud, 1962b, S. 229). Wenn
wir einen momentanen psychischen Akt oder eine mehr oder minder
umschriebene Verhaltensweise als solche betrachten, dann haben wir es ja
zunächst mit einem Integral zu tun, und erst dessen Ausdifferenzierung,
dessen Analyse mittels der psychoanalytischen Methode macht die determi-
nierenden Faktoren sichtbar (s. dazu auch R. Waelder, 1960, S. 89, vgl.
ferner: A.-E. Meyer, 1969).

---

[30] Freud äußerte übrigens einmal, daß die im Es aufbewahrte „archaische Erbschaft des
Menschen nicht nur Dispositionen, sondern auch Inhalte umfaßt, Erinnerungsspuren an das
Erleben früherer Generationen" (1937a, S. 206).

d) Zur Genese und Funktion des Über-Ich

Neben dem Es und dem Ich spielt in der Praxis und Theorie der Psychoanalyse eine 3. Struktur eine bedeutende Rolle, das *Über-Ich*. Auch diese Struktur wird beschrieben durch ihre Funktionen. Das Über-Ich ist demnach diejenige ,,Gruppe seelischer Funktionen, die es mit Idealen, Aspirationen und moralischen Geboten und Verboten zu tun hat" (J. A. Arlow und Ch. Brenner, 1964, S. 39). Wie das Ich und wie das Es bildet sich das Über-Ich im Verlauf eines Entwicklungsprozesses. Im Unterschied zum Es, aber in Übereinstimmung mit dem Ich besteht das Über-Ich aus deutlich zu differenzierenden Substrukturen. Von den letzteren wurde von Freud, nachdem bereits in den ,,Studien über Hysterie" (1895b) sowie in den Arbeiten über die ,,Abwehrpsychosen" (1894a und 1896a) die Ursache für die Verbannung gewisser Ideen aus dem Bewußtsein in der Auslösung von ,,Affekten der Scham" (für den Affekt der Scham wird von vielen Autoren heute angenommen, daß er dem des Vorwurfs, der Schuld vorausgeht und mit dem Gefühl der Verachtung und der Verlassenheit korreliert, F. Alexander, 1938; G. Piers und M. B. Singer, 1953; E. Jacobson, 1946, 1964), ,,des Vorwurfs, des psychischen Schmerzes, der Empfindungen der Beeinträchtigung" (S. Freud, 1895, S. 268) erkannt und als ,,Vorgang der Zensur" (l. c., S 269) bezeichnet worden war, zunächst die des Ich-Ideals (1914) beschrieben. Es ist diejenige seelische Instanz, die nach dem Vorbild der Eltern aufgerichtet wird, einen Maßstab der künftigen Selbstwertung darstellt und bald eine ,,Bedingung der Verdrängung" wird. Das Ich-Ideal hat damit allernächste Beziehung zum Gewissen und bekommt so auch einen verurteilenden und strafenden Charakter, der insbesondere dann heraustritt, wenn das ichgesteuerte Verhalten, Fühlen und Wollen etwa nicht den vom Ideal gesetzten Maßstäben entspricht. Der intrapsychische Niederschlag, der im handelnden Umgang mit den entscheidenden Beziehungspersonen erfahrenen, vor allem sprachlich vermittelten (S. Freud, 1914a, S. 163; 1933, S. 68; K. Abraham, 1913), Verbote und Gebote – die Internalisierung und schließlich Identifizierung (S. Freud, 1917a, 1921, 1933) mit den Eltern[31] –, wie man kurz sagen könnte, ist das entscheidende Resultat der Überwindung des Ödipuskomplexes[32]. Dies Ereignis fällt ja in jene Entwicklungsperiode,

---

[31] Über die Verinnerlichung der Eltern pflanzt sich nicht nur deren persönliches Wesen fort, ,,sondern auch der . . . Einfluß von Familien-, Rassen- und Volkstradition sowie die von ihnen vertretenen Anforderungen des jeweiligen sozialen Milieus" (S. Freud, 1938b, S. 69). Auf diese Weise ,,verklebt" sich das individuelle mit dem ,,Kultur-Überich" (S. Freud, 1930, S. 502). Vgl. zur Problematik des Zusammenhanges zwischen Überich-Struktur und Gesellschaft: A. Mitscherlich, 1963; A. Lincke, 1970; H. und Y. Lowenfeld, 1970.

[32] Freud beschreibt diesen Vorgang wie folgt: Seine libidinösen Besetzungen werden aufgegeben, desexualisiert und zum Teil sublimiert, seine Objekte dem Ich einverleibt, wo sie den Kern

in der infantil-sexuelle Ansprüche auf die Eltern (im Falle des Knaben auf die Mutter und im Falle des Mädchens auf den Vater) aufgegeben werden müssen. In diesem Prozeß wird das Über-Ich über die Aufladung mit libidinösen und aggressiven Triebanteilen herausdifferenziert und spaltet sich in einen liebenden, belohnenden und in einen versagenden, ja verfolgenden Anteil, so daß die reife Struktur Über-Ich zwei Substrukturen, zwei Facetten enthält: Die eine – mehr mit dem geliebten Objekt, mit dem Ich-Ideal verbunden – ist eine „der Sicherheit *und* (Hervorhebung W. L.) Befriedigung" (S. Freud, 1937a, S. 225) dienende Instanz (vgl. dazu R. Schafer, 1960) und die andere – mit dem gehaßten und gefürchteten, dem verbietenden und versagenden Objekt, es ist das Über-Ich im engeren Sinne, das Gewissen – eine „einschränkende und verbietende Instanz" (J. Lampl-de Groot, 1962, S. 327; H. Nunberg, 1955, S. 146). Ihre Vorläufer (R. Spitz, 1958) hat diese Instanz (einige Autoren wiesen darauf hin, daß auch im Tierreich „moralisch" anmutende Verhaltensweisen zu beobachten sind, siehe dazu A. F. Valenstein, 1972) Über-Ich in den „vorautonomen Über-Ich-Schemata" (H. Hartmann und R. M. Loewenstein, 1962, S. 43), die sich bereits im ersten Lebensjahr ausbilden. Zu Anfang arbeiten derartige „Regulationsmechanismen" nur „unter Aufsicht der Eltern" (J. Sandler; l. c. A. Freud, 1965, S. 168; R. A. Spitz, 1959), allein die äußere Gegenwart des Objektes garantiert die Hemmung, die Kanalisation und Sublimierung der Triebspannungen. Erst nach der *Introjektion*[33] der Eltern, d.h. durch einen Vorgang der Verinnerlichung, funktionieren Hemmechanismen auch bei äußerer Abwesenheit des Objektes. Freud hat in Zusammenhang mit dieser Entwicklung hervorgehoben, daß sich dadurch die zuvor bestehende Strafangst vor der Übertretung des elterlichen Gebotes in Schuldgefühl verwandelt, d.h. in das Gefühl, seinen jetzt verinnerlichten eigenen moralischen Standard nicht zu erreichen[34]. Das bedeutet nicht, daß nach Errichtung

---

des Über-Ichs bilden und dieser Neuformation charakteristische Eigenschaften verleihen" (S. Freud, 1925, S. 29).

[33] Von der Bildung eines Introjektes können wir mit J. Sandler reden, wenn eine bisher äußere Objektbeziehung zu einer inneren Beziehung zu diesem Objekt wird: „... das Introjekt" vermag „das wirkliche Objekt als Quelle narzißtischer Befriedigung ganz oder teilweise zu ersetzen" (J. Sandler, 1960, S. 739). Introjekte haben also Abwehrcharakter, wenngleich sie auch der „progressiven Anpassung" dienen (W. Loch, 1968, S. 35). Von *sekundärer Identifizierung* soll gesprochen werden, wenn das „Ich-Schema(s) auf der Basis gegenwärtiger oder vergangener Wahrnehmung eines Objekts" dementsprechend abgewandelt wird, während bei „*primären Identifizierungen*" das „rudimentäre(s) Selbst-Schema mit dem einer Person verschmilzt" (J. Sandler, 1960, S. 736, 737; s. auch W. Loch, 1961/61).

[34] Neben der Strafangst (deren ödipaler Ausdruck die Kastrationsangst ist) und dem ihr zugehörigen Schuldgefühl gibt es noch eine ihr vorausliegende Trennungsangst und die ihr korrelierte Trennungsschuld. A. H. Modell (1965, S. 329) hat vorgeschlagen, das Gefühl, kein Recht zur eigenen Existenz zu haben, *primäre* und die der Strafangst zugehörige *sekundäre*

der Struktur Über-Ich das Ich und auch das Über-Ich von anderen Menschen vollkommen unabhängig sind. Es muß vielmehr hervorgehoben werden, daß Identifikationen und Introjektionen laufend im Ich und Über-Ich (R. Waelder, 1960, 1963, S. 176) stattfinden können, ja in dieser Tatsache ist geradezu ein Kriterium für das normale Ich zu sehen, wohingegen es ein Kennzeichen der pathologischen, entgleisten Funktion ist, wenn der psychische Apparat im *Wiederholungszwang* (S. Freud, 1920, S. 17ff.) gefangen bleibt und damit keine neuen Erfahrungen machen kann. Durch den Wiederholungszwang stellt der psychische Apparat ein geschlossenes System dar und es bleibt ihm eine progressive Entwicklung versagt, die allein erfolgen kann, wenn er zum offenen System wird (W. R. D. Fairbairn, 1958; W. Loch, 1961, S. 208; E. Blum, 1964, S. 197).

4. Die Abwehrmechanismen[35]:

a) Zur Definition

Mehrfach schon wurde der Begriff Abwehrmechanismus verwendet. In der Tat spielt er für Theorie und Praxis eine große Rolle, schon allein, weil die Form der Symptomatik im wesentlichen von der Art der Abwehr bestimmt wird. Wieder soll am Beispiel gezeigt werden, was mit dieser Ausdrucksweise gemeint ist: Wir erwähnten (S. 8) einen Patienten, der mit seinem Vater in einen Streit verwickelt war. Wir hatten angenommen, er stünde zu seinem Vater in einem Rivalitätsverhältnis, das in der gemeinsamen positiven (libidinösen) Beziehung zur Mutter seine Ursache habe. Nun gibt es Fälle, in denen ein ständiger Kampf zwischen Vater und Sohn zum dominierenden Merkmal ihrer Beziehung wird, ja das seelische Leben des Sohnes kann unter Umständen von dieser Auseinandersetzung mit dem Vater so völlig bestimmt sein, daß dem Sohn für andere konstruktive und progressive Tätigkeiten keine Kräfte mehr zur Verfügung stehen. Wir können in so einem Fall sagen, ein derartiger Patient zeige ein manifestes Verhalten, das der Abwehr einer ganz anderen Verhaltensweise diene. In unserem Beispiel wird durch die gelebte Rivalität mit dem Vater, die ungelebte, aber dyna-

---

Schuld zu nennen in Analogie zur *primären* und *sekundären oder Signal-Angst* (S. Freud, 1926b. Über die phasen-spezifische Entwicklung der Signalangst vgl. M. Tolpin, 1972). Die primäre Schuld, die A. H. Modell (1971) neuerdings auch im Lichte ihrer Funktion, eine Gruppenkohäsion zu bewirken, sieht, würde der Überich-Entwicklung vorangehen und klinisch schwerwiegende Folgen haben, so daß die Errichtung des Über-Ichs die ihr korrelierte Gefahr mildert (l.c., S. 344; vgl. W. R. D. Fairbairn, 1943, S. 66). Die Trennungsschuld steht ihrerseits in enger Beziehung zu Schuldgefühlen mit Verfolgungscharakter, die ausgelöst werden, wenn ein Objektverlust als Bedrohung der eigenen Identität erlebt wird (L. Grinberg, 1964, S. 330).
[35] Eine unumgängliche Lektüre zu diesem Kapitel ist das klassische Buch: A. Freud, 1936, Das Ich und die Abwehrmechanismen, Imago, London 1946.

misch wirksame Liebe zur Mutter an ihrer Manifestation gehindert, sie wird „abgewehrt". Freilich ist dies zunächst eine teleologische Beschreibung und keine Erklärung. Zu einer Erklärung gelangen wir erst, wenn wir die „Genese" des Symptoms (oder Syndroms) erforschen, d. h. wenn wir die Zeitdimension berücksichtigen und auf diese Weise etwa erfahren, daß der Patient, nachdem er mit seiner Mutter in guter Harmonie lebte, sich in dem Augenblick in den trotzigen, streitsüchtigen jungen Mann zu entwickeln begann, als der Vater aus dem Krieg zurückkehrte und damit die bisherige Mutter-Sohn-Beziehung zu einer Umstrukturierung zwang. Erst dieser biographisch-historische Rückschritt erschließt uns die *kausale Genese* des Symptoms und offenbart uns auch zugleich, daß der *Finalnexus* immer nur ein Phänomen zweiter Ordnung sein kann, ein abgeleitetes Phänomen (gleichsam eine Betrachtung post festum), das seine Determinierung in einem ihm vorausliegenden Geschehen hat. (Man denke nur an die gewiß bestaunenswerte Teleologie in der gesamten Natur, die doch nur das Resultat der kausalen Prozesse ist, denn nur weil diese gegeben sind, kann jene existieren und was immer existiert, muß so sein wie es ist, denn sonst existierte es nicht.) Wir haben also eine kausal-genetische Betrachtung vor Augen, wenn wir von Abwehr reden, was betont werden muß, weil die Formulierung, „der Patient wehrt ab, um zu vermeiden, daß ..." (in unserem Beispiel die Liebe zur Mutter „gelebt" wird) eine causa finalis, im Sinne einer causa prima, vortäuscht. Aber unser Beispiel zeigt uns noch mehr, vor allem noch zwei Dinge: Wenn wir das Symptom „Streitsucht gegenüber dem Vater" (oder unter Berücksichtigung der Tendenz zur Generalisierung, die den seelischen Merkmalen infolge der „Übertragung" allgemein zukommt: „gegenüber allen Autoritätspersonen") als Abwehrsymptom bezeichnen, dann ist das noch zu allgemein. Korrekter dürfen wir im Hinblick auf „Symptome oder Symptomkomplexe, Charakterzüge, Affekte ... Angst, Erinnerungen ... physiologische Zustände wie Ohnmachtsanwandlungen und Schlaf, komplexe Handlungen wie Mord und Selbstmord und Krankheitseinheiten wie Neurosen" (S. J. Sperling, 1958, S. 36), nur von dem „*sekundären Abwehraspekt*" gewisser Phänomene sprechen. Besser und richtiger ist es, in dieser Hinsicht den Terminus „Abwehrorganisation" zu benutzen. Abwehrorganisationen stellen insgesamt „intersystemische Suborganisationen" dar und bestehen aus verkoppeltem „Trieb-Abwehr-Verbot" (J. D. Lichtenberg und J. W. Slap, 1972, S. 777). Sie dienen „dem primären Zweck", schmerzliche Affekte abzuwehren" (l. c.), zu welchen in erster Linie die Angst und der Schmerz (S. Freud, 1926) zu zählen sind[35a]. Unter

---

[35a] Vgl. zur Frage des Zusammenhanges von Affekten und Emotionen mit motorischen Akten A. Schwartz (1987), der über neurophysiologische Vernetzungen referiert, die beide Ereignisreihen miteinander verkoppeln.

Abwehrmechanismen im engeren Sinne verstehen wir in der psychoanalytischen Theorie solche unbewußten, übrigens dem Ich zugeschriebenen Vorgänge[36], die mit *Gegenbesetzungen*, d. h. mit *Motiven*, die den Widerstand gegen die Realisierung der „unbewußten Strebungen" aufrechterhalten sollen (S. Freud, 1917b, S. 454, 426), arbeiten. Indem sie sofortige Triebabfuhr behindern, dienen sie dem Aufbau der Repräsentanzenwelt, weil ohne Hemmung des Triebvorganges das dem Triebgeschehen zugehörige primäre „Sexual"-Objekt im konsumatorischen Triebakt vernichtet wird (Loch, 1981, S. 60 f.) und daher nicht in ein libidinöses Objekt transformiert werden kann. Nur dieses letztere kann sich zum konstanten (vgl. „immortal object", R. Schafer, 1968a) Objekt entwickeln.

Wir unterscheiden insbesondere die folgenden Abwehrmechanismen: Verdrängung (siehe S. 51), Verleugnung (schmerzlicher Gefühle und Tatsachen[37], wobei zum Teil die „Information", die der „fokalen Aufmerksamkeit" entspricht, ausgeschlossen wird (hier liegt der Bezug zur negativen Halluzination) und zugleich die „Aufmerksamkeit auf etwas gelenkt wird, das weniger schmerzlich..." ist) (Th. L. Dorpat, 1983, 48), Verneinung (bei der sich „... die intellektuelle Funktion vom affektiven Vorgang scheidet", so daß es zu einer „... Art von intellektueller Annahme des Verdrängten bei Fortbestand des Wesentlichen an der Verdrängung" kommt) (S. Freud, 1925a, S. 12), Verwerfung, die „nicht eine Entstellung der Wahrnehmung per se ist", sondern „eine Abwehr der persönlichen Bedeutung" dieser (bestimmten, W. L.) Wahrnehmung (M. F. Basch, 1982, 145), Isolierung (d. h. Aufhebung der insbesondere affektiven Bedeutungszusammenhänge in einem Kontext), Reaktionsbildung (das sind solche Haltungen, die dem unterdrückten Trieb polar entgegengesetzt sind, z. B. Geiz anstelle der unbewußt angestrebten Verschwendung), Projektion[38], Introjektion[39], Ungeschehenmachen

---

[36] Daß dem Ich hemmende Wirkungen zuzuschreiben sind, folgt aus seiner Aufgabe, „*Realitätszeichen*" so zu verwerten, daß die Befriedigung des Wunsches in Übereinstimmung mit der realen Sachlage erfolgt (S. Freud, 1895 [1950], l. ci., S. 411, 407).

[37] O. Fenichel, 1945, S. 144.

[38] Projektionen werden verstanden:
a) als „ein früher Mechanismus, der ein Charakter der Entwicklung des Selbst ist",
b) als eine „Generalisation", d. h. „ein Aspekt des animistischen Denkens" überhaupt,
c) als „Zuschreibung einer Ursache oder Verantwortlichkeit an die äußere Welt" (d. h. der „verletzende Impuls wird in einer anderen Person anstatt dem eigenen Ich wahrgenommen" (O. Fenichel, 1945, S. 146; S. Freud, 1895, S. 338),
d) als Externalisierung eines Selbstaspektes, wobei die Vermeidung einer Kränkung im Vordergrund steht (Externalisierung gilt auch als „gesunde Antwort eines Kindes, das narzißtischen Schmerz" erleidet und abwehrt; S. Juni, 1979, S. 117).
e) als „Projektion des Triebes", d. h. „Projektion im engeren Sinne" (J. Novick u. K. Kelly, 1970, S. 74). (Eine gute Charakeristik der Projektion, insbesondere ihrer Rolle bei Paranoia, findet man bei S. Juni, 1979).   [39] S. Anm. 33.

(es wird eine Handlung ausgeführt, die der verpönten entgegengesetzt ist, z. B. Wegräumen eines Steines, um einen Unfall zu verhindern, wenn unbewußt dadurch der Unfall herbeigewünscht wird) (J. Sperling, 1958, S. 36). Die dynamische, mikroanalytische Betrachtung eines Abwehrvorganges läßt übrigens deutlich erkennen, daß praktisch jede Abwehrform eine partielle Gratifikation des Abgewehrten mit sich bringt (vgl. O. Fenichel, 1941) und im Grunde genommen kein eindimensionales Geschehen darstellt, wie es der Name „Mechanismus" eigentlich andeutet, vielmehr ein „komplexer dynamisch-kognitiver Prozeß" ist, was R. Schafer (1968b, S. 53) zu Recht betont und dabei noch insbesondere auf das von R. Waelder (1930) herausgestellte „Prinzip der mehrfachen Funktion" verweist, gemäß welchem ja jeder psychische Akt (zumindest) 4 Gruppen von Aufgaben lösen muß: 1. die aus dem Es stammenden, 2. die von der Außenwelt herkommenden, 3. die dem Über-Ich aufgegebenen und 4. die vom Wiederholungszwang diktierten. Solche mehrfache Funktion erfüllen z. B. auch die sogenannten *Ersatzvorstellungen* bei der Phobie. Hierunter versteht man Vorstelungen im Sinne von Gegenbesetzungen, die, wie etwa bei der Hundephobie, in Stellvertretung für das primär angsterregende Objekt, einen Triebwunsch, gebildet worden sind (S. Freud, 1915c, S. 257; 1915b, S. 281 ff.). Auch übermäßige Schreckhaftigkeit und übersteigerte Wachsamkeit, wie sie für viele Hysterische typisch sind, repräsentieren Gegenbesetzungen; ebenso unter Umständen Projektionen (H. Nunberg, 1955, S. 243), deren erhöhte Besetzung, das gesteigerte Interesse, das die Betreffenden an ihrer Aufrechterhaltung oft angesichts klarer, gegenteiliger Beweise bekunden, uns verrät, daß sie „gegenbesetzt" werden, nämlich auf Kosten der Anerkennungen des eigenen Irrtums. Das kann zum Beispiel der Fall sein, wenn eine Patientin sich strikt weigert, in einer bestimmten Phase der psychoanalytischen Therapie gegenüber dem Arzt einen Irrtum zuzugeben. Die Anerkennung dieses Irrtums nämlich, die Anerkennung ihrer Fehlerhaftigkeit könnte – so glaubt die Patientin – dem Zugeständnis einer Schwäche gleichkommen. Gerade dieses Zugeständnis der eigenen Schwäche aber muß die Patientin vermeiden, denn damit würde sie sich in ihren Augen gegenüber dem Arzt eine Blöße geben, die er benutzen könnte, um sie vielleicht abzulehnen. Eine solche Patientin schreibt dem Arzt die Vorstellung zu, er würde sie nur lieben, wenn sie ganz vollkommen sei. Eine Vorstellung, die sie womöglich im Umgang mit ihrem Vater erworben hat und die sie nun auf den Arzt *überträgt.*

Die Beispiele lassen erkennen, daß Gegenbesetzungen tatsächlich ein allgemeines Charakteristikum der Abwehr darstellen und daß es zum anderen bei den Abwehrmaßnahmen darauf ankommt, daß das betreffende Individuum, indem es bestimmte Ereignisse (Gefühle, Wahrnehmungen usw.) aus seinem

Bewußtsein ausschließt, bzw. ihre Realisation verhindert (wie bei den Reaktionsbildungen), an einer bestimmten ihm Sicherheit und Befriedigung gewährenden Wirklichkeit und damit an einer bestimmten Objektbeziehung (im letzteren Fall war es die Beziehung zum Analytiker, auf den, so hatten wir angenommen, eine Vater-Beziehung übertragen war) festhält. Die Betonung eines Aspektes (ich habe recht, ich irre mich nicht), ja das energische Festhalten an diesem Rechthaben, so definieren wir, beruht auf einer „Gegenbesetzung". E. Glover charakterisiert demgemäß den Vorgang bei der Gegenbesetzung als eine „Mobilisierung anderer Interessen" (E. Glover, 1947, S. 486), nämlich solcher Interessen, die der Manifestation der verbotenen Wünsche und Triebe einen Riegel vorschieben.

b) Die Verdrängung

Dem Abwehrmechanismus der Verdrängung kommt aus zwei Gründen eine zentrale Bedeutung zu, einmal aus historischer Sicht, war sie doch die erste Abwehrart, der Freud seine Aufmerksamkeit widmete[40]. Zudem kann man sagen, daß alle anderen Abwehrmechanismen es im Grunde mit Material zu tun haben, das der Verdrängung entgangen ist (R. White, 1948 und M. M. Gill, 1963, S. 103) bzw. mittels – sekundärer – Gegenbesetzungen (z.B. Ersatzvorstellungen) die Verdrängung im Sinne des „Nachdrängens" verhindern. Von vollständiger Verdrängung nämlich können wir nur reden, wenn der unverträgliche Trieb, sei es seine Vorstellungsrepräsentanz oder seine Affektrepräsentanz, durch den Verdrängungsmechanismus an seinem Übertritt in das Vorbewußte bzw. Bewußte gehindert wurde. Freud nannte den Vorgang, der dem zugrunde liegt, *Urverdrängung* (S. Freud, 1915c, S. 250). In einem derartigen Fall ist also jede Verknüpfung des Triebes mit Wortvorstellungen und mit Affekten, verstanden als vorbewußte und/oder bewußte Zustände, d.h. als durch ersetzte Zustände, unterblieben. Verhindert wird eine solche „Umschrift des Triebmaterials" ins Vorbewußte und/ oder Bewußte durch – primäre – „Gegenbesetzung". „Die – primäre, W. L. – Gegenbesetzung ist der alleinige Mechanismus der Urverdrängung" (S. Freud 1915b, S. 280). Mit der Urverdrängung geht eine *Fixierung* einher, d.h., daß der durch diesen Mechanismus betroffene „Trieb oder Triebanteil die als normal vorgesehene Entwicklung[41] nicht mitmacht und infolge dieser Entwicklungshemmung in einem infantileren Stadium verbleibt" (S. Freud, 1911, S. 304 und S. Freud, 1915c, S. 250). Unter der *sekundären Verdrängung*, der eigentlichen Verdrängung oder dem sogenannten „Nachdrängen"

---

[40] Schon J. F. Herbart hatte 1824 von Verdrängung in einem ganz ähnlichen Sinne gesprochen.
[41] Eine „normale" Entwicklung umschließt u.a. also stets eine bewußte und interpersonal erlebte Erfahrung!

(S. Freud, 1915c, S. 250 und 1915b, S. 279) versteht man demgegenüber, daß hier den schon einmal vorbewußt bzw. bewußt gewordenen Triebrepräsentanzen die Besetzungen sekundär entzogen werden. Damit werden die entsprechenden Triebe bzw. Wünsche, die in „protoneurophysiologischer Sprache" „Regionen des Ungleichgewichtes" genannt werden können (G. S. Klein, 1967, S. 91), vom Bewußtsein zum Zwecke der Unlustvermeidung ferngehalten, die sie auslösen würden, weil sie in ein „Verhältnis des Widerspruchs zu den Zielvorstellungen des sekundären Denkens (einer Funktion des Ichs, W. L.) getreten sind" (S. Freud, 1900, S. 609, vgl. S. 588). Somit bekommen die Triebe und Wünsche die Qualität unbewußt. Wenn nun auf diese Weise die „Umschrift" (S. Freud, 1896) oder „Niederschrift" (S. Freud, 1915b, S. 279) der sekundär verdrängten Gedanken und Affekte ins Bewußtsein „durch eine Zustandsänderung, einen Wandel in der Besetzung" (man beachte, daß Freud hier die „topische Vorstellung" – bewußt/unbewußt – durch eine „funktionale Annahme" ersetzt, S. Freud, 1915, S. 279) unterblieben ist, so hören sie aber nicht auf zu wirken, d. h. die ihnen korrelierte Spannung drängt weiterhin auf Abfuhr, sucht sich weiterhin Ausdruck zu verschaffen. Zudem „werden die antizipatorischen Komponenten des (verdrängten, W. L.) Wunsches wiederholt angeregt (triggered)" (G. S. Klein, 1967, S. 105). Ein Durchbruch des Verdrängten ins Bewußtsein gelingt, wenn nun entweder die Abwehr als solche nachläßt (z. B. kann es womöglich genügen, die Realität, die psychosoziale Umwelt eines Menschen zu ändern, nachsichtiger zu gestalten, und schon gelangen bisher abgewehrte Triebregungen ins Bewußtsein, wie etwa in der psychoanalytischen Kur) oder wenn bei gleichbleibender Abwehrstärke die Triebregungen anwachsen (man denke an die Pubertät, in der der biologisch begründete Triebschub zu Veränderungen des Bewußtseins führt) und schließlich ist es möglich, daß die Abwehr als solche in ihrer Funktionstüchtigkeit beeinträchtigt wird. Letzteres tritt wegen der engen Beziehung, die zwischen Abwehr und Realität[42] besteht, ein, wenn aus organischen (z. B. senile Demenz) oder psychischen Gründen (z. B. Schlaf oder schizophrene Psychose) eine Herabsetzung der Realitätsbindung zustande kommt. In allen diesen Fällen wird unbewußtes Material Zugang zum Bewußtsein erhalten. Aber wir müssen uns jetzt präziser fassen: Unbewußtes Material per se kann ja gar nicht bewußt werden. Was sich im Bewußtsein abbilden kann, ist vielmehr das Ergebnis eines Kompromisses zwischen dem Unbewußten einerseits, welches das Material aus der Triebsphäre (strukturell

---

[42] D. Rapaport sagt deshalb mit Recht: „Die Gegenbesetzung spiegelt ein reales Faktum" (1951, 1954, S. 254), d. h. wir müssen uns stets gegenwärtig halten, daß die Gegenbesetzung und damit die Abwehr um willen der Verbindung mit der Wirklichkeit aufrechterhalten werden.

gesprochen dem Es) und das Material des Über-Ichs (welches ja auch unbewußt ist und aus der Aktivität der Triebe sich herleitet, denn die dem Über-Ich zugrunde liegende Objektbeziehung hatte „Trieb"-Charakter, s. weiter vorn S. 39ff.) umschließt und andererseits demjenigen Material, das aus dem Ich stammt (zum großen Teil übrigens damit aus der sinnlichen Wahrnehmung und aus dem Vorbewußten, insbesondere den „Worterinnerungsspuren").

c) Über Symptombildung

Mit dieser Feststellung über die Kompromißbildung haben wir zugleich den „*Mechanismus" der Symptombildung* in seiner allgemeinsten Art angegeben. In diesem Sinne ist z. B. der manifeste Traum die Resultante aus einem zum Bewußtsein vorgestoßenen Triebwunsch und dessen Bearbeitung durch den Zensor oder sagen wir allgemeiner durch die Abwehr. Ein Schreibkrampf z. B. ist u. U. eine Kompromißbildung zwischen einem unbewußten Onaniewunsch und seiner Abwehr, seiner Verurteilung durch das Über-Ich. Im „Summeneffekt" ist dann gerade die beobachtbare Ersatzhandlung (gesehen als Ersatz für die eigentlich intendierte Triebhandlung), das verkrampfte Schreiben, die mögliche Realisation des dynamisch wirksamen Triebwunsches in Anbetracht der ihm entgegenwirkenden Kräfte und zugleich die mögliche Realisation der verbietenden Tendenzen, der Strafe durch das Über-Ich. Ein derartiger Aufbau aus „zwei gegensätzlichen Affekt- oder Triebregungen, von denen die eine einen Partialtrieb" repräsentiert, „die andere denselben zu unterdrücken bemüht ist" (S. Freud, 1908, S. 196), ist für die neurotischen Symptome absolut typisch.

Dynamisch entscheidend ist für die Symptomstruktur, daß die Tätigkeit der verbietenden Instanz, der Abwehr, durch Affekte vornehmlich aus der Gruppe der Angst- und Scham-Schuldreaktionen ausgelöst wird (S. Freud, 1926, s. auch M. Schur, 1958, 1960/61). Wir sehen aus diesen Zusammenhängen auch, warum die psychoanalytische Theorie den Affekten in der pathogenetischen Kette eine so zentrale Rolle zuschreibt. Sind ihnen doch nicht nur bestimmte somatische Reaktionsweisen korreliert, die womöglich psychosomatische Konsequenzen nach sich ziehen, sondern es obliegt ihnen eine sogenannte „Signal"-Funktion (S. Freud, 1926). Angst und Schuld, die ja genetisch aufs engste zusammenhängen (was ursprünglich Angst machte – etwa die Übertretung eines Verbotes – löst nach Internalisierung, nach Aufrichtung der „Binnensteuerung" durch das Über-Ich, Schuld aus, das Gefühl, die als verpflichtend erlebte und erkannte Norm zu verfehlen), sind das Signal für das (unbewußte) Ich, diejenigen Maßnahmen zu ergreifen, die bewirken, daß die dem Angst- oder Schuldgefühl zugeordnete Wahrnehmung oder intendierte Handlung vermieden werden oder zumindest so abgeändert, daß sie keine zu große Traumatisierung für das bewußte, bewußtseinsfähige Ich bedeuten.

Im Lichte dieser soeben geschilderten Auffassung dürfte klar werden, daß die *formale* Struktur der psychischen Zustandsbilder, ihr komplexes Gewebe, das Resultat der verschiedenen miteinander verflochtenen Abwehrmechanismen und Abwehrvorgänge ist. Die inhaltlichen Momente der neurotischen Syndrome stammen aus der „Zufälligkeit" der Biographie, ihre formale Struktur aber leitet sich ab aus der speziellen Bearbeitungsweise ab, die dem Erfahrungsmaterial zuteil wird. So wird die Struktur eines Psychosyndroms eine andere sein, wenn etwa der Mechanismus der Verleugnung dominiert, als wenn Isolierung oder Verkehrung ins Gegenteil vorherrschen. In dem einen Falle nämlich würden Perzepte als solche skotomisiert, für nicht existent erklärt, im anderen in ihrem affektiven Bedeutungsinhalt isoliert, ihres gefühlhaften Sinnzusammenhanges beraubt und im dritten schließlich durch ihr Gegenteil ersetzt. Z.B. tritt dann anstelle einer Liebesregung ein Haßgefühl (d.i. eine *inhaltliche Verkehrung*) oder anstelle eines aktiven ein passiver Trieb (Sadismus geht in Masochismus über, d.h., *die Verkehrung betrifft das Ziel des Triebes*, S. Freud, 1915a, S. 219, 220).

Woher kommt aber die Spezifität der Abwehr? Sind es angeborene Merkmale? Ist es genetisch durch traumatische Fixierung festgelegt, ob dieser oder jener Abwehrmechanismus prävaliert oder sind Milieufaktoren im Sinne familiärer Verhaltensstile in Rechnung zu stellen? Soweit wir sehen, kommen alle drei Faktoren in Betracht. S. Freud glaubte insbesondere bezüglich der Abwehrmechanismen, die ja Ich-Funktionen sind, an „mitgeborene(r) Ich-Verschiedenheiten" (1937, S. 86). Es steht andererseits fest, daß es kulturspezifische, gruppenspezifische und familienspezifische Abwehrformen gibt, die auf die Kinder übertragen werden. E. H. Erikson (1957), wie überhaupt ethnoanalytische Forschungen, haben dafür überzeugende Beispiele gegeben.

d) Vollständige und totale Verdrängung

Wir hatten schon angedeutet, daß es eine *vollständige* Verdrängung gibt, eine vollständig gelungene Abwehr in dem Sinne, daß der dem „herrschenden Ich-Bewußtsein" imkompatible Triebwunsch vorerst keinerlei bewußte Repräsentanz findet. Nicht beseitigt wird dabei allerdings seine potentielle Effektivität. Der Triebwunsch bewahrt seine unbewußte Besetzung, so daß später unter Umständen eine „Wiederkehr des Verdrängten" möglich wird. Sie kommt nämlich dann zustande, wenn etwa die Triebe (wie erwähnt) eine biologische Verstärkung erfahren (Pubertät), ferner – und damit nennen wir neben den Angst-resp. Schuldgefühlen eine weitere Bedingung, ein weiteres auslösendes Moment für die Entwicklung von neurotischen Symptomen –, wenn in der Realität des betreffenden Individuums ein Ereignis vorfällt, das zu dem unbewußten, in Verdrängung gehaltenen Wunsch oder Trieb in korrelativer Beziehung steht. Hier liegt die psychodynamische Bedeutung der sogenannten Schlüsselerlebnisse, also solcher Vorkommnisse, die bei entsprechender Triebkonstitution die letztere so aufladen, daß die Realität hinfort in korrespondierender Weise erlebt wird, womit jetzt Angst- oder Schuldaffekte evoziert werden, klassische Beispiele hierfür sind die querulatorische Entwicklung und der sensitive Beziehungswahn. Ein tatsächliches, an sich unbedeutendes Unrecht oder eine der gesellschaftlichen Konventionen widersprechende, womöglich schon realisierte Triebhandlung, induzieren derartige Persönlichkeiten zum Kampf um Recht und Freiheit oder zu jahrelang anhaltenden wahnhaften Reaktionen (E. Kretschmer, 1950).

Neben der vollständigen Verdrängung gibt es noch eine *totale Verdrängung*. Wir sprechen von ihr, wenn es zur Aufhebung, zur gänzlichen Zerstörung einer Triebregung kommt. Dieser Vorgang spielt sich bei der Errichtung des Über-Ichs ab und wurde oben bereits gestreift. Freud charakterisiert diesen Vorgang als ,,mehr als eine Verdrängung'' und fügte hinzu, er käme, ,,wenn ideal vollzogen, einer *Zerstörung* und *Aufhebung* des (Ödipus-) Komplexes gleich'' (1924, S. 399). Ein zerstörter Komplex ist ein nicht mehr mit Triebenergie besetzter Komplex, er ist damit wirkungslos geworden. Das ist identisch mit einer ,,De-Personalisierung'' einer bisher pathogenen, ,,Objektbeziehung'' und resultiert in einer ,,höheren'' Struktur der Persönlichkeit (H. W. Loewald, 1973, S. 13 u. 14). Es sei hier angemerkt, daß eine der zentralen Bemühungen der psychoanalytischen Therapie gerade darin besteht, dem Neurotiker zu einer Auflösung des Ödipuskomplexes, zu dessen Zerstörung zu verhelfen, gilt doch für Neurosen ganz allgemein, daß bei ihnen der Ödipuskomplex seine pathogene Wirksamkeit behalten hat. Die Neurotiker leiden ja daran, daß sie den Ödipuskomplex, oder sagen wir die verinnerlichten infantilen Elternbeziehungen, nicht überwunden haben und infolgedessen ihren ,,aktuellen'' Lebensvollzug immer noch auf der Basis dieser Elternbeziehungen erleben und verarbeiten.

Eine weitere Form der erfolgreichen Abwehr, die Sublimation, hatten wir schon erwähnt. Wir sollten aber auch bedenken, daß nicht nur die Sublimation in der Entwicklung eines ,,gesunden'' Gleichgewichts zwischen den psychischen Kräften und Anforderungen der Umwelt eine Rolle spielt, sondern auch ,,höchst pathogene Abwehrmechanismen wie Identifikation und Verdrängung'' womöglich ,,progressive Anpassung'' begünstigen (W. Hoffer, 1954, S. 196). Überhaupt gilt, daß die menschliche Persönlichkeit durch psychische Mechanismen aufgebaut wird, die auch der Abwehr dienen können (H. Hartmann, E. Kris und R. M. Loewenstein, 1946). Entscheidend ist in diesem Prozeß, ob Konflikte, die ja als solche ebenso unvermeidlich wie notwendig sind, eine Lösung finden, die die Ich-Funktion nicht fixieren oder irreversibel beeinträchtigen (J. Lampl-de Groot, 1963, S. 4 ff.). Wahrscheinlich hängt die Beurteilung der Frage, ob ein Abwehrmechanismus einer gesunden Anpassung oder einer pathologischen Konfliktbearbeitung dient, u. a. davon ab, ob er einer Triebbefriedigung dient, d. h. ob der Abwehrmechanismus selbst Triebcharakter bekommt (R. M. Loewenstein, 1964, S. 156). Wenn z. B. bei einer hysterischen Patientin die Verleugnung der Kastration zur Aufrechterhaltung eines klitorialen Befriedigungsmodus beiträgt und sie womöglich zugleich noch Rachephantasien gegenüber Männern unterhält, dann ist der Mechanismus Verleugnung in den Dienst der Triebbefriedigung gestellt. Eine solche Beurteilung der Abwehrmechanismen, d. h. die Auffassung, ihre positiven oder negativen Bedeutungen hingen von dem Zweck ab, dem sie nutzbar gemacht werden, steht in Übereinstimmung mit der Herkunft der Abwehrmechanismen aus normalen, physiologischen Abwehrmaßnahmen (H. Hartmann, 1950, S. 123; P. H. Greenacre, 1958, S. 69; M. M. Stern, 1964, S. 296). Erst im Verlaufe der Ontogenese, erst infolge von psychischen Traumen und Konflikten werden diese Abwehrmaßnahmen zu deren Verarbeitung verwendet.

Allen bisher genannten Formen der Abwehr war gemeinsam, wie mehrfach betont, der Charakter einer unbewußten automatischen Tätigkeit. Im allerweitesten Sinne kann man nun noch die bewußte Verurteilung und Verwerfung von Triebimpulsen wie durch „Anerkennung, Überlegung, Urteil" (S. Freud, 1936, S. 255) den Abwehrmaßnahmen zurechnen. Freilich, wir sollten immer in Rechnung stellen, daß diese „freien" Entscheidungen des Ichs womöglich „Rationalisierungen" sind, d. h., es ist zu prüfen, ob nicht etwa eine lauthals verkündete Verurteilung im Interesse der Abwehr gerade der im verurteilten Ereignis sich manifestierenden Triebe vorgenommen oder zumindest von daher ko-determiniert wird. Mit anderen Worten, akzentuierte Verurteilungen sind unter Umständen Reaktionsbildungen. Ein bekanntes Beispiel geben manche Moralapostel, deren wortreiche Zurschaustellung ihrer Entrüstung sowohl ihren Überich-Tendenzen Genüge leistet, wie sie ihnen eine zumindest partielle Befriedigung der abgewehrten Triebimpulse gestattet. An diesem Beispiel ist zugleich noch ein generell wichtiges *ökonomisches Merkmal* der Abwehr zu beobachten, nämlich, daß die Abwehr (abgesehen von der totalen und vollständigen Verdrängung) eine, wenn auch beschränkte Gratifikation der Abwehrinstanz, und des abgewehrten Impulses gewährleistet, und zwar selbst noch dort, wo – wie im angezogenen Beispiel – Sekundärprozeßmaterial (eine „moralische Ideologie") Verwendung findet.

e) Vorstadien der Abwehr

Neben den Abwehrarten, die eine Funktion des unbewußten Ichs sind, kennen wir noch gewisse „primäre protektive Prozesse", die sich im Rahmen einer Übergangsphase abspielen, die zwischen der ursprünglichen Dualunion mit der Mutter und der infantilen Trennungs- und Individuationsphase (12.–36. Monat) liegt. Wir sprechen von *Vorstadien der Abwehr*. Ihr Ziel ist es, die „Funktion des Organismus zu schützen" (M. M. Stern, 1964, S. 297; W. Hoffer, 1968) und die Integration mit der lebensnotwendigen psychosozialen Umwelt sicherzustellen (H. W. Loewald, 1952, S. 445, 446). Insofern diese archaischen Abwehrformen die Mitwirkung der Umwelt, d.h. der Mutter, im Dienste des Beschütztwerdens (z.B. vor lebensbedrohender Angst) einschließen, eignet ihnen ein „transaktionaler Charakter", während die höher organisierten Abwehrmechanismen „intrapsychische" Vorgänge, die sich zwischen den Strukturen des seelischen „Apparates" abspielen, sind (V. Räkköläinen und Y. O. Alanen, 1982). Im einzelnen sind es vor allem Spaltungen[43] (M. Klein, 1958, S. Freud, 1938b, S. 59ff.), Verwerfungen (bei denen im Unterschied zu Verneinungen die Existenz des Wahrgenommenen nicht anerkannt, nicht affirmiert wird (M. Thom, 1981), Introjektionen, projektive Identifikationen[44] (M. Klein,

---

[43] Spaltungen (eine historisch-kritische Geschichte dieses Begriffes gibt: P. W. Pruyser, 1975) gehören zu den frühesten Abwehrmaßnahmen. Indem Gutes zur eigenen Person gerechnet wird, Schlechtes zur Außenwelt, ist schon eine erste Spaltung vollzogen (S. Freud, 1915a, S. 228). In den Systemen M. Kleins und W. R. Fairbairns spielen Spaltungen eine fundamentale Rolle (s. H. Segal, 1964a und H. Guntrip, 1961). Eine Reihe von Forschern betrachtet aus ontogenetischer Sicht „Spaltungen" (J. D. Lichtenberg und J. W. Slap, 1973) als einen Sammelbegriff (ähnlich wie Projektion, siehe S. 39) für verschiedene Vorgänge:
a) als allgemeines organisierendes Prinzip; siehe dazu insbes. R. D. Stolorow und F. M. Lachmann (1975, 1978) und F. M. Lachmann und R. D. Stolorow (1976), die auch Idealisierung, Projektion und Verleugnung aus „developmental prestages", aus „Stillständen der Ich-Entwicklung" herleiten, indem sie z.B. auf die Austauschbarkeit von Projektion und Inkorporation im normalen, akonfliktuösen symbiotischen Stadium verweisen bzw. in der normalen frühen Unfähigkeit, die Realität eines Ereignisses zu appercipieren, die Grundlage der Verleugnung sehen,
b) als einen Prozeß, der in spezifischer Weise mit psychischen Inhalten zu tun hat (z.B. der Zusammenfassung von Erfahrungen guter wie schlechter Natur zu entsprechenden Gruppen, „pooling"),
c) als Abwehr im Sinne der Spaltung von Repräsentanzen (diese Abwehrform ist bekanntlich besonders typisch für borderline-Strukturen und narzißtische Neurosen: vgl. O. Kernberg, 1974 und 1975),
d) als Spaltungen, die zur Bildung ganzer kontradiktorischer Gruppen führen (z.B. Fetischbildungen, S. Freud, 1938a). Pruyser befürwortet, daß die Ausdrücke „Spaltung" und „spalten" gänzlich vermieden werden, denn sie hätten bloß deskriptiven Charakter. J. L. Dorpath (1979), der sich zu dieser Auffassung ebenfalls bekennt, schlägt vor, statt dessen von „widersprüchlichen Haltungen" zu sprechen, die durch aktives Verleugnen zustandekommen.
[44] Projektive Identifikationen – „die Phantasie, daß das Selbst aus Liebe oder Haß in Teilen oder

1946, S. 300 ff.), Verkehrung ins Gegenteil und Wendung gegen die eigene Person, sowie Verschiebungen, also „primitive" seelische Mechanismen, die aus dem Bereich des Primärprozesses, d. h. aus einem frühen narzißtischen Stadium, in welchem die Subjekt-Objekt-Trennung noch labil ist, stammen. Insbesondere zwei Eigenschaften kennzeichnen diese primitiven Abwehrformen: einmal spielen sie sich am Objekt (bzw. Partialobjekt) ab (M. Klein, l. c., U. Moser, 1964, O. Kernberg, 1966), sie sind Modi des Umgangs mit dem Objekt, genauer mit der erlebten Objektbeziehung in einem Stadium, in dem dieses Erlebnis noch seine primäre Ganzheit besitzt, d. h. conative, emotional-affektive und cognitive Aspekte in ungeschiedener, „synkretistischer" (H. Werner, 1957, S. 59 ff.) Weise umfaßt. Wenn wir uns das vor Augen halten, gewinnen wir jetzt ein neues Verständnis für den *„Mechanismus der Urverdrängung"*[45].

Die Urverdrängung wird von derjenigen primären Gegenbesetzung unterhalten bzw. ist deren Korrelat, die 1. den primär handelnden und erlebten Umgang mit dem Objekt[46] aufspaltet in seine Faktoren, in emotional-affektives, cognitives (vorstellendes und erkennendes) und conatives Geschehen und Erleben. Auf diese Weise bilden die Affekt-, die Vorstellungs-, die Selbst- und Objektrepräsentanzen Sprengstücke des ursprünglichen globalen Ereignisses, der „umfassenden Totalität der Handlung" (H. Werner, S. 59). Wobei zu berücksichtigen ist, daß die Repräsentanzen dann

---

als Ganzes in das Innere eines Objektes eindringt, um es zu besitzen und zu kontrollieren" (J. Riviere, 1952, S. 33), aber auch zum Zwecke der Kommunikation oder der Verleugnung der psychischen Realität (R. Rosenfeld, 1971a), um z. B. das gute Objekt vor der Zerstörung durch ein böses Objekt zu bewahren und dieses, nachdem es der Empfänger „entgiftet" hat, zu reintrojizieren (Th. Odgen, 1979). Vgl. auch über Projektion und projektive Identifikation D. S. Jaffe, 1968. Hervorzuheben ist, daß diese Abwehrform in besonderer Weise der Abwehr des Schmerzes dient, den der (vorzeitige) Verlust des libidinösen Primärobjektes heraufbeschwören würde (S. Freud, 1926c, S. 203).

[45] Eine detaillierte Diskussion von Freuds verschiedenen Auffassungen des Begriffs „Urverdrängung" findet man bei A. Frank und H. Muslin (1967). – Nach J. Laplanche (1988, 187 f.) wird das unreife Kleinstkind von „Botschaften", die von den Erwachsenen ausgehen, bedrängt, die mit „Sinn und Begierde" beladen sind. Für dergleichen „Signifikanten" besitzt es aber keinen Schlüssel. Sie unterliegen deshalb der Urverdrängung. Dadurch entstehen unbewußte Objekte, i. e. „Sachvorstellungen".

[46] Urverdrängung setzt in dieser Sicht die Bindung an ein Objekt voraus. Diese primäre Objektbindung hatte ihrerseits bereits eine selektive Wirkung, denn schon indem sie zur Existenz kam, verhinderte sie die Realisation anderer Möglichkeiten. Insofern sie fortbesteht, wirkt sie zudem wie ein *psychischer Reizschutz*, eine Funktion, die ja ganz generell aus der Zentrierung auf und Bindung an ein definiertes Objekt folgt. Auch J. S. Grotstein (1977, S. 410, 430) verknüpft die Urverdrängung mit der Funktion des Reizschutzes, der der Abwehr „ursprünglicher und inhärenter Reize" dient. Grotstein nimmt an, die Disposition zur Schizophrenie bestehe ganz wesentlich in einem Defekt der Urverdrängung, der womöglich mit einer Insuffizienz ihres Vorläufers, dem passiven organischen Reizschutz, gekoppelt ist.

u. U. nicht mehr in einer „natürlichen" Weise, sondern im Sinne der Reaktion des entscheidenden Liebesobjektes dem „originären" und globalen Triebgeschehen zugeordnet sind. Auf dem Niveau des psychischen Primärprozesses bleiben – und dies ist 2. der Effekt der primären Gegenbesetzung – diejenigen Faktoren fixiert und werden von der „aufsteigenden" psychischen Entwicklung ausgeschlossen, die nicht an dem weiteren Verkehr und Austausch auf interpersonaler Ebene teilnehmen können. „Primäre Gegenbesetzung" als alleiniger Mechanismus der Urverdrängung kann in dieser Sicht in der Beobachtungssprache beschrieben werden: es ist diejenige (wiederholt) mit dem primären Liebesobjekt erlebte und schließlich internalisierte Erfahrung, die bestimmte Faktoren der „totalen Erfahrung" vom intersubjektiven Verkehr und also der weiteren Sozialisation abschneidet. Was nicht durch den intersubjektiven Konsens wirklich wird, wird primär verdrängt, also von der Überführung in den psychischen Sekundärprozeß ausgeschlossen. Zu diesen primär vom Sekundärprozeß ausgeschlossenen und damit an einer Bewußtwerdung wie (dieser korrelierten) Sprachwerdung behinderten Phänomenen gehören im Sinne dieser Herleitung – der hier entwickelten Genese der primären Gegenbesetzung entsprechend – insbesondere die frühen, vorwiegend emotionalconativ (triebhaft) mittels coenästhetischer Kommunikationskanäle erfahrenen Objektbeziehungen.

Ein zweites wichtiges Moment, das die Vorstadien der Abwehr von den Abwehrmechanismen im engeren Sinne unterscheidet, ist in der Tatsache zu sehen, daß alle diese Vorstadien der Abwehr von ganz unmittelbarer und nahezu vollständiger Triebabfuhr begleitet werden, was auch bedeutet, sie schaffen relativ stabile Verhältnisse. Umgekehrt war es ja die Vermeidung oder Anhaltung der sofortigen vollständigen Triebabfuhr, die wir zur Kennzeichnung der Abwehrmechanismen im engeren Sinne heranzogen.

Zusammenfassend können wir nach diesem kurzen Überblick über die Abwehr sagen, daß sie ein Geschehen darstellt, in dem es um die Regulierung der propulsiven Triebkräfte, d.h. letztlich der endogen ausgelösten Reaktionsformen – die übrigens, was für die Pathogenese der Neurosen von großer Wichtigkeit ist, zu früh gefordert werden kann, so daß zur Unzeit Abwehrprozesse entstehen (W. Hoffer, 1968, S. 184/185) – im Dienste der Bewahrung der Selbsterhaltung im Rahmen einer umgreifenden Realität geht. Die letztere ist dabei durch das psychosoziale Beziehungsfeld repräsentiert. Am Beispiel der Abwehrmechanismen versuchten wir zugleich zu zeigen, wie das Miteinander und Gegeneinander der intraorganismischen Triebimpulse in Verbindung mit den in den äußeren Verhältnissen beschlossenen Sachverhalten (das sind die Objektrelationen) die Entwicklung und den Aufbau von komplizierten Abwehrorganisationen bewirkt. Daraus

erhellt, daß „alle Abwehrmechanismen gleichzeitig der inneren Triebeinschränkung wie der äußeren Anpassung" und damit auch der „Ichstärkung"
dienen (A. Freud, 1965, S. 177). Mit anderen Worten vom Ich, vom Subjekt
und dem Erhalten seiner (zumindest) Minimalfunktion imponiert Abwehr
als eine „Verschiebung" der seelischen Tätigkeit auf jeweils diejenige
intrapsychische wie interpersonale Interaktionsform, die unter den herrschenden Umständen die psychosexuelle Ökonomie des Subjektes optimiert
und so seine Identität zu wahren sucht. Bei der Gruppe der „Internalisierungen" und „Projektionen" handelt es sich dabei um „Verschiebungen der
Richtungen", d.h. um Verschiebungen auf der Raumachse (z.B. von
„innen" nach „außen" und umgekehrt). Bei der Gruppe der Regression um
„Verschiebungen" auf der Zeitachse; bei den Abwehrformen der „Spaltung
und Verleugnung" um solche auf der Zahlenachse (z.B. „gutes" und
„böses" Objekt, Verleugnung der Wahrnehmung etc.); im Falle von
Abwehrformen die „Bedeutungen" und „Affekte" betreffen, handelt es
sich um „Verschiebungen" auf einer Achse von „Ähnlichkeit und Differenz" (z.B. Symbolisierungen, Verdichtung und Darstellung durch das
Gegenteil, durch Verschiebung von unten nach oben usw.) (N. N. Holland,
1973).
Im Sinne der Bewahrung einer geprägten Identität haben Abwehrmechanismen eine enge Verwandtschaft mit „kognitiven Stilen" (D. Rapaport, 1957)
und „kognitiven Kontrollen" (J. D. Lichtenberg und J. W. Slap, 1972)
bzw. „kognitiven Haltungen" (G. S. Klein, 1970, S. 171, 203). Sie dienen
dem Prozeß der Sozialisierung und der Entwicklung der Kultur (S. Freud,
1930, S. 456ff.). Im Falle der individuellen Fehlsteuerung führen Abwehrvorgänge zu psychischen und/oder psychosomatischen Krankheitsbildern
bzw. zur Soziopathie und Delinquenz. Falls die Organisation der Abwehrmechanismen die Regulation und Erfüllung der individuellen Bedürfnisse
mit den gesellschaftlich geforderten Normen, soweit sie akzeptabel, d.h.
entwicklungsfördernd sind, in ein erträgliches Gleichgewicht zu bringen
vermag, muß in ihren Funktionen die Voraussetzung für Kultur und Leben
erhaltendes wie förderndes Wirken gesehen werden. Es hieße einer
„schlechten" Utopie huldigen, wollte man glauben, das Ich und damit der
Sekundärprozeß könnten sich ohne Abwehrmechanismen überhaupt konstituieren und erhalten. Allerdings obliegt dem einmal konstituierten Ich die
Aufgabe, sich selbst, seine Funktionsweisen und Inhalte in Frage zu stellen.
Die Untersuchungsmethode der Psychoanalyse, über die hier nicht gehandelt wird, ist dazu ein hervorragendes Instrument, insofern sie im Dienste
eines kritischen Bewußtseins und seiner Mehrung gebraucht wird.

VI. RÜCKBLICK UND AUSBLICK

Unsere Einführung in die psychoanalytische Theorie und ihre wichtigsten Grundbegriffe sei hier abgebrochen. Wir hoffen, es gelang einen ersten Eindruck davon zu geben, wie die benutzten Konstrukte im Rahmen der großen metapsychologischen Gesichtspunkte dazu beitragen, ein Bild von den in dem schwarzen Kasten, sprich Seele, sich abspielenden Vorgängen zu vermitteln. Dabei sind uns allerdings zwei Momente voll gegenwärtig. Wenn wir mit unserem Begriffsystem Sachverhalte repräsentieren, dann kommt dem immer ein vorläufiger und aproximativer Charakter zu. ,,Daß sich ein Bild'' (i. e. ein psychischer Sachverhalt) . . . ,,durch ein Netz von gegebener Form'' (unsere Konstrukte) . . . ,,beschreiben läßt, sagt über das Bild *nichts* aus . . . Das aber charakterisiert das Bild, daß es sich durch ein *bestimmtes* Netz von *bestimmter* Feinheit *vollständig* beschreiben läßt'' (L. Wittgenstein, 1918, 6.342, Hervorhebungen im Original).

Verstehen wir Theorien in diesem Sinne als Netze, deren Art durch ihre Struktur bestimmt wird, dann realisieren wir zugleich mit Freud, ,,der Fortschritt der Erkenntnis duldet keine Starrheit der Definition''. Auch unsere ,,Grundbegriffe'' erfahren ,,einen stetigen Inhaltswandel'' (1915, S. 211), und neue Erfahrungen fordern neue Begriffe sowie womöglich die Verwerfung alter Termini. So ist es nicht sicher, daß Begriffe wie Besetzungen, Neutralisation, Libido (u. a.) nicht über kurz oder lang fallengelassen oder zumindest entscheidend transformiert werden (D. Rapaport, 1960, S. 128, 129). Letzteres geschieht z. B., wenn wir anstelle der Energie-Übertragung bzw. Energie-Verwandlung von Informations-Übertragung oder Informations-Umformung sprechen. Wir dürfen andererseits aber sicher sein, daß die Methode, die Technik und bestimmte Prinzipien, wie der epigenetische Entwicklungsgedanke, wie die Tatsache der unbewußten Determinierung des psychischen Verhaltens, also der dynamische, der ökonomische und der strukturelle Begriff und nicht zuletzt der adaptive Gesichtspunkt stets eine wesentliche Rolle spielen werden, um psychische Phänomene und Ereignisse in ihrer Herkunft, ihrem Sosein und ihrem Wandel einer wissenschaftlichen Erforschung zugänglich zu machen, was bzgl. der Psychoanalyse immer und unabdingbar einschließt, daß mit psychischen Phänomenen auch im Sinne einer therapeutischen Zielsetzung umgegangen werden kann. S. Freud nannte das das ,,Junktim'', das ,,zwischen Heilen und Forschen'' besteht (1926b, S. 293).

VII. LITERATUR

Abraham, K. (1913): Ohrmuschel und Gehörgang als erogene Zone. I. Z. Psychoanal., 27–29, 1914.

Alexander, F. (1938): Remarks about the relations of inferiority feelings to guilt feelings. Int. J. Psychoanal., 6.

Apel, K. (1975): Der Denkweg von Charles S. Peirce. Frankfurt a. M.

Apfelbaum, B. (1965): Ego psychology, psychic energy, and the hazards of quantitative explanation in psycho-analytic theory. Int. J. Psychoanal., 46, 168.

Apfelbaum, B. (1966): On ego psychology: A critique of the structural approach to psycho-analytic theory. Int. J. Psychoanal.., 47, 451.

Applegarth, A. (1971): Comments on aspects of the theory of psychic energy. J. Ann. Psychoanal. Ass., 19, 379–616.

Applegarth, A. (1976): Psychic energy reconsidered, J. Am. Psychanal. Ass., 24, 647–658.

Argelander, H. (1971): Ein Versuch zur Neuformulierung des Narzißmus. Psyche, 25, 358–373.

Arlow, J. A. (1961): Ego psychology and the study of mythology. J. Am. Psychoanal. Ass. 371–393.

Arlow, J. A. (1963): Unconscious fantasy and disturbances of conscious experience. Psychoanal. Qu. XXXVIII, 1–27, 1969.

Arlow, J. A. (1968): Fantasy, memory, and reality testing.

Arlow, J. A. u. Brenner, Ch. (1964): Psychoanalytic concepts of the structural theory. Int. Univ. Press, New York.

Arlow, J. A. u. Brenner, Ch. (1969): The psychopathology of the psychoses: a proposed revision. Int. J. Psychoanal., 50, 5–14.

Aufreiter, J. (1960): Psycho-Analysis and consciousness. Int. J. Psychoanal., 41, 335.

Balint, A. (1933/1939): Liebe zur Mutter und Mutterliebe, in: M. Balint: Die Urformen der Liebe und die Technik des Psychoanalyse, Stuttgart, 1966.

Balint, M. (1935): Critical notes on the theory of the pregenital organizations of the libido. In: M. Balint, Primary love and psycho-analytic technique. Tavistock Publ., London, 1965.

Balint, M. (1937): Early developmental stages of the ego, primary object love, In: M. Balint, Primary love and psycho-analytic technique. Tavistock Publ., London, 1965.

Balint, M. (1947): On genital love. In: M. Balint, Primary love and psycho-analytic technique. Tavistock Publ., London, 1965, 109 ff.

Balint, M. (1960): Primärer Narzißmus und primäre Liebe. In: Jahrbuch der Psychoanalyse, Hrsg. K. Dräger et al. Westdeutscher Verlag, Köln und Opladen.

Balint, M. (1964): The benign and the malignant forms of regression. In: S. Rado, New perspectives in psychoanalysis.

Basch, M. F. (1975): Toward a theory of depression. In: J. Anthony u. Th. Benedek (Ed.): Depression and human existence, Little, Brown, USA.

Basch, M. F. (1976): Theory formation in chapter VII: A critique, J. Am. Psychoanal. Ass., 24, 61–100.

Basch, M. F. (1976a): The concept of affect: A re-examination. J. Am. Psychoanal. Ass., 24

Basch, M. F. (1981): Psycho-analytic interpretations and cognitive transformation. Int. J. Psychoanal. 62, 151–175.

Basch, M. F. (1982): The perception of reality and the Disavowal of meaning. Annual of Psychoanal., 125–153.

Basch, M. F. (1983): Empathic understanding. J. Am. Psychoanal. Ass. 31, 101–126.

Bénassy, M. und Diatkine, R. (1964): On the ontogenesis of fantasy. Int. J. Psychoanal., 45, 171.

Benedek, Th (1956): Toward the biology of the depressive constellation. J. Amer. Psychoanal. Ass., 4.

Beres, D. (1960): Perception, imagination and reality. Int. J. Psychoanal., 41, 327.

Beres, D. (1965): Symbol and object. Bull. Menninger Clinic, 29. In deutscher Sprache: Psyche, 24, 921, 1970.

Beres, D., und Joseph, E. D. (1970): The concept of mental Representation in psychoanalysis. Int. J. Psychoanal., 51, 1.

Bernfeld, S., und Feitelberg, S. (1930): Der Entropiesatz und der Todestrieb. Imago, XVIII, 137.

Bibring, E. (1936): Zur Entwicklung und Problematik der Triebtheorie. Bd. XXII, 2, 147.

Binswanger, L. (1956): Mein Weg zu Freud. In: T. W. Adorno u. W. Dirks (Hrsg.): Freud in der Gegenwart. Frankfurter Beiträge zur Soziologie, Bd. 6, 207–227, Frankfurt/M. 1957.

Bion, W. R. (1962): A theory of thinking. Int. J. Psychoanal., 43, 306–310.

Bion, W. R. (1977): Emotional turbulence. In: P. Hartocollis (Hg.): Borderline personality disorders, 3–14.

Blos, P. (1967): The Ilioned individuation process of adolescence. The Psychoanal. St. Child, XXII, 162–186.

Blum, E. (1964): Betrachtungen über das Problem der „Wiederholung", Confin. psychiat. 7.

Bochenski, I. M. (1954): Die zeitgenössischen Denkmethoden. Dalp Taschenbücher, A. Francke Verlag, München.

Brenner, Ch. (1976): Psychoanalytic technique and psychic conflict. Int. Uni. Press, New York.

Calogeras, R. C., und Schupper, F. X. (1972): Origins and early formations of the oedipus complex. J. Am. Psychoanal. Ass., 20, 751–775.

Calogeras, R. C., Alston, I. E. u. Schupper, F. X. (1976): Der Ödipuskomplex in der heutigen psychoanalytischen Theorie. Psyche, 30, 301–216.

Colby, K. M. (1955): Energy and structure in psycho-analysis. Int. Univ. Press, New York.

Comptom, A. (1981): On the psychoanalytic theory of instinctual drives. Psychoanal. Qu., L, 345–392.

Dejung, B. (1967): Regressionen im Verhalten des Menschen. Juris, Zürich.

D'Avis, W. (1975): Rekonstruktionsversuch der Psychoanalyse als Kausalwissenschaft, Diplomarbeit, Fachbereich 3, Frankfurt/M.

De Levita, D. J. (1966): On the psychoanalytic concept of identity. Int. J. Psychoanal., 47, 299–305.

Dorpat, Th. L. (1979): Is splitting a defence. Int J. Psychoanal. 6, 105–117.

Dorpat, Th. L. (1983): The cognitive arrest hypothesis. Int. J. Psychoanal. 64, 47–58.

Eco, U. (1985): Der Zirkel oder Im Zeichen der Drei. München.

Edelheit, H. (1969): Speech and psychic Structure. J. Am. Psychoanal. Ass., 17, 381–412.

Edelson, M. (1973): Language and dreams. Psychoanalytic Study of the Child, XXVII. New York.

Edgcumbe, R., und Burgner, M. (1973): Some problems in the conceptualization of early object relationship, Psychoanal. Study of the Child, XXVII, 283–333, New York.

Eissler, K. R. (1972): Death drive, ambivalence, and narcissim. Psychoanal. Study of the Child, XXVI, 25–78. New York.

Eissler, K. R. (1975): Der Sündenfall des Menschen. In: Jahrbuch der Psychoanalyse. Bd. IX, Bern, 1976, 23–78.

Erikson, E. H. (1950): Kindheit und Gesellschaft. Pan Verlag, Zürich/Stuttgart, 1957.

Erikson, E. H. (1953): Wachstum und Krisen der gesunden Persönlichkeit. Klett, Stuttgart.

Erikson, E. H. (1956): The problem of ego identity. J. Am. Psychoanal. Ass., 4, 56.

Erikson, E. H. (1964): Human strength and the cycle of generations. In: Insight and responsibility. W. W. Norton, New York.

Fairbairn, W. R. D. (1941): A revised psychopathology of the psychosis and psychoneurosis. In: Psychoanalytic Study of the personality. Tavistock Publ., London, 1952.

Fairbairn, W. R. D. (1943): The repression and the return of bad objects. In: Psychoanalytic study of the personality. Tavistock Publ., London.

Fairbairn, W. R. D. (1958): On the nature and aims of psycho-analytical treatment. Int. J. Psychoanal, 39, 347.

Fenichel, O. (1941): Problems of psychoanalytic technique. Albany, N. Y., Psychoanal. Quarterly.

Fenichel, O. (1945): The psychoanalytic technique. Albany, N. Y., Psychoanal. Quarterly.

Fenichel, O. (1945): The psychoanalytic theory of neurosis. W. W. Norton, New York.

Frank, A., und Muslim, H. (1967): The development of Freud's concept of primal repression. Psychoanalytic Study of the Child, XXII, Int, Univ. Press, New York.

Frege, G. (1918): Der Gedanke. Eine logische Untersuchung. In G. Frege, Logische Untersuchungen, 30–53, Göttingen, 1966.

Freud, A. (1936): Das Ich und die Abwehrmechanismen. Imago, London, 1964.

Freud, A. (1952): The mutual influence in the development of ego and id. Psychoanalytic Study of the Child, VII, New York.

Freud, A. (1965): Normality and pathology in childhood. Int. Univ. Press, New York.

Freud, S. (1892/93): Ein Fall von hypnotischer Heilung. G. W., Bd. I, 15[1].

Freud, S. (1894): Manuskript E. In: Aus den Anfängen der Psychoanalyse. Imago, London, 1950.

Freud, S. (1894a): Die Abwehr-Neuropsychosen. G. W., Bd. I.

Freud, S. (1895): Entwurf einer Psychologie. In: Aus den Anfängen der Psychoanalyse. Imago, London, 1950.

Freud, S. (1895a): Neurasthenie und Angstneurose, I.

Freud, S. (1895b): Studien über Hysterie, I.

Freud, S. (1896): Briefe an W. Fließ am 13. 2. 96 und 6. 12. 96. In: Aus den Anfängen der Psychoanalyse. Imago, London.

Freud, S. (1896a): Weitere Bemerkungen über die Abwehr-Neuropsychosen, I.

Freud, S. (1898): Brief an W. Fließ vom 10. 3. 98. In: Aus den Anfängen der Psychoanalyse. Imago, London.

Freud, S. (1900): Die Traumdeutung. II/III.

Freud, S. (1901): Über den Traum. II/III.

Freud, S. (1905a): Drei Abhandlungen zur Sexualtheorie, v.

Freud, S. (1905b): Der Witz und seine Beziehung zum Unbewußten, VI.

Freud, S. (1908): Hysterische Phantasien und ihre Beziehungen zur Bisexualität, VII.

Freud, S. (1911): Formulierungen über die zwei Prinzipien des psychischen Geschehens, VIII.

---

[1] Zitiert ist im folgenden stets nach der Imago (London), Ausgabe von 1946

Freud, S. (1913): Das Interesse an der Psychoanalyse, VIII.

Freud, S. (1914a): Zur Einführung des Narzißmus, X.

Freud, S. (1914b): Zur Geschichte der psychoanalytischen Bewegung, X.

Freud, S. (1914): Erinnern, Wiederholen und Durcharbeiten, X.

Freud, S. (1915a): Triebe und Triebschicksale, X.

Freud, S. (1915b): Das Unbewußte, X.

Freud, S. (1915c): Die Verdrängung, X.

Freud, S. (1916/17): Vorlesung zur Einführung in die Psychoanalyse, XI.

Freud, S. (1917): Trauer und Melancholie, X.

Freud, S. (1920): Jenseits des Lustprinzips XIII.

Freud, S. (1921): Massenpsychologie und Ich-Analyse, XIII.

Freud, S. (1923): Das Ich und das Es, XIII.

Freud, S. (1924): Der Untergang des Ödipuskomplexes, XIII.

Freud, S. (1924a): Das ökonomische Problem des Masochismus, XIII.

Freud, S. (1925): Einige psychische Folgen des anatomischen Geschlechtsunterschiedes, XIV.

Freud, S. (1925a): Die Vereinigung, XIV.

Freud, S. (1926b): Zur Frage der Laienanalyse, XIV.

Freud, S. (1926a): Psycho-Analysis, XIV.

Freud, S. (1926c): Hemmung, Symptom und Angst, XIV.

Freud, S. (1927): Die Zukunft einer Illusion, XIV.

Freud, S. (1928): Kurzer Abriß der Psychoanalyse, XIII.

Freud, S. (1930): Das Unbehagen in der Kultur, XIV.

Freud, S. (1933): Neue Folge zur Einführung in die Psychoanalyse, XV.

Freud, S. (1936): Brief an Romain Rolland. In: Eine Erinnerungsstörung auf der Akropolis, XVI.

Freud, S. (1937): Die endliche und die unendliche Analyse, XVI.

Freud, S. (1937a): Der Mann Moses und die monotheistische Religion, XVI.

Freud, S. (1937b): Brief an Marie Bonaparte. In: E. Jones (1962): Sigmund Freud. Bern.

Freud, S. (1938): Some elementary lessons in psycho-analysis, XVII.

Freud, S. (1938b): Abriß der Psychoanalyse, XVII.

Fürstenau, P. (1967): Sublimierung in affirmativer und negativ kritischer Anwendung. In: Jahrbuch der Psychoanalyse, Bd. 4, Hrsg. K. Dräger et al., Bern und Stuttgart.

Furst, S. S. (1967): Psychic trauma. Basic Books, New York/London.

Gaddini, E. (1972): Aggression and the pleasure principle. Int. J. Psychoanal. 53, 191–197.

Galatzer-Levi, R. M. (1976): Psychic energy: A historical perspective. In: The Annual of Psychoanalysis. Vol. IV, 41–61, New York.

Gill, M. M. (1963): Topography and systems in psycho-analytic theory. Int. Univ. Press, New York.

Gill, M. M., und Klein, G. S. (1964): The structuring of drive and reality. Int. J. Psychoanal., 45, 483.

Gill. M. M. (1967): The primary process, In: R. R. Holt. Ed.: Motives and thought: Psychoanalytic essays in honor of David Rapaport. Int. Univ. Press, New York.

Gill, M. M. u. Hoffmann, J. Z. (1972): A method for studying the analysis of aspects of the patient's experience of the relationship in psychoanalysis and psychotherapy. J. Am. Psychoanal. Ass. 30, 137–168.

Glover, E. (1932): A psychoanalytical approach to the classification of mental disorders. In: On ther early development of the mind. Int. Univ. Press, New York.

Glover, E. (1943): The Concept of dissociation. In: On the early development of the mind. Int. Univ. Press, New York.

Glover, E. (1947): Basic mental concepts: Their clinical and theoretical value. Psychoanal. Quart. XVI, 4, 482.

Glover, E. (1949): Psycho-Analysis. London.

Greenacre, P. H. (1958): Toward an understanding of the physical nucleus of some defence reactions. Int. J. Psychoanal., *39*.

Greenson, R., und Wexler, M. (1969): The non-transference relationship in the psychoanalytic situation. Int. J. Psychoanal., *50*, 27–39.

Grinberg, L. (1964): Two kinds of guilt – their relation with normal and pathological aspects of mourning. Int. J. Psychoanal., *45*, 366.

Grotstein, J. S. (1977): The psychoanalytic concept of schizophrenia, I, II, Int. J. Psychoanal. *58*, 403–462.

Guntrip, H. (1961): Personality structure and human interaction. Int. Univ. Press, New York.

Guntrip, H. (1971): Psychoanalytic theory, therapy and the self. London.

Habermas, J. (1968): Erkenntnis und Interesse. Suhrkamp Verlag, Frankfurt/M.

Hartmann, H. (1939a): Ich-Psychologie und Anpassungsproblem. Int. Z. Psychoanal. u. Imago, XXIV, 62; Nachdruck: Psyche, 1960, 81.

Hartmann, H. (1939): Psycho-Analysis and the concept of health. Int. J. Psychoanal., *20*, 308. In deutscher Sprache: H. Hartmann: Ich-Psychologie, Studien zur psychoanalytischen Theorie. Stuttgart, 1972.

Hartmann, H. (1950): Comments on the psycho-analytic theory of the ego. Psychoanalytic Study of the Child, *V*. New York. In: H. Hartmann, Ich-Psychologie . . . Stuttgart, 1972.

Hartmann, H. (1952): The mutual influence in the development of ego and id. In: Psychoanalytic Study of the Child, *VII*. New York. In: H. Hartmann, Ich-Psychologie . . . Stuttgart, 1972.

Hartmann, H. (1955): Bemerkungen zur Theorie der Sublimierung. In: H. Hartmann, Ich-Psychologie . . . Stuttgart, 1972.

Hartmann, H. (1959): Psychoanalysis as a scientific theory. In: Essays on ego psychology. Int. Univ. Press, New York, 1964. In: H. Hartmann, Ich-Psychologie . . . Stuttgart, 1972.

Hartmann, H., Kris, E., Loewenstein, R. M. (1946): Comments on the formation of psychic structure. In: Psycho-Analytic Study of the Child, II. New York.

Hartmann, H., Kris, E., Loewenstein, R. M. (1949): Notes on the theory of aggression. Psycho-Analytic Study of the Child, III/IV. New York.

Hartmann, H., Loewenstein, R. M. (1962): Notes on the superego. Psycho-Analytic Study of the Child, XVI. New York.

Heede, R. (1971): Abduktion. In: J. Ritter, Hg., Historisches Wörterbuch der Philosophie, Bd. 1, Basel/Stuttgart.

Hegselmann, R. (1978): Abduktion. In: Wissenschaftstheoretisches Lexikon. Hrsg. Braun, E. u. Rademacher, H., Syria, Graz/Wien/Köln.

Heinrich, K. (1981): tertium datur, Frankfurt/M.

Hempel, G. G. (1970): Erklärung in Naturwissenschaft und Geschichte. In: L. Krüger (Hrsg.): Erkenntnisprobleme der Naturwissenschaften. Köln u. Berlin.

Hoffer, W. (1949?: Hand mouth and ego integration. In: Psycho-Analytic Study of the Child, III/IV. New York.

Hoffer, W. (1950): Development of the body ego. In: Psycho-Analytic Study of the Child, V. New York.

Hoffer, W. (1954): Defence process and defensive organization. Int. J. Psychoanal., *35*, 194.

Hoffer, W. (1968): Notes on the theory of defence. Psycho-Analytic Study of the Child, XXIII, 179. New York.

Holder, A. u. Dare, C. (1982): Narzißmus, Selbstwertgefühl und Objektbeziehungen Psyche *36*, 788–812, 1982.

Holland, N. N. (1973): Defence, displacement and the ego's algebra. Int. J. Psychoanal., *54*, 247–257.

Holt, R. R. (1962): Freud's concept of bound vs. free carthexis. J. Am. Psychoanal. Ass., 475.

Holt, R. R. (1967): The development of the primary process: A structural view. In: R. R. Holt (Ed.): Motives and thought. Psychoanalytic essays in honor of David Rapaport. Int. Univ. Press, New York.

Holt, R. R. (1976): Drive or wish; In: M. M. Gill u. P. S. Holzmann (Hrsgb.): Psychology versus metapsychology: Psychoanalytic essays in memory of George S. Klein, New York, 158–197.

Holt, R. R. (1981): The death and transfiguration of metapsychology. Int. Rev. 8, 129–143.

Ikonen, P. u. Rechardt, E. (1978): The vicissitude of Thanatos. Scand. Psa. Review 1, 79–114.

Isaacs, S. (1948): The nature and function of phantasy. Int. J. Psychoanal., 29, 73.

Jacobson, E. (1946): The effect of disappointment on ego and superego formation in normal and depressive developmenr. Psychoanal. Rev., Rev.

Jacobson, E. (1964): The self and the object world. Int. Univ. Press, New York.

Jaffe, D. S. (1968): The mechanism of projection: its dual role in object relation. Int. J. Psychoanal., 49, 662.

Jappe, G. (1971): Über Wort und Sprache in der Psychoanalyse. Frankfurt/M.

Joffe, W. G., und Sandler, J. (1967): Über einige begriffliche Probleme im Zusammenhang mit dem Studium narzißtischer Störungen. Psyche, 21, 152.

Joffe, W. G., und Sandler, J. (1968): Comments on the psychoanalytic psychology of adaption, with special reference to the role of affect and the representational world. Int. J. Psychoanal., 49, 445. Deutsch: Psyche, 21, 729 (1967).

Jones, E. (1919): Die Theorie der Symbolik. Int. J. Psychanal., 5, 244.

Jones, E. (1962): Das Leben und Werk von Sigmund Freud, Bd. III. Bern u. Stuttgart.

Juni, S. (1979): Theoretical foundations of projection as a defence mechanism. Int. J. Psychoanal. 6, 115–130.

Kant, I (1781 u. 1787): Kritik der reinen Vernunft.

Kaufmann, O. Ch. (1960): Symposium on psycho-analysis and ethology. Int. J. Psychoanal., 41, 318.

Kaywin, L. (1966): Problems of sublimation. J. Am. Psychoanal. AA., 14.

Kernberg, O. (1966): Structural derivation of object relationships. Int. J. Psychoanal., 47, 236.

Kernberg, O. (1974): Contrasting viewpoints regarding the nature and psychoanalytic treatment of narcissistic personalities. J. Am. Psychoanal. Ass., 22, 255–267.

Kernberg, O. (1975): Borderline conditions and pathological narcissism. New York.

Kinston, W. (1982): An intrapsychic development schema for narcissistic disturbance. Int. Rev. Psychoanal. 9, 263–277.

Klein, G. S. (1967): Peremptory ideation: Structure and force in motivated ideas. In: R. R. Holt, Ed.: Motives and thought, psychoanalytic essay in honor of David Rapaport. Int. Univ. Press, New York.

Klein, G. S. (1970): Perceptions and motives. New York.

Klein, G. S. (1976): Psychoanalytic theory. New York.

Klein, M. (1930): The importance of symbol formation in the development of the ego. In: Contributions to psychoanalysis. Hogarth, London, 1948.

Klein, M. (1946): Notes on some schizoid mechanism. In: Developments in: Psycho-Analysis, Ed. M. Klein et al. Hogarth Press, London, 1952, 292.

Klein, M. (1957): Envy and gratitude. London.

Klein, M. (1958): On the development of mental functioning. Int. J. Psychoanal., 39, 84.

Kohut, K. (1959): Introspection, empathy and psychoanalysis. J. Am. Psychoanal. Ass., 7, 59.

Kohut, K. (1966): Formungen und Umformungen des Narzißmus. Psyche, 20, 561.

Kohut, H. (1969): Die psychoanalytische Behandlung narzißtischer Persönlichkeitsstörungen. Psyche, 23, 321.

Kohut, H. (1971): The analyst of the self. London.

Krapf, E. E. (1961): Concepts of normality and mental health. Int. J. Psychoanal., 42, 439.

Kreitler, S. (1965): Symbolschöpfung und Symbolfassung. E. Reinhardt, München/Basel.

Kretschmer, E. (1950): Der sensitive Beziehungswahn. 3. Auflage, Springer Verlag, Berlin/ Heidelberg/Göttingen.

Kubie, L. S. (1947): The fallacious use of quantitative concepts. In: Dynamic psychology. Psychoanal. Quart., *16*, 507.

Kubie, L. S. (1953): The distortion of the symbolic process in neurosis and psychosis. J. Amer. Psychoanal. Ass., *1*.

Kuiper, P. C. (1964/65): Verstehende Psychologie und Psychoanalyse. Psyche, *18*, 38.

Kunz, H (1964): Zur Problematik der Aggression. Vortrag auf dem 1. Frankfurter Psychoanalytischen Kongreß. In: Bis hierher und nicht weiter. Hrsg. A. Mitscherlich, Piper, München, 1969.

Lachmann, F. M. u. Stolorow, R. D. (1976): Idealization and grandiosity: Developmental considerations and treatment implications. Psychonal. Quart. XLV, 565–587.

Lampl-de Groot, J. (1956/57): Anmerkungen zur psychoanalytischen Triebtheorie. Psyche, *10*, 194.

Lampl-de Groot, J. (1962): Ich-Ideal und Über-Ich. Psyche, *17*, 321, 1963/64.

Lampl-de Groot, J. (1963): Symptom formation and character. Int. J. Psychoanal., *44*, 1.

Laplanche, J., und Pontalis, J. B. (1968): Fantasy and the origins of Sexuality. Int. J. Psychoanal., *49*, 1.

Laplanche, J. (1988): Die allgemeine Verführungstheorie, Tübingen

Leeuw, van der, P. J. (1967): Über die Entwicklung des Metapsychologiebegriffes. Psyche, 21, 125.

Leinfellner, W. (1965): Einführung in die Erkenntnis- und Wissenschaftstheorie. Mannheim.

Lichtenberg, J. D., und Slap, J. W. (1973): Notes on the concept of splitting and the defense mechanism of the splitting of representations. J. Am. Psychoanal. Ass., *21*, 772–787.

Lichtenberg, J. D., und Slap, J. W. (1972): On the defense mechanism: A survey and synthesis. J. Am Psychoanal. All., *20*, 776–792.

Lichtenberg, J. D. (1975): The development of the sense of self. J. Am. Psychoanal. Ass., *23*, 453–484.

Lichtenberg, J. D. (1987): Die Bedeutung der Säuglingsbeobachtung für die klinische Arbeit mit Erwachsenen. Zeitschr. f. Psychoanal. Theorie und Praxis, II, 2, 123–147.

Lichtenstein, H. (1961): Identity and sexuality. J. Am. Psychoanal. Ass., *9*.

Lichtenstein, H. (1964): The role of narcissim in the emergence and maintenance of the primary identity. Int. J. Psychoanal., *45*, 49.

Lichtenstein, H. (1965): Towards a metapsychological definition of the concept of self. Int. J. Psychoanal., *46*, 117–128.

Lichtenstein, H. (1976): New Horizons in metapsychology: View and Review. Panel Report. J. Am. Psychoanal. Ass., *24*, 161–180.

Lincke, H. (1970): Das Über-Ich – eine gefährliche Krankheit. Psyche, *24* 375.

Loch, W. (1959/60): Begriff und Funktion der Angst in der Psychoanalyse. Psyche, *13*, 801.

Loch, W. (1961): Heilung als Ich-Integration. Wege zum Menschen, *13*, 6/7, 193.

Loch, W. (1961/62): Anmerkungen zur Pathogenese und Metapsychologie einer schizophrenen Psychose. Psyche, *15*, 684.

Loch, W. (1962): Biologische und gesellschaftliche Faktoren der Gewissensbildung. Wege zum Menschen, *14*, 346. In: Zur Theorie, Technik und Therapie der Psychoanalyse. Frankfurt/M., 1972.

Loch, W. (1962/63): Psychoanalyse und Kausalitätsprinzip. Psyche, *15*, 401. In: Zur Theorie, Technik und Therapie der Psychoanalyse. Frankfurt/M., 1972.

Loch, W. (1963/64): Über den Begriff der Regression und seine Bedeutung in einer allgemeinen psychoanalytischen Neurosenlehre. Psyche, *17*, 516. In: Über Begriffe und Methoden der Psychoanalyse. Bern, 1975.

Loch, W. (1965): Voraussetzungen, Mechanismen und Grenzen des psychoanalytischen Prozesses. H. Huber, Bern.

Loch, W. (1966): Über einige allgemeine Strukturmerkmale und Funktionen psychoanalytischer Deutungen. Psyche, *20*, 377.

Loch, W. (1967): Psychoanalytische Aspekte zur Pathogenese und Struktur despressivpsychotischer Zustandsbilder. Psyche, *21*, 758.

Loch, W. (1968): Identifikation-Introjektion. In: Über Begriffe und Methoden der Psychoanalyse. Bern, 1975.

Loch, W. (1970): Zur Entstehung aggressiv-destruktiver Reaktionsbereitschaft. Psyche, *24*, 241.

Loch, W. (1971): Die Determinanten des Ich. David Rapaports Beitrag zur psychoanalytischen Ich-Theorie. Psyche, *25*. In: Begriffe und Methoden der Psychoanalyse. Bern, 1975.

Loch, W., und Jappe, G. (1974): Die Konstruktion der Wirklichkeit und die Phantasien. Psyche, *28*, 1–3.

Loch, W. (1978): Anmerkungen zu wissenschaftstheoretischen Problemen der psychoanalytischen Praxis. In: S. Drews u. a. (Hrsg.): Provokation und Toleranz. Frankfurt/M. 93–118.

Loch, W. (1981): Triebe und Objekte. Jahrbuch der Psychoanalyse XII. 54–82.

Loch, W. (1984): Ödipuskomplex. Histor. Wörterbuch der Philosophie, Bd. 6, Basel/Stuttgart.

Loewald, H. W. (1971): The transference neurosis: Comments on the concept and the phenomena. J. Am. Psychoanal. Ass., *19*, 54–66.

Loewald, H. W. (1971): On motivation and instinct theory. Psychoanalytic Study of the Child, *XXVI*, New York.

Loewald, H. W. (1972): Psychoanalytische Theorie und psychoanalytischer Prozeß. Psyche, *26*, 774–798.

Loewald, H. W. (1973): On Internalization. Int. J. Psychoanal., *54*, 9–17.

Loewald, H. W. (1982): Zur Frage der Sublimierung. Vortrag an der Universität Ulm, 19. 9. 82.

Loewenstein, R. M. (1964): Symptom formation and character formation. Int. J. Psychoanal., *45*, 155.

Looser, M. (1976): Zur Beziehung zwischen sprachanalytischer und psychoanalytischer Konzeption personaler Identität. In: K. Menne et al. (Hg.): Sprache, Handlung und Unbewußtes. Kronberg, 1976.

Lorenz, K. (1963): Das sogenannte Böse. Zur Naturgeschichte der Aggression. Verlag Rorotha-Schoder, Wien.

Loewenfeld, H. und Y. (1970): Die permissive Gesellschaft und das Über-Ich.

Lyons, W. (1980): Emotion. Cambridge, London.

Madson, K. B. (1961): Theory of motivation. Howard Allen, Cleveland; Munksgaard, Copenhagen.

Mahler, M. S. (1958): Autism and symbiosis. Two extreme disturbances of identity. Int. J. Psychoanal., *34*, 77.

Mahler, M. S. (1968): On human symbiosis and the vicissitudes of individuation. Int. Univ. Press, New York, 1969.

Mahler, M. S., und Gosliner, B. J. (1955): On symbiotic child psychosis. Psychoanalytic Study of the Child, *X*. New York.

Mahler, M. S., Pine, F., und Bergman, A. (1975): The psychological birth of the human infant. New York.

Malan, D. H. (1979): Individual psychotherapy and the science of psycho-dynamics. London, Boston, Sydney, Wellington, Durban, Toronto.

Matte-Blanco, I. (1975): The Unconscious as infinite Sets, London.

McIntosh, D. (1979): The empirical bearing of psychoanalytic theroy. Int. J. Psychoanal. *60*, 405–432.

Meltzer, D. (1973): Work, play and sublimation. In: Sexual states of the mind, Pertshire.

Meyer, A. E. (1969): Probleme der Es-Ich-Überich-Gliederung. Psyche, 23, 561.

Miller, A. (1970): Zur Behandlungstechnik der sog. narzißtischen Neurosen.

Mitscherlich, A. (1956/57 u. 1958/59): Aggression und Anpassung I. und II. Psyche, 10, 177 u 12, 523.

Mitscherlich, A. (1963): Auf dem Wege zur vaterlosen Gesellschaft. Piper, München.

Modell, A. H. (1965): On having the right to a life: An aspect of the superego's development. Int. J. Psychoanal., 46, 323.

Modell, A. H. (1971): The origin of certain forms of pre-oedipal guilt and the implications for a psycho-analytic theory of affects. Int. J. Psychoanal., 52, 337–346.

Modell, A. H. (1981): Does metapsychology still exist? Int. J. Psychoanal., 62, 391–412.

Money-Kyrle, R. E. (1955): An inconclusive contribution to the theory of the death instinct. In: New Directions in Psycho-Analysis. Ed. M. Klein et al., Tavistock Publ., London, 499.

Money-Kyrle, R. E. (1961): Man's picture of his world. Int. Univ. Press, New York.

Moser, U. (1964): Zur Abwehrlehre: Das Verhältnis von Verdrängung und Projektion. In: Jahrbuch der Psychoanalyse, Bd. III. Hrsg. K. Dräger et al., H. Huber, Bern.

Narr, W. D. (1969): Theoriebegriffe und Systemtheorie. Kohlhammer, Stuttgart, Berlin, Köln, Mainz.

Novick, M. R., und Kelly, K. (1970): Projection and externalization. Psychoanalytic Study of the Child, XXV, New York.

Noy, P. (1969): A revision of the psychoanalytic theory of the primary process. Int. J. Psychoanal., 50, 155.

Nunberg, H. (1955): Principles of Psychoanalysis. Int. Univ. Press, New York.

Odgen, Th. H. (1979): On projective identification. Int. J. Psychoanal. 60, 357–374.

Oetjens, H. (1975): Sprache, Logik, Wirklichkeit. Stuttgart.

Ostow, M. (1958): The death instincts – A contribution to the study of instincts. Int. J. Psychoanal., 34, 5.

Parkin, A. (1979): Meaning and mechanism in psychoanalysis. Int. J. Psychoanal. 60, 481–487.

Philipps, J. H. (1962): Psychoanalyse und Symbolik. H. Huber, Bern u. Stuttgart.

Piaget, J. (1936): The origins of intelligence in children, 2nd ed., New York, 1952.

Piaget, J. (1973): The affective unconscious and the cognitive unconscious. J. Am. Psychoanal. Ass., 24, 249–261.

Pleue, F. G. (1961): Agression and the concept of aim. In: Psychanalytic drive theory. Int. J. Psychoanal., 42, 479.

Ploog, D. (1975): Biologische Grundlagen aggressiven Verhaltens. In: Psychiatrische ethologische Aspekte abnormen Verhaltens, 1. Düsseldorfer Symposium, Stuttgart, 1974.

Popper, K. R. (1962): Die Logik der Sozialwissenschaften. Kölner Z. Soz. Psychol., 233.

Popper, K. R. (1966): Logik der Forschung. 2. Auflage, Tübingen.

Pruyser, P. W. (1975): What splits in ,Splitting'. Bull. Menninger Clinic, 39, 1–45.

Pulver, S. E. (1972): Narzißmus: Begriff und metapsychologische Konzeption. Psyche, 26, 34–57.

Putman, H. (1981): Vernunft, Wahrheit und Geschichte. Frankfurt/M., 1982.

Räkköläinen, V. und Alanen, Y. O. (1982): On the trans-actionality of defensive processes. Int. Rev. Psychoanal. 9, 263–277.

Rapaport, D., und Gill, M. M. (1959): The points of view and assumptions of metapsychology. Int. J. Psychoanal., 40, 152.

Rapaport, D. (1951): Organization and pathology of thought. Columbia Univ. Press, New York.

Rapaport, D. (1951): The autonomy of the ego. In: Psychoanalytic Psychiatry and psychology, Ed. R. P. Knight u. C. R. Friedman, Int. Univ. Press, New York, 1954, 248.

Rapaport, D. (1953): Some metapsychological considerations concerning activity and passivity. In: Collected papers, New York, 1967.

Rapaport, D. (1957): Cognitive structures. In: Collected Papers, New York, 1967.

Rapaport, D. (1960): The structure of psychoanalytic theory. Int. Univ. Press, New York.

Rayner, E. (1981): Infinite experiences, affects and the characteristics of the unconscious, Int. J. Psycho-Anal., 62, 403–412.

Ricoeur, P. (1965): Die Interpretation, ein Versuch über Freud. Frankfurt/M., 1969.

Ricoeur, P. (1970): Freud and Philosophy. New Haven.

Riviere, J. (1952): General introduction. In: Developments in psychoanalysis, Ed.: M. Klein et al. The Hogarth Press, London.

Rochlin, G. (1973): Man's aggression: The defense of the self. Boston.

Rosen, V. H. (1969): Sign phenomena and their relationship to unconscious meaning. Int. J. Psychoanal., 50, 197.

Rosenfeld, H. (1964): On the psychopathology of narcissicm. Int. J. Psychoanal., 45, 332–337.

Rosenfeld, H. (1971): A clinical approach to the theory of the life and death instincts: An investigation into the aggressive aspects of narcissim. Int. J. Psychoanal., 52, 169–178.

Rosenfeld, H. (1971a): Contribution to the psychopathology of psychotic states: The importance of projective identification in the ego structure and object relations of the psychotic patient. In: P. Doncet u. C. Lauvin (Ed.): Problems of Psychosis, Excerpta Medica.

Rubinstein, B. B. (1965): Psycho-analytic theory and the mind-body-problem. In: Psychoanalysis and current biological thought, Ed. N. S. Greenfield and W. C. Lewis. The Univ. of Wisconsin Press, Madison, and Milwaukee.

Rubinstein, B. B. (1967): Explanation and mere description: A metascientific examination of certain aspects of the psychoanalytic theory of motivation. In: Ed. R. R. Hold, Motives and thought: Psychoanalytic essays in honor of David Rapaport. Int. Uni. Press, New York.

Rycroft, Ch. 1956): Symbolism and its relation to the primary and secondary process. Int. J. Psychoanal., 37, 137.

Rycroft, Ch. (1958): An enquiry into the functions of words in the psychoanalytical situation. Int. J. Psychoanal., 39, 408.

Rycroft, Ch. (1966)): Causes and meaning. In: Ch. Rycroft. Ev.: Psychonalysis observes. Constable, London.

Sandler, J. (1960): Sicherheitsgefühl und Wahrnehmung. Psyche, 15, 124.

Sandler, A.-M. (1975): Comments on the significance of Piaget's work for psychoanalytics. Int. J. Psychoanal., 2, 365–378.

Sandler, J. (1960): Zum Begriff des Über-Ich. Psyche, 1964/65, 721.

Sandler, J. (1976): Dreams, unconscious fantasies and „identity of perception". Int. Rev. Psycho- Anal., 3, 33–42.

Sandler, J., Rosenblatt, B. (1962): The concept of the representational world. Psychoanalytic Study of the Child, XVII, New York.

Sandler, J., und Joffe, W. G. (1967): Die Persistenz in der psychischen Entwicklung und Funktion, mit besonderem Bezug auf die Prozesse der Fixierung und Regression. Psyche, 21, 138.

Sandler, J., und Joffe, W. G. (1969): Towards a basic psychoanalytic modell. Int. J. Psychoanal., 50, 79.

Sandler, A.-M. (1975): Comments on the significance of Piaget's work for Psychoanalysis. Int. Rev. Psychoanal. 2, 365 – 377.

Schachtel, E. G. (1955/56): Die Entwicklung der gegenständlichen Aufmerksamkeit und das Hervortreten der Realität. Psyche, 9, 204.

Schafer, R. (1960): The loving and beloved superego in Freud's structural theory. Psychoanal. Study of the Child, 15, New York.

Schafer, R. (1968a): Aspects of internalization. Int. Univ. Press, New York.

Schafer, R. (1968b): The Mechanisms of defence. Int. J. Psychoanal., *49*, 49.

Schafer, R. (1975): Psychoanalysis without psychodynamics. Int. J. Psychoanal., *56*, 41–56.

Schneirla, T. C. (1959): An evolutionary and developmental theory of biphasic processes underlying approach and withdrawal. Zit. nach M. Schur, 1960/61.

Schuhmacher, W. (1970): Bemerkungen zur Theorie des Narzißmus. Psyche, *24*, 1.

Schur, M. (1958): The ego and id in anxiety. Psychoanal. Study of the Child, *XIII*.

Schur, M. (1960): Discussion of Dr. Bowlby's Paper. Psycho-Analytic Study of the Child, *XV*, 63.

Schur, M. (1960/61): Psychogenese und Ontogenese der Affekt- und Strukturbildung und das Phänomen des Wiederholungszwanges. Psyche, *14*, 617.

Schur, M. (1964): The id and the regulatory principles of mental functioning. Int. Univ. Press, New York.

Schwartz, A. (1987): Drives-affects-behavior- and Learning, J. An. Psychoanal. Ass., 467–506.

Segal, H. (1957): Notes on symbol formation. Int. J. Psychoanal., *38*, 391.

Segal, H. (1964a): Introduction to the work of Melanie Klein. Heinemann, London.

Segal, H. (1964): Fantasy and other mental processes. Int. J. Psychoanal., *45*, 191.

Segal, H. (1982): Some implications of Melanie Kleins work. Weekend-conference. 1. 10. 82, London.

Shope, R. K. (1973): Freud's concept of meaning. In: B. B. Rubinstein (Ed.): Psychoanalysis and contemporary science. Vol. II, 276–303.

Simon, F. B. (1982): Präverbale Strukturen der Logik. Psyche *36*, 139–170.

Smith, J. J., Pao, P.-N., und Schweig, N. A. (1973): On the concept of aggression. Psychoanal. Study of the Child, XXVIII, 331–346.

Smith, J. H. (1976): Language and the genealogy of the absent object. In: J. H. Smith (Ed.): Psychiatry and the humanities, New Haven and London.

Smith, J. H. (1977): The pleasure principle. Int. J. Psychoanal. *58*, 1–10.

Sperling, S. J. (1958): On denial and the essential nature of defence. Int. J. Psychoanal., *39*, 25.

Spiegel, L. A. (1959): The self, the sense of self, and perception. Psychoanalytic Study of the Child, *XIV*. In deutscher Sprache: Psyche, *15*, 211–236, 1961/62.

Spitz, R. A. (1957): Nein und Ja. Verlag E. Klett, Stuttgart.

Spitz, R. A. (1958): Zur Entstehung der Überich-Komponenten. Psyche, *14*, 1960/61.

Spitz, R. A. (1959): A genetic field theory of ego formation. New York.

Spitz, R. A. (1960): Die Entstehung der ersten Objektbeziehungen. Verlag E. Klett, Stuttgart.

Spitz, R. A. (1963): Life and dialogue. In: Counterpoint, Ed. H. Gaskill, Int. Univ. Press, New York.

Spitz, R. A. (1965): The first year of life. Int. Univ. Press, New York.

Stadler, P. (1982): Triebrepräsentanz, Orientierungsreflex, Alarmreaktion. Eine Skizze zu Gegenstand und Forschungsobjekt der Psychosomatik. Psyche *36*, 97–122.

Steele, R. S. (1979): Psychoanalysis. Int. Rev. Psychoanal. *6*, 389–411.

Stegmüller, W. (1954): Metaphysik, Wissenschaft, Skepsis. Humboldt Verlag, Frankfurt/M., Wien.

Stegmüller, W. (1969): Hauptströmungen der Gegenwartsphilosophie. A. Kröner Verlag, Stuttgart.

Stern, M. M. (1964): Prototypes of Defence. Int. J. Psychoanal., *45*, 296.

Stolorow, R. D. u. Lachmann, F. D. (1975) : Early object loss and denial: Developmental considerations. Psychoanal. Quart. XLIV, 596–610.

Stolorow, R. D. u. Lachmann, F. D. (1978): The developmental prestages of defenses: Diagnostic and therapeutic implications. Psychoanal. Quart. XLVII, 73–102.

Ströker, E. (1977): Einführung in die Wissenschaftstheorie. Darmstadt, 2. Auflage.

Szasz, Th. (1962): The myth of mental illness. Secker and Warburg, London.

Taylor, Ch. (1975): Erklärung und Interpretation in den Wissenschaften vom Menschen. Frankfurt/M.

Thom, M. (1981): Verneinung, Verwerfung, Ausstoßung. A problem in the interpretation of Freud. In: MacCabe (Ed.): The talking cure. Essays in psychoanalysis and language, 162–187, London and Basingstoke.

Tolman, E. C. (1942): A psychological model. In: T. Parson and E. A. Shils, Toward a general theory of action. Harvard Univ. Press, Cambridge, Mass.

Tolpin, M. (1971): On the beginning of a cohesive self. Psychoanal. Study of the Child, *XXVI*.

Topitsch, E. (1958): Vom Ursprung und Ende der Metaphysik. Verlag Spinger, Wien.

Toulmin, S. (1970): Grund und Ursache. In: B. Giesen u. M. Schmid, Theorie, Handeln und Geschichte, Hamburg, 1975.

v. Uexküll, Th. (1963): Grundfragen der Psychosomatischen Medizin. Rowohlt, Hamburg.

Ulmer, K., Häfele, W., Stegmaier, W. (1987): Bedingungen der Zukunft, Stuttgart-Bad Cannstatt.

Valenstein, A. F. (1972): The earliest mother-child relationship and the development of the superego. In: Moral values and the superego concept in psychoanalysis. New York.

Waelder, R. (1936): The principle of multiple function. Psychoanal. Quart., *5*, 45.

Waelder, R. (1960): Die Grundlagen der Psychoanalyse. H. Huber und E. Klett, Bern und Stuttgart, 1963.

Werner, H. (1957): Comperative psychology of mental development. RevEd., Int. Univ. Press, New York.

Werner, H., und Kaplan, B. (1962): Symbol formation. M. Wiley, New York.

Werthmann, H.-V. (1982): Zur Anwendung des Hempel-Oppenheim-Schemas der wissenschaftlichen Erklärung auf die Psychoanalyse. Psyche *36*, 889–905.

Westmeyer, H. (1972): Logik der Diagnostik. Stuttgart, Berlin, Köln, Mainz.

White, R. (1948): The abnormal personality. Ronald Press, New York.

Winnicott, D. W. (1958): Collected Papers. Basic Books, New York.

Winnicott, S. W. (1960): The theory of the parent-infant relationship. Int. J. Psychoanal., *41*, 585.

Wisdom, J. O. (1964): Whole person medicine. Acta psychotherap., XII, 4, 241.

Wittgenstein, L. (1921): Tractatus logico-philosophicus. Suhrkamp, Frankfurt/., 1964.

Wittgenstein, L. (1945–1949): Philosophische Untersuchungen. In: Schriften von L. W., I, Suhrkamp, Frankfurt/., 1960.

Wolff, P. H. (1959): Observations on newborn infant, Psychosomatic med., *21*, 110–118.

Wolff, P. H. (1960): The developmental psychologies of Jean Piaget and psychoanalysis, New York.

Grundzüge der Neurosenlehre

Hermann Roskamp

I. DER PSYCHOANALYTISCHE ANSATZ:
DIE NEUROSE – EIN KONFLIKT

Die Entwicklung der psychoanalytischen Theorie ging Hand in Hand mit der Entwicklung der psychoanalytischen Behandlungstechnik. Das Interesse der Psychoanalyse galt ursprünglich ausschließlich den Rätseln, welche die sogenannten ,,funktionellen" Nervenkrankheiten, die Neurosen aufgaben. Bis gegen das Ende des 19. Jahrhunderts war es üblich, die Neurosen nach Maßgabe der bekannten organischen Nervenkrankheiten aufzufassen: physikalisch-chemische und pathologisch-anatomische Aspekte bestimmten die Forschungsansätze. Das schloß die Erwartung psychologischer Zugangsmöglichkeiten beinahe von vornherein aus. Freud berichtet aus dieser Zeit: ,,Noch als ich 1885 an der Salpetriere hospitierte, erfuhr ich, daß man sich für die hysterischen Lähmungen mit der Formel begnügte, sie seien in leichten funktionellen Störungen derselben Hirnpartien begründet, deren schwere Schädigung die entsprechende organische Lähmung hervorrufe . . ." (Freud, S., 47, S. 406).

Die konventionelle Behandlung der funktionellen Nervenkrankheiten beschränkte sich dementsprechend im wesentlichen auf allgemein körperlich-kräftigende Maßnahmen. Über wissenschaftlich befriedigende therapeutische Mittel verfügte man nicht.

Unterdessen aber begann sich, vor allem in Frankreich, das wissenschaftliche Interesse für die alten Probleme des Hypnotismus wieder zu regen. Und damit setzte eine Wende in der Auffassung der funktionellen Nervenkrankheiten ein:

Wenn man die hypnotischen Phänomene nicht kurzerhand als willkürliche Vortäuschungen abtun wollte, sondern ihre Echtheit anerkannte, dann ergaben sich zwingend einige schwerwiegende Konsequenzen: einmal nämlich, daß auf seelischem Wege – zum Beispiel durch Hypnose – krankhaft anmutende körperliche Veränderungen entstehen können; zum anderen, daß es „unbewußte" seelische Vorgänge geben muß – wie wollte man sich sonst erklären, daß Versuchspersonen nach der Hypnose Aufträge erledigten, die ihnen in der Hypnose erteilt worden, nach der Hypnose aber nicht mehr erinnerlich waren? Der „posthypnotische" Auftrag hatte, obwohl unbewußt, doch das Handeln nach Abschluß der Hypnose bestimmt.

Im übrigen waren Ähnlichkeiten zwischen den hypnotischen Phänomenen und den Erscheinungen mancher Neurosen unverkennbar. Davon gingen Charcots Versuche aus: Dem Eindruck folgend, daß hysterische Lähmungen nicht selten die Folge traumatischer Erlebnisse (Unfälle) seien, bediente sich Charcot im hypnotischen Experiment der Suggestion traumatischer Erlebnisse – wodurch er Lähmungen erzeugte, die sich von denen der Hysteriker nicht unterscheiden ließen.

Wenig später zeigte Charcots Schüler Janet – wiederum anhand hypnotischer Versuche – daß die hysterischen Symptome *regelmäßig* in Beziehung zu Gedanken stehen („idées fixes"), die dem Bewußtsein entzogen sind. Er folgerte daraus, die Hysterie sei Ausdruck einer *konstitutionellen* Schwäche, seelische Inhalte zu verbinden, so daß diese in unbewußte und bewußte zerfallen („Dissoziation").

Unabhängig von den französischen Forschern hatte schon um das Jahr 1881 der Internist Dr. Josef Breuer in Wien Erfahrungen gemacht, die Jahre später zum Ausgangspunkt der Psychoanalyse werden sollten. Breuer hatte mit Hilfe der Hypnose ein hysterisch erkranktes Mädchen von seinen Störungen befreit und dabei tiefe Einblicke in das Krankheitsgeschehen seiner Patientin gewonnen. Es handelt sich um den berühmt gewordenen Fall „Anna O." (Breuer, J., und Freud, S., 2). Das Mädchen war im Zusammenhang mit der Pflege ihres geliebten Vaters erkrankt und Breuer erkannte, daß alle hysterischen Krankheitserscheinungen, auch die körperlichen Symptome, *sinnvoll* mit Situationen dieser Pflege zusammenhingen. Sie drückten bestimmte „pathogene" Vorstellungen aus, die, „mit starkem Affekt beladen", „irgendwie verhindert" wurden, „sich auf dem normalen, bis zum Bewußtsein und zur Motilität führenden Wege abzugleichen (,Abreagieren'), worauf dann der gewissermaßen ,eingeklemmte' Affekt auf falsche Wege geriet und seinen Abfluß in die Körperinnervation fand (,Konversion')" (Breuer, J., und Freud, S., 2; Freud, S., 40, S. 212). Breuer faßte die Anlässe für die Entstehung dieser Symptome als „Traumen" im Sinne Charots auf. Sie waren „unbewußt" wie Janets „idées fixes" – aber nicht infolge konstitutionsbedingter Assoziationsschwäche, sondern weil sie sogenannten „hypnoiden" Zuständen entstammten, in denen die seelischen Funktionen vorübergehend beeinträchtigt gewesen waren. Freud, dem Breuer seine Erfahrungen mitgeteilt hatte, konnte diese bei der Behandlung eigener hysterischer Kranker bestätigen. Er stellte der Breuerschen Theorie jedoch die Auffassung gegenüber, der Grund für die Entstehung unbewußter pathogener Vorstellungen sei durchweg in deren „*Abwehr*" durch die „herrschenden Tendenzen", also in einem *Konflikt* zwischen motivierten seelischen Kräften zu suchen (Breuer, J., und Freud, S., 2). 1895 haben beide Forscher ihre Ergebnisse und einen Versuch der theoretischen Würdigung gemeinsam veröffentlicht (Breuer, J., und Freud, S., 2). Das Prinzip der neuen Behandlungsmethode schien darin zu liegen, daß mit dem Erinnern der vergessenen traumatischen Situationen auch die zugehörigen Motive zum Bewußtsein kamen; diese konnten sich dann von ihrer „Einklemmung" und Konversion in krankhafte Körperinnervationen (Symptome) befreien und als Affekte „abreagieren". Dem Symptom war damit fürs erste die Innervationsenergie entzogen, durch die es aufrechterhalten wurde. Dieses Vorgehen wurde „*Katharsis*" genannt. Erstmals war es gelungen, dem Verständnis der „funktionellen Nervenkrankheiten", als deren „Vorbild" die hysterische Neurose gelten konnte (Freud, S., 47, S. 406), näher zu kommen, und zwar unter psychologischen Aspekten.

Die Wege Freuds und Breuers trennten sich nun. Freud wandelte die Technik der Kathartischen Methode bald in die der Psychoanalyse um. Denn es zeigte sich, daß das kathartische Verfahren die therapeutischen Erwartungen allzu oft enttäuschte: die Symptome schwanden zunächst, aber der Gesamterfolg der Behandlung hing doch in hohem Maße von der *Gefühlsbeziehung* des Kranken zum Arzte ab. Wurde diese gestört, so traten die Symptome wieder auf oder es setzten sich neue an ihre Stelle; mit anderen Worten: die Behandlungserfolge schienen oft von rein suggestiver Natur, was anscheinend zu Lasten der Hypnose ging. Zudem ließen sich viele Personen nicht in tiefe Hypnose versetzen. Es galt daher, die wesentlichen Momente der Kathartischen Methode: das Bewußtwerden von vergessenen bzw. „abgewehrten" Vorstellungen und die Entladung der zugehörigen Energien in der Affektreaktion unter *Verzicht auf das Hilfsmittel der Hypnose* zu erreichen. Freud entwickelte zu diesem Zweck als Ersatz für die Hypnose schrittweise die *Methode der freien Assoziation* (Freud, S., 6):

Die Kranken sollten sich ihrer spontanen Einfallstätigkeit überlassen und alle Gedanken, Gefühle und Empfindungen dem Arzt sogleich mitteilen, ohne Rücksicht auf eigene Einwendungen beispielsweise von der Art, der Einfall sei unsinnig, unangenehm, unwichtig oder ohne Zusammenhang mit dem Vorherigen. Das war die *technische Grundregel* der psychoanalytischen Behandlung. Maßgebend für diese Technik war die Annahme, die „freie" Einfallstätigkeit sei wie alles seelische Geschehen streng determiniert (Waelder, R.) und deshalb müsse alles, was dem Patienten zu einem gewissen thematischen Ausgangspunkt einfalle, auch in einem – wie immer gearteten – inneren Zusammenhang mit diesem stehen. Wählte man zum Ausgangspunkt ein Symptom, so war der Annahme entsprechend zu erwarten, daß das Einfallsmaterial Hinweise auf die dem Symptom zugrunde liegenden abgewehrten und vergessenen Motive enthielt. Diese Erwartung trog nicht. Aber es erwies sich, daß die Hinweise verschlüsselt waren, daß die Motive nicht direkt, sondern durch Auslassungen, Verschiebungen und Verkehrungen entstellt im Einfallsmaterial zu Worte kamen. Es galt somit, diese Entstellung durch Ergänzungen und *Deutungen* aufzuheben und die Motive zu rekonstruieren. Freie Assoziation und Deutungskunst sollten also die Hypnose ersetzen. Diese *Technik der Psychoanalyse* wurde später mehrmals modifiziert, sie blieb jedoch im Prinzip erhalten. Eine Abwandlung besteht darin, daß der Psychoanalytiker darauf verzichtet, dem Patienten bestimmte Ausgangspunkte für seine Einfallstätigkeit anzubieten; er faßt statt dessen alle Äußerungen des Analysanden als Anspielungen auf die unbewußte neurotische Konfliktthematik auf und wendet sich ihnen ohne bewußte Erwartungen, in „gleichschwebender Aufmerksamkeit" (Freud, S., 23, S. 377) zu mit dem Ziel, aus den Anspielungen die abgewehrten Motive zu erraten.

Der Verzicht auf die Hypnose brachte großen Gewinn. Er gab Einblick in das Kräftespiel, in die Dynamik der widerstreitenden seelischen Strebungen, die die hysterischen Symptome unterhielten (Freud, S., 2, S. 252 ff.). Freud bemerkte, daß er bei dem Bemühen, dem Kranken seine vergessenen Motive bewußt zu machen, auf dessen beständigen Widerstand stieß. Der *Widerstand* äußerte sich auf mannigfache Weise, z. B. schon in der Tendenz, die „Grundregel" zu verletzen, inneren Einwänden folgend dem Arzt bestimmte Einfälle oder Gefühlsregungen vorzuenthalten. Die Technik der Hypnose hatte sich über diese Widerstandsmomente hinweggesetzt, sie blieben unerkannt, wiewohl sie sich gerade darin geltend machten, daß die Hypnose scheiterte. Die neue Technik nun machte sie zugänglich und Freud entwickelte aus der Erforschung der Widerstandsphänomene die Theorie der *Verdrängung*, die er selbst später „einen Grundpfeiler der psychoanalytischen Neurosenlehre" nannte (Freud, S., 47, S. 411): Dieselben Kräfte, die sich in der psychoanalytischen Behandlung der Erinnerung unbewußter Motive widersetzten, mußten auch seinerzeit deren Abweisung vom Bewußtsein, die „Verdrängung" betrieben haben. Infolge ihrer Verdrängung und ihres sich an die Verdrängung anschließenden Schicksals waren diese Motive dann pathogen geworden: sie hatten auf unbewußten Wegen Ausdruck im neurotischen Symptom gefunden. Der *Konflikt* als Ursprung der neurotischen Störungen mußte sich demnach in der analytischen Kur in jedem Einzelfall erweisen lassen. Freud fand, es handele sich um Konflikte zwischen „Regungen von Selbstsucht und Grausamkeit, die man allgemein als böse zusammenfassen kann, vor allem aber sexuellen Wunschregungen, oft von der grellsten und verbotensten Art" einerseits und „ethischen und ästhetischen Motiven", welche das Bewußtsein beherrschen, andererseits (Freud, S., 47, S. 412).

Die praktische analytische Arbeit stellte den Arzt bald vor unerwartete behandlungstechnische Probleme, die sich als theoretisch fruchtbar erwiesen und schließlich auch eine abermalige Modifikation der psychoanalytischen Behandlungstechnik zur Folge hatten: Man machte die Erfahrung, daß die Aufgeschlossenheit des Kranken für die Interpretationen des Analytikers nach anfänglich bereitwilliger Mitarbeit nachzulassen pflegte. Wenn der Analytiker aus den Mitteilungen des Kranken ein unbewußtes, verdrängtes Motiv erschlossen hatte und es ihm zur Kenntnis brachte, rief er nicht Überraschung und Einsicht, sondern Befremden oder gar Ablehnung hervor. Der Kranke wies die schlüssigsten Deutungsangebote verständnislos zurück. Hielt ihm der Arzt vor, in dieser Ablehnung äußere sich ein Widerstand, so hieß die überzeugte Antwort: von einem Widerstand spüre der Kranke bei sich nichts! Das konnte nur bedeuten: sowenig der Analysand um seine verdrängten Wünsche wußte, ebensowenig war ihm die Tatsache der Verdrängung selbst und deren Kehrseite, der Widerstand bewußt. Die „ethischen und ästhetischen Motive" vermochten auch jenseits der Bewußtseinsgrenze ihre Wirksamkeit zu entfalten. Dem Gegensatzpaar unbewußt-bewußt wurde daher das Gegensatzpaar „Es" und „Ich" zur Kennzeichnung des pathogenen neurotischen Konfliktes zugestellt; der *topische* und *dynamische* Ansatz war durch den *strukturellen* Aspekt ergänzt.

Wollte man dem Kranken zur Kenntnis seiner verdrängten Regungen – Freud sprach bald von Triebansprüchen – (Freud, S., 7) verhelfen, so galt es also, zunächst die Wirksamkeit der Widerstände aufzuheben. Das aber setzte die Bewußtmachung der Widerstände voraus! Und damit wurde das Studium der Widerstände gleichwertig neben der Erforschung der Triebansprüche zum Gegenstand der Psychoanalyse – sowohl im einzelnen Behandlungsfall als auch in der Entwicklung der Theorie (Freud, S., 19, S. 107; Freud, S., 27, S. 126/27; Freud, S., 40, S. 225). Beide Konfliktfaktoren, die Regungen des Es wie die Strebungen des Ich verlangten ihre Würdigung. Allerdings zeigte sich schließlich, daß nicht allein das Ich, sondern auch sein spezieller Strukturanteil, das „Über-Ich" und selbst das Es an den Widersprüchen gegen die Analyse und die Gesundung anteil haben; worauf an anderer Stelle einzugehen ist.

In einem Widerstreit von Tendenzen, im Konflikt sah Freud frühzeitig das Prinzip, auf das sich die neurotischen Symptome reduzieren ließen. Analog diesen Symptomen waren auch die freien Assoziationen zu verstehen: sie enthielten Hinweise auf unbewußte Tendenzen, auf abgewehrte Trieban-

sprüche, verpönte Wünsche, aber auch auf sittliche Verbote, die dem bewußten Ichanteil verborgen waren und sich nur durch Deutung erschließen ließen. Darüber hinaus erwiesen sich viele auffällige Äußerungen und Verhaltensweisen seelisch gesunder Menschen entsprechend determiniert und wurden Gegenstand der psychoanalytischen Deutungskunst: das vorüberge-
hende Vergessen bestimmter Vorhaben oder sonst wohlvertrauter Namen,
das Verlegen und Verlieren von Gegenständen, das Versprechen, Verlesen,
Verschreiben; das scheinbar unerklärliche Haften von Redewendungen und
Melodien und ähnliches mehr. Auch solche *Fehlleistungen* und *Zufallshand-
lungen* sind das Resultat eines Konfliktes zwischen unvereinbaren Strebungen, wobei zumeist eine unbewußte Tendenz aller Kontrolle des Ich zum
Trotz durch einen Einbruch in die vom Ich gebilligten Aktionen zur Geltung
kommt (Freud, S., 5).

Freud berichtet ein Beispiel für Versprechen aus dem deutschen Reichstag vom November 1908:
,,Ein Volksvertreter, der dazu auffordert, dem Kaiser rückhaltlos die Wahrheit zu sagen, muß
eine Stimme in seinem Innern anhören, die ob seiner Kühnheit erschrickt und durch ein Versprechen das *rückhaltlos* in *rückgratlos* verwandelt" (Freud, S., 35, S. 57).

Bei der Behandlung Kranker kann die Deutung von Fehlleistungen gelegent-
lich wertvolle Dienste tun. Von viel größerer Tragweite war es jedoch, als
Freud – schon in den Anfängen der Psychoanalyse – erkannte, daß auch die
Träume Gebilde sind, die sich als Ergebnisse von Konflikten verstehen lassen
(Freud, S., 3). Freud hat die Traumdeutung die ,,via regia zur Kenntnis des
Unbewußten" (Freud, S., 3, S. 613) genannt und später erklärt: ,,In der Tat
rührt das Meiste und Beste, was wir von den Vorgängen in den unbewußten
Seelenschichten wissen, aus der Deutung der Träume her" (Freud, S., 40, S.
216). An der Erforschung der Träume hat Freud die Grundzüge der psychoanalytischen Theorie des ,,seelischen Apparates", seiner Funktionen und
seiner Störungen entwickelt (Freud, S., 3, S. 513 ff.).

II. DER TRAUM – VERSUCH EINER
KONFLIKTBEWÄLTIGUNG DURCH KOMPROMISS

Freud faßte auch die Träume als motivisch determinierte psychische Phänomene auf und gelangte bald zu einer zunächst rein deskriptiven Klassifikation
(Freud, S., 4, S. 655 f.): Man kann drei Traumkategorien unterscheiden: zunächst die sinnvollen und gleichzeitig verständlichen, nicht befremdlichen
Träume, das sind solche, die sich ohne weiteres in den Erlebniszusammen-
hang des Träumers einfügen lassen; sodann die sinnvollen aber befremdlichen Träume, die nicht in das Erleben des Träumers zu passen scheinen – jemand träumt beispielsweise, daß ein lieber Verwandter an Pest gestorben ist,

wenngleich kein Anlaß für solche Gedanken erkennbar ist; schließlich die sinnlosen und zugleich befremdlichen Träume, die unzusammenhängend und verworren erscheinen – die Kategorie, zu der die meisten Träume erwachsener Menschen zählen.

Auch Träume der ersten Gruppe kommen gelegentlich bei Erwachsenen vor, sie sind jedoch vor allem für Kinder charakteristisch. ,,Ein 22monatiger Knabe" zum Beispiel, ,,der tags zuvor seinem Onkel ein Körbchen mit frischen Kirschen hatte als Geschenk anbieten müssen, von denen er natürlich nur eine Probe kosten durfte", erwacht mit der freudigen Mitteilung: ,,He(r)mann alle Kirschen aufgessen" (Freud, S., 4, S. 657). Der Knabe hat sich offenbar im Traum für die Versagung des Tages entschädigt. So durchsichtig sind Träume Erwachsener nur ausnahmsweise, sie entziehen sich, wie der zwar sinnvolle aber befremdliche Traum einem befriedigenden Verständnis.

Freud gelangte nun ,,zu neuen Aufschlüssen über den Traum" (Freud, S., 4, S. 647), indem er die Methode der freien Assoziation auf ihn anwendete. Eine der wesentlichsten Erkenntnisse war die, daß den Träumen aller drei Kategorien ein Wunsch als dynamisches Moment zugrunde liege, daß der Traum eine halluzinierte Wunscherfüllung sei. Bei den Kinderträumen ist das – wie auch im angeführten Beispiel – durchweg unmittelbar evident. Die Träume der anderen Kategorien enthalten die Wunscherfüllung in *verhüllter* Form. Die Anwendung der freien Assoziation auf den ,,*manifesten Trauminhalt*" (Freud, S., 4, S. 654), d. i. der Traum in der Form, in welcher ihn der Träumer in Erinnerung behalten hat, liefert dem Analytiker Einfallsmaterial, durch dessen Deutung sich – günstigenfalls – der ,,*latente Trauminhalt*" rekonstruieren läßt; darunter versteht man dem Wachleben entstammende Gedanken, die einen Wunsch enthalten, der in verhüllter Form im Traum Erfüllung findet. Die Arbeit der Traumdeutung hebt also die Verhüllung des latenten Trauminhaltes auf. Latenter Trauminhalt, auch ,,Traumgedanken" genannt, und manifester Traum ,,liegen vor uns wie zwei Darstellungen desselben Inhalts in zwei verschiedenen Sprachen oder besser gesagt, der Trauminhalt erscheint uns als eine Übertragung der Traumgedanken in eine andere Ausdrucksweise..." ,,Der Trauminhalt ist gleichsam in einer Bilderschrift gegeben, deren Zeichen einzeln in die Sprache der Traumgedanken übertragen sind" (Freud, S., 3, S. 283/84). Diese Übersetzungsarbeit, die zur Verhüllung der latenten Traumgedanken führt, die ,,*Traumarbeit*" (Freud, S., 3, S. 283 f.), wird durch die *Traumdeutung* rückgängig gemacht.

An der Traumarbeit lassen sich verschiedene Prozesse unterscheiden: der ,,Primärvorgang" (Verschiebung und Verdichtung), die ,,Dramatisierung" und die ,,sekundäre Bearbeitung".

Zum *Primärvorgang* (vgl. Loch, W., V. 3): ,,Während der Traumarbeit übergeht die psychische Intensität von den Gedanken und Vorstellungen, denen sie berechtigterweise zukommt, auf andere, die ... keinen Anspruch auf solche Betonung haben" (Freud, S., 4, S. 667).

Anders ausgedrückt: es kommt zur *Verschiebung* der Besetzungsenergien, m. a. W. der „psychischen Intensität", von einer Vorstellung auf eine andere oder von mehreren Vorstellungen auf eine einzige oder auch auf eine andere oder mehreren Vorstellungen auf eine einzige oder auch auf ein Vorstellungsdetail, wodurch dieses im manifesten Traum zum Repräsentanten einer ganzen Gedankenkette werden kann, was als *Verdichtung* bezeichnet wird. „Kein anderer Vorgang trägt soviel dazu bei, den Sinn des Traumes zu verbergen" (Freud, S., 4, S. 667), wie die Verdichtung. Das leuchtet ein, wenn man bedenkt, daß der naiven Betrachtung das Deutlichste im manifesten Traum auch als das Wichtigste erscheint; daß sich aber tatsächlich gerade ein scheinbar belangloses und undeutliches Traumelement als direktester Abkömmling des wesentlichsten Traumgedankens erweisen kann (Freud, S., S. 667). Sonderformen von *Verschiebung* sind die *Identifikation* und *Projektion*, die sich beispielsweise in der Ausstattung des Träumenden mit Eigentümlichkeiten einer anderen Person (Identifikation) oder in der Verlagerung eigener Wesensmerkmale auf eine andere Traumfigur (Projektion) im manifesten Traum zur Geltung bringen können. Die Verschiebung betrifft aber auch die Affekte. Das äußert sich darin, daß die Lebhaftigkeit eines Affektes im manifesten Traum auf einen anderen, nicht selten auf einen gegensätzlichen Affekt verschoben ist; so kann anstelle von Haßregungen, die zum latenten Traum gehören, der Akzent im manifesten Traum auf zärtlichen Gefühlen liegen. Verschiebung und Verdichtung machen das Wesen des Primärvorganges aus, jener Gesetzlichkeit, nach der die Energieverteilung im unbewußten Teil des seelischen Apparates erfolgt (Freud, S., 3, S. 607).

Zur *Dramatisierung*: Im vorigen Abschnitt war von Verschiebung und Verdichtung der Energiebesetzung an Vorstellungen und Affekten im Zuge der Traumarbeit die Rede. Das bedarf nun einer gewissen Korrektur: Die latenten Traumgedanken entstammen dem Wachdenken der Gegenwart. Sie vollziehen sich, wie das Wachdenken überhaupt, an Vorstellungen, und zwar an Sach- und Wortvorstellungen (Freud, S., 32, S. 300). Der manifeste Traum dagegen besteht aus plastischeren, vor allem visuellen und akustischen Elementen, die den echten Sinneswahrnehmungen ähnlicher sind als den Vorstellungen und sich am ehesten den Halluzinationen vergleichen lassen, die im Wachleben nur pathologischerweise anzutreffen sind. Die Traumarbeit übersetzt die Sach- und Wortvorstellungen der Traumgedanken in eine andere, ursprünglichere Sprache: sie drückt den Trauminhalt szenisch aus; die abstrakte Sprache der Traumgedanken wird in eine Situation verwandelt, „dramatisiert" (Freud, S., 4, S. 666).

Dieser Sachverhalt ist nicht nur aus der Perspektive der Traum*deutung*, also der Aufhebung von Leistungen der Traumarbeit von entscheidender Bedeutung, sondern auch für die *Theorie* des Traumes, vor allem unter dem ökonomischen Aspekt. Auf letzteres ist später einzugehen.
Die bildhaft-szenische Darstellung im manifesten Traum – und das ist in Hinsicht auf die Traum*deutung* von Belang – entspricht der Form, in welcher Wahrnehmungen ihre Erinnerungsspuren im Unbewußten hinterlassen: die unbewußten Erinnerungsspuren sind *Sach*vorstellungen, die nicht mehr oder noch nicht mit den zugehörigen, im Vorbewußten gespeicherten *Wort*vorstellungen verbunden sind (Freud, S., 32, S. 300). Deshalb sind bildhaft dargestellte

Traumgedanken zunächst wie unbewußte Erinnerungsspuren der Herrschaft jener Denkkategorien entzogen, die das „normale" Wachdenken, das sich anhand von Sach- *und* Wortvorstellungen vollzieht, den *Sekundärvorgang,* charakterisieren (Freud, S., 4, S. 607) (vgl. Loch, W., S. 36). Das bedeutet: die logischen Gesetze gelten im Unbewußten nicht! Das Denken fällt auf eine niedere, auf eine archaische und infantile Organisationsstufe zurück (Freud, S., 35, S. 203 f.). Das Unbewußte kennt keine Kausalbeziehung, keine Unvereinbarkeit von Gegensätzen, keine Verneinung und nicht die Dimension der Zeit. „Widerspruchslosigkeit, Primärvorgang (Beweglichkeit der Besetzungen), Zeitlosigkeit und Ersetzung der äußeren Realität durch die psychische sind die Charaktere, die wir an zum System Ubw (zum Unbewußten) gehörigen Vorgängen erwarten dürfen" (Freud, S., 32, S. 286).

Die dem Wachleben entstammenden Gedanken des latenten Trauminhalts tragen ursprünglich die Merkmale des Sekundärvorgangs – sie sind nach den Sätzen der Logik geordnet. Die Traumarbeit ist deshalb gezwungen, mit *Rücksicht auf die Darstellbarkeit* (Freud, S., 3, S. 344f. u. S. 511) oft recht skurril anmutende Umsetzungen am Trauminhalt vorzunehmen, wenn die mehr oder weniger abstrakten Traumgedanken szenisch im manifesten Traum erscheinen sollen.

„Man stelle sich etwa vor die Aufgabe, die Sätze eines politischen Leitartikels oder eines Plädoyers im Gerichtssaal durch eine Folge von Bilderzeichnungen zu ersetzen, und man wird dann leicht die Veränderungen verstehen, zu welcher die Rücksicht auf Darstellbarkeit im Trauminhalt die Traumarbeit nötigt" (Freud, S., 4, S. 672).
Die Beweglichkeit, die leichte Verschiebbarkeit der Besetzungsenergie spielt bei den Umsetzungen eine hervorragende Rolle. Aber der Traum bedient sich noch zahlreicher anderer Mittel, um logische Beziehungen bildlich darzustellen:
Häufig werden formale Merkmale der Traumstruktur zu Darstellungszwecken benutzt. Der inhaltliche Zusammenhang mehrerer am Traum beteiligter Gedanken wird beispielsweise schon durch ihre Zusammenfassung in *einer* Traumszene dargestellt; der Traum „gibt logischen Zusammenhang wieder als Annäherung in Zeit und Raum" (Freud, S., 4, S. 673). Zeitliche Verhältnisse dagegen werden durch Verwendung analoger räumlicher Verhältnisse in Szene gesetzt – verschiedene Altersstufen einer Person etwa durch wechselnde Körpergrößen.
„Die *Kausalbeziehung* zwischen zwei Gedanken wird entweder ohne Darstellung gelassen oder ersetzt durch das *Nacheinander* von zwei verschieden langen Traumstücken." (Das Sprichwort sagt: kleine Ursachen – große Wirkungen!) „Häufig ist diese Darstellung eine verkehrte, indem der Anfang des Traumes die Folgerung, der Schluß desselben die Voraussetzung bringt." (M. a. W.: Dies und das passiert – wenn diese und jene Voraussetzungen gegeben sind.) „Die direkte *Verwandlung* eines Dinges in ein anderes im Traum scheint die Relation von *Ursache* und *Wirkung* darzustellen." „Die *Alternative ‚Entweder–Oder'* drückt der Traum niemals aus, sondern nimmt ihre beiden Glieder wie gleichberechtigt in den nämlichen Zusammenhang auf." „Ein Entweder–Oder, welches bei der Traumreproduktion gebraucht wird, ist durch ‚*und*' zu übersetzen . . ."
Das „nicht" scheint für den Traum nicht zu existieren. Opposition zwischen zwei Gedanken, die Relation der *Umkehrung,* findet eine höchst bemerkenswerte Darstellung im Traum. Sie wird dadurch ausgedrückt, daß ein anderes Stück des Trauminhaltes – gleichsam wie nachträglich – in sein Gegenteil verkehrt wird. „Auch die im Traum so häufige Sensation der *gehemmten Bewegung* dient dazu, einen Widerspruch zwischen Impulsen, einen *Willenskonflikt,* darzustellen."
„Einer einzigen unter den logischen Relationen, der der *Ähnlichkeit, Gemeinsamkeit, Überein-*

stimmung, kommt der Mechanismus der Traumbildung im höchsten Ausmaße zugute. Die Traumarbeit bedient sich dieser Fälle als Stützpunkte für die Traumverdichtung, indem sie alles, was solche Übereinstimmung zeigt, zu einer *neuen Einheit* zusammenzieht." „Diese kurze Reihe von groben Bemerkungen reicht natürlich nicht aus, um die ganze Fülle der formalen Darstellungsmittel des Traumes für die logischen Relationen der Traumgedanken zu würdigen" (Freud, S., 4, S. 674/75).

Zur *sekundären Bearbeitung:* Ein dritter Faktor kommt bei der Traumarbeit schließlich ins Spiel: die *Rücksicht auf Verständlichkeit* (Freud, S., 4, S. 679). Sie resultiert aus der Umsetzung der Traumgedanken in die Bildersprache.

Im Schlafzustand ist die Aufmerksamkeitsbesetzung im Vorbewußten stark reduziert. Die dem Wachleben entstammenden, im „System Vbw", dem Vorbewußten lokalisierten Traumgedanken werden deswegen im Schlaf als solche nicht bewußt. „Das Vbw verlangt zu schlafen" (Freud, S., 3, S. 580). Auch die Wahrnehmung der Außenwelt ist während des Schlafes erheblich eingeschränkt, nur starke Außenreize werden im Schlaf vorbewußt und bewußt – sie stören dann den Schlaf. Man hat nämlich die Wahrnehmungsfunktion – topisch betrachtet – an die Grenze von Bewußtsein und Unbewußtem zu lokalisieren, also in enge Beziehung zum Vorbewußten zu setzen. In struktureller Hinsicht ist Wahrnehmung eine Funktion des Ich. Ist also der Traum im Zuge der Traumarbeit zur Szenerie und damit zugleich zu einer halluzinatorischen, quasi sinnlichen Wahrnehmung geworden, so vermag er nun ähnlich einem lebhaften, der Außenwelt entstammenden Sinnesreiz das System Vbw und das Bewußtsein zu erregen. „Diese Sinneserregung leistet das, worin überhaupt ihre Funktion besteht, sie dirigiert einen Teil der im Vbw verfügbaren Besetzungsenergie als Aufmerksamkeit auf das Erregende", den halluzinierten Traum. „So muß man also zugeben, daß der Traum jedesmal *weckt*, einen Teil der ruhenden Kraft des Vbw in Tätigkeit versetzt. Er erfährt nun von dieser jene Beeinflussung", die Freud als „*sekundäre Bearbeitung* mit Rücksicht auf Zusammenhang und Verständlichkeit" (Freud, S., 3, S. 580/81) bezeichnet:

Der Traum wird sekundär den im Vorbewußten herrschenden Kategorien des normalen Wachdenkens wieder unterworfen (Freud, S., 3, S. 518/19). Die dem Wachdenken sinnlos zusammengewürfelt erscheinenden szenischen Elemente des Traumes werden logisch verknüpft, kausal und zeitlich geordnet. Nicht selten wird darüber hinaus das gesamte Traummaterial zu einer dem wachen Ich sinnvoll erscheinenden Einheit „komponiert" (Freud, S., 4, S. 679), so daß der Eindruck einer geschlossenen dramatischen Abhandlung mit Einführung, Krise und Lösung entsteht. Darin äußert sich ein synthetisches Bedürfnis des Ich, dessen Hauptfunktion in der Vermittlung zwischen Gegensätzen und Widersprüchen und in der Herstellung von Beziehungen zu suchen ist: das beziehungslose Nebeneinander mehrerer Elemente ist dem Ich nur schwer erträglich. Gelingt die Komposition, dann imponiert der Traum nach dem Erwachen als einer von der zweiten der drei deskriptiv bezeichneten Kategorien: er erscheint sinnvoll aber befremdlich. Ist die sekundäre Bearbeitung dagegen unzulänglich, dann wirkt der Traum nach dem Erwachen nicht nur befremdlich, sondern sinnlos und unverständlich. Freud hat die Vorgänge, denen ein Wunsch, eine Triebrepräsentanz, unterliegt,

wenn er das System Vbw passiert, im Gegensatz zu den entwicklungsgeschichtlich älteren und hierarchisch untergeordneten Ablaufsformen des unbewußten *Primärvorganges* den *Sekundärvorgang* genannt. Die sekundäre
Bearbeitung des Traumes folgt der Gesetzlichkeit des Sekundärvorganges.
,,Andere als die vier erwähnten Tätigkeiten", nämlich die Verschiebung und
die Verdichtung, die Umsetzung der abstrakten Traumgedanken in bildhafte
Darstellungen und die sekundäre Bearbeitung ,,sind bei der Traumarbeit
nicht zu entdecken" (Freud, S., 4, S. 680). Sie gilt es durch die Arbeit der
Traumdeutung rückgängig zu machen, will man den Traum verstehen.

Ein relativ einfach strukturierter Traum soll als *Beispiel* für das bisher Gesagte dienen: Ein junger
Mann, der auffallend stolz auf seine Intelligenzbegabung war, äußerte sich gern geringschätzig
über das logische Vermögen der Frauen. Er träumte: Er sei in eine Gesellschaft primitiver, geist-
loser Leute geraten; darunter ein Mädchen, das auf ihn zukam, um sich zu entschuldigen: sie
wisse wohl: ,,Wir haben nicht Nive."
Der Träumer assoziierte: Er habe den Abend zuvor mit Freunden verbracht. Man habe sich ge-
langweilt und ,,geblödelt". Schließlich sei man sich doch etwas geistlos vorgekommen, was einen der Freunde zu der ironischen Bemerkung veranlaßt habe: ,,Haben wir nicht Ni-ve-au?"
Bei dem Versuch, den Traum zu deuten, ergab sich anhand weiterer Assoziationen der folgende
Sachverhalt:
Tatsächlich war am Abend in der Gesellschaft der Freunde der *Zweifel* am eigenen Niveau aufge-
taucht – ein Zweifel, der den Träumer *kränkte*, weil er sich viel auf sein Niveau zugute hielt. Die
gefürchtete Niveaulosigkeit war also im Traum auf das Mädchen und dessen Gesellschaft *verschoben*, genauer gesagt *projiziert* worden und der Träumende genoß im Traum die geistige
Überlegenheit über das Mädchen, das sich wegen seiner Niveaulosigkeit entschuldigte. (Der
Träumer hatte, als er von seiner ,,Blödelei" erzählte, selbst das Bedürfnis, sich dafür zu entschuldigen.) Auf einer ersten Ebene enthält der Trauminhalt die *Wunscherfüllung: Kein Zweifel
– ich* bin intelligent – die Mädchen dagegen haben kein Niveau!
Auffallend ist am Traum, daß dem Wort Niveau die letzte Silbe, das au, nämlich das ,,Ende"
fehlt. Das erwies sich als Ausdruck eines weiteren Verschiebungsvorganges: der Triumph des
Träumers bezog sich *eigentlich* auf seinen männlichen Stolz: das ,,Ende" repräsentierte das
männliche Glied. Der Träumer hatte – und das nicht nur im Traum – den Stolz auf seine
männliche Potenz auf seinen Kopf und dessen Funktion, die Intelligenz verschoben. Er fühlte
sich den Frauen überlegen, weil sie nach seiner Meinung nur über ein dürftiges logisches ,,Ver-
mögen" verfügen. Die dargestellte Wunscherfüllung lautet auf einer zweiten Ebene somit: An
meiner Männlichkeit besteht kein Zweifel! Damit aber begegnete der Träumer einem unbewußten Zweifel an der eigenen Potenz bzw. der Angst vor einer Bedrohung seiner Potenz, letztlich der
Angst vor dem schmerzlichen Verlust der Intaktheit seines männlichen Genitales: ein Schmerz,
welcher im Traum nicht ihm, sondern dem Mädchen widerfahren ist: ,,Au!" – so bemerkte der
Träumer – ,,ruft man bei einem Schmerz, einer Verletzung." Das au stellt also eine *Verdichtung*
dar: es repräsentiert einerseits den Schmerz bzw. die Angst vor der schmerzlichen Verletzung,
zum anderen den Triumph über den Mangel, den ,,Defekt" der Frau. Demgemäß liegt der lustvolle Akzent – der ,,Witz" – des Traumes gerade auf der Silbe au, einem winzigen Detail, das im
manifesten Trauminhalt nicht einmal enthalten ist – bedeutsame Besonderheit dieses Traumes.
Der Traumgedanke ist offensichtlich szenisch dargestellt. Das Vorkommen einer wörtlichen
Rede (,,Wir haben nicht Nive") scheint dem zu widersprechen. Doch handelt es sich hier um einen sog. *Tagesrest,* ein Phänomen, auf das im weiteren noch einzugehen ist.
Der manifeste Traum ist schließlich wohlkomponiert: er bietet sich als eine kleine, in sich geschlossene Geschichte an.

Das dem Traum zugrunde liegende dynamische Prinzip, das eine erfolgreiche Deutungsarbeit zutage fördert, ist durchweg ein Wunsch – von gewissen Sonderfällen abgesehen, die hier nicht erörtert werden sollen (Freud, S., 38, S. 32). Träume sind dargestellte Wunscherfüllungen. Wenn sich die Wunscherfüllung nun in verhüllter Form im manifesten Traum darbietet – und das ist von den infantilen Träumen abgesehen der Fall –, so erhebt sich die Frage nach den Gründen bzw. nach den Bedingungen der Verhüllung. Die *formale* Genese der Traumverhüllung ist durch die an der Traumarbeit beteiligten Prozesse gegeben, die ihrerseits aus den Zustandsänderungen resultieren, denen der seelische Apparat beim Übergang vom Wachzustand in den Schlaf – und umgekehrt – unterliegt. Die *kausal* genetische Blickrichtung führt nun zur Frage nach der *Funktion des Traumes*. Während sich die *Technik* der Traum*deutung* mit den Vorgängen der Traumarbeit befaßt, ist die *Funktion* des Traumes Gegenstand der psychoanalytischen *Traumtheorie*.

Die psychoanalytische Traumtheorie ist – wie die psychoanalytische Theorie überhaupt – eine *psychologische* Theorie, wenngleich sie an biologischen Voraussetzungen anknüpft. Sie geht von einer Theorie des Schlafes aus: Freud hat den seelischen Apparat als ein Instrument des Organismus aufgefaßt, das der Bewältigung von Reizen dient, die der Außenwelt oder dem eigenen Innern (Empfindungen, triebhafte Bedürfnisse) entstammen. Im Wachzustand erregen die Reize zunächst den Wahrnehmungsapparat, hinterlassen, sofern sie von außen stammen, im Gedächtnis, das mit der Wahrnehmungsfunktion eng verbunden ist, Erinnerungsspuren und streben „progredient" (Freud, S., 3, S. 547) über das System Vbw zum Bewußtsein oder zur Abfuhr in einer motorischen Reaktion. Ähnlich die Reize, die aus dem Innern stammen: es handelt sich um Triebenergie, die zu vermehrter Besetzung unbewußter Sachvorstellungen führt, welche als Erinnerungsspuren früherer Wunscherfüllungen bzw. Triebbefriedigungen im Gedächtnis gespeichert sind: der Wunsch nach Wiederholung der Erfüllung wird damit simuliert. Er dringt an das System Vbw, verknüpft sich mit den dort gespeicherten Wortvorstellungen und gelangt so zum Bewußtsein und zur Abfuhr in einer Affekterregung oder motorischen Aktion.

Im Schlaf hat nun das Ich, welches den Zugang zum Vorbewußten, zum Bewußtsein, und zur Motilität beherrscht (Freud, S., 32, S. 277/78), seine Besetzungsenergie von den Wortvorstellungen, von der Motorik und vom Wahrnehmungsapparat mehr oder weniger abgezogen. Der seelische Apparat ist dadurch weitgehend gegen Außenreize abgeschirmt. Nur starken Reizen gelingt es noch, den Wahrnehmungsapparat zu erregen und den Schlaf zu stören. Aber auch die dem Körperinneren entstammenden Reize sind an der für den Wachzustand charakteristischen „progredienten" Abfuhr gehindert: die Entladung des unbewußten Energiepotentials durch motorische Aktionen oder durch die Verbindung mit vorbewußten Triebrepräsentanzen (Sachvorstellungen in Verbindung mit Wortvorstellungen und Affekten) ist mehr oder minder blockiert. Da aber die Triebenergie kontinuierlich aus ihren Quellen fließt (Freud, S., 7, S. 67), erfahren die unbewußten Bedürfnisse und Wünsche auch während des Schlafes einen ständigen Energiezufluß. Die wachsende Spannung drängt sie nun auf den „regredienten" Weg: Die Wünsche gestalten anhand der im Gedächtnis als Erinnerungsspuren gespeicherten unbewußten Sachvorstellungen szenische Darstellungen von Wuncherfüllungen. Kraft ihrer intensiven Energiebesetzung erregen die Sachvorstellungen rückläufig den Wahrnehmungsapparat – durch welchen sie einstmals als Elemente realer Erlebnisse Eingang in das Gedächtnis gefunden haben. Sie imponieren dann wie starke Außenreize und werden dementsprechend verkannt: Der Traum ist eine *halluzinierte* Wunscherfüllung. Die Halluzinationen aber mobilisieren, „wecken" (S. 84) das System Vbw, das sie der sekundären Bearbeitung unterzieht.

Die Träume der kleinen Kinder lassen die Zeichen sekundärer Bearbeitung mehr oder weniger vermissen; was sich daraus erklärt, daß sich der Sekundärprozeß erst allmählich im Laufe der kindlichen Entwicklung Geltung verschafft.

Halluzinationen sind durchaus geeignet, ein begrenztes Maß an Triebbefriedigung, an Spannungsabfuhr zu vermitteln. Das leuchtet unmittelbar ein, wenn man bedenkt, in welchem Maße Wachphantasien geeignet sind, das enttäuschte Ich nach einer realen Versagung fürs erste schadlos zu halten. Der Traum führt also zu einer begrenzten Spannungsabfuhr. Er verhindert damit, daß der seelische Apparat während des Schlafes unter so starken Spannungsdruck gerät, daß er die volle Besetzung des Systems Vbw und die Spannungsabfuhr durch eine motorische Aktion erzwingt, d. h. den Schlafzustand unterbricht, den Schläfer vollends weckt. Der Traum hat somit eine wichtige ökonomische Funktion: durch die Vermittlung einer begrenzten Spannungsabfuhr wird er zu einem *Hüter des Schlafes* (Freud, S., 4, S. 691). Unter Bezugnahme auf diese Funktion ist aber das Phänomen der Traumverhüllung nicht ohne weiteres erklärt. Denn auch der unverhüllte Kindertraum dient der Sicherung des Schlafes. Erst wenn man den *ökonomischen* Aspekt durch den *dynamischen* und *strukturellen* Aspekt ergänzt, wird die Traumverhüllung aus der Funktion des Traumes verständlich:

Der Traum gewährt eine Wunscherfüllung, die am Tage versagt geblieben ist. Bei Kinderträumen ist das zumeist leicht nachweisbar – so auch im angeführten Beispiel des Knaben mit dem Kirschen-Traum.

Es erhebt sich die Frage nach der die Wunscherfüllung versagenden Instanz. Beim Kleinkind liegt sie in der *äußeren Realität:* die Eltern, im Beispiel des Kirschentraumes, erwarten, daß der Knabe die Kirschen dem Onkel schenkt, statt sie selbst zu genießen. Anders im typischen Traum des Erwachsenen: hier ist der Tageswunsch, der nachts im Traum verhüllt Erfüllung findet, durch eine *innere Instanz* verworfen worden; es handelt sich um eine *innere Versagung.* Das Ich hat unter dem Druck des *Über-Ich* den Tageswunsch verdrängt. Dieser verdrängte, unbewußte Wunsch, der in den latenten Traumgedanken enthalten ist, muß nun aber auch im Traum vor der kritischen Instanz im Ich, der *Traumzensur,* verborgen werden. Er kommt deshalb im manifesten Traum nicht direkt, sondern vermittels gewisser *Tagesreste* zur Darstellung. Als Tagesreste gelten bestimmte Eindrücke aus dem Wachleben des Tages: Wahrnehmungen, Überlegungen, unerledigte Vorhaben und Wünsche, die selbst nicht der Verdrängung unterliegen, sondern bewußtseinsfähig sind. Der unbewußte, verdrängte Wunsch des latenten Trauminhalts „überträgt" (Freud, S., 3, S. 568/69) diesen Tagesresten seine Besetzungsenergie, so daß sie ihn vor der Traumzensur vertreten.

Für die Eignung der Tageseindrücke zur Verwendung als Tagesreste im manifesten Traum sind zwei Aspekte maßgebend: sie müssen erstens Merkmale aufweisen, durch die sie zu den latenten Traumgedanken in Beziehung treten können: Analogien, symbolische Anspielungen, zeitliche oder räumliche Berührungspunkte; sie können andererseits den verdrängten Wunsch um so besser vertreten, je harmloser und unverdächtiger sie selbst der Traumzensur erscheinen (Freud, S., 3, S. 568/69).

Das Beispiel des „Niveau"-Traumes läßt folgende Tagesreste erkennen: die *Gesellschaft* der Freunde, in welcher sich der Träumende am Vorabend befand, kehrt als „primitive geistlose Gesellschaft" des Mädchens wieder; die fragende Bemerkung eines Freundes: „Haben wir nicht Ni-ve-au?" ist durch Vertauschung der ersten zwei Worte in die indikative Form verwandelt, dem Mädchen in den Mund gelegt und durch die Fortlassung der Silbe au – allerdings nur oberflächlich – entstellt: „Wir haben nicht Nive."
Der Begriff „Gesellschaft" erscheint szenisch dargestellt im Traum; es ist nicht einfach die Gesellschaft der Freunde; vielmehr ist offensichtlich der *Begriff* Gesellschaft unter Bezugnahme auf andere Erinnerungsbilder von Gesellschaften zur Darstellung gebracht – ein Beispiel für die „Dramatisierung", die Umsetzung von Begriffen in eine szenische Darstellung – das gleichzeitig, in Hinsicht auf die Gesellschaft des Abends, die für den Träumenden eine unlustvolle Kränkung enthielt, eine Entstellung mit sich bringt.

Wenn es gelingt, die Traumdeutung hinreichend weit voranzutreiben, so zeigt sich schließlich, daß die unbewußten latenten Traumgedanken zugleich einen der Kindheit entstammenden Wunsch repräsentieren; einen *Kindheitswunsch,* dessen Erfüllung seinerzeit auf innere oder äußere Widerstände stieß, und nun auch vom rezenten Ich mißbilligt wird, weil er das Gewissen oder die Eigenliebe kränken würde.

Die Traumanalyse in unserem Beispiel führte u. a. auf folgende Kindheitserlebnisse zurück: Der Träumende hatte als Kind unter einer etwas älteren Schwester zu leiden, gegen die er sich nur mühsam zu behaupten wußte. Sie war eine fleißige Schülerin und wurde dem Knaben von den

Eltern als Vorbild hingestellt. Der Knabe fühlte sich oft durch seine Schwester in seinem Knabenstolz *gekränkt*, „*verletzt*" und wünschte sich sehnlichst, selbst einmal imstande zu sein, die Schwester zu demütigen. Er suchte sich schließlich schadlos zu halten, indem er triumphierend darauf verwies: daß *sie* ja „nur ein Mädchen" sei.

Im Traum erfüllte sich der alte Wunsch – und damit war eine dritte Ebene der Wunscherfüllung gegeben –: das Mädchen *entschuldigte* sich bei ihm und demütigte sich selbst mit der Feststellung, sie habe kein Niveau bzw. kein Nive, m. a. W.: sie sei ja nur ein Mädchen (s. a.: Kap. VI, 3 „Die phallisch-narzißtische Phase" und: Kap. VI, 5 „Der Kastrationskomplex").

Die Traumarbeit entstellt also den in den Traumgedanken enthaltenen Wunsch, so daß er der Kritik der Traumzensur entgeht und in verhüllter Form Erfüllung findet. Alle an der Traumarbeit beteiligten Prozesse werden zu dieser *Traumentstellung* verwandt. Die meisten Träume sind „verhüllte Erfüllungen von *verdrängten* Wünschen" (Freud, S., 4, S. 687).

Es fragt sich, weshalb im Traum die Wunscherfüllung möglich ist, wenn sie im Wachzustand unterbunden wird. Die Antwort liegt in der Feststellung, daß das Ich seine Besetzungsenergie im Schlafzustand mehr oder minder vom System Vbw abgezogen hat, sie „ruht". Infolgedessen ist die Wachsamkeit des Ich herabgesetzt: das Ich, speziell das System Vbw „schläft".

Die Funktion des Traumes, den Schlaf zu hüten, wird somit unter dem *dynamischen* und *strukturellen* Aspekt auf neue Art beleuchtet: Die Wunscherfüllung bedarf, um ihrer *ökonomischen* Funktion, der Sicherung des Schlafes durch Spannungsabfuhr, gerecht zu werden, der Verhüllung bzw. der Entstellung. Ohne Entstellung wäre die Wunscherfüllung in Frage gestellt. Denn wenn die verpönte Wunscherfüllung unzulänglich entstellt zur Darstellung drängt, alarmiert die Traumzensur durch ein *Angstsignal* das Ich. Die Folge ist, daß nun Angst, Schuldgefühl oder Unlust verwandter Art den manifesten Traum bestimmen; oder das Ich wird durch das Angstsignal vollends aus dem Schlaf geweckt, um, wie am Tage, die ganze Wachsamkeit gegen das drohende Versagen der Verdrängungsleistung zu entfalten.

Zahlreiche Träume sind in der Tat höchst unlustvoll: sie gehen mit Angst oder mit quälenden Affekten anderer Art einher. Das scheint der These zu widersprechen, der Traum sei die Erfüllung eines verdrängten Wunsches. Dem ist jedoch entgegen zu halten, daß sich, je weniger der verdrängte Wunsch Erfüllung findet, um so nachdrücklicher die widerstreitenden Tendenzen, die Wünsche des Ich zur Geltung bringen – sei es in Form von Schuldgefühlen, sei es durch Regungen moralischer Befriedigung. Die Ich-Anteile, die die Verdrängung eines Triebanspruchs, eines dem Es entstammenden mißliebigen Wunsches aufrecht erhalten, sind aber ebenfalls verdrängt – das wurde bei der Erörterung der unbewußten Widerstände dargelegt (S. 79).

Zusammenfassend kann man sagen, daß die Traumarbeit der Lösung eines *Konfliktes* dient: sie soll zwischen den im Traum zur halluzinatorischen Erfüllung strebenden verdrängten, dem Es entstammenden Wünschen und den im Ich herrschenden, teilweise ebenfalls unbewußten Tendenzen vermitteln, die sich in der Traumzensur Geltung verschaffen. Der manifeste Traum ist demnach ein *Kompromiß*, „ein Kompromiß zwischen dem von der einen Instanz Beabsichtigten und dem von der anderen Geforderten" (Freud, S., 4, S. 690).

Die psychoanalytische Traumtheorie und die Traumdeutung stützen sich auf Hypothesen von überwiegend *psychologischer* Natur. In neuerer Zeit ist nun die *physiologische* Traumforschung zu sehr bemerkenswerten Fortschritten gelangt. Die Resultate scheinen der psychoanalytischen Traumtheorie bisher nicht zu widersprechen, sie lassen sich mit ihr in Einklang bringen und sind geeignet, sie zu ergänzen (Thomä, H.).

III. DER NEUROTISCHE KONFLIKT – EIN VERINNERLICHTER KONFLIKT

Der Verzicht auf das technische Mittel der Hypnose, die Anwendung der freien Assoziation und die Entwicklung der psychoanalytischen Deutungskunst vermittelten ein Verständnis zahlreicher – gesunder und krankhafter – Äußerungen des Seelenlebens als Repräsentationen von Konflikten zwischen Motivationen; genauer: sie eröffneten die dynamische, die ökonomische und die strukturelle Perspektive, aus denen diese Erscheinungen des Seelenlebens als konfliktbedingte Kompromisse verständlich werden. Dabei sah Freud im *Traum „das Grundschema für die Entstehung vieler anderer, psychopathologischer Bildungen"* (Freud, S., 4, S. 690).

Auch die traumatischen Erlebnisse im Sinne Charcots und Breuers, von denen die hysterischen *Symptome* ihren Ausgang nahmen, erwiesen sich als konflikthaft:

Das Ich beherrscht den Zugang zum Bewußtsein, zur motivierten Muskeltätigkeit und zur Affektentwicklung (Freud, S., 32, S. 277/78). Triebansprüche oder Wünsche, die spontan oder durch Außenreize angeregt zur Geltung kommen, aber mit den im Ich herrschenden Tendenzen nicht vereinbar sind, werden daher von unentstellter Befriedigung abgehalten – gleichgültig, ob sie in Phantasien, Traumhalluzinationen, Affekterregungen oder motorischen Aktionen zur Spannungsabfuhr bzw. zur Erfüllung drängen. Sie gelangen auf unbewußten Umwegen zu einer dem bewußten Ich verhüllten Befriedigung im Symptom.

Worin ist dieser Konflikt begründet? Wie kommt es zur Bildung unverträglicher Motivationen in Ich und Es und damit zur Abweisung bestimmter Wünsche durch den Verdrängungsakt und durch die Traumzensur?

Zwei Blickrichtungen der psychoanalytischen Forschung zeichnen sich ab: das Studium der unbewußten Wünsche, der Triebe, des Es einerseits; zum anderen die Erforschung der verdrängenden Instanz, des Ich.

Die Theorie des Ich blieb zahlreichen Umwandlungen unterworfen, ehe sie 1923 (Freud, S., 41) erste feste Umrisse gewann. Das lag nicht zuletzt daran, daß das reiche Material, welches die grundlegende Erforschung des Unbewußten zutage förderte, vorab nach Ordnung und theoretischer Bewältigung verlangte: Die Psychologie des Unbewußten – das war zunächst vor allem die Psychologie der Triebe. Es galt also, eine Trieblehre zu entwerfen. Auch die Psychologie des Ich geriet – vorübergehend – in den Sog der Bemühungen um dieses vordringliche Ziel: Freud schrieb dem Ich eigene Triebe zu, die „Selbsterhaltungstriebe", auch „Ich-Triebe" genannt, welche in der Neurose mit unbewußten Triebansprüchen des Es in einen pathogenen Konflikt gerieten (Freud, S., 28, 29, 35).

Später reduzierte Freud die Selbsterhaltungstriebe auf zwei einander entgegengesetzte Grundtriebe des Organismus – in jüngerer Zeit sprach man in diesem Zusammenhang auch von Grundkräften – auf die Lebenstriebe (Eros), deren psychische Repräsentanzen als Libido bezeichnet werden, und den Todestrieb, psychologisch auch Destruktionstriebe genannt. Beide Triebarten werden nun dem Es als Ursprungsort zugeschrieben (Freud, S., 38). Die Libido wird zum Selbsterhaltungstrieb, indem sie das Selbst, die eigene Person zum Objekt nimmt; als Eigenliebe, als Narzißmus sucht sie Schädigungen und Kränkungen der eigenen Person zu vermeiden (Freud, S., 28). Die Destruktionstriebe dienen der Selbsterhaltung, insofern sie äußere Objekte zu vernichten suchen, welche die eigene Person bedrohen (Freud, S., 38, 41, 44). Das Ich bleibt zwar auch in dieser Theorie die Instanz, der die Tendenz zur Selbsterhaltung zugeschrieben wird, es entlehnt jedoch die Energie für die Verfolgung seiner Ziele den Grundtrieben (Freud, S., 41, S. 272f.). Die fortschreitende psychoanalytische Ich-Psychologie neigte nun einer dritten Auffassung zu, nach der das Ich über die vom Es durch „Neutralisation" entlehnte Triebenergie hinaus auch über eine eigene, vom Es von Anbeginn unabhängige Energiequelle verfügt (Hartmann, H., 1950) (s. a. Loch, W.).

Freud faßte die Triebe als die „psychische Repräsentanz" gewisser, „ aus dem Körperinnern stammender Reize" auf (vgl. Loch, W.). Als ideeller psychischer Ursprungsort der Triebe gilt das unbewußte Es. Die Triebe sind vor allem durch ihre Abhängigkeit von den somatischen Triebquellen charakterisiert.

Dagegen wurde das Ich als ein hochdifferenziertes Gefüge von Substrukturen konzipiert (vgl. Loch, W.), das in der Beziehung zur Außenwelt, zu den mitmenschlichen Objekten, die Bedürfnisse des Es vertritt, umgekehrt aber gegenüber dem Es die Außenwelt repräsentiert, d. h. deren Forderungen und Interessen, denen das Individuum im sozialen Kontakt begegnet; genauer: die Erfahrungen und Eindrücke, welche das Subjekt in den Beziehungen zu seinen Objekten gewonnen hat und ständig neu gewinnt (Freud, S., 41). Der neurotische Konflikt als ein Konflikt zwischen dem Es und dem Ich ist demnach in erster Linie als ein verinnerlichter Konflikt zwischen den ursprünglichen Bedürfnissen des Individuums einerseits und den Bedürfnissen und Interessen der Außenweltobjekte andererseits aufzufassen.

IV. DER BIOGRAPHISCH-GENETISCHE ASPEKT UND DIE REVISION DER LEHRE VON DER SEXUALITÄT

Der neurotische Konflikt als der Niederschlag der Erfahrungen, die das Subjekt in seinen Objektbeziehungen gewonnen hat, weist in die persönliche Vergangenheit zurück.

Die praktische psychoanalytische Arbeit mit Neurosekranken erwies durchweg die große Bedeutung von Kindheitseindrücken, lange bevor die angedeutete Auffassung vom Wesen der Neurosen sich formulieren ließ.

Die traumatischen Erlebnisse, von denen sich die hysterischen Symptome herleiten ließen – und ähnlich verhielt es sich mit den neurotischen Symptomen überhaupt –, wurden in jedem Einzelfall um so reichhaltiger, je eingehender man ihnen nachspürte und sie waren auf mannigfache Weise miteinander verknüpft. Diese Verknüpfungen erstreckten sich – bildlich gesprochen – in zwei Richtungen.

Einmal führten sie regelmäßig in die Vergangenheit, bis in die Pubertät und darüber hinaus bis in die *frühe Kindheit* zurück (,,*historische Regression*").

Zum anderen hatten sich aber Erlebnisse assoziativ verflochten, die ganz verschiedenen Themenkreisen und Erfahrungsbereichen anzugehören schienen und sich nicht ohne weiteres voneinander ableiten ließen. Das Studium der Einzelfälle zeigte jedoch, daß die in die Vergangenheit zurückweisenden Erlebnisketten wie strahlenförmig von einem oder wenigen zentralen Konfliktbereichen ihren Ausgang nahmen. Die gewissermaßen radial angeordneten traumatischen Eindrücke waren aber zudem wie auf konzentrischen Kreisen von verschiedenem Niveau Querverbindungen eingegangen – vergleichbar etwa den *Knotenpunkten* in einem Spinnennetz (Freud, S., 2, S. 293). Je peripherer, oberflächlicher die einzelnen konflikthaften Erlebnisse in diesem Schema angeordnet waren, um so komplexer war deshalb das Bündel der jeweils mitbeteiligten Motive und dementsprechend auch die Determination der sich aus ihnen ableitenden Symptome (,,*Prinzip der mehrfachen Determination*") (Freud, S., 2, S. 293 f.).

Es überraschte zunächst, ergab sich aber als die Regel, daß die bis in die Kindheit zurückreichenden Eindrücke – namentlich bei den hysterisch Kranken – eine mehr oder minder deutlich sexuelle Note hatten.

Oft handelte es sich um ,,Verführungsszenen" im Umgang mit Pflege- und Erziehungspersonen. Freud kam zu dem Resultat, ,,daß an der Wurzel aller Symptombildung traumatische Eindrücke aus dem Sexualleben der Frühzeit zu finden seien. Das sexuelle Trauma trat so an die Stelle des banalen Traumas und das letztere verdankte seine ätiologische Bedeutung der assoziativen oder symbolischen Beziehung zum ersteren, das vorangegangen war" (Freud, S., 40, S. 219).

Diese Annahme hat später eine Revision erfahren, als sich erwies, daß es sich bei den infantilen Sexualtraumen keineswegs immer um Realerfahrungen handelte, sondern um Phantasiegebilde der betreffenden Person (Freud, S., S. 91). Die *Phantasien* waren teils direkt aus der Frühzeit überkommen, teils aber entstammten sie auch der Gegenwart und knüpften lediglich an sexuelle Früheindrücke an, die ursprünglich noch keine ,,traumatische", pathogene Valenz gewonnen hatten, vielmehr erst im nachhinein, in der rückgreifenden Verwendung für rezente Phantasien ihren traumatischen Akzent erhielten.

Bis in die Gegenwart sind die verschiedenen diesbezüglichen Hypothesen Freuds Ausgangspunkt polemischer Dispute.

Die Entdeckung der sexuellen Früherlebnisse hatte eine weitreichende Konsequenz: Sie führte nämlich zur *Revision der konventionellen Theorie der Sexualität.* Man war gewohnt, die Pubertät als den Beginn der Sexualentwicklung zu betrachten. Die psychoanalytische Behandlung neurotisch kranker Erwachsener und die Ergebnisse der Traumdeutung, auch bei Gesunden, drängten nun dahin, den *Beginn der psychosexuellen Entwicklung bereits in früher Kindheit* anzusetzen. Als man dann, von 1908 an, begann, auch Kinder zu analysieren (Freud, S., 16) und sie möglichst unvoreingenommen zu beobachten, ergab sich eine direkte Bestätigung für diese neue Auffassung der Sexualität. Freud verkannte nicht, daß das „sexuelle" Moment an den Kindheitseindrücken, den Erfahrungen und Phantasien, nicht ohne weiteres identisch ist mit dem, was man herkömmlicherweise als „Sexualität" verstand. Aber ersah, daß sich die Sexualität des erwachsenen Menschen *phasenhaft"* aus infantilen Stufen entwickelt. Diese Vorstufen stimmen in wichtigen Merkmalen mit den endgültigen Äußerungen der Sexualität überein und werden schließlich als *„Partialtriebe"* (Freud, S., 7) integrale Bestandteile der reifen Sexualität. Freud nannte „die Kraft, mit welcher der Sexualtrieb im Seelenleben auftritt, Libido – sexuelles Verlangen" (Freud, S., 36, S. 4) und entwickelte am Studium der Libido die Grundzüge einer psychoanalytischen *Trieblehre.*

Die biographisch-*genetische* Betrachtungsweise betrifft, das ist zusammenfassend festzustellen, einerseits die Eindrücke, die das Individuum im Laufe des Lebens, vor allem in der Kindheit, in seinen *Objektbeziehungen* gewonnen hat; sie hat zum anderen die *Reifungs-* und *Entwicklungs*phasen der Triebe und der *Ich-Organisation* im Blick, die sich in phasenspezifischer Wechselwirkung mit seinen wichtigen Bezugspersonen, seinen Trieb-„Objekten" ergeben.

V. DIE TRIEBOBJEKTE UND DIE VERTEILUNG DER LIBIDO

Objekt des Triebes ist der Gegenstand, an dem und mittels dessen der Trieb sein Ziel erreicht. Es ist sehr inkonstant, auswechselbar, ja ursprünglich gar nicht mit dem Trieb verbunden. Erst sekundär hat sich der Trieb auf ein bestimmtes Objekt gerichtet – auf einen eigenen oder fremden Körperteil oder Körper, auch auf einen leblosen Gegenstand –, und zwar nach Maßgabe der Befriedigung, die ihm dieses Objekt vermittelt hat und weiterhin zu vermitteln verspricht.

Es war ein wesentlicher Fortschritt in der Entwicklung der psychoanalytischen Trieblehre und zugleich ein wichtiger Anstoß zur Konzeption einer differenzierteren psychoanalytischen Theorie des Ich, als Freud zu der Auffassung gelangte, daß die Libido nicht nur Objekte der Außenwelt, sondern auch die eigene Person, das Selbst besetzen kann (Freud, S., 28). Fortan unterschied man eine *Objektlibido* von einer *narzißtischen Libido* (vgl. Kutter, P.), wobei Freud den Ausdruck Narzißmus „in Erinnerung der griechischen Sage vom Jüngling Narzissus" wählte, „der in sein eigenes Spiegelbild verliebt blieb" (Freud, S., 36, S. 6).

Die *Libidoverteilung*, das Verhältnis von Objektlibido und narzißtischer Libido, gewann vor allem unter zwei Aspekten große Bedeutung: einerseits in entwicklungspsychologischer, zum anderen in pathogenetischer Hinsicht. Ähnlich den Triebzielen, den ihnen adäquaten „erogenen Zonen" (Freud, S., 7) und Partialtrieben folgt auch die Verteilung der Libido (vgl. S. 98) auf äußere Objekte, auf die eigene Person, das Selbst und auf das Ich im strukturellen Sinn normalerweise bestimmten *Entwicklungslinien* (vgl. Loch, W. und Kutter, P.):

Anfänglich kennt die Libido noch kein Objekt (Freud, S., 7, S. 83). „Zu Uranfang ist alle Libido im Es angehäuft, während das Ich noch in Bildung begriffen oder schwächlich ist" (Freud, S., 41, S. 275). Auch ihr *Ziel*, „die Befriedigung durch die geeignete Reizung der so oder so gewählten erogenen Zone hervorzurufen", ist ursprünglich nicht manifest. „Diese Befriedigung muß vorher erlebt worden sein, um ein Bedürfnis nach Wiederholung zurückzulassen (Freud, S., 7, S. 85). Dieses Bedürfnis nach Wiederholung einer einmal erlebten, erinnerlichen Befriedigung nennt Freud einen *Wunsch* (Freud, S., 3, S. 571). Die Libido findet ihre Ziele „in *Anlehnung an eine der lebenswichtigen Körperfunktionen*" (Freud, S., 7, S. 83). Die Sättigung des Nahrungsbedürfnisses beispielsweise ist mit lustvoller Berührung der Mundschleimhaut und mit warmem, zartem Hautkontakt, also mit einer adäquaten Reizung der auf der frühesten Entwicklungsstufe führenden erogenen Zonen verknüpft.

Ein Wunsch ist aber nicht allein durch konstitutionelle Bedingungen, durch die Eigenart der triebhaften Bedürfnisse charakterisiert. Auch die Trieb*objekte,* bzw. die Eindrücke, die das Befriedigung vermittelnde Objekt hinterläßt, verknüpfen sich im Gedächtnis mit dem Befriedigungserlebnis und werden zu einer wichtigen Determinante jedes Wunsches. Die „primär narzißtische", eigentlich objektlose, an den erogenen Zonen haftende Libido sucht fortan ihre Befriedigung um so nachdrücklicher am Objekt, je befriedigender die erinnerlichen Objekterfahrungen gewesen sind. Sie entwickelt sich von der primär-narzißtischen zur *Objektlibido*. Es ergibt sich eines der Muster, nach denen die Libido ihre späteren Liebesobjekte wählt: die Wahl unter den Personen, die an der Befriedigung der „großen Körperbedürfnisse" (Freud, S., 3, S. 571) beteiligt sind – die Objektwahl nach dem *Anlehnungstyp* (Freud, S., 28, S. 154). Der reifen Form der Objektlibido ist schließlich nicht mehr allein die Triebbefriedigung, sondern vielmehr das Objekt um seiner selbst willen, der Partner wichtig.

Nicht die gesamte Libido geht solche Bindungen an äußere Objekte ein! Ein gewisser Libidobetrag haftet am eigenen Körper und gelangt in *autoerotischer* Betätigung zur Abfuhr. Die unvermeidlichen Enttäuschungen kindlicher Wünsche – etwa das Warten auf die abwesende Mutter – drängen den hilflosen Säugling dazu, sich am eigenen Körper schadlos zu halten: er saugt z. B. an der eigenen Haut, speziell am Fingerchen, wobei er wahrscheinlich halluzinatorisch frühere Befriedigungen an der Brust in der Erinnerung wiederbelebt. Dadurch sichert er sich ein Mindestmaß an Lustgewinn und gewinnt erste keimhafte Erfahrungen von Unabhängigkeit und Eigenmacht. Er lernt dabei auch den eigenen Körper näher kennen, bildet ihn immer vollständiger im Gedächtnis ab und erwirbt auf diese Weise ein erstes Bild von sich selbst: das *Körper-Ich* (Freud,

S., 41, S. 255). Aufgrund dieser Verhältnisse formulierte Freud: ,,Das Ich ist vor allem ein körperliches" (Freud, S., 41, S. 253).

Die autoerotische Befriedigung, bei der der Säugling sich selbst bzw. einen Körperteil – das Fingerchen – mit dem entbehrten Objekt – der Brust – identifiziert, ist das Muster für autoerotische Betätigungen vielfältiger Art. Sie kann zeitlebens eine Bastion abhängigkeitsverleugnenden Omnipotenzerlebens bleiben und spielt in der Psychotherapie narzißtischer Persönlichkeitsstörungen und psychotischer Erkrankungen eine zentrale Rolle. Insofern sie auf einer Identifikation mit dem entbehrten Objekt beruht, ist autoerotische Befriedigung aber nicht Äußerung eines primären Narzißmus, sondern *sekundär-narzißtisch*. Mit der Konstituierung des Körper-Ich hat sich das kindliche Individuum von der ursprünglichen psychischen Identität mit der Mutter – der anfänglichen *Dualunion* (vgl. Loch, W., S. 46) abgesetzt, eine erste Unterscheidung für das Erleben individueller Identität gelegt.

Der ,,körperliche" Ich-Kern verbindet sich mit den Eindrücken, die der Säugling an seinem ersten Objekt, der Mutter, speziell der Mutterbrust gewinnt: das Objekt, genauer: Eindrücke aus der Beziehung zum Objekt werden *introjiziert,* zu einem Wesensbestandteil des kindlichen Selbst (primäre Identifikation; vgl. Loch, W., V. d); Objekteindrücke sind in die werdende Persönlichkeit aufgenommen worden und begründen in enger Verbindung mit dem Körper-Ich die individuelle Identität.

Die ersten keimhaften Erfahrungen von Autonomie, die das Kind durch autoerotische Befriedigung macht, geben dem eigenen Körper wachsenden Wert. Daher bleibt ein gewisses Quantum primär-narzißtischer Libido mit der eigenen Leiblichkeit verbunden. Diese primär-narzißtische Libido scheint an dem lebensnotwendigen Egoismus, dem Trieb zur Selbsterhaltung teilzuhaben und beherrscht den seelischen Apparat im Schlafzustand, in welchem die Libido von der Außenwelt weitgehend abgezogen ist.

Unter der Herrschaft des die seelischen Vorgänge der frühen Kindheit regulierenden Lustprinzips wird das sich aus seinen kernhaften Anlagen entwickelnde Ich zunächst zum *Lust-Ich:* nur ,,gute", lustspendende Objekteindrücke werden zum Ich gezählt, *introjiziert,* Unlusteindrücke dagegen bleiben der Außenwelt zugehörig; dem eigenen Innern entstammende unlustvolle Reize werden zur Außenwelt geschlagen, nach außen *projiziert.* Das Ich wird somit zum *purifizierten Lust-Ich,* zum Inbegriff des lustvoll Guten – eine im höchsten Grade narzißtische Disposition. Später muß diese Ich-Organisation durch sorgfältige *Realitätsprüfung* in ein der Wirklichkeit entsprechendes *normales Real-Ich* umgewandelt werden, mit anderen Worten: das Ich muß lernen, zwischen Innen und Außen zu unterscheiden, es muß Frustrationen ertragen und akzeptieren, daß nicht alles Lustvolle dem Selbst und nicht alles Unlustvolle der Außenwelt zugehört (Freud, S., 20, S. 235/36, und Freud, S., 29, S. 227/28).

Im Zuge der fortschreitenden kindlichen Entwicklung kehrt ein Teil der Libido, die sich an Außenweltobjekte, vor allem an die Mutter geheftet hat, *sekundär* zur eigenen Person zurück – und zwar durch Aufnahme in das Ich (im strukturellen Sinn). Dabei spielen die erzieherischen Einflüsse der Umwelt eine maßgebende Rolle. Das Kind macht die Erfahrung, daß seine Erzieher, die Eltern vor allem, nicht unbeschränkte Befriedigung seiner Bedürfnisse gestatten, sondern von ihm gewisse Verzichte und Leistungen erwarten. Diese ersten Triebeinschränkungen leistet das Kind mehr aus Liebe, genauer gesagt aus Angst vor dem Verlust der Liebe seiner Eltern, als aus Angst vor Strafe. Das Ich bewältigt diese Triebverzichte – zumeist Verzichte auf direkte Befriedigung gewisser frühinfantiler Partialtriebe am geliebten Objekt – z. B. das Gefüttertwerden –, indem es das Bild der Erzieherperson, der zuliebe es den Triebverzicht leistet, in sich aufnimmt – m. a. W. indem es sich die Erwartungen seines geliebten Objekts zu eigen macht. Das Bild des Objekts wird so zu einem Bestandteil des Ich, ein Vorgang, welcher der Introjektion des frühesten Objekts, der Mutter bzw. der Mutterbrust, zwar ähnlich ist, aber sich doch von ihm unterscheidet, vor allem darin, daß hier ein komplexes psychisches Gefüge, das den Verzicht fordernde Objekt auf ein ebenfalls bereits formiertes und komplexes Ich trifft. Die auf solche

Weise introjizierten Objekte behalten daher im Ich zeitlebens eine gewisse Sonderstellung, sie bilden eine „Stufe im Ich" (Freud, S., 39, S. 144), eine Struktur, die einerseits dem handelnden Ich fordernd und zielsetzend gegenübertritt, andererseits dem Ich doch zugehört, was sich etwa im Stolz auf die eigenen Ideale und Moralansprüche und in der Befriedigung über die Übereinstimmung des eigenen Verhaltens mit diesen Idealen äußert – eine Befriedigung, die als Äquivalent der Anerkennung und Belobigung durch das geliebte Objekt zu werten ist.

Das introjizierte Bild des geliebten Objekts ist ein überhöhtes Bild! Denn es spiegelt Größen- und Allmachtsphantasien des Kindes wider, die ursprünglich ihm selbst gegolten haben, aber an der Realität gescheitert sind. Unter dem Eindruck der eigenen Schwäche hat das Kind die Phantasien den Elternbildern zugeschlagen, die dadurch ideale Aspekte gewonnen haben; das Kind findet seine Befriedigung nun darin, daß es an der Omnipotenz der Eltern teilhat: es erlebt sie als die „allerliebste und allerhöchste Mama der Welt" und als den „Papa, der alles kann". Und dieses ideal überhöhte Elternbild nimmt das Kind in sein Ich auf (Freud, S., 14, S. 231, und Lampl-de Groot, J., 1937).

Freud hat die durch dieses Elternbild im Ich gebildete Struktur das *Ich-Ideal* genannt (Freud, S., 28) und den Vorgang der Introjektion, der zur Ich-Ideal-Bildung führt *Identifikation* („sekundäre Identifikation" vgl. Loch, W., 46.

Die Liebe zum Ich-Ideal und die Befriedigung durch die Übereinstimmung zwischen den Aktionen des Ich und dem Ich-Ideal ist „*sekundärer Narzißmus*" (Freud, S., 28, S. 140, und Freud, S., 41, S. 121) „der Erbe des ursprünglichen Narzißmus" (Freud, S., 39, S. 121).

Die Liebe zu den so erworbenen Idealen ist nun aber keine sinnliche Liebe mehr. Denn wenn sich Objektlibido in sekundär narzißtische Libido verwandelt, dann geht das mit einer Minderung der sinnlichen Note der Befriedigung, mit „Desexualisierung" einher.

Die Objektbeziehungen des erwachsenen Menschen, im engeren Sinne die *Objektwahl,* die Libidoverteilung in der Beziehung zu den bevorzugten, den geliebten Objekten, orientiert sich nach zwei Grundformen, zwischen denen mannigfache Übergänge möglich sind: Man kann eine Objektwahl nach dem Anlehnungstyp von einer vorwiegend narzißtischen Objektwahl unterscheiden (Freud, S., 28, S. 153 f.).

Die *Objektwahl nach dem Anlehnungstyp* vollzieht sich nach dem Vorbild des Kleinkindes das die primär narzißtische Libido allmählich auf eine nährende und pflegende Mutter überträgt. Bestimmend ist dabei zunächst das Maß an Triebbefriedigung, die das Objekt vermittelt. Das ist vorerst noch eine überwiegend narzißtische Objektbeziehung! Das Objekt wird begehrt, *weil* und *insofern* es der Triebbefriedigung dienlich ist. Je größer die Befriedigung, um so mehr Libido fließt dann aber umgekehrt dem Objekt zu, um so wertvoller erscheint das Objekt dem Ich, das seinerseits in gleichem Maße an Eigenliebe und stolzer Selbsteinschätzung verarmt (vgl. Anm. 2, S. 98). Typischerweise äußert sich das beispielsweise dann, wenn der Liebhaber seine Partnerin überschätzt, sie „anbetet". Im Extremfall kann sich die Objektliebe so steigern, die Eigenliebe so vermindern, daß sich das Subjekt dem „über alles geliebten" Objekt opfert. Das entscheidende Charakteristikum der Objektwahl nach dem Anlehnungstyp ist somit darin zu sehen, daß sie zwar vom Objekt Triebbefriedigung erwartet, das Objekt aber – schließlich – in seiner Eigenart und Unabhängigkeit akzeptiert, auch ohne die Bedingung fortwährender Triebbefriedigung oder Wunscherfüllung. Das Objekt wird um *seinetwillen* hochgeschätzt und begehrt: weil es so ist wie es in seiner Eigenart beschaffen ist.

Nach dem Anlehnungstyp liebt ursprünglich etwa der Mann die nährende Frau, die Frau den schützenden Mann.

Anders bei der *Objektwahl nach dem narzißtischen Typ.* Sie ist stärker von der Libidobesetzung der eigenen Person bestimmt. Sie soll in erster Linie der Wertschätztung des Subjekts zugute kommen. Wichtiger als zu lieben ist geliebt zu werden. Das Objekt wird insofern geliebt, als es hochgeschätzte Charakteristika der eigenen Person – reale Merkmale oder Ideale – repräsentiert. Es handelt sich um eine Sonderform der Eigenliebe.

Nach dem narzißtischen Typ liebt man
a) was man selbst ist (etwa den Menschen, der die gleichen Wesenszüge aufweist wie man selbst);
b) was man selbst war (der Vater beispielsweise seinen Sohn, insoweit dieser nach der Art des Vaters geschlagen ist und dessen Kindheit widerspiegelt);
c) was man sein möchte (ein Vorbild bzw. einen Menschen, der das Ich-Ideal verkörpert);
d) die Person, die ein Teil des eigenen Selbst war (so etwa die Eltern ihr Kind, durch das sie sich fortpflanzen; für das sie auch die Verwirklichung jener Ziele erhoffen, die ihnen selbst vom Schicksal verwehrt worden sind).

„Wir sagen, der Mensch habe zwei ursprüngliche Sexualobjekte: sich selbst und das pflegende Weib, und setzen dabei den primären Narzißmus jedes Menschen voraus, der eventuell in seiner Objektwahl dominierend zum Ausdruck kommen kann" (Freud, S., 28, S. 139).
Ein so grundlegender Entwicklungsprozeß wie die Libidoverteilung kann natürlich auch weitreichende *pathogenetische Bedeutung* gewinnen. Pathogenetische Erwägungen waren es denn auch, die den entscheidenden Anstoß zu jenem „*nächsten Schritt*" (Freud, S., 38, S. 55) in der Entwicklung der psychoanalytischen Trieblehre gaben: zur Unterscheidung von Objektlibido und narzißtischer Libido.

Die psychoanalytische Trieblehre war in einem *ersten Schritt* als Theorie der Sexualität begründet worden. Die infantile Entwicklung der Sexualität aus multiplen Partialtrieben und die ursprünglich autoerotische Befriedigung sowie die Regulation der kontinuierlich aus ihren Quellen fließenden Triebenergie durch das Lust- und Realitätsprinzip bildeten die Grundlage der Theorie der Triebe, speziell der Libido.
Dann aber stand die Psychoanalyse vor einer „Grenze" (Freud, S., 7, S. 119), die weitere Einblicke in das Wesen der Libido zu verwehren schien: die sogenannten *Geisteskrankheiten* oder *Psychosen*, insbesondere die Schizophrenie und die Paranoia, die vor allem durch Wahnbildungen ausgezeichnet sind, aber auch die Melancholie entzogen sich dem psychoanalytischen Verständnis und der therapeutischen Beeinflussung durch die psychoanalytische Methode.
Den Grund dafür sah man darin, daß der *Psychosekranke* – soweit seine Persönlichkeit von der Krankheit befallen war – gefühlshafte Beziehungen zu anderen Menschen und demgemäß auch zum Arzt in einem gewissen Krankheitsstadium vermissen ließ. Die Person des Arztes blieb dem Kranken gleichgültig, sie wurde allenfalls als lästig und störend abgelehnt. Seine libidinösen Wünsche waren damit dem Studium im direkten Kontakt, in der Interaktion von Arzt und Kranken entzogen. (Man hat alsbald erkannt, daß sich zahlreiche psychotische Symptome als Ausdruck des Versuchs verstehen lassen, einen Ausweg aus dieser absoluten Kontaktlosigkeit zu finden.) Der Psychosekranke „scheint seine Libido von den Personen und Dingen der Außenwelt wirklich zurückgezogen zu haben, ohne diese durch andere in der Phantasie zu ersetzen" (Freud, S., 28, S. 139).
Anders der *Neurosekranke:* „Der Hysteriker und Zwangsneurotiker hat, sofern seine Krankheit reicht, die Beziehung zur *Realität* zwar „aufgegeben. Die Analyse zeigt aber, daß er die erotischen Beziehungen zu Personen und Dingen keineswegs aufgehoben hat. Er hält sie noch in

der *Phantasie* fest" (Freud, S., 28, S. 139). Und an diesen Phantasien, mit denen er auch seine Beziehung zum Arzt ausgestaltet, den er an die Stelle der eigentlichen Objekte setzt, lassen sich die Wege der Libido direkt studieren.

Freud nahm an, daß die Libido sich in der *Psychose* von den Objekten in der Außenwelt auf die eigene Person zurückzieht. Die Objektlibido war also von jener Libido zu unterscheiden, die das Subjekt selbst „narzißtisch" zum Objekt wählt. Der *Neurose*kranke dagegen kehrt zwar von der reifen Objektwahl, von der Liebe zu einem in seiner Unabhängigkeit belassenen Objekt zu Frühformen der Objektwahl vom Anlehnungstyp und zu weitgehend narzißtischen Formen der Objektwahl zurück; aber er hält die Beziehung zu den Objekten in dieser Form doch aufrecht; und er befriedigt seine libidinösen Wünsche an die Objekte in Phantasien, die mit autoerotischen Praktiken einhergehen und die neurotischen Symptome motivieren. In der Behandlung „überträgt"[1] der Neurosekranke die Phantasien, die den primären Objekten gelten, auf die Person des Arztes. Dort sind sie dann der Analyse zugänglich. Deshalb hat Freud die Neurosen von dieser Art „*Übertragungsneurosen*" genannt, zum Unterschied von den „*narzißtischen Neurosen*", den sogenannten Psychosen der klassischen Psychiatrie, bei denen die Libido vorübergehend zur primär-narzißtischen Verfassung zurückkehrt (Freud, S., 28, S. 152, und Freud, S., 45) (Man vergleiche im übrigen den Abschnitt über „Grenzfälle", Kutter, P.). Innerhalb der Psychoanalyse sind sowohl die Triebtheorien Freuds als auch die Theorie des Narzißmus auf zunehmend breiter Front neu diskutiert und weiterentwickelt worden, und es zeichnen sich – teilweise auch tiefgreifende – Revisionen Freudscher Annahmen und Theorien ab. An dieser Stelle soll zum einen auf Arbeiten von W. G. Joffe und J. Sandler (1967) hingewiesen werden, die insbesondere die Tragweite des *Libidoverteilungskonzeptes* in Frage stellen und auf die Theorie eines narzißtischen Regulationssystems abzielen, dessen Entwicklung in Gefühlszuständen gründet, die sich nicht durchgängig als Affektrepräsentanzen von Trieben deuten lassen. Zum anderen lehnt M. Kleins Schule die Annahme eines primären Narzißmus und das Konzept einer anfänglichen „undifferenzierten Phase" der Triebe und der Objektbeziehungen wie sie die psychoanalytische Ich-Psychologie kennt, ab; sie hat aber in der *projektiven Identifikation*, über die, spätestens von Geburt an, unerwünschte Verfassungen projektiv in die Außenwelt, in das Objekt – vor allem in die mütterliche Brust – verlagert, dort aber zunächst als ausgelagerter Teil des Selbst erlebt werden, ein Konzept, von dem aus Brücken zu anderen psychoanalytischen Entwicklungstheorien geschlagen werden können.

---

[1] Vgl. S. Freuds erste Verwendung des Übertragungsbegriffs in der Darstellung seiner Traumtheorie (S. 88 in ds. Bd.).

VI. ENTWICKLUNGSSTUFEN DER TRIEBORGANISATION UND DER OBJEKTBEZIEHUNGEN

1. Die orale Phase

Zwei Hauptmerkmale charakterisieren die Entwicklung der Libidoorganisation: erstens, daß sie zunächst in einzelnen voneinander unabhängigen, in der Prävalenz wechselnden Patrialtrieben dem Lusterwerb nachgeht, bis sie unter dem Primat der genitalen erogenen Zone ihre endgültige Organisation gefunden hat und der Lustgewinn in den Dienst der Fortpflanzungsfunktion getreten ist; zweitens, daß sie von der Haftung am Subjekt und der im wesentlichen autoerotischen Befriedigung ausgehend – Freuds Annahme eines primären Narzißmus! – danach strebt, ihr Triebziel an einem fremden Objekt zu erreichen.

Die Entwicklung zum normalen Sexualleben des Erwachsenen verläuft über mehrere Organisationsstufen, die fließend ineinander übergehen und ihr besonderes Gepräge durch die jeweils prävalente Gruppe von Patrialtrieben erhalten.

Auf der frühesten Stufe der Libidoorganisation, in der „oralen Phase" (Freud, S., 7), zentriert sich das Luststreben auf die Mundschleimhaut und die Haut der Körperoberfläche als die führenden erogenen Zonen. Mund und Haut bringen das in seinem Lusterwerb noch völlig hilflose Kind beim „Stillen", Baden, Trockenlegen usw. in lustspendende Berührung mit der Mutter, mit der es anfänglich noch eine Erlebniseinheit bildet, psychisch identisch ist. Das heißt: auf dieser initialen Stufe hat das Kind psychisch zunächst noch kein Objekt; gestillt, gewiegt, getragen und liebevoll umsorgt zu werden, bieten ihm den ersten autoerotischen Lustgewinn.

In seiner Hilflosigkeit erfährt jedoch das Kind alsbald, daß es nicht bei jeder Unlustäußerung, auf jedes Schreien hin sogleich „gestillt" wird; es erlebt also, daß Bedürfnis und Befriedigung nicht zuverlässig gekoppelt sind. Das Kind spürt seine Abhängigkeit von etwas Fremdem und gelangt damit zu einer ersten Unterscheidung von Subjekt und Objekt, von Ich und Außenwelt. Ist aber die ursprüngliche Einheit von Kind und Mutter einmal zerbrochen, ist die Trennung erst vollzogen, dann strebt das Kind danach, sich des mütterlichen Objekts, von dem es abhängt, zu versichern, von ihm Besitz zu ergreifen. Dazu benützt es seine Glieder, sobald die Reifungsvorgänge an Muskeln und Nerven koordinierte Bewegungen möglich machen. Aber auch die Saugbewegungen und zunehmend die Beißbewegungen unterliegen dieser Tendenz: der Säugling saugt und beißt sich fest, um sich die Mutterbrust zu sichern, sie zu behalten. In dieser Tendenz nun, das Objekt zu behalten, treffen sich zwei sonst gegensätzliche Einstellungen zum Objekt: eine Regung, die sich die Mutterbrust, welche dem Säugling als das Befriedigung spendende Objekt „lieb" geworden ist, erhalten möchte; hier regen sich schon erste Keime von Objektliebe; andererseits eine Regung, die darauf abzielt, die Brust zu fressen, sie sich einzuverleiben, um ihrer ganz sicher zu sein; diese Tendenz wird um so stärker, je nachhaltiger die Versagungen sind, denen der Säugling ausgesetzt ist. Aus ähnlichen Motiven pflegen auch Kannibalen gerade ihre höchstgeschätzten Opfer zu verzehren, jene Feinde, die sie „zum Fressen lieb" haben (Freud, S., 39, S. 116), eben um sich deren Kräfte und Fähigkeiten anzueignen, zu sichern. Freud hat daher dieses spätere Stadium der oralen Phase der Libidoentwicklung nach einem Vorschlag von Abraham (Abraham, K. 1924) das *Kannibalistische Stadium* genannt.

Die – psychisch reale! – Einverleibung, die *Introjektion* dient dem Ziel, der Abhängigkeit des Subjektes zu begegnen, das Subjekt unabhängiger zu machen. Durch denselben Akt wird aber die Eigenexistenz des Objekts aufgehoben, das Objekt als unabhängiges Wesen vernichtet. Mit anderen Worten: die libidinöse Besetzung, die dem Objekt galt, wird durch Einverleibung des Objekts in das Ich geholt (bis beim nächsten Gestilltwerden erneut die lustgewährende Eigenexistenz des Objekts erfahren wird), der Objektlibido steht die narzißtische Libido gegenüber; die Libidoverteilung – spätestens im fortgeschrittenen Stadium der oralen Phase – ist ambivalent.

Diese *Ambivalenz* zwischen den ersten Keimen von Objektlibido und narzißtischer Libido hat noch einen anderen Aspekt: in der Aufhebung der Eigenexistenz des Objekts durch Introjektion kann man eine destruktive, objektfeindliche Regung erblicken. Die Objektbeziehung der oralen Phase ist somit durch das Nebeneinander widerstreitender libidinöser und destruktiver Regungen bestimmt. Der zerstörerische Aspekt wird noch deutlicher, wenn man bedenkt, daß der Säugling die Mutterbrust ja oft tatsächlich durch das Beißen verwundet, beschädigt – ein Aspekt, der allerdings nur aus dem Blickwinkel des Erwachsenen von dem der Introjektion erheblich verschieden ist; der Säugling unterscheidet nämlich noch nicht wie der Erwachsene zwischen „körperlich" und „seelisch" – „Einverleiben" und „Zerstören" haben hier noch denselben Realitätswert.

In der Aufhebung der Eigenexistenz des Objekts durch Introjektion äußert sich also Objektfeindlichkeit, der sogenannte *orale Sadismus*. Die Ambivalenz zwischen Objektlibido und Narzißmus ist zugleich Ausdruck der Ambivalenz zwischen Libido und Destruktionstrieb.

Aus dem Widerstreit objektfreundlicher und zerstörerischer Tendenzen erwachsen dem Säugling bereits Konflikte, die sich als Vorläufer späterer Schuldgefühle betrachten lassen (vgl. S. 119).

Die orale Einverleibung, die Introjektion[2] (primäre Identifikation) ist das

Vorbild dessen, was im Zuge der Ich-Entwicklung als (sekundäre) *Identifizierung*[2] große Bedeutung gewinnt, wenn nämlich der Leib im Körper-Ich seine psychische Repräsentanz gefunden und die Fähigkeit zur Unterscheidung von Vorstellung und Wahrnehmung, von seelisch und körperlich gewonnen hat. Die Identifizierung ist das psychische Äquivalent der oralen Entwicklungsstufe der Libido (Freud, S., 39, S. 115ff.).

Bei der *Bildung des Ich-Ideals* zum Beispiel – wenn das Kind auf die Eltern als Objekte seiner prägenitalen Patrialtriebansprüche verzichten lernen muß – werden diese in das Ich aufgenommen, gewissermaßen psychisch aufgezehrt. Die *Objektlibido, der Wunsch, das Objekt zu besitzen,* seine Befriedigung an ihm zu finden, wird umgewandelt in *narzißtische Libido, in den Wunsch, das Objekt bzw. wie das Objekt zu sein* (Freud, S., 39, S. 116). Das Ich hat sich selbst an die Stelle des Objekts gesetzt – es bietet sich dem Es als Ersatz für das unerreichbare eigentliche Objekt an, wie wenn es sagen wollte: schau her, ich bin gerade so begehrenswert wie dein ursprüngliches Objekt.

Dabei übernehmen die Sinnesorgane, vor allem aber das Gehör, die Funktion, welche der Mund als führendes Aufnahmeorgan beim Säugling hatte: Gehörsidentifizierungen, die Identifizierungen mit den elterlichen Wertungen, Meinungen, Geboten spielen bei der Bildung des Ich-Ideals, desgleichen des Über-Ichs, eine hervorragende Rolle. Die orale Einverleibung bleibt auch hier das Vorbild. Das Kind „saugt" gewissermaßen durch alle Sinnesorgane die Umwelt in sich auf (Nunberg, H., 1959).

Auch die Identifizierung ist – wie die Introjektion – ambivalent: indem das Ich auf direkte Triebbefriedigung am Objekt – vor allem und zunächst an den Eltern – verzichtet, also die Libidobesetzung der Objekte aufgibt und in narzißtische Libido verwandelt, ermöglicht es sich die Aufrechterhaltung zärtlicher, desexualisierter Beziehungen zum Objekt. Und wie die Introjektion hat auch die Identifizierung ein zugleich freundliches und feindliches Gesicht; sie kann libidinöse und aggressive Regungen für ein Objekt zum Ausdruck bringen: Sein wollen wie ein anderer kann bedeuten, den anderen aus Liebe und Bewunderung zum Vorbild nehmen (wenn man ihn schon nicht besitzen kann); es kann aber auch heißen, es dem anderen gleichtun, sich an seine Stelle setzen und ihn beseitigen wollen. Oft dient die Identifizierung beiden Zwecken zugleich (vgl. S. 115).

Gerade die Zwiegesichtigkeit, die Ambivalenz ist es nun, welche die *Identifizierung* für die Verwendung *bei der Bildung neurotischer Symptome* besonders geeignet macht: sie repräsentiert sowohl libidinöse als auch aggressive Regungen und kommt der Notwendigkeit der Verdichtung verschiedener, ja gegensätzlicher Motive im neurotischen Symptom im hohen Maße entgegen. Freud weist an einem Beispiel verschiedene *Wege der Symptombildung durch Identifizierung* auf: Ein Mädchen bekomme als neurotisches Leidenssymptom einen quälenden Husten. Das kann nun auf verschiedene Weise zugehen: Entweder ahmt das Mädchen einen Husten der Mutter oder aber den des Vaters nach. „Entweder ist die Identifizierung dieselbe aus dem Ödipuskomplex, die ein feindliches Ersetzenwollen der Mutter bedeutet, und das Symptom drückt die

---

[2] Zu den Begriffen Introjektion und Identifizierung (Identifikation) vgl. Loch, W. und Wisdom, J. O. (S. 151ff).

Objektliebe zum Vater aus; es realisiert die Ersetzung der Mutter unter dem Einfluß des Schuldbewußtseins: Du hast die Mutter sein wollen, jetzt bist du's wenigstens im Leiden. Das ist dann der komplette Mechanismus der hysterischen Symptombildung. Oder aber das Symptom ist dasselbe wie das der geliebten Person (so wie z. B. Dora im „Bruchstück einer Hysterieanalyse" den Husten des Vaters imitiert); dann können wir den Sachverhalt nur so beschreiben, die Identifizierung sei anstelle der Objektwahl getreten, die Objektwahl sei zur Identifizierung regrediert" (Freud, S., 39, S. 117).

2. Die analsadistische Phase

Auf der folgenden, der analsadistischen Organisationsstufe (Freud, S., 7), lösen die Afterschleimhaut und die benachbarte Haut die Mundschleimhaut als führende erogene Zone ab. After und Enddarm werden zur Hauptquelle der Libido. Dabei spielen einerseits körperliche Reifungsvorgänge, zum anderen erzieherische Faktoren eine Rolle, die nach Maßgabe der jeweiligen Kultur auf unterschiedliche Weise mit den Reifungsvorgängen korrelieren. Das Kind erlebt die häufigen Berührungen bei der Körperpflege als höchst lustvoll. Aber auch der Darminhalt wirkt als Reizkörper auf die Darmschleimhaut und Haut und mit der Fähigkeit zur willkürlichen Betätigung des Afterschließmuskels gewinnt das Kind eine neue Möglichkeit autoerotischen Lustgewinns, über die es ganz nach Bedarf verfügen kann: durch Retention und Ausstoßung des Darminhalts läßt sich die Darmschleimhaut beliebig reizen – ein Lustgewinn, der noch bei manchen Erwachsenen als Relikt aus dieser Entwicklungsperiode eine gewisse Rolle spielt.

Neben der After-Enddarm-Gegend erhält aber auch die Extremitätenmuskulatur in der analsadistischen Phase zunehmend erogene Bedeutung. Das Kind erfreut sich seiner lokomotorischen Fähigkeiten, es läuft, hüpft, klettert und gibt sich immer wieder langanhaltenden rhythmischen Bewegungsabläufen hin.

Die *Objektbeziehungen* bleiben vorerst prinzipiell narzißtisch orientiert: das Objekt wird nur insofern begehrt, als es dem Lustgewinn und der Bedürfnisbefriedigung des Kindes dient.

Ähnlich der kannibalistischen oralen Entwicklungsstufe ist die Beziehung zum Objekt *ambivalent*. Besonders in der frühen analsadistischen Phase drohen die destruktiven Triebkräfte in Konkurrenz mit den libidinösen vorübergehend die Oberhand zu gewinnen.

Für die anale Triebquelle ist der Darminhalt der Prototyp der Objekte. Die libidinösen Bestrebungen gehen dahin, das Objekt zu besitzen – d. h. den Stuhl zurückzuhalten. Die destruktiven Kräfte dagegen tendieren dahin, das Objekt abzulehnen, also den Darminhalt auszustoßen.

Die Rolle des Darminhalts als Triebobjekt ist mehrdeutig. Der Stuhl ist ursprünglich ein Teil des eigenen Körpers und wird vom Kind auch so erlebt. Insofern ist die Befriedigung, die er vermittelt, eine autoerotische. Er repräsentiert jedoch zugleich die Außenweltobjekte, also in erster Linie die Mutter. Die ambivalente Beziehung zum äußeren Objekt spiegelt sich deshalb in der Einstellung zum Darminhalt wider. Das wird verständlicher, wenn man bedenkt, daß sich das Kind schon auf der oralen Stufe sein Objekt „einverleibt", wodurch es zum inneren Objekt geworden ist. Mit diesem inneren Objekt wird nun der Darminhalt identifiziert. Der Darminhalt nimmt damit die lustvollen und unlustvollen Aspekte der äußeren Objekte an. Das gilt in verstärktem Maße, wenn das Kind in seiner Beziehung zur Mutter bzw. zur Erzieherperson nachhaltige Enttäuschungen erlebt und sich nun zum Schutz gegen erneute Frustrationen auf die autoerotische Betätigung zurückzieht.

Für die Extremitätenmuskulatur liegen die Objekte eindeutiger in der Außenwelt. Ihr libidinöses Triebziel besteht darin, das Objekt in Besitz zu nehmen, es sich anzueignen, zu umarmen und zu *beherrschen* bzw. absolut über das Objekt zu verfügen, und das kann auch heißen: es loszulassen, fallenzulassen und nach Belieben wegzuwerfen. Es ist nicht zu verkennen, daß sich bei der Verfolgung dieses Zieles destruktive Kräfte geltend machen. Das eigentlich destruktive Ziel der Extremitätenaktivität liegt in der Vernichtung, der ungehemmten Zerstörung des Objekts. Libidinöse und destruktive Regungen gehen in der Muskelbetätigung aber durchweg Verbindungen ein, die vom Unterwerfen und Beherrschen über Quetschen, Drücken und Unterdrücken bis zum Schlagen, Erschlagen (Freud, S., 37) und zur Zerstörungslust reichen. Diese für die analsadistische Stufe besonders charakteristische Verbindung von libidinösen und destruktiven Triebregungen wird *Sadismus* genannt. In der direkten Richtung gegen die eigene Person stellt sie eine Form des *Masochismus*, und zwar den sogenannten *erogenen Masochismus* (Freud, S., 44) dar.

Als Rückwendung des Sadismus kann man den Masochismus oft bei Kindern beobachten, die daran gehindert sind, ihre Wut an einem äußeren Objekt auszulassen: sie werfen sich nieder, stoßen mit dem Kopf gegen den Boden und schlagen auf sich selbst ein.

Freuds dualistische Triebtheorie (Lebenstrieb – Todestrieb) ist unter Psychoanalytikern bis in die Gegenwart kontrovers (vgl. Loch, W.). Die Existenz aggressiver Impulse ist jedoch unbestritten. Man kann auch nicht bezweifeln, daß sie in mannigfacher Weise in einen Gegensatz zu libidinösen Regungen geraten.
Andererseits spricht viel dafür, daß aggressive Impulse einer Entkleidung ihrer destruktiven Note, einer Entaggressivierung, einer Neutralisation fähig sind. Die infantile Triebentwicklung geht – normalerweise – mit einer Minderung der destruktiven Note aggressiver Impulse einher. Freuds Lehre vom *Masochismus* und *Sadismus* sucht diesem empirischen Sachverhalt Rechnung zu tragen. Sie orientiert sich an der Annahme einer zunehmenden „Mischung" libidinöser Triebregungen und destruktiver bzw. aggressiver Impulse, der „*Triebmischung*" (Freud, S., 41, S. 268 f.). Dieser theoretische Ansatz hat wesentliche Phänomene der neurotischen Erkrankungen einem Verständnis näher gebracht. Er sei hier deshalb kurz skizziert (Freud, S., 38, und Freud, S., 44):
Der Säugling, der psychisch noch mit der Mutter bzw. der Mutterbrust identisch ist, „frißt" und „zerstört" sie. Die destruktiven Impulse richten sich somit zu Anfang gegen die Mutter-Kind-Einheit. Freud hat sie daher als Ausdruck eines Selbstzerstörungstriebes aufgefaßt und *Urmaso-*

chismus genannt. Der Urmasochismus, so nahm Freud an, haftet wie die primär-narzißtische Libido am eigenen Leib.

Das Beispiel des Säuglings soll nun weiter zeigen, daß die destruktiven Impulse sehr bald Bindungen an die narzißtische Libido eingehen. Beim Saugen und Beißen äußert sich nicht nur Ambivalenz. Die destruktiven Regungen kommen nicht einfach neben und zugleich mit den libidinösen zum Ziel. Durch Mischung mit Libido werden sie vielmehr umgewandelt: sie werden selbst lustbetont. Und damit ist aus dem Urmasochismus der eigentliche *Masochismus* geworden: die Erotisierung der Destruktion.

Wenn nun das kleine Individuum die Trennung von Selbst und Außenwelt vollzieht, Subjekt und Objekt unterscheidet, wenn also die Identität mit der Mutter verloren ist, dann richten sich Libido und Zerstörungstrieb – nach wie vor ambivalent und gemischt – auf die Brust als einem *äußeren* Objekt. Der Masochismus hat sich in *Sadismus* verwandelt. Der Sadismus wird somit als in die Außenwelt prjizierter Masochismus aufgefaßt.

Die auf solche Weise libidinisierten Zerstörungstriebe zielen nicht mehr auf Zerstörung ab. Je nach dem Quantum beigemengter Libido streben sie nach lustbetonter Quälerei, nach Beherrschung der Objekte oder danach, ein Liebesobjekt zu erobern. Schließlich werden die ursprünglich destruktiv-aggressiven Impulse durch Neutralisierung zur reifen, ich-gemäßen, „gekonnten" (Mitscherlich, A.) Aggression und Aktivität.

Faßt man im Gegensatz zur Freudschen Konzeption einer primär autonomen Destruktivität die Aggressivität als Reaktion auf Frustration libidinöser Triebansprüche auf, so würde man den Sadismus als Ausdruck einer Mischung libidinöser und frustrationsbedingter aggressiver Regungen gegen das Objekt – etwa die Mutterbrust – verstehen. Der Masochismus entstünde – so betrachtet – auf verschiedenen Wegen durch Wendung des Sadismus gegen die eigene Person (vgl. Erikson, E. H., 1950 bzw. 1968, S. 64 f.; Loch, W., 1970, S. 241–259)[3].

Wie erstmals von Abraham herausgestellt wurde, kann man – ähnlich der oralen Phase – in der analsadistischen Phase zwei Stufen unterscheiden. Auf der frühen Stufe setzen sich noch Objekt-ablehnende, ausstoßende und zerstörerische Tendenzen durch, während die zweite, spätere Stufe durch objektfreundlichere, retentive und nach Beherrschung strebende Regungen gekennzeichnet ist (Abraham, K., 1924).

Das Verhalten des Kindes im Umgang mit seinem Darminhalt spiegelt die allmähliche Wandlung der Ambivalenz wider: Auf der frühen analsadistischen Stufe ist es durch das häufige Dominieren der destruktiven Regungen charakterisiert. Der Kot repräsentiert das introjizierte äußere Objekt. Das Objekt wird oft noch als störend und bedrohlich erlebt – auch wenn die tatsächlichen – bewußten und unbewußten – Einstellungen der Mutter günstig und freundlich sind. Versagungen und Enttäuschungen – durch äußere UPmstände oder ablehnende Einstellungen der Mutter bedingt – können die Unlustaspekte des Objekts jedoch sehr vermehren. Dementsprechend gewinnt auch der Darminhalt, das „Innere" des Kindes mehr oder weniger bedrohliche, destruktive Qualität. Eines solch „bösen", zerstörerischen Inhaltes muß sich das Kind schleunigst entledigen, denn um einen vorwie-

---

[3] Eine Übersicht über die Weiterentwicklung der psychoanalytischen Theorie des Sadomasochismus, insbesondere auch in Hinsicht auf seine narzißtische Funktion, gibt R. D. Stolorow.

gend destruktiven Kern findet es keine befriedigende, existenztragende Identität. Es stößt also mit seinem Kot die destruktiven Objekteindrücke wieder aus und gibt damit, soweit diese überwiegen, seine libidinöse Objektbesetzung immer wieder auf. Mit solch enttäuschenden und bedrohlichen Objekten will es – sozusagen – lieber nichts zu tun haben.

Sind die Realerfahrungen des Kindes aber nicht allzu unlustvoll, gewinnen die lustvollen Objekteindrücke an Boden, dann steigert sich der Wunsch, die Befriedigungslust am Objekt zu wiederholen. Das Kind trachtet alsbald danach, sich seines destruktiven Innern zu entledigen, weil es die eigene Boshaftigkeit als eine Bedrohung des lustgewährenden Objekts erlebt. Ablehnen und Begehren des Objekts halten sich die Waage.

Wenn die Objekteindrücke schließlich – trotz aller phasenspezifischen Feindseligkeit – überwiegend freundlich geworden sind, dann hütet das Kind den Darminhalt wie einen wertvollen Besitz; es beginnt lustvoll mit seinem Kot zu spielen und zu schmieren. Und im Verhältnis zum äußeren Objekt, der Mutter, drückt es anhand der Darmfunktion freundliche Zugewandtheit und Entgegenkommen ebenso wie Selbstbehauptung und Reserve aus: Es hält den Kot trotzend zurück, um ihn erst herzugeben, wenn das Objekt ihm willfährig ist; der Stuhlgang wird zum Mittel, das Objekt zu beherrschen. Oder es macht den Darminhalt zum „Geschenk", das es der Mutter zu bieten hat, es opfert ihn, der Mutter „zuliebe", d. h., um sich damit Zärtlichkeit und Zuwendung zu erwerben. Hier fallen grundlegende Entscheidungen zwischen Objektliebe und mehr narzißtischer Prädisposition.

Die Unterteilung der analsadistischen Phase in zwei Stufen – eine frühere, von den destruktiv-sadistischen Impulsen beherrschte und eine spätere, auf der die libidinösen, objektfreundlichen Impulse die Oberhand gewinnen – diese Unterscheidung ist für das pathogenetische Verständnis der narzißtischen Neurosen und ihre Abgrenzung gegen die *Übertragungsneurosen* von erheblichem Belang: Abraham wies nach, daß Libido und Aggression bei der Zwangsneurose bis auf die spätere Stufe der analsadistischen Phase zurückfallen; die Objektbesetzung ist in der *Zwangsneurose* demgemäß zwar schon bedroht – sie wird aber kraft der noch dominierenden Libido gerade noch aufrecht erhalten: die Zwangsneurose bleibt eine Übertragungsneurose. Die charakteristische Zweifelsucht des Zwangsneurotikers ist Ausdruck der Ambivalenz, des Widerstreites von Libido und Zerstörungstrieben in Hinsicht auf das Objekt: Das Ich sieht sich der Frage ausgesetzt: Soll ich das Objekt begehren oder zerstören?

Regredieren die Triebkräfte noch weiter, auf die frühere analsadistische Organisationsstufe, dann können die Zerstörungstriebe zur Vorherrschaft gelangen und die Objektbesetzung aufgegeben werden: das Ich ver-zweifelt: Das Leben erscheint sinnlos, die Zerstörungslust hat gesiegt. In der *Melancholie* sucht sich das Ich durch Introjektion des Objektes – also vermittels einer weiteren Regression auf die orale Organisationsstufe – gegen die Verlustangst zu schützen. Aber nun richten sich die destruktiven Impulse, die ursprünglich dem äußeren Objekt gegolten haben, gegen das Introjekt – und damit gegen die eigene Person! Das Ich überhäuft sich mit Selbstvorwürfen, es quält sich; und nicht selten endet die Melancholie im *Selbstmord*. Die Melancholie ist eine *narzißtische Neurose*.

In einer kleinen Studie hat Freud den sogenannten „*analen Charakter*" (Freud, S., 13), eine

Trias von Charaktereigenschaften beschrieben, die sich aus der Beziehung zum analen Objekt, dem Darminhalt herleiten lassen. Sie sind bei Personen, deren Triebkräfte in stärkerem Maße auf der analsadistischen Entwicklungsstufe festgehalten sind – bei Zwangsneurosekranken und zwanghaften Persönlichkeiten etwa –, gemeinhin verstärkt nachweisbar: Es handelt sich um *Ordentlichkeit, Sparsamkeit und Eigensinn.* Die Ordentlichkeit, Sauberkeit und Verläßlichkeit – untereinander verwandt – sind als *Reaktionsbildungen*, d. h. als zum Charakterzug gewordene Wendung gegen die lustvolle Beschäftigung mit dem Unsauberen, Schmutzigen, also ursprünglich mit dem Darminhalt aufzufassen. – Sparsamkeit, erst recht, wo sie zum Geiz gesteigert ist, geht auf die kindliche Tendenz zurück, den Kot als wertvollen Besitz zu bewahren; oft geht sie noch beim Erwachsenen mit hartnäckiger Stuhlverhaltung einher. – Eigensinn und Trotz leiten sich aus der frühen Neigung ab, sich durch das Mittel der Stuhlverhaltung gegen die übermächtige Umwelt zu behaupten. – Sparsamkeit und Eigensinn sind somit als Zielablenkung, als *Sublimierung* triebhafter Wünsche der analen Entwicklungsperiode zu verstehen.

In der Entäußerung des Darminhalts – des „ Inneren", sei es nun bedrohlicher oder wertvoller Natur, sah Freud das Vorbild des seelischen Vorganges der *Projektion*. Die Projektion ist das psychische Äquivalent der analsadistischen Phase – so wie die Identifikation der oralen Einverleibung entspricht. Diese Mechanismen, die ursprünglich ganz im Dienst der Triebe stehen, werden später zu wichtigen Funktionen des Ich, mit Hilfe derer es sich unter anderem vor allem unleidlicher Triebansprüche, peinlicher Wünsche erwehren kann. Die Projektion spielt als Abwehrmechanismus besonders in der Zwangsneurose, in der Paranoia und bei der Homosexualität eine wichtige Rolle.

Der analsadistischen Stufe der Trieborganisation entspricht ein charakteristisches Stadium der Ich-Organisation:

Auf der analen Stufe gilt der Kot dem Kinde – ebenso dem Kranken, etwa dem Zwangsneurotiker oder dem Paranoiden – als belebt. Nunberg gibt als Beispiel die Äußerung eines Patienten wieder: „Der Kot ist keine Leiche, sondern ein lebendes Wesen" (Nunberg, H., 1959, S. 114).

Die lebhafte Besetzung des Kotes mit destruktiven Triebregungen führt oft dazu, daß das Kind den abgesonderten Kot als unheimlich und gefährlich erlebt: als Sitz des Teufels oder böser Geister. Manches spricht dafür, daß in diesen Ängsten ein späterer Verfolgungswahn seine Wurzeln hat. Insofern der Darminhalt libidinöse Regungen repräsentiert, wird er zum Sexualorgan, zum Vorläufer des männlichen Gliedes, der Enddarm als erogene Zone entsprechend zu einem Vorläufer der Vagina (Freud, S., 34). Darmentleerung kann deshalb den Verlust eines kostbaren Gutes bedeuten. Die Furcht mancher Kinder vor der Defäkation hat in der späteren Angst vor Kastration ihr Korrelat.

Aber die Projektion des „Innenlebens" in die Außenwelt bleibt nicht auf den abgesonderten Darminhalt beschränkt. Die Defäkation ist lediglich das Modell, nach dem das Kind in der analsadistischen Phase und eine Zeitlang noch darüber hinaus sein Weltbild ent-wirft: Der analsadistischen Organisationsstufe der Triebe entspricht eine *animistische* Weltauffassung. Alle Objekte werden verlebendigt; das Kind stellt sie sich nach dem Muster seines Selbsterlebens vor. Dabei beurteilt es die Dinge gemäß der herrschenden Ambivalenz in erster Linie nach den Kategorien von „lieb" bzw. „gut" und „böse". Ein Tisch zum Beispiel, an dem das Kind sich stößt, ist „böse"; der Baum, der es vor Regen schützt, ist „lieb". Das Ich unterscheidet bei der projektiven und animistischen Erlebnisweise noch nicht scharf zwischen dem, was „drinnen", innerhalb der eigenen Grenzen, und dem, was „draußen" vor sich geht. Die *Realitätsprüfung* ist noch unzulänglich.

Die wachsende Beherrschung der eigenen Motorik und damit die Fähigkeit, Objekte zu beherrschen, vermittelt dem Kind ebenso wie die Erfahrung, daß es seiner Umgebung etwas Wertvolles, nämlich den Darminhalt schenken oder vorenthalten kann, das Gefühl eigener Macht. Die noch überwiegend narzißtische Libidoverteilung, die Eigenliebe steigert dieses Machterleben, das Selbstgefühl zum *Allmachtsgefühl*. Wo diese Selbstüberschätzung nicht dem Selbst als ganzes, sondern einzelnen Organen und Funktionen gilt, wird sie zur *Magie*. Besonders jenen Organen, die als erogene Zonen vermehrt libidobesetzt sind, mißt das Kind magische Kräfte zu.

Lampl-de Groot erwähnt ein schönes Beispiel: „John, zwei Jahre und zehn Monate alt, erzählte seiner Mutter, sein Penis würde wachsen, bis er so groß wäre wie der Gartenschlauch; er würde den ganzen Ozean füllen und dann würde ein großer Dampfer kommen und mit ihm übers Meer fahren" (Lampl-de Groot, J., 1963).

Eine hervorragende Bedeutung fällt auch den wachsenden geistigen Fähigkeiten zu: sie dienen der Unterwerfung und Beherrschung der Umwelt, werden also wie andere Organe von magischer Kraft zum Instrument libidinöser und sadistischer Bestrebungen. Die magische Überschätzung der geistigen Gaben äußert sich im Gefühl der *Allmacht der Gedanken*. Viele Kinder sind beispielsweise von Angst und Sorge geplagt, durch sadistische Phantasien ihre Umgebung real zu schädigen.

Ein drei Jahre sechs Monate alter Junge kriecht auf allen vieren durch das Zimmer und hockt sich schließlich in der Zimmermitte auf den Boden. Dabei redet er seine Mutter an: „Ich bin ein Elefant! Guck Mama – was für ein riesiges Aa ich mach – ein Elefanten-Aa!" Die Mutter schaut zu und stellt fest: „Ich sehe aber nichts!" Darauf der Junge: „Macht nichts! Wir denken es uns einfach."
Lampl-de Groot bietet auch hier ein Beispiel: „Ann, drei Jahre alt, sagte: Wenn mein Penis erst so groß ist wie Dicks (des älteren Bruders) . . . Die Mutter erwiderte: Aber du bist ein kleines Mädchen, nur Jungens haben doch einen Penis; warum denkst du, daß du einen Penis bekommen wirst? Darauf Ann: Wenn ich *will*, bekomme ich einen!" (Lampl-de Groot, J., 1963).

Die kindliche Magie hat ihr Korrelat noch im Denken der „Wilden", in krankhaften Zuständen – vor allem in der Zwangsneurose und in Wahnkrankheiten –, aber auch im seelischen Normalbereich der Erwachsenen. Die Verbreitung des Aberglaubens, die Rolle der Exkremente in der Volksmedizin, die Bedeutung des Phallus als magisches Instrument (Zauberstab!), der „böse Blick" entspringen einer noch magisch-animistischen Denkweise.

3. Die phallisch-narzißtische Phase

Im dritten Lebensjahr etwa löst das Genitale den Enddarm als führende erogene Zone ab. Die prägenitalen Partialtriebe verlieren an Bedeutung und dienen schließlich nur noch zur Vorbereitung und Steigerung der genitalen Lust. Das Genitale wird zum zentralen Sexualorgan, obwohl es weder zum Orgasmus noch zur Absonderung von Keimzellen kommt. Freud hat diese Phase als die *phallische* bezeichnet, in der Auffassung, daß psychisch für beide Geschlechter nur *ein* Geschlechtsorgan vorhanden ist: der Penis (Freud, S.,42). Knabe und Mädchen befriedigen ihre sexuelle Erregung durch Onanie. Der Knabe reizt den Penis, das Mädchen die Klitoris, die entwicklungsgeschichtlich als Rudiment des männlichen Organs aufzufassen ist.

Der *Knabe* schätzt sein Glied als lustbringenden Besitz so hoch, daß es zum Maßstab seines Selbstgefühls wird. Der Penis wird mit dem Ich identifiziert. Die Größe des Gliedes beim Vergleich mit anderen spielt für den *Stolz* des Knaben eine wichtige Rolle. Die weiblichen Objekte, vorweg die Mutter, stattet er in der Phantasie mit einem Penis aus. Seine Objektwahl ist also wesentlich durch Projektion bestimmt.

Das *Mädchen* nimmt dagegen bald zur Kenntnis, daß der Vergleich mit dem Organ des Knaben zu seinem Nachteil ausfällt. Der *Penisneid* (Freud, S., 51, und Freud, S., 48) bestimmt seine Objektwahl: Der Wunsch, einen Penis zu haben wie der Knabe, führt dazu, daß sich das Mädchen mit dem Knaben vorübergehend identifiziert; es bietet bubenhafte Wesenszüge, versucht sich mit dem Knaben auf den verschiedensten Gebieten zu messen, kurz: das Mädchen entfaltet „phallische Rivalität".

Diese Entwicklungsphase ist also bei beiden Geschlechtern dadurch charakterisiert, daß die Außenweltobjekte – real oder in der Phantasie – das gleiche phallische Genitale haben wie das Subjekt. Ein Körperteil, das in hohem Maße libidobesetzt ist, wird auf das Objekt projiziert oder am eigenen Leib identifikatorisch umgewandelt – eine *narzißtische* Objektwahl also.

Sind somit in dieser Periode die Sexualbestrebungen beider Geschlechter vorwiegend narzißtisch orientiert, so bleiben dahinter doch sowohl beim Mädchen als auch beim Knaben passiv-feminine Tendenzen latent vorhanden: Das Mädchen onaniert bisweilen am Scheideneingang, und die sexuellen Sensationen des Knaben greifen noch eine Weile auf den Analbereich über. Beiden Geschlechtern fehlen noch eindeutige Vorstellungen von den anatomischen Verhältnissen im ano-genital-Bereich. Körperhöhlenphantasien, in denen Mund und After die Vagina vertreten können, sind für diese Zeit charakteristisch und repräsentieren der männlich aktiven Einstellung gegenüber die passiv-weiblichen Tendenzen.

In diesem Nebeneinander männlich-aktiver und weiblich-rezeptiver Strebungen bei beiden Geschlechtern äußert sich eine *bisexuelle Anlage,* die auch im anatomischen und hormonalen Bereich nachweisbar ist. Der Anlage nach könnte sich jedes Individuum sowohl zur männlichen als zur weiblichen Geschlechtlichkeit differenzieren. Die Entscheidung darüber, welcher Entwicklungsgang tatsächlich eingeschlagen wird, ist in erster Linie in den Chromosomen des Zellkerns festgelegt, kann aber durch äußere Einflüsse, auch psychischer Art, gewisse Modifikationen erfahren. Im seelischen Bereich sind beispielsweise später rückwirkend die latenten passiv-rezeptiven Strebungen des Knaben und die manifesten männlich-aktiven Identifikationen des Mädchens aus der phallisch-narzißtischen Entwicklungsphase wieder belebbar, das kann bis zur Aufnahme homosexueller Beziehungen führen, wenn konflikthafte innere, aber auch äußere Umstände, beim Mann zum Beispiel lange Kriegsgefangenschaft, in diese Richtung drängen.

4. Der Ödipuskomplex

Die noch überwiegend narzißtische Objektwahl der phallischen Organisationsstufe erfährt allmählich eine Korrektur: Der Knabe nimmt zur Kenntnis, daß das Weib, insbesondere die Mutter keineswegs mit einem männlichen Genitale ausgestattet ist. Und das Mädchen muß sich eingestehen, daß es in der rivalisierenden Identifikation mit dem Knaben eher Enttäuschungen als Befriedigung und Bestätigung erfährt; es ahnt, daß seine Bestimmung nicht darin liegen kann, es möglichst weitgehend dem Manne gleichzutun. Ich und Außenweltobjekte gewinnen zunehmend wirklichkeitsentsprechende Aspekte; die magisch-animistische Weltauffassung, Projektion und Identifikation treten allmählich zurück, und der Geschlechtsunterschied wird realitätsgemäß in der Beziehung zu den Objekten anerkannt. Da sich die Libido auf dieser Stufe ganz auf die Genitalorgane konzentriert, werden auch die Objekte erstmals eindeutig in ihrer genitalen Beschaffenheit begehrt. Die nach wie vor autoerotische Befriedigung, die *Onanie,* geht nun mit Objektvorstellungen, mit Phantasien über das Objekt einher.

Darin unterscheidet sich die Onanie der nun erreichten *infantil-genitalen Phase* von den masturbatorischen Betätigungen früherer Entwicklungsstufen. Denn schon von der Säuglingsperiode an gewinnt das Genitale neben den führenden erogenen Zonen als Lustquelle allmählich Bedeutung. Nur ist die Reizung des Genitalbereiches in der prägenitalen Zeit noch nicht mit Objektphantasien verknüpft, so fand Freud. Viele Analytiker, insbesondere die der Kleinschen Richtung, schreiben schon dem Kind in den ersten Lebensjahren lebhafte Phantasien, insbesondere die elterlichen Genitalien betreffend, zu; diese Phantasien unterliegen alsbald der Verdrängung.

Die genital-sexuellen Wünsche stürzen das Kind in tiefe Konflikte. Schon die Triebeinschränkungen, die sich das Kind in früheren Stadien, etwa bei der Reglementierung der Ernährung, bei der Reinlichkeitserziehung und bei der Einschränkung seiner Aggressionen gefallen lassen mußte, haben es in Konflikte mit seinen Objekten gebracht. Das waren aber durchweg Konflikte in

einer *Zwei-Personen-Beziehung*. Auf der infantil-genitalen Stufe nun sind
die Konflikte von neuer Art: sie betreffen eine *Drei-Personen-Beziehung* und
entstammen dem Bereich des *Ödipuskomplexes*. (Freud, S., 3; Freud, S., 7;
Freud, S., 41, S. 259ff.).

Freud hat diese Bezeichnung in Erinnerung der griechischen Sage gewählt, nach welcher Ödipus
seinen Vater erschlug, ahnungslos seine Mutter heiratete, mit ihr Kinder zeugte und schließlich
von den Göttern dafür bestraft, geblendet wurde. Der Themenkreis, der die Phantasien und die
seelischen Einstellungen des Kindes in der frühgenitalen Phase erstmals bestimmt, ist dem der
Ödipussage sehr ähnlich:

Der Knabe liebt und begehrt die Mutter (,,Wenn ich groß bin, Mama, heirate
ich dich!''), dem Vater dagegen bringt er ,,gemischte'' Gefühle entgegen: er
liebt ihn und verwünscht ihn zugleich (,,Wenn ich groß bin wie der Papa und
der Papa nicht mehr lebt, dann heirate ich dich!''). Beim Mädchen verhält es
sich dementsprechend umgekehrt. In diesen Ambivalenzkonflikt in der Beziehung zum gleichgeschlechtlichen Elternteil wächst das Kind aus inneren
Bedingungen, im Zuge seiner Reifung und Entwicklung hinein, auch ohne
daß es dazu besonders restriktiver, Feindseligkeit weckender Maßnahmen
des betreffenden Elternteils bedarf. Die ödipale Ambivalenz hat einen mehr
biologischen und einen mehr sozialen Aspekt: biologisch betrachtet repräsentiert sie die bisexuelle Anlage des Menschen; sozial gesehen enthält sie die
Wertschätzung beider Eltern aufgrund früherer befriedigender Erfahrungen
an ihnen, zum anderen aber die Rivalität mit dem gleichgeschlechtlichen Elternteil im Werben um dasselbe Objekt – nachdem die geschlechtliche Unterscheidung wichtig geworden ist.
Es gibt verschiedene Ausformungen des Ödipuskomplexes (Freud, S., 41, S.
261/62). Man kann zunächst einen *vollständigen* und einen umgekehrten
Ödipuskomplex unterscheiden: Die vollständige Form wurde bereits skizziert; indem der Knabe die Mutter als Sexualobjekt begehrt, gerät er zum Vater in Konkurrenz und wünscht sich an seine Stelle. Im *umgekehrten* Ödipuskomplex haßt der Knabe die Mutter – zum Beispiel weil er von ihr nachhaltige Enttäuschungen erfahren hat! Er lehnt die Mutter als reales Sexualobjekt ab und richtet seine Liebeswünsche auf den Vater. Der Knabe kann sich
dabei zugleich mit der Mutter identifizieren und sich in der Beziehung zum
Vater an ihre Stelle setzen – ein *negativer Ödipuskomplex,* aus dem sich eine
passiv-feminine Einstellung ergibt, die später Potenzstörungen oder auch
eine Form der Homosexualität bedingt. Im regulären Fall identifiziert der
Knabe sich überwiegend mit dem Vater, das Mädchen mit der Mutter. Kaum
jemals findet sich aber ein einfacher, rein positiver Ödipuskomplex; der positiven Form sind vielmehr durchweg Züge der anderen Formen beigemengt.
Auch für die abnormen Formen des Ödipuskomplexes lassen sich sowohl
biologische als auch soziale Gründe geltend machen. Freud hat den konsti-

tutionellen Faktoren – zum Beispiel einer verstärkt homosexuellen Anlage – stets erhebliche Bedeutung zugemessen. Die psychoanalytische Erfahrung zeigt andererseits, eine wie große Rolle die Eigenart der kindlichen Früherfahrungen in den prägenitalen und frühgenitalen Objektbezeichnungen für die Gestaltung des Ödipuskomplexes spielen.

Der soziale Aspekt des ödipalen Konfliktes erweitert sich im übrigen dadurch, daß die Eltern dem Kind auch die Normen der Gesellschaft repräsentieren, in die sie ebenso wie das Kind hineingeboren sind. Die Gesellschaft hat ihre Traditionen, Sitten und Gesetze, in denen bestimmte Vorstellungen und Wertungen bezüglich der frühkindlichen Triebansprüche, speziell aber der Rolle der Geschlechter und der Generationen ihren Niederschlag gefunden haben. Unterschiede in den Grundzügen der Gesellschaftsordnung bedingen durchweg auch unterschiedliche, für die jeweilige Gesellschaft charakteristische Formen des ödipalen Konfliktes (Freud, S., 53, S. 69, und Malinowski, B., 1924).

In der ödipalen Konstellation begegnet also das Kind einerseits den geschlechtlichen Verhaltensmustern, die in der Gesellschaft gelten, zum anderen aber den individuellen, mehr oder weniger konflikthaften Varianten in der Sexualeinstellung der Eltern. In der Konfrontation der eigenen, durch Vorerfahrungen aus früheren Entwicklungsstadien schon präformierten kindlichen Bedürfnisse mit diesen Faktoren gelangt der Ödipuskomplex beim Kind zu neuer individueller Ausgestaltung und zu einer mehr oder weniger konflikthaften Bewältigung. Die Bewältigung des Ödipuskomplexes ist eine Leistung der Anpassung von inneren und äußeren Gegebenheiten. Das Resultat dieser Anpassungsbemühung wird zum Modell, nachdem das Individuum fortan unbewußt seine zwischenmenschlichen Beziehungen gestaltet.

5. Der Kastrationskomplex

Der ödipale Inzestwunsch bringt den *Knaben* in seiner Beziehung zum Vaterrivalen in einen Ambivalenzkonflikt. Das Genitale ist das eigentliche Vollzugsorgan dieser Rivalität. Deshalb fürchtet der Knabe, der väterlichen Rache zum Opfer zu fallen und sein Genitale zu verlieren. Diese Angst und die Vorstellungen und Gefühle, die sich mit ihr verbinden, werden Kastrationskomplex genannt (Freud, S., 7, und Freud, S., 46).

Den ersten Anstoß für diese Angstentwicklung gibt oft eine Erzieherperson, die dem Knaben direkt droht, er werde als Strafe für die Onanie sein Glied verlieren. Zu einer lebhaften Steigerung der Kastrationsangst kommt es dann, wenn der Knabe irgendwann die Entdeckung macht, daß ein Mädchen tatsächlich keinen Penis hat. Die Vorstellung, daß Frauen kein männliches

Glied besitzen, deutet der Knabe unter dem Eindruck seiner Angst dahin, daß sie die Kastration bereits erlitten haben – ein Schicksal, das ihn nun auch bald erreichen werde.

Wird diese Angst nicht überwunden, dann stellen sich später oft Potenzstörungen ein: der Anblick der penislosen Frau mobilisiert ständig erneut die alte Angst.

Eine verstärkte passiv-feminine Einstellung hat oft zur Folge, daß sich der Knabe endgültig mit der „Kastration" abfindet. Um sich der Angst, vom Vaterrivalen aus Rache kastriert zu werden, zu entledigen, gibt er seine männlich-sexuellen Wünsche auf und setzt den Wunsch an ihre Stelle, ein weibliches Genitale zu besitzen und wie die Mutter vom Vater geliebt zu werden. Dabei kann sich sogar das Gefühl ergeben, den Penis real verloren zu haben. Diese Einstellung, die im Kastrations*wunsch* gipfelt, wird „*femininer Masochismus*" genannt. Sie geht mit lebhaften Minderwertigkeitsgefühlen einher und lähmt die männliche Tatkraft.

Gelingt es andererseits dem Knaben, die Kastrationsangst zu überwinden, dann bleibt aus der Erfahrung der Penislosigkeit des Mädchens nicht selten eine stolze Verachtung der Frau zurück, sie gilt als minderwertig. (Diese Einstellung hat den latenten Traumgedanken bestimmt, der dem im Kap. II erörterten Traum zugrunde liegt.) Später demonstriert der Mann, der dieser Einstellung verhaftet ist, seine Geringschätzung in sexueller Bedenkenlosigkeit gegen die Frau. Ein übersteigerter phallischer Stolz verrät jedoch, daß sich der Knabe und Mann nur mühsam und deshalb überschießend einer unbewußt noch vorhandenen Kastrationsangst zu erwehren sucht.

Entwickelt sich der Kastrationskomplex beim Knaben auf dem Boden des Ödipuskomplexes, so ist das beim *Mädchen* gerade umgekehrt: In der phallisch-narzißtischen Phase muß das Mädchen den Penismangel zunächst einmal zur Kenntnis nehmen. Der Kastrationskomplex des Mädchens, der *Penisneid,* weckt dann vorübergehend ähnliche Phantasien wie die Kastrationsangst beim Knaben. Das Mädchen glaubt, es habe den Penis als Strafe für die Onanie verloren; und es fühlt sich – anderen Motiven folgend – von der Mutter benachteiligt, weil sie es ohne männliches Glied geboren hat. Eine Zeitlang sucht sich das Mädchen in der Hoffnung zu trösten, der Penis werde noch nachwachsen. Sieht es sich dann in dieser Erwartung getäuscht, so bleibt ein Minderwertigkeitsgefühl zurück – sofern der Peniswunsch nicht aufgegeben werden kann; was sich dann als besonders schwer erweist, wenn das Mädchen schon früher lebhaften Enttäuschungen ausgesetzt war, die das Gefühl zurückgelassen haben, „zu kurz" gekommen zu sein. Lehnt sich das Mädchen dagegen auf, dann bildet sich ein *Männlichkeitskomplex* (Freud, S., 51, S. 522): das Mädchen nimmt die verschiedensten männlichen Wesenszüge an und wird später als Frau keine volle sexuelle Befriedigung erlangen können. Nur wenn es dem Mädchen möglich ist, den Penisneid aufzugeben und durch den Wunsch nach einem Kinde zu ersetzen, ist die Voraussetzung für eine befriedigende weibliche Identitätsfindung gegeben.

Die *Phantasien,* die dem Ödipus- und Kastrationskomplex entspringen, spielen als unbewußte Determinanden der neurotischen Symptome eine hervorragende Rolle. Die Kastrationsvorstellung ist in diesen Phantasien aber häufig nicht direkt, sondern durch ihre *Vorläufer* repräsentiert. Die Entwöhnung von der Mutterbrust, die Kotentleerung, die dem Kinde im Zuge der Reinlichkeitserziehung abgefordert wird, und selbst die ,,Entbindung", die Geburt, dienen oft dazu, die Kastration per analogiam darzustellen. Das ist für die Phantasien Hysterischer besonders charakteristisch. Umgekehrt können sich aber auch hinter einer Kastrationsphantasie ihre prägenitalen Vorläufer verbergen, was bei den prägenitalen Neurosen, vor allem bei der Melancholie die Regel ist. Diese Vertauschbarkeit der Phantasien verwundert nicht, wenn man bedenkt, daß der Säugling die Mutterbrust zeitweilig als Teil des eigenen Körpers erlebt hat und der Darminhalt zunächst tatsächlich dem Körper angehört. Die Entwöhnung, die Kotentleerung und die Kastration sind als Verlust eines höchst kostbaren Gutes vortrefflich geeignet, einander zu vertreten. Durchweg zeigt sich dabei, daß die jeweils weniger angstauslösende Phantasie eine stärker angstbesetzte Analogievorstellung zugleich andeuten und verbergen soll – ein Verschiebungsvorgang also, der sich unter der Herrschaft der Verdrängung oder – im Traum – der Traumzensur vollzieht (Freud, S., 49, S. 43).

6. Die Triebmischung und die Wandlung in der Objektbeziehung

Auf den prägenitalen und phallisch-narzißtischen Entwicklungsstufen sind die libidinösen Objektbeziehungen noch überwiegend narzißtisch orientiert: das Objekt wird insofern geliebt, als es der Bedürfnisbefriedigung dienlich ist bzw. der Eigenliebe entgegenkommt.

Neben den libidinösen Beziehungen spielt der Sadismus seine auf der oralen und frühanalen Stufe dominierende Rolle. Auch in der phallischen Phase herrscht zunächst noch lebhafte Ambivalenz.

Bei der Passage der phallischen und frühgenitalen Entwicklungsstufe vollzieht sich nun in den Objektbeziehungen ein durchgreifender Wandel:

Die narzißtische Einstellung zum Objekt wird zunehmend aufgegeben, das Objekt wird zum Partner, der in seiner Eigenart Anerkennung findet und mehr oder weniger um *seinet*willen begehrt wird. Auch fortan strebt die Libido danach, am Objekt zur Befriedigung zu kommen; aber das Objekt wird nicht mehr von einzelnen Partialtrieben und nur in einzelnen Teilen angestrebt, insofern diese den Partialtrieben entsprechen. Diese frühere Form der

Liebe, die „*partielle*" Liebe (Abraham, K., 1924), wird zur „*totalen*" Liebe. Die Libido begehrt ihr Objekt nun als Ganzes, und zwar mit der gesamten, sich von den Partialtrieben her auf die genitalen Strebungen konzentrierenden Energie. Zu dieser Zeit ist der Organismus biologisch noch nicht geschlechtsreif. Die Wandlung von der vorwiegend narzißtischen Objektbeziehung zur reifen Liebesbeziehung des Erwachsenen, die sich in dieser Entwicklungsphase anläßt, findet später ihren charakteristischen Ausdruck in der „Sexualüberschätzung" des Liebesobjekts (Freud, S., 28), die sich nicht etwa nur auf den Bereich der Genitalorgane, also der Korrelate des genitalen Partialtriebes der Libido erstreckt, sondern alle Körperbereiche und die geistig-seelischen Wesensmerkmale des Liebesobjektes betreffen kann.

In engem Zusammenhang mit dieser Wandlung der Libido läßt die Ambivalenz allmählich nach. Der Konflikt zwischen objektfreundlichen und objektfeindlichen Regungen war schon in der fortgeschrittenen analen Phase gemildert: die Bestrebung, das Objekt zu erhalten, es zu besitzen und zu beherrschen, hatte die Neigung, es abzustoßen und zu zerstören abgelöst. Libidinöse und sadistische Regungen sind zunehmend vermengt, so daß die meisten Aktionen auf der analsadistischen Ebene nicht mehr erkennen lassen, wieweit sie libidinöse und wieweit destruktive Ziele haben. Auf der genitalen Stufe nun mischen sich beide Triebarten noch mehr. Die ursprüngliche Gegensätzlichkeit von Aggression, Zerstörungstrieb und Libido verblaßt und findet sich, umgewandelt und gemildert, im Gegensatzpaar von Haß und Liebe wieder. Die Liebe hat die destruktiven Regungen soweit assimiliert, daß sie für die Eroberung des Liebesobjekts verwendbar werden und und damit in den Dienst der Libido treten. Selbst im Haß, wo er eindeutig zur Geltung kommt, sind den sadistischen Triebkräften, verglichen mit den Grausamkeiten der analsadistischen Phase, „zärtliche", objektschonende Momente beigemengt. Freud hat diesen Umwandlungsvorgang „*Triebmischung*" genannt (Freud, S., 41, S. 268 f.).

Die Einschränkung der Destruktionstriebe, die der Beseitigung des Objekts gelten, und der Übergang von der vorwiegend narzißtischen Objektwahl zur echten Objektliebe stellen sich als verschiedene Aspekte derselben großen Wandlung in der Objektbeziehung dar, die sich beim Durchgang durch die phallische und frühgenitale Entwicklungsphase vollzieht. Im gleichen Maß, in dem die Libido destruktive, objektfeindliche Kräfte zu binden vermag, kann sie das Objekt in seiner ganzen Eigenart akzeptieren und sich von Eigenliebe zur echten Objektliebe wandeln.

7. Die Bewältigung des Ödipuskomplexes und des Kastrationskomplexes

Die Einschränkung des Sadismus und die Wandlung der narzißtischen Objektwahl in Objektliebe erfolgt zu einer Zeit, in der das Ich in den Ödipus- und Kastrationskomplex verwickelt ist; sie gehen mit der Verarbeitung dieser Komplexe Hand in Hand.

Der *Knabe* gerät alsbald in einen zunächst ausweglos scheinenden Konflikt: Wetteifert er mit dem Vater um den Besitz der Mutter, so droht ihm – psychisch – die Kastration durch den überlegenen Rivalen. Suchte er aber, um dieser Gefährdung auszuweichen, die Mutter als Objekt aufzugeben um seine libidinösen Wünsche ganz auf den Vater zu richten, sich also homosexuell zu orientieren, so würde er der Mutter ähnlich, er geriete in eine feminine Rolle. Eine solche Aufgabe der männlich-genitalen Triebansprüche käme der Kastration, dem Verlust des Genitales gleich. Beiden Richtungen der sexuellen Befriedigung steht also die Hochschätzung des Genitales im Wege; mehr noch: da zu dieser Zeit das Genitale mit dem Ich identifiziert ist, würde seine Gefährdung zu einer Bedrohung der Gesamtperson. Die libidinöse Befriedigung ist somit aus Gründen der Selbsterhaltung blockiert. Das aber muß zu einer Libidostauung führen, die Regulation des Energiepotentials gerät in Gefahr – und damit die Stabilität des seelischen Apparates überhaupt.

Um diesem ökonomischen Notstand abzuhelfen, greift die Libido nun auf frühere, prägenitale Befriedigungsmöglichkeiten zurück – ein Vorgang, dessen sie sich zeitlebens bedienen kann, wenn ihr ein Mindestmaß an genitaler Spannungsabfuhr vorenthalten ist. Die Libido *regrediert*. Da der Vater sowohl geliebt als auch gehaßt ist, bietet sich die Identifizierung als optimaler Ausweg an. Die Identifizierung ist ambivalent, mit ihrer Hilfe können Haß und Liebe zugleich befriedigt werden. Die Libido sinkt also auf die orale Organisationsstufe zurück, als deren Äquivalent die Identifizierung aufzufassen ist (vgl. S. 101). Wenn der Knabe seinen Vater psychisch „schluckt", befriedigt er seine objektfeindlichen Regungen, insofern er den Vater als das reale Objekt der homosexuellen Wünsche aufgibt; zugleich befriedigt er seine libidinösen Wünsche, insofern er sich mit dem Vater psychisch vereint.

Durch Identifikation nimmt der Knabe den Vater in sein Ich auf: das Bild des Vaters – insbesondere soweit es triebeinschränkende Züge hat – und die Gefühle, die sich auf ihn richteten, bleiben – ganz analog dem Ich-Ideal – als Substruktur gesondert im Ich erhalten und bilden den Kern des *Über-Ich* (Freud, S., 41, S. 256f., und Freud, S., 48, S. 29/30).

Es ist das *Bild* des Vaters, das sich im Ich des Kindes niederschlägt! Das Bild des Vaters aber ist nicht allein bestimmt durch sein tatsächliches Wesen, sondern darüber hinaus von den Gefühlen, die das Kind dem Vater entgegenbringt. Und diese sind nicht allein bedingt durch das aktuelle väterliche Verhalten, sondern auch abhängig von der individuellen Eigenart des Kindes: von seiner Triebkonstitution, also von den Gegebenheiten seines Es ebenso wie von den Eindrücken, welche der Kontakt mit der Umwelt von Geburt an hinterlassen hat. Waren diese Eindrücke sehr enttäuschend und haben sie den objektfeindlichen, destruktiven Regungen Vorschub geleistet, ist es den libidinösen Regungen infolgedessen nicht gelungen, die sadistischen Regungen hinreichend einzuschränken, dann kann sich beispielsweise auch auf einen tatsächlich „guten" Vater ein lebhafter Sadismus richten, der sich dem Kind als grausames Vaterbild widerspiegelt.

Das Über-Ich wird somit zum Niederschlag des eigenen Es im Ich. Die destruktiven Regungen arbeiten vom Über-Ich her, wo sie dem Vaterbild anhaften, den sexuellen Strebungen entgegen: sie sind zur hemmenden Instanz im Ich geworden und setzen das Inzestverbot des Vaters fort.

Unter dem Einfluß des Inzestverbots wandelt sich auch die Beziehung zur Mutter: die sexuellen Wünsche werden aufgegeben und durch zärtliche ersetzt, sie werden „desexualisiert". Die zärtlichen Gefühle entstammen den prägenitalen Befriedigungen, die das Kind im Kontakt mit der pflegenden und sorgenden Mutter genossen hat, und sind nicht mit genitalen Sensationen verknüpft; sie haben allmählich viel von ihrer sinnlichen Note verloren und an das Genitale abgetreten. Das Genitale aber ist durch die Identifikation mit dem Vater zwar einerseits gerettet, es hat jedoch auch vorerst seine Funktion verloren. Der Ödipuskomplex geht am Kastrationskomplex zugrunde.

Das ist die normale Entwicklung beim Knaben. Es leuchtet ein, daß auf einen so komplizierten Prozeß zahlreiche Faktoren störend Einfluß nehmen und die Persönlichkeitsentwicklung, speziell die Sexualentwicklung auf abnorme Wege leiten können. Das gilt nun in erhöhtem Grade von den entsprechenden Vorgängen beim *Mädchen* (Freud, S., 46, S. 400, und Freud, S., 51; Lampl-de Groot, J., 1927). Denn die Entwicklung von der phallischen Organisation bis zur Bewältigung des Kastrations- und Ödipuskomplexes schließt beim Mädchen Umwandlungen ein, die der Knabe nicht zu leisten braucht.

Erkennt das Mädchen, daß es sich in der Hoffnung täuschte, doch noch in den Besitz eines Penis zu gelangen, dann ist die Klitorisonanie zunehmend mit dem Gefühl der Kränkung, mit einem Minderwertigkeitsgefühl verbunden. Sie wird deshalb bald aufgegeben. Dadurch gerät nun auch das Mädchen in einen Zustand unerträglich werdender Libidostauung. Die Enttäuschung über den Penismangel, welcher der Mutter angelastet wird, beginnt das Verhältnis zu ihr zu trüben. Die Mutter ist nicht mehr eindeutig bevorzugtes Objekt. Dementsprechend schwindet der Wunsch, von der Mutter wie ein Knabe des Penis wegen bewundert und geliebt zu werden (Lampl-de Groot, J., 1937).

Das hilft dem Mädchen, den Peniswunsch schließlich aufzugeben. Um der unerträglichen Stauung zu entgehen, sucht nun auch beim Mädchen die Libido das Heil in der Regression: sie kehrt zur analen Organisation zurück und besetzt erneut die Darmschleimhaut und den Darminhalt, die Kotstange. War diese früher als Geschenk der Mutter zugedacht, so gewinnt sie jetzt symbolisch die Bedeutung eines Kindes, welches das Mädchen dem Vater schenken will. Die frühkindliche Zwei-Personen-Beziehung mündet über den Kastrationskomplex in die ödipale Drei-Personen-Beziehung ein. Die Erregbarkeit der Klitoris geht zwar nicht ganz verloren, doch wird nach der vorübergehenden Besetzung der Darmschleimhaut alsbald die Schleimhaut des Scheideneingangs zur dominierenden erogenen Zone.

Eine Patientin, die in der Behandlung gerade diesen Entwicklungsschritt von der phallischen über die anale zur vaginalen Libidobesetzung nachvollzog, träumte, sie habe sich „mit einem Mann, der einer anderen Frau gehörte", verlobt. Bei der Verlobungsfeier fand sie kaum Zeit, mit den Gästen zu reden, weil sie „immer dringender zur Toilette mußte". Sie dachte aber, „das geht doch nicht – ich kann diesen Geruch doch niemanden zumuten!" und „landete dann schließlich im Bett, wo es passierte". Sie war „sehr glücklich: etwas sehr Wichtiges war geschehen". Die Patientin ahnte sehr wohl, was passiert war: „es war verwirrend – der Stuhl war so glitschig – es ist, wie wenn ich im Traum After und Scheide vermengt oder verwechselt hätte" – „ich glaube, der Traum bedeutet, daß ich mit dem Mann schlafen wollte – und ein Kind gebären".

Das Mädchen beginnt, den Vater genital zu begehren und die Beziehung zur Mutter wird ambivalent; die Mutter ist zur Rivalin geworden. Diesem Ambivalenzkonflikt entzieht das Mädchen sich durch abermalige Regression, indem es sich mit der Mutter identifiziert – so wie der Knabe mit dem Vater. Es gibt damit die sexuellen Wünsche an den Vater auf und setzt zärtliche Gefühle an ihre Stelle. Zugleich wird die Weiblichkeit am verinnerlichten Vorbild der Mutter gestärkt, so wie der Knabe am väterlichen Vorbild seine Männlichkeit orientiert.

Beim Mädchen geht der Kastrationskomplex am Ödipuskomplex zugrunde. Der Weg des Mädchens zur Findung der Geschlechtsidentität ist verwickelter als der des Knaben. Das Mädchen muß zwei Umwandlungen vollziehen, die sich beim Knaben erübrigen: es muß die führende erogene Zone wechseln – die Erregbarkeit von der Klitoris über die Darmschleimhaut auf die Scheidenschleimhaut verschieben bzw. ausdehnen; darüber hinaus muß es auch sein Objekt wechseln, es muß die Mutter als das bevorzugte Objekt aufgeben und durch den Vater ersetzen.

S. Freuds Auffassungen über die Vorgänge, die zu einer normalen *Bewältigung des Ödipus-Komplexes* führen – hier in den Grundzügen dargestellt – haben nach und nach eine gewisse Geschlossenheit gewonnen. Freud war sich aber bewußt, daß sie Ungeklärtheiten enthalten und viele Fragen unbeantwortet lassen.

Vor allem J.O. Wisdom hat wesentlich zur Präzisierung und Abklärung einiger der Freudschen Hypothesen beigetragen. Da das Mißlingen der Bewältigung des Ödipus-Komplexes für die Pathogenese vieler seelischer

Erkrankungen von grundlegender Bedeutung ist, soll auf Wisdoms Untersuchungen später (Kap. IX,1.1) ausführlicher eingegangen werden.

8. Die Phantasien

Die phallisch-narzißtische und frühgenitale Phase, später erneut die Pubertät, stellen das Kind vor höchst verwickelte Probleme, für die es Lösungsversuche phantasiert – und zwar um so lebhafter, je weniger es in der Umwelt Antwort auf seine Fragen zu erwarten hat (Freud, S., 7, S. 95).

Das Kind hat den Geschlechtsunterschied zur Kenntnis genommen und fragt nach seinem Ursprung und Sinn – was sich im Kastrationskomplex niederschlägt. Aber zuvor schon stellt sich die Frage, *woher die Kinder kommen*. In der Beschäftigung mit diesen Problemen, in der sogenannten *„infantilen Sexualforschung"* (Freud, S., 11), hat Freud den Ursprung des Wiß- und Forschertriebes gesehen, zu dem sich Schaulust und Beherrschungstendenzen in sublimierter Form vereinen.

Gemeinhin wird die Forschertätigkeit des Kindes durch Vorgänge in der Umwelt angeregt, welche seine Existenzbedingungen direkt berühren – etwa durch die Geburt eines Geschwisters, das ja dem Kind die Fürsorge der Mutter zu entziehen droht.

Die *Geburtsphantasien* sind sehr verschiedenartig und lassen Zuordnungen zu den verschiedenen Organisationsstufen der Libido erkennen: die Vorstellung von der Geburt durch den Mund; die Ausstoßung des Kindes durch den After entsprechend der „Kloakentheorie", nach welcher After und Geburtsöffnung noch nicht unterschieden werden; und die „Wassertheorie", nach der die Geburt in irgendeiner Weise mit der Harnentleerung verbunden ist – auch die Geschichte vom Storch, der die Kinder aus dem Dorfteich bringt, gehört hierher. Diese typischen und manche andere, eigenartige Geburtsphantasien werden nicht selten bis in das Erwachsenenalter beibehalten und spielen in den Neurosen – ähnlich den Kastrationsphantasien – eine bedeutende Rolle: sie finden in entstellter Form in den neurotischen Symptomen ihre Darstellung.

Das gilt auch für eine Reihe wichtiger Phantasien, die andere ursprüngliche Gegebenheiten menschlichen Lebens betreffen: die Belauschung des elterlichen Geschlechtsverkehrs, die Verführung durch eine erwachsene Person und die Umhüllung durch den Mutterleib – *„Urphantasien"* (Freud, S., 30, S. 242, und Freud, S., 48, S. 22), die vielfach nicht einer Erinnerung entspringen, sondern als Versuch einer Antwort auf brennende Lebensfragen, als Bemühung um die Lösung infantiler Konflikte, letztlich als phantasierte Wunscherfüllung aufzufassen sind (Freud, S., 35, S. 386f.).

9. Die Latenzzeit

Im vierten oder fünften Lebensjahr kommt die Entwicklung der Trieborganisation zunächst zu einem Stillstand. Die *Latenzzeit* (Freud, S., 7) setzt ein. Die Triebenergien – libidinöse und aggressive – werden in verstärktem Maße den Zwecken des Ich dienstbar gemacht. Das Ich hat sich mit aller Kraft der Sozialanpassung des Individuums zu widmen – die Schulreife zeichnet sich langsam ab.

Über-Ich und Ich-Ideal als Substrukturen des Ich von übergeordneter Bedeutung gelangen zur Ausgestaltung und Stabilisierung: neue Vorbilder – Lehrer, Gruppenführer, bewunderte Persönlichkeiten – werden durch Identifizierung den Elternimagines zugesellt. Die Elternbilder selbst werden allmählich entidealisiert, die Allmacht der Eltern macht langsam realitätsgemäßen Eindrücken Platz, mit denen sich das Kind identifiziert. Zahlreiche familieneigentümliche Charakterzüge werden dabei identifikatorisch übernommen.

Damit ist die *Bildung des Über-Ich* (Freud, S., 41, S. 256f.; Lampl-de Groot, J., 1963; vgl. Loch, W., S. 45 ff.) vorläufig abgeschlossen. Erst im Verlauf der Pubertät kommt es noch einmal zu eingreifenderen Umwandlungen, die dann – normalerweise – im wesentlichen endgültig sind. Das Über-Ich hat sich – ebenso wie das Ich-Ideal – über eine Reihe von Vorstadien gebildet, deren erste bereits in sehr frühen Lebensabschnitten zu suchen sind:

Wenn die Trennung von Selbst und Außenwelt stabiler geworden ist, setzt das Kind die Einschränkungen seiner Bedürfnisse und Wünsche zu seinen Elternobjekten in Beziehung; es erlebt die Einschränkungen als Forderungen und Gebote, denen es sich zu fügen hat, wenn es der *Angst* entgehen will, *die Eltern* bzw. *die Liebe der Eltern zu verlieren*. Das Kind macht sich daher die Erwartungen und Anforderungen der Umwelt durch Introjektion zu eigen.

Die Notwendigkeit, den elterlichen Geboten Rechnung zu tragen, beeinträchtigt alsbald das kindliche Allmachtsgefühl – eine Kränkung der Eigenliebe, die das Kind dadurch zu kompensieren sucht, daß es nun – projektiv – die Macht der Eltern zur Allmacht erhöht. Die libidinösen Komponenten des kindlichen Allmachtsgefühls errichten ein Idealbild von den Eltern, welches die Größenphantasien widerspiegelt, die einst dem Kinde selbst gegolten haben. Diesem erhöhten Elternbild fühlt sich das Kind selbst aber zugehörig: der Abglanz der Eltern fällt auf das Kind zurück; darin kann es sich für den Verlust des eigenen Allmachterlebens schadlos halten. Später wird das ideale Elternbild durch Identifizierung den Kern des Ich-Ideals bilden.

Die sadistischen Regungen dagegen, die in dem Streben nach Unterwerfung der Objekte und ihrer allmählichen Beherrschung zur Abfuhr drängten, verleihen – in der Projektion – den Eltern einen furchterregend strafenden, bedrohlichen Omnipotenzaspekt; die Vorstellung vom deus tremendus ist dafür charakteristisch. Das Kind ist nun gehorsam, es „folgt" aus *Angst vor der Bestrafung* und Züchtigung durch die erbosten Eltern – und in der Absicht, libidinöse Befriedigungen als Belohnung zu verdienen. Durch Identifizierung mit den furchterregenden, ja grausam-strengen Elternaspekten wird schließlich – im Zuge der Bewältigung des Ödipuskomplexes – im Ich der „Kern des Über-Ich" gebildet (Freud, S., 48, S. 29).

Die *Angst* vor der Rache oder Strafe der Eltern oder ihrer Vertreter verwandelt sich dabei in *Schuldgefühl*:

Die Angst vor der Strafverfolgung durch die Eltern wird durch Identifizierung, durch Introjektion (vgl. S. 152, Wisdom) zur Angst vor dem Über-Ich als einem kritischen inneren Verfolger;

aus dem äußeren Konflikt wird so ein innerer Konflikt zwischen den Wünschen des Ich und der Moral des Über-Ich, in dem die Autorität der Eltern ihren Niederschlag gefunden hat – ein Gewissenskonflikt (vgl. S. 153, Wisdom); in der hier abgeleiteten Form hat das Schuldgefühl eine paranoide Note. In dem Maße dagegen, in dem das Ich unter dem Haß gegen die geliebten Eltern, unter dem Kummer, den es ihnen bereitet hat, leidet, indem es selbst bekümmert ist, hat das Schuldgefühl eine mehr depressive Note: der Gewissenskonflikt besteht hier darin, daß das Ich unter seiner Ambivalenz leidet.

Diese Unterscheidung verschiedener Formen von Schuldgefühl geht auf M. Kleins Unterscheidung zweier in frühester Kindheit einsetzender Stadien in der Entwicklung der Objektbeziehungen zurück, auf die *„paranoid-schizoide Position"* und die ihr folgende *„depressive Position"*.

Da sich im Über-Ich der Sadismus gegen die Objekte durch Identifikation gegen das Ich gewendet, zurückgewendet hat, kann man die Grausamkeit des Über-Ich als „sekundären Masochismus" bezeichnen. Man spricht im Volksmund dementsprechend von Gewissens*qualen* (Freud, S., 44, S. 377).

In der Latenzzeit ist eine direkte libidinöse oder sadistische Befriedigung nur ausnahmsweise zugelassen. Die Latenzzeit steht ganz im Zeichen der Herrschaft eines triebfeindlichen Über-Ich, also der Abwehr libidinöser und aggressiver Wünsche und des Kampfes gegen die Onanie. Unter dem Einfluß von Über-Ich und Ich-Ideal lenkt das Ich die „triebhaften" Triebenergien von ihren eigentlichen Zielen und Objekten ab; sie werden in das Ich zurückgeholt und dann auf neue Ziele und Objekte verschoben, die den Ansprüchen des Ich-Ideals und des Über-Ichs Rechnung tragen. Dabei verliert die Triebenergie ihre spezifisch triebhafte Note, die Libido wird „desexualisiert", „*sublimiert*", der Sadismus „*neutralisiert*" (Hartmann, H., 1950; 1955); das bedeutet, daß die Triebaktion, die Handlung, die zur Triebbefriedigung am Objekt führt, ihr Lustmoment verliert. Das Lustmoment wird in einen anderen Bezug verschoben; es wird als narzißtische Befriedigung erlebt – etwa in Form der Zufriedenheit über die eigene Moralität oder den Idealismus, der sich im eigenen Verhalten dokumentiert; mit anderen Worten: der Verzicht auf direkte Triebbefriedigung wird durch die Selbstzufriedenheit belohnt, die sich aus der Übereinstimmung zwischen dem Ich und seinem Über-Ich und Ich-Ideal ergibt (Lampl-de Groot, J., 1937). Die auf diese Weise desexualisierte bzw. neutralisierte, der destruktiven Note beraubte Triebenergie steht nun dem Ich als adäquate, auch unabhängig von unmittelbarem Lustgewinn verwendbare Energie für seine Zwecke zur Verfügung. Und darin liegt ein weiterer Ersatz für die Einbuße an Lustgewinn aus direkter Triebbefriedigung: das Ich erfreut sich seiner Fähigkeiten und Erfolge, die es dem Zuwachs an ichgerechter Energie verdankt.

Die Aufgaben, für die das Ich die desexualisierte und neutralisierte Triebenergie so dringend braucht, kann man in zwei Gruppen unterteilen: sie bestehen einerseits in der Domestizierung der Triebansprüche, zum anderen im Erwerb der zahllosen Fähigkeiten, Ich-Funktionen, die der heranwachsende

Mensch benötigt, wenn er lernt, sich selbständig in seiner Umwelt zu behaupten, und in den Außenaufgaben selbst. – Der Domestikation, die, wie erörtert, in der Latenzzeit bis an die Grenze völligen Triebverzichtes reicht, dienen im wesentlichen drei Mechanismen der Triebabwehr: die *Verdrängung*, die *Reaktionsbildung* und die *Sublimierung*.

Diese drei Abwehrvorgänge sind – metapsychologisch, speziell unter dem ökonomischen Aspekt betrachtet – verwandt. Bei allen drei Mechanismen wird Triebenergie desexualisiert bzw. neutralisiert, also dem Es entzogen, auf das Ich verschoben und dort angesammelt.

Bei der *Verdrängung* wird die Besetzungsenergie – libidinöser oder aggressiver Natur (Freud, S., 31, S. 257, und Hartmann, H., 1950, S. 55) – von den Triebrepräsentanzen abgezogen: also entweder von der Vorstellung des Triebobjektes oder des Triebzieles – dann handelt es sich um eine Verdrängung der *Vorstellungsrepräsentanz* (Freud, S., 31, S. 254) – oder von der Emotion, von den Affekten, in denen der Trieb psychisch erlebbar wird – dann handelt es sich um eine Verdrängung der *Affektrepräsentanz* (Freud, S.,31, S. 255). Ersteres ist – pathologischerweise – charakteristisch für die Hysterie, letzteres mehr für die Zwangsneurose. Nicht die Triebenergiebesetzung der Objekte wird aufgegeben – wie etwa bei der psychotischen Erkrankung; die Objektbesetzung, m. a. W. die Besetzung der „Sachvorstellungen", bleibt bei der Verdrängung, allerdings unbewußt, vollauf erhalten. Die Triebenergie wird lediglich von ihren *vorbewußten Repräsentanzen* abgezogen; d. h., der verdrängte Wunsch kann nicht mehr zum Bewußtsein kommen (Freud, S.,32, S. 300). Die den Triebrepräsentanzen entzogene Besetzungsenergie wird nun im Ich dazu verwandt, die Abwehr des verdrängten Wunsches aufrecht zu erhalten. Denn da die Triebenergie kontinuierlich aus ihren Quellen fließt, drängt sie immer aufs neue zum Bewußtsein und zur Abfuhr in einer Triebreaktion. Die Verdrängungsleistung muß also ständig aufrechterhalten werden, sie erfordert einen Daueraufwand an Energie, einen Aufwand, den das Ich mit eben der Besetzungsenergie bestreitet, die es der verdrängten Triebrepräsentanz entzogen hat. Diesen Daueraufwand hat Freud die *Gegenbesetzung* genannt (Freud, S., 32, S. 280; vgl. Loch, W., 49).

Das Wesen der Gegenbesetzung ist darin zu sehen, daß das Ich dem Es unter Bezugnahme auf einschlägige Erinnerungsgehalte Unlusterlebnisse gewissermaßen entgegenhält, daß es Erinnerungen mit Energie besetzt, die etwa besagen: die Äußerung dieses bestimmten Wunsches ist erfahrungsgemäß mit Enttäuschung, Kränkung, Bestrafung oder Schuldgefühlen verbunden, sie verschafft mehr Unlust als Lust. Das Ich bedient sich also bei der Verdrängung – wie bei den Abwehrmechanismen überhaupt – des Lustprinzips, um das Es von seinen Zielen abzulenken. Freud hat die Elemente des Verdrängungsvorgangs, den Besetzungsentzug und die Gegenbesetzung, in einer Vorlesung gleichnishaft dargestellt: Man denke sich, ein Störenfried (der verpönte Wunsch) versuche, in das Auditorium einzudringen und die Aufmerksamkeit auf sich zu ziehen; er wird hinausgeworfen und damit der Aufmerksamkeit entzogen (Besetzungsentzug); einige Hüter werden an die Tür beordert, die fortan dafür zu sorgen haben, daß es dem Störenfried nicht gelingt, sich noch einmal Einlaß ins Auditorium zu verschaffen (Gegenbesetzung) (Freud, S., 18, S. 22).

Verdrängungsvorgänge werden erst möglich, wenn es zur Bildung des Über-Ich gekommen ist. Bis dahin erlebt das Ich Unlust nur in der Konfrontation mit der Außenwelt und dem eigenen Leib: es fürchtet Schmerzen, Spannungen, Kränkungen und Strafen. Unlustbereitenden Erfahrungen im Kontakt mit seiner Umwelt sucht es sich durch *Verleugnung* der Realität zu entziehen (Freud, Anna). Der Knabe beispielsweise ignoriert unter dem Eindruck der Kastrationsangst trotz gegenteiliger Erfahrungen die Penislosigkeit des Weibes noch eine Weile, und er hält an der Phantasie des mütterlichen Penis fest. Umgekehrt behält das Mädchen der enttäuschenden

Ralität zum Trotz die Wunschvorstellung des eigenen Phallus noch für eine gewisse Zeit. *Die Verleugnung der Realität ist das Vorbild der Verdrängung.* Erst wenn die kritischen Außenwelt-instanzen durch Identifizierung im Über-Ich und Ich-Ideal ihr inneres Korrelat gefunden haben, wenn sich den äußeren Konflikten innere Konflikte zugesellen, verleugnet das Ich auch innere Realitäten: es verdrängt. Jetzt erst werden das Unbewußte und das Bewußtsein zu Gegensätzen im Sinne des dynamischen Prinzips.

Der *Reaktionsbildung* (Freud, S., 13) liegt beim Erwachsenen der Verdrängungsvorgang zu-grunde; das *Gegenteil* einer verpönten Triebrepräsentanz – einer Vorstellung oder eines Affektes – wird mit Besetzungsenergie beladen. Die Reaktionsbildung ist eine Form der Gegenbesetzung. Aber schon vor der Konstitution des Über-Ich, beim Ausgang der oralen und in der analsadisti-schen Phase, spielen Reaktionsbildungen eine Rolle: im *Ekel* wendet sich das Ich zunächst gegen die lustvolle Beschäftigung mit den körperlichen Absonderungen, vor allem dem Kot. In der *Scham* werden Schau- und Zeigegelüste abgewehrt. Durch übergroße Zärtlichkeit und allzu be-sorgtes Mitleid schützt sich das Ich gegen Gefahren, die ihm als Folge seiner sadistischen Impulse drohen. Die frühen Reaktionsbildungen entstehen noch unter dem Eindruck der Angst vor dem Verlust der Triebobjekte – die es vor den eigenen sadistischen Impulsen zu schützen gilt oder de-ren Liebesentzug gefürchtet wird. Mit der Konstitution des Über-Ich vollzieht sich hier ein Wandel: Nun geht der Reaktionsbildung immer die Verdrängung voraus; die abgewehrten Trieb-regungen sind unbewußt. – Die Reaktionsbildungen der Latenzzeit tragen viel zur Charakter-gestaltung bei (Freud, S., 34). Im pathologischen Bereich gewinnt die Reaktionsbildung beson-ders als Abwehrmechanismus der Zwangsneurose Bedeutung (s. S. 166).
Der Vorgang der *Sublimierung* wurde bereits erwähnt (VI. 9): Triebenergie wird von den Trieb-objekten und -zielen auf ichgemäße Ziele und Objekte verschoben, wobei das Befriedigungs-moment sich sekundär-narzißtisch verlagert. Das Ich wird vom Ich-Ideal und Über-Ich geliebt und belobigt. Freud hat auf ein schönes Beispiel für Sublimierung hingewiesen: die Verwand-lung der Hingabewünsche an einen Partner in die ,,Hingabe'' an eine abstrakte Idee (Freud, S., 39, S. 125, und Freud, S., 50, S. 457).
Vollständige Verdrängung eines Triebanspruchs scheint mit der Sublimierung desselben nicht vereinbar zu sein (Hartmann, H., 1955, S. 57). Die neuen Ziele und Objekte lassen oft doch zu deutlich die primären Triebziele und Objekte noch erraten. Wo umfangreiche Verdrängungen erfolgen – wie etwa in der Neurose –, da ist das mit einem Nachlassen der Sublimierung und da-mit auch mit einer Verarmung des Ich an entdifferenzierter Arbeitsenergie verbunden. Denn die Sublimierung libidinöser und die Neutralisierung aggressiver Triebenergien sind die Haupt-transformationen, durch die das Ich sich seine Arbeitsenergie verschafft. Dadurch wird auch verständlich, daß uneingeschränkte direkte Triebbefriedigung ebenso wie neurotische Erkran-kungen das kulturelle und soziale Leistungsniveau gemeinhin senken.

Die Latenzzeit bietet charakteristische Abnormitäten: Wenn es dem Kinde nicht gelingt, seine prägenitalen und genitalen Triebregungen phasengemäß abzuwehren, dann kommen sie in krankhaften Symptomen zur Geltung. Ängste, vor allem angstvolle nächtliche Unruhe, Bettnässen und Eßstörun-gen sind relativ häufig. Es ist auch als abnorm zu werten, wenn in der Latenz die genitale Sexualbetätigung, die Onanie, nicht aufgegeben werden kann. Dem Kind fehlt dann die Ruhe, die es für eine stabile Strukturierung des Ich benötigt.
Die Latenzzeit erstreckt sich etwa vom fünften bis ins zehnte Lebensjahr.

10. Die Pubertät

Mit dem Ende der Latenzzeit, um das zehnte Lebensjahr, kommt es zu einem tiefgreifenden Umbruch im seelischen Gefüge: das Gleichgewicht zwischen Ich und Es, in der Latenzzeit durch rigorose Triebeinschränkung und die Dominanz sachlicher Außenweltinteressen bestimmt, wird erschüttert. Die hormonelle Umstellung, die zur Produktion der Fortpflanzungssubstanzen führt, geht mit einer Zunahme der *Triebstärke* einher, deren Bewältigung einen großen Energieaufwand vom Ich verlangt, so daß die Interessen für die materielle Außenwelt zugunsten der inneren Aufgaben wieder zurücktreten. Der eigentlichen Pubertät geht – etwa bis zum vierzehnten Lebensjahr – die *Vorpubertät* voraus: Alle Partialtriebe werden wiederbelebt, die Sexualentwicklung wird in geraffter Form noch einmal durchlaufen. Freßphasen, Schmutzlust und Unordentlichkeit, Wildheit, Grausamkeit und Schamlosigkeit sind an der Tagesordnung. Beim Knaben spricht der Volksmund von den Flegeljahren.

Schließlich setzen sich die genitalen Regungen wieder durch. Die Onanie wird wieder aufgenommen. Ödipus- und Kastrationskomplex gewinnen neue Aktualität und finden in Phantasien und ausgedehnten Tagträumereien ihre Darstellung. Die *Pubertät* (Freud, S., 7, S. 108 f.) hat eingesetzt. Die frühgenitale Organisation muß endgültig aufgegeben werden. Das Mädchen hat seine Männlichkeitswünsche, der junge Mann die Kastrationsangst zu bewältigen. Beide Geschlechter müssen die sexuellen Wünsche von den Kindheitsobjekten lösen, um sie schließlich auf neue, nicht-inzestuöse Objekte richten zu können.

Dabei spielt, wie schon beim Eintritt in die Latenzperiode, die Verdrängung der inzestuösen Wünsche eine wichtige Rolle. Gewisse Quantitäten der libidinösen und aggressiven Regungen aus dem Ödipus- und Kastrationskomplex werden auf neue, vom Über-Ich gebilligte und mit den Zwecken des Ich zu vereinbarende Ziele und Objekte gerichtet, m. a. W. sublimiert bzw. neutralisiert. Weitere libidinöse Energiebeträge erfahren eine Zielhemmung: sie bleiben als Zärtlichkeitsgefühle den Eltern-Objekten zugewandt. Im optimalen Fall gehen die Umsetzungen, denen die infantilen Wünsche unterliegen, aber über die Verdrängung, Sublimierung und Zielhemmung hinaus: der Ödipuskomplex wird – namentlich beim Knaben – *zerstört* und *aufgehoben*, was wahrscheinlich mit einer Reduzierung auch der *un*bewußten Besetzung der infantilen Objekte verbunden ist. ,,Es liegt nahe anzunehmen, daß wir hier auf die niemals ganz scharfe Grenzscheide zwischen Normalem und Pathologischem gestoßen sind. Wenn das Ich wirklich nicht viel mehr als eine Verdrängung des Komplexes erreicht hat, dann bleibt dieser im Es unbewußt bestehen und wird später seine pathogene Wirkung äußern" (Freud, S., 46, S. 399).

Der Lösung aus den familiären Bindungen entspricht eine Erschütterung der Beziehungen zwischen dem Ich und den Elternimagines im Über-Ich und Ich-Ideal (Eppel, H., 1965). Die elterlichen Leitbilder verlieren ihre absolute Gültigkeit. Damit verliert das Ich seine bisher verbindlichen Maßstäbe. Erhöhte Angst und Unsicherheit gegenüber den libidinösen und aggressiven

Triebvorstößen sind die Folge. Das löst eine lebhafte Suche nach neuen Idealen aus: Leidenschaftliche Freundschaften, schwärmerische Verehrung idealer Vorbilder und begeisterte Gefolgschaft von Führerpersonen wechseln in rascher Folge ab. Diese Beziehungen leben mehr aus dem Bedürfnis nach Identifikation, nach Angleichung an neue Leitbilder, als aus dem Wunsch, das Objekt zu besitzen. Sie dienen zwar einerseits der Spannungsabfuhr – vor allem auch der aus der ödipalen Ambivalenz stammenden homoerotischen Regungen –, zum anderen aber der Angstabwehr: das Ich sucht Halt im Kampf gegen die andrängenden Triebe. Als endgültiges Ergebnis der zahlreichen Identifikationsversuche bleibt normalerweise ein gemildertes Über-Ich und gemäßigteres Ich-Ideal zurück: das Über-Ich kann Triebbefriedigungen billigen; das Ich-Ideal ist nicht so unerreichbar überhöht, daß es im Ich nur Minderwertigkeitsgefühle weckt, weil alles ideale Streben von vornherein zur Aussichtslosigkeit verurteilt ist.

Mehr noch als die Infragestellung der elterlichen Normen löst das physiologisch bedingte Anschwellen der Triebstärke Ängste aus. Die Loslösung aus den infantilen Bindungen ist ihrerseits ja eine Konsequenz, die sich notwendig aus der Zunahme der Triebspannung ergibt: die Triebe verlangen nach Abfuhr in einer realen genitalen Objektbeziehung und drohen die Inzestschranke zu durchbrechen, wenn sie nicht auf außerfamiliäre Objekte gerichtet werden. Der puberale Triebandrang bedroht aber nicht nur die gegebene soziale Ordnung, er gefährdet auch den Fortbestand der gesamten psychischen Struktur.

Auf den prägenitalen Entwicklungsstufen erlebt das Ich *Angst* vor der Reaktion der Umwelt auf seine triebhaften Impulse: es hat *Realangst* (Freud, S., 41, S. 286f.). Im Zuge der Bewältigung des Ödipuskomplexes hat sich das Ich eine neue Angstquelle erworben: den Konflikt zwischen triebhaften Wünschen und der Moral des Über-Ich; in diesem Konflikt entsteht *Gewissensangst* (Freud, S., 41, S. 286) (s. o. S. 119). Realangst und Gewissensangst signalisieren den Andrang einzelner verpönter Wünsche und rufen das Ich zu speziellen Abwehrmechanismen auf. Nun, mit dem Eintritt in die Pubertät, ist es weniger die Qualität triebhafter Wünsche als deren Quantität, welche das Ich bedroht (Freud, S., 22, S. 328). Der Fortbestand der Ichstruktur, die sich im Zuge der Kindheitsentwicklung als Resultat der Auseinandersetzung zwischen Es, Ich und Realität gebildet hat, ist in Gefahr. Die *Angst vor der Triebstärke* (Freud, Anna, 1936) löst deshalb eine generelle Machtprobe zwischen Ich und Es aus. Das Ich bietet alle früher erworbenen Abwehrmittel auf, und es erweitert sein Arsenal um neue, pubertätsspezifische Abwehrmechanismen, um den Ansturm des Es zu überstehen. Die Machtprobe kann zu extremen Resultaten führen:

Unterliegt das Ich, dann drohen alle charakterlichen Formationen zu zerfallen, es kommt zu hemmungsloser Triebbefriedigung, zur Verwahrlosung und Kriminalität. Werden dagegen die Triebansprüche vollends unterdrückt, dann braucht das Ich fortan sehr große Energiebeträge zur Aufrechterhaltung der Triebabwehr. Es ist infolgedessen in der Auseinandersetzung mit der Außenwelt in seiner kulturellen und sozialen Leistungsfähigkeit geschwächt.

Zwei pubertätsspezifische Abwehrmechanismen sind ausführlich von Anna Freud beschrieben worden:

die *Pubertätsaskese* und die *Intellektualisierung* (Freud, Anna, 1936).

Die *Pubertätsaskese* äußert sich im Verzicht auf jede Triebbefriedigung, auf jeglichen Genuß. Sie hat gewisse Ähnlichkeit mit der Verdrängung, unterscheidet sich aber von ihr, insofern die abgelehnten Triebansprüche nicht in Ersatzhandlungen oder Symptomen zur Abfuhr drängen, sondern sich unvermittelt in Triebexzessen entladen, die mit der Askese völlig unvereinbar sind.

Die *Intellektualisierung* in der Pubertät ist Ausdruck der Bemühung, die Konflikte zwischen Trieb, Gewissen und Realität auf höchster Ebene, mit Hilfe der Gedankenarbeit, zu lösen; grübelnd sucht der Jugendliche die großen Themen des menschlichen Lebens: Liebe und Haß, Leben und Tod, Gott und die Weltordnung zu ergründen. Dieser ,,Versuch, der Triebkräfte dadurch habhaft zu werden, daß man sie mit Vorstellungen verknüpft, mit denen sich im Bewußtsein hantieren läßt, gehört zu den allgemeinsten, frühesten und notwendigsten Erwerbungen des menschlichen Ichs . . . Die Zuwendung der intellektuellen Aufmerksamkeit auf die Triebvorgänge entspricht eben der Wachsamkeit, die das Ich des Menschen der gefährlichen Realität gegenüber als notwendig kennengelernt hat" (Freud, Anna, S. 188).

Die psychoanalytische Behandlung verfolgt ein analoges Ziel: die unbewußten triebhaften Wünsche, die sich der Regulierung und Beherrschung durch das Ich entziehen und sich störend in krankhaften Symptomen geltend machen, durch Verknüpfung mit den zugehörigen (vorbewußten) Wortvorstellungen bewußt zu machen, das bedeutet, ihre Verdrängung aufzuheben. Wo Es war, ist dann Ich geworden und das Realitätsprinzip ist in seine Rechte eingesetzt.

Normalerweise gelingt es dem Ich, sich gegen den puberalen Triebansturm zu behaupten, ohne die Triebbefriedigung fortdauernd rigoros zu unterdrücken. Ein glücklicher Ausgang ist dann erreicht, wenn das Ich direkte, vor allem genitale Triebbefriedigungen gewähren kann, aber dennoch imstande ist, Triebenergie für seine Zwecke in solchem Ausmaß zu sublimieren und zu neutralisieren, daß es den wechselnden Erfordernissen der Realität gewachsen ist.

Wenn es dem Ich mißlingt, im Laufe der Pubertät die prägenitalen Partialtriebe der Genitalität unterzuordnen und die Ödipuseinstellung aufzugeben, dann stellen sich Störungen im Liebesleben ein: Perversionen, Potenzstörungen, Neurosen und Psychosen. Die Mehrzahl dieser Störungen kündigt sich mit dem Ausgang der Pubertät schon an.

VII. DIE EPIGENETISCHE, PSYCHOSOZIALE ENTWICKLUNGS-PERSPEKTIVE (E. H. Erikson)[4]

Mit seiner Unterscheidung je einer Früh- und Spätphase der oralen und analen Organisationsstufe der Libido hat K. Abraham nicht nur die ursprüngliche Darstellung der phasisch verlaufenden Triebentwicklung in den „Drei Abhandlungen zur Sexualtheorie" durch S. Freud differenziert; er hat darüber hinaus auch eine Akzentverschiebung in der Betrachtung vorbereitet. Indem K. Abraham neben der – phasenspezifisch wechselnden – Erogenität bestimmter Körper*zonen* deren Organ*funktionen*, ihre sukzessive Entwicklung und ihre potentielle pathogenetische Bedeutung schärfer ins Auge faßte, eröffnete er – in einem ersten Ansatz – eine ichpsychologische Entwicklungsperspektive, der später E. H. Erikson sein Lebenswerk gewidmet hat und die das ursprünglich in erster Linie *psychosexuelle* Entwicklungskonzept S. Freuds, formuliert in der Libido-Theorie, systematisch um eine*psychosoziale* Dimension erweiterte.

Das Werk Eriksons, aus der Verbindung kinderpsychologischer Praxis und ethnologischer Feldforschung entstanden, wendet sich vor allem jenen Aspekten menschlicher Konflikthaftigkeit zu, die mit der Einbettung der individuellen Entwicklung in die kulturelle Tradition, wie sie sich in den erzieherischen Maximen repräsentiert, die in der jeweiligen Gesellschaft gültig sind, zusammenhängen. Hatte schon S. Freud im Über-Ich den Niederschlag kultureller Tradition erkannt, so demonstriert Erikson deren Einfluß auf alle, auch auf die frühesten und die späten, der Pubertät folgenden Entwicklungsphasen.

Jede Gesellschaft bietet Spielraum für ein Repertoire von Verhaltensmustern, die für die Ideologie ihrer Kultur charakteristisch sind. Die Psychoanalyse hatte sich zunächst hauptsächlich jenen Konflikten zugewandt, die aus der Notwendigkeit einer kulturell tolerierten Handhabung der reifenden Sexualität resultieren, und versucht, die Auswirkungen der *psychosexuellen Krisen* auf die psychosozialen und körperlichen Funktionen zu erkennen. Erikson richtete nun umgekehrt die Aufmerksamkeit der Psychoanalytiker auf Konflikte, die sich aus der Manifestation solcher körperlicher und seelischer Funktionen ergeben, welche entweder primär unabhängig von der psychosexuellen Entwicklung oder in untrennbarer Verbindung mit ihr zur Entwicklung kommen und in enger Wechselwirkung mit ihr in spezifischen*psychosozialen Krisen* gipfeln. Die sich entwickelnden Fähigkeiten werden akzentuiert in Hinsicht auf ihre psychosoziale Funktion betrachtet; ursprünglich bedeutet das: in Hinsicht auf die Funktion der Körperorgane im Umgang mit

---

[4] Die Erikson-Zitate entstammen den Veröffentlichungen „Kindheit und Gesellschaft", „Wachstum und Krisen der gesunden Persönlichkeit" und „Das Problem der Ich-Identität".

dem versorgenden *Objekt*. Erikson beschreibt ein Repertoire von Grundthemen der „Annäherung" an das Objekt, allgemeine „*Angehungsmodi*", die in der frühen Kindheit phasenhaft zur Ausbildung kommen. Die erogenen Zonen sind dabei Brennpunkte der Entwicklung. Die einzelnen Entwicklungsphasen werden nun differenzierter darstellbar: Unter dem „*modalen Aspekt*" wird auf den Modus der Organfunktion der einzelnen erogenen Zonen abgehoben, während der „*zonale Aspekt*" den Ort und die Eigenart des phasenspezifischen Lustgewinns, der Erogenität betrifft. Anhand der körperlichen Annäherungsmodi bilden sich über phasenspezifische *psychosoziale Krisen* grundlegende zwischenmenschliche Verhaltensweisen, *soziale Modalitäten* aus.

Der charakteristische *Annäherungsmodus der frühoralen Phase* ist der der *empfangenden Einverleibung*. Die orale Zone, der die spendende Mamille saugend aufnehmende Mund, gibt dabei nur das Muster für die beherrschende Gesamteinstellung ab: indem die Mutter die lebenserhaltenden Bedürfnisse des Kindes versorgt, führt sie ihm – auf ihre individuelle, aber von Tradition getragene Art – lustvolle libidinöse Reize zu; atmend, trinkend, hörend, sehend und an der Körperhaut empfindend nimmt der Säugling ihre Kontaktangebote in sich auf. Das Maß der dabei gewonnenen Befriedigung hängt davon ab, wieweit sich Brustwarze und Mund, Mutter und Kind in den Versorgungssituationen, vor allem beim Stillen, zu kooperativer Übereinstimmung finden. Und darin liegt die Wurzel für die erste, fundamentale *psychosoziale Krise:* Sie ist dadurch bestimmt, daß der Säugling lernen muß „sein Organsystem" in Übereinstimmung mit der Art zu regulieren, in der die mütterliche Umgebung ihre Methoden der Säuglingsfürsorge organisiert. „Die günstigste Gesamtsituation, in die die Bereitschaft des Kindes, zu bekommen, inbegriffen ist", liegt „in seiner wechselseitigen Regulation mit seiner Mutter, die ihm gestattet, seine Mittel des Bekommens zu entwickeln. Auf diese Koordination steht eine hohe Prämie an libidinöser Freude". „Die so sich entwickelnde Wechselseitigkeit der Entspannung ist von höchster Bedeutung für die erste Erfahrung eines freundlichen ‚Anderen‘." Gelingt diese Wechselseitigkeit, so eignet sich das Kind seine erste zwischenmenschliche Verhaltensform an: die „*soziale Modalität*" des *Bekommens;* es lernt „zu empfangen, zu nehmen, was gegeben wird" und „jemanden dazu zu gewinnen, für es zu tun, was es getan haben möchte". Damit zeichnet sich eine günstige *Lösung* der *ersten psychosozialen Krise* ab: das Kind erwirbt ein *Urvertrauen*[5], das *gegen* ein *Urmißtrauen* bestehen kann, welches droht, wenn die früheste Kooperation von Mutter und Kind zu häufig mißlingt und in „eine Vielfalt von Versuchen" zerfällt, „durch Zwang oder in der Phantasie zu herrschen".

In der von Abraham beschriebenen zweiten Stufe der oralen Phase gewinnt das Kind neuartige Befriedigung durch die mit dem Durchbruch der Zähne sich einstellende (zunächst reflex- oder instinkthafte) Beißfunktion. Das Bedürfnis, auf Gegenstände (Beißringe!) zu beißen, hindurchzubeißen und Teile abzubeißen, kennzeichnet die neue Reizqualität, die sich dem Saugen (Daumenlutschen) zugesellt und dem dominierenden Annäherungsmodus der späten Oralität. Der *Organmodus der beißenden Einverleibung* (vgl. S. 151, Wisdom) subsumiert – wie der saugende – eine große Anzahl weiterer Betätigungen: Greifend, sehend, hörend beginnt das Kind die Objektwelt zu sondern, Einzelheiten zu trennen, zu isolieren und sich anzueignen; Gesicht und Stimme der Mutter zu erkennen, sich selbst von ihr zu unterscheiden[6]. Auf diesen Modus

---

[5] Vor E. H. Erikson hatte bereits Th. Benedek (1938, 1956) die grundlegende Bedeutung des Vertrauens betont.
[6] Vgl. M. Mahlers „Subphasen der Symbiose, der Trennung und Individuation".

gründet eine Reihe zwischenmenschlicher Verhaltensformen, die zur *sozialen Modalität des Nehmens und Festhaltens* gehören, des Sich-Aneignens von Dingen, die angeboten oder auch vorbehalten, entzogen werden.

Das Beißen – die neu erworbene Quelle der Lust – ist aber zugleich mit *Schmerzempfindungen* verknüpft. Das Zahnfleisch ist während des Zahndurchbruchs entzündlich sensibilisiert. Erikson neigt deshalb dazu, das Säuglingsbeißen als die früheste Wurzel masochistischer Befriedigung aufzufassen. Eine neue *psychosoziale Krise* zeichnet sich ab: Wenn die Schmerzempfindung beim Beißen sich mit dem Entzug der Brust assoziiert, wenn Frustrationswut neue Impulse weckt, beißend die Brust festzuhalten, und neuerlicher Objektverlust die Folge ist, so bereitet das im Kind die Erkenntnis vor, daß es aktiv verletzen und die ,,paradiesische'' Harmonie von Mund und Brust *zerstören* kann. *Aggression* beginnt sich zu formieren. Sie trägt zur Trennung von Selbst und Objekt und zur Unterscheidung von ,,Gut'' und ,,Böse'' bei und ruft die Vorläufer späterer Schuldgefühle ins Leben. Für die *Stabilisierung des Urvertrauens* und für die weitere psychosoziale Entwicklung ist nun entscheidend, wie Mutter und Kind in gegenseitiger Regulation aufeinander einzugehen verstehen: ob das Kind trotz seiner Aggressivität zuverlässiger Versorgung sicher sein kann und umgekehrt, ob auch die Mutter ihrem Kind vertrauen kann, was davon abhängt, ob das Kind lernt, zu saugen ohne zu beißen, so daß die Mutter nicht ständig vor ihm auf der Hut sein muß.

Aggressive Verhaltensweisen haben, wie die libidinöse Impulsivität, über Organmodi Gestalt gewonnen. Primär sind die Organmodi ,,vorfeindliche Verhaltensweisen des Ergreifens der Dinge, Annäherungsmodi, Arten und Weisen, Beziehungen zu suchen'', ,,das, was ad-gredere bedeutete, bevor daraus ,Aggression' wurde''. Erst sekundär, wenn eine befriedigende Gegenseitigkeit in der Beziehung zur Umgebung mißlingt oder verlorengeht, führt eine Verknüpfung der Körpermodi mit feindseligen Regungen und Phantasien zu ihrer Verwendung für das Bestreben, ,,andere Menschen durch totale Ursupation zu beherrschen''.

Die Annäherungsmodi sind in den Grundformen zwar erbgenetisch determiniert, jedoch nur potentiell angelegt, d. h. sie bedürfen zur vollen Entwicklung eines gewissen Minimums an spezifischer Anregung. Die Übereinstimmung im Wechselverhältnis von Bedürfnisstimulierung, Bedürfnisäußerung und Bedürfnisbefriedigung, in der Aufzucht der Tiere überwiegend durch Instinkte gesichert, ist beim Menschen großer kultureller Variierbarkeit ausgesetzt. ,,Die verschiedenen Kulturen machen ausgedehnten Gebrauch von ihrem Recht, darüber zu entscheiden, was sie für brauchbar halten und worauf sie als unerläßlich bestehen'', und es ,,scheint den willkürlichen Varianten der kulturellen Prägung ein tieferes Wissen oder zumindest ein unbewußter Plan zugrunde zu liegen: Tatsächlich bieten homogene Kulturen für eben die Wünsche, die Ängste und den Zorn, die sie in der Kindheit provozieren, einen gewissen kompensatorischen Ausgleich im späteren Leben. Was also ,gut ist für das Kind', was ihm geschehen darf, hängt von dem ab, was aus ihm werden soll und wo auf der Welt es das werden soll.''

Die nächsten Stufen der Libidoorganisation, die *anal-sadistische* und die *urethrale Phase,* korrelieren mit einer rasch zunehmenden allgemeinen Ausbildung des Muskelsystems, speziell auch mit der wachsenden Fähigkeit zur Beherrschung der analen und urethralen Sphinkteren. Dem ,,oralen'' Modus der ergreifenden Aneignung werden nun zwei antagonistische, sich wechselnd ablösende *Annäherungsmodi,* die Ausstoßung, *Elimination* und die Zurückhaltung, *Retention* hinzugefügt und damit die körperlichen Grundlagen für die Entwicklung der *sozialen Modalitäten* der freiwilligen *Hergabe,* des Loslassens, Fallenlassens, Wegwerfens und des willentlichen *Fest- und Zurückbehaltens,* Modalitäten, ,,deren Art, Verhaltens- und Reihenfolge von entscheidender Bedeutung für die Entwicklung sowohl der individuellen Persönlichkeit als auch der kollektiven Haltungen sind''. Dieser Zuwachs an Beherrschung eigener Körperfunktionen verleiht dem Kind auch eine gewisse Macht über seine Umgebung, konfrontiert es damit zugleich aber auch nachdrücklicher mit deren eigenen Herrschaftsansprüchen, die – ganz nach dem Charakter der einzelnen Erzieher und der jeweiligen Kultur – erheblich variieren können. Das Bemühen des Kindes, „ich" und „du", „mein" und „dein" gegeneinander abzuheben; sich trotzend gegen die Übermacht der Erwachsenen zu behaupten; immer aufs Neue eben erst erworbene Tüchtigkeiten und eigensinnige Unabhängigkeit zu demonstrieren – gerade weil es sie noch als unsicher und fragwürdig erlebt –, dieses Bemühen geht unvermeidlich mit Mißerfolgen, beschämenden Niederlagen und ohnmächtiger Wut einher, Erlebnisse, die tiefe Zweifel am eigenen Wert aufkommen lassen: Zweifel an der Tauglichkeit der eigenen Begabungen, Zweifel an der Macht zur Beherrschung der eigenen Wut und der Gefahr, von ihr zu unkontrollierter destruktiver Anwendung der neuen Funktionen hingerissen zu werden. Welches Verständnis bringt die Umgebung für diese *Entwicklungskrise* auf? Welche Handhaben kennt die erzieherische Tradition, dem Kind zu helfen, aus seinem Urvertrauen (dem „bleibenden Schatz, der aus den Konflikten der oralen Phase gerettet wurde") Zuversicht in die eigenen Fähigkeiten zu entwickeln und durch wachsende *Autonomie gegen Scham und Zweifel* zu bestehen?

Das Kind hat während der ersten Lebensjahre nach und nach gelernt, sich willkürlich der Funktion einiger – für die Lebenserhaltung besonders wichtiger – Körperorgane zu bedienen und seine Gliedmaßen zu betätigen: liegend, sitzend, kriechend, stehend und schließlich gehend. Der Gebrauch der Glieder ist aber erst dann zur wirklich bemeisterten Ich-Funktion geworden, wenn – gegen Ende des dritten Lebensjahres – „das Kind vergessen kann, daß es das Gehen ‚tut' und statt dessen ausfindig macht, was es alles *mit* dem Gehen *tun* kann". Entsprechendes gilt für das Sprachvermögen, das sich um diese Zeit zu einem leistungsfähigen Informations- und Verständigungsmittel vervollkommnet hat. Diese Erwerbungen machen dem Kind nun eine Welt voll neuer unbekannter Realitäten zugänglich. Seine Neugier, sein Erlebnis- und Wissensdrang werden herausgefordert, in diese Welt vorzustoßen, sie zu erforschen und zu erobern. Spielplatz und Kindergarten bieten eine Fülle neuer Sozialkontakte an und fördern mit neuem Spielgerät den Erwerb neuer Fähigkeiten. Gleichzeitig hat sich die infantil-genitale Sexualität organisiert und lenkt den prüfenden Forscherdrang auch auf die Realitäten der Geschlechtlichkeit: der Unterschied der Geschlechter wird nun ernst genommen. Das Verhalten des Kindes verrät ebenso wie der Inhalt seiner Phantasien den *eindringend-erobernden Modus der kindlich-genitalen Phase*. Das Inventar der *sozialen Grundmodalitäten* erweitert sich beiden Geschlechtern durch diejenige des „Machens im Sinne des etwas Erstrebens, etwas Erreichens und etwas Besitzenwollens, sich an etwas *Heranmachens"*. Allerdings: „Mädchen haben jetzt eine schwierige Zeit, weil sie erkennen müssen, daß ihnen, obwohl ihre lokomotorische, geistige und soziale ‚Eindringlichkeit' genauso zunimmt wie bei den Jungen, etwas fehlt: der Penis." Das Mädchen wird seine Art, sich „heranzumachen", wandeln müssen in ein „Bewirken und Erobern durch Schmeicheln und Provozieren", es macht sich anziehend und liebenswert, um zu erobern. Knaben und Mädchen erwerben so ihre „Requisiten zur sexuell differenzierten Initiative, d. h. für die Wahl von Zielen und für die Ausdauer ihrer Verfolgung".

Die Entfaltung eines derart raumgreifenden Impetus führt das Kind zwangsläufig in eine neue *psychosoziale Krise:* Das Kind, das stürmisch Eingang in die – speziell sexuellen – Reservate der Erwachsenen verlangt, muß lernen, seinen bedenkenlosen Bemächtigungsdrang zu zügeln, den Widerstreit zwischen hochfliegender Phantasie und einschränkender Realität zu ertragen und eine unmittelbar drängende Eroberungslust auf ferne Ziele auszurichten. Denn: wie immer auch die Umgebung die Ansprüche des Kindes aufnehmen mag: körperlich-seelische und soziale Unreife setzen der Erfüllung seiner Bemächtigungs- und Liebeswünsche vorläufig noch sehr enge Grenzen; es muß zahlreiche Vorrechte der Erwachsenen tolerieren. Diese Erfahrung aussichtsloser Unterlegenheit löst einerseits zwar resignative Gefühle aus, steigert andererseits aber die Eifersucht zu mörderischem Haß auf die erwachsenen Rivalen, was Rache- und Strafangst auslöst und schließlich quälende Schuldgefühle weckt. Die verpönte, feindselig eifersüchtige Begehrlichkeit droht, alle Aktivitätsimpulse zu vergiften, sie wird – bei ungünstiger Entwicklung – zu einer die Initiative schlechthin lähmenden Gefahr. Kann die Umgebung diese Entwicklung steuern? Kann sie dem Kind vermeidbare Stimuli ersparen und es vor einer Überflutung durch eifersüchtig-aggressive Regungen bewahren? Wenn es Eltern und Kind gelingt, sich gegenseitig regulierend ausreichend Spielraum für eine relativ konfliktfreie Aktivitätsentfaltung freizuhalten, dann kann das Kind allmählich lernen, selbst seinen Betätigungsdrang verantwortlich zu lenken und das Gefühl, fähig zu sein zu friedlicher und konstruktiver *Initiative gegen Schuldgefühle* aufbieten, die sich aus konflikthafter Überwältigungslust ergeben.

In der *Latenzphase* verdrängt bzw. sublimiert das Kind normalerweise seinen Drang, die Menschen seiner Umwelt unmittelbar zu erobern. Es hat seine Körpermodi bemeistert und sich grundlegende soziale Modalitäten zu eigen gemacht. Nun kann es diese Eroberungen der frühen Kindheit daran wenden, jene Fülle von Fähigkeiten und Handfertigkeiten zu erlernen, die es als Rüstzeug für einen zukünftigen Eintritt in die Arbeitswelt benötigt. Das Schulalter setzt ein. Das Kind entwickelt ,,*Werksinn*", es macht sich mit der Technik der Werkzeugwelt vertraut und findet seine Befriedigung zunehmend in der Vollendung von Werken, in der Lösung von Aufgaben, die seinen Fleiß, seine Ausdauer und Geschicklichkeit beweisen. *Werksinn* und *Leistung* bieten ihm Schutz *gegen Minderwertigkeitsgefühle,* die aus der ,,anatomischen" Rivalität der kindlich-genitalen bzw. ödipalen Phase überkommen sind. Als *kritische Gefahr* der Latenzzeit sind daher gehäufte Niederlagen in der leistungsorientierten Rivalität mit Mitschülern und erwachsenen ,,Werk-Gefährten" zu betrachten: sie gefährden die sexuelle Latenz und können zum Rückfall in ödipale Konflikte führen.

Mit Einsetzen der Latenz hat die psychosexuelle Entwicklung ein vorläufiges Ziel erreicht: das phallische, infantil-genitale Organisationsniveau. Auch in *psychosozialer Perspektive* rundet sich eine Entwicklungsperiode ab: Die grundlegenden Körpermodi sind bewältigt. Die sozialen Modalitäten, die sich das Kind dabei erwarb, haben seinem Charakter typische Merkmale seiner kulturellen Umgebung eingeprägt. Erikson sieht darin geradezu das eigentliche *Wesen der Prägenitalität:* ,,in der Absorption libidinöser Interessen bei der frühen Begegnung des wachsenden Organismus mit einem bestimmten Ziel der Kinderaufzucht"; ,,in der Umformung der eingeborenen Angehungsformen des Organismus in die sozialen Modalitäten der Kultur".

Das Einsetzen eines raschen Körperwachstums und der körperlichen Geschlechtsreife, ,,*Pubertät und Adoleszenz*" stellen alle zuvor bereits als zuverlässig empfundenen ,,Werte der Gleichheit und Kontinuität" wieder in Frage und wecken im Jugendlichen das Interesse daran, das erschütterte Gefühl von sich selbst mit dem Bild zu vergleichen, das andere, Altersgenossen und Erwachsene, von ihm haben. Konflikte der Kindheit werden wiederbelebt, neue Lösungsmöglichkeiten erprobt und in der rasch wechselnden, oft schwärmerischen Identifikation mit den diversen augenblicklich vorherrschenden Idealtypen äußert sich die Suche nach einer *Ich-Identität*, einem aus der Summe der bisher erfahrenen eigenen Fähigkeiten, der früher vollzogenen Identifikationen und der kulturspezifischen sozialen Rollenangebote gewonnenen, in sich stimmigen, zukunftsträchtigen Selbstverständnis, das sich in der zuversichtlichen Aussicht auf eine ,,Laufbahn" niederschlägt.

Die phasenspezifische Gefahr der *psychosozialen Krise* der Pubertät liegt in der Rollen- oder Identitätsdiffusion. Sie kann zum Beispiel aus einer Wiederbelebung früherer Zweifel an der eigenen sexuellen Identität erwachsen und äußert sich typischerweise in einer Unfähigkeit zur Entscheidung für eine berufliche Identität. In Form vielfältiger neurotischer und ausgesprochen psychotischer Krankheitserscheinungen weicht das Ich vor progressiven Entscheidungen zurück; es sei denn, das noch entscheidungsfähige Ich findet Gelegenheit zu einem unauffälligen ,,*Moratorium*", wie es in wiederholtem Schul- und Studienwechsel und in Verzögerungen des Hochschulabschlusses besonders kennzeichnenden Ausdruck findet (Roskamp, H., 1969). Die verschiedenen Kulturen halten spezifische, mehr oder minder zureichende, tradierte und aktuelle Einrichtungen bereit (Pubertätsriten, Konfirmation u. ä.), dem Jugendlichen zu helfen, *Identität gegen Rollendiffusion* zu setzen[7].

---

[7] Insbesondere Eriksons Arbeiten haben die Aufmerksamkeit der Psychoanalytiker auf die

E. H. Erikson hat die psychoanalytische Entwicklungspsychologie, die sich gemeinhin auf die Erforschung der Entwicklungsvorgänge in Kindheit und Jugend beschränkt, weiter geführt und *drei Stadien des Erwachsenenlebens* unterschieden.

Der Erwerb einer stabilen Identität setzt den Menschen im *frühen Erwachsenenalter* in Stand, Intimität zu wagen, d. h. „ohne Furcht vor einem Ich-Verlust Situationen" zu begegnen, „die Hingabe verlangen: in Orgasmus und geschlechtlicher Vereinigung, in enger Freundschaft und physischem Kampf und in Erlebnissen der Inspiration durch Lehrer und der Intuition aus der Tiefe des Selbst". Intimität stärkt aber umgekehrt die Identität, denn „die Gesamttatsache, daß die zwei beteiligten Wesen im Ausbruch des Orgasmus ein höchstes Erlebnis wechselseitiger Regulation erfahren, bricht irgendwie den Feindseligkeiten und der potentiellen Wut aufgrund des Gegensatzes von männlich und weiblich, von Realität und Phantasie, von Liebe und Haß die Spitze ab". Intimität mildert somit die Sprengkraft des destruktiven Potentials – bedrohe sie nun den Zusammenhalt des Selbst oder den Fortbestand von Gemeinsamkeit. Der junge Erwachsene wendet somit *Intimität gegen Isolierung* und Vereinsamung auf.

Intimität, die „Fähigkeit sich in der Begegnung der Körper und Seelen hinzugeben", wird – wenn nicht Relikte früherer Entwicklungsphasen, z. B. „übermäßige Eigenliebe", dem hinderlich im Wege sind – „zu einer allmählichen Ausdehnung der Ich-Interessen" führen „und zu einer libidinösen Besetzung dessen, was so gezeugt" worden ist und wofür „Verantwortung übernommen worden" ist. Erikson nennt diese Verfassung „zeugende Fähigkeit" oder „Generativität": Sie äußert sich „in erster Linie" im „Interesse an der Stiftung und Erziehung einer neuen Generation", aber auch in der *Übernahme „elterlicher Verantwortung"* für „andere schöpferische Leistungen". Wo diese kritische „Bereicherung" des Lebens fehlt, droht Regression auf ein „quälendes Bedürfnis nach Pseudointimität", nach wechselseitiger Verwöhnung, „oft verbunden mit einem Gefühl von Stillstand und Verarmung in den zwischenmenschlichen Beziehungen". *Zeugende Fähigkeit, Generativität* schützt daher *gegen Stagnation.*

Die „Triumphe und Enttäuschungen", welche die „Sorge für Dinge und Menschen" unaufhörlich beschert, wollen angenommen sein als individueller Vollzug eines „*Lebenszyklus*", für den sich das Ich schließlich „allein verantwortlich" fühlt – wenngleich getragen vom „Stil" menschlicher Lebensbewältigung, an dem es teil hat und gestützt durch ein „kameradschaftliches" Interesse für die Lebensformen, Ordnungen und Lehren, in denen Männer und Frauen früherer Zeiten „die menschliche Würde und Liebe vermehrt" haben. Es ist eine fortwährende integrative Leistung, deren Bestand das Ich „gegen alle physischen und wirtschaftlichen Bedrohungen" zu verteidigen bereit ist. Mißlingt sie, so greifen Lebensüberdruß und Ekel um sich, hinter denen sich Selbstverachtung, Verzweiflung darüber verbirgt, daß „die Zeit zu kurz für den Versuch ist, ein neues Leben zu beginnen. *Integration* steht *gegen Verzweiflung und Ekel* und gegen – oft unbewußte – Todesfurcht" (s. weiter VIII. 2).

---

nachpubertären Entwicklungsphasen gelenkt und Anstoß zu differenzierenden Untersuchungen der typischen Konflikte, Krisen und pathologischen Prozesse der *Adoleszenz* und *Spätadoleszenz* gegeben – Entwicklungsphasen, in denen den realen gesellschaftlichen Gegebenheiten noch einmal eine besonders große unmittelbare Bedeutung für die intrapsychische Strukturbildung zukommt. Eine Auswertung dieser Literatur und ihre Nutzung bei der Beratung und Behandlung spätadoleszenter Studenten haben E. Krejci und W. Bohleber (Hg.) (1982) vorgelegt.

VIII. ANLÄSSE UND URSACHEN DER NEUROTISCHEN ERKRANKUNG

Das psychoanalytische Studium der Triebentwicklung und der Objektbeziehungen ging Hand in Hand mit der schrittweisen Differenzierung der Theorie der neurotischen Erkrankung. Die Auffassung der Neurose als Konflikt blieb durchgängig erhalten. Es änderten sich aber die Hypothesen, welche die Ebene des neurotischen Konfliktes betrafen: Ursprünglich war es die Realität, die Freud – vertreten durch das Bewußtsein – den Trieben gegenüberstellte (Breuer, J., und Freud, S., 2). Dann traten die Selbsterhaltungstriebe, repräsentiert durch die intrapsychische Zensur, an die Stelle der Realität (Freud, S., 3). Seit der Konzeption des strukturellen Ich schließlich wird die Neurose aufgefaßt als Konflikt zwischen Trieben und Strukturen: unter dem Einfluß des Über-Ich versucht das Ich bestimmte unleidliche Triebansprüche abzuwehren (Freud, S., 41). Der neurotische Konflikt ist also ein *Gewissenskonflikt.*

Nicht jeder Gewissenskonflikt ist aber ein neurotischer Konflikt. Es ergibt sich somit die Frage nach den besonderen Bedingungen, unter denen das Ich in einen neurotischen Konflikt gerät.

1. Die traumatische Situation

Den *Anlaß* für die Entstehung einer Neurose gibt eine *traumatische Situation,* mit anderen Worten ein energetischer Notstand (Freud, S., 22, S. 328/29, und Freud, S., 38, S. 29).

Der *Trauma-Begriff* hat in der Neurosentheorie von Anfang an eine Schlüsselposition innegehabt und behalten. Aber auch er ist mehrmals abgewandelt worden. Anfangs verstand Freud das Trauma als ein affektbetontes sexuelles Erlebnis, das nicht „abreagiert" und dadurch zur unmittelbaren Ursache der Neurose wird. Bald aber zeigte sich, daß nicht bei allen neurotischen Erkrankungen ein auslösendes Sexualerlebnis nachweisbar ist. Die Analyse fördert dann zwar in vielen Fällen sexuelle Kindheitserlebnisse zutage, die als ursächliche Traumata in Frage kommen. Aber auch diese Theorie ließ sich nicht halten, denn nicht bei allen Kranken bieten sich Anhaltspunkte für infantile Erlebnisse grobsexueller Art; und selbst wenn man sie findet, sind sie nicht immer genitaler Natur und sie erweisen sich zudem oft als irreal, als Produkte der infantilen Phantasie. Es war auch zu bedenken, daß viele Kinder sexuelle Erlebnisse haben, ohne später daran neurotisch zu erkranken.

Den entscheidenden Fortschritt in der Trauma-Theorie brachte schließlich der ökonomische Aspekt: Freud ging davon aus, daß der Organismus in seinen Sinnesorganen eine Schutzvorrichtung hat, die ihn vor der Einwirkung zu starker Außenreize schützt, den „*Reizschutz*" (Freud, S., 38). Die Sinnesorgane entnehmen der Außenwelt kleine Reiz-„Proben", deren Verarbeitung dem Organismus Anlaß gibt, sich notwendigenfalls der zu starken Reizeinwirkung zu entziehen – zum Beispiel durch Flucht. Eine Reizeinwirkung ist aber dann zu stark, wenn sie das Verarbeitungsvermögen des Organismus übersteigt.

Den Außenreizen entsprechen im Inneren des Organismus die Triebe. Einen Reizschutz nach innen gibt es aber nicht. Der seelische Apparat kann sich wachsender Triebspannung nicht – etwa durch Flucht – entziehen. Wird nun ein Triebanspruch so stark, daß sich das Ich außerstande sieht, die Spannung auf angemessene Weise zu bewältigen, d. h. auf eine Art, die den Ich-Interessen, dem Über-Ich und den Erfordernissen der Realität gleichermaßen Rechnung trägt, dann entsteht eine traumatische Situation.

„Ein Trauma nennen wir also eine Reizgröße, die in der gewohnten, jedem Individuum eigenen Zeiteinheit vom Ich nicht bewältigt werden kann" (Nunberg, H., 1959, S. 359).

Dieser Trauma-Begriff löst alle Widersprüche, die sich bei der Bemühung ergaben, die Bedeutung des Traumes für die Entstehung der Neurosen zu verstehen. Es bedarf nicht eines dramatischen Erlebnisses als Ausgangspunkt der neurotischen Erkrankung. Die Libido kann auch unmerklich einen Spannungsdruck erreichen, dem das vermittelnde und regulierende Ich zu erliegen droht.

Bei neurotischen Erkrankungen lassen sich traumatische Situationen aus verschiedenen Konflikt-Konstellationen unterscheiden:

Anlaß für die Erkrankung ist in der Mehrzahl der Fälle eine traumatische Situation, die sich aus einem *äußeren Konflikt,* aus einer Unvereinbarkeit von Realitätserfordernissen und triebhaften Bedürfnissen ergibt, aus einer *äußeren Versagung* (Freud, S., 33, S. 372): Anhaltende äußere Versagung einer triebhaften Befriedigung führt zur Triebstauung. Das Ich kann diesen Spannungsanstieg – je nach der eigenen Stärke früher oder später – nicht mehr ertragen und muß Entladungsmöglichkeiten finden. Es kann versuchen, tatkräftig auf die Außenwelt einzuwirken, sie so zu ändern, daß sie direkte Triebbefriedigung gewährt. Diese Verhaltensweise wird – nach einem Vorschlag von Ferenczi – *alloplastisch* (Ferenczi, S., 1919) genannt. Aber das Ich kann auf direkte Befriedigung verzichten und die aufgestaute Energie durch Sublimierung bzw. Neutralisierung für solche Ziele und Funktionen verwenden, die nicht der Versagung unterliegen; d.h., es kann sich selbst verändern, um der traumatischen Situation zu entgehen: eine *autoplastische* Verhaltensweise.

Sofern es dem Ich gelingt, durch Triebaufschub, Umweltgestaltung und Sublimierung hinreichende Spannungsabfuhr zu gewährleisten, wird die Versagung nicht zum Krankheitsanlaß. „Daß beide Möglichkeiten", Erzwingen der Triebbefriedigung und Sublimierung, „in den Schicksalen der Menschen zur Verwirklichung kommen, beweist uns, daß Unglück nicht mit Neurose zusammenfällt, und daß die Versagung nicht allein über Gesundheit und Erkrankung der Betroffenen entscheidet" (Freud, S., 22, S. 323). Wenn dagegen das Ich die traumatische Situation der äußeren Versagung auf den genannten Wegen nicht zu beseitigen vermag, dann bleibt als Notlösung nur die *Libidoregression:* die aufgestaute Triebenergie drängt auf frühere Positionen zurück, infantile Triebziele und Objektbesetzungen werden wiederbelebt. Triebhafte Wünsche aber, die früheren Entwicklungsstufen angehören, kränken das Ich-Ideal und finden die Mißbilligung des Über-Ich. Das Ich läßt deshalb ihre direkte Befriedigung nicht zu. Diese *innere Versagung* (Freud, S., 33, S. 372), der eigentlich *neurotische Konflikt,* führt wiederum zu wachsender Bedürfnisspannung, die das Ich zu überwältigen droht. Abermals ist eine traumatische Situation entstanden, der sich das Individuum nun durch die Bildung neurotischer Symptome zu erwehren sucht.

Auch die Libidoregression mit ihren Folgen – der Neurose oder der Perversion – ist eine autoplastische Reaktion. Die Neurotiker verlieren allesamt, wenn auch in unterschiedlichem Grade, die Fähigkeit, die Außenwelt so zu gestalten, daß sie die erforderliche Triebbefriedigung gewährt. Sie ändern sich statt dessen selbst durch die Bildung neurotischer Symptome oder Charakterzüge um und finden in diesen krankhaften Produktionen das notwendige Maß an Triebbefriedigung. Der Neurotiker regrediert von der alloplastischen auf die der Kindheit gemäße autoplastische Grundeinstellung.

Wenn äußere Versagung nicht durchweg zur Erkrankung führt, wenn ,,Unglück nicht mit Neurose zusammenfällt", dann erhebt sich die Frage nach den zusätzlichen Bedingungen der neurotischen Erkrankung, die Frage also nach der *neurotischen Disposition.* Die zur Neurose disponierenden Faktoren sind mannigfaltig und individuell verschieden. Man kann sich an zwei Leitaspekten orientieren und Bedingungen von seiten der Triebe, insonderheit der Libido, von pathogenetischen Faktoren seitens des Ich unterscheiden.

2. *Dispositionelle Faktoren seitens der Triebe*

Bei der Bezeichnung der triebhaften Konfliktfaktoren spielen die Begriffe der *Fixierung* und *Regression* eine überragende Rolle.

Unter *Fixierung* (Freud, S., 22) versteht man ein Haften der Libido an infantilen Triebzielen und -objekten. Die Fixierungspunkte sind mehr oder weniger durch die Weiterentwicklung des übrigen, nicht fixierten Triebes überdeckt. Sie bleiben aber immer Anziehungspunkte für die reife Libido: wenn im Falle äußerer Versagung das Ich nicht hinreichend Libido sublimiert zur Abfuhr bringen kann, strebt sie mit größeren Beträgen den alten Fixierungspunkten zu, um sich auf infantile Weise die vorenthaltene Befriedigung zu verschaffen; sie kehrt gewissermaßen zu ,,guten alten Zeiten" zurück.

Die Frage drängt sich auf, wie es zur Triebfixierung kommt. Hier lassen sich – wie bei der Charakterisierung der Triebe überhaupt – biologische und psychologisch-soziale Aspekte und Faktoren unterscheiden (Freud, S., 26, S. 56). Einerseits dürfte den Erbanlagen und frühen Umwelteinwirkungen auf das Keimgut und das somatische Substrat der Triebe, die Triebquellen, große Bedeutung zukommen. Freud hat der primären Triebstärke und der relativen Stärke der verschiedenen Partialtriebe stets große Beachtung geschenkt. Es stößt allerdings auf erhebliche Schwierigkeiten, diese Faktoren qualitativ oder quantitativ abzuschätzen. Die sukzessive Reifung der Triebe, die sich in der gesetzmäßigen Abfolge der Organisationsstufen dokumentiert, ist primär von solchen somatischen Gegebenheiten bestimmt. Andererseits spielen die Früherfahrungen des Kindes im Umweltkontakt eine entscheidende Rolle. Das Maß an befriedigenden Erfahrungen, welche die Umweltobjekte bieten, hängt davon ab, wieweit die Objekte sich den reifungsbedingten Wandlungen der kindlichen Bedürfnisse anzupassen vermögen.

Die Wechselbeziehung zwischen den konstitutionellen kindlichen Prädispositionen und den Umweltbedingungen ist ausschlaggebend für den Verlauf der kindlichen Triebentwicklung. Extreme Triebbefriedigung ist einem optimalen Entwicklungsverlauf keineswegs dienlich. Sie fördert die Bildung von Fixierungen. Denn ein gewisses Maß an Versagungen drängt das junge Individuum dazu, nicht unbegrenzt auf einer Entwicklungsstufe zu verharren, sondern neue, der fortschreitenden Reifung gemäße Befriedigungsformen zu wählen. Die Libido scheint solcher Entwicklungshilfe durch Versagung zu bedürfen (Freud, S., 49, S. 200). Denn allem Anschein nach ist das Triebleben nicht nur von der Tendenz zum Entwicklungsfortschritt, zur Ergreifung immer neuer Möglichkeiten des Lustgewinns bestimmt. Im Es scheint ebenfalls die Neigung zum Verharren, eine Trägheit, ein *Wiederholungszwang* (Freud, S., 17f., S. 64) zu beherrschen, den Freud den Todestrieben zugeordnet hat. Es wäre denkbar, daß die den libidinösen Regungen stets mehr oder minder beigemischten destruktiven Triebkräfte auch der Libido ein gewisses Maß von der Tendenz verleihen, einmal erreichte Befriedigungsarten beizubehalten. Wenn andererseits die Libido beim Wechsel auf eine neue Organisationsstufe zu starken Versagungen begegnet, so fördert das ebenfalls die Tendenz, an der voraufgegangenen befriedigenden Organisation festzuhalten.

Konstitutionelle Faktoren und Objekteindrücke stehen in ihrer Bedeutung für die Entstehung von Fixierungen somit in einem *Ergänzungsverhältnis* (Freud, S., 7, S. 141): Je ausgeglichener die konstitutionellen Prädispositionen sind, um so nachhaltiger müssen die ungünstigen Objekteindrücke sein, damit es zur Fixierung kommt – und umgekehrt.

Das Rückströmen der Libido zu infantilen Fixierungsstellen wird *Regression* (Freud, S., 7, S. 142, 18, S. 52/53, und 49, S. 143/44) genannt.

Man kann den Begriff der *Libidoregression* von dem der *topischen* und *historischen Regression* unterscheiden (Nunberg, 1959, S. 126). Letztere sind psychologische Begriffe und drücken aus, daß eine psychische Funktion auf tieferes Niveau zurückgefallen ist: im Fall der historischen Regression etwa derart, daß alte Objektbeziehungen sich neu beleben, daß beispielsweise der Ödipuskomplex sich wieder konstelliert und eifersüchtiges Rivalisieren den zwischenmenschlichen Verkehr erschwert, eine infantile traumatische Situation wird also wiederholt; im Fall der topischen Regression derart, daß die betroffenen psychischen Funktionen statt den Gesetzen des Sekundärvorganges wieder denen des Primärvorganges unterworfen sind und unbewußt statt bewußt ablaufen. Die Libidoregression bedeutet ein Rückströmen von Energie und ist deshalb ein biologischer Begriff. Gemeinhin fallen jedoch alle drei Formen der Regression zusammen: so ist z. B. der wiederbelebte Ödipuskomplex gewöhnlich unbewußt und die Libido strebt von der frühgenitalen zur phallisch-narzißtischen Organisation zurück.

Wenn die Libido mehrere infantile Fixierungsstellen hat, dann kann die Regression schrittweise erfolgen (Freud, S., 25, S. 445): die einzelnen Organisationsstufen werden nacheinander rückläufig wieder besetzt. Dementsprechend wandelt die neurotische Erkrankung ihr Gesicht: zunächst kann sie das Bild einer Hysterie, dann das der Zwangsneurose bieten und schließlich kann es zur melancholischen oder schizophrenen Psychose kommen.

Dafür ist mitbestimmend, daß im Zuge der Triebregression auch das Ich zu infantilen Formen der Objektbeziehung regrediert. Die reife Objektlibido, die das Objekt in seiner Eigenart als Ganzes anerkennt und begehrt, kehrt wieder zur narzißtischen Objektbesetzung zurück: Identifikation und Projektion werden zur Hauptform der Objektbeziehung. Zugleich wird die Triebmischung stufenweise wieder aufgehoben: Die destruktiven Regungen werden zunehmend – entsprechend den Regressionsschritten – aus ihrer Bindung an die Libido gelöst. Der Sadismus und Masochismus treten wieder in Konkurrenz zur Libido. Die kindliche Ambivalenz setzt wieder ein und damit die Infragestellung jeglicher Objektbesetzung überhaupt, was schließlich in die Psychose führen kann. Regression ist immer mit *Triebentmischung* (Freud, S., 41, S. 270/71, und Freud, S., 49, S. 143/44) verbunden.

E. H. Erikson hat seiner zonalen und modalen Betrachtungsweise entsprechend auch den *Fixierungsbegriff differenziert* und *Modusfixierungen* von *Zonenfixierungen* unterschieden. Beide Formen sind nicht notwendig miteinander verknüpft. Wo Eltern und Kind im Verlauf der Entwicklung nicht zu befriedigender gegenseitiger Regulation gelangen, da droht die Dissoziation der zonalen und modalen Entwicklungsprozesse. Das Kind greift bei fortschreitender zonaler Entwicklung auf einen Organmodus zurück, dessen Bemeisterung schon auf vorangegangenen Entwicklungsstufen gelungen ist *(regressive Konfliktabwehr);* so stellt sich etwa in der anal-urethralen Phase das Bedürfnis ein, Gegenstände in den After oder in die Harnröhre einzuführen *(anal-urethrale Einverleibung).* Oder ein Modus wird vorzeitig dominant *(progressive Abwehr),* wie beispielsweise beim Pylorospasmus, wenn der Säugling eben aufgenommene Speise sogleich wieder ausstößt *(orale Eliminierung)* (umgekehrt kann auch bei regulär fortschreitender Modusentwicklung eine bereits verlassene erogene Zone wieder verstärkte Besetzung erfahren). Asynchronien solcher Art weisen darauf hin, daß während aller Entwicklungsphasen alle Organmodi vorhanden, wenn auch in verschiedenem Maße ausgebildet, sind. Sie sind auch für die optimale Funktion der jeweils dominanten Körperzone als *Hilfsmodi* vonnöten: der Säugling stößt auf und spuckt (oral eliminativ), verschließt den Mund (oral retentiv) und bohrt den Kopf beim Saugen in die Brust (oral-eindringend). Mit jeder erogenen Körperzone aber gelangt normalerweise der ihrer Hauptfunktion entsprechende Organmodus zur Dominanz. Unzeitige Modusdominanzen führen zu Störungen bei der Bemeisterung der reifenden Organfunktion und – darauf fußend – auch bei der Bildung der zugehörigen sozialen Modalität und der Objektbeziehungen. Zahlreiche Neurosekranke bleiben, zonal betrachtet, dem genitalen Niveau verhaftet, lassen jedoch im Modus ihres Sexualverhaltens und in den Modalitäten ihrer Objektbeziehungen deutlich prägenitale Züge erkennen. Das wird besonders deutlich bei diversen Störungen der genital sexuellen Potenz – der *Ejaculatio praecox* oder der *Ejaculatio retarda* beispielsweise –, wo retentive bzw. passiv-eliminative Organmodi, deren Vorherrschaft auf prägenitalen Entwicklungsstufen angemessen ist, auch die Funktion der genitalen Zone dominieren.

,,Im Tiefsten würden neurotische Menschen lieber einverleiben oder festhalten, eliminieren oder sich eindrängen, anstatt die Wechselseitigkeit der genitalen Beziehungsform zu genießen. Viele andere würden lieber unterwerfen oder unterworfen werden, zerstören oder zerstört werden, als in reifer Form zu lieben und das oft, ohne in irgendeinem klassifizierbaren, diagnostizierbaren und heilbaren Sinn neurotisch zu sein."

3. Das Ich als dispositioneller Faktor

Wir haben die traumatische Situation als energetischen Notstand charakterisiert: das Ich ist außerstande, den kontinuierlichen Zufluß an Triebenergie in der individuell erforderlichen Zeit auf adäquate, ich-gerechte Weise abzuführen. Ich-gerecht ist eine Spannungsabfuhr, die gleichzeitig den Anforderungen des Es, des Über-Ich und der Realität genügt (Freud, S., 53, S. 69). Diese Mittlerrolle entspricht einer Hauptfunktion des Ich, die als ,,*synthetische*" (Nunberg, H., 1930, und Nunberg, H., 1959) oder ,,*organisierende*" (Hartmann; Nunberg, H., 1959) Funktion bezeichnet wird. Es handelt sich um eine höchst komplexe, übergeordnete Funktion, die zahlreiche Unterfunktionen in sich vereint.

Das Ich übt seine Mittlerrolle aus, indem es gewisse Triebregungen zur Wahrnehmung und zur Abfuhr in einer Triebhandlung oder in einer Affekterregung zuläßt, die Befriedigung anderer Triebansprüche aufschiebt und schließlich Triebenergie sublimiert und eigenen, triebfremden Zwecken zuführt. Das Ich muß also imstande sein, einen gewissen Betrag andrängender Triebenergie zu ertragen und eine Zeitlang in Spannung zu erhalten (Freud, S., 22, S. 328/29), mit anderen Worten auf unmittelbare sofortige Triebbefriedigung zu verzichten. Die Quantität von Triebenergie, speziell von Libido, die das Ich bewältigen kann bzw. das Ausmaß an Spannung, das es zu tolerieren vermag, ohne sogleich zu Abwehrmaßnahmen greifen zu müssen, ist ein Gradmesser für seine Stärke, die *Ich-Stärke*.

Die Ich-Stärke ist ein für die dynamische und ökonomische Betrachtung seelischer Vorgänge unentbehrlicher, wenngleich noch unzureichend definierter Begriff. Eine befriedigende Definition stößt deshalb auf große Schwierigkeiten, weil die Ich-Stärke keine eindeutig feststehende, sondern eine durch zahlreiche Abhängigkeiten bestimmte Größe ist, und weil sich das Ich im strukturellen Sinne selbst nur durch seine Funktionen charakterisieren läßt (Freud, S., 53, S. 68f., S. 129f.; Hartmann, H., 1950). Sehr allgemein kann man die Ich-Stärke definieren als das Maß an Leistungsfähigkeit und Stabilität der Ich-Funktionen. In Hinsicht auf die Fähigkeit des Ich, Triebspannung auszuhalten, also Befriedigungsverzicht zu leisten, wird die Ich-Stärke auch als *Frustrationstoleranz* charakterisiert.

Die Abhängigkeiten der Ich-Stärke sind einmal hereditärer, konstitutioneller Art, worauf die psychoanalytische Ich-Psychologie, vor allem H. Hartmann (1939a), anknüpfend an späte Bemerkungen Freuds (Freud, S., 52, S. 86) nachdrücklich hingewiesen hat. Andererseits ist für die Entwicklungstendenzen und die Stabilität des Ich von überragendem Belang, welche Früherfahrungen – schon in den ersten Lebensjahren – zur Grundlage der Identitätsgewinnung werden. Das psychoanalytische Studium vor allem der Psychosekranken und der sogenannten Grenzfälle, der Psychosegefährdeten, Psychopathen und Suchtkranken, hat dafür ebenso wie die Direktbeobachtung hospitalisierter Säuglinge im Längs- und Querschnitt der Entwicklung (Spitz, R., 1960) unbezweifelbare Belege erbracht. In der traumatischen Situation droht die synthetische Funktion des Ich, die Vermittlung zwischen den Erfordernissen von seiten des Es (Triebbefriedigung), des Über-Ich (Moralität) und der Realität (Selbstbehauptung), zu scheitern. Das Ich muß sich einer der drei Instanzen ohne gebührende Berücksichtigung der jeweils anderen Instanzen beugen. Den Anlaß zur Erkrankung gibt stets ein Kräfteverhältnis zuungunsten des Ich. Wenn die synthetische Funktion zu erliegen droht, so hat das seine Gründe entweder in einer vorgegebenen Störung oder Schwäche des Ich oder der Intoleranz der aufeinander abzustimmenden Instanzen.

4. Die dispositionellen Ergänzungsverhältnisse und die Erkrankungstypen

Aus dem Zusammentreffen der äußeren und inneren Dispositionen – der Realitätsgegebenheiten und der Eigenart von Es, Ich und Über-Ich – ergeben sich typische Konfliktkonstellationen, die zur neurotischen Erkrankung führen. Der Anlaß zur neurotischen Erkrankung kann in einem Konflikt zwischen Ich und Es, einem Konflikt zwischen Ich und Über-Ich oder einem Konflikt zwischen dem Ich und der Realität bestehen.

Der wohl häufigste Erkrankungstypus, der Konflikt zwischen dem Ich als dem Anwalt der Libido einerseits und der Realität andererseits, ergibt sich aus einer *äußeren Versagung*. Er wurde bereits skizziert: ,,Das Individuum war gesund, solange seine Liebesbedürftigkeit durch ein reales Objekt der Außenwelt befriedigt wurde; es wird neurotisch, sobald ihm dieses Objekt entzogen wird, ohne daß sich ein Ersatz dafür findet" (Freud, S., 22, S. 322/23). Das Individuum ist außerstande, sich in der Realität die Triebbefriedigung zu erzwingen. Es kommt zur Triebstauung, die das Ich schließlich nicht mehr in Spannung halten oder durch Sublimierung zur Abfuhr bringen kann.

Die Sublimierbarkeit der Triebenergie ist nämlich begrenzt. Denn zum einen vermitteln Sublimierung und Neutralisierung ein geringeres Maß an Spannungsabfuhr als direkte Triebbefriedigung (Freud, S., 50, S. 437/38). Zum anderen hängen sie von individuell variablen Eigenschaften ab: so von der Sublimierungskraft, die mit der Ich-Stärke korreliert und von der Ausstattung des Individuums mit Begabungen, die sich für die sublimierte Triebbefriedigung eignen: wissenschaftliche Bestätigung beispielsweise setzt bestimmte geistige Begabungen voraus.

Der Weg, den das Individuum weiter beschreitet, um sich der Triebstauung zu entledigen, ist durch die Eigenart des Es und Über-Ich bestimmt: Die Libido zieht sich von der Realität zurück und ,,wendet sich dem Phantasieleben zu, in welchem sie neue Wunschbildungen schafft und die Spuren früherer, vergessener Wunschbildungen wiederholt" (Freud, S., 22, S. 324), mit anderen Worten: sie begibt sich auf den Weg der Regression, sie kehrt zu frühen Fixierungspunkten zurück, und zwar um so eher und mit um so größeren Beträgen, je umfassender einerseits die äußere Versagung und je lebhafter zum anderen die Anziehungskraft der infantilen Fixierungen geblieben ist.

Sind nun die regressiv verstärkten infantilen Wünsche mit den Forderungen des Über-Ich unvereinbar, so ergibt sich der ,,neurotische" Konflikt, den das Ich durch Symptombildungen zu lösen sucht.

Der zweite Typus der Krankheitsveranlassung entspricht einem Konflikt zwischen Ich und Es. Auch hier erkrankt das Individuum an einer Versagung, genauer an einer relativen inneren Versagung, denn sie ist nicht, wie bei der Konfliktkonstellation vom ersten Typ, die Folge einer Veränderung in der Außenwelt, sondern geht auf innere Veränderungen zurück. Das Individuum erkrankt an einem Entwicklungsvorgang. Das reifende Ich sieht sich veranlaßt, überkommene Arten der Triebbefriedigung gegen andere, der fortgeschrittenen Entwicklung gemäßere einzutauschen. Dabei erweist sich die Libido aber als zu starr fixiert. Die synthetische Kraft des Ich reicht nicht aus, die fixierte Libido auf neue, realitäts- und Über-Ich-gemäße Ziele und Objekte zu verschieben. Der innere, ,,neurotische" Konflikt zwischen Ich und Es ist hier also nicht erst die Folge einer Libidoregression. Beträchtliche Libidoquantitäten haben die infantilen Ziele und Objekte noch gar nicht aufgegeben.

,,Ein junger Mann, der seine Libido bisher durch Phantasien mit Ausgang in Masturbation befriedigt hatte und nun dieses dem Autoerotismus nahestehende Regime mit der realen Objektwahl vertauschen will; ein Mädchen, das seine ganze Zärtlichkeit dem Vater oder Bruder geschenkt hatte und nun für einen um sie werbenden Mann die bisher unbewußten, inzestuösen Libidowünsche bewußt werden lassen soll; eine Frau, die auf ihre polygamen Neigungen und Prostitutionsphantasien verzichten möchte, um ihrem Mann eine treue Gefährtin und ihrem Kind eine tadellose Mutter zu werden: diese alle erkranken an den lobenswerten Bestrebungen, wenn die früheren Fixierungen ihrer Libido stark genug sind, um sich einer Verschiebung zu widersetzen, wofür wiederum die Faktoren Disposition, konstitutionelle Anlage und infantiles Erleben entscheidend werden" (Freud, S., 22, S. 325/26).

Das sich weiterentwickelnde Ich kann fortan die alten Bestrebungen der in ihrer Entwicklung zurückbleibenden Libido nicht mehr dulden, es muß ihnen die Befriedigung versagen. Die Folge ist eine Stauung der Triebe und deren Abfuhr durch die Bildung neurotischer Symptome. *Äußerer, krankheitsveranlassender Konflikt* und *innerer, neurotischer Konflikt* fallen bei diesem Erkrankungstyp zusammen (ein kasuistisches Beispiel findet sich im Kapitel IX, S. 160 f.).

Ein dritter Typus ist dem zweiten nahe verwandt. Auch hier sind krankheitsveranlassender und neurotischer Konflikt – mindestens zum Teil – identisch und Ausdruck einer relativen Schwäche des Ich im Kampf gegen das Es. Die traumatische Situation ergibt sich aus dem Ansteigen der Triebstärke im Zuge biologischer Wandlungsprozesse – etwa der Pubertät oder der Menopause. „Die Libidostauung ist hier das primäre Moment, sie wird pathogen infolge der relativen Versagung von seiten der Außenwelt", des Ich und Über-Ich, „die einem geringeren Libidoanspruch die Befriedigung noch gestattet" hätten (Freud, S., 22, S. 328). Mag die Libido nun die infantilen Objekte und Ziele noch gar nicht verlassen haben, wie in der Pubertät, oder zu ihnen regrediert sein, wie oftmals in der Menopause – die Abfuhr der gestauten Triebansprüche erfolgt auch bei diesem Erkrankungstyp schließlich durch die Bildung neurotischer Symptome.

In allen bisher dargestellten Erkrankungsfällen spielt bei der eigentlich neurotischen, der inneren Versagung ein Konflikt zwischen Ich und Über-Ich die entscheidende Rolle. Das Ich muß selbst bei starker Libidofixierung oder -regression versuchen, gegen das Über-Ich ein gewisses Maß an Triebbefriedigung durchzusetzen, um die ökonomische Regulation und damit die Stabilität der seelischen Struktur zu sichern und es erreicht sein Ziel indirekt duch die Bildung neurotischer Symptome.

Es gibt jedoch auch krankheits*veranlassende* traumatische Situationen, die auf einen Konflikt zwischen Ich und Über-Ich zurückzuführen sind. Dieser vierte Erkrankungstyp findet sich dort, wo ein unerbittliches, grausames Über-Ich vom Ich grundsätzlich äußerste Einschränkungen aller Triebansprüche verlangt. Ein extrem triebfeindlicher Pubertätsausgang zum Beispiel ist gemeinhin nicht allein durch die Angst vor der Triebstärke, sondern darüber hinaus durch ein höchst intolerantes Über-Ich bedingt. Bereits die Befriedigung der lebensnotwendigen Körperbedürfnisse, so das Stillen von Hunger und Durst, ist verpönt, insofern es mit Lustgewinn verbunden ist, und es wird nur unter Gewissensskrupeln und unter Anwendung von Maßnahmen gestattet, die den Lustgewinn verringern.

Ein junger Mann pflegte vor jeder „Erfüllung der ehelichen Pflicht" inständig darum zu beten, „daß wir vor Sinneslust bewahrt bleiben".

Eine Triebstauung ist bei einem so intoleranten Über-Ich unausbleiblich. Es bedarf schließlich nur noch ganz geringer äußerer Anlässe, um die Libido zur Entladung der unerträglich gewordenen Spannung in die Regression, zum Rückgang aus der Realität in die Phantasie und zur Abfuhr im neurotischen Symptom zu zwingen: geringfügiger Versagungen durch die Außenwelt, welche die minimale direkte Triebbefriedigung noch weiter reduzieren; oder auch realer Triebbefriedigungsangebote, die zu Triebdurchbrüchen, zur Entladung der hoch angestauten Libido locken. Allfällige Alltagssituationen werden infolge der ausgedehnten Frustration zu unbeherrschbaren Versuchungen, denen das Ich unter dem Druck des Über-Ich nicht nachzugeben, unter der Spannung des Es aber nicht mehr zu wehren vermag – wenn nicht durch Rückzug auf die larvierte Triebbefriedigung im neurotischen Symptom. Die Bekämpfung einer Versuchung kommt einer inneren Versagung gleich, muß aber noch nicht einem neurotischen Konflikt entsprechen. Welchem Typus die Krankheitsveranlassungen nun auch angehören mögen – sie stimmen darin überein, daß sie zur Anstauung von Triebenergie führen, welche das Ich nicht mehr angemessen zu befriedigen vermag. „Wir werden auf solche Weise daran gemahnt, daß wir das quantitative Moment bei keiner Überlegung über Krankheitsveranlassung außer acht lassen dürfen. Alle anderen Faktoren, die Versagung, Fixierung, Entwicklungshemmung, bleiben wirkungslos, insofern sie nicht ein gewisses Maß der Libido betreffen und eine Libidostauung von bestimmter Höhe hervorrufen. Dieses Maß von Libido, das uns für eine pathogene Wirkung unentbehrlich dünkt, ist für uns freilich nicht meßbar; wir können es nur postulieren, nachdem der Krankheitserfolg eingetreten ist. Nur nach einer Richtung dürfen wir es enger bestimmen; wir dürfen annehmen, daß es sich nicht um eine absolute Quantität handelt, sondern um das Verhältnis des Libidobetrages zu jener Quantität von Libido, welche das einzelne Ich bewältigen, das heißt in Spannung erhalten, sublimieren oder direkt verwenden kann. Daher wird eine relative Steigerung der Libidoquantität dieselben Wirkungen haben können wie eine absolute. Eine Schwächung des Ichs durch organische Krankheit oder durch besondere Inanspruchnahme seiner Energie wird imstande sein, Neurosen zum Vorschein kommen zu lassen, die sonst trotz aller Disposition latent geblieben wären" (Freud, S., 22, S. 328/29). Äußere und innere Disposition ergänzen sich also bei der Veranlassung und Verursachung von Neurosen. Es gibt keine einheitliche Ursachenkonstellation für die neurotischen Erkrankungen. Äußere und innere Bedingungen bilden – ähnlich den Faktoren, die zur Triebfixierung führen – eine *Ergänzungsreihe* derart, daß bei stärkerer Disposition – sei es nun von seiten des Es, des Ich oder des Über-Ich – ein schwächerer äußerer Anlaß genügt, um eine Neurose zu manifestieren und umgekehrt.

Freud hat nicht oft so nachdrücklich die energetisch-dynamische bzw. die ökonomische Betrachtungsweise seelischer Vorgänge – die Blickrichtung auf das „quantitative Moment" – herausgestellt. Ihr gegenüber tritt die erlebnisnähere Bezugnahme auf die Schicksale der (Trieb-)Objektbeziehungen und ihre Bedeutung für die Entstehung neurotischer Erkrankungen in den Hintergrund. Das liegt nicht nur an dem Gewicht, das der große Entwurf einer Libidotheorie („Prinzip der kommunizierenden Röhren") zunächst für das Gesamt der psychoanalytischen Theorienbildung hatte. Das Konzept der Triebstauung und der Behinderung einer angemessenen – die Ich-Psychologie sprach später von der „ich-gerechten" – Spannungsabfuhr empfahl sich auch als Grundelement eines relativ einfachen und dennoch eine Vielfalt übergreifenden, also generellen Erkrankungsmodells; und es erweist sich bis in die Gegenwart als leistungsfähig – bei aller Einseitigkeit der Betrachtungsweise.

IX. DIE SYMPTOMBILDUNG BEI DEN ÜBERTRAGUNGSNEUROSEN

Die Darstellung der Symptombildung soll davon ausgehen, daß durch eine äußere Versagung eine traumatische Situation entstanden ist. Die Libido kehrt dann regressiv zu früheren Positionen, zu Fixierungsstellen zurück; sie besetzt infantile Ziele und Objekte. Mit dieser Regression geht auch ein Rückzug von der enttäuschenden Realität auf die Phantasie einher. Die regressiv verstärkten infantilen Regungen beleben alte, bis dahin inaktive Phantasien wieder, die aber vom Über-Ich und Ich mißbilligt und vom Bewußtsein abgehalten werden, mit anderen Worten der Verdrängung unterliegen. Wo sie dennoch zum Bewußtsein kommen, sind sie entstellt – wie ein latenter Traumgedanke im manifesten Trauminhalt. Die infantilen Objekte sind zumeist durch aktuelle Objekte ersetzt, die Triebziele mehr oder weniger nach den Regeln des Primärvorgangs modifiziert.

Die Phantasietätigkeit greift lebhaft um sich. Ausgedehnte Tagträumereien nehmen alsbald soviel Aufmerksamkeit in Anspruch, daß sich das Ich nur noch mit Mühe auf seine Alltagsaufgaben konzentrieren kann: fast alle Neurotiker klagen mindestens zu Anfang der Erkrankung über ein Nachlassen des Konzentrationsvermögens. Dennoch reichen die phantasierten Triebbefriedigungen nicht aus, hinreichend große Beträge der aufgestauten Libido abzuführen. Die Triebe verlangen nach Umsetzung in eine motorische, sekretorische oder sensorische Entladung. Und diese kann nun in perversen Triebhandlungen, neurotischen Symptomen oder in psychosomatischen Krankheitsprozessen erfolgen.

Wenn es zur Manifestation einer Neurose kommt, so hängt die Form der Neurose und damit die Qualität der neurotischen Symptome im Einzelfall vor allem davon ab, auf welcher Organisationsstufe die Libido ihre entscheidenden zonalen und modalen Fixierungspunkte hat. Bei allen Übertragungsneurosen kehrt die Libido zu den Objekten der Ödipuskonstellation zurück; Ödipus- und Kastrationskomplex werden wiederbelebt. Die Triebansprüche, die sich in der Phantasie um die Inzestobjekte kristallisieren, sind bei der Hysterie phallisch-frühgenitaler, bei der Zwangsneurose analsadistischer Natur. Die prägenitalen Inzestwünsche werden vom Über-Ich noch schärfer abgelehnt als die genitalen. Sie fordern daher zusätzliche Abwehrmaßnahmen des Ich heraus. Die Abwehrmechanismen des Ich sind mehr oder weniger spezifisch auf Triebansprüche bestimmter Qualität bezogen, d. h. bestimmter Organisationsstufen der Libido zugeordnet. Das deutet darauf hin, daß der neurotischen Erkrankung neben der Libidoregression auch regressive Ich-Veränderungen zugrunde liegen.

Das neurotische Symptom stellt den Niederschlag eines *Kompromisses* (Freud, S., 9, S. 78/79, und Freud, S., 10, S. 137) dar, den das Ich mittels seiner Abwehrmechanismen mit den vom Über-Ich verpönten Triebansprüchen geschlossen hat. Wie die Triebansprüche und die Abwehrmechanismen des Ich, so unterscheiden sich auch die Symptome bei den verschiedenen Neuroseformen in ihrer Eigenart.

1. Die Symptombildung bei der Konversionshysterie

Bei der Konversionshysterie bleibt der Primat der genitalen Libido erhalten. Die Triebziele, die in den Phantasien den Objekten der Ödipuskonstellation gelten, sind genitaler Natur. Dennoch hat die Libido auch hinsichtlich ihrer Ziele in der Hysterie einen ersten Rückschritt vollzogen: sie ist mit mehr oder weniger erheblichen Beträgen auf die phallische Organisationsstufe regrediert. Das bedeutet zugleich auch eine Rückkehr zur narzißtischen Objektbesetzung: waren die Objektbeziehungen zuvor überwiegend vom Typ der Objektliebe, wurde das Objekt als Ganzes, so wie es wirklich ist, begehrt, so bestimmen jetzt wieder stärker Identifikation und Projektion die Beziehungen zum Objekt.

Die Frau wird durch den Widerstreit zweier schwer miteinander vereinbarer Tendenzen beherrscht: durch den Inzestwunsch und den Penisneid. Der Wunsch, sich dem Mann als dem Verschiebungsersatz für das Inzestobjekt, den Vater oder Bruder, hinzugeben, trifft auf den Männlichkeitskomplex, den Wunsch, selber den Penis zu besitzen und mit dem Mann zu rivalisieren. Identifikation und Objektliebe treten in Konkurrenz. Da auf der phallisch-narzißtischen Stufe Penis und Ich identifiziert sind, wird der Penis überschätzt. Insofern die Frau den Mann begehrt, wünscht sie ihn dementsprechend omnipotent. Sie akzeptiert ihn nicht in seiner Wirklichkeit, so wie er ist, sondern sie stattet ihn projektiv gemäß dem eigenen Männlichkeits-Ideal mit phal-

lisch-omnipotenten Zügen aus: sie erwartet eine in jeder Hinsicht unerschöpfliche Tüchtigkeit.
Dieses phantasierte Partnerbild muß am realen Objekt scheitern; die projektive Verkennung der
Eigenart des Objektes muß unausbleiblich zur Enttäuschung führen. Diese Enttäuschung aber
kommt dem Penisneid entgegen: die Tatsache, daß die Realität des männlichen Objekts ihren
Omnipotenzerwartungen nicht entspricht, ist der hysterischen Frau ein Beleg dafür, daß ihre
Rivalität mit dem Mann durchaus als eine Angelegenheit betrachtet werden kann, über deren
Ausgang noch nicht entschieden ist; sie stellt die männliche Potenz in Frage und versetzt die hysterische Frau in die Lage, auch die eigene Penislosigkeit unbewußt zu bezweifeln oder zu verleugnen. Die Aufrechterhaltung dieser unbewußten Fiktion hat zwangsläufig *Frigidität* zur Folge. Volle Hingabe an den Mann setzt die Aufgabe des Penisneides voraus. Hingabe ist gleichbedeutend mit Kastration, solange der Peniswunsch unbewußt fortbesteht (Freud, S., 25, S.
451/52).
Ein Grund, weshalb die hysterische Frau außerstande ist, den Wunsch nach dem Besitz des Penis
aufzugeben, liegt in der Wertschätzung, die der Penisbesitz auf dem Boden der phallischen Organisation erfährt: ohne den Penis hält sich die Frau auf dieser Stufe für minderwertig und für
nicht liebenswert (Lampl-de Groot, J., 1927 und 1937). Es ist somit die Angst, nicht mehr geliebt zu sein, die das Verhalten der hysterischen Frau bestimmt. Diese *Angst vor dem Liebesverlust* (Freud, S., 49, S. 173/74) hat aber noch eine andere Quelle als die der phallischen Organisation: die Inzestwünsche, die hinter der phallischen Rivalität verborgen sind, wecken lebhafte
Schuldgefühle. Die Angst, die Liebe der Mutter zu verlieren, mit der die Hysterika unbewußt
um den Besitz des Vaters rivalisiert, drückt sich in Schuldgefühlen aus, da die Mutter im Über-
Ich ihre intrapsychische Repräsentanz gefunden hat. Diese Schuldgefühle hemmen die unbewußt inzestuösen Hingabewünsche und tragen ebenfalls zur Frigidität mit bei.

Auch *beim Manne* wecken die unbewußten Inzestwünsche lebhafte Schuldgefühle und konstel-
lieren den Kastrationskomplex. Der hysterische Mann weicht in die passiv-feminine Einstellung
aus, er reaktiviert die hinter den phallisch-aktiven Regungen verborgenen rezeptiven Wünsche,
die aus der analsadistischen Organisation überkommen sind und sich in Höhlenphantasien do-
kumentieren. Er gibt die Rivalität mit dem Vater auf, um sich dessen Liebe zu erhalten, von ihm
versorgt zu werden. *Potenzstörungen* sind die unausbleibliche Folge. Eine mehr aktiv-homose-
xuelle Einstellung ergibt sich dagegen häufig dann, wenn statt der ödipalen Wünsche die phallisch-narzißtischen Regungen überwiegen. Der Stolz auf den phallischen Besitz führt dazu, daß
nur solche Objekte begehrenswert erscheinen, die durch betont männliche Wesensmerkmale
ausgezeichnet und somit geeignet sind, die eigenen phallischen Omnipotenzphantasien wider-
zuspiegeln. Doch auch hier erweist sich der Kastrationskomplex als ein entscheidendes Motiv:
die imponierende Männlichkeit dient der Sicherung gegen die Kastrationsangst, sie soll bestätigen, daß der Mann tatsächlich mit einem Penis ausgestattet ist (Kuiper, P. C., 1962).

Die Phantasien der hysterisch Kranken entstammen im wesentlichen dem
vorstehend bezeichneten Themenkreis des Ödipus- und Kastrationskomplexes. Sie stoßen aber auf die Ablehnung des Über-Ich und wecken deshalb
Angst und Schuldgefühle: der eigentlich neurotische Konflikt ist konstelliert,
dem sich das Ich durch Anwendung bestimmter Abwehrmechanismen zu
entziehen sucht.
Der für die Konversionshysterie charakteristische Abwehrmechanismus ist
die *Verdrängung.* Auch bei den anderen Übertragungsneurosen kommt der
Verdrängung die primär entscheidende Bedeutung zu, doch schließen sich
dort zusätzliche Abwehrmechanismen an die Verdrängung an. Das Resultat

der Verdrängung besteht bei der Konversionshysterie darin, daß vor allem die Vorstellungsrepräsentanzen des Triebes aus dem Bewußtsein verschwinden und die Libido vom Genitale auf andere Körperteile verschoben wird. Das Ich löst also den neurotischen Konflikt zunächst dadurch, daß es ihn vom Bewußtsein ausschließt. Damit sind aber die anstößigen Phantasien und Regungen keineswegs inaktiv geworden. Sie bleiben aktiv, sie sind nur den Gesetzen des Sekundärvorganges entzogen und denen des Primärvorganges unterworfen; sie werden nun durch Verschiebung und Verdichtung in Beziehung zu Körperstellen gebracht, denen ursprünglich eine genitale Funktion nicht zukommt und dadurch zum Konversionssymptom. Der Körperteil, auf welches die genitale Libido nun verschoben ist, hat unbewußt die Bedeutung des Genitalorgans bekommen. Diese „Genitalisierung" bedeutet, daß die betroffene Körperstelle nicht nur das Genitale repräsentiert, sondern auch die Phantasien und deren Ablehnung durch das Über-Ich, also den ganzen neurotischen Konflikt, zumindest aber Konfliktanteile hochgradig verdichtet zur Darstellung bringt (Freud, S., 8, S. 206; Freud, S., 18, S. 14; Freud, S., 12, und Freud, S., 35, S. 319, S. 336).

Durch die Verdichtung des Konfliktes und seiner mannigfachen Teilmotive in einzelnen Symptomen haben sich in diesen sehr große Energiebeträge konzentriert. Denn mit der Bedeutungsverschiebung geht bei der Genitalisierung auch eine Verschiebung der genitalen Erregung auf die ursprünglich nicht-genitale Körperstelle einher. In gleichem Maße hat das Genitale selbst an Libidobesetzung und damit an Erregbarkeit verloren. Die genitalisierte Körperstelle ist nun aber nicht nur mit genitaler Libido besetzt. Das Symptom repräsentiert auch die Verbote des Über-Ich und dementsprechend haben sich unter der Regie des Ich auch sadistische Energiebeträge zur Bestrafung für die libidinöse Triebbefriedigung im Symptom lokalisiert.

Die Genitalisierung bedient sich aller körperlicher Gegebenheiten, die zur Verfolgung ihrer Zwecke geeignet sind, d. h. die eine szenische oder symbolische Darstellung der hysterischen Phantasien ermöglichen. Es lassen sich aber bestimmte typische, immer wiederkehrende Formen der Genitalisierung hervorheben, so die Verwendung eines Gliedes, etwa eines Beines oder eines Fingers als Ersatz für das männliche Glied. Auch der Kopf wird besonders häufig genitalisiert – wozu er sich kraft einer Analogie zum „Kopf" des Penis, der Eichel, anbieten mag. Ein Hysteriker äußerte in Erregungszuständen wiederholt: sein Kopf sei „voller Spannung, hocherregt", und bald darauf es sei, „wie wenn er sich durch Strahlungen entlädt". Es zeigte sich, daß seine angestrengten Denkversuche der unbewußten Phantasie entsprangen, die Welt durch die Ausstrahlung seines Kopfes geistig zu befruchten. Die Verschiebung phallisch-narzißtischer Omnipotenzphantasien ist unverkennbar.
Ähnlich wird die obere, orale Körperöffnung als Darstellungsersatz für die untere, genitale Körperöffnung verwandt, worin sich nicht selten infantile Geburtsphantasien niederschlagen, etwa die Phantasie der Empfängnis und Geburt durch den Mund. Diese Genitalisierung des Kopfes oder des Mundes ist für die Hysterie besonders charakteristisch und wird „Verschiebung von unten nach oben" genannt.

Die Genitalisierung nicht-genitaler Körperteile bedeutet, daß das betroffene Organ neben seiner physiologischen, normalen Funktion noch eine andere, die Funktion des Symptoms, die Rolle eines Ersatzgenitales zu übernehmen hat. Daraus ergeben sich oft erhebliche Störungen der normalen Organfunktion, so etwa die Gangstörung im folgenden Beispiel.

An diesem *Beispiel* soll das bisher über die hysterische Symptombildung Gesagte verdeutlicht werden:

Es ist schwer, in einer Analyse gewonnenes Material auszugsweise und unter bestimmten Aspekten gerafft zur Darstellung zu bringen. Ohne Bezugnahme auf Beispiele ist aber das Wesen der neurotischen Symptombildung schwerlich zu kennzeichnen.

Eine beruflich sehr erfolgreiche unverehelichte Frau erkrankte im vierten Lebensjahrzehnt innerhalb kurzer Zeit an verschiedenen neurotischen Störungen, nachdem die langjährige Freundin einen gemeinsamen Freund geheiratet hatte. Jahrelang waren lebhafte homosexuelle und heterosexuelle Regungen in sublimierten Freundschaftsbeziehungen zu beiden Partnern befriedigt worden: beim Sport, bei ausgedehnten Wanderungen, gemeinsam verlebten Ferien, bei Theater- und Konzertbesuchen und in der Pflege zahlreicher anderer gemeinsamer Interessensbereiche zunächst zu zweit, später zu dritt. Nun sah sich die Patientin durch die Verehelichung von Freund und Freundin ausgeschlossen (äußere Versagung).

Bisher als unbekümmert geltend, entwickelte sie nun zunächst eine allseits als übertrieben empfundene Sorge, ihren Bekannten, besonders aber dem jungen Ehepaar ungelegen zu kommen, zu stören, wenn sie nicht lange zuvor ihren Besuch angekündigt hatte. Sie hielt sich allgemein zurück, war viel allein (Rückzug aus der Realität).

Als sie erfuhr, beim befreundeten Paar sei Nachwuchs zu erwarten – man trug ihr die Patenschaft an –, wurde sie krank: sie klagte über „krampfhafte Schmerzen in den Beinen" und ein Gefühl, „wie wenn die Beine schwellen", „wie wenn Schnüre durch die Schenkel ziehen". Bald darauf stellte sich eine Gangstörung ein: ein hinkender Gang von wechselnder Art. Entweder zog die Patientin ein Bein ähnlich wie bei einer spastischen Beinlähmung nach – allerdings ohne Zirkumduktion –, sie nannte es das „steife Bein"; oder sie sank bei jedem Schritt „aus Schwäche" mit dem anderen Bein in das Knie, was sie sehr große Anstrengung kostete und den „sehnlichen Wunsch" weckte, sich „einmal richtig fallen lassen zu können". Außerdem traten immer öfter Übelkeitsgefühle auf, die sich manchmal zum Brechreiz steigerten.

In der ihr vertrauten Umgebung fühlte sich die Patientin nicht mehr wohl. Sie kündigte schließlich unversehens die zunächst angenommene Patenschaft auf, verließ unter unverständlichen Begründungen den Ort und suchte Zuflucht in einem fernen Krankenhaus. Nach langen ärztlichen Untersuchungen, die keine krankhaften Organbefunde ergaben, wurde sie in psychotherapeutische Behandlung vermittelt.

Die Analyse förderte zutage, daß die Patientin unbewußt eine Reihe früherer Erlebnisse und Wünsche wiederholte und in ihrer Symptomatik zur Darstellung brachte:

Als sie sieben Jahre alt war, erwartete die Mutter ein weiteres Kind. Im Verlauf der Schwangerschaft hatte sich – so meinte sich die Patientin zu erinnern – bei der Mutter eine Entzündung der Krampfadern eingestellt, wie sie auch später noch mehrmals aufgetreten sei. Die Beine schwollen an und die Mutter pflegte zu klagen, die Adern seien „hart wie Schnüre". – Die homosexuell auf den Freund und heterosexuell auf die Freundin eifersüchtige Patientin hatte sich offenbar – unbewußt zu den elterlichen Objekten regredierend – mit ihrer Mutter identifiziert; sie belebte die kindlichen Wünsche wieder, an die Stelle der Mutter zu treten und selbst dem Vater ein Kind zu schenken, und übernahm zur Strafe nun auch das mütterliche Krankheitssymptom, die Schmerzen in den Beinen.

Ebenfalls um das siebte Lebensjahr hatte die Patientin vorübergehend wieder eingenäßt. Als sie

mit zehn Jahren erlebte, daß die Mutter abermals ein Kind erwartete, näßte sie wiederum ein. Die Bedeutung des Einnässens wurde nachträglich klar, als sich ergab, daß die Patientin als Mädchen nur mit „Widerwillen", Ekelgefühlen und Brechreiz imstande war, das Schlafgemach der Eltern zu betreten, um die Betten zu ordnen oder zu putzen. Sie hatte sich als Kind lebhaften Phantasien darüber hingegeben, was sich im Schlafzimmer der Eltern wohl ereignet und sich selbst davon ausgeschlossen gefühlt. Der Widerwille, das Elternzimmer zu betreten, ließ sich verstehen als Reaktionsbildung gegen den Wunsch, dort einzudringen und selbst mit dem Vater das Schlafzimmer zu teilen. Der Brechreiz war, im Sinne einer Verschiebung von unten nach oben, von der genitalen zur oralen Körperöffnung, ebenfalls eine Reaktionsbildung: er war der Ausdruck des Widerwillens gegen den Wunsch nach sexuellem Kontakt mit dem Vater. Zugleich spielte er auf ein Schwangerschaftserbrechen an. Später wiederholten sich diese Reaktionen, als sich die Patientin übertrieben sorgte, sie könne das junge Ehepaar stören. Auch das kindliche Einnässen ließ sich schließlich deuten: Wenn der Vater die Mutter bevorzugte, dann suchte sich die Patientin schadlos zu halten, indem sie selbst einnäßte. Die harnausscheidenden und harnbildenden Organe waren so genitalisiert, sie waren Sexualorgane, und zwar männliche Sexualorgane geworden. Das Einnässen hatte die Bedeutung einer Selbstbefriedigung.
Als die Patientin 16 Jahre alt war, hatte die ödipale Eifersucht einen neuen Höhepunkt erreicht. Die Atmosphäre im Elternhaus war so gespannt, daß die Patientin nach einem dramatischen Streit, eifersüchtig auf die Mutter, enttäuscht vom Vater, von dem sie sich mißachtet fühlte, unvermittelt das Elternhaus verließ, um sich „selbständig zu machen und auf niemanden mehr angewiesen zu sein". Diese abrupte Trennung hatte sie offenbar unbewußt wiederholt, als das befreundete Ehepaar ein Kind erwartete. Bewußt wurden diese Zusammenhänge aber erst, als sich die Patientin in der Analyse zunehmend vom Arzt vernachlässigt fühlte und Eifersucht entwickelte. Sie träumte nun: sie fordere die letzte Honorarrechnung, begleiche sie und erkläre: heute sei sie zum letzten Mal dagewesen! – Sie wollte also nun auch ihren Arzt gekränkt verlassen. Im Beruf erwies sich die Patientin als sehr tüchtig, nachdem sie sich vom Elternhaus getrennt hatte. Sie sah auf ihre männlichen Berufskollegen geringschätzig herab: „Was die können, das kann ich längst!" Die phallische Rivalität war unverkennbar und schlug sich schließlich unbewußt auch in der Gangstörung nieder. Das Bein war genitalisiert; die Störung hatte die Bedeutung: ein steifes Glied, das habe ich selbst! Ich bin auf meinen Vater, auf meinen Arbeitskollegen, auf meinen Freund, auf meinen Arzt nicht angewiesen und kann mir selber helfen! Das aber hatte sie sich schon beweisen wollen, als sie sich im Alter von sieben Jahren mit dem Vater identifizierte und sich einnäßte.
Die andere Form der Gangstörung, das „in die Knie gehen", drückte den gegenteiligen Wunsch aus, „schwach zu werden", vor dem Mann auf die Knie zu fallen, den Vater „anzubeten" und sich ihm hinzugeben – also eine Identifikation mit der Mutter, den Wunsch, sich an ihre Stelle zu setzen, wofür sich die Patientin in ihrem Symptom zugleich bestrafte, indem sie die Krampfaderbeschwerden der Mutter mit übernahm und sich die Strapazen der Gangstörung und die erheblichen Einschränkungen der Freizügigkeit, die sich aus der Gangstörung ergaben, aufbürdete.

Das Beispiel läßt die wesentlichsten Merkmale hysterischer Symptombildung erkennen (Freud, S., 12, S. 196):
Die Phantasien, die den Konversionssymptomen zugrunde liegen, gehören dem Themenkreis des Ödipus- und Kastrationskomplexes an. Sie repräsentieren sowohl inzestuöse als phallisch-narzißtische, heterosexuelle als homosexuelle Regungen.
Die Konversionssymptome sind Erinnerungssymbole! Sie bringen im Rah-

men der zugrunde liegenden Phantasien auch reale traumatische Erlebnisse zur Darstellung (Freud, S., 1, S. 448).

Die hysterische Symptombildung dient der Bewältigung einer traumatischen Situation, die durch den neurotischen Konflikt entstanden ist. Das Symptom repräsentiert einen unbewußten Kompromiß, der alle drei am neurotischen Konflikt beteiligten psychischen Instanzen hinreichend befriedigt: Das Es hat eine Minderung der Triebstauung erfahren, da das Symptom autoerotisch mehr oder weniger Triebbefriedigung gewährt. Dem Über-Ich ist durch die masochistischen Impulse, die Selbstbestrafungstendenzen, die an der Symptombildung beteiligt sind, Genüge getan. Für das bewußte Ich ist der Konflikt durch den Verdrängungsvorgang gelöst. Es weiß nichts von den traumatischen Erlebnissen und den widerstreitenden Tendenzen im Individuum. Die anstößigen Vorstellungen sind aus dem Bewußtsein entfernt, die zugehörigen Affektrepräsentanzen der Triebe entweder unterdrückt oder auf das Symptom verschoben. Das Ich ist frei von Angst und Schuldgefühl – soweit sie die im Symptom gebundenen Triebansprüche betreffen.

Insofern ist die Lösung des neurotischen Konfliktes befriedigend gelungen. Und dementsprechend sind auch die Abwehrvorgänge der Konversionshysterie zu einem Abschluß gekommen. Wenn man dieses Resultat jedoch unter dem Blickwinkel der Außenweltbeziehungen, der Forderungen des realen Lebens und unter dem ökonomischen Aspekt betrachtet, so ist die Konfliktlösung durch das hysterische Symptom ein Mißerfolg: Reale Triebbefriedigung ist nicht mehr möglich, die Objektbeziehungen sind durchweg nachhaltig gestört, der Radius der Erlebnismöglichkeiten ist erheblich verkürzt. Zur Aufrechterhaltung der Verdrängung, also für die Gegenbesetzung, und zur Anpassung des Individuums an die Behinderungen und Beeinträchtigungen, welche die krankhaften Symptome mit sich bringen, muß das Ich große Beträge neutralisierter Energie aufwenden, die ihm für die Bewältigung der Leistungsanforderungen des Alltagslebens fehlen: die Lebenstüchtigkeit ist reduziert (Freud, S., 32, S. 259).

Nicht alle hysterischen Krankheitserscheinungen sind als Konversionssymptome zu bezeichnen. Das gilt vor allem für den hysterischen *Dämmerzustand* (Freud, S., 15, S. 239), für die sogenannte *Skotomisierung* (Laforgue, R., 1928) und für die hysterische *Amnesie* (Freud, S., 17, S. 417, und Freud, S., 8, S. 174/75). Sie sind auf Störungen der Wahrnehmungsfunktion des Ich zurückzuführen, die für die Hysterie besonders charakteristisch sind und darin bestehen, daß das Ich den vorbewußten Vorstellungs- und Affektrepräsentanzen der unbewußten Triebansprüche die Besetzungsenergie vorenthält. Mit anderen Worten: den im Vorbewußten lokalisierten Wortvorstellungen, durch welche die unbewußten triebhaften Sachvorstellungen bzw. Wünsche dem Denken im Sinne des Sekundärvorganges faßbar sind, wird die Aufmerksamkeitsenergie entzogen.

Dieser dem Hysteriker eigentümliche Abwehrvorgang entspricht einer Fixierung oder einer *Regression des Ich*. Er greift auf den infantilen Abwehrmechanismus der Verleugnung der Realität zurück, eine unlustbetonte Wahrnehmung einfach zu verleugnen: was unangenehm ist, wird ignoriert, ist nicht vorhanden. Sofern die äußere Realität unerträglich geworden ist, nimmt der Hysteriker sie einfach nicht zur Kenntnis; die Erregbarkeit der der Außenwelt zugewandten Wahrnehmungsbereitschaft des Ich wird aufgehoben oder eingeschränkt. Im Falle der Aufhebung entsteht ein Dämmerzustand; es werden fast nur noch innere Reize wahrgenommen: Empfindungen, Wünsche und Phantasien füllen das Bewußtsein aus. Beschränkt sich die Verleugnung der Realität auf engbegrenzte unliebsame Außenweltbereiche, dann spricht man von Skotomosierung. Bestimmte Sachverhalte, die das Ich nicht wahrhaben möchte, werden übersehen.

Sind es dagegen innere Reize: Phantasien, Triebregungen, Wünsche, die, wie beim neurotischen Konflikt, im Ich Angst oder Schuldgefühle, also Unlust wecken, und sucht sich das Ich durch Verleugnung der vorbewußten inneren Realität den Unlustgefühlen zu entziehen, dann spricht man von Verdrängung. Insofern sich die Verdrängung auf die Erinnerung realer unlusterregender, traumatischer Erlebnisse bezieht, wird die Verdrängung Amnesie genannt. Die Amnesien spielen bei allen hysterisch Kranken eine große Rolle; die entscheidenden krankheitsveranlassenden Erlebnisse sind ebenso wie die wesentlichen Kindheitstraumen, zu denen die Libido regrediert – so etwa die Eindrücke aus dem Bereich des Ödipuskomplexes –, durchweg der Amnesie verfallen.

Man muß bedenken, daß die Verdrängung der genitalen Bestrebungen ebenso wie die Verleugnung unlustvoller Außenwelteindrücke ein dem Kinde durchaus angemessener Vorgang ist. Denn für eine genitale Triebbefriedigung am realen Objekt fehlen dem Kinde noch wesentliche Voraussetzungen: die biologische Reife und ein gewisses Maß sozialer Unabhängigkeit. Der Ödipus- und Kastrationskomplex sind durch die sich hier andeutende Diskrepanz zwischen dem psychischen einerseits und dem biologischen und sozialen Entwicklungsstatus andererseits bedingt. Wenn aber der erwachsene, biologisch reife und sozial relativ selbständige Mensch auf genitale Triebbefriedigung an nicht-inzestuösen Objekten aus Motiven verzichtet, die denen des Kindes gleichzusetzen sind, und seine Triebansprüche verdrängt, so ist das nicht mehr der Ausdruck angemessener Realitätsanpassung. Das Ich ist – mindestens soweit es die Einstellung zu den genitalen Triebansprüchen betrifft – gleich der Libido einer infantilen Entwicklungsstufe verhaftet oder zu ihr zurückgekehrt.

Gegen die Amnesie, die Skotomisierung und den Dämmerzustand heben sich die Konversionssymptome durch die Verlagerung des psychischen Konfliktes ins Körperliche ab.

Diese hysterische Neigung zur *Konversion* ins Körperliche ist nicht leicht zu erklären. Man kann davon ausgehen, daß die hysterische Disposition infolge der Fixierung des Ich an eine infantile Organisation durch die besondere Bereitschaft ausgezeichnet ist, der Wahrnehmungsfunktion Aufmerksamkeitsenergie zu entziehen. Wenn aber den vorbewußten Triebrepräsentanzen, den Wortvorstellungen, die Besetzungs- bzw. Aufmerksamkeitsenergie vorenthalten wird, dann sind die in den unbewußten Sachvorstellungen repräsentierten Triebansprüche daran gehindert, auf dem Wege über die Verbindung mit den zugehörigen vorbewußten Wortvorstellungen zum Bewußtsein und zur Abfuhr in einer bewußten, vom Ich gebilligten Triebhandlung zu gelangen. Die Annahme liegt nun nahe, daß sie deshalb unter Umgehung des Vorbewußten zur Abfuhr in Muskelerregungen und Sinnesreizen drängen, sich also der Souveränität des bewußten Ich entziehen und sich in Konversionssymptomen unbewußt Ausdruck verschaffen (Nunberg, H., 1959, S. 317f.).

Bei der Konversionshysterie wird durch Konversionssymptome genital-sexuelle Libido gebunden bzw. abgeführt und die im Konversionssymptom zur Darstellung drängenden Phantasien sind überwiegend genital-sexueller Natur. Fenichel hat aber darauf hingewiesen, daß auch prägenitale Konflikte und prägenitale Triebenergien in Konversionssymptomen zur Darstellung und Abfuhr gelangen – typischerweise etwa im Stottern, in psychogenen Tics und in manchen Formen des Asthma bronchiale (Fenichel, O., 1931, S. 135ff.). Eine kritische Revision des Konversionsbegriffes und seiner sehr unterschiedlichen Verwendung in der psychoanalytischen und psychosomatischen Literatur hat Leo Rangell geleistet (Rangell, L., 1959, S. 121–147).

Die Libido folgt bei der Konversion häufig bestimmten vorgezeichneten Bahnen. Die Wahl eines Körperteils für die Symptombildung richtet sich nicht allein danach, wieweit es kraft einer Analogie zur Darstellung einer Genitalfunktion geeignet ist. Auch andersartiges *somatisches Entgegenkommen* (Freud, S., 8, S. 200f.) spielt bei der Wahl des Körperteils eine Rolle. Eine frühere Verletzung, die leibhaftige Traumatisierung eines Körperteils, eines Gliedes ist beispielsweise sehr geeignet, das von der Kastration bedrohte Genitale darzustellen. Ein somatisches Entgegenkommen besonderer Art kommt bei einem flüchtigen aber sehr dramatischen Konversionssymptom ins Spiel: beim *hysterischen Krampfanfall* (Freud, S., 15). Der hysterische Krampfanfall stellt – durch Verschiebungen, Verdichtungen und Umkehrungen mehr oder weniger entstellt – bestimmte, den unbewußten Phantasien entsprechende Koitusaspekte dar, wobei die für den Betreffenden ebenso wie für den Zuschauer vorhandene Undurchsichtigkeit des Anfallablaufes vor allem daraus resultiert, daß die sexuellen Aktivitäten beider in der Phantasie am Koitus beteiligten Personen zur Darstellung gelangen. Das somatische Entgegenkommen ist in dem jedem Menschen innewohnenden Reflexmechanismus oder Instinktradikal der Koitusaktion zu sehen. Der hysterische Krampfanfall ist ein Koitusäquivalent.

Aber nicht jeder hysterische Anfall kann wie der *Krampf*anfall als Koitusäquivalent verstanden werden. Das hysterische Anfallsgeschehen kann sehr verschiedene Gestalt annehmen. Man kann aber feststellen, daß alle hysterischen Anfallsabläufe Phantasien oder Erlebnisse zur Darstellung bringen, die direkt oder indirekt der Genitalsphäre zugehören.

1.1 Eine Revision der klassischen Hysterie-Lehre (J. O. Wisdom)[8]

Eine tiefgehende, systematische Revision der seit S. Freud grundlegend nicht mehr veränderten psychoanalytischen Hysterie-Lehre ist 1957 durch J.O. Wisdom erfolgt. Wichtige Erweiterungen, die die klassische Hysterie-Lehre bis dahin erfahren hatte – vor allem auch aus der Schule M. Kleins und insbesondere von W.R.D. Fairbairn – haben darin ihren Niederschlag gefunden. Im Mittelpunkt der Wisdomschen Betrachtungsweise steht die *Eigenart der hysterischen Symbolik*. Wisdom sieht im Konversionssymptom des Hysterikers eine *symbolische Gleichsetzung* mit Vorgängen, die dem Geschlechtsverkehr von Penis und Vagina als *Teilobjekten* angehören.

Das heißt: Unbewußt *stellt* der Hysteriker im Konversionssymptom *nicht nur* Aspekte eines genitalen Sexualverkehrs *dar* (wobei dem Konversionssymptom nach klassischer Lehre (s.o.) möglicherweise auch noch eine energetische, spannungsabführende Funktion zufällt; Wisdom legt dar, daß S. Freuds Auffassungen in dieser Hinsicht wechseln). Nach Wisdom hat das Konversionssymptom nicht nur Symbolcharakter in dem Sinne, daß es gleichnishaft eine sexuelle Szene *repräsentiert, bedeutet*. Vielmehr *ist* für den Hysterischen, Wisdom zufolge, das Konversionssymptom unbewußt *identisch* sowohl mit einem Penis als auch mit einer Vagina. Wisdom faßt somit implizite S. Freuds Begriff der *Genitalisierung* im Sinne des der Schule M. Kleins entstammenden Begriffs der *symbolischen Gleichsetzung* (Segal, H., 1957) (vgl. Loch, W., Kap. V 3 a) auf, der eine archaische Vorform der Symbolbildung bezeichnet. Sie entstammt einem Entwicklungsstadium, in welchem gute und böse, zerstörerische Regungen noch nicht stabil als ein und demselben Ich/Selbst oder Objekt zugehörig erlebbar sind, so daß – insbesondere bei Weckung aggressiver Regungen – Subjekt wie Objekt leicht wieder *in Teile aufgespalten* werden können, die infolge *projektiver Identifikation* (vgl. Loch, W., S. 57) als Träger entweder nur guter oder nur böser (verfolgende) oder schlechter (Beschädigung, Zerstückelung, Zerstörung; Leichenteile) Eigenschaften wahrgenommen werden können.
Das spricht für *hochgradige Ambivalenz*, und zwar für das Fortbestehen lebhafter Aggressivität praegenitaler, vor allem *oralsadistischer* Natur.

Die oralsadistischen Regungen – und insbesondere hier kann Wisdom sich auf die neuere psychoanalytische Literatur stützen – nehmen bei Hysterischen auf den Charakter der phallisch- bzw. vaginal-genitalen Antriebe Einfluß. Die Genitalien – nicht nur die *Vagina* („dentata"!), auch der *Penis* („Schlange"!) werden als oral-digestive, *destruktiv-receptive Hohlorgane* aufgefaßt: beißend-eindringend, verschlingend-einverleibend (vgl. E.H. Erikson: Organmodus der beißenden Einverleibung, Kap. VII), getrieben von Gier und Neid. Die *Urszene*, der Koitus von Penis und Vagina, gilt daher unbewußt als so hochbedrohlich, daß sein Vollzug im kennzeichnendsten Konversionssymptom, in der *hysterischen Lähmung*, unterbunden wird.

---

[8] Ich danke Ursula von Goldacker-Pohlmann und Klaus Wilde für eingehende, um klärende Durchdringung der Wisdomschen Konzepte bemühte Seminardiskussionen.

Nach Wisdoms Interpretation *ist* für Hysterische die Lähmung des genitalisierten, mit den Genitalien symbolisch gleichgesetzten Körperteils unbewußt *identisch* mit der *Verhütung des von oralsadistischen Impulsen beeinflußten Koitus* (die Lähmung *stellt* die Verhütung *nicht nur dar!*).

Im Konversionssymptom, sofern es in einer Lähmung besteht, erfolgt somit die Verhütung eines zerstörerischen Koitus von Penis und Vagina nach dem Prinzip der doppelten Sicherung: Die erste Schutzmaßnahme besteht in der Gleichsetzung anderer Körperteile mit den beiden sadistischen Genitalien – und zwar zumeist solcher Körperteile, die weniger schmerzempfindlich und als Lustquelle vergleichsweise eher entbehrlich sind.

Und daran wird eine *Ich-Spaltung im Abwehrvorgang* (Freud, S., 53) deutlich: wenngleich der genitalisierte Körperteil für den Hysterischen in einer Hinsicht mit Genitalien identisch ist, so ist er in anderer, davon geschiedener, abgespaltener Hinsicht tatsächlich zugleich eben doch kein Genitale. Der Hysterische ist – von flüchtigen Episoden abgesehen – nicht psychotisch. Seine Realitätsprüfung bleibt offenbar ungeachtet der symbolischen Gleichsetzung intakt. (Vielleicht liegt darin ein Ansatz zur Erklärung des Eindrucks von ,,*Unechtheit*'', welchen Hysterische so oft erwecken und der sie immer wieder dem Vorwurf der Simulation ausgesetzt hat. Vgl. aber später!)

Zusätzlich wird – über die Genitalisierung nicht genitaler Körperteile hinaus – die Angst vor der Zerstörung der Genitalien durch Unterbindung des Koitusvollzugs durch Lähmung abgewehrt.

Wenn im Konversionssymptom unbewußt über symbolische Gleichsetzung ein Penis und eine Vagina zueinander in Beziehung treten – um wessen Genitalien handelt es sich? In der Bildung und Aufrechterhaltung des Konversionssymptoms äußert sich eine Ich-Aktivität. Es ist das Ich/Selbst des Hysterischen, das sich im Konversionssymptom nicht nur im gleichgeschlechtlichen, sondern auch im gegengeschlechtlichen Sinn triebhaft betätigt – oder einer Betätigung enthält (Lähmung). Das bedeutet, daß sich das Ich zumindest eine der beiden genitalen Identitäten durch *Identifikation* angeeignet haben muß. Wie kommt es dazu? Wie läßt sich das erklären? Nach Wisdoms Theorie macht sich darin eine *Störung* bestimmter *identifikatorischer Vorgänge* geltend, *die normalerweise zur Bewältigung des Ödipuskomplexes führen*. Und Wisdoms systematischer Versuch, zu einem tieferen Verständnis der Hysterie vorzudringen, beginnt mit einer differenzierenden Untersuchung dieser Prozesse. Sie zielt zunächst vor allem auf die Frage ab: Wie wird der sich kastrationsbedroht fühlende ,,Knabe[9] erfahren, daß er seine Libido'', das Verlangen nach dem phallischen Besitz der Mutter, ,,ungefährdet auf ein anderes Ziel'', auf andere Objekte, die Vagina anderer Frauen ,,umleiten kann, d.h. also, wie erlangt er Potenz?''.

Zunächst hat Wisdom die normale Bewältigung des Ödipuskomplexes anhand der Begriffe ,,*introjektive Identifikation*'', ,,wahrscheinlich die klassische Hauptform einer Identifikation'' und der vor allem von M. Klein beschriebenen ,,*projektiven Identifikation*'' dargestellt:

---

[9] Wisdom stellt in seinem Artikel die Vorgänge, die normalerweise zur Bewältigung des Ödipuskomplexes führen, ebenso wie die Vorgänge, die er als der Hysterie zugrunde liegend annimmt, lediglich anhand der Entwicklung des Knaben dar.

„Nehmen wir einmal an, beide Formen der Identifikation finden statt. Wenn sich der Sohn in seinen Vater projiziert, erreicht er zu seiner Mutter eine stellvertretend phallische Beziehung, wobei er zur selben Zeit auch seinem Vater ihren Besitz erlaubt. Wenn er aber seinen Vater introjiziert, erhält er das Anrecht, seinen Penis zu gebrauchen. Dies erlaubt ihm der Vater gegenüber jeder Frau mit Ausnahme von einer. Die Rivalität ist so auf ein Minimum reduziert. Was bleibt also von der Entbehrung übrig? Der Sohn muß sich mittels projektiver Identifikation mit einem phantasierten Geschlechtsverkehr mit seiner Mutter zufriedengeben. Dies bedeutet, daß er ihren *Verlust* als ein *reales* Objekt akzeptiert. Wenn dies der Fall ist, d. h., wenn er nicht völlig vom Kampf um sie, als einem realen Inzestobjekt in Anspruch genommen ist, steht es ihm frei, bei einer anderen Frau Befriedigung zu finden."

Im nächsten Schritt nimmt Wisdom eine *Differenzierung des Introjektions-Begriffes* vor. Er unterscheidet zwischen „*randständiger (orbitaler) Introjektion*" und „*kernhafter Introjektion*" (m. a. W. zwischen randständiger introjektiver Identifikation und kernhafter introjektiver Identifikation).

Um eine kernhafte Introjektion handelt es sich, wenn das, was introjiziert wurde, in das Selbst einbezogen wird. Der *Selbst-Begriff* ist hier verstanden im Sinne des Selbst-Kerns bzw. des „Ich" (vgl. Loch, W., S. 37). Dagegen spricht Wisdom von *randständiger Introjektion*", wenn das, was introjiziert wird, „nur in die „innere" Welt als ein *inneres Objekt* gebracht wird und somit für das Selbst ein Objekt bleibt", ein Objekt, zu dem es eine Beziehung bekommt, sei sie benigner oder verfolgender Art. Wisdom nimmt an, daß das Selbst ein randständig introjiziertes Objekt einschließen, sich einverleiben, „inkorporieren" kann, um es so in ein *Kern-Introjekt* zu verwandeln und daß dieser Vorgang reversibel ist. Um ein Beispiel zu geben weist Wisdom darauf hin, daß der selbe Sachverhalt „im Zusammenhang mit der klassischen Ansicht über die Beziehung zwischen Ich und Über-Ich" erscheint. „Wenn das Ich durch das Über-Ich bedroht wird, dann wird das Über-Ich wie ein Objekt außerhalb des Ich behandelt, obwohl es zur inneren Welt gehört. Wenn andererseits eine Person eine moralisch urteilende Haltung einnimmt, dann schließt sein Ich sein Über-Ich ein und ist mit ihm identifiziert."

Eine parallele Betrachtung ergibt sich in Hinsicht auf „*Projektion*" und „*projektive Identifikation*". Projektion bedeutet, daß eine Haltung oder ein Antrieb auf ein äußeres Objekt projiziert wird, das daraufhin die gleiche Haltung oder denselben Impuls gegen das Selbst wendet; es findet m. a. W. eine „Richtungsumkehr der kernhaften Projektion" statt. Dagegen könnte man eine projektive Identifikation als „Identifikation der kernhaften Projektion" mit dem Objekt bezeichnen.

Wisdom bietet für diese Zusammenhänge ein einfaches Unterscheidungsmerkmal an: „Bei der „Identifikation der kernhaften Projektion" (projektive Identifikation) und bei der „kernhaften Introjektion" *fühlt die Person mit dem eingeschlossenen Objekt*, bei der „Richtungsumkehr der kernhaften Projektion" (oder nur Projektion) und bei der „randständigen Introjektion" „*ist das Fühlen auf das Objekt gerichtet* (entweder positiv oder negativ)."

Diese Unterscheidungen setzen Wisdom zu einer *verbesserten Version der normalen Verarbeitung des Ödipus-Komplexes* instand: „Eine Identifikation der kernhaften Projektion (projektive Identifikation) mit dem Vater" ermöglicht dem Sohn „inzestuöse Befriedigung im Sinne einer Stellvertretung" durch den Vater. Und „eine kernhafte Introjektion des Vaters (introjektive Identifikation mit dem Vater)" gestattet „dem Sohn den Gebrauch seines eigenen Penis". In Hinsicht auf das mütterliche Inzestobjekt ist nun hinzuzufügen: Das randständige Mutter-Introjekt, das dem Sohn einen Weg öffnen könnte, in der Phantasie (direkte, nicht über die projektive

Identifikation mit dem Vater erfolgende) inzestuöse Beziehungen aufrechtzuerhalten, muß vernichtet werden. „Der Sohn muß den Verlust seiner
Mutter" (als Objekt unmittelbar eigenen phallisch-sexuellen Begehrens)
„akzeptieren und dies bedeutet die Zerstörung des randständigen" Introjekts. Dazu bedarf es – wichtige Bedingung für die Lösung des ödipalen
Konfliktes! – einer „schöpferischen Fähigkeit" des Sohnes, die *Trauer*
wegen des Verlustes der Mutter durchzuarbeiten – und diese Fähigkeit setzt
eine hinreichend entwickelte Fähigkeit zur *Symbolbildung* voraus. Die
erfolgreiche Verarbeitung der ödipalen Konfliktsituation ist somit von *drei
Voraussetzungen* abhängig: von einer befriedigenden projektiven Identifikation mit dem Vater; von einer befriedigenden introjektiven Identifikation mit
dem Vater und von der Fähigkeit, die Trauer über den Verlust der randständig introjizierten Mutter als Inzestobjekt zu leisten. Jede der drei Voraussetzungen kann gestört sein – in Folge gesteigerter Aggressivität des Sohnes.
Vermehrte Aggressivität des Sohnes steigert via projektive Identifikation
und Projektion den phallischen Sadismus des Vaters, ebenso wie die introjektive Identifikation – eine Re-Introjektion! – mit der zuvor projektiv-
identifikatorisch aggressivierten väterlichen Potenz die Aufnahme realer
Sexualbeziehungen stört – und auf das ödipale Konfliktfeld zurückverweist.
Gesteigerte Aggressivität des Sohnes belastet aber auch die Beziehung zum
randständigen Mutter-Introjekt. Dessen „Zerstörung", Vernichtung,
„Aufgabe" kommt ohnehin einem sadistischen Angriff auf die Mutter gleich
und setzt, um betrauert, verschmerzt werden zu können, ein zureichendes
reparatives „*schöpferisches*" Potential voraus: Das Vertrauen darauf, hinrei-
chend gut und erfinderisch zu sein, um für einen selbstverschuldeten
Schaden und Verlust einen gültigen – symbolischen – *Ersatz* zu (er-)schaffen.
Wisdom nimmt an, daß *die aggressivierende Störung,* die die normale
Lösung des Ödipuskomplexes behindert, zuerst in der Beziehung zur
Mutter entsteht und durch eine Störung in der Beziehung zum Vater
verstärkt wird – ohne daß aber eine dieser Störungen notwendig entscheidender sei als die andere. Die verstärkende Störung kann stärker sein als die
verstärkte – und umgekehrt. Bei gewissen pathologischen Prozessen jedoch
(von der Art einer „malignen Hysterie" (Balint, M., 1970) ?) dürfte man
annehmen, daß die Störung in der Beziehung zur Mutter die wichtigere Rolle
spielt.

Um die Störungen, die die *Bewältigung des Ödipus-Komplexes* in der Hysterie behindern,
deutlicher zu machen, soll vorweg noch einmal beschrieben werden, wie sich *die ungestörte
Lösung* vollzieht – nun aber abgehandelt nicht in Hinsicht auf die Beziehung zu den Eltern als
Objekten im Sinne ganzer Personen, sondern auf die Beziehung zu den elterlichen Genitalien,
Penis und Vagina, auf *Teilobjekte* mithin; auf einer Ebene der Entwicklung der Objektbezie-
hungen somit, die erst im Zuge der Bewältigung des Ödipus-Komplexes verlassen wird:

Der zentrale Vorgang bei der normalen Bewältigung des Ödipus-Komplexes besteht in der kernhaften Introjektion eines überwiegend benignen väterlichen Penis und seines Objektes, der überwiegend benignen mütterlichen Vagina (der Vagina aber eben als Objekt des väterlichen Penis, ein Sachverhalt, der für die sexuelle Identitätsfindung des Sohnes von großer Bedeutung sein dürfte). Der introjizierte väterliche Penis hat übrigens – anders als typisch für die Hysterie – sein Objekt, die mütterliche Vagina, nicht inkorporiert (vgl. später). Dieser Vorgang vollzieht sich über folgende *Teil-Schritte:*

Der Knabe identifiziert projektiv das randständige Introjekt „väterlicher Penis" mit seinen eigenen phallischen Impulsen, die sich auf die Vagina der Mutter richten, und nimmt, sich in den Vater hineinversetzend, *mit* dem Vater, wie der Vater *fühlend*, an der Beziehung des väterlichen Penis zur mütterlichen Vagina teil. (Er hat dabei Gelegenheit, nach und nach zwischen den projizierten und den realen Aspekten am Erleben und Verhalten des väterlichen Penis bzw. des phallischen Vaters zu unterscheiden und am Vater zu lernen.) Insoweit sich der Knabe projektiv mit dem phallischen Vater identifiziert, gibt er die unmittelbar eigene (reale und phantasierte) Beziehung zur mütterlichen Vagina auf. Er introjiziert nun diesen väterlichen Penis, der auf die Vagina der Mutter gerichtet ist, in den Kern seines Ich/Selbst und fühlt nun ebenfalls *wie* der Vater (aber ohne daß er auch *mit* ihm fühlt. „Mit" dem Vater bzw. dem phallischen Begehren des Vaters fühlen, bleibt indessen eine Möglichkeit; sie ergibt sich, wenn der phallische Vater – wieder – aus dem Kern eliminiert und randständiges Introjekt zurückverwandelt wird – möglicher Ausgangspunkt mannigfacher Störungen der sexuellen Identitätsfindung. Die kernhafte Introjektion des väterlichen Penis stärkt die nichtinzestuöse heterosexuelle Potenz.)

Der väterliche Penis als randständiges Introjekt – insbesondere, sofern er projektiv (d. h. mit Richtungsumkehr gegen das phallische Ich/Selbst) mit rivalitätsbedingten Zerstörungswünschen ausgestattet ist, wird zum wesentlichen Bestandteil des Über-Ich, welches darüber wacht, daß sich die phallischen Regungen des Knaben nicht wieder unvermittelt auf die Vagina der Mutter richten. Bezieht der Knabe diesen „verfolgenden" väterlichen Penis mit in sein Kernselbst ein, so hat er sich das väterliche Inzest-Tabu zu eigen gemacht; er übernimmt dessen Moral und verliert damit das Gefühl, sich ihr zu unterwerfen.

In der *Hysterie* nun hat das genitale Begehren *oralsadistische Züge.* Die kernhafte projektive Identifikation des randständigen Introjekts (= inneren Objekts) „väterlicher Penis" stattet dieses daher auch mit oralsadistischen Zügen aus.

Dieser väterliche Penis inkorporiert die mütterliche Vagina, nimmt in der Phantasie des Hysterischen die – ebenfalls oralsadistisch imaginierte Vagina – eine Vagina dentata – in sich auf[10]. Das ist die oralsadistische Urszene des Hysterischen.

Der Hysterische inkorporiert nun, d. h., er introjiziert kernhaft dieses durch projektive Identifikation mit oralsadistischen Zügen ausgestattete randständige Introjekt „väterlicher Penis". Und „dieser Sachverhalt kennzeichnet", so Wisdom, „das Wesen des *hysterischen Charakters".*

Käme nun außerdem eine Hemmung des „Beißens als die diesem Penis einzig mögliche Aktivität" hinzu, so „wäre eine *Lähmung* und somit ein *Konversionssymptom* die Folge": die Lähmung eines Körperteils nämlich,

---

[10] In der Umkehrung hat sich die oralsadistische mütterliche Vagina den bissigen väterlichen Penis einverleibt – eine Phantasie, die zahlreichen Potenzstörungen zugrunde liegt.

der mit diesem auf beißende Einverleibung einer Vagina dentata abzielenden,
aber gehemmten väterlichen Penis symbolisch gleichgesetzt ist; oder – so
könnte man hinzufügen – es käme zur *Impotenz*: insofern der Penis selbst zu
jenem Körperteil wird, der mit dem Kernintrojekt ,,oralsadistisch einverlei-
bender Penis'' gleichgesetzt ist und – das wäre zudem zu bedenken – insofern
der Vagina der Frau als realer Sexualpartnerin projektiv die oralsadistische
Impulsivität der Vagina dentata zugeschrieben wird.

Wisdoms Hinweis auf den hysterischen Charakter läßt außerdem daran denken, daß Funktionsstörungen, die durch symbolische Gleichsetzung mit dem Kernintrojekt ,,Geschlechtsverkehr
zwischen zwei sadistischen elterlichen Genitalien'' bedingt sind, nicht auf die Störung von
Körperorganen beschränkt sein müssen. Es liegt nahe, die Möglichkeit in Betracht zu ziehen,
daß auch *psychische Funktionen* oral-sadistisch genitalisiert werden und dementsprechend
Hemmungen unterliegen und, flüchtig oder fortwährend, vollständig paralysierbar sind
(Wahrnehmungsstörungen (Skotome!), Denkblockaden, Lernstörungen, Amnesien u. a.). Ent-
sprechendes kann für umschriebene Bereiche des *Sozialverhaltens* gelten. Die Anwendung der
Wisdomschen Hypothesen auf die Charakterologie der Hysterie steht bisher noch aus (vgl.
Hoffmann, S. O., 1979).

Auf zwei Charaktermerkmale, die der Hysterie oft zugeschrieben werden, sei aber eingegangen:
auf die ,,*Unechtheit*'' im Wesen hysterischer Persönlichkeiten und auf die ,,*darstellerische,
demonstrative*'' Attitüde.

Legt man Wisdoms Konzept zugrunde, dann wirkt sich die Lähmung des Kernintrojekts ,,oral-
sadistischer Koitus'' als Stillstand, als Paralyse von Gefühlsregungen, Emotionen aus, die
diesem Introjekt entstammen – und zwar insoweit dieses Introjekt das aktuelle Erleben des Ich/
Selbst-Kerns jeweils mitbestimmt. Das aus dieser Lähmung resultierende Gefühl des Mangels an
spontaner Emotionalität und Impulsivität soll in der Hysterie durch aufgesetztes, ,,affektiertes''
,,Gehabe'' abgedeckt werden, was dann den Eindruck von *Unechtheit* erweckt.

Das Merkmal der ,,Unechtheit'' hysterischer Persönlichkeiten ist ebenso flüchtig wie die
diversen hysterischen Symptome sonst – insbesondere die Konversionssymptome. Das läßt sich
durch die Annahme erklären, daß die *Aktualität* jener Bereiche des Ich/Selbst-Kerns, die dem
oral-sadistischen Urszenen-Introjekt angehören, großen Schwankungen unterliegt – in Abhängigkeit vom Grad der jeweiligen sexuellen Erregung, sei sie nun durch äußere oder innere
Vorgänge bedingt. Mittels symbolischer Gleichsetzung mit bestimmten Körperteilen oder
psychischen Funktionen wird schließlich das hocherregte Introjekt an einen begrenzten Teil
des Ich/Selbst-Bereiches fixiert, bis zum Abklingen der bedrohlichen Erregung paralysiert und
so daran gehindert, das aktuelle Ich/Selbst in Gänze zu okkupieren – was dann zu einem *großen
Anfall* (– oder zur *Ohnmacht* –) oder zu einem *Dämmerzustand* führen könnte.

Wenn all diesen Produktionen beim Hysterischen stets eine *darstellerische, demonstrative* Note
anhaftet – in der Psychiatrie galt es in Hinsicht auf die Unterscheidung von Epilepsie und
Hysterie lange als differentialdiagnostisches Kriterium, ob das Auftreten von Anfällen an die
Anwesenheit von Zuschauern gebunden ist! – dann bietet sich unter Bezugnahme auf Wisdoms
Konzept auch dafür eine Erklärung an. Sie beruht auf der klassischen psychoanalytischen
Annahme, daß der Hysterische dem ödipalen Konflikt verhaftet geblieben ist: Soweit der
Hysterische im Konversionssymptom oder in einer Symptomhandlung den Koitus der elterli-
chen Genitalien realisiert und sich dabei einem realen äußeren Objekt oder einem inneren
Objekt, einem randständigen Introjekt, dem phallischen Vater oder der vaginalen Mutter, vor
Augen führt, gerät dieses Objekt in die Position des vom Koitus ausgeschlossenen Dritten – eine
Situation, in der der Hysterische über den ödipalen Rivalen triumphiert, wenn er auch zugleich
unter dessen rachsüchtiger Verfolgung zu leiden hat: Diese äußert sich nicht selten in der

Disqualifikation des Hysterischen als ,,*Simulanten*'' und zielt dabei darauf ab, nun umgekehrt den Hysterischen seinerseits zu exkommunizieren.

2. Die Symptombildung bei der Phobie

In der Konversionshysterie gelingt es – im Regelfall – dem Ich, die Angst vor dem Durchbruch eines vom Über-Ich mißbilligten Triebanspruchs zu bannen, und zwar durch die Verdrängung der zugehörigen Vorstellungsrepräsentanzen, durch Unterdrückung oder Verschiebung der zugehörigen Affektrepräsentanzen und durch Verdichtung der Triebrepräsentanzen im körperlichen Konversionssymptom. Soweit die am neurotischen Konflikt beteiligten Motive im Konversionssymptom gebunden sind, ist der Hysterische frei von neurotischer Angst. Allerdings gelingt es sehr häufig nicht, durch Konversionssymptome alle neurotische Angst zu binden; viele Hysterische leiden unter frei flottierender Angst.

Anders in der Phobie. Die Phobie steht in mancher Hinsicht der Konversionshysterie nahe. Die Angst jedoch, die in der Konversionshysterie durch Bildung von Konversionssymptomen gebunden wird, ist in der Phobie das Hauptsymptom.

Die Libido hat auch in der Phobie ihre Fixierungspunkte vor allem auf der phallisch-narzißtischen Organisationsstufe. Die Phantasien sind vorwiegend durch die genitale Libido und die ödipale Konstellation der Objektbeziehungen charakterisiert. Allerdings scheint die Mischung der libidinösen und destruktiven Triebkräfte nicht mehr so weitgehend zu gelingen wie beim Gesunden und auch meistens noch in der Konversionshysterie. Denn gegen die genital-libidinösen Triebregungen heben sich in der Phobie bereits – ähnlich der Zwangsneurose – eindeutig sadistische Impulse ab.

Wie bei der Hysterie werden auch in der Phobie die regressiven Triebansprüche, die die Inzestobjekte betreffen, zunächst *verdrängt*. Dann aber unterscheiden sich die Wege der Symptombildung. Dem Konversionshysteriker ist es gelungen, sich von der Realität abzukehren und sich doch autoerotische Befriedigung im Konversionssymptom von der Außenwelt unabhängig zu machen. Er hat die verdrängten Objekte und Bedürfnisse auf den eigenen Körper projiziert und damit den Körper zum *Verschiebungsersatz* für die Realobjekte gemacht. Der Phobiker dagegen bleibt mit seinen Triebansprüchen der Außenwelt verhaftet. Er verschiebt seine Triebenergien und vorbewußten Besetzungsenergien nicht auf den eigenen Körperbereich, sondern auf andere Objekte und andere Situationen in der Außenwelt.

Die Verdrängung betrifft in der Hysterie in erster Linie zwar die Vorstellungsrepräsentanzen, aber auch die zugehörigen Affekte sind oft unterbunden, und zwar so vollständig, daß man die auffällige Gleichgültigkeit, mit welcher der Hysteriker seine Symptome erträgt, die „belle indifference", als typisches Wesensmerkmal der Konversionshysterie bezeichnen kann. Auch in der Phobie bleibt das eigentliche, das infantile Objekt wie bei der Hysterie verdrängt. Die Triebansprüche dagegen bzw. die Affektrepräsentanzen sind durchweg nur geringfügig durch den Primärvorgang, also durch Verschiebung oder Verkehrung ins Gegenteil, entstellt. Sie heften sich an den Verschiebungsersatz für die verdrängten Objekte in der Außenwelt und werden, in ihrer nur dürftig entstellten Form relativ durchsichtig, wieder bewußt, sobald das Individuum in der Außenwelt auf die Ersatzobjekte trifft. Dieses Zusammentreffen führt zur Angstentwicklung. Denn die Konfrontation mit dem Verschiebungsersatz für die Objektrepräsentanz der infantilen Triebregung in der Außenwelt oder mit einer realen Situation, die eine verdrängte sexuelle Szenerie repräsentiert, mobilisiert entsprechende Triebansprüche bzw. ihre Affektrepräsentanzen, und diese drohen auch die Verdrängung der infantilen Objekte rückgängig zu machen, die Wiederbesetzung der vorbewußten Vorstellungsrepräsentanzen zu erzwingen.

Demnach ist auch die phobische Angst, obwohl in einer Konfrontation mit der Außenwelt geweckt, ein Warnsignal vor einer *inneren* Gefahr: sie ist – ähnlich wie bei der Hysterie – eine Schutzvorrichtung gegen das Auftreten verdrängter Vorstellungen und damit vor dem Bewußtwerden eines neurotischen Konflikts, der Unverträglichkeit bestimmter Triebansprüche mit den Forderungen des Über-Ich.

Es fragt sich, was das Ich durch die Veräußerlichung der Triebgefahr erreicht. Das Individuum kann sich der drohenden Gefahr wie einer äußeren Bedrohung entledigen, indem es die Konfrontation mit dem Verschiebungsersatz vermeidet – sich also der Gefahr durch Flucht entzieht (Freud, S., 31, S. 256f.).

Ein klassisches Beispiel ist die von Freud analysierte Tierphobie des „kleinen Hans" (Freud, S., 16). Der fünfjährige Knabe hatte versucht, sich seiner ödipalen Ambivalenz gegen den Vater dadurch zu erwehren, daß er sie auf ein Ersatzobjekt, ein Pferd verschob. Der Haß war lebhaft, aber verdrängt, und kehrte, ins Gegenteil verwandelt, also entstellt, in das Bewußtsein zurück als die Erwartung, vom Pferd gebissen zu werden. Die eigenen aggressiven Affekte waren auf das Pferd projiziert und wurden in dieser Form jedesmal mobilisiert, wenn der kleine Hans mit dem Pferd zusammentraf. Dem Pferd aber – und allen Pferden – konnte sich Hans dadurch entziehen, daß er es ängstlich vermied, den Schutz des Hauses zu verlassen und eine Straße zu betreten. Dem Vater dagegen konnte er nun ohne Hemmungen und Angst begegnen. Das Beispiel ist typisch für eine kindliche Phobie, jedoch insofern nicht für die entsprechende Neurose eines Erwachsenen, als beim Kind vor der Bewältigung des Ödipuskomplexes das Inzestverbot noch nicht voll introjiziert und zum Über-Ich geworden ist, der Ambivalenzkonflikt noch nicht verinnerlicht wurde und die Realangst oder Strafangst noch eine größere Rolle spielen als das Schuldgefühl.

Wenn das Ich in der Phobie die Triebgefahr wie eine äußere Gefahr behandelt, dann steht ihm zur Bekämpfung der Triebgefahr ein Instrumentarium zur Verfügung, dessen es sich auch sonst zum Schutz vor überstarken Außenreizen bedient, der *Reizschutz*. Wie das Ich physikalischen Außenreizen etwa kleine Proben entnimmt, um daran zu prüfen, ob es die volle Reizeinwirkung bewältigen kann oder eine Reizüberflutung und damit eine Traumatisierung zu gewärtigen hätte, ob es also der Reizeinwirkung ausweichen muß, so kann bei der Berührung des phobischen Verschiebungsersatzes in der Außenwelt die angsterregende, verdrängte Ausgangsvorstellung anklingen, der es sich zu entziehen gilt. Denn das Ersatzobjekt der Außenwelt repräsentiert die triebhafte Objektbeziehung, die ihm übertragen ist, nicht aufgrund zufälliger, oberflächlicher Assoziation, sondern kraft bedeutsamer inhaltlicher Entsprechungen.

Das zeigt sich auch in der Phobie des kleinen Hans: Das Pferd war nicht von ungefähr zum Angsttier, zum Verschiebungsersatz für den Vater geworden; Vater und Pferd waren durch ganz bestimmte Erlebniseindrücke in den Vorstellungen des kleinen Hans miteinander verknüpft (Freud, S., 49, S. 133).

Wenn beim Zusammentreffen mit dem Ersatzobjekt in der Außenwelt Angst entsteht, so weist das daraufhin, daß die Entstellung der Ausgangsvorstellung im Ersatzobjekt noch unzulänglich ist; sie droht vom bewußten Ich durchschaut zu werden, die Triebenergien drohen die Abwehrbarrieren, die Gegenbesetzungen des Ich zu überfluten und die Ausgangsvorstellungen wieder zu besetzen. Der Reizschutzmechanismus drängt das Ich zum Rückzug, zur Vermeidung der betreffenden Situation, zur Flucht. Diese phobischen Vermeidungen pflegen sich nun allmählich auszubreiten: das Ich sucht sich Ersatzobjekte, hinter denen sich die Ausgangsvorstellung zuverlässiger verbergen kann. Gewöhnlich geschieht das auf die Weise, daß das erste Ersatzgebilde nun ebenfalls durch ein Ersatzgebilde vertreten wird, das zweite alsbald durch ein drittes und so fort, wobei die Angstentwicklung bei dem Zusammentreffen mit dem Verschiebungsersatz mit wachsender Anzahl der Ersatzbildungen, also mit zunehmender Entstellung der Ausgangsvorstellungen immer geringer wird. Das Ich sucht nach einem Verschiebungsersatz für einen Verschiebungsersatz, solange, bis minimale, kaum noch bewußt werdende Angstsignale genügen, um anzuzeigen, daß sich das Individuum der Peripherie des Angstbezirkes genähert hat, in dessen Zentrum die primären Ersatzbildungen zu suchen sind. Das Ich weicht nun, fast schon unbewußt, der Berührung dieser Peripherie aus. Solange das Ich vermeiden kann, in den Angstbezirk vorzudringen, bleibt es angstfrei. Die Angstfreiheit ist aber durch eine mehr oder minder große Einschränkung des Lebensbereichs erkauft (Freud, S., 32, S. 281f.).

Ein auf die wesentlichsten Momente reduziertes *Beispiel* möge das Gesagte verdeutlichen: Ein junger Student kam wegen einer Straßenangst in Behandlung. Er habe Angst, ohne Begleitung auf die Straße zu gehen; er fürchte, von einem Auto überfahren zu werden. Das Ungewöhnliche und Übersteigerte seiner Angst sehe er selbst durchaus ein, was aber an der Tatsache der Angst nichts ändere. Man konnte aus diesen Angaben zunächst nur schließen, daß dem Patienten die Ursachen seiner Angst selbst nicht bewußt waren. Im Laufe der Analyse ließ sich die Straßenangst allmählich auflösen. Es zeigte sich, daß sich zwei Angstkreise mit eigenen, voneinander verschiedenen Zentren zum Symptom der Straßenangst verdichtet hatten:
Es wurde klar, daß die Angst keineswegs alle Straßen in gleicher Weise betraf: enge Straßen bereiteten kaum Angst, stärker dagegen breite; am meisten waren freie Plätze, sehr breite Straßen gewissermaßen, angstbesetzt. Hier zeigte sich bereits ein Widerspruch in der bewußten Angstbegründung: denn offenbar betraf die Angst auch Plätze ohne den Kraftfahrzeugverkehr. Die unterschiedlich starke Angstbesetzung war dem Patienten zu Beginn der Behandlung kaum bewußt; er war lediglich bemüht, sich möglichst auf engen Straßen zu bewegen und breite Straßen ängstlich zu meiden. Erst nach einem längeren Behandlungsverlauf wurde dem Patienten seine „Platz-Angst" voll bewußt, so daß der über sie berichten konnte. Die breiten Straßen waren noch nicht zum vollgültigen Verschiebungsersatz für Plätze geworden – die Angst vor Plätzen war zwar stets wirksam gewesen, nur wurde sie kaum noch spürbar, weil der Patient, ohne sich Rechenschaft darüber abzulegen, seit langem große, vor allem umschlossenen Plätze sorgfältig vermied.
Es dauerte lange, bis die Vorgeschichte der Straßenangst zum Bewußtsein kam. Sie begann in einer anderen Stadt, die der Patient vor Monaten verlassen hatte. Eines Tages war dort, in einem großen Innenhof, ein Angstanfall aufgetreten, den man sich zunächst nicht zu erklären wußte. Die Analyse führte schließlich zur Klärung: Der Patient erinnerte sich wieder, daß sich in jenem Innenhof ein Standbild befand, das lebensgroß einen nackten Jüngling darstellte. Diese Figur bildete das Zentrum eines der zwei Angstkreise, deren Peripherie durch die Straßenangst bezeichnet wurde; sie war das erste Ersatzgebilde für eine unbewußte, verdrängte Vorstellung, mit der sich lebhafte Triebregungen bzw. Affekte verbanden. Die Plätze als Verschiebungsersatz für das primäre Ersatzgebilde und vollends die breiten Straßen als Verschiebungsersatz für den Verschiebungsersatz ließen von dieser Statue nichts mehr ahnen. Einer unter den Lebensumständen in der Stadt, in der sich der Innenhof befand, fast unumgänglichen abermaligen Konfrontation mit der Jünglingsstatue hatte sich der Patient durch Umzug in eine andere Stadt entzogen; er führte dafür ganz unauffällige, jedoch unbewußt vorgeschobene Gründe an – das für den Umzug wirklich entscheidende Motiv dagegen wurde erst in der Analyse bewußt.
Der nackte, in jenem Innenhof zur Schau gestellte Jüngling berührte eine verdrängte Kindheitserinnerung: Als sieben- oder achtjähriger Knabe hatten der Patient und eine Gespielin sich heimlich in einem Versteck in einem Hinterhof entblößt und betrachtet – in lebhafter Angst, vom gefürchteten Hausbesitzer dabei entdeckt zu werden. Dieses Ereignis repräsentierte aber den damals schon verdrängten Wunsch, sich stolz der Mutter zu zeigen und ihre Bewunderung für seine sich regende Männlichkeit zu erlangen. Der Knabe hatte offenbar den Ödipuskomplex noch nicht in altersentsprechender Weise inaktiviert und rivalisierte in phallisch-narzißtischer Manier mit seinem Vater, dessen Entdeckung und Bestrafung er in der Gestalt des sehr gehaßten und gefürchteten Hausbesitzers erwartete.
Zur Zeit des Angstanfalles auf dem Innenhof, auf dem die Jünglingsstatue stand, hatte sich die alte, ödipale Konfliktthematik wieder aktualisiert. Der Patient hatte sich nämlich kurz zuvor erstmals in ein Mädchen verliebt (Erkrankungsanlaß). Die an die phallisch-narzißtische Stufe fixierten sexuellen Bestrebungen, vor allem der alte Wunsch, sich entblößt zu zeigen und bewundern zu lassen, die bisher in entstellten Onanie-Phantasien zur Abfuhr kamen, wurden nun auf die Geliebte übertragen, als anstößig empfunden und verdrängt. Das Standbild aber, in dem der Patient die eigenen Wünsche abgebildet sah, hatte sie wieder provoziert. Sie drohten nun die

Verdrängung der Ausgangsvorstellungen aufzuheben, die alten inzestuösen Wünsche zum Bewußtsein zu bringen. Diese Gefahr wurde durch die anfallsartige Angstentwicklung signalisiert. Der zweite Angstkreis stand inhaltlich dem ersten nahe. Die Straßenphobie war zugleich eine Angst, von einem Auto überfahren zu werden, mehr noch – wie sich allmählich ergab – eine Angst vor der Versuchung, in die Fahrbahn eines Autos hineinzulaufen und sich „unter den Wagen zu werfen". Die „Kraftwagen" erwiesen sich als phobischer Verschiebungsersatz für den Hausbesitzer, der seinerseits das Bild des Vaters widerspiegelte – ein Vaterbild, das einmal als grausam und gewalttätig gefürchtet, zum anderen jedoch als stark, mächtig und behütend bewundert und beneidet wurde. Unter dem Eindruck der Ambivalenz, dem Widerstreit von Liebe und Haß gegen den Vater bzw. der Kastrationsangst, die sich in lebhaften und sadistischen Phantasien geltend machte, entstand im Patienten der unbewußte Wunsch, sich dem Vater zu unterwerfen und auf die eigenen Männlichkeitsansprüche zu verzichten: ein Kastrationswunsch also. Phallisch-exhibitionistische und passiv-feminine, masochistische Tendenzen befanden sich in Konkurrenz und fanden, zum Symptom der Straßenphobie verdichtet, gemeinsam Ausdruck und Abwehr.
Bereits vor Ausbruch der Phobie hatten sich diese Tendenzen in exzessiven Onanien geltend gemacht: sie entsprangen einerseits dem Wunsch, die eigene Potenz zu demonstrieren, zum anderen der Angst, zur Strafe dafür die Funktionstüchtigkeit des Phallus eingebüßt zu haben – was neuerliche Onanie auslöste mit dem Ziel, sich der bezweifelten Potenz zu versichern – und so fort.

Das Beispiel bietet die wesentlichen Charakteristika phobischer Symptombildung:
Infolge beginnender Triebentmischung sind der phallisch-narzißtischen Libido lebhafte freigesetzte sadomasochistische Impulse beigemengt.
Diese zielen auf der phallisch-narzißtischen Organisationsstufe vor allem auf Kastration ab. Dementsprechend ist die dominierende Angst in der Phobie nicht – wie in der Konversionshysterie – die Angst vor Liebesverlust, sondern die *Kastrationsangst*. Die im Über-Ich ins Ich aufgenommenen Elternimagines bedrohen das Ich wegen der Triebansprüche des Es mit Kastration. Da das Ich auf der phallischen Stufe mit dem phallischen Genitale identifiziert ist, kann sich die Kastrationsangst hier auch als Todesangst äußern. Diese Angst wird aber nicht als vor einer inneren Gefahr erlebt, sondern in der Konfrontation mit Ersatzgebilden in der Außenwelt bzw. mit *deren* Verschiebungsersatz, auf welche der Phobiker die inneren Gefahren projiziert. Darin äußerte sich eine *Funktionsschwäche des Ich*. Das Ich reagiert auf eine Überforderung seiner Frustrationstoleranz, seiner Fähigkeit, Unlust zu ertragen, in der Konversionshysterie ebenso wie in der Phobie auf regressive Weise: in der Hysterie vor allem mit einer Leistungsminderung der Wahrnehmungsfunktion (jener Funktion, welche die äußeren und inneren Realitäten zur Kenntnis nimmt); in der Phobie darüber hinaus durch Rückfall auf ein Entwicklungsniveau, auf dem die Realitätsprüfung noch unzureichend ist (jene Funktion, welche die Phänomene daraufhin prüft, ob sie dem Innern oder der Außenwelt angehören). Mehr noch als in der Hysterie regrediert das Ich in der Phobie auf eine Stufe, die der phallisch-narzißtischen Trieborgani-

sation entspricht: Vorgänge im Sinne des Primärprozesses: Identifikation
und Projektion, die Umgestaltung der Realität nach den Regeln des Lust-Unlust-Prinzips gewinnen wieder verstärkte Bedeutung.
Die Veräußerlichung des inneren, neurotischen Konfliktes stellt gewissermaßen eine Rückerinnerung an die Konfliktebene dar, die für das Kind der
phallisch-narzißtischen Organisation maßgebend gewesen ist: das Über-Ich
ist noch nicht voll ausgebildet, Unlust und Angst sind noch als Realunlust
und Realangst aufzufassen, die Verdrängung hat die Verleugnung der Realität noch nicht weitgehend ersetzt und die Ich-Einschränkung (Freud, S., 49,
S. 156, S. 187; Freud, Anna, 1936) (s. a. Kap. X, S. 174), die Einschränkung
des Lebensraumes zum Zweck der Unlustvermeidung ist noch ein bevorzug-
ter Abwehrmechanismus.
Die Flucht bzw. die Einschränkung des Lebensraumes zum Zweck der Unlust oder Angstvermeidung ist auch das letzte der angewandten Abwehrmittel der Phobie – sie unterscheidet sich von der kindlichen Ich-Einschränkung
allerdings dadurch, daß sie erst auf dem Boden der Verdrängung und Projektion erfolgt. Die Flucht vermag die phobische Angstentwicklung jedoch
nicht völlig auszuschalten. Im Gegensatz zur Konversionshysterie kommt
der Prozeß der Konfliktabwehr in der Phobie nicht mehr zur Ruhe. Der Abwehrvorgang ist deutlicher als in der Hysterie mißglückt. Durch immer neue
Gegenbesetzungen, durch jeweils neue Wahl eines Verschiebungsersatzes für
einen sich als unzulänglich erweisenden Verschiebungsersatz breitet sich die
Phobie allmählich aus[11].

3. Die Symptombildung bei der Zwangsneurose

Das *Konversionssymptom* der Hysterie ist Ausdruck eines relativ ausgewogenen Kompromisses: alle am neurotischen Konflikt beteiligten Instanzen,
das Es, das bewußte Ich und das Über-Ich sind befriedigt. Das Es gelangt –
unbewußt – in begrenztem Ausmaß zu direkter Triebbefriedigung, ohne das
Über-Ich zu provozieren und das bewußte Ich in einen peinlichen Konflikt
zu stürzen. Darin besteht der eigentliche Gewinn der Neurose: der sogenannte *primäre Krankheitsgewinn* (Freud, S., 8, S.. 202, Fußnote, und Freud,
S., 35, S. 397 f.).
In der *Phobie* ist die Bewältigung des neurotischen Konfliktes weit weniger
geglückt. Das Es verschafft sich zwar ein Mindestmaß an Spannungsabfuhr:
in der Berührung mit dem Verschiebungsersatz für die verpönte Ausgangsvorstellung werden die zugehörigen Triebrepräsentanzen aktualisiert, in we-

---

[11] Einen Beitrag zur Ätiologie der Phobien, speziell der Agoraphobie, der Störungen in der
frühen Entwicklung der Objektbeziehungen, der Selbst-Objekt-Differenzierung und des
Abhängigkeits-Autonomiekonflikts ins Auge faßt, liefern Frances, A., und Dann, P., 1975.

nig entstellter Form bewußt und im Affekterleben abgeführt. Die Vorstellung des „kleinen Hans", vom Pferd gebissen zu werden, ist beispielsweise nicht nur mit Angst, sondern zugleich mit sadomasochistischen Affekten verknüpft. Dem Über-Ich wird durch Vermeidung und Flucht gebührend Rechnung getragen; es findet zudem oft in gerade dem Affekt, welcher die Triebbefriedigung verschafft, Genugtuung – wenn nämlich, wie beim „kleinen Hans", die Triebbefriedigung eine stark masochistische Note hat. Schließlich wird das Über-Ich auch durch die mehr oder weniger umfangreichen Einschränkungen, die das Ich zur Angstvermeidung – und gleichsam zur Strafe – auf sich nehmen muß, versöhnt. Das Ich dagegen hat nicht allein die Einschränkung seines Aktionsbereichs in Kauf zu nehmen, ein Faktum, das der Beeinträchtigung seiner Funktionen durch Konversionssymptome – etwa durch eine Gangstörung – entspricht. Es wird darüber hinaus immer wieder durch Angstsignale beunruhigt.

In der *Zwangsneurose* vermag sich das bewußte Ich des neurotischen Konflikts schlechter zu erwehren. Es kann sich nicht mehr mit *einer* Grundform der Symptombildung begnügen. Der Gegensatz von Es und Über-Ich hat sich extrem verschärft, so daß das Ich sich immer neuer Abwehrmechanismen bedienen muß, um einer wachsenden Unzulänglichkeit seiner Verdrängungsleistungen begegnen und den neurotischen Konflikt ertragen zu können. Aus der Verschiedenartigkeit der der Verdrängung nachgeordneten Abwehrmittel ergeben sich die diversen Symptombildungen der Zwangsneurose.

Die Verschärfung des neurotischen Konfliktes in der Zwangsneurose ist die Folge einer Rückkehr zur fortgeschritteneren Phase der analsadistischen Trieborganisation (Freud, S., 25). Zunächst verfolgt auch der Zwangsneurotiker noch überwiegend phallisch-narzißtische Triebziele; sie treten aber allmählich hinter die analerotischen und sadomasochistischen Bedürfnisse zurück. Das Genitale als sexuelles Vollzugsorgan wird mehr oder minder aufgegeben – und zwar auch unbewußt, im Gegensatz zur Hysterie, bei der sich die Libido trotz der vorbewußten Besetzungsverschiebung auf nicht-genitale Körperteile unbewußt um das Genitale organisiert.

Im Zuge der Regression greift die schon in der Phobie einsetzende Triebentmischung (Freud, S., 41, S. 269f.) um sich. Die sadomasochistischen Triebkräfte werden aus ihrer Bindung an die genitale Libido zunehmend freigesetzt, gewinnen ihre destruktive Note immer mehr zurück und richten sich in heftigen Widerstreit mit den libidinösen Impulsen nun isoliert auf die Objekte. Zum neurotischen Konflikt zwischen den Triebregungen und den Forderungen des Über-Ich gesellt sich nun ein Triebkonflikt hinzu: die analsadistische *Ambivalenz.*

Obwohl die prägenitalen Triebansprüche dominieren, orientieren sich die

Objektbeziehungen auch in der Zwangsneurose hartnäckig weiter am Muster des Ödipuskomplexes. Man kann das, ebenso wie die Tatsache, daß die genitale Libidoorganisation nicht vollständig aufgegeben wird – viele Zwangsneurotiker bleiben mehr oder weniger potent, im Bereich der genitalen Zone erlebnisfähig, wenngleich der Modus der sexuellen Betätigung der analsadistischen Phase der Triebentwicklung entstammt –, als eine Sicherung gegen den völligen Objektverlust betrachten, gegen den Sieg der destruktiv-sadistischen Impulse über die libidinösen Kräfte und die damit verbundene Objektablehnung (s. S. 104 f.).

Die Erotisierung der destruktiven Impulse, mit anderen Worten die starke Lustbetonung der sadistischen Regungen und die überwiegend passiv-rezeptiven Triebziele der Analerotik machen es aber oft sehr schwer, anhand der Eigenart der analsadistischen Objektbeziehungen im Einzelfall die individuellen Grundzüge des Ödipuskomplexes tatsächlich noch zu identifizieren; zumal in der Zwangsneurose der Geschlechtsunterschied auch noch durch seinen Vorläufer der analsadistischen Entwicklungsstufe, durch das Gegensatzpaar Aktivität-Passivität vertreten werden kann. Schlage- oder andere Brutalitätsphantasien lassen beispielsweise manchmal kaum erkennen, ob sie dem Subjekt oder einem Objekt gelten, ob sie als analsadistisches Äquivalent genitalen Begehrens oder rivalisierenden Hasses zu gelten haben (Freud, S., 37).

Das Über-Ich erhebt nun gegen die analsadistischen Strebungen viel stärker Einspruch als gegen genital-inzestuöse oder phallisch-narzißtische Triebansprüche.

Es mag einerseits daher rühren, daß das Über-Ich selbst einem Ambivalenzkonflikt entstammt: Beseitigungswünsche gegen den geliebten und gefürchteten Vaterrivalen (beim Knaben) werden durch Introjektion des Objekts im Ich-Ideal und Über-Ich abgewehrt, also dadurch, daß sich das Ich die Interessen und Absichten des Vaterobjekts zu eigen macht. Ich-Ideal und Über-Ich fungieren dabei Hand in Hand. Wenn es nun in der Zwangsneurose zur Steigerung des Ambivalenzkonfliktes in den Objektbeziehungen kommt, dann sehen sich Ich-Ideal und Über-Ich in ihrer ureigentlichen Abwehrfunktion aufgerufen – und zwar viel stärker als seinerzeit vom Anlaß ihrer Entstehung im Zuge der Bewältigung des Ödipuskomplexes. Ich-Ideal und Über-Ich fungieren in der Zwangsneurose somit als Anwälte der Angst vor dem Objektverlust (Freud, S., 41, S. 283)!

Des weiteren ist zu bedenken, daß sich mit der Freisetzung der sadistischen Impulse durch die Triebentmischung auch die grausam-strengen und übermächtigen Elternimagines der analsadistischen Entwicklungsstufe wiederbeleben. Das aber geht mit einer Verstärkung der sadistischen Züge auch der im Über-Ich introjizierten Elternbilder einher. Das Über-Ich wird selbst sadistisch, überstreng. Es repräsentiert die Rachegelüste, die das Kind der analsadistischen Stufe auf seine Objekte projiziert (Freud, S., 41, S. 285).

Die Angst der Zwangsneurose ist demnach *Straf- und Vergeltungsangst:* Angst vor der Rache der im Über-Ich introjizierten Objekte. Der Zwangsneurotiker erwartet Züchtigungen und Qualen, welche die der eigenen Quälsucht entspringenden Phantasien widerspiegeln; insofern kann die Angst des Zwangsneurotikers sich auch als *Kastrationsangst* äußern (Freud, S., 49, S.

158). Die Wunschphantasien und Gewissensangst orientieren sich nach dem Talionsgesetz: Auge um Auge, Zahn um Zahn. Nicht selten projiziert der Zwangsneurotiker die Drohungen seines Gewissens auf die Objekte seiner Umgebung: sie werden dann als Verfolgungs- und Beeinträchtigungsangst bewußt. Oder das Über-Ich wird in die Schicksalsmächte projiziert, was sich in der Erwartung von Schicksalsschlägen oder als Todesangst äußern kann. In jüngerer Zeit werden für die Zwangsneurose pathogenetische Konzepte diskutiert, die neben der regressiven Abwehr ödipaler Konflikte die Bedeutung einer progressiven Abwehr prägenital-symbiotischer Konflikte betonen. Danach gelingt es dem Kind aufgrund einer nachhaltigen Störung der mutter-kindlichen Dualunion nicht, diese Beziehung als überwiegend gutes Objekt vollgültig zu internalisieren – und zwar deshalb, weil das Kind zu früh den Vater als Eindringling in die Zweipersonenbeziehung zwischen Mutter und Kind erlebt, als Eindringling, dem sich die Mutter zuwendet. Das Kind nimmt nun seinerseits den Vater zum Halt gebenden Objekt, da ja die Mutter-Beziehung brüchig geworden ist, den Vater, der in dieser Entwicklungsphase hochidealisierte Züge trägt. Wird dann im Zuge der Bewältigung des Ödipuskomplexes das Vaterbild ins Über-Ich bzw. Ich-Ideal introjiziert, so hat dieses Introjekt sehr disparate, spannungsgeladene Aspekte: ein hochidealisiertes Vaterbild fällt mit dem sadistischen Bild des Störers der paradiesischen Dualunion zusammen – und daraus resultiert ein extrem anspruchsvolles und zugleich äußerst strenges Ich-Ideal bzw. Über-Ich.

Im quälenden Gewissen des Zwangsneurotikers haben sich sadistische Strebungen des Es niedergeschlagen. Wenn also einerseits das Über-Ich bei der Verfolgung seiner sadistischen Moral vom Ich die rigorose Abwehr aller Triebansprüche verlangt, so gelangen doch andererseits gerade dabei, auf dem Umweg über die Machtentfaltung des Über-Ich, destruktive Triebregungen auf masochistische Weise zur Befriedigung.

Der Sadismus des Über-Ich wird *moralischer Masochismus* genannt – zum Unterschied vom direkt triebhaften „erogenen" Masochismus und vom „femininen" Masochismus (Freud, S., 44, S. 373 f.).

Der moralische Masochismus ist Ausdruck der sadomasochistischen Sexualisierung der Beziehung zwischen Ich und Über-Ich. Er ist das Resultat einer regressiven Wiederbelebung des ödipalen Konfliktes und Kastrationskomplexes und kann als internalisierte Fortsetzung des femininen und erogenen Masochismus betrachtet werden, durch den sich das Kind der elterlichen Kastrationsdrohung zu erwehren suchte.

Die extreme Schärfe des neurotischen Konfliktes in der Zwangsneurose ist also das Resultat wechselseitiger Abhängigkeiten aller drei psychischen Instanzen, besonders aber der lebhaften Kommunikation des Über-Ich mit dem analsadistisch organisierten Es.

Für das Verständnis der Symptombildung ist nun weiterhin von Belang, daß in der Zwangsneurose nicht nur die Libido regrediert. Auch das Ich fällt – ähnlich wie in der Hysterie und der Phobie – auf eine frühere Entwicklungsstufe zurück. Der Regressionsschritt ist aber größer als in den beiden anderen Neurosen, er reicht bis auf das *magisch-animistische Organisationsniveau* zurück. Die Realitätsprüfung versagt weit mehr als in der Phobie; die Grenzen zwischen Subjekt und Außenwelt zerfließen; das Realitätsprinzip ist wieder außer Kraft gesetzt und durch die Herrschaft des Lust-Unlust-Prinzips ersetzt; die tatsächlichen Machtverhältnisse werden dementsprechend verkannt und narzißtisch umgedeutet: die Objektliebe hat sich weitgehend in narzißtische Objektbesetzung rückverwandelt, große Beträge nicht neutralisierter Triebenergie haben das Ich besetzt; sie verleihen dem Ich ein *Gefühl von Allmacht, von magischer Gewalt seiner Organe* (Freud, S., 17, S. 450f.). Das Ich ist aber keineswegs als Ganzes von der Regression betroffen! Nur insofern es auf die verpönten Triebansprüche reagiert, als es sich des neurotischen Konfliktes zu erwehren sucht, folgt es den regredierenden Trieben auf ein entsprechendes Entwicklungsniveau. Neurosekranke vermögen sich außerhalb des Bereichs ihrer Erkrankung durchaus realitätsgemäß zu verhalten: genaue Wahrnehmungsleistungen zu vollbringen, innen und außen zu unterscheiden und die realen Machtverhältnisse zutreffend einzuschätzen. Das gilt wie für die Zwangsneurose auch für die Phobie und Hysterie. Aus dieser *partiellen Ich-Regression* erklärt es sich, daß das aktuelle bewußte Ich den eigenen neurotischen Symptomen ohne Verständnis gegenübersteht.

Bei der Entwicklung der Zwangsneurose werden wie in der Hysterie und Phobie zunächst die genitalen Triebansprüche, vor allem die ihnen zugehörigen Objektvorstellungen, der Verdrängung unterworfen. Wenn dann im weiteren Verlauf die Libido auf die analsadistische Entwicklungsstufe zurückgefallen ist, reicht die Verdrängung als Abwehrmechanismus aus den bereits angeführten Gründen nicht mehr aus. Das höchst wachsame Über-Ich nimmt kraft seiner engen Kommunikation mit dem Es die verpönten Triebansprüche früher als das bewußte Ich zur Kenntnis, weckt Schuldgefühle und ruft dadurch das Ich zu Präventivmaßnahmen gegen die sich anstauenden analsadistischen Regungen auf (Freud, S., 49, S. 147). Das Ich reagiert zunächst mit einer für die Zwangsneurose charakteristischen Veränderung seiner *Gegenbesetzungen* (Freud, S., 32, S. 280f., und Freud, S., 32, S. 285) mit *Reaktionsbildungen*.

In der *Hysterie* werden Triebansprüche der genitalen bzw. phallischen Organisation, peinliche Vorstellungen und Affekte, vom Bewußtsein ausgeschlossen und die den vorbewußten Repräsentanzen entzogenen Energiebeträge dazu verwendet, gegenteilige Triebrepräsentanzen zu besetzen. Die hysterische Frau nimmt beispielsweise nicht mehr zur Kenntnis, daß sie ihren Ehemann haßt; sie hat die Haßgefühle durch ein Übermaß zärtlicher Gefühle ersetzt. Die vorbewußten Besetzungsenergien können in der Hysterie aber auch von den Ausgangsvorstellungen auf Vorstellungen des eigenen Körpers verschoben werden und an den betreffenden Körperteilen im Konversionssymptom zur Darstellung gelangen. Dann dient die Vorstellung des genitalisierten Körperteils als Gegenbesetzung der verdrängten Ausgangsvorstellung. In der *Phobie* wird die der verdrängten Vorstellung entzogene Besetzungsenergie dazu benutzt, die Wachsamkeit des Wahrnehmungsapparates für die Gegebenheiten der Außenwelt zu erhöhen, damit das Ich den Verschiebungsersatz für die verdrängte Ausgangsvorstellung frühzeitig erkennt und ihm ausweichen kann. Die Gegenbesetzung besteht hier also in der Verstärkung der Aufmerksamkeit für den Verschiebungsersatz. In der *Zwangsneurose* nun erfolgt die Gegenbesetzung in Form von *Reaktionsbildungen* (Freud, S., 32, S. 285). Das Ich entzieht den unliebsamen Triebregungen die vorbewußte Besetzungsenergie und verschiebt sie auf vorbewußte psychische Repräsentanzen, die den verdrängten Regungen entgegengerichtet sind – ähnlich der hysterischen Frau, die ihren Haß gegen den Ehemann in Zärtlichkeit verkehrt. Zwischen der zwangsneurotischen und der hysterischen Reaktionsbildung besteht jedoch ein Unterschied. Während in der Hysterie die Reaktionsbildung sich auf bestimmte Aspekte der einzelnen Objektbeziehung beschränkt – etwa auf den Haß gegen den Ehemann, wenngleich in anderen Beziehungen der Haß sich ungehemmt entfalten kann –, richtet sie sich in der Zwangsneurose gegen den Trieb schlechthin: das Ich nimmt an sich selbst dauerhafte Veränderungen vor, es entwickelt Charakterzüge, die dem verpönten Trieb entgegenstehen. Übertriebene Höflichkeit und Rücksichtnahme, ängstliches Zartgefühl, unbedingte Friedfertigkeit und die Scheu, sich durchzusetzen oder zu wehren, sind beispielsweise Wesenseigenschaften, die sich oft als Reaktionsbildungen gegen starke sadistische Regungen erweisen. Zumeist haftet ihnen eine unverkennbar selbstquälerische Note an, in der sich der Sadismus, auf dem Weg über das Über-Ich gegen die eigene Person gekehrt, dennoch Befriedigung verschafft. Peinliche Säuberlichkeit und Pedanterie deuten dagegen auf Abwehr lebhafter analer Schmutzlust hin (s. ,,analer Charakter" S. 105).

Die Reaktionsbildungen der Zwangsneurose sind als Charakterzüge des Ich in ihrer Struktur den sonstigen neurotischen Symptomen zu vergleichen: Das Ich hat sich fürs erste der Gewissensangst mehr oder weniger entledigt, dem Über-Ich ist zunächst Genüge getan und das Es kommt unbewußt dadurch zu einem Mindestmaß an Befriedigung, daß sich das Ich, wenn auch zu Abwehrzwecken, fortwährend mit den verpönten Triebansprüchen befaßt, eine Befriedigung, die sich auf dem Umweg über den Sadismus des Über-Ich indirekt noch erhöht.

Da aber das Über-Ich hinter den Reaktionsbildungen die abgewehrten Triebansprüche doch ahnt, sieht sich das Ich alsbald gezwungen, ein übriges zu tun, um das Gewissen zu besänftigen: es sucht die Triebe durch Aktivitätsentfaltung, durch *Zwangshandlungen* zu bekämpfen.

Die Zwangshandlungen richten sich durchweg gegen ganz umschriebene unbewußte Triebansprüche bzw. Wünsche, sie sind infolgedessen in ihren wesentlichen Merkmalen auffallend stereotyp und werden in dieser starren Ablaufsform fortwährend wiederholt. Sie weisen sich auch ohne Analyse schon dadurch als Instrumente der Konfliktabwehr aus, daß ihre Behinderung – etwa durch äußere Umstände – sogleich lebhafte Angst auslöst, eine Angst, die s ch so steigert, daß sie die Durchführung der Zwangshandlung gegen die Behinderung durchzusetzen sucht.

Als besonders typische Zwänge können der Waschzwang und die Kontrollzwänge gelten. Beim *Waschzwang* handelt es sich um das unwiderstehliche Bedürfnis, den Tagesablauf durch ausgedehnte Waschungen des Körpers oder bestimmter Körperteile, besonders der Hände, immer wieder zu unterbrechen. In extremen Fällen nehmen die Waschungen täglich viele Stunden in Anspruch, so daß sich schließlich schmerzhafte Hautverletzungen ergeben, die zugleich der sadomasochistischen Befriedigung dienen. Der Waschzwang richtet sich gegen analerotische Triebansprüche, gegen die Schmutzlust. In der Regel handelt es sich um primär genitale Aktivitäten, vor allem um die Onanie, die im Zuge der Libidoregression die Bedeutung einer Beschmutzung angenommen haben. Bei sorgfältiger Beobachtung zeigt sich zumeist, daß die Waschungen einen detailliert bestimmten Ablauf nehmen, der sich auf Einzelheiten der abgewehrten Triebaktion, etwa auf die individuellen Praktiken der autoerotischen Bestätigung bezieht.

Die *Kontrollzwänge* richten sich gemeinhin mehr gegen sadomasochistische Strebungen. Sie bestehen darin, daß sich der Kranke zwingend getrieben fühlt, wiederholt zu überprüfen, ob bestimmte Sicherheitsmaßnahmen gegen Gefahren für Leib und Leben anderer, vor allem der eigenen Angehörigen oder für die eigene Person, zuverlässig wahrgenommen sind – auch dann, wenn der Kranke sie selbst zuvor besorgt hat. Typisch ist beispielsweise die allabendliche Angst der zwangsneurotischen Frau, Fenster und Türen könnten nicht zuverlässig verschlossen sein. Dahinter kann sich der unbewußte Wunsch verbergen, von einem Einbrecher vergewaltigt zu werden.

Zwangshandlungen sind durchweg sehr kompliziert angelegt. Meist haben sich verschiedene Triebansprüche und die gegen sie gerichteten Abwehraktionen zu einem einzigen zwanghaften Handlungsablauf verdichtet. Die einzelnen Handlungsanteile, aus denen sich die Zwangshandlung zusammensetzt, sind dabei auf andeutende Reste reduziert. Schon dadurch ist ein hohes Maß an Undurchsichtigkeit bedingt. Die Handlungsabfolge wird aber durch immer neue Verschiebungsvorgänge fortlaufend weiter entstellt. Das manifeste Symptom, der Zwang, ist eben trotz aller Starre des Handlungsablaufes doch nicht stabil: es ist kontinuierlich kaum merklichen Veränderungen unterworfen, die einerseits dazu dienen, das Ich vor dem Verdacht des höchst mißtrauischen Über-Ich zu schützen, das hinter jedem zwangsneurotischen Symptom die Triebansprüche ahnt; zum anderen dazu, dem Es dennoch im Symptom möglichst viel Spannungsabfuhr zu verschaffen.

Die Reduktion der den Zwangshandlungen zugrunde liegenden einander widerstreitenden Motive auf andeutende Reste entspricht einer den Zwangsneurotiker generell kennzeichnenden Neigung, konflikthafte Sachverhalte zu *bagatellisieren* und zu verkleinern. Sie sollen dadurch erträglicher werden. In der analytischen Situation zum Beispiel äußert sich diese Tendenz typischerweise in der Gewohnheit, wichtige, für das Verständnis der neurotischen Zusammenhänge unentbehrliche Daten nur ganz beiläufig zu erwähnen. Und sie kennzeichnet auch eine für die Zwangsneurose charakteristische Sonderform der Verschiebung: die *Verschiebung auf ein kleinstes*.

Nunberg gibt ein schönes Beispiel für diesen Abwehrmechanismus wieder, das er von Reik entlehnt. Reiks Patient hatte unter anderem den Zwang, sich graue Härchen auf einem schwarzen Hintergrund vorzustellen. Die Auflösung der *Zwangsvorstellung* ergab, daß hinter ihr die Vorstellung von Eselsohren (mit grauem Haar) verborgen war, hinter dieser aber die Vorstellung eines Esels und dahinter schließlich die Beschimpfung des Vaters, er sei ein Esel (Nunberg, H., 1959, S. 253).

Das Beispiel zeigt, daß sich ein Zwang nicht nur in einer Handlung, sondern auch in einem Denkakt äußern kann. Manche Zwangsneurotiker tragen ihren zentralen Ambivalenzkonflikt in einer zwanghaften *Grübel- und Zweifelsucht* aus (Freud, S., 17, S. 449 und S. 453 f.).

Ein Student der Theologie zum Beispiel richtete sein ganzes fachliches Interesse darauf, nach unwiderlegbaren Gottesbeweisen zu suchen. Er war so intensiv damit befaßt, daß er das übrige Studium dabei schon längst vernachlässigt hatte. Der mit viel Scharfsinn unablässig fortgeführte Versuch, die Existenz Gottes wider alle Zweifel zu beweisen, führte ihn aber immer wieder zu dem Schluß, daß Gottes Existenz doch noch nicht zweifelsfrei bewiesen sei. Der Student trachtete danach, in der Verschiebung auf das Bild eines allmächtigen Gottes den eigenen Vater gegen seine unbewußten Vernichtungswünsche zu schützen. Das negative Resultat seiner Bemühungen verschaffte zugleich seinen sadistischen Impulsen ständig neue Befriedigung.

Die angeführten Beispiele verweisen ebenso wie der Waschzwang und der Kontrollzwang auf die für die Zwangsneurose charakteristische Regression des Ich auf die magisch-animistische Entwicklungsstufe! Mangelnde Realitätsprüfung und Allmachtsgefühl bewirken, daß den Phantasien und Wünschen des Zwangsneurotikers Realitätswert zukommt – schon eine sadistische Phantasie vermag das betroffene Objekt zu gefährden und zu schädigen (s. S. 107). Das Denken kann in der Zwangsneurose somit zur Triebaktion, zum Triebziel werden, es wird libidinisiert und aggressiviert. Denken und Handeln sind gleichgesetzt.

Darin liegt ein Grund für manche *Denkstörung*. Wie die Ambivalenz zwischen libidinösen und sadistischen Impulsen ein für Zwangsneurotiker typisches Zaudern vor Entscheidungen, im Extremfall volle Entschlußunfähigkeit bedingen kann, so führt der Widerstreit zwischen libidinisierten und aggressivierten Vorstellungen bisweilen zur Unfähigkeit, einen Gedanken zu Ende zu denken: es kommt zu ,,Sperrungen", zu dem Gefühl, die Gedanken hätten sich ,,festgefahren" und wie die Betroffenen den Zustand sonst bezeichnen mögen (Freud, S., 49, S. 148).

Das Allmachtsgefühl ermöglicht es dem Zwangsneurotiker andererseits, das Unheil, das seinen Objekten durch seine sadistischen Impulse droht, durch Gedanken und Aktionen zu *verhüten* – so etwa durch den Kontrollzwang – und eine bereits erfolgte Triebbefriedigung nachträglich noch ungeschehen zu machen – so beispielsweise durch den Waschzwang. *Verhüten* und *Ungeschehenmachen* (Freud, S., 49, S. 149f.) entsprechen im Prinzip der Zauberei! Denken und Handeln werden zu Instrumenten der magischen Macht. Die Zwangsvorstellungen und Zwangshandlungen sind demgemäß oft auch formal kaum noch von magischen Beschwörungsformeln und zauberhaftem *Zeremoniell* zu unterscheiden. Gebetsähnliche Sprüche und scheinbar unsinnige Gestikulationen von manchmal höchst verwickelter symbolischer Bedeutung sollen die Objekte vor dem eigenen Sadismus schützen.

Eine Mutter hielt sich allabendlich stundenlang am Bettchen ihres Säuglings auf, um in bestimmter Reihenfolge alle Ecken und Ende abzupolstern. Alles „Scharfe" mußte beseitigt werden; selbst die Kissen wurden solange immer von neuem aufgebauscht, bis keine „kantigen" Faltenbildungen mehr sichtbar waren. Die Mutter sang dazu „leise" „sanfte" Melodien, wobei sie Worte und Silben mit „harten" und „scharfen" Konsonanten sorgfältig zu vermeiden suchte, was dazu führte, daß sie schließlich fast nur noch summen oder lallen konnte. Dieses relativ einfache und zunächst beinahe unauffällige Zeremoniell bedurfte keiner weiteren Deutung, als die Mutter später von der quälenden Angst befallen wurde, sie könnte des nachts schlafwandelnd ihr Kind erdolchen.

Oft stellt das Zeremoniell eine in sich geschlossene Ganzheit dar, die ihre magische Abwehrkraft verliert, wenn sie nicht ungestört vollzogen werden kann. Treten also Störungen auf, wird der Ablauf der zeremoniellen Handlungen und Gedanken durch äußere oder innere Einflüsse unterbrochen, etwa durch abwegige, womöglich obszöne Gedanken, so muß der zeremonielle Ablauf von Anbeginn wiederholt werden, und das oft mehrmals – eben solange, bis ein ungestörter Vollzug gelungen ist. Denn störende äußere oder innere Einwirkungen bedeuten den Einbruch gerade dessen, was abgewehrt werden soll: einen Durchbruch anal-erotischer oder sadistischer Triebregungen; Störungen „verunreinigen" oder „zerstören" das sakrosankte Zeremoniell!

Ein Abwehrmechanismus, der für die Zwangsneurose sehr charakteristisch ist und sich auch als Symptom bemerkbar macht – das *Isolieren* – (Freud, S., 49, S. 150f.), bedient sich ebenfalls der magischen Macht des Ich. Angsterregende Zusammenhänge sollen dadurch unkenntlich und ungefährlich werden, daß das Ich die zusammengehörigen Elemente voneinander isoliert. Das kann auf mannigfache Art geschehen: zum Beispiel dadurch, daß – in der analytischen Situation – zwischen zwei inhaltlich eng verknüpfte Gedanken eine trennende Schweigepause eingeschoben wird und der Zusammenhang der Verdrängung unterliegt; oder ein Zusammenhang wird darüber hinaus ausdrücklich verneint. Das Isolieren kann auch durch Gestikulation erfolgen:

Ein Patient pflegte die analytische Sitzung eine Zeitlang damit zu eröffnen, daß er einige affektbetonte, freundliche oder feindselige Bemerkungen über Dritte machte. Es erfolgte ein kurzes Schweigen und eine leichte Bewegung der rechten Hand – und dann sprach der Patient gewöhnlich mehr oder weniger direkt seine Beziehung zum Behandler an, in der er jede Emotion zu vermeiden suchte. Das Schweigen und die wie eine Schneidebewegung anmutende Geste der Hand hatten den unbewußten Sinn, einen Zusammenhang zwischen den freundlichen oder feindlichen Äußerungen und der Beziehung zum Behandler aufzuheben; wie wenn der Patient zum Ausdruck bringen wollte: „Was ich soeben geäußert habe, das hat mit uns, mit meiner Beziehung zu Ihnen hier gar nichts zu tun!" – Dieses Verhalten erwies sich als Abwehr gegen die Angst vor einem gefühlhaften Kontakt.

Das Isolieren nimmt in besonders deutlicher Form auf die Berührungsangst zahlreicher Zwangsneurotiker Bezug. Es handelt sich im Grunde um eine Angst vor der Berührung des Genitales, also um Abwehr der Onanie. Diese

Angst hat sich zur Angst vor der Berührung eines anderen – gleichen oder fremden – Geschlechts ausgedehnt, wobei der abgewehrte Berührungswunsch sowohl sexuellen als auch sadistischen Impulsen entspringen kann. In Situationen wie der im vorstehend genannten Fall, wenn also die libidinösen und sadistischen Regungen sich auf den Behandler zu richten beginnen, kommt es nicht selten zu einem für die Zwangsneurose besonders charakteristischen Phänomen: der Kranke bringt ganz unverstellt sexuelle und sadistische Phantasien zur Sprache, die den ursprünglichen Inzestobjekten – also den Eltern und Geschwistern – gelten. Mehr noch: die Phantasien drängen sich manchmal geradezu zwanghaft auf, sie werden als *Zwangsvorstellung* zum Symptom (Freud, S., 17, S. 438/39).

Natürlich hat auch der Zwangsneurotiker – wie der Hysteriker – am Anfang der Krankheit seine inzestuösen Phantasien verdrängt. Wenn sie nun auf den Therapeuten übertragen werden, dann dient die vorbewußte Wiederbesetzung der kindlichen Inzestobjekte dazu, die Triebansprüche an den Therapeuten abzuwehren. Das eigentliche, zu Anfang abgewehrte Inzestobjekt ist zur Ersatzvorstellung geworden. Die relative Angstfreiheit dieses Vorgangs mag sich daraus erklären, daß die direkte Verbindung zwischen der unbewußten und der vorbewußten Besetzung des infantilen Objekts weiterhin mehr oder weniger aufgehoben bleibt. Diese *Wiederkehr des Verdrängten* (Freud, S., 9, S. 60, und 31, S. 257) ist hier in erster Linie als Abwehrvorgang aufzufassen. Dennoch kann man nicht bestreiten, daß auch hier die Wiederkehr verdrängter Vorstellungen und Impulse mit einer Spannungsabfuhr im Es verbunden ist. Beim Waschzwang beispielsweise werden zugleich mit dem Ungeschehenmachen der beschmutzenden Berührung durch das Waschen, verschoben vom Genitale auf die Hand, doch auch sehr intensive Berührungsreize erlebt! Der Mann, der im vorn angeführten Beispiel die Ehefrau durch den Kontrollzwang vor seinen sadistischen Impulsen schützen wollte, quälte sie dennoch, indem er sie mit seinen lästigen Kontrollmaßnahmen allabendlich ausgiebig plagte.

Alles in allem findet in der Zwangsneurose der Kampf gegen die unleidlichen Triebansprüche kaum einmal einen Abschluß. Das Ich kommt nicht zur Ruhe. Es wird zu immer neuen Abwehrmaßnahmen gezwungen. Der primäre Krankheitsgewinn, die Angstfreiheit des bewußten Ich, muß ständig aufs neue errungen werden.

Die Konversionshysterie, die Phobie und die Zwangsneurose gelten als die klassischen Übertragungsneurosen. Die Frage, weshalb es im einen Fall zur Hysterie, im anderen etwa zur Zwangsneurose kommt, die Frage also nach den Gründen für die *Neurosenwahl* (Freud, S., 20, S. 237, und Freud, S., 25, S. 442 f.), läßt sich ebensowenig generell beantworten wie die Frage nach den Ursachen der neurotischen Erkrankung überhaupt. Man hat für jeden Einzelfall ein individuelles Faktorenbündel anzunehmen.

Die verschiedenen Neurosenformen sind aber vor allem durch die infantilen Organisationsstufen determiniert, zu denen die Triebe und das Ich regredieren bzw. an die sie fixiert geblieben sind. Es und Ich machen auf ihrem Weg in die Vergangenheit jedoch nur selten an einem einzigen Fixierungspunkte halt; durchweg werden verschiedene kindliche Entwicklungsstufen wiederbesetzt. Deshalb sind die drei Übertragungsneurosen auch kaum einmal in reiner Form anzutreffen. Die Konversionshysterie weist gewöhnlich auch phobische, manchmal zwangsneurotische Merkmale und manchmal im Grunde depressive Züge auf – und umgekehrt.

X. DIE CHARAKTERNEUROSEN

Das neurotische Symptom stellt den Versuch dar, einen unerträglichen äußeren und inneren Konflikt auf eine Weise zu lösen, die in die Krankheit führt. Das Ich strebt seiner synthetischen Funktion eine Vermittlung zwischen den konflikthaften Motiven an, die der Außenwelt, dem Es und dem Über-Ich entstammen und es erreicht sein Ziel in einem mehr oder weniger ausgewogenen Kompromiß – eben im neurotischen Symptom.

Äußere und innere Konflikte gehören als normales Wesensmerkmal zur menschlichen Natur. Es kommt aber zu krankhaften Lösungsversuchen, wenn das noch unentwickelt-schwache oder das überfordert-geschwächte (vgl. Kap. VIII) Ich noch nicht oder nicht mehr imstande ist, dem Es ein Mindestmaß an Spannungsabfuhr zu sichern. Als krankhafte Versuche oder als Resultat frühzeitig gescheiterter Spannungs- bzw. Konfliktbewältigung sind neben der neurotischen Symptombildung abnorme Charakterveränderungen bekannt.

Psychoanalytisch betrachtet kann man als *Charakter* die individuelle, relativ konstante Art und Weise bezeichnen, in der das Ich seine Repräsentanzenwelt, die der frühen Symbiose entstammenden Repräsentanzen, die Selbst- und die Objektrepräsentanzen organisiert und sich zum Es, zu seinen Introjekten, zum Über-Ich und Ich-Ideal und zur Außenwelt verhält. Die Bildung des Charakters beginnt bereits mit der „primären Identifikation" bzw. Ur-Identifikation (Loch, W., V. 3 b, S. 42). Sie schreitet über Wachstum und Krisen der Persönlichkeit fort, bis sich der Lebenszyklus (Erikson, E. H., 1966) schließt. Man kann Formen der Charakterbildung unterscheiden, die für bestimmte Entwicklungsstufen besonders kennzeichnend sind und dementsprechend auch Charakterauffälligkeit und krankhafte Charakterdeformationen, die sich ihrer Art nach auf Störungen in früheren oder späteren Wachstums- und Entwicklungsstadien beziehen lassen. Otto Kern-

berg (1970 und 1975) schlug vor, bei der Klassifizierung der Charakterpatho-
logie einem Kontinuum zu folgen, das sich von hoch spezifizierten zu
fundamentalen („high level" to „low level") Charakterbildungen erstreckt –
nach Maßgabe der Beteiligung von Verdrängungs- und/oder Spaltungs-
Mechanismen an der Entstehung der Charakterstörungen. Hier soll nur von
solchen Charaktereigentümlichkeiten die Rede sein, die mehr den höheren
Entwicklungsstadien zuzuordnen sind. Die „lower-level"-Pathologie ist,
wie die auf ähnlich frühen Entwicklungsstufen angelegte Prädisposition zu
psychosomatischen und psychotischen Erkrankungen, zu Süchten und
schweren Perversionen andernorts dargestellt (vgl. Kutter, P. und We-
siak, W.).

Auf einem schon relativ hohen Entwicklungsniveau, wenn erst das Ich die
Lösung aus der ursprünglichen Mutter-Kind-Einheit vollzogen hat; wenn
sich einheitliche, gute und böse Aspekte umfassende Selbst- und Objekt-Repräsentanzen gebildet haben; wenn sich das kindliche Ich um Zuwachs an
Autonomie bemüht und über die Beziehung zum Vater in die Konflikte des
Ödipus- und Kastrationskomplexes verwirklicht wird, bilden sich Charakterzüge aus, die – ganz analog neurotischen Symptomen – als Resultate der
zunehmenden synthetischen Bemühung des Ich verstehen lassen, zwischen
den Bedürfnissen und Trieben, den Realitätsgegebenheiten und schließlich
auch deren Korrelaten im Über-Ich und Ich-Ideal zu vermitteln. Diese Charakterzüge haben, wie die neurotischen Symptome, die Merkmale des Kompromisses; sie tragen durchweg, wenn auch in der mannigfaltigsten Art und
Akzentuierung, den widerstreitenden inneren und äußeren Einflüssen Rechnung.

Die wesentlichsten Charakterzüge pflegen sich schon in der Kindheit und
Jugend bis zum Abschluß der Pubertät auszuprägen. Das ist auf die relative
Schwäche und die vielfachen Abhängigkeiten des kindlichen und jugendlichen Ich zurückzuführen, das den Kräften der Innen- und Außenwelt noch
nicht hinreichend gewachsen ist. Das Ich kann diese Kräfte aus eigener Macht
vorerst nur unzulänglich beherrschen oder regulieren und ist gezwungen,
sich – ähnlich wie in der Neurose – autoplastisch zu verhalten: statt die
Triebkräfte direkt nach außen abzuleiten oder hinreichend zu sublimieren;
statt die Außenwelt den eigenen Bedürfnissen entsprechend umzugestalten
ist es gezwungen, sich in starkem Maße durch Selbstveränderung den inneren
und äußeren Gegebenheiten anzupassen, indem es diese Kräfte assimiliert.
Zunächst gewinnt das Ich – wenn es erst zur Trennung von Selbst und Außenwelt gekommen ist – durch Angleichung an die Mutter, durch Identifizierung den Halt für die Bewältigung der Umwelt – und Triebansprüche. Die
Identifizierung bleibt dann auch weiterhin einer der mächtigsten Faktoren
der Charakterbildung; sie wird schließlich auch für die Findung der sexuellen

und moralischen (Über-Ich)Identität entscheidend, wenn nämlich der Ödipuskomplex zu überwinden ist.
Gleichfalls schon früh, vor allem auf der analsadistischen Entwicklungsstufe,
beginnen *Reaktionsbildungen* gegen die Triebansprüche das Ich zu formen,
ein Modus der Charakterbildung, der in der Latenzzeit und später in der Pubertät normalerweise seine Höhepunkte erreicht. Der sogenannte „anale
Charakter" (S. 105) ist als abnorme Übersteigerung dieser Charakterent-
wicklung typisch. Als weitere Beispiele lassen sich Scham als Reaktion auf
Zeigelust, Ekel als Abwehr oraler und analer Triebansprüche und permanente irrationale Schuldgefühle als Reaktion auf unbewußte sadistische Impulse
nennen.
Hemmungen sind der Ausdruck von Funktionseinschränkungen des Ich
(Freud, S., 49, S. 116). Sie ergeben sich, wenn eine Ich-Funktion „sexuali-
siert" oder „aggressiviert" ist, d. h. der Abfuhr triebhafter, nicht neutrali-
sierter Energie dienen soll, deshalb jedoch vom Über-Ich mißbilligt wird.
Beispiele sind der psychogene Schreibkrampf und die hysterische Gangstörung (vgl. S. 146).
Entsprechend diesen Hemmungen körperlicher Ich-Funktionen können sich psychische Ich-
Funktionen, z.B. Denkakte, und allgemeine Verhaltensweisen, etwa die zwischenmenschliche
Kontaktaufnahme, unbewußt stark sexualisiert und aggressiviert, vom Über-Ich verpönt und
daher gehemmt sein.

Triebhafte Impulse bestimmen aber oft auch kaum verstellt, mehr oder weniger oberflächlich verschoben das Charakterbild. Starke Fixierung auf der
oralen Stufe kann sich als Gier auf körperlicher oder auch auf geistiger Ebene
äußern, sadistische Unterwerfungs- und Beherrschungslust in Form intole-
ranter Rechthaberei. Infantile Sexualneugier, die sich mit einem gewissen
Maß von Aggression vereint, findet – wo sie auf einschlägige Begabungen
trifft – in mancher Forscherleidenschaft ihr Genüge. Wenn, wie im letztge-
nannten Beispiel, prägenitale oder auch genitale Triebansprüche in der Verschiebung auf solche Ziele bzw. Ideale zur Abfuhr streben, welche den Interessen des Ichs dienlich sind und denen der Sozietät zumindest nicht wider-
streiten, dann kann man einen solchen Charakterzug eine gelungene Sublimierung nennen.
Von anderer Art sind solche Wesensmerkmale, die sich aus Angst vor narzißtischen Kränkungen der Eigenliebe ergeben. Ein typisches Beispiel dafür ist
der von A. Freud (Freud, Anna, S. 109) beschriebene Abwehrmechanismus
der *Ich-Einschränkung:* Das Ich verzichtet auf die Wahrnehmung bestimmter Fähigkeiten und Erlebnismöglichkeiten, um einer unbewußt gefürchteten
Niederlage zu entgehen:
Ein Knabe „findet eines Tages bei mir einen kleinen Block mit magischen Blättern, die er sehr
schätzt und liebt. Er macht sich eifrig daran, die einzelnen Blätter mit einem bunten Bleistift an-
zustreichen und ist zufrieden, daß ich das gleiche tue. Plötzlich wirft er aber einen Blick auf

meine Arbeit hinüber, stockt und wird verstört. Im nächsten Augenblick legt er seinen Bleistift beiseite, schiebt mir den ganzen Vorrat zu, den er bis dahin eifersüchtig gehütet hat, steht auf und sagt: „Mach du sie nur, ich schau viel lieber zu." Es ist deutlich, daß ihm beim Herüberschauen mein Zeichenblatt schöner, fertiger oder vollkommener erschienen ist als seines. Der Vergleich wirkt offenbar als Schock. Aber er beendet, schnell gefaßt, die Konkurrenz mit ihren peinlichen Folgen durch den Verzicht auf die eben noch lustbetonte Tätigkeit. Er begibt sich in die Rolle des Zuschauers, dessen nicht vorhandene Leistung mit keiner fremden mehr verglichen werden kann, und verhütet durch diese Einschränkung die Wiederholung des unlustvollen Eindrucks.

Dieser Vorfall blieb kein vereinzelter. In der Schule verweigerte der Knabe jedes Mittun bei Spiel und Arbeit der anderen, bei dem er sich nicht völlig sicher wußte und schaute den anderen zu.

Solche Einschränkungen der Ich-Funktionen können sich generalisieren und perpetuieren – sehr zum Schaden der Ich-Entwicklung. Die Betreffenden ziehen sich von allen Situationen zurück, in denen sie die Möglichkeit ähnlich gearteter Niederlagen vermuten. Gemeinhin liegt solchen Charakterzügen ein unbewußt fortbestehender Kindheitskonflikt zugrunde. Die Analyse im Falle A. Freuds ergab zum Beispiel, daß die bessere Leistung der anderen „den Anblick des größeren Genitales" bedeutete, welches den Knaben neidisch machte, der Wettstreit aber „die aussichtslose Konkurrenz mit dem Rivalen der Ödipusphase". Ich Einschränkungen dieser Art können schließlich sogar zur Dissozialität führen, wenn etwa die Betreffenden aus Angst vor Mißerfolgen arbeitsscheu werden oder sich an keine regelmäßige Tätigkeit mehr binden.

Die Neigung zu dissozialen Verhaltensweisen kann aus sehr verschiedenen Konfliktkonstellationen resultieren. Eine besonders interessante Form der „Asozialität" hat erstmals S. Freud beschrieben: den „*Verbrecher aus Schuldgefühl*":

Freud fand, daß oft „später sehr anständige Personen" von Straftaten berichten, die sie sich in ihrer Jugend zuschulden kommen ließen: „von Diebstählen, Betrügereien und selbst Brandstiftungen". Als sich schließlich Gelegenheiten boten, solche Vergehen zu analysieren, die begangen wurden, während die Betreffenden sich in Behandlung befanden, brachte die analytische Arbeit das überraschende Ergebnis, daß solche Taten vor allem darum vollzogen wurden, weil sie verboten und weil mit ihrer Ausführung eine seelische Erleichterung für den Täter verbunden war. Er litt an einem drückenden Schuldbewußtsein unbekannter Herkunft, und nachdem er sein Vergehen begangen hatte, war der Druck gemildert. Das Schuldbewußtsein war wenigstens irgendwie untergebracht. Die Frage, „woher das dunkle Schuldgefühl vor der Tat stammt", wurde durch die analytische Arbeit „regelmäßig" derart beantwortet, daß es dem Ödipuskomplex entstamme, „eine Reaktion sei auf die beiden großen verbrecherischen Absichten, den Vater zu töten und mit der Mutter sexuell zu verkehren. Im Vergleich mit diesen beiden waren allerdings die zur Fixierung des Schuldgefühls begangenen Verbrechen Erleichterungen für den Gequälten" (Freud, S., 33, S. 390).

Die gegebenen Hinweise und Beispiele mögen zeigen, daß triebhafte Bedürfnisse, Ich, Über-Ich und die Realitätsgegebenheiten und die sich aus ihrer Unvereinbarkeit ergebenden Konflikte ähnlich wie die Symptomentwicklung so auch die Charakterbildung entscheidend determinieren. Sie bestimmen die Ideale, die Einstellungen und Zielsetzungen des Ich, die Verhaltensgewohnheiten und Reaktionsbereitschaften, die Bevorzugungen und die Vermeidungen bestimmter Erlebnis- und Wirklichkeitsbereiche – kurz das, was auch der Volksmund als den „Charakter" des Individuums zu bezeichnen pflegt.

Die Beispiele zeigen aber zugleich, daß die Grenzen zwischen normalen und krankhaften Charakterbildungen fließend sind. Das nimmt nicht wunder, wenn man bedenkt, daß der Mensch *normalerweise* äußere und innere Konflikte zu bestehen hat, die sich im Grunde nicht von denen unterscheiden, die auch den krankhaften Entwicklungen zugrunde liegen. Kriterium für die Unterscheidung zwischen Normalität und Neurose, zwischen Gesundheit oder Krankheit ist stets die Frage, ob sich das Ich als stark genug erweist, traumatischen Konstellationen zu begegnen, ohne dabei nachhaltige Einbußen der *Leistungs- und Genußfähigkeit* (Freud, S., 6, S. 8) in Kauf zu nehmen.

Charakterzüge erwiesen sich dann als besonders starr, als unüberwindlich, wenn sie der Abwehr neurotischer Konflikte dienen, solcher Konflikte also, die das bewußte Ich unerträglicher Unlust ausliefern würden. W. Reich hat diese Charakterzüge den *Charakterpanzer* der Neurosekranken genannt, um auszudrücken, daß sie das Ich vor dem Bewußtwerden neurotischer Konflikte schützen (Reich, W., 1933).

Gemeinhin lassen sich auch bei den Symptomneurosen pathologische Wesensmerkmale finden. Wo den krankhaften Charaktereigentümlichkeiten verglichen mit den Symptomen die größere Bedeutung zukommt, pflegt man von *Charakterneurosen* zu sprechen. Typisch für die hysterische Neurose ist beispielsweise die schon bezeichnete Tendenz, zu werben, um geliebt und bewundert zu werden, sich aber zu verweigern, wenn das Objekt gewonnen ist – eine Verhaltensweise, die bei der Frau aufs engste mit einer Fehlidentifikation, dem Männlichkeitskomplex verbunden ist. Eine verwandte Spielart im Wesen des phallisch-narzißtisch fixierten Mannes ist als Don-Juanismus bezeichnet worden: eine unermüdliche Eroberungslust ist mit der Unfähigkeit zu zärtlichen und dauerhaften Bindungen verknüpft. Das Ich weicht damit ödipalen Konflikten aus; die zärtlichen Gefühle sind mehr oder minder unbewußt noch ganz an die Mutter fixiert und in der Regression zur narzißtischen Libidoorganisation dienen die Sexualerlebnisse ausschließlich der Abwehr der Kastrationsangst durch Demonstration der eigenen Potenz (S. 144).

Die Zwangsneurose geht durchweg mit Wesenszügen im Sinne des „analen Charakters" einher; und unter quälenden Schuldgefühlen wendet sich das Ich unter dem Druck des sadistischen Über-Ich gegen die sadistischen Impulse des Es.

Es mag bei diesen skizzenhaften Andeutungen bleiben. Der Abwehraspekt ist auch in jenen Wesenseigentümlichkeiten evident. Die Charakterzüge gewinnen bei den Symptomneurosen oft geradezu die Qualität eines Symptomäquivalents: sie dienen gleichen Zwecken wie die Symptome und man kann oft im Laufe einer analytischen Behandlung sehen, wie sich Symptome und Charaktermerkmale parallel oder auch antagonistisch mildern oder verschärfen.

Der Charakter des Menschen ist, das war längst vor der Entwicklung der Psychoanalyse bekannt, nicht nur als Phänotypus ererbter Anlagen zu verstehen, sondern in hohem Maße von Umweltkonstellationen und intrapsychischen Prozessen, speziell von Vorgängen der Triebbewältigung bestimmt. Es ist aber der Verdienst der Psychoanalyse, mit der Einführung der genetischen, dynamischen, strukturellen, adaptativen und ökonomischen Gesichtspunkte der wissenschaftlichen Charakterkunde Kriterien geliefert zu haben, anhand derer sich überprüfbare Einsichten in die Entstehungsbedingungen typischer und individueller Charakterstrukturen gewinnen lassen.

XI. DIE NEUROSE IN DER PSYCHOANALYTISCHEN BEHANDLUNG

Seine Neurosenlehre überschauend, hat Freud das neurosekranke Ich wie folgt beschrieben:

„Dieses Ich kann die Aufgaben, welche ihm die Außenwelt einschließlich der menschlichen Gesellschaft stellt, nicht mehr erfüllen. Es verfügt nicht über all seine Erfahrungen, ein großer Teil seines Erinnerungsschatzes ist ihm abhanden gekommen" (verdrängt). „Seine Aktivität wird durch strenge Verbote des Über-Ich gehemmt, seine Energie verzehrt sich in vergeblichen Versuchen zur Abwehr des Es. Überdies ist es infolge der fortgesetzten Einbrüche des Es in seine Organisation geschädigt, in sich gespalten, bringt keine ordentliche Synthese mehr zustande, wird voneinander widerstrebenden Strebungen, unerledigten Konflikten, ungelösten Zweifeln zerrissen" (Freud, S., 53, S. 106/07).

In dieser Verfassung sucht das gestörte Ich therapeutische Hilfe. Das *Ziel* der pychoanalytischen Behandlung, naturgemäß an der psychoanalytischen Neurosenlehre orientiert, besteht nun darin, „den Verdrängungsprozeß einer Revision zu unterziehen und den Konflikt zu einem besseren, mit der Gesundheit verträglichen Ausgang zu leiten" (Freud, S., 36, S.5). Diese bündige Formulierung läßt sich unter Bezugnahme auf die verschiedenen metapsychologischen Aspekte wie folgt erläutern:
Es gilt, die neurotischen Konflikte auf ihre infantilen Wurzeln zurückzuführen und diese der Kritik zugänglich zu machen (Freud, S., 27, S. 131) (genetischer Aspekt). Zu diesem Zweck müssen sie bewußt gemacht (Freud, S., 27,

S. 127), d. h. der Herrschaft des Primärvorgangs entzogen und dem Sekundärvorgang unterworfen, also auf ein höheres seelisches Organisationsniveau
gehoben werden (Freud, S., 32, S. 300) (topischer Aspekt). Mit anderen
Worten: die am Konflikt beteiligten Triebenergien sollen an ihre vorbewußten Repräsentanzen gebunden und dadurch der Regulation durch das bewußte (bzw. vorbewußte) Ich zugänglich gemacht werden; ,,Wo Es war, soll
Ich werden'' (struktureller Aspekt).
Bei der Verfolgung dieses Zieles sieht sich der Analytiker in die Rolle eines
Erziehers versetzt, insofern er versuchen muß, das Ich dafür zu gewinnen,
notfalls auf unmittelbare Triebbefriedigung zu verzichten und ein gewisses
Maß an Unlust zu ertragen, um andere, der Triebbefriedigung ebenso wie
den Zwecken des Ich günstige Umstände abzuwarten oder zu schaffen. Es
gilt also, das in der Kindheit herrschende Lustprinzip dem Realitätsprinzip
unterzuordnen (Freud, S., 33, S. 365), zum Beispiel eine Verdrängung un-
lustweckender Motive durch deren bewußte Verurteilung zu ersetzen
(Freud, S., 16, S. 375, und Freud, S., 18, S. 57) (adaptativer Aspekt). Die
Ich-Energien, die der Abwehr, also der Fernhaltung peinlicher Motive vom
Bewußtsein dienen (Daueraufwand der Gegenbesetzung), sollen dem Ich
wieder für seine sonstigen Aufgaben und Ziele verfügbar werden; die Behandlung strebt somit die Stärkung des Ich für die Bewältigung der Lebens-
anforderungen an (energetisch-ökonomischer Aspekt). Bei der Bemühung
um Freisetzung dieser, für Abwehrzwecke verwandten Energien sind aber
erhebliche Widerstände zu überwinden, die der kranken Persönlichkeit
selbst entstammen: aus mannigfachen Gründen, mehr unbewußt als bewußt
setzt sie sich gegen die bewußte Lösung ihrer unbewußten Konflikte zur
Wehr; und das, obgleich das bewußte Ich den Arzt um Hilfe angegangen und
sich zur Mitarbeit nach seinen Regeln bereitgefunden hat (dynamischer
Aspekt).
Das *Mittel*, durch das die psychoanalytische Behandlung ihr Ziel erreichen
soll, ist die *Deutung* (s. S. 78). Als Objekt der Deutungsarbeit bieten sich das
Verhalten, das Einfallsmaterial des Kranken und seine Träume an. Dem
kranken Ich ist anhand der Deutungen bewußt zu machen, *daß* es konflikthafte Motive abwehrt, des weiteren, *wie* es dabei vorgeht, d. h. welcher Abwehrmechanismen es sich dabei bedient, und schließlich, *was* bzw. welche
Motive vom Bewußtsein ferngehalten werden.
Der Psychoanalytiker ist bei seiner Deutungsarbeit auf die Mitteilungen, auf
eine gewisse Kooperationsbereitschaft, auf *Mitarbeit* des Kranken angewiesen und damit sowohl behandlungsförderlichen als auch behandlungshinder-
lichen Faktoren von seiten des Analysanden konfrontiert:
,,Auf der Seite des Patienten wirken *für* uns einige rationelle Momente wie
das durch sein Leiden motivierte Bedürfnis nach Genesung und das intellek-

tuelle Interesse, das wir bei ihm für die Lehren und Enthüllungen der Psychoanalyse wecken konnten, mit weit stärkeren Kräften aber *die positive Übertragung* (hervorgehoben vom Verf.), mit der er uns entgegenkommt" (Freud, S., 53, S. 107).

Neurotiker neigen in krankhaft gesteigertem Ausmaß dazu – und das macht ein zentrales Wesensmerkmal der Neurose aus! –, Gefühlseinstellungen, die den Abhängigkeitsbeziehungen zu den Objekten der Kindheit, vorab den Eltern und Geschwistern, entstammen, und die Verhaltensgewohnheiten, die sich aus diesen Gefühlseinstellungen herleiten, in die Beziehung zu Gegenwartsobjekten und so auch auf den Behandler zu übertragen. Sind diese Gefühlseinstellungen von überwiegend freundlicher Natur, so spricht man von *positiver Übertragung;* wenn sie dagegen eine mehr feindlich-ablehnende Note haben, dann ist von *negativer Übertragung* die Rede. Man muß jedoch bedenken, daß freundliche Gefühlseinstellungen, Zärtlichkeitsregungen und sexuelle Wünsche das Über-Ich alarmieren und die Eigenliebe kränken können, deshalb zurückgewiesen werden und sich dann hinter Äußerungen feindlicher Ablehnung verbergen; wie sich umgekehrt oftmals auch Trotz und Haß aus kindlicher Angst in höfliche Gefügigkeit verkehren.

,,Auf der anderen Seite streiten gegen uns *die negative Übertragung* (hervorgehoben vom Verf.), der Verdrängungswiderstand des Ichs, d. h. seine Unlust, sich der ihm aufgetragenen schweren Arbeit auszusetzen, das Schuldgefühl aus dem Verhältnis zum Über-Ich und das Krankheitsbedürfnis aus tiefgreifenden Veränderungen seiner Triebökonomie. Vom Anteil der beiden letzteren hängt es ab, ob wir einen Fall einer leichten oder einen schweren nennen werden" (Freud, S., 53, S. 107). Das ist in knappster Form eine Übersicht über die *Arten der Widerstände,* die sich von seiten des Kranken selbst seinem Genesungswunsch und der Behandlungsbemühung des Analytikers entgegenstellen. Sie lassen sich zunächst in struktureller Hinsicht unterscheiden: also nach den Instanzen, denen sie zugehören, dem Ich, dem Über-Ich oder dem Es (Freud, S., 49, S. 192).

Am ehesten bekannt waren die *Widerstände des Ich:* der Verdrängungswiderstand, der Übertragungswiderstand und der Widerstand, der aus dem sog. sekundären Krankheitsgewinn resultiert. Sie sind in ihrer Dynamik voneinander verschieden.

Der *Verdrängungswiderstand* ist mit der Gegenbesetzung, dem Energieaufwand identisch, mit dem das Ich sich gegen das Bewußtwerden verdrängter Triebrepräsentanzen wehrt.

Der *Übertragungswiderstand* ist dem Verdrängungswiderstand verwandt. Wenn im Verlauf der analytischen Behandlung der Kranke seine durch Regression wiederbelebten infantilen Gefühlseinstellungen und Verhaltensweisen in die Beziehung zum Analytiker überträgt, wird dieser zum Repräsentanten der kindlichen Objekte. Die im Über-Ich und Ich-Ideal introjizierten Kindheitsobjekte werden auf den Behandler reprojiziert, die infantilen Wünsche und Ängste und die mit ihnen verbundenen Konflikte zentrieren sich ganz auf seine Person. Die pathologischen Bildungen, Charakterzüge und

Symptome, nehmen fortan auf das Verhältnis zum Analytiker Bezug, sie bilden sich um, neue Symptome entwickeln sich und werden so als Ausdruck abgewehrter Wünsche und Regungen in Hinsicht auf die Person des Therapeuten deutbar. Es hat sich eine „Übertragungsneurose" im engeren, behandlungstechnischen Sinne konstelliert (Freud, S., 27, S. 134/35). Damit ist nun der Ansatzpunkt für einen Übertragungswiderstand gegeben: Die *positive* Übertragung kann eine höchst wertvolle Hilfe für den Fortschritt der Analyse werden, insofern der Kranke dem Analytiker zuliebe kindliche Ängste und Schamgefühle überwindet und seine Deutungsangebote sachlich kritisch, aber im Grunde aufgeschlossen zur Kenntnis nimmt und prüft. Eine *negative* Übertragung dagegen wird meist schon bald zu einem willkommenen Instrument des Verdrängungswiderstandes, indem die Deutungsangebote des Analytikers als Angriffe erlebt und – stillschweigend oder offen – feindselig zurückgewiesen werden. Im weiteren lassen sich zwei engverwandte Formen des Übertragungswiderstandes unterscheiden: die eine Form besteht darin, daß sich der Kranke hartnäckig dagegen wehrt, überhaupt irgendeine Gefühlseinstellung zum Therapeuten einzuräumen, sich also betont um Gleichgültigkeit bemüht – was nicht verwechselt werden darf mit dem Objektverlust in der Psychose, bei dem sich die Gefühlsansprüche tatsächlich von den Objekten auf das Selbst zurückgewendet haben; die andere Form äußert sich in der Abwehr ganz bestimmter Gefühlseinstellungen, so etwa der positiven *oder* der negativen Übertragung, sie wurde bereits erwähnt. Schließlich kann sich ein Übertragungswiderstand auch darin geltend machen, daß sich das Ich darauf versteift, direkte Triebbefriedigung vom Analytiker zu erlangen, etwa ein Liebesverhältnis mit ihm anzuknüpfen oder hartnäckig gegen ihn zu trotzen. Der Kranke versucht, einen verdrängten, den Kindheitsbeziehungen entstammenden Wunsch, etwa den Inzestwunsch oder den Trotz gegen die Eltern, in der Übertragung auf den Therapeuten in die Tat umzusetzen – anstatt sich der kindlichen Vorgeschichte zu erinnern. Er entzieht diese unbewußten Kindheitswünsche als solche dadurch der Verbalisierung, d. h. einer Verknüpfung mit den zugehörigen vorbewußten Wortvorstellungen und damit der Bewußtmachung. Man sagt, der Kranke „*agiert*" seine konflikthaften Wünsche statt sie zu analysieren. Die enge Verwandtschaft mit dem Verdrängungswiderstand liegt auf der Hand.
Die dritte Form der Ich-Widerstände, der *sekundäre Krankheitsgewinn* (Freud, S., 49, S. 127), ist nicht mit dem *primären Krankheitsgewinn* (IX. 3) zu verwechseln, den das bewußte Ich aus der Abwehr der neurotischen Konflikte durch Verdrängung, Symptombildung und Charakterveränderung zieht: den mehr oder weniger vollkommenen Schutz gegen neurotische Angst und Unlust. Es entspricht der synthetischen Funktion des Ich, daß es bestrebt ist, sich alsbald auf die Beeinträchtigungen einzustellen, die sich aus

den krankhaften Symptomen und Charakterveränderungen ergeben (Freud, S., 49, S. 125/26). Das Ich bezieht die Störungen in seine Planungen und Zielsetzungen mit ein und sucht sie schließlich sogar seinen Zwecken dienstbar zu machen. Der Konversionshysteriker etwa, der wegen einer Lähmung weitgehende Rücksichtnahmen von seiten seiner Mitmenschen genießt, wird schließlich, wenn er sich erst daran gewöhnt hat, diese Entgegenkommen bei seinen Alltagsplanungen mit in Rechnung zu stellen, im Lauf der Analyse nicht nur die Unlust der neurotischen Konfliktbewältigung, sondern auch den Verzicht auf seine Privilegien zu leisten haben, die ihm die Krankheit mittlerweile eingetragen hat. Die Macht solcher Krankheitsgewinne ist nicht gering zu schätzen, was sich besonders eindrucksvoll in manchen ,,Rentenneurosen" erweist, bei denen die Gesundung gleichbedeutend mit dem Verlust der Rente ist. Ein hoher sekundärer Krankheitsgewinn kann deshalb von vornherein einen Behandlungserfolg in Frage stellen.

Der *Widerstand des Über-Ich* ist mit einer Form des *Widerstandes von seiten des Es* aufs engste verknüpft und oft von ihm gar nicht zu trennen. Freud hat die beiden Arten wie folgt bezeichnet:

,,Beide sind dem Kranken völlig unbekannt. . . . Man kann sie unter dem gemeinsamen Namen: Krankheits- und Leidensbedürfnis zusammenfassen, aber sie sind verschiedener Herkunft, wenn auch sonst verwandter Natur. Das erste dieser beiden Momente ist das Schuldgefühl oder Schuldbewußtsein, wie es mit Hinwegsetzung über die Tatsache genannt wird, daß der Kranke es nicht verspürt und nicht erkennt. Es ist offenbar der Beitrag zum Widerstand, den ein besonders hart und grausam gewordenes Über-Ich leistet. Das Individuum soll nicht gesund werden, sondern krank bleiben, denn es verdient nichts besseres. Dieser Widerstand stört eigentlich unsere intellektuelle Arbeit nicht, aber er macht sie unwirksam, ja er gestattet oft, daß wie eine Form des neurotischen Leidens aufheben, ist aber sofort bereit, sie durch eine andere, eventuell durch eine somatische Erkrankung zu ersetzen. Dieses Schuldbewußtsein erklärt auch die gelegentlich beobachtete Heilung oder Besserung schwerer Neurosen durch reale Unglücksfälle: es kommt nämlich nur darauf an, daß man elend sei, gleichgültig in welcher Weise. Die klaglose Ergebenheit, mit der solche Personen oft ihr schweres Schicksal ertragen, ist sehr merkwürdig, aber auch verräterisch" (Freud, S.). Die Widerstandsform, die Freud hier beschrieben hat, ist jener Charakterstruktur eng verwandt, welche das Individuum aus Schuldgefühl zum Verbrecher werden läßt (X.).

,,Weniger leicht ist es, die Existenz eines anderen Widerstandes zu erweisen, in dessen Bekämpfung wir uns besonders unzulänglich finden. Es gibt unter den Neurotikern Personen, bei denen, nach all ihren Reaktionen zu urteilen, der Trieb zur Selbsterhaltung geradezu eine Verkehrung erfahren hat. Sie scheinen auf nichts anderes als auf Selbstschädigung und Selbstzerstörung auszugehen. Vielleicht gehören auch die Personen, welche am Ende wirklich Selbstmord begehen, zu dieser Gruppe. Wir nehmen an, daß bei ihnen weitgehende Triebentmischungen stattgefunden haben, in deren Folge übergroße Quantitäten des nach innen gewendeten Destruktionstriebes freigeworden sind. Solche Patienten können die Herstellung durch unsere Behandlung nicht erträglich finden, sie widerstreben ihr mit allen Mitteln. Aber wir gestehen es zu, dies ist ein Fall, dessen Aufklärung uns noch nicht ganz geglückt ist" (Freud, S., 53, S. 106).

Die letztgenannte Widerstandsform ist offensichtlich den Widerständen von seiten des Es zuzuzählen. Das Es stellt sich aber noch in anderer Weise dem Fortschritt der analytischen Behandlung entgegen, und zwar in Form des *Wiederholungszwanges*. Er äußert sich kraft einer ,,Anziehung der unbewußten Vorbilder auf den verdrängten (gegenwärtigen) Triebvorgang" (Freud, S., 49, S. 192). Es liegt sehr nahe, dafür eine – individuell verschiedene – ,,psychische Trägheit, eine Schwerbeweglichkeit der Libido" anzuschuldigen, ,,die ihre Fixierungen nicht verlassen will" (Freud, S., 53, S. 107/08).

Man kann in der psychoanalytischen Behandlung zwei Äußerungsformen von Wiederholungszwang unterscheiden: einmal die schon bezeichnete Neigung, real oder in der Phantasie an infantilen, gewissermaßen bequemen Befriedigungsarten – Triebzielen oder Objekten – festzuhalten bzw. zu ihnen zu regredieren; zum anderen das Bestreben, immer aufs neue zu traumatischen Erlebnissen zurückzukehren, um sie schließlich zu bewältigen – m. a. W. die Neigung des Ich, durch wiederholte Konfrontation mit der traumatischen Situation soviel Gegenbesetzungsenergie für die Abwehr der traumatischen Reizeinwirkung zu mobilisieren, daß es sich fortan gegen gefährliche Reizüberflutungen (z. B. gegen den Durchbruch verpönter Triebansprüche) gefeit und damit vor Angst und Schuldgefühlen sicher fühlen kann – eine Einstellung des Ich also, die an die pathogenen Ausgangskonstellationen heranführt und deshalb in den Dienst der psychoanalytischen Behandlung gestellt werden kann.

Die vorliegende skizzenhafte Kennzeichnung des psychoanalytischen Behandlungszieles und der Kräfte, die bei der Verfolgung dieses Zieles zu überwinden sind, mag darauf hindeuten, daß die analytische Behandlungssituation in wesentlichen Zügen mit dem neurotischen Konflikt selbst verglichen werden kann: Die analytische Situation stellt ein Feld von teils koordinierten, teils einander widerstreitenden Kräften dar: Die gesunden Ich-Anteile, die nicht in den neurotischen Konflikt verstrickt sind, gehen zunächst mit dem behandelnden Arzt ein *Arbeitsbündnis* ein, in der Bereitschaft um der Gesundung willen, Mühsal, Ängste, Kränkungen und Enttäuschungen in Kauf zu nehmen, die sich aus einer Konfrontation mit den infantilen Wünschen und Bedrohungen ergeben, die der Neurose zugrunde liegen. Die am neurotischen Konflikt beteiligten Anteile von Es, Über-Ich und Ich dagegen sind bestrebt, sich diesem Arbeitsbündnis zu widersetzen. Sie trachten danach, das Kräftefeld der analytischen Situation nach dem Vorbild der intrapsychischen konflikthaften Kräfteverhältnisse zu gestalten, m. a. W. die Person des Arztes in den neurotischen Konflikt mit einzubeziehen, die konflikthaften Formen der infantilen Objektbeziehungen in der *Arzt-Patient-Beziehung* zu wiederholen und diese dem System der altbewährten Abwehrmechanismen zu unterwerfen. Der Arzt ist im Einklang mit den kooperationsbereiten Ich-Anteilen des Analysanden bemüht, dem Analysanden diese seine neurotischen Tendenzen durch Deutung bewußt zu machen und die in ihnen gebundenen Kräfte für andere, mit der Gesundheit vereinbare Zwecke frei zu machen. Wieweit er dabei erfolgreich ist, das hängt vom *Gesamt der Kräftekonstellation* ab, denen er sich gegenüber bzw. ausgesetzt sieht.

„Wir sind nicht enttäuscht, sondern finden es durchaus begreiflich, daß der Endausgang des Kampfes, den wir aufgenommen haben, von quantitativen Relationen abhängt, von dem Energiebetrag, den wir zu unseren Gunsten beim Patienten mobilisieren können, im Vergleich zu der Summe der Energien der Mächte, die gegen uns wirken. Gott ist hier wieder einmal mit den stärkeren Bataillonen – gewiß erreichen wir nicht immer zu siegen, aber wenigstens können wir meistens erkennen, warum wir nicht gesiegt haben" (Freud, S., 53, S. 108).

XII. SCHLUSSBEMERKUNG

Das vorstehende Zitat aus dem „Abriß der Psychoanalyse" kennzeichnet noch einmal die dynamisch-ökonomische Betrachtungsweise der Psychoanalyse, speziell den Nachdruck, den Freud auf die motivierende Kraft der *triebhaften Bedürfnisse* gelegt hat.

In jüngerer Zeit wird im psychoanalytischen Denken die motivbildende Bedeutung der individuellen, in hohem Grade von kulturellen, psychosozialen Faktoren bestimmten *Erfahrungen,* die Bedeutung der *Objektbeziehungen* hervorgehoben, eine Akzentverschiebung, die vielleicht eine Überprüfung einiger wesentlicher psychoanalytischer Begriffsbildungen nahelegt. W. Loch hat darauf im einzelnen hingewiesen.

Es geht bei diesen – und anderen – Diskussionen um Revisionen und Modifikationen der psychoanalytischen *Theorie,* die in dem Maße, in dem sie Gültigkeit erlangen, natürlich auch der psychoanalytischen *Neurosenlehre* zu integrieren sind. In den vorliegenden „Grundzügen" der Neurosenlehre kommen sie mehr beiläufig zur Geltung. E. H. Eriksons Beitrag zu dieser

Entwicklung wurde jedoch ausführlicher berücksichtigt. Die Abhandlung verfolgt in erster Linie das Ziel, die grundlegenden Konzeptionen der Neurosenlehre, wie sie im Lebenswerk Freuds entwickelt worden sind, darzustellen. Diese sind das Fundament der psychoanalytischen Neurosenlehre und eröffnen bisher noch am besten den Zugang zum psychoanalytischen Verständnis der neurotischen Erkrankungen. Der Zuwachs an theoretischer Klarheit und Differenziertheit und an Einsicht in das krankhafte seelische Geschehen, den die moderne psychoanalytische Forschung vermittelt, kann sich allein in der Konfrontation mit den überkommenen Konzeptionen erweisen.

XIII. LITERATUR

Abraham, K. (1924): Versuch einer Entwicklungsgeschichte der Libido aufgrund der Psychoanalyse seelischer Störungen. Int. psychoanal. Verlag, Wien.

Balint, M. Michael (1970): Therapeutische Aspekte der Regression. Die Theorie der Grundstörung. Klett, Stuttgart.

Benedek, Th. (1938): Adaption to realty in early infancy. Psychoan. Qu. 7.

Benedek, Th. (1956): Toward the biology of the depressive constellation. J. Am. Psychoanal. Ass., 4.

Eppel, H. (1965): Über Identifizierung. Psyche XIX, 9.

Erikson, E. H. (1950): Childhood and Society; deutsch (1968): Kindheit und Gesellschaft. Klett, Stuttgart, III. Auflage.

Erikson, E. H. (1950): Growth and Crises of the ,,Healthy Personality''; deutsch (1953): Wachstum und Krisen der gesunden Persönlichkeit, und in E. H. Erikson (1959) ,,Identity and Life Cycle''; deutsch (1966): Identität und Lebenszyklus. Frankfurt.

Erikson, E. H. (1956): The Problem of Ego-Identity. J. Am. Psychoanal. Ass. 4, 56; deutsch (1956/57): Das Problem der Ich-Identität. Psyche X, 114ff., und in E. H. Erikson (1966): Identität und Lebenszyklus. Frankfurt.

Fenichel, O. (1931): Hysterien und Zwangsneurosen. Nachdruck 1967 durch Wissenschaftl. Buchgesellschaft, Darmstadt.

Fenichel, O. (1931): Perversionen, Psychosen, Charakterstörungen. Nachdruck 1967 durch Wissenschaftl. Buchgesellschaft, Darmstadt.

Ferenczy, S. (1919): Hysterische Materialisationsphänomene. II. Aufl. 1964, Bd. III, Huber, Bern.

Ferenczy, S. (1925): Zur Psychoanalyse von Sexualgewohnheiten. II. Aufl. 1964, Bd. III, Huber, Bern.

Frances, A., und Dann, P. (1975): Agoraphobie. Int. J. Psycho-Anal. 56, und 435ff.

Freud, A. (1936): Das Ich und die Abwehrmechanismen. Imago Publishing Co. Ltd. London, Reprinted 1952.

Freud, S.: 1 (1887–1902) Aus den Anfängen der Psychoanalyse. S. Fischer, Frankfurt, 1950.
  2 (1895) Studien über Hysterie. Bd. I.
  3 (1900) Die Traumdeutung. Bd. II/III.
  4 (1901) Über den Traum. Bd. II/III.

5 (1901) Zur Psychopathologie des Alltagslebens. Bd. IV.
6 (1904) Die Freudsche psychoanalytische Methode. Bd. V.
7 (1905) Drei Abhandlungen zur Sexualtheorie. Bd. V.
8 (1905) Bruchstück einer Hysterie-Analyse. Bd. V.
9 (1907) Der Wahn in W. Jensens „Gradiva". Bd. VII.
10 (1907) Zwangshandlungen und Religionsübungen. Bd. VII.
11 (1908) Über infantile Sexualtheorien. Bd. VII.
12 (1908) Hysterische Phantasien und ihre Beziehung zur Bisexualität. Bd. VII.
13 (1908) Charakter und Analerotik. Bd. VII.
14 (1909) Der Familienroman der Neurotiker. Bd. VII.
15 (1909) Allgemeines über den hysterischen Anfall. Bd. VII.
16 (1909) Analyse der Phobie eines fünfjährigen Knaben. Bd. VII.
17 (1909) Bemerkungen über den Fall von Zwangsneurose. Bd. VII.
18 (1910) Über Psychoanalyse. Bd. VIII.
19 (1911) Die zukünftigen Chancen der psychoanalytischen Psychotherapie. Bd. VIII.
20 (1911) Formulierungen über zwei Prinzipien des psychischen Geschehens. Bd. VIII.
21 (1909) Psychoanalytische Bemerkungen über einen autobiographisch beschirebenen Fall von Paranoia. Bd. VII.
22 (1912) Über neurotische Erkrankungstypen. Bd. VIII.
23 (1912) Ratschläge für den Arzt bei der psychoanalytischen Behandlung. Bd. VIII.
24 (1913) Das Interesse an der Psychoanalyse. Bd. VIII.
25 (1913) Die Disposition zur Zwangsneurose. Bd. VIII.
26 (1914) Zur Geschichte der psychoanalytischen Bewegung. Bd. X.
27 (1914) Erinnern, Wiederholen, Durcharbeiten. Bd. X.
28 (1914) Zur Einführung der Narzißmus. Bd. X.
29 (1915) Triebe und Triebschicksale. Bd. X.
30 (1915) Mitteilung eines der psychoanalytischen Theorie widersprechenden Falles von Paranoia. Bd. X.
31 (1915) Die Verdrängung. Bd. X.
32 (1915) Das Unbewußte. Bd. X.
33 (1915) Einige Charaktertypen aus der psychoanalytischen Arbeit. Bd. X.
34 (1916) Über Triebumsetzungen, insbesondere der Analerotik. Bd. X.
35 (1917) Vorlesungen zur Einführung in die Psychoanalyse. Bd. XI.
36 (1917) Eine Schwierigkeit der Psychoanalyse. Bd. XII.
37 (1919) Ein Kind wird geschlagen. Bd. XII.
38 (1920) Jenseits des Lustprinzips. Bd. XIII.
39 (1921) Massenpsychologie und Ich-Analyse. Bd. XIII.
40 (1923) Psychoanalyse und Libidotheorie. Bd. XIII.
41 (1923) Das Ich und das Es. Bd. XIII.
42 (1923) Die infantile Genitalorganisation. Bd. XIII.
43 (1924) Der Realitätsverlust bei Neurose und Psychose. Bd. XIII.
44 (1924) Das ökonomische Problem des Masochismus. Bd. XIII.
45 (1924) Neurose und Psychose. Bd. XIII.
46 (1924) Der Untergang des Ödipuskomplexes. Bd. XIII.
47 (1928) Kurzer Abriß der Psychoanalyse. Bd. XIII.
48 (1925) Einige psychische Folgen des anatomischen Geschlechtsunterschiedes. Bd. XIV.
49 (1926) Hemmung, Symptom und Angst. Bd. XIV.
50 (1930) Das Unbehagen in der Kultur. Bd. XIV.
51 (1931) Über die weibliche Sexualität. Bd. XIV.

52 (1937) Die endliche und die unendliche Analyse. Bd. XVI.

53 (1939), Die Ich-Spaltung im Abwehrvorgang. Bd. XVII.

54 Abriß der Psychoanalyse, Schriften aus dem Nachlaß. Bd. XVII.

Hartmann, H. (1939): Ich-Psychologie und Anpassungsproblem. Psyche XIV, 2 (1960).

Hartmann, H. (1947): On Rational and Irrational Action. In: Psychoanalysis and the Social Sciences I, 359–392, Int. Univ. Press, New York (zit. n. Scheunert, G., in „Entfaltung der Psychoanalyse"; hrsg.: Mitscherlich, A. (1956). Klett.

Hartmann, H. (1950): Comments on the Psychoanalytic Theory of the Ego. The Psychoanalytic Study of the Child, 5; deutsch: Bemerkungen zur psychoanalytischen Theorie des Ich (1964), Psyche VIII, 6/7.

Hartmann, H. (1955): Notes on the Theory of Sublimation. The Psychoanalytic Study of the Child, 10; deutsch: Bemerkungen zur Theorie der Sublimierung. Entfaltung der Psychoanalyse (hrsg.: Mitscherlich, S.) (1956). Klett, Stuttgart.

Hoffmann, S. O. (1979): Charakter und Neurose. Suhrkamp, Frankfurt.

Joffe, W. G., und Sandler, J. (1967): Über einige begriffliche Probleme im Zusammenhang mit dem Studium narzißtischer Störungen. Psyche XXI, 152 ff.

Joffe, W. G., und Sandler, J. (1967): Kommentare zur psychoanalytischen Anpassungspsychologie mit besonderem Bezug zur Rolle der Affekte und der Repräsentanzenwelt. Psyche XXI, 728 ff.

Kernberg, O. (1970): A Psychoanalytic Classification of Character Pathology. J. Am. Psychoan. Ass. 18; 800–802.

Kernberg, O. (1975): Borderline Conditions and Pathological Narcissism, 13 f. New York.

Krejci, E. / W. Bohleber (Hg.) (1982): Spätadoleszente Konflikte. Indikation und Anwendung psychoanalytischer Verfahren bei Studenten. Vandenhoeck u. Ruprecht, Göttingen.

Kernberg, O. (1975): Borderline Conditions and Pathological Narcissism, 13 f. New York.

Kuiper, P. C. (1962): Probleme der psychoanalytischen Technik in bezug auf die passiv-feminine Gefühlseinstellung des Mannes, das Verhältnis der beiden Ödipuskomplexe und die Aggression. Psyche, XVI, 6, 321 ff.

Kunz, H. (1946): Die Aggressivität und Zärtlichkeit. Bern (zit. n. Mitscherlich, A.).

Laforgue, R. (1928): Überlegungen zum Begriff der Verdrängung. Int. Zsch. f. Psychoanalyse, XIV, 371 f.

Lampl-de Groot, J. (1927): Zur Entwicklungsgeschichte des Ödipuskomplexes der Frau. Nachdruck in Psyche, XIX, 7, 403 ff.

Lampl-de Groot, J. (1937): Masochismus und Narzißmus. Nachdruck in Psyche, XIX, 7, 443 ff. (1965).

Lampl-de Groot, J. (1963): Ich-Ideal und Über-Ich. Psyche, XVII, 6, 321 f. (1963).

Loch, W. (1970): Zur Entstehung aggressiv-destruktiver Reaktionsbereitschaft. Psyche, XXIV, 4 (1970).

Mahler, M. (1968): On Human Symbiosis and the Vicissitudes of Individuation; deutsch (1972): Symbiose und Individuation. Klett.

Malinowski, B. (1924): Mutterrechtliche Familie und Ödipuskomplex. Int. psychoanal. Verlag, Wien.

Mitscherlich, A. (1956/57): Aggression und Anpassung I. Psyche X, 181.

Nunberg, H. (1930): Die synthetische Funktion des Ich. Int. Zschr. f. Psychoanal., XVI, 301. Zit n. Scheunert, G., in: „Entfaltung der Psychoanalyse", hrsg.: Mitscherlich, A. (1965), Klett, Stuttgart.

Nunberg, H. (1959): Allgemeine Neurosenlehre. 2. Aufl., Huber, Bern.

Rangell, L. (1959): Die Konversion. Deutsche Übersetzung in Psyche XXIII, 2 (1969).

Reich, W. (1933): Charakteranalyse, im Selbstverlag.

Roskamp, H. (1969): Über Identitätskonflikte bei im Zweiten Weltkrieg geborenen Studenten. Psyche XXIII, 754 ff.

Segal, H. (1957): Notes on Symbol Formation. Int. J. Psychoanal., 38, 391.

Spitz, R. (1960): Die Entstehung der ersten Objektbeziehungen. Beiheft zur Psyche, 2. Aufl., Klett, Stuttgart.

Stolorow, R. B. (1975): The Narcissistic Function of Masochism (and Sadism). Int. J. Psycho-Anal., 56, 441 ff.

Thomä, H. (1965): Bemerkungen zur Bedeutung neuerer physiologischer Schlaf- und Traumuntersuchungen für die psychoanalytische Traumlehre. Psyche XX, 8, 801.

Waelder, R. (1966): Über psychischen Determinismus und die Möglichkeit der Voraussage im Seelenleben. Psyche XX, 1, 5.

Wisdom, J. O. (1957): Ein methodologischer Versuch zum Hysterieproblem. Deutsch: Psyche XV (1961/62), 561 ff.

Psychoanalytische Aspekte psychiatrischer Krankheitsbilder

Peter Kutter

Motto: Das implizite Modell der Neurose und Perversion ist jetzt die „Psychose". André Green (1975, S. 511).

I. ALLGEMEINE PSYCHOSENLEHRE

1. Einleitung

Die Psychosen werden wie die Krankheiten der somatischen Region nach Symptomatik, Pathogenese, Verlauf und Ausgang beschrieben. Ihre Ursache aber ist im Gegensatz zu vielen körperlichen Krankheiten noch ungeklärt. Hinzu kommt, daß nach wie vor der Kampf zwischen den „Somatikern" und „Psychikern" nicht entschieden ist. Namhafte Psychiater postulieren eine organische Ursache, z. B. Kurt Schneider (1950, S. 14):

„Die der Zyklothymie und Schizophrenie zugrunde liegenden Krankheitsvorgänge kennen wir nicht. *Daß* ihnen aber Krankheiten zugrunde liegen, ist eine sehr gutgestützte Annahme; die häufige Erblichkeit, Bindungen an die Generationsvorgänge und die oft vorhandenen körperlichen allgemeinen Veränderungen sind dafür nicht so gewichtig wie folgende psychopathologische Tatsachen: Es treten unter anderen Symptomen auch solche auf, die im normalen Seelenleben und seinen abnormen Variationen keine Analogie haben. Diese Psychosen schließen sich in erdrückender Mehrzahl nicht an Erlebnisse an, sind nicht von solchen motiviert. Sie sind durch seelische Behandlung nicht nennenswert, wohl aber durch körperliche beeinflußbar. Vor allem aber zerreißen sie die Sinngesetzlichkeit, die Sinnkontinuität der Lebensentwicklung. Das alles ist genau wie bei den Psychosen, deren körperliche Ursachen man kennt . . . So ist der Schluß auf eine Krankheit sehr wohl erlaubt."

Diese Ansicht stützen Ergebnisse von Zwillingsforschung und Adoptivstudien. G. Huber (1974, S. 37) zieht die Analogie zwischen der Symptomatik der sogenannten „endogenen" Psychosen und dem Erscheinungsbild der „körperlich begründbaren" Psychosen als Argument für eine „primär zentrale Genese", d. h. für eine im Gehirn zu suchende Ursache heran.

Wir teilen diese einseitige somatische Auffassung ebensowenig wie die einer rein psychischen Erklärungsweise. Wir plädieren vielmehr für eine multikausale oder plurikonditionale Entstehung der Psychosen; durchaus in Übereinstimmung z. B. mit H. Hoff (1956) und M. Bleuler (1964, 1972), wobei die pathogenetische Kette sowohl körperliche wie seelische Faktoren umgreift. Was die Schizophrenie betrifft, so unterscheiden wir zwar auch klinisch zwischen Prozeßpsychosen und schizophrenen Reaktionen, glauben aber nicht, daß bei ersteren tatsächlich die „Sinnkontinuität" des Daseins „zerrissen" wird und daß nur das „Sosein", d.h. der psychotische Inhalt psychologisch ableitbar ist und nicht die Verarbeitungsform, z.B. in Gestalt des Stimmenhörens oder des Wahns. Wir versuchen vielmehr zu zeigen, daß gerade auch die Form bzw. die Struktur der Psychose, d.h. ihre besondere Art des Erlebens und deren Verarbeitung durch die psychoanalytischen Konzepte in vieler Hinsicht einsichtig wird. Gerade die „formalen Charakteristika des psychotischen Verhaltens (Handlung, Affekt und Denken)" sind es nämlich, „die spezifisch zu sein scheinen, und was wir brauchen, sind Daten, die sie mit der psychoanalytischen Theorie verknüpfen" (D. Rapaport, 1959, S. 142). Wir hoffen, somit dem Leser zeigen zu können, wie psychische Ursachen zu strukturellen Veränderungen führen und wie diese die Symptome bedingen.

Als Grundlage unserer Betrachtung wählen wir den *genetischen* Gesichtspunkt. Denn „alles Verhalten ist Teil einer genetischen Reihe und, durch seine Vorläufer, Teil der zeitlichen Aufeinanderfolgen, die die gegenwärtige Form der Persönlichkeit hervorgebracht haben" (l. c., 47). Der genetische Aspekt soll uns neben dem *dynamischen* und formalen bzw. *strukturellen* gewissermaßen wie ein roter Faden durch unsere Ausführungen leiten. Wir wollen dabei stets zwei Anschauungsweisen unterscheiden: die eine, welche die seelischen Vorgänge *im* Untersuchungsgegenstand (das ist in unserem Zusammenhang der kranke Psychotiker bzw. das präpsychotische Kind) untersucht; die andere, welche die seelischen Vorgänge *zwischen* den Beziehungspersonen, d. s. für die Genese der Psychosen in der Regel Mutter und Kind, betrachtet. Erstere nennen wir int*ra*psychische, letztere int*er*personale oder int*er*psychische Vorgänge.

Wir beziehen uns dabei auf die Ergebnisse psychoanalytischer Forschungen, welche mit folgenden drei Methoden gewonnen wurden:
1. durch nachträgliche Rekonstruktion aus der Erwachsenenanalyse (S. Freud)
2. durch Kinderanalyse (A. Freud, M. Klein) und
3. durch direkte Beobachtung (R. A. Spitz, M. S. Mahler, D. W. Winnicott). Ersteres ist deshalb möglich, weil sich in der Begegnung zwischen Patient und Arzt die ursprüngliche Beziehung zwischen Mutter und Kind[1] abbildet, gleichsam wiederherstellt. Die zwei Unbekannten der Gleichung, nämlich

---

[1] Dasselbe gilt natürlich auch für den Vater (vgl. S. 199–204) oder andere wichtige Beziehungspersonen.

der Patient als Kind und die Person der Mutter dieses Kindes, enthüllen sich in der Mutterübertragung auf den Arzt. Die Analyse einer derartigen Übertragung ist gegenüber der sonst üblichen „unipolaren" Untersuchungsmethode „bipolar", denn sie gelingt nur, wenn der Arzt diesen Patienten als Kind dieser speziellen Mutter *versteht*, was voraussetzt, daß er als „teilnehmender Beobachter" (H. S. Sullivan, 1953) in die Untersuchung eingeht. Ehe wir aber die Psychosen im einzelnen nach Psychodynamik, Struktur und Kausalgenese erörtern, müssen wir uns das psychoanalytische Rüstzeug zu ihrem Verständnis verschaffen. Dazu dienen die folgenden Abschnitte, die wir in Analogie zur Neurosenlehre „Allgemeine Psychosenlehre" nennen. Wir wollen damit nicht nur Verständnis für diese Extremformen psychischer Verhaltensstörungen wecken, sondern auch für die häufigen „nach-klassischen Neurosen" (W. Loch, 1974, S. 446; P. Kutter, 1975 a, S. 224), die in mancher Beziehung als Minimalformen von Psychosen imponieren, und die daher in ihrem Kern ohne Kenntnis von Klinik, Struktur, Dynamik und Genese der Psychosen unverständlich bleiben. Deshalb haben wir auch das Zitat von André Green (1975) diesem Beitrag als Motto vorangestellt.

2. Allgemeine Gesichtspunkte zur Psychogenese

Wir unterscheiden grundsätzlich zwei pathogene Faktorengruppen:

2.1 Äußere oder soziale:

Sie liegen in den spezifischen Gegebenheiten und dynamischen Verhältnissen der Intimgruppen, sind also von der Gesellschaft[2] abhängig, ja durch diese hervorgebracht. Diese Einflüsse schaffen eine bestimmte psychische Struktur und damit Disposition.

Die äußeren sozialen Faktoren sind nicht nur in der Intimgruppe der Familie zu suchen, sondern auch in der Gesellschaft. Im sozialen Modell der Psychose erscheint der Kranke als Opfer der Gesellschaft, das, schlichtweg als „krank" erklärt, mit dem Etikett „Schizophrenie" versehen (T. J. Scheff, 1966) wird. Der Betreffende muß also in dieser Sicht nicht krank sein, sondern er erscheint nur so: „von unserem Standpunkt aus" (R. D. Laing und A. Esterson, 1975, S. 16). Derartige kollektive Abwehrmechanismen spielen eine große Rolle. So weit wie F. Basaglia (1971) wollen wir jedoch nicht gehen und ausschließlich die Gesellschaft für die Psychose des einzel-

---

[2] Hier: das psycho-soziale Feld mit all seinen affektiv-emotionalen Spannungen, seinen Rang- und Rollenordnungen und -kämpfen, seinen im Modus der Sprache ausgedrückten und überlieferten Ordnungs- und Regulationsschemata.

nen verantwortlich machen. Wir halten dies ebenso wie die Thesen D.
Coopers (1971) und J. Foudrains (1973) für einseitige, soziologistische
Übertreibungen. Wir meinen auch, daß das oft zitierte, gehäufte Vorkommen von psychotischen Erkrankungen in den unteren Schichten der Bevölkerung (A. B. Hollingshead und F. Redlich, 1958, 1975) den Schluß auf eine
ausschließlich soziogene Ursache der Psychosen nicht zuläßt (vgl. auch die
Kritik von M. Kohn, 1972). Wir sind vielmehr in unserem kombiniert
medizinisch-psychoanalytischen Modell der Psychosen der Meinung, daß
der psychotisch Gestörte aufgrund seiner hohen Sensibilität sehr leicht
gesellschaftliche Prozesse wahrnimmt, die andere wegen ihrer kollektiven
Abwehrmechanismen nicht sehen wollen (P. Kutter, 1974 a, S. 355). Daß
diese den einzelnen erheblich beeinträchtigen können, beweisen die hohe
Chronifizierungsrate bei Schizophrenie und die im transkulturellen Vergleich in den westlichen Industriegesellschaften schwerer verlaufenden
Depressionen und deren größere Suizidhäufigkeit (W. M. Pfeiffer, 1975).

2.2 Innere oder psychische:

Dies sind psychologische Faktoren, die aufgrund hereditär verankerter
(disponierende Temperamente bzw. Temperamentmischungen) und neuro-
anatomisch oder enzymatisch bedingter Verhaltensformen (D. Ploog, 1964)
oder durch körperliche Traumen bzw. Noxen zustande gekommen sind, wie
z. B. frühkindliche Hirnschädigungen, kontusionelle oder enzephalitische
Folgezustände. Derartige ,,Noxen und Traumen'' wirken sich nicht nur auf
das Ich, sondern auch auf die Triebsphäre der Persönlichkeit aus. Darauf hat
S. Freud schon früh (1906, S. 159) hingewiesen, später H. Hartmann (1939).
In der weiteren Literatur hat vor allem M. Katan (1954) die Bedeutung der
konstitutionell bedingten bisexuellen Anlage für die Genese der Psychosen
betont.
In der Regel werden sich äußere und innere Faktoren im Sinne einer
,,Ergänzungsreihe'' (S. Freud, 1917, S. 376) verstärken; etwa in folgendem
Sinne:

,,Schizophrene Psychosen könnten das Ergebnis verständlicher psychologischer Prozesse sein,
nicht unähnlich denen, die bei der Bildung von Neurosen vor sich gehen, mit dem Unterschied,
daß durch organische Zerstörung oder Fehlfunktion ein Faktor in der Kette der Ereignisse – wie
z. B. die libidinöse Bindung oder die Kraft der Selbstkontrolle oder die Angst – in seiner
Intensität wesentlich verändert ist, wodurch das Ergebnis ein vollständig anderes wird'' (R.
Waelder, 1963, S. 188).

Im folgenden wollen wir uns aber nicht weiter mit den inneren Faktorengruppen auseinandersetzen, sondern uns vielmehr den unter 2.1 genannten
sozialen Faktoren zuwenden, von denen wir heute glauben, daß sie durch

Störungen der Psychogenese die Disposition für das Auftreten einer Psychose schaffen. Wir gehen dabei am besten so vor, daß wir – getreu unserem genetischen Aspekt – die psychischen Schädigungen in Beziehung setzen zu bestimmten in diesem Zusammenhang relevanten Entwicklungsphasen.

3. Frühe infantile Entwicklungsphasen

Der Zeitabschnitt, in dem der Grund für das Entstehen einer späteren Psychose gelegt wird, ist der Zeitraum, in welchem die Beziehungen zwischen Mutter und Kind gewöhnlich sehr eng sind; das ist im großen und ganzen das erste Lebensjahr. Es erwies sich nämlich, daß „die Beziehungen zwischen Mutter und Kind ... archaische Muster (sind), nach denen alle späteren Welterfahrungen gebildet werden" (A. Mitscherlich, 1966, S. 79). Ehe wir indessen diese Wechselbeziehungen im Normalen und Pathologischen untersuchen, geben wir eine Übersicht über die Entwicklungsphasen in diesem frühesten Abschnitt der Ontogenese. Die Akzente werden dabei auf die sogenannten *Fixierungsstellen für die Psychosen*[3] gelegt, d.h. in die Zeiträume, die für die Entstehung späterer Psychosen maßgebend sind. Die für unser Thema uninteressanten Zeiträume werden übersprungen. Einige Entwicklungsstufen sind ziemlich genau untersucht, während die Erkenntnisse über andere noch hypothetischer Natur sind. Als sicher kann jedoch gelten, daß die affektiv-emotionale Entwicklung des Menschenkindes während des ersten Lebensjahres für spätere seelische Gesundheit oder Disposition zur Psychose entscheidend ist.

Somatisch gesehen, spielt in dieser frühen Zeit die Ernährung des Kindes die Hauptrolle. Darüber hinaus „empfängt" das Kind von Anfang an auch *seelische* Einwirkungen von seiten der Mutter: liebende Zuwendung, Haß oder Ablehnung. Es steht in „doppelter Abhängigkeit" von der Mutter, d.h. sowohl körperlich als auch seelisch (D. W. Winnicott, 1963, 1974). Diese frühen Vorgänge zwischen Mutter und Kind, die „ersten Objektbeziehungen" (R. A. Spitz, 1954), sind biologisch im Vergleich zu den Tieren relativ wenig gesichert. Höchstens Saugen, Anklammern und Augenschluß bei Lichtreiz sind als fertige Instinktmechanismen von Geburt an funktionstüchtig (J. Bowlby, 1958). Aber auch diese bedürfen der äußeren Reizkonstellation, d.h. des Objektes, um in Tätigkeit zu treten, in ihrem Ablauf bestätigt und in die richtigen Bahnen gelenkt zu werden. Für den frühen postnatalen Zeitraum gilt, schlagwortartig zusammengefaßt: Die Mutter handelt, das Kind reagiert. Für die Ernährung heißt das, daß das Kind gedeihen wird, wenn es richtig ernährt wird, und, daß es an einer Ernäh-

---

[3] Als Hypothesen in Analogie zu den Fixierungsstellen in der Neurosenlehre.

rungsstörung erkrankt, wenn die Ernährung falsch erfolgt. Dasselbe gilt für die psychologische Seite der Beziehung zum Kind: Liebt die Mutter das Kind in einer Weise, die im Sinne Donald W. Winnicotts (J. Stork, 1976, S. 11) „gut genug", also weder zu aufdringlich noch zu distanziert ist, sondern je nach dem Bedürfnis des Kindes die optimale Nähe bzw. Distanz einhält (M. Bouvet, 1958), dann wird es sich positiv entwickeln. Liebt sie es mit einer zu eindringenden, verschlingenden, „fressenden" Liebe oder verhält sie sich ihm gegenüber zu distanziert, oder lehnt sie es gar in unbewußtem oder bewußtem Haß ab, dann werden unweigerlich Schäden gesetzt, die durch weitere Reifung in nachfolgenden Entwicklungsphasen zwar überwachsen können, für das Jugend- und Erwachsenenalter aber eine Disposition für spätere psychotische Störungen schaffen können, die wir Fixierungsstelle nennen. Wir sind also der Meinung, daß den Psychosen letztlich von außen kommende pathogene Faktoren zugrunde liegen, keinesfalls nur pathogen verarbeitete Phantasien. Die Schädigungen können wirklich abgelaufene Verführungen (S. Freud, 1896, S. 443) oder – wahrscheinlich häufiger – schlichte *Unterdrückung* oder einfach *Mangel* an mütterlicher Zuwendung gewesen sein (P. Kutter, 1975 a), wie sie in einer Gesellschaft, die man als „mutterlos" bezeichnen kann, häufig sind (P. Kutter, 1974 b, S. 274). Es ist daher folgerichtig, wenn wir uns mit der ersten Grundbeziehung des Menschen ausführlich befassen:

4. Die Mutter-Kind-Beziehung

„Das erste erotische Objekt des Kindes ist die ernährende Mutterbrust, die Liebe entsteht in Anlehnung an das befriedigte Nahrungsbedürfnis. Die Brust wird anfangs nicht von dem eigenen Körper unterschieden. Sie wird bei Abwesenheit der Mutter zwar schmerzlich vermißt, wird dann aber bei überwiegend guter Beziehung verinnerlicht. Dies erste Objekt vervollständigt sich später zur Person der Mutter, die nicht nur nährt, sondern auch pflegt und so manche andere, lustvolle wie unlustige, Körperempfindungen beim Kind hervorruft. In der Körperpflege wird sie zur ersten Verführerin des Kindes. In diesen beiden Relationen wurzelt die einzigartige, unvergleichliche, fürs ganze Leben unabänderlich festgelegte Bedeutung der Mutter als erstes und stärkstes Liebesobjekt, als Vorbild aller späteren Liebesbeziehungen – bei beiden Geschlechtern –" (S. Freud, 1938 b, S. 115).
In diesen Sätzen des Begründers der Psychoanalyse ist bereits all das enthalten, was wir jetzt erst langsam auszuschöpfen beginnen und was wir in den folgenden Kapiteln von verschiedenen Seiten her näher zu beleuchten versuchen.

Die Rolle der Mutter für die Entwicklung des Menschen stellt F. Schottlaender (1946) heraus, indem er von der „Mutter als Schicksal" spricht. R. A. Spitz (1954) beschreibt eine Reihe sogenannter „psycho-toxischer Störungen" beim Kinde, die im Gefolge eines Fehlverhaltens der Mutter auftreten können. Er erwähnt die folgenden pathogenen Verhaltensformen: eine primär unverhüllte Ablehnung des Kindes, primär-ängstliche Besorgnis, Feindseligkeit in Form ängstlicher Besorgnis, kurzwelliges Pendeln zwischen Verwöhnung und Feindseligkeit, langwellige zyklische Verstimmungen, bewußt kompensierte Feindseligkeit, partieller oder völliger Entzug affektiver Zufuhr. Er ordnet diesen Ursachen jeweils bestimmte psychogene Krankheiten im Säuglingsalter zu, wie frühes Erbrechen, Dreimonatskolik, Hautkrankheiten, Schaukeln, allgemeine motorische Unruhe, anaklitische Depression und Marasmus. H. E. Richter (1963) hat die Einflüsse der Mutter und – im weiteren Sinne der Eltern – auf das Kind genauer untersucht, insbesondere „ihre Übertragungen" und „narzißtischen Projektionen". So kann das Kind „Substitut für einen anderen Partner" werden, etwa anstelle des Ehepartners eine Eltern- bzw. Geschwisterfigur ersetzen. Es kann auch als Substitut für einen Aspekt des eigenen Selbst dienen, etwa wenn die Mutter unbewußte Haßgefühle auf das Kind projiziert oder von ihm verlangt, ihr ideales Selbst zu leben. Schließlich kann das Kind die „Rolle des umstrittenen Bundesgenossen" zwischen Vater und Mutter spielen müssen. In jedem Fall wirken sich eigene Probleme der Mutter auf das Kind aus, z.B. solche, die die Mutter ihrerseits mit ihrer Mutter gehabt hat. Neben dem gewährenden Verhalten der Mutter kommt der mütterlichen Pflege notwendigerweise auch ein versagender Aspekt zu. Denn dem Kind müssen Grenzen gesetzt werden. Nur in einem ihm angemessenen Spielraum vermag es, seine Kräfte zu erproben und zu formen. Wenn Begrenzungen wegfallen, besteht die Gefahr, daß ein Bedürfnis auf Kosten eines anderen überhand nimmt, bzw. keine Anpassung an die Realität erfahren kann. Insgesamt dürften dabei drei Möglichkeiten bezüglich der Frage der gewährenden und versagenden Grenzsetzung und Freigabe bestehen:

a) Die Mutter gewährt soviel, wie dem Kind in dem gegebenen Alter angemessen ist, und setzt an der richtigen Stelle eine Grenze. Das Kind kann den gegebenen Raum nach und nach ausfüllen. Es braucht keine Angst zu haben, sich zu verlieren, noch hemmenden Einflüssen zu unterliegen (optimaler Erziehungsstil).

b) Die Mutter setzt den Wünschen des Kindes keine Grenze: Die Folge ist das Wuchern des einen Bedürfnisses, während andere Bedürfnisse nicht angeregt werden. Die Folgen sind ungesteuerte und ungestaltete Aktivitäten auf der einen, mangelhaft ausgebildete Potenzen auf der anderen Seite, und, im Hinblick auf das Objekt, die Mutter, das Gefühl der Unzuverlässigkeit und Haltlosigkeit (antiautoritärer Erziehungsstil).

c) Die Mutter setzt zu früh eine Hemmung: Die Auswirkungen sind, daß dem Kind der Bereich, in dem die Hemmung gesetzt wird, fehlt. Bestimmte Entwicklungen bleiben stecken und das Objekt wird mit starker Ambivalenz besetzt. Man wird es lieben wegen seiner Fürsorge, aber hassen wegen der damit verbundenen Einschränkung (autoritärer Erziehungsstil).

Die besondere Art der *Mütterlichkeit* sieht A. Balint (1939, S. 489) als triebhaft an: ,,Tragen, Gebären, Säugen, Hätscheln sind Triebäußerungen der Frau, die sie mit Hilfe des Kindes befriedigt.'' Demgegenüber tritt alles andere zurück, auch die Realität. Jedenfalls bedarf die Mutter einer ganz spezifischen ,,seelischen Einstellung'', die den Namen ,,primäre Mütterlichkeit'' (primary maternal preoccupation, D. W. Winnicott, 1956, S. 153) verdient. Sie bereitet sich schon während der Gravidität vor. Diese Einstellung ist der Beitrag der Mutter zu der Entwicklung einer innigen Mutter-Kind-Beziehung, die wir ,,Dualunion'' nennen und auf die wir weiter unten näher eingehen. Ebenso wichtig wie bei der Entstehung der Dualunion ist die Rolle der Mutter bei deren Lösung. Ihr natürlich mütterliches Verhalten ist die Voraussetzung für eine ungestörte seelische Entwicklung des Kindes. Auf die schädigenden Auswirkungen einer in sich selbst gestörten neurotischen oder präpsychotischen Mutter auf das Kind wurde oben schon hingewiesen. Zu ergänzen ist, daß z. B. eine sexuell männlich identifizierte Frau die erwähnte primäre Mütterlichkeit kaum aufbringen wird. So bleibt das Kind in seiner primären Liebe zur Mutter unbefriedigt. Das Gegenteil ist der Fall, wenn eine Mutter ihre in der Ehe unbefriedigte Sexualität in die Beziehung zum Kind investiert und es dadurch über Gebühr sexuell erregt. Die Mutter muß also das angemessene Maß zwischen Nähe und Distanz zum Kind wahren können. Ist sie unfähig dazu oder hat sie Angst in der Verschmelzung mit dem Kind während der Dualunion oder in Zeiten der Trennung und deren Lösung, so wird sich ihre Angst unweigerlich auf das Kind übertragen (M. Little, 1958/59, S. 258). Es scheint, daß ein Nichteinhalten dieser Alternative zu psychotischen Entwicklungen disponiert (L. C. Wynne und M. T. Singer, 1963). In einer pathologischen Mutter-Kind-Beziehung ,,mißbraucht'' die Mutter, freilich ohne es zu wollen und zu wissen, das Kind für eigene Zwecke. Ein solches Verhalten fand man in einem hohen Prozentsatz bei Müttern von schizophrenen Patienten, was zu den Bezeichnungen ,,perverse Mutter'' (J. N. Rosen, 1962, S. 54)[4] oder

---

[4] D. i. ein pathologisches Verhalten, das seinerseits auf innerpsychische Störungen zurückzuführen ist.

„schizophrenogene Mutter" (L. B. Hill, 1955, S. 82) geführt hat, die wir hier nur unter dem Vorbehalt erwähnen, daß mit ihnen keinerlei Werturteil verknüpft wird. Solche Mütter lieben ihr Kind nicht nur übermäßig, sondern auch „*konditionell*" (ders., S. 70); d. h. unter der Bedingung, daß das Kind ihre eigenen meist unbewußten Wünsche erfüllt, während das Kind als selbständiges Wesen überhaupt nicht wahrgenommen und erkannt wird. Sie lieben ihre Kinder, „aber sie lieben sie voller Zudringlichkeit" (E. H. Erikson, 1956, S. 149). Th. Lidz et al (1958, S. 254) beschreiben ihre

„Aufdringlichkeit und Einmischung; das Reagieren auf die eigenen Bedürfnisse so, als ob sie die des Kindes wären; die Diskrepanz zwischen verbalem und emphatischem Ausdruck; das Versagen bei der Schaffung einer Ich-Abgrenzung zwischen sich und dem Kind; die übermäßige Strenge auf dem Grund eigener zwanghafter Ängste oder umgekehrt übermäßige Duldsamkeit aufgrund eigener zwanghafter Unsicherheit; übermäßige Erwartungen für das Kind. Weiterhin rufen auch einige Eigenschaften der Mutter nicht nur reaktives Verhalten des Kindes hervor, sondern sie werden vom Kind auf dem Wege der Identifikation mit der Mutter inkorporiert, wie etwa: die Unsicherheit in ihrer Identifikation mit ihrer Geschlechtsrolle; Mangel an Selbstachtung; Projektionsneigungen; Entstellungen der Realität, um eine einzige benötigte Version einer Situation aufrecht erhalten zu können, die das eigene labile Gleichgewicht stützen soll und ähnliche solche Einstellungen gegenüber sich selbst und anderen."

Zusammengefaßt müssen für echte Mütterlichkeit folgende drei Voraussetzungen erfüllt sein:
1. „Die frühere Erfahrung der Mutter, (selbst) bemuttert worden zu sein;
2. ein Begriff der Mutterschaft, der von einer vertrauenswürdigen zeitgenössischen Umwelt geteilt wird, und
3. ein alles umfassendes Weltbild, das Vergangenheit, Gegenwart und Zukunft in einer überzeugenden Grundform der Vorsorge zusammenhält" (E. H. Erikson, 1966, S. 245/46).
Hat die Mutter diese positiven Erfahrungen in ihrer eigenen Sozialisation nicht erlebt, dann besteht die Gefahr, daß sich die Mutter-Kind-Beziehung nicht optimal entfaltet, der „Dialog", wie R. A. Spitz (1976) sich ausdrückt, „entgleist" und beide Beteiligten sich in einer „gegenseitigen Ambivalenz" (H. Searles, 1961 a, S. 90) gegenseitig „verhaken" oder in gegenseitiger Verflechtung „verstricken". Dabei lassen sich sowohl eine kausale Beziehung zwischen einer bestimmten Art des Verhaltens der ersten Bezugsperson und der Art der psychischen Störung herstellen, als auch ein Zusammenhang zwischen dem Zeitpunkt der Einwirkung eines bestimmten Pflegeverhaltens auf das Kind und der Art einer evtl. später auftretenden psychischen Störung. H. S. Guntrip (1971, S. 98) unterscheidet mit W. R. D. Fairbairn (1952) folgende Konstellationen: Eine zugleich verführerisch und frustrierende Mutter, die das Kind erregt, ohne es zu befriedigen und in diesem die Entwicklung eines ständig erregten Ich-Anteils („infantile libidinial Ego") anregt; sowie eine rücksichtslose, autoritäre und triebfeindliche Mutter, die

die notwendige Befriedigung des Kindes aktiv verhindert, was sich auf dieses insofern höchst fatal auswirkt, als es durch Identifizierung mit der triebfeindlichen Mutter von selbst jedwede eigenen Triebwünsche unterdrückt („infantile antilibidinal Ego"). In beiden Fällen wäre die primäre Bezugsperson unfähig, sowohl Getrenntsein als auch Verschmolzensein zu ertragen. Beides nämlich ist für die optimale Entwicklung des Kindes notwendig: die Verschmelzung etwa während des Stillens oder in stillen Momenten des Sichmiteinander-eins-Fühlens, gefolgt von einem „Gefühlszustand des Wohlbefindens" (J. Sandler, 1960, S. 125), in einer „Kontinuität des Seins" (D. W. Winnicott, 1954, S. 177) auf seiten des Kindes, wie von einer tiefen Befriedigung auf seiten der Mutter, dies ihrem Kind vermittelt zu haben. Das Getrenntsein wiederum schafft bei den Beteiligten die nötige Ruhe voreinander, die jeder braucht, um, in einfachen Worten ausgedrückt, „zu sich" zu kommen, was eine „Fähigkeit zum Alleinsein" (D. W. Winnicott, 1958) voraussetzt und nicht möglich ist bei Müttern, die ihr Kind „zu ihrer eigenen Erfüllung und Vervollständigung" (T. Lidz, 1973, S. 47) brauchen. In einem meiner Fälle liebte die Mutter das Kind als Ersatz für den ungeliebten machtlosen Mann als „Gattensubstitut" (H. E. Richter, 1963), erregte es sexuell unter Einschluß von Zungenkuß, in einem anderen Fall durch Masturbation des Penis, um es dann sich selbst zu überlassen – ohne ihm die notwendige „unaufdringliche" (M. Balint, 1970, S. 210) zärtliche Zuwendung gewährt zu haben.

Waren es in diesen beiden Fällen unerfüllte *Trieb*bedürfnisse der Mütter, so sind es in anderen Fällen *narzißtische* Bedürfnisse der ersten Beziehungspersonen, wie z. B. in einem weiteren Fall, in dem eine narzißtisch schwer gestörte Mutter, die sich bewußt minderwertig und unbewußt unvollständig und kastriert fühlte, ihr Kind als „ihren" Phallus betrachtet bzw. als einen idealisierten Teil ihres Selbst, der in ihrer unbewußten Logik naturgemäß ihr „gehört" und die damit ihrem Kind jede Entfaltung verwehrte. Ein derartig zur Erhaltung des narzißtischen Gleichgewichts der Mutter unbewußt „benutztes" bzw. „mißbrauchtes" Kind ist naturgemäß überfordert. „Unter dem Druck der mütterlichen Indoktrination" (H. Stierlin, 1975 a, S. 57) bleibt ihm nichts anderes übrig, als sich dem Druck zu beugen, will es nicht alle Zuwendung, ohne die es nicht leben kann, verlieren.

Es sind aber nicht nur schädigende Einflüsse in der Zweierbeziehung zwischen erster Bezugsperson und Kind, also „Störungen der Ur-Beziehung" (P. Kutter, 1972, S. 121), die die Entwicklung unter Hinterlassung von Fixierungsstellen empfindlich stören, sondern, wie wir oben schon andeuteten, auch solche Faktoren, die aus der gesamten Intimgruppe der Familie herrühren, auf die wir im folgenden Abschnitt eingehen wollen.

5. Familiendynamische Aspekte

Die Familie wird verstanden als Subsystem im Sinne der Feldtheorie (J. P. Spiegel und N. W. Bell, 1959). Die ersten Untersuchungen von Familien, in denen schizophrene Patienten aufgewachsen sind, brachten zunächst nur unspezifische Ergebnisse. Man fand die Familien insgesamt „zerrüttet" (broken home), die Mütter teils überfürsorglich (overprotective), sehr dominierend, teils schwach und passiv. Man stellte außerdem ständig schwelende Familienkonflikte fest, die das Kind kontinuierlich belasteten (K. Ernst, 1956).

Dann entdeckte man die Rolle des *Vaters* in solchen Familien, der bisher vernachlässigt worden war. Hinter Grausamkeit und Herrschsucht verbarg sich eine ausgeprägte Schwäche, welche die „schizophrenogenen" Väter eifersüchtig auf ihr Kind machte (S. Reichard und T. Tillmann, 1950). Die Beziehung zwischen Mutter und Kind wurde durch die Väter ständig gestört. Sie hatten ihre Vaterrolle nicht akzeptiert, sondern sahen im Kind in einer Art „Generationsvertauschung" nicht Sohn oder Tochter, sondern Rivale oder Liebesobjekt (Th. Lidz et al., 1957 a). Ebenso schädlich für die heranwachsenden Kinder wirkten sich überhebliche Distanz oder völliges Versagen der Väter aus, wobei die Kinder eigentlich vaterlos aufwuchsen. Auffallend waren die häufigen Eheschwierigkeiten in solchen Familien. Man fand sogenannte „männlich oder weiblich dominierende Kampfehen", wobei sich die Partner in gegenseitiger Rivalität um die Vormachtstellung bei gleichzeitiger infantiler Abhängigkeit von den eigenen Eltern gegenseitig bekämpften. Oft war dabei die Rolle von Mann und Frau vertauscht; mit anderen Worten: die Eltern versagten in ihrer Geschlechtsidentität (Th. Lidz et al., 1957 b).

Das Denken in solchen Familien erwies sich letztlich immer als irreal. Regelmäßig wurde ein deutlicher Unterschied zwischen dem Denken der Familie und dem der Umgebung gemacht (dies., 1958). Darüber hinaus fanden L. C. Wynne und M. T. Singer (1963) eine bemerkenswerte spezifische Korrelation zwischen dem Denken schizophrener *Patienten* einerseits und dem besonderen irrealen Denken ihrer *Familie* andererseits, was die Autoren nicht bloß in Vergleichs-, sondern sogar in Voraussageuntersuchungen erhärten konnten. Die Form oder Struktur des Denkens in der Familie, deren Denkstil war, besonders was die Kommunikation, die Sinngestaltung, die Weise der Aufmerksamkeit und des Umgangs mit Nähe und Distanz betraf, der individuellen schizophrenen Störung vollkommen analog. Außerdem war die Familienstruktur als Ganzes gestört, und zwar fühlten sich alle Mitglieder von bestimmten Ängsten bedroht, wie etwa Trennungsangst, was als so schlimm empfunden wurde, daß der einzelne nicht damit fertig werden konnte und die übrigen Familienmitglieder in die Abwehr einbezog. Als weitere Ergebnisse dieser Familienforschungen seien genannt:

1. die desolate Wirkung der Eltern schizophrener Patienten ist um so stärker, je mehr der andere Elternteil die schädigende Wirkung des einen verstärkt.

2. Zur Schizophrenie disponierte Menschen scheitern am Übergang von der im irrealen Denken verharrenden und wie durch einen „Gummizaun" abgekapselten Familie zu der in der Umgebung herrschenden Denk- und Lebensform.

3. Der potentiell Schizophrene unterliegt innerhalb seiner Familie einerseits einem erheblichen Defizit von normalerweise notwendigen Stimulationen, andererseits der desorganisierenden Wirkung zu starker Reize.

4. Angeborene Merkmale wie äußere Erscheinung, Geschlecht des Kindes, Platz in der Geschwisterreihe und Alter der Eltern zum Zeitpunkt der Geburt sind unspezifische Kristallisationspunkte für die emotionalen Beziehungsstörungen zwischen Kind und Familienmitgliedern.

5. Präpsychotische Kinder helfen oft das Familiengleichgewicht zu stabilisieren. Mit ihrer Erkrankung wird es empfindlich gestört.

Darüber hinaus sind es bestimmte Familienkonstellationen, welche das Kind in spezifische Schwierigkeiten bringen und seine Entwicklung empfindlich stören. Dazu gehört vor allem die sogenannte „Double-bind-Situation" (G. Bateson et al. 1956, S. 16 ff.): Sie ist am ehesten mit einer Zwickmühle[5] zu vergleichen, aus der das Kind, was immer es auch tut, nicht herausgerät. Definitionsgemäß gehören hierzu erstens: zwei oder mehr Personen, wovon eine das Opfer ist, zweitens: die wiederholte Erfahrung, drittens: ein primäres Gebot in dem Sinne, daß dem Kind mit einer Strafe gedroht wird, wenn es dem Gebot eines wichtigen Familienmitgliedes nicht gehorcht, und viertens: ein sekundäres Gebot, das mit dem ersten in Widerspruch steht und ebenso wie jenes, wenn es nicht befolgt wird, Strafe nach sich zieht. Fünftens: gehört dazu schließlich ein sogenanntes tertiäres Gebot, was dem Opfer untersagt, das Feld zu räumen. Das Kind kommt also im Rahmen einer intensiven Beziehung, in die hinein es verstrickt ist, in eine unlösbare Situation, insofern als ihm zwei Arten von Botschaften zukommen, von denen eine die andere aufhebt. Dies ist z. B. der Fall, wenn eine Mutter, die ihr Gefühl der Feindseligkeit und Angst gegenüber ihrem Kind nicht akzeptieren kann und dieses Gefühl deshalb verleugnet, das Kind veranlaßt, trotzdem in ihr die liebende Mutter zu sehen, um ihre eigene Angst unter Kontrolle zu halten. Es gelingt ihr so, sich über ihre eigene innere Verfassung auf Kosten des Kindes hinwegzutäuschen (l. c., 26). Dies hat für das Kind die

---

[5] In der prägnanten Übersetzung von W. Loch (1961/62, S. 706).

denkbar nachteilige Folge, daß es seine eigenen inneren Wahrnehmungen als falsch empfinden muß, da es ja in seiner kindlichen Abhängigkeit auf die Mutter angewiesen ist, so daß ihm nichts anderes übrig bleibt, als in der Double-bind-Situation mitzuspielen, um Liebes- oder gar Objektverlust zu vermeiden.

Eine weitere, die kindliche Entwicklung sehr störende Konstellation ist die sogenannte Pseudo-Gemeinschaft (L. C. Wynne et al., 1958, S. 45 ff.): Während normalerweise Menschen in einer Familie insofern komplementär in einer Gemeinschaft leben, als jeder gleichermaßen in der Gemeinschaft und in seiner eigenen Identität gleich ist, sind die Verhältnisse in der Pseudo-Gemeinschaft so, daß hier der Zusammenschluß mit den anderen auf Kosten der Identität einer Person geht, damit spannungsgeladen ist und die gesamte Beziehung gefährdet. Dies kann soweit gehen, daß die Entwicklung der Identität einer Person deshalb nicht stattfinden kann, weil dadurch die Gemeinschaft gestört werden würde, deren Erhaltung wiederum für das seelische Gleichgewicht eines oder mehrerer Familienmitglieder lebensnotwendig ist. Verständlicherweise wird ein in einer solchen Pseudo-Gemeinschaft heranwachsendes Kind in seiner Entwicklung sehr gestört werden, denn es kann ja seine wachsende Identität innerhalb dieser besonders pathogenen Rollenstruktur nicht genügend abgrenzen, was seine ersten Kommunikationen „aufweicht, umkehrt, trübt und verzerrt" (l. c., S. 55).

In jedem Fall ist es das Unklare in der Objektbeziehung, was das Kind verwirrt, z. B. dann, wenn eine Mutter ihre Beziehung zum Kind dadurch im unklaren läßt, daß sie unbewußt dem Kind widersprüchliche Botschaften in dem Sinne „komme mir nahe" und „geh weg von mir" zukommen läßt. Damit bleibt die Gefühlsbeziehung zwischen Mutter und Kind nach beiden Richtungen hin unklar definiert, was sich wiederum nachteilig auf die Entwicklung dieser Objektbeziehung und damit der Ich-Entwicklung des Kindes auswirkt.

Eine weitere ungünstige Beeinträchtigung der Entwicklung des Kindes ist die von R. D. Laing (1965, S. 274) beschriebene sogenannte „Mystifizierung", von der wir dann sprechen, wenn eine Mutter z. B. ihrem Kind einredet, daß es sich schlecht oder krank fühle, während dies gar nicht der Fall zu sein braucht, das Kind aus seiner Hilflosigkeit und Abhängigkeit heraus dem Druck der Mutter aber erliegt und sich, obwohl von ihm selbst hierzu keinerlei Anlaß besteht, schließlich wirklich schlecht oder krank fühlt.

In jedem dieser Fälle wird das Vertrauen in die Zuverlässigkeit der eigenen Gefühle und in die Wahrnehmung der äußeren Realität untergraben (l. c., 287). Ein in einer solchen Familie heranwachsendes Kind muß sich geradezu „verrückt" fühlen, wenn es zwischen derart widersprüchlichen Einflüssen hin- und hergerissen ist, wo es doch auf klare Orientierungen angewiesen ist.

H. F. Searles (1959, S. 128) spricht geradezu von einem „Bestreben, den anderen verrückt zu machen". Dahinter steht das Bedürfnis, die eigene psychische Organisation zu erhalten, was immer auch heißt (sofern das eigene narzißtische Gleichgewicht – intrapsychisch gesehen – an eine bestimmte Konstellation der Familienmitglieder untereinander – interpersonell betrachtet, gebunden ist): das Familiengleichgewicht zu bewahren. Um es zu erhalten, dürfen bestimmte die Familie als Ganzes belastende Momente nicht bewußt werden. Sie werden hinter einer Maske verborgen („masking", J. Spiegel, 1957). Dies kann ein uneheliches Kind in der Familie der Mutter, eine psychotische Erkrankung, ein Anstaltsaufenthalt, ein Selbstmord oder ein nicht bestandenes Examen auf seiten des Vaters sein. Häufig sind es schlicht kindliche Bindungen der Eltern an ihre eigenen Eltern, so daß der psychosefördernde Prozeß in der Aszendenz bis in die Großelterngeneration zurückreicht (L. B. Hill, 1955, S. 72; M. Bowen, 1960). Für alle derartigen peinlichen Ereignisse gilt also Lohengrins Satz: „Nie sollst du mich befragen." Die Kinder sind gezwungen, die Lebenslüge der Eltern zu teilen.

Anstelle der Lücken in der Familiengeschichte treten häufig sogenannte „Familienmythen" (H. Stierlin, 1975 a, S. 150), wie z.B. Harmonie-, Entschuldigungs- oder Wiedergutmachungs- und Rettungsmythen; sämtliche mit der Funktion, das prekäre Gleichgewicht der Familie in der Balance zu halten. Nach Helm Stierlin (1974) gibt es typische Störungen der Umgangsweisen zwischen Eltern und Kind, die in „transitiver" Weise einen unmittelbar verformenden Einfluß auf das Kind ausüben. Diese umfassen nicht nur die von den oben genannten Autoren angeführten überwiegend kognitiv ablaufenden Mechanismen, sondern vor allem unbewußt affektive Prozesse, die H. Stierlin „Interaktionsmodi" nennt. Da gibt es Bindungs-, Ausstoßungs- und Delegationsmodi. In dem einen Bindungsmodus wird ein Kind in tief unbewußter „Es-Bindung" von der Mutter zu deren eigener Befriedigung benutzt (vgl. unsere obigen Beispiele). In dem anderen einer ebenso unbewußten „Über-Ich-Bindung" muß sich das Kind den Eltern gegenüber absolut loyal verhalten, verbunden mit der Drohung einer „Ausbruchsschuld", sollte es je versuchen, sich der Bindung zu entziehen. Im Modus der Ausstoßung wird das Kind schlicht vernachlässigt oder verstoßen, während es im „Delegationsmodus", bei dem sich bindende und ausstoßende Elemente vermischen, unbewußt mit ganz bestimmten Aufgaben beauftragt wird, die an und für sich ein individuell zu lösendes Problem eines Elternteils oder ein gemeinsam zu lösendes Problem des Elternpaares sein sollten. Wegen der „stärkeren elterlichen Realität" (H. Stierlin, 1974, S. 117) bleibt dem Kind aber nichts anderes übrig, als die unbewußt signalisierten Aufträge auszuführen. Unzählige Fälle seelischer Grausamkeit sind auf solche subtilen Mechanismen zurückzuführen.

Obwohl derartige Prozesse wie die geschilderten in vielen Familien vorkommen (S. Arieti, 1974, S. 81), ja, wie die „Double-bind-Situation" zur unvermeidlichen Mehrdeutigkeit menschlicher Existenz gehören (J. Kafka, 1971), halten wir sie dennoch für unerläßliche soziogene Faktoren im Ursachenbündel einer psychotischen Störung. Wir dürfen nicht vergessen, daß es nicht nur qualitativ verschiedene Momente sind, die eine Erkrankung bedingen, sondern auch quantitative. Sind sie extrem ausgeprägt, ist die Wahrscheinlichkeit des Entstehens einer späteren Psychose größer.

Abschließend können wir mit D. L. Burnham et al. (1969, S. 63) folgende Grundformen interpersoneller Konflikte unterscheiden:

a) *intraparentale* Widersprüche, wenn sie sich, wie in den meisten Fällen, als primäre Störung in der Mutter befinden;

b) *interparentale* Widersprüche, wenn diese zwischen Vater und Mutter bestehen, und

c) solche *zwischen Eltern* einerseits und *außerfamiliärer Welt* andererseits. Wir sehen in diesen Verhältnissen nicht gerade „pathognostische", aber doch sehr wesentliche *adaptive* Faktoren für die Entstehung einer Psychose. Es ist menschliche Tragik, daß sich das Kind gegen derartige Schädigungen nicht schützen kann, weil es im ersten Lebensjahr selber zu wenig Reizschutz zur Verfügung hat.

Als Hauptresultat all dieser Einzeluntersuchungen ist festzuhalten: die Familie prägt die wachsende Persönlichkeit in entscheidender Weise. Dies geschieht nicht nur auf dem Wege der Identifikation, sondern auch durch direkte Einwirkung der Eltern. Andererseits reagieren auch die Eltern auf die biologische Tatsache des Kindes und auf die Art, wie die Kinder die Rollenerwartungen der Eltern erfüllen oder nicht, abgespaltene Affekte aufnehmen oder abwehren. Daß ein Kind besonders dann pathogenen Einflüssen seitens der Eltern ausgesetzt ist, wenn es sich um ein Einzelkind handelt, leuchtet nicht nur unmittelbar ein, sondern ist auch statistisch gesichert (S. Mentzos, 1971).

Damit ist ein Kreislauf innerhalb der Familie geschlossen, in deren Mitte die Transaktionen zwischen Mutter und Kind und in deren weiterem Kreis ein Wechselspiel von Übertragungen und Gegenübertragungen aller Familienmitglieder stehen. Sind diese normal in Umfang, Art und Häufigkeit, so fördern sie die Entwicklung des Kindes zu einer gesunden Persönlichkeit; sind sie jedoch in der oben geschilderten Weise gestört, so resultiert eine empfindliche für Psychosen disponierende Beeinträchtigung der Ich-, Über-Ich-, Ichideal- und Triebentwicklung.

Um die Psychosen als „Ergebnis sozialer Entbehrungen der frühesten Kindheit" (A. Mitscherlich, 1966, S. 81) verstehen zu können, müssen wir uns dieser ersten Entwicklungsphase im Detail zuwenden. Im Zentrum unseres Interesses steht weiterhin die Mutter-Kind-Beziehung, wobei wir eine „normale" von einer „pathologischen" (zur Psychose prädisponierenden) Entwicklung unterscheiden. In diesem Zusammenhang wollen wir das Problem des primären Narzißmus nicht übergehen; dann im einzelnen die Dualunion zwischen Mutter und Kind besprechen; im weiteren die Lösung aus der Dualunion, welche schließlich in die reife Objektbeziehung einmündet. Dabei werden wir in unseren folgenden Betrachtungen, im Gegensatz zu unseren bisherigen, die Interaktion zwischen Bezugsperson und Kind berücksichtigenden Erörterungen, besonders auf die Erlebnisebene des Kindes eingehen, seine Phatasien: ureigenster Gegenstand der Psychoanalyse. Diese Phantasien umfassen nicht nur die Triebseite der Persönlichkeit, sondern auch *intra*psychische Strukturbildungen oder Repräsentanzen als Niederschläge vorausgegangener *inter*personaler Erfahrungen im Sinne einer „psychischen Realität" (S. Freud, 1925, S. 60). Dabei wollen wir nicht nur aus didaktischen, sondern aus heuristischen Gründen versuchen, getreu unserem genetischen Gesichtspunkt, verschiedene wichtige Entwicklungsstadien herauszuarbeiten, in denen sich als Folge traumatisierender Einflüsse ganz bestimmte Fixierungsstellen für spätere psychotische Erkrankungen bilden.

6. Die ersten Objektbeziehungen und ihre Fixierungsstellen für mögliche spätere Psychosen

6.1 Der primäre Narzißmus:

Die erste Fixierungsstelle der Schizophrenie

Unter „primärem Narzißmus" versteht man die Tatsache, daß im Ich „die gesamte verfügbare Energie" der Libido vorhanden ist (S. Freud, 1938 b, S. 72). D.h.: das kindliche Ich ist „narzißtisch besetzt", während die Mutter als Objekt nicht besetzt ist[6]. In dem bekannten Bild des Protoplasmatierchens ist das narzißtische Ich „das große Reservoir, aus dem Libidobesetzungen an Objekte ausgeschickt und in das sie auch wieder zurückgezogen werden, wie ein Protoplasmakörper mit seinen Pseudopodien verfährt"

---

[6] Narzißmus ist – streng definiert – libidinöse Besetzung des Selbst, nicht des Ich (H. Hartmann, 1953, S. 384). Das komplizierte Verhältnis zwischen Ich und Selbst hat im übrigen R. Fetscher (1981) geklärt. Vgl. dazu außerdem W. Loch, S. 37 ff. „Zur Genese und Funktion des Ich und des Selbst".

(S. Freud, 1938 b, S. 73). Andere Autoren teilen diese Auffassung, so z. B.: S. Ferenczi (1926, S. 89), der von einer „urnarzißtischen Selbstsicherheit" spricht, in der das Kind nur sich selbst kennt und K. Abraham (1924), für den es im frühen oralen Stadium eine Objektbeziehung nicht gibt.

Diese älteren Einstellungen stehen in Übereinstimmung mit modernen Autoren wie M. S. Maler (1952), welche von einer „autistischen" Entwicklungsphase spricht, oder R. A. Spitz (1954), der eine sogenannte „objektlose Stufe" beschreibt.

Einen „normalen" primären Narzißmus möchten wir aber höchstens für die allerfrüheste Zeit, lange vor dem Auftreten des Dreimonatslächelns (R. A. Spitz, 1954) annehmen. Nun gibt es berechtigte Gründe dafür, „eine maßgebende Fixierung" für die Schizophrenie „im Stadium des primären Narzißmus" zu suchen (S. Freud, 1917, S. 437). In diesem Entwicklungsstadium kann es nämlich einmal aus konstitutionellen Gründen zu Störungen kommen, was somit einem inneren pathogenetischen Faktor im Ursachenbündel der Psychosen entspräche, gegenüber dem die Mutter als äußerer Faktor ebenso mehr oder weniger machtlos ist wie der eventuell später behandelnde Arzt. Zum anderen kann ein „normaler" primärer Narzißmus durch ein etwaiges „pathologisches" Verhalten der Mutter (wenn diese nicht auf die Bedürfnisse des „normalen" narzißtischen Kindes eingeht) zu einem „pathologischen" Narzißmus werden.

Wir sehen darin eine *erste Fixierungsstelle für Schizophrenie*, auf welche besonders jene Formen mit ausgeprägtem „Autismus" (E. Bleuler, 1911) regredieren.

Versuchen wir schon hier die klinischen Bilder dieser ersten Fixierungsstelle der Schizophrenie zuzuordnen, so entspricht ihr für das Kindesalter das sogenannte *autistische Syndrom* (L. Kanner, 1949; M. S. Mahler, 1968, S. 66) und für das Erwachsenenalter wahrscheinlich die *Schizophrenia simplex* mit ihrem stillen Insichgekehrtsein, bzw. die *Hebephrenie*, bei der allmählich alles Interesse an der Außenwelt schwindet und die Patienten sich immer mehr in sich selbst verschließen, ohne wie bei der paranoiden Form der Schizophrenie „produktive" Symptome i. S. von H. Jackson (1894), wie z. B. Wahn oder Halluzinationen auszubilden.

6.2 Die Dualunion zwischen Mutter und Kind:

Die *zweite* Fixierungsstelle der Schizophrenie

Zunächst ist die Mutter für das Kind nur ein reines „bedürfnisbefriedigendes Objekt" (A. Freud, 1952). Spätestens von dem Moment des „Dreimonatslächelns" (R. A. Spitz, 1954) an wird dies anders: Jetzt folgt das Kind der

Mutter mit den Augen und reagiert deutlich auf ihre Stimmungen. Zwischen
Mutter und Kind entwickelt sich das, was G. Simmel (1908) eine „Zweiheit
(Dyade)" und S. Freud (1921 b, S. 142) eine „Masse zu zweit" nennen.
Dabei „liebt" das Kind die Mutter nur insoweit, als diese seine rein passiven
Bedürfnisse nach Befriedigung erfüllt; ein Verhalten, das, im Gegensatz zur
reifen auch die Bedürfnisse des anderen berücksichtigenden Liebe, „primäre
Liebe" genannt wird (M. Balint, 1937). Nach der Meinung des letztgenann-
ten Autors „ist jeder Narzißmus sekundär im Vergleich zur ursprünglich-
sten dieser Beziehung, der harmonischen, einander durchdringenden Verschränkung", in der Selbst- und Objektrepräsentanz gleichermaßen libidinös besetzt sind[7]. Diesen „Zustand von ursprünglicher Undifferenziertheit"
der Objektbeziehung nennt M. Little (1958/59, S. 267) „anfängliche Einheit
(basic unity)". Bezeichnungen anderer Autoren, welche die Bedeutung
dieser besonderen Beziehung unterstreichen, lauten: „emotionale Symbiose" (Th. Benedek, 1956); „symbiotisch-parasitäre Beziehung" (M. S.
Mahler, 1952) und „anaklitisch-diatrophische Beziehung" (R. A. Spitz,
1954). Diese Benennung meint, daß sich der Säugling anaklitisch, d.h.
anlehnend, verhält, während die Mutter eine diatrophische, d.h. nährend-
unterstützende Haltung einnimmt. Man kann diesen Sachverhalt mit dem
physikalischen System einer „kreisförmigen Rückkopplung" oder eines
„zirkulären Resonanzprozesses" (1. c., 43) vergleichen. Dabei schließt das
Kind die Mutter in sein „internes narzißtisches Milieu" (W. Hoffer, 1952,
S. 31) ebenso ein, wie sich der Narzißmus der Mutter auf das Kind ausdehnt
(A. Freud, 1965, S. 65). Beide bilden zusammen eine „Dual-Einheit" (M. S.
Mahler et al., 1975, S. 5) mit einem „gemeinsamen Horizont", umgeben
von einer „gemeinsamen Membran". Sie besteht während der gesamten
Dauer der normalen symbiotischen Periode, einem Zeitraum, der ungefähr
vom dritten Monat bis in den zwölften Lebensmonat reicht, also die drei
letzten Viertel des ersten Lebensjahres umfaßt; nach Jean Piaget (1930) sogar
bis in das zwölfte Lebensjahr hinein. Wir halten es indessen für zutreffender,
zu sagen, daß die symbiotische Phase normalerweise spätestens während des
zweiten Lebensjahres, wie unten noch näher gezeigt werden wird, ausläuft.
Wahrscheinlich kommt es um die Zeit der Präpubertät erneut zu zumindest
passageren symbiotischen Bindungen zwischen erster Bezugsperson und
Kind, die wir im Unterschied zur *ersten* symbiotischen Phase dann *zweite*

---

[7] Dies ist auch unser Standpunkt: D.h., was unter 6.1 als „primärer Narzißmus" beschrieben
wurde, einschließlich des autistischen Rückzuges, ist in dieser Sicht *sekundär* und hat den
Charakter einer Fehlentwicklung der genetisch *primären* Dualunion, ist deren pathologisches
Differenzierungsprodukt.

symbiotische Phase nennen wollen; gefolgt von einer zweiten Trennungs-phase (vgl. P. Blos, 1962).

An dieser Stelle möchten wir betonen, daß manche Autoren das, was wir als Dualunion zwischen Mutter und Kind bezeichnen, „primärer Narzißmus" nennen, und zwar vom Kind aus gesehen insofern, als dieses sich im Sinne des „purifizierten Lust-Ichs" (S. Freud, 1915 a, S. 228) ungetrennt von der Mutter erlebt, so z. B. deren milchspendende Brust als Teil seiner Selbst empfindet.

Auch intrapsychisch befindet sich der Säugling in einer „Periode der Undifferenziertheit" (S. Freud, 1938 b; H. Hartmann, 1939; A. Freud, 1952). Er kann weder zwischen sich selbst und seiner Umgebung unterscheiden noch zwischen Psyche und Soma, ebensowenig zwischen Ich und Es. Bezeichnend dafür ist das „Phänomen des sogenannten Überfließens (over-flow)" (R. A. Spitz, 1955/56, S. 643), wobei ein in dem einen sensorischen Bezirk gebotener Reiz durch eine Reaktion in dem anderen beantwortet wird.

Ein weiteres Merkmal der Dualunion ist der mangelhaft ausgebildete Schutz des Säuglings gegenüber einwirkenden Sinnesreizen, da seine Sinnesorgane im Gegensatz zum übrigen Körper noch wenig „besetzt" sind. Die Mutter muß also dem Kind „Versorgerin" und „Beschützerin" in einem sein und als „externes Hilfs-Ich" die Funktion des Reizschutzes übernehmen (A. Freud, 1953, S. 17; 1965, S. 42; 1966); eine eminent wichtige Funktion, der, wenn sie gestört ist, eine fundamentale Bedeutung für zahlreiche psychotische Symptome zukommt, worauf wir in Kap. II zurückkommen werden. Kann die Mutter ihre Funktionen aus Gründen eigener Störungen beim Aufbau der Dualunion nicht übernehmen oder wird ihr dies durch ein primär abnormes Verhalten des Kindes erschwert, so ist die Dualunion als solche gestört.

Wir sprechen von einer Störung der „Ur-Beziehung" zwischen erster Bezugsperson und Kind, schlicht von der „Ur-Störung" (P. Kutter, 1972, S. 212); bedingt durch nichtbewältigte äußere Einflüsse in der allerfrühesten Sozialisation, wie wir sie oben unter 3. bis 4. geschildert haben.

Darin sehen wir *die zweite Fixierungsstelle für eine mögliche spätere schizophrene Psychose.* Auf sie regredieren, was das Kindesalter betrifft, diejenigen Fälle, welche M. S. Mahler (1968, S. 71) als „*symbiotisches Psychose-Syndrom*" bezeichnet; gekennzeichnet durch Verschmelzung von Selbst und Objekt, wahnhafte Verkennung der Umwelt, ungewöhnliche Sensibilität und starke Verletzbarkeit. Diesem Syndrom des Kindesalters dürfte die schwere Form der *paranoid-halluzinatorischen Schizophrenie* des Erwachsenenalters analog sein, der wir im Teil „spezielle Psychosenlehre" wiederbegegnen werden.

6.3 Die Lösung der Dualunion und die Differenzierung von Selbst und Objekt sowie von Ich und Es[8]*:*

Weitere Fixierungsstellen für spätere Psychosen, sowie für Grenzfälle und narzißtische Störungen

Den Anstoß zu der Auflösung der Dualunion geben die unweigerlichen Frustrationen der Mutter. Jetzt werden von ihr (bzw. der Objektrepräsentanz) Besetzungen abgezogen und dem Selbst (bzw. der Selbstrepräsentanz) zugeführt. Die Entwicklung erfolgt einerseits spontan oder ,,primär-autonom'' (H. Hartmann, 1939) durch *Reifung*, andererseits ,,in sekundärer Objektbezogenheit'', durch *Entwicklung*, wobei diese an häufige affektive oder emotionelle Erfahrungen im Umgang mit der Mutter geknüpft ist (R. A. Spitz, 1957; D. W. Winnicott, 1956). In diesem Wechselspiel mit der Mutter entwickeln sich auch die ersten Wahrnehmungs- und Gedächtnisspuren. Die gesamte bislang undifferenzierte psychische Energie wird mehr und mehr differenziert. Dieser Prozeß verläuft verschiedenartig je nach der Art der Zuwendung der Mutter und nach den Erfahrungen von Lust und Unlust des Kindes. Die eine Voraussetzung für den ungestörten Ablauf dieser Vorgänge ist die unter 3 beschriebene ,,primäre Mütterlichkeit'' (D. W. Winnicott, 1. c., S. 153), die andere das unter 5 erörterte, die seelischen Wachstumsprozesse begünstigende, wenigstens nicht behindernde Familienmilieu (vgl. S. 199 bis 204).

M. S. Mahler et al. (1975) haben die von uns so benannte Phase der ,,Lösung der Dualunion'' die Phasen der ,,Separation und Individuation'' im Laufe weiterer Forschungen in vier Subphasen unterteilt. Sie sind im Hinblick auf unsere Zuordnung von bestimmten klinischen Bildern zu bestimmten Entwicklungsphasen mit Fixierungsstellen relevant, weshalb wir sie hier gerafft erwähnen:
Die *erste Subphase*, von M. S. Mahler auch ,,Brutphase'' genannt, ist wichtig für die Differenzierung erster Ich-Strukturen, vor allem des Körper-Ichs. Störungen in dieser Phase prädisponieren u. E. zu *leichteren Formen paranoider Schizophrenie, Katatonie, Hypochondrie und psychosomatischen Störungen*. Solche Störungen entstehen besonders, wenn die allererste Trennung, die sogenannte ,,Ur-Trennung'' (M. Pohlen, 1969, S. 35) zu früh einsetzt, gefolgt von einer erstmals durch S. Freud 1938 (a) beschriebenen ,,Ich-Spaltung''. Diese ersten Trennungsprozesse werden wahrscheinlich ebenso wie die erste symbiotische Phase in Präpubertät und Pubertät wiederbelebt, so daß wir auch hier neben einer ersten eine zweite Trennungsphase unterscheiden können.
Die *zweite Subphase*, beginnend mit dem ersten Gehen des Kindes auf eigenen Beinen und ungefähr bis zum 18. Monat andauernd, ist die Periode des Erprobens der Muskeln, der Lust an der Eroberung der Welt, verbunden mit gehobener Stimmung, Freude und Stolz, ein gleichsam wahnhafter Zustand eigener Größe. Bringen wir im Analogieschluß diese spezifische Entwicklungsphase in Zusammenhang mit bestimmten psychotischen Störungen, so ist es naheliegend,

---

[8] Dieser Zeitraum entspricht der sogenannten ,,Trennungs- und Ididuationsphase'' von M. S. Mahler (1952).

die mit Größenwahn einhergehenden Fälle paranoider Schizophrenie und die *Manie* auf Störungen dieser zweiten Unterphase zurückzuführen, was im Hinblick auf die Manie Ping-Nie Pao (1971, S. 247) bereits getan hat.

Was die *dritte Subphase*, das sogenannte „Rapprochement" betrifft, zeitlich sich vom achtzehnten Monat bis ins dritte, vierte, fünfte Lebensjahr erstreckend, so hat M. S. Mahler selbst ursächliche Beziehungen zwischen Störungen in dieser Phase mit möglicherweise später auftretenden *narzißtischen Persönlichkeiten und/oder Borderline-Pathologien* hergestellt (1975, S. 622). In dieser Phase finden nämlich in Zusammenhang mit sich wiederholenden Trennungen und Wiederannäherungen ausgeprägte Ambivalenzkonflikte statt, verbunden mit einer Neigung zur Aufspaltung der Objektbeziehungen in befriedigende gute und versagende böse oder schlechte Objekte; Prozesse, wie sie sich bei den genannten klinischen Störungen gehäuft abspielen.

Kommt es als Folge überwiegend positiv erlebter Erfahrungen mit den Objekten zu geglückten Internalisierungen dieser Beziehungen, gefolgt von Bildung stabiler Strukturen, Repräsentanzen bzw. Imagines als Niederschläge der vorausgegangenen Objektbeziehungen, dann ist die *vierte Subphase,* die sogenannte *Objektkonstanz* (H. Hartmann, 1952; A. Freud, 1952) erreicht. Nach dieser zeitlichen Differenzierung der Lösungsphase aus der Dualunion bzw. der Separations-Individuationsphase wollen wir uns nun genauer den strukturbildenden Prozessen in der kindlichen Psyche zuwenden. Dabei wollen wir aus didaktischen Gründen folgende Prozesse nacheinander abhandeln:

7. Entscheidende frühkindliche Entwicklungsphasen

7.1 Die frühe Entwicklung des Ichs und der Objektbeziehungen[9]

Die Differenzierung des Ichs erfolgt über verschiedene Integrations- und Wahrnehmungsstufen. Die erste Integrationsstufe stellt die sogenannte „coenästhetische Organisation" (R. A. Spitz, 1955/56, S. 659) dar. In ihr ist die Wahrnehmung ganzheitlich und wird über die Haut und deren Tiefensensibilität vermittelt. Die zweite Stufe ist die sogenannte „diakritische Wahrnehmung", wobei erstmals (schätzungsweise von 3. Lebensmonat an) Bildvorstellungen auftauchen. Gleichzeitig wird das bisher passive Aufnehmen von Sinneseindrücken zu einer aktiven Wahrnehmung. Die Spuren dieser visuellen Bilder im Gedächtnis sind anfangs sehr unvollkommen und bilden nur *eine* Niederschrift. Später werden den Bildspuren Wortrepräsentanzen angeheftet (1. c., S. 659 und 665).

Mit der Entwicklung der Gedächtnisspuren bilden sich gleichzeitig „synthetische Kräfte", welche die sich differenzierende psychische Organisation zusammenhalten und schließlich die „Ich-Synthese" (H. Nunberg, 1930) ermöglichen. Sie sind für die Kooperation der ersten Ich-Bestandteile oder „Ich-Kerne" (E. Glover, 1932) auf dieser Vorstufe des Ichs sehr bedeutsam. Ohne sie würde der frühere undifferenzierte Zustand persistieren.

Ist die Wahrnehmungsfunktion genügend entwickelt, so kann das Kind

---

[9] Vgl. dazu W. Loch, S. 37 ff. „Zur Genese und Funktion des Ich und des Selbst".

zwischen innen und außen unterscheiden. Gleichzeitig trennt sich die Selbst-
von der Objektrepräsentanz. Genauer gesagt: das Kind kann jetzt „seine
Aktivität und das Objekt, auf das die Aktivität gerichtet ist, unterscheiden"
(H. Hartmann, 1953, S. 380). Jetzt besteht also auch ein Unterschied
zwischen der Besetzung der objektgerichteten Funktion und der Objektrepräsentanz. Der Repräsentation des Objektes im Selbst geht der Vorgang der
Introjektion[10] des Objektes in das Selbst voraus. Er ist das Vorbild der
späteren Identifizierung.
Wir unterscheiden eine frühe „primäre Identifizierung", die nach dem
Modell der Introjektion abläuft und für die Ich-Bildung wichtig ist, von einer
späteren sekundären Identifizierung, die bei der Entwicklung des Über-Ichs
eine Rolle spielt. Die erstgenannte „primäre Identifizierung", die zur
Unabhängigkeit von dem bedürfnisbefriedigenden Objekt führt, nennt man
ob ihrer grundlegenden Bedeutung für die gesamte spätere Entwicklung
„Ur-Identifikation" (W. Loch, 1961/62, S. 715). Das, was dadurch im Ich
entsteht, ist das „erste Identitätsthema" (H. Lichtenstein, 1961, S. 35). Dies
geschieht dadurch, daß das rudimentäre Selbstschema mit dem Schema des
Objekts „verschmilzt" (J. Sandler, 1964, S. 737), was bei den noch nicht
klar definierten Grenzen zwischen Selbst und Nicht-Selbst während dieses
Entwicklungsstadiums leicht möglich ist. Damit ist eine Repräsentanz im Ich
entstanden, die durchaus geeignet ist, das wirkliche Objekt als Quelle
narzißtischer Befriedigung zu ersetzen. Durch diese Verinnerlichung oder
Internalisierung des Objekts im Selbstschema als Introjekt wird dann das
Kind, wenn das Introjekt in einem fortschreitenden Prozeß der Synthese und
Integration langsam assimiliert wird, mehr und mehr vom Objekt unabhän-
gig. Dabei spielt das sogenannte „Übergangsobjekt" (D. W. Winnicott,
1953, S. 293) eine wichtige Rolle. Dieses ist nämlich das erste Objekt, das
insofern nicht zum Selbst des Kindes gehört, indem es symbolisch für das
Objekt „steht", mit dem das Kind fühlen und wirklich leben und über das es
sich persönlich weiter entwicklen kann. Es ist somit ein Symbol für die
Vereinigung des Kindes mit der Mutter, welches zeitlich und räumlich am
Übergang steht von einem in der Dualunion mit der Mutter verschmolzenen
Sein und einem Sein als eigenständigem Subjekt außerhalb der Dualunion. Es
ist somit ebenso ein die Mutter ersetzendes Objekt wie inneres Abbild der
Mutter im Selbst des Kindes[11].
Damit ist anstelle der Bindung an das bedürfnisbefriedigende Objekt der

---

[10] Der Ausdruck „Introjektion" stammt von S. Ferenczi, 1909. Später sprach S. Freud (1923,
S. 257) von einer „Aufrichtung des Objektes im Ich".
[11] Selbst hier synonym mit Subjekt verstanden oder im Sinne des frühen Ich-Begriffs S. Freuds
im Gegensatz zu Selbst als Selbst-Repräsentanz im Sinne von H. Hartmann (1953, S. 384) oder
J. Sandler (1964, S. 729).

oben beschriebene Zustand von Unabhängigkeit entstanden, den wir mit H. Hartmann (1952, S. 15) „Objektkonstanz" nennen. Ob dies durch eine Verminderung der Triebstärke (A. Freud, 1952) oder durch eine „partielle Umwandlung der Trieb- in eine neutralisierte Besetzung des Objektes" (H. Hartmann,1952, S. 21) geschieht, wollen wir offen lassen. Das Resultat ist, daß das Es ein bleibendes inneres Liebesobjekt (S. Freud, 1923; W. Loch, 1961/62) erhalten hat. Anstelle von nur *einem* internalisierten Objekt können natürlich auch, wenn das Kind mit *mehreren* Bezugspersonen gleichzeitig zu tun hat, mehrere Objekte gleichsam „Bausteine" für das wachsende Ich abgeben. Selbstverständlich ist die Ich-Organisation dann eine andere. Sie muß deswegen aber nicht notwendigerweise defizitär ausfallen. Entscheidend ist nicht die Zahl der Objekte, sondern die Art der Beziehung bzw. der Beziehungen und die Frage, ob sie befriedigend verlaufen sind oder nicht. Es kommt auch nicht darauf an, daß die Zeiten des Austausches zwischen Kind und Bezugsperson sehr lange dauern, entscheidend ist vielmehr die qualitativ „richtige" innere „Einstellung" der Bezugspersonen. Das im Zuge derartig befriedigender Erfahrungen entstandene gute Introjekt vermittelt dem Kind das, was E. H. Erikson (1950, S. 228) „Vertrauen" oder J. Sandler (1964, S. 736) „Gefühlszustand des Wohlbefindens", verbunden mit „normalen grundlegenden Sicherheitsgefühlen", nennen.

Das ist zugleich der Anfang für eine reife Objektbeziehung, deren Merkmal die gegenseitige Partnerschaft ist. Ein weiteres Wachstum des Ichs ist möglich durch fortgesetzte projektive Identifikation (vgl. S. 229) mit der Mutter und nachfolgender Re-Introjektion. Dadurch kommt es zu einer fortwährenden „Ich-Erstarkung" (S. Freud, 1923, S. 275) oder „Ich-Integration" (M. Klein, 1935 a, S. 28). Man kann auch von einer andauernden „Assimilierung von inneren Objekten" sprechen (P. Heimann, 1942). Was sich im wachsenden Ich des Kindes niederschlägt, sind die Repräsentanzen der Objekte. Sie addieren sich zu dem, was ohnehin im Kind primär autonom als eigene „Substanz" gewachsen ist. Damit ist die Basis für eine gesunde Persönlichkeit geschaffen, die in der Lage ist, in eine reife Objektbeziehung einzutreten, welche gleichermaßen die eigenen und die Bedürfnisse des anderen berücksichtigt.

Wichtig ist es, daß die Selbstrepräsentanz genügend libidinös besetzt ist. Die Energie dieser Besetzung stammt – genetisch gesehen – aus dem „noch undifferenzierten Ich-Es" (S. Freud, 1938 b, S. 72). Sie geht „auf eine gemeinsame Wurzel aus der Zeit vor der Ich-Es-Differenzierung zurück" (H. Hartmann, 1939, S. 157), aus der sich gleichermaßen das Es mit dem gesamten Potential der Sexualtriebe und das Ich entwickelt. Energetisch betrachtet handelt es sich zwar um libidinöse Kräfte, die aber in neutralisier-

ter Form zu denken sind; unterscheiden wir doch mit H. Hartmann (1953,
S. 388) nicht nur die Qualität der Triebe und deren Quantität, sondern auch
deren Modalität, d. h. deren verschiedener „Grad von Neutralisierung".
Diese Neutralisierung entspricht der Modifizierung sexueller Triebenergien
zugunsten des Ich als einer besonderen Art von Triebschicksal (S. Freud,
1915 a, S. 219), wird also durchaus synonym mit dem Begriff Sublimierung
(S. Freud, 1905, S. 79) gebraucht, von der wir dann sprechen, wenn sexuelle
Triebe in den Dienst von Ich-Zwecken gestellt werden, wobei deren Energie
nicht vom Ich „abgesperrt" wie bei der Verdrängung und anderen Abwehrmechanismen, sondern gerade im Gegensatz dazu positiv „verwertbar"
bleibt, was – nebenbei gesagt – bedeutet: „Den auf solche Weise gewonnenen Energiebeträgen verdanken wir wahrscheinlich die höchsten kulturellen
Erfolge" (S. Freud 1910, S. 58). Mit Neutralisierung bzw. Sublimierung ist
immer auch eine graduelle Desexualisierung verbunden, indem primär
sexuelle Energie in sekundär neutrale Energie übergeführt wird.
Neben der ursprünglich sexuellen und nur sekundär durch Neutralisation im
Ich verfügbar gewordenen Energie gibt es auch eine aus der undifferenzierten
Ich-Es-Matrix im Zuge der primären Autonomie entstandene „primäre
neutrale Energie" (G. Scheunert, 1960, S. 100), denn wir wollen an dieser
Stelle in Transzendierung des ursprünglichen psychoanalytischen Konzepts
und durchaus in Übereinstimmung mit der abendländischen Philosophie
nicht davon ausgehen, daß alle späteren geistigen Leistungen des Ichs durch
Sublimation bzw. Neutralisation ausschließlich aus sexueller Energie abzuleiten sind, was nicht heißt, daß jene später von der Triebseite der Persönlichkeit her laufend wichtige energetische Zuschüsse erhalten.
Entwicklungspsychologisch ist es gerade die frühe unweigerliche Versagung
der primär sexuellen Triebwünsche des Kindes durch die Mutter, welche
ebenso wie der Vater als natürliche dritte Person in konstruktiver Weise die
Entwicklung der Triebe in Richtung auf Neutralisierung und Realitätsprinzip hin fördert, denn ohne diese naturnotwendige „Versagung" käme das
Kind nicht aus der Dualunion mit der Mutter heraus, damit nicht zur
Realität, nicht in die Welt und nicht in die Mehr-Personen-Beziehung hinein
(W. Loch, 1968, S. 728; bzw. 1969, S. 500).
In der Sprache Melanie Kleins (1935 b) wäre mit diesem Stand der Entwicklung des Ichs und der Objektbeziehungen die sogenannte „depressive
Position" erreicht. Das heißt: Objekt und Selbst werden nicht mehr wie in
der „schizoid-paranoiden Position" als Teilobjekt, sondern als ganze
Objekte wahrgenommen; das heißt gleichzeitig, Selbst und Objekt haben
sich letztlich gegenüber den mit der schizoid-paranoiden Position verbundenen oral-sadistischen Angriffen als unzerstörbar erwiesen. Damit ist
zugleich die Einsicht in eigene und fremde zerstörerische Anteile in jeder

zwischenmenschlichen Beziehung eingeschlossen. Es kommt nun sehr darauf an, daß die guten, bewahrenden Anteile einer Objektbeziehung die zerstörerischen Anteile überwiegen, womit gleichzeitig ebenso Ich- wie Objekt-Konstanz gewährleistet wäre. Das Kind ist nur dann in der Lage, die depressive Position zu erreichen, wenn die Grundbeziehung zwischen Mutter und Kind das von Winnicott (1955 b) sogenannte „Stadium der Besorgnis" erreicht hat. Wesentliche Vorbedingungen dazu sind Beständigkeit und Zuverlässigkeit in der Beziehung zum ersten Bezugsobjekt sowie eine überwiegend wohlwollende Beziehung dieses ersten Bezugsobjektes (in der Regel: die Mutter) mit einem zweiten Bezugsobjekt (in der Regel: der Vater). Denn nur über eine zumindest partielle Identifizierung mit der entscheidenden „dritten Person" ist es dem Kind möglich, in ein und demselben Akt die unvermeidlichen Versagungen seiner leiblichen Bedürfnisse zu ertragen und statt dessen Zeichen und Symbole als „mentale Strukturen" aufzubauen im Sinne eines „ich bin" und „ich kann" (vgl. W. Loch, 1979, S. 162; 1981, S. 65). Wir haben Grund zu der Annahme, daß bei denjenigen Patienten, die zu psychotischen Störungen des schizophrenen wie des manisch-depressiven Formenkreises prädisponiert sind, sowie bei Patienten mit psychosomatischen Störungen die genannten mit der depressiven Position und dem Stadium der Besorgnis verbundenen Symbolisierungsprozesse gescheitert sind. (Vgl. auch D. W. Winnicott, 1969.)

7.2 Die frühe Triebentwicklung

7.2.1 Die frühe Libidoentwicklung

Den Vorstadien der Ich-Entwicklung und der Entwicklung der Objektbeziehungen laufen Vorstadien der Triebentwicklung parallel. Das Triebleben des Säuglings ist anfangs nur auf die Nahrungsaufnahme beschränkt. Der größte Teil der Besetzung ist auf die Organe der Nahrungsaufnahme konzentriert. Über sie spielt sich auch die erste primitive Objektbeziehung ab. Deshalb hat S. Freud (1905) diese Phase die „orale" Organisationsstufe genannt. Entscheidend für ihr Verständnis ist aber nicht nur die *Zone*, sondern auch der *Modus* dieser „ersten Einverleibungsphase" (E. H. Erikson, 1950), nämlich die Art der Introjektion, ohne die „psychisches" Wachstum ebensowenig möglich wäre, wie ein körperliches Wachstum ohne Nahrungszufuhr. In die orale Phase fallen alle oben bei der Abhandlung der Mahlerschen Subphasen genannten Fixierungsstellen, wozu noch die für die manisch-depressiven Erkrankungen kommen (vgl. I. 9). Sie wird damit zu dem entscheidenden Lebensabschnitt, der über Psychose oder Nicht-Psychose entscheidet.

7.2.2 Die frühe Entwicklung der Aggressivität

Die Entwicklung der Aggressivität versteht der Autor dieses Beitrages nur zum geringen Teil als *Trieb* mit einer der Libidoentwicklung analogen Reihe von Entwicklungsstufen (S. Freud, 1921 a, S. 66; H. Hartmann, E. Kris und R. M. Loewenstein, 1949, S. 75; A. Mitscherlich, 1956/57, S. 180; J. Lampl-de Groot, 1960, S. 150), im Sinne eines ,,nicht zu reduzierenden Rest(es) essentielle(r) Destruktivität" (R. Waelder, 1963, S. 137), vielmehr als überwiegend *reaktiv* auf Bedrohung der Selbsterhaltung bzw. auf Versagung libidinöser Triebwünsche hin entstanden (W. Reich, 1927, S. 159; J. Dollard et al. 1939, S. 9 ff.; M. Balint, 1951, S. 161; W. Loch, 1970, S. 242). In unserem Zusammenhang im Hinblick auf die Psychosen-lehre ist es wieder die Modalität der Aggressivität, die einen wesentlichen Faktor im Ursachenbündel einer Schizophrenie spielt. Nach H. Hartmann (1953, S. 388) ist nämlich vor allem ,,die verringerte Fähigkeit des Schizophrenen, Aggression zu neutralisieren, einer der Hauptgründe für sein Versagen, brauchbare Abwehrmechanismen zu bilden, ... die einen geringeren Grad von Neutralisierung erfordern". Somit steht die aggressive Energie dem Ich nicht in hinreichender Menge und in nicht genügend neutralisierter Modalität zur Verfügung. Statt dessen verbleibt ein abge-sprengtes Bruchstück an Aggressivität außerhalb der Ich-Organisation (R. Waelder, 1963, S. 140) verbunden mit einer gefährlichen Destruktivität, welche sich in der Kinderzeit in primitiven Wutausbrüchen (J. Lampl-de Groot, 1960, S. 154) und später im Erwachsenenalter nach Identifizierung mit dem repressiven Aggressor teils als prohibitiv-restriktiv-aggressives Über-Ich mit der Gefahr des Auftretens einer Depression, teils nach Identifizierung mit dem verfolgenden Aggressor als verfolgendes Über-Ich mit der Gefahr späterer Schizophrenie auswirken kann.

8. Die zur Schizophrenie prädisponierte Persönlichkeit

Eine solche Persönlichkeit ist das Ergebnis pathogener Störungen der vorgenannten frühen Entwicklungsabschnitte, im Verlauf derer sich im günstigsten Fall über die Entwicklungslinie primärer Narzißmus – Dual-union – glückliche Lösung der Dualunion, verbunden mit einer gesunden Ich-Triebentwicklung eine solide Persönlichkeit mit ,,festem, permanenten Ich-Kern" (W. R. D. Fairbairn, 1952), mit einem in sich ruhenden ,,wahren Selbst" (D. W. Winnicott, 1960, S. 193) entwickelt. Bei entsprechenden Traumatisierungen in den einzelnen Entwicklungsabschnitten dagegen blei-ben Fixierungsstellen für das Entstehen einer späteren Psychose zurück.
Die Ursache der traumatisierenden Störung kann dabei auf der einen Seite

infantogener Natur sein, d. h. sie ist im *Kind* zu suchen, das sich primär abnorm verhält, etwa durch heriditär bedingte Verschiedenheit in der primärautonomen Ich-Entwicklung oder der Triebfragmente, und es dadurch der Mutter unmöglich macht, das ihrige zur Entstehung einer optimalen Objektkonstanz beizutragen. Die Mutter wird durch das abnorme Verhalten dieses Kindes irritiert, die Beziehung zum Kind u. U. abbrechen und es sich selbst überlassen.

Auf der anderen Seite kann sich die *Mutter* in abnormer Weise weigern, die Gefühle des Kindes in sich aufzunehmen; d. i.: dafür als ,,Behälter`` zu dienen (W. R. Bion, 1954). Ebenso nachteilig wirkt sich das für das Kind aus, wenn die Mutter es unverhüllt ablehnt, so daß das Kind seine Liebe als etwas Schlechtes empfinden muß. Neben den endogenen Faktoren gibt es also bestimmte früh erworbene exogene Einflüsse, die von der Mutter ausgehen – gewissermaßen ,,matrogen`` sind – und die frühe Ich-Entwicklung des Kindes erheblich schädigen können.

Eine derartige Mutter, die das Kind ständig in unlösbare Konflikte stürzt, wird mit Angst besetzt und kann nicht introjiziert werden. Es kommt somit zu keiner stabilen Ur-Identifikation und dadurch zu keinem ,,festen permanenten Ich-Kern`` (W. R. D. Fairbairn, 1952). Ein solches Kind erlebt anstatt Ur-Vertrauen ständig Mißtrauen und Zweifel (E. H. Erikson, 1950), ist in seiner Ich-Konstitution äußerst labil und ständig von ,,bedürfnisbefriedigenden Objekten`` in seiner Nähe abhängig, welche seine ,,einzig sichere Brücke zur Welt`` bilden (W. Loch, 1965, S. 175).

Meist werden ,,infantogene`` und ,,matrogene`` Faktoren im Sinne der ,,Ergänzungsreihe`` zusammenwirken, vor allem dann, wenn auf seiten des Kindes eine ererbte ,,Ataxie der Triebfragmente`` (W. Loch, l. c., S. 185), welche die stabile Besetzung *eines* Objektes in Frage stellt, mit einer Störung der Zuwendung auf seiten der Mutter zusammentrifft, so daß die Voraussetzung für eine jede weitere psychische Entwicklung begründende Ur-Identifikation fehlt. Kinder ohne stabilen Ich-Kern werden in allen folgenden Entwicklungsphasen Störungen erleiden. Die Störungen bleiben dabei meist latent. Das gestörte ,,wahre Selbst`` (D. W. Winnicott, 1960, S. 182) wird von einem peripheren, sozial angepaßten ,,falschen Selbst`` verdeckt. H. Deutsch (1934) spricht von ,,Als-ob-Persönlichkeiten``, die in ihrer Identifikation im Kern gestört sind und sich nur nach außen so benehmen, ,,als hätten sie . . . eine eigene Persönlichkeit, während sie tatsächlich von anderen Menschen borgen, mit denen sie sich identifizieren und an denen sie saugen wie eine Art von psychologischem Parasit`` (R. Waelder, 1963, S. 193). Menschen dieser Art sind auf einer Stufe der primären Identifikation fixiert und damit zur Schizophrenie prädisponiert, besonders wenn in Pubertät und Adoleszenz (vgl. S. 224 f.) Schwierigkeiten auftreten. Diesen labilen Persönlichkeiten ist ein „Mangel an Integration" eigen, der weder den späteren Belastungen von seiten der Realität noch einer etwaigen „Überflutung des Bewußtseins durch Es-Abkömmlinge" gewachsen ist (l. c., S. 90) Es ist nun für diese Menschen mit „Ich-Defekt" (Th. Freeman et al, 1965, S. 21) typisch, daß sie das Objekt, von dem sie abhängen, *idealisieren*; übrigens gerade dann, wenn sie ursprünglich unter dem Objekt sehr gelitten haben. Es wird so in pathologischer Weise zu einem „perfekten Objekt" gemacht, das man – außen oder innen, also in*ter*- oder in*tra*psychisch – immer besitzen möchte (M. Klein, 1940, S. 84). Wir nennen es kurz: „Ideal-Objekt".

Dabei führen die Beziehungen des schizoiden Menschen zu äußeren Objekten in der *aktiven*Position[12] zu einer Angst, das Objekt zu verlieren, weshalb sich der Schizoide vom Objekt zurückzieht. In der *passiven* Position, d. h. in dem Wunsch geliebt zu werden, bekommt der Schizoide Angst, seine Unabhängigkeit zu verlieren bzw. vom Objekt verschlungen zu werden, sowie er sich mit ihm näher einläßt (H. Guntrip, 1969, S. 34). Die Folge ist eine in sich selbst eingeschlossene Persönlichkeit (shut-in individual) mit Klagen über Abgeschnittensein, Ausgeschlossensein, Fremdheitsgefühl und Nichtmitfühlenkönnen. So ein Mensch lebt in einer versteckten inneren Welt, gleichsam als „Wanderer zwischen zwei Welten", nämlich zwischen innerer und äußerer Welt, wobei er aus den oben genannten Gründen die äußeren Objektbeziehungen fortwährend „vernichtet", um sich so um so mehr auf seine innere Welt zurückziehen zu können. Damit sind sie von dem lebensnotwendigen, für die Ich-Entwicklung so wichtigen Austausch mit anderen Menschen mehr oder weniger ausgeschaltet; ganz dem schizoiden Temperament entsprechend, wie es E. Kretschmer (1931, S. 179 ff.) so treffend beschrieben hat. Die spezielle Problematik dieser Menschen besteht darin, daß die frustrierte Liebe nicht Wut erzeugt wie bei der Depression, sondern immer größere Gier nach Liebe, verbunden mit der Angst, daß diese Gier das Liebesobjekt verschlingt und damit zerstört; eben jenes so dringend benötigte „Ideal-Objekt", das gleichermaßen gierig ersehnt und gefürchtet wird – ein ständig quälendes „Not-Angst-Dilemma" (D. L. Burnham et al., 1969), aus dem es kein Entrinnen zu geben scheint.

Zusammengefaßt können wir also während der gesamten frühkindlichen Entwicklung folgende Fixierungsstellen festhalten und mit möglichen späteren Psychosen und anderen psychischen Störungen in ursächlichen Zusammenhang bringen:

---

[12] Aktiv, verstanden als: das Objekt lieben.

Zuordnung psychiatrischer Krankheitsbilder zu bestimmten Entwicklungsphasen

Entwicklungsphasen	Störung im Kindesalter	Störung im Erwachsenenalter
Primärer Narzißmus	autistische Psychose	Hebephrenie, schwere Katatonie
Dualunion	symbiotische Psychose	schwere paranoide Schizophrenie
Individuations- Separationsphase		
1. Subphase	—	mittelschwere paranoide und katatone Schizophrenie
2. Subphase	—	leichtere paranoide Schizophrenie mit Größenwahn, Manie
3. Subphase	—	„Borderline-Personality- Organisation"
		Narzißtische Persönlichkeitsstörung

Störungen in der Lösung aus der Dualunion wirken sich auf alle folgenden Entwicklungsabschnitte aus. Dies gilt für die anale Phase der Triebentwicklung ebenso wie für die phallische. Auf dieser Ebene sind potentiell Schizophrene nicht fähig, einen normalen Ödipuskomplex zu erleben (M. Katan, 1954). Sie erleben die Stufe der „Dreierbeziehung" (M. Balint, 1957/ 58) überhaupt nicht, sondern sie bleiben in der ursprünglichen „Zweierbeziehung" verstrickt. Damit ist die heterogene Partnerwahl, wie sie normalerweise zum Ödipuskomplex gehört, unmöglich. Der präpsychotisch männliche Schizophrene möchte eine Frau sein, während die Frau den Wunsch hat, ein Mann zu sein. W. Loch (1961/62, S. 685–696) beschrieb den Fall einer Frau, welche während aller Phasen der Libidoentwicklung zwar das Objekt wechseln konnte, auch vom Vater auf die Mutter überzugehen in der Lage war, den Vater aber *narzißtisch* liebte. Das heißt: nicht als heterosexuelles Objekt, sondern als Abbild der eigenen männlichen Anteile. In derselben Weise ist ein derart gestörter Knabe nicht fähig, in der Mutter das heterosexuelle Liebesobjekt zu begehren, sondern erfährt in ihr nur eigene feminine Anteile. Der Ödipuskomplex bleibt damit abgewehrt. Die Folge ist, daß

derartige Persönlichkeiten keine neurotischen Symptome, besonders kon-
versionshysterischer oder phobischer Art zustande bringen. Es ist klar, daß
bei einem in solcher Weise narzißtisch erlebten Ödipuskomplex die Identi-
tätskrisen in der Pubertät und Adoleszenz einen besonders radikalen Charakter annehmen[13].

Abschließend fassen wir die charakteristischen Merkmale der zu Schizophrenie prädisponierten Persönlichkeiten zusammen:

1. Fixierungsstellen auf der Stufe des primären Narzißmus, der Dualunion
und der Lösung aus der Dualunion.

2. Mangelhafte Neutralisierung von Libido und Aggressivität (H. Hartmann, 1939).

3. Fehlen eines stabilen Ich-Kerns bei scheinbar normal funktionierendem
„falschen Selbst" (D. W. Winnicott, 1960, S. 196).

4. Narzißtische Abhängigkeit vom Idealobjekt (W. Loch, 1965).

Da alle diese Kennzeichen letztlich Folge der oben geschilderten Störungen
der Mutter-Kind-Beziehung sind, können wir sie als „Mutter-Kind-Kom-
plex" und „Kern-Komplex der Psychosen" (P. Kutter, 1975 b, S. 863), dem
Ödipus-Komplex und Kern-Komplex der Neurosen gegenüberstellen.

Insgesamt resultiert eine nicht-autonome, nicht-integrierte Persönlichkeitsstruktur, die in ihrer Desorganisation hochgradig verletzbar ist (Burnham et
al., 1969, S. 31). Diese prekäre Persönlichkeitsverfassung mit dem charakteristischen Dilemma zwischen Not und Angst kann zu folgenden Verhaltensweisen führen:

a) Anklammern ans Objekt: Es handelt sich um Versuche, untrennbar mit
dem Objekt zu verschmelzen. Das Resultat entspräche dann dem, was oben
als symbiotisches Syndrom bzw. Regression auf die symbiotische Entwicklungsphase beschrieben wurde. Das Selbst wird Teil der Struktur des
Objektes und partizipiert dadurch an ihm.

b) Das Objekt wird vermieden: Es wird möglichst gar nicht wahrgenommen,
was einer Verleugnung entspricht.

c) Das Objekt wird quasi restauriert, was jedoch höchstens während des
Krankheitsprozesses zu einer vorübergehenden Pseudo-Objektkonstanz
führt und damit zu einer nur scheinbaren inneren Stabilität. Gleichzeitig
wird das Objekt idealisiert, worauf verständlicherweise leicht Enttäuschungen folgen, die dann auftreten, wenn das Ideal-Objekt real den hohen
Erwartungen nicht entspricht.

In M. Kleins Konzeptualisierung (1960) wäre die depressive Position *nicht*
erreicht (vgl. S. 41 u. 212f.). Statt dessen herrschen Bedingungen der paranoid-schizoiden Position (M. Klein, 1946, Fairbairn, 1952), Phantasien über

---

[13] Mutatis mutandis gilt für den zu Melancholie und Manie disponierten Menschen dasselbe.

oral-sadistische Angriffe auf die Nahrungs- und Liebespendende Mutterbrust beherrschen die infantile Phantasie, vermischt mit die Existenz bedrohenden ebensolchen Angriffen, denen gegenüber sich das Kind nur durch Spaltungsprozesse insofern erwehren kann, als es versucht, die destruktiven wechselseitigen Prozesse nach außen zu projizieren, um im innerseelischen Bereich wenigstens die nackte Existenz zu retten. Zu den wechselseitig zerstörerischen Phantasien gehören entsprechende Ängste, von innen und außen zerstört, vernichtet und ausgelöscht zu werden. Alle diese zur schizoidparanoiden Position gehörenden, sich um Teilobjekte wie Brust, Mund und Bauch drehenden archaischen Prozesse können über primitive Abwehrmechanismen wie Spaltung, Verleugnung, projektive Identifikation, primitive Idealisierung und Entwertung insgesamt in Schach gehalten werden. Damit sind dem betreffenden Menschen freilich eine Fülle psychischer Energien entzogen. Dazu kommt eine Isolierung gegenüber der Umwelt, denn jedwede zwischenmenschlichen Kontakte bergen die Gefahr, die mühsam abgewehrte schizoid-paranoide Phantasiewelt und die damit verbundene existentielle Bedrohung zu reaktivieren.

9. Die frühe Entwicklung des Ich-Ideals und des Über-Ichs:
Fixierungsstellen für spätere manisch-depressive Psychosen

9.1 Die frühe Entwicklung des Ich-Ideals

S. Freud (1914, S. 161) nennt das Ich-Ideal jene Instanz, ,,an welchem (das Individuum) sein aktuelles Ich mißt'', dem dann ,,die Selbstliebe, welche in der Kindheit das wirkliche Ich genoß'', gilt. Dieses Ich-Ideal macht ebenso wie die Triebseite der Persönlichkeit, das Ich und das Über-Ich eine eigene Entwicklung von unreifen Vorstufen bis zu einer reifen Organisationshöhe durch.
J. Lampl-de Groot (1962, S. 322) beschreibt die ,,halluzinierende Wunscherfüllung'' als eine Funktion des frühen Ichs, welche ,,die durch Versagungen verursachte Unlust beseitigen und Lust herbeiführen soll''. Das entspricht der ,,Periode der magisch-halluzinatorischen Allmacht'' im Sinne von S. Ferenczi (1913, S. 69). Diese ,,Instanz der Wunscherfüllung'' funktioniert schon zu einer Zeit, ,,in der die Unterscheidung zwischen Selbst und Außenwelt noch nicht stattgefunden hat'', also zur Zeit der Dualunion. Während der Differenzierung zwischen Selbst und Objekt entwickelt das Kind, um den unweigerlichen Unlustempfindungen bei der Trennung von der Mutter zu begegnen, neben der primitiven halluzinierten Wunscherfül-

lung tröstende Phantasien von Größe und Allmacht, sogenannte „Omnipotenzphantasien". Sie stellen für das Kind einen unschätzbaren narzißtischen Gewinn dar.

Es dreht sich hier um das, was H. Kohut (1966, S. 563) „das narzißtische" bzw. später „das grandiose Selbst" (1969, S. 321) nennt, welches sich aus dem „primären Narzißmus" bzw. aus unserer „Dualunion" heraus differenziert. „Es will selber angestaunt und bewundert werden" (Ders., 1966, S. 567). Dabei ist es wichtig, daß das Kind in langsamen Reifungsschritten die Möglichkeit hat, die unweigerlich auftretenden Enttäuschungen in sich selbst zu verarbeiten, wobei ihm die Eltern helfen müssen. Diese Weiterentwicklung ist möglich, wenn dem Kind vermittelt wird, daß es zwar diese und jene Größenphantasie in schmerzlicher Desillusionierung aufgeben muß, dafür aber in der Verwirklichung realisierbarer Ziele entschädigt werden kann. Auf diese Weise können dann allmählich die Größenphantasien in einen gesunden Ehrgeiz umgewandelt werden, wobei die Ziele des „normalen" Ehrgeizes sich in realisierbaren Grenzen halten und damit dem Kind ein stabiles Selbstgefühl verleihen. Dies geschieht „am besten durch stufenweise Versagung bei gleichzeitiger liebender Unterstützung" (Ders., 1966, S. 570). Erfährt das Kind dagegen ungewöhnlich große Kränkungen seines narzißtischen Selbst und/oder wird ihm von den Eltern dabei nicht geholfen, diese zu meistern, dann kommt es zu traumatisierenden Störungen im Reifungsprozeß des Ich-Ideals. Dies ist besonders dann der Fall, wenn das noch in Größenphantasien lebende Kind vorzeitig von ungewöhnlich schweren seelischen Belastungen erschüttert wird, etwa durch frühen Tod der Mutter. Aber auch schon häufige Abwesenheit der Mutter oder anhaltende anderweitige Präokkupation derselben reichen hierzu aus. Das Kind fühlt sich dann im Stich gelassen und ist in der Verfassung unfähig, die narzißtische Kränkung entsprechend zu verarbeiten. „Die Größenphantasie wird verdrängt und den sie modifizierenden Einflüssen entzogen" (H. Kohut, 1966, S. 567). Die Folge ist eine bleibende narzißtische Wunde, die einen solchen Menschen, auch wenn sie vernarbt, durchs ganze Leben erhöht verwundbar und leicht kränkbar macht. Wir sehen darin *eine* entscheidende *Fixierungsstelle* für ein mögliches späteres Auftreten manisch-depressiver Erkrankungen.

Ebenso wie das Kleinkind sich selbst idealisiert, idealisiert es die Eltern. In seiner inneren Bilderwelt leben die Eltern als „die idealisierten Elternimagines", womit wir uns wiederum der Begriffe H. Kohuts (1966, 1969) bedienen. In unserem Zusammenhang geht es vor allem um die idealisierte Mutterimago, die sich aus der Dualunion als Repräsentanz im Selbst des Kindes differenziert. Diese idealisierte Mutterimago macht ebenso wie das narzißtische Selbst eine Entwicklung durch, die von unreifen Vorstufen bis zu einem der Realität adäquaten Bild reicht. Wiederum kommt es wie bei der Reifung des narzißtischen Selbst zu unvermeidlichen Enttäuschungen, die, wenn sie verarbeitet werden sollen, nach und nach phasenspezifisch erfolgen müssen. Dieser schmerzliche Prozeß wird erleichtert, wenn es der Mutter gelingt, dem Kind über die Kränkung an ihr hinwegzuhelfen und ihm damit zu vermitteln, daß auch eine nicht so ideale Mutter der Realität angepaßte Werte besitzt, die es dem Kind erlauben, sich mit ihr zu versöhnen.

Wird jedoch „die idealisierte Objektimago vorzeitig und traumatisierend erschüttert", dann kommt es „zu nicht phasenspezifischen, unangemessenen massiven Internalisierungen", in deren Folge die idealisierte Objektimago nicht allmählich vom Ich assimiliert werden kann, sondern außerhalb seiner Organisation als „archaische Objektimago verdrängt" bleibt (H. Kohut, 1966, S. 566 Fußnote). Ein derartiges nicht assimiliertes Introjekt wird wiederum sehr leicht exernalisiert; d. h. „eine Figur aus der Außenwelt (wird) mit ... Eigenschaften des Introjekts investiert" (J. Sandler, 1964, S. 812). Da dieses Objekt, auf welches idealisierte Eigenschaften externalisiert werden, den Erwartungen naturgemäß nicht entsprechen kann, kommt es unweigerlich zu wiederholten schweren Enttäuschungen. Eine solche Persönlichkeit bleibt dann in diesem Bereich fortan leicht verwundbar. Darin sehen wir eine *andere Fixierungsstelle*, auf die der Manisch-Depressive in der Psychose regrediert. Die Prädisposition zu diesen Erkrankungen ist dann gegeben, wenn der eine Teil des Objektes introjiziert ist, während der andere außerhalb des Selbst an die geliebte Person gebunden bleibt, die in ähnlicher Weise wie bei den zur Schizophrenie prädisponierten Menschen zu einem „Ideal-Objekt" erhoben wird.

9.2 Die frühe Entwicklung des Über-Ichs

Störungen in der frühen Entwicklung des *Über-Ichs* bilden weitere Fixierungsstellungen für depressive Erkrankungen.

Während das frühe Ich-Ideal der Befriedigung primitiver Bedürfnisse dient, schränken die *Vorstufen des Über-Ichs* das Kind zunehmend ein. Ursprünglich ist es das Objekt, das dem Kind Unlust bereitet, schon allein dadurch, daß es sich immer wieder entfernt. Diese frühen Unlustempfindungen werden zur Grundlage von Verboten. Im Laufe der weiteren Entwicklung bilden sie nach Introjektion die Vorläufer des Über-Ichs.

Diese Vorläufer des Über-Ichs entsprechen nicht genügend ins Ich-Schema integrierten, also abgesprengten archaischen Über-Ich-Elementen – man könnte auch von Über-Ich-Kernen sprechen –, die überdies mit aus der undifferenzierten Ich-Es-Matrix stammender primitiver aggressiver Energie besetzt sind. Ein derartiger archaischer Über-Ich-Vorläufer steht dann völlig außerhalb der Kontrolle des sich organisierenden Ich-Systems und bildet dadurch eine ständig lauernde Gefahr für das Ich, besonders dann, wenn dieser archaische Über-Ich-Kern anläßlich späterer Traumatisierungen neu besetzt wird. Zu solchen Störungen kommt es natürlich um so leichter, wenn es dem Ich infolge eines entweder konstitutionellen oder durch frühe Störungen der Ich-Entwicklung erworbenen Ich-Defektes an ,,organisierende(r) Tätigkeit'' (J. Sandler, 1964, S. 734) oder ,,synthetischer Funktion'' (H. Nunberg, 1930) mangelt. Störungen der Über-Ich-Entwicklung werden also um so eher eintreten, wenn die frühe Entwicklung des Ichs gestört ist. Ein nicht integrierter Über-Ich-Vorläufer kann ebenso wie abgesprengt gebliebene Anteile des frühen narzißtischen Selbstbildes oder der idealisierten Mutter-Imago leicht externalisiert werden und auf diese Weise das Ich entweder restriktiv oder persekutorisch unter Druck setzen, wobei es im Grunde gleichgültig bleibt, ob diese Beeinträchtigung nach Externalisierung von einem äußeren Objekt kommend oder ohne Externalisierung von einem Introjekt her erlebt werden.

Triebpsychologisch entsprechen diese Störungen der frühen Entwicklung des Ich-Ideals und des Über-Ichs spezifischen Störungen der Libidoentwicklung auf der späteren Stufe der späteren oralsadistischen oder kannibalischen Organisation mit ihren Impulsen, das Objekt einzuverleiben, was K. Abraham (1924, S. 39) die ,,sekundäre oralsadistische Stufe'' nennt, auf der dann mehr oder weniger große Anteile der Libido fixiert bleiben. Dies ist die bekannte *Fixierungsstelle*, auf die die Libido in der Melancholie regrediert, der wir oben hypothetisch weitere Fixierungsstellen im Hinblick auf die Entwicklung des frühen Ich-Ideals, der Objektimago und des Über-Ich hinzugefügt haben.

10. Besondere, die spätere Entstehung einer Depression prädisponierende Faktoren

Hier nehmen wir wie bei der Schizophrenie eine multikonditionale Entstehung an. Die Psychiatrie sieht die Ursachen in Erbfaktoren und Konstitution. K. Abraham dachte schon 1924 (S. 46) an eine angeborene ,,konstitutionelle Verstärkung der Munderotik''. Daneben hat die analytische Forschung eine Fülle von Material über seelische Kodeterminanten dieser Erkrankungen zutage gefördert. Ihr Hauptergebnis: die erste entscheidende Disposition wird wie bei der Schizophrenie durch *Störungen in der frühesten Beziehung zur Pflegeperson* – d. i. in der Regel die Mutter – erworben.

10.1 Die Rolle der Mutter-Kind-Beziehung in der Psychogenese manisch-depressiver Erkrankungen

John Bowlby (1973) sieht in dem Verlust früher Bezugspersonen eine wesentliche Ursache für die spätere Entwicklung einer Depression. Als ein solcher Verlust können je nach Sensibilität gleichermaßen brüsk erfolgte Trennungen, lange Abwesenheiten oder auch nur eine affektive Abwendung erlebt werden. Die Folge ist eine elementare Verunsicherung, die H. Henseler (1975, S. 198) ,,Ur-Verunsicherung'' nennt. Wird dem Kind dagegen von seiner Umwelt hinreichend ,,Sicherheit'' vermittelt, fühlt es sich wohl (affective state of well-being, J. Sandler, 1960), womit depressiven Störungen vorgebeugt wird. Entscheidend für den Ausbruch einer späteren depressiven Psychose ist also auch hier die Frage, welchen äußeren sozialen Einflüssen das Kind während seiner frühesten Sozialisation ausgesetzt war; nicht von ungefähr sind wir unter I, 2 auf diese sozialen Momente zu Beginn unseres Beitrages eingegangen. Jetzt müssen wir allerdings die unter 3 und 4 geschilderten auf das spätere Entstehen einer Schizophrenie bezogenen Erörterungen auf analoge Prozesse ausdehnen, wie sie für die Pathogenese manisch-depressiver Störungen ausschlaggebend sind. Eine spezifische *affektive* Fähigkeit, sich auf die *Sicherheitsbedürfnisse* des Kindes einzustellen, spielt hierbei die Hauptrolle. Dazu gehören eine weder übertriebene noch leichtfertige Sorge (,,Concern'', D. W. Winnicott, 1962, S. 105), eine Fähigkeit zur Anteilnahme an den sich phasenspezifisch entwickelnden Bedürfnissen des Kindes. Dabei kommt es nicht darauf an, verunsichernde Situationen überhaupt zu vermeiden, was möglich ist, wichtig ist vielmehr, daß dem Kind in seiner unvermeidlichen Reaktion auf Unsicherheit entsprechende Hilfestellung gegeben wird. Voraussetzung hierzu ist, daß die verantwortliche Pflegeperson sich auf diese Reaktionen in flexibler Weise gefühlsmäßig optimal einstellen kann. So muß ein ruhebedürftiges Kind beruhigt, ein Anregung suchendes entsprechend angeregt werden. Fehlen diese adäquaten Einstellungen seitens der Bezugspersonen oder widersprechen diese geradezu den Bedürfnissen des Kindes, dann sind unweigerlich Traumatisierungen die Folge. Sie betreffen im Gegensatz zu den für spätere schizophrene Störungen wesentlichen Stadien der *Ich*-Entwicklung und der *Objekt*beziehungen im Hinblick auf spätere manisch-depressive Erkrankungen besonders die Perioden der frühen *Ich-Ideal*- und *Über-Ich*-Entwicklung. Analog zum Typ einer schizophrenen Mutter (L. B. Hill, 1955, S. 82) postulierten wir erstmals in der zweiten Auflage dieses Buches (1971, S. 190) ein spezifisch mütterliches Verhalten, das denkbar geeignet ist, Fixierungsstellen hinterlassende Traumata zu setzen: Die ,,*depressivogene*'' *Mutter* scheint ein Typ zu sein, der durchaus mütterlich ist, das Kind innerlich akzeptiert und auch gut versorgt. Sie ist besonders pflichtbewußt und gewährt relativ viel Zuwendung. Offenbar ist sie aber nicht in der Lage, der „physiologischen Aggressivität" des heranwachsenden Kindes adäquat zu begegnen. So bekommt das Kind nicht genügend Möglichkeiten, reife neutralisierte Aggressivität zu entwickeln. Elemente davon verharren auf einer niedrigeren Entwicklungsstufe. Hierin kann ein wesentlicher ursächlicher Faktor für das Entstehen einer Melancholie durch das besondere Verhalten der Mutter liegen.

Ähnlich argumentierten Mabel B. Cohen und Mitarbeiter schon 1954: Sie lokalisieren das für spätere Depression relevante Trauma auf das Ende des ersten Lebensjahres. Um diese Zeit entziehen das abhängig hilflose Kind bislang liebevoll betreuende Mütter in einem „ziemlich abrupten Wechsel" ihre Zuwendung, weil sie die „wachsende Unabhängigkeit und Auflehnung" als „bedrohend" erleben (l. c., 117). Finden um diese Zeit zudem die von John Bowly (1973) herausgestellten Trennungstraumata statt, werden die anfängliche Sicherheit schwer erschütternde Schädigungen gesetzt, die das labile, von ständiger narzißtischer Zufuhr abhängige Kind völlig aus dem Gleichgewicht bringen. Nach Michael F. Basch (1975) sind es besonders Unregelmäßigkeiten in der Zuwendung, die die kindliche Psyche über Gebühr belasten. Zu starke Reize sind dabei ebenso schädlich wie zu schwache; Zusammenhänge, auf die u. a. auch Hans Müller-Braunschweig (1975, S. 72), hingewiesen hat. Überstimulation und Unterstimulation bedingen grundsätzlich verschiedene Folgeerscheinungen in der frühen kindlichen Entwicklung, denen wir schon an dieser Stelle im Analogieschluß bekannte klinische Typen manisch-depressiver Krankheitsbilder zuordnen können:

Überstimulation führt zwangsläufig zu Erregung, die, kann sie nicht auf physiologischen Kanälen abgeführt werden, die frühe Über-Ich- und Ich-Ideal-Entwicklung empfindlich stört und, je nach Lokalisation der Erregung in den einzelnen Instanzen, zu *manischen Zuständen* mit Übererregung des Ich-Ideals oder zum klinisch bekannten Krankheitsbild der sogenannten *agitierten Depression* mit Übererregung des Über-Ichs kommen.

Unterstimulation führt zu entsprechend mangelhaft besetzten Instanzen, klinisch erkennbar an dem dem Psychiater geläufigen klassischen Zustandsbild der *„gehemmten Depression"*.

10.2 Die Rolle der Familie in der Genese manisch-depressiver Erkrankungen

Familien, aus denen manisch-depressive Psychosen hervorgehen, stehen vielfach außerhalb der übrigen Gesellschaft, gehören zu einer Minorität, sei diese nun rassisch, ökonomisch oder sozial definiert (M. B. Cohen et al., 1954, S. 113) Kinder in solchen Familien werden häufig als Instrument benutzt, um die soziale Position zu verbessern. Dadurch werden sie zwangsläufig in ihren eigenen Rechten eingeschränkt. Traumatisierungen und für spätere manisch-depressive Erkrankungen prädisponierende Fixierungsstellen sind die Folge. Solche Konstellationen ergeben sich nicht nur in Unterschichtsfamilien, sondern auch in solchen der mittleren und Oberschicht (C. Bagley, 1973). Auf jeden Fall können wir in Übereinstimmung mit jüngeren psychoanalytischen Autoren festhalten: Der manisch-depressiven Erkrankung gehen ebenso wie der schizophrenen Psychose bestimmte „infantile narzißtische Verletzungen durch traumatische Objektbeziehungen" voraus (H. Beland, 1976). Sie hinterlassen eine „Ur-Verunsicherung" (H. Henseler, 1975). Wir sehen darin typische Fixierungsstellen, die zu manisch-depressiven Erkrankungen disponieren. Wahrscheinlich geht der späteren Melancholie eine frühkindliche Depression voraus (M. S. Mahler, 1961). Ihre verschiedenen Bezeichnungen lauten: „Primäre Parathymie" oder „Ur-Depression" (K. Abraham, 1924), „depressive Position" (M. Klein, 1960, S. 157), „anaklitische Depression" (R. A. Spitz, 1946). Die infantile Depression führt zu der schon erwähnten Störung bei der Differenzierung von Ich-Ideal und Über-Ich (vgl. S. 219f.). Deren vollständige Integration im Selbst scheint um so weniger möglich, je mehr sich das Objekt real entzieht, sei es aus eigenem psychischem Unvermögen, sei es aus anderweitigen Störungen der Mutter-Kind-Beziehung; etwa durch Schwierigkeiten des Ehepartners, der Eltern oder durch die Geburt eines weiteren Kindes. Die conditio sine qua non ist ein Verlust des geschätzten Objektes in einer wichtigen Entwicklungsphase, so daß dessen Introjektion nicht geglückt ist. Zugleich wird die stets vorhandene Ambivalenz zum Objekt verschärft.

11. Die zur Depression prädisponierte Persönlichkeit

Hier wollen wir uns nach den vorherigen Ausführungen kurz fassen und lediglich die charakteristischen Merkmale der zu Melancholie prädisponierten Persönlichkeiten in ähnlicher Weise zusammenfassen, wie wir es für die zu Schizophrenie prädisponierten Persönlichkeiten auf S. 214f. getan haben:
1. Fixierungsstelle in der frühen Entwicklung des Ich-Ideals mit dem Ich-Einfluß entzogenen Größenphantasien.
2. Fixierungsstelle in der Entwicklung der frühen Objekt-Imago, vorzeitige massive Internalisierungen, die vom Ich abgespalten und leicht externalisiert werden können.

3. Fixierungsstelle in der frühen Über-Ich-Entwicklung, charakterisiert durch mit archaischer Aggressivität besetzte Über-Ich-Kerne.

4. Fixierung der Libido auf der oralen Entwicklungsstufe (K. Abraham, 1924, S. 47).

5. Nach Externalisierung der idealisierten Eltern-Imago eine ähnliche Abhängigkeit von einem Ideal-Objekt wie bei der zu Schizophrenie prädisponierten Persönlichkeit.

In der Sprache M. Kleins (1946) erreicht das Kind nicht die „depressive Position", sondern bleibt an die „schizoid-paranoide Position" fixiert. Sie ist dadurch gekennzeichnet, daß das gute Objekt nicht zu einem Vorläufer des Ich-Ideals und das böse Objekt nicht zu einem solchen des Über-Ichs aufgenommen und miteinander vereinigt werden konnten. In der zu manisch-depressiven Erkrankungen neigenden Entwicklung bleiben diese Instanzen vielmehr getrennt bzw. „gespalten".

Der prädisponierende Faktor besteht darin, daß sowohl das Ich-Ideal als auch das Über-Ich nicht genügend stabil im psychischen Apparat aufgebaut und nicht „als Ganzes" integriert werden konnten. Die Strukturstörung von Ich-Ideal und Über-Ich ist notwendigerweise mit einer starken Abhängigkeit vom idealisierten bzw. strafenden Objekt verbunden. Sie ist für die zu manisch-depressiven Erkrankungen prädisponierten Persönlichkeiten ebenso charakteristisch wie ständig latente Gefühle von Hoffnungslosigkeit und Vergeblichkeit im Hinblick auf die Objektbeziehungen (D. W. Winnicott, 1955 a).

12. Spätere, für die Psychosenentstehung bedeutsame Entwicklungsabschnitte

Pubertät und Adoleszenz sind Phasen, in denen der heranwachsende Mensch – soziologisch – seine Identität findet oder in eine sogenannte Rollendiffusion gerät (E. H. Erikson, 1950). Unter Identität verstehen wir dabei eine Ich-Identität, nämlich „ein dauerndes inneres Sich-Selbst-Gleich-sein", respektive, „eine genetische Kontinuität der Selbstrepräsentanz, sowohl in Beziehung auf das Ich als auch zur Gesellschaft" (Ders., 1956, S. 115).

Im Rahmen dieser Prozesse der Identitätsfindung spielt die Projektion eine große Rolle, indem verschiedene Ich-Bilder auf andere Menschen projiziert werden, damit sich der Heranwachsende in der Spiegelung mit anderen allmählich selbst klarer sehen und damit identifizieren kann.

Die Pubertät ist für die Entstehung von Psychosen auch biologisch bedeutsam, da die hormonale Verstärkung der Triebe, bei gleichbleibender Abwehrstärke, die prämorbide Persönlichkeit naturgemäß erschüttert. Die nächste Entwicklungsphase, das frühe Erwachsenenalter, kreist um Intimität und Isolierung. Jetzt geht es darum, daß der Mensch die Beziehung zum anderen Geschlecht findet und meistert und sich nicht aus Angst davor in die Isolierung zurückzieht. Sie erinnert an die frühe primär-narzißtische Entwicklungsphase, während die Pubertät gewisse Züge der Dualunion beinhaltet. Wir sehen, daß spätere Entwicklungsphasen in ,,kategorialer Entsprechung'' (W. Kemper, 1955, S. 133) infantile Entwicklungsphasen wiederholen, wenn auch in abgewandelter Form und auf einer reifen Stufe. Die ,,Bruchstellen in der psychosozialen Entwicklung'' (R. Benedict, 1938) oder die ,,psychosozialen Krisen'' (E. H. Erikson, 1956) sind Reaktivierungen gerade jener infantilen Entwicklungsphasen, welche nicht normal durchlaufen wurden und innerhalb derer sich Fixierungsstellen befinden. In logischer Konsequenz unserer Überlegungen über die erste symbiotische und die erste Trennungsphase (vgl. S. 208 f.) können wir heuristisch auch eine zweite narzißtische Phase in der späten Latenzzeit bzw. Präpubertät annehmen, die einer zweiten symbiotischen Phase vorausgeht. Fanden während der frühen infantilen Entwicklungsphase des primären Narzißmus entsprechende Traumatisierungen statt, so werden diese u. U. bei relativ leichten aktuellen Belastungen in der *zweiten narzißtischen Phase* reaktiviert. Kommt es während der *zweiten pubertären symbiotischen Phase* unter dem Druck sozialer Anforderungen zur regressiven Wiederbelebung der infantilen Symbiose, dann wird es um so eher zum Ausbruch einer entsprechend schweren Psychose kommen, je mehr die betreffende infantile Entwicklungsphase traumatisch belastet war. Dasselbe gilt für Belastungen während der *zweiten Trennungsphase*. Auch in dieser Zeitspanne können in analoger Weise nicht verheilte ,,Narben'', die aus im Laufe der ersten Trennungsphase erlittenen ,,Wunden'' herrühren, wieder ,,aufbrechen'' und damit eine Psychose auslösen (vgl. H. Stierlin, 1975 b).

Die auslösenden Ursachen sind in der Regel allgemeine Leistungsforderungen wie bei einer Prüfung oder bei einem Aufstieg in größere Verantwortung. Dazu kommen die Belastungen durch Trennung von den Eltern und durch Liebesbegegnungen (W. Bräutigam, 1965). Häufig sind es sexuelle Konflikte, welche eine Schizophrenie auslösen, seien sie nun hetero- oder homosexueller Art. Der zur Schizophrenie prädisponierte Mensch scheitert an den zwischenmenschlichen Beziehungen schlechthin[14]. Es gelingt ihm nicht, in echt menschlicher Weise Kontakt zu finden, ohne durch drängende sexuelle Probleme gestört zu werden, denn auch bei den Psychosen ,,liegen die Quellen für die Symptome . . . in verdrängten Komplexen'' (K. Abra-

---

[14] Z. B. in der Pubertät mit ihrem endogenen Triebschub oder unter exogenen psychischen Streßsituationen; Streß ist dabei freilich keine absolute Größe, sondern relativ zur jeweiligen Gesamtstruktur des Betreffenden.

ham, 1908 a, S. 23). Banale äußere Ereignisse werden als schwere narzißtische Kränkungen erlebt. Sie wirken deshalb so deletär, weil die präpsychotische Persönlichkeit in einer Weise zerbrechlich ist, wie wir sie auf S. 214 f. geschildert haben. Die Tragik liegt darin, daß der junge Mensch jede neue Begegnung in der Übertragung so wiedererlebt, wie seine unglückliche Beziehung zur Mutter abgelaufen war. Er sieht dieselben Gefahren, geht von derselben Größenrelation aus und kann über diesen Schatten nicht springen; übrigens eine Grundschwierigkeit der Therapie der Psychosen.
Ähnliche Erlebnisse sind es, die die *depressive* Erkrankung auslösen. Meist ereignen sie sich auf sexuellem Gebiet, wobei die sexuelle Begegnung in krankhaftem Wiederholungszwang genauso erlebt wird wie einst die Beziehung zur Mutter. Das Liebesobjekt repräsentiert das Ideal-Objekt der Kindheit. Unweigerliche Spannungen in der Beziehung zum Objekt werden als große Enttäuschungen empfunden; zuweilen reicht allein die Vorstellung der Enttäuschung aus. Die Folge ist der Abbruch der Beziehung. Dabei sucht sich der zur Melancholie prädisponierte Mensch in unbewußter Partnerwahl gerade solche Menschen aus, mit denen er die ursprüngliche Beziehung zum Ideal-Objekt wieder herstellen kann. Als weitere auslösende Faktoren sind zu nennen: die Einsicht in eine falsche Partnerwahl oder die Enttäuschung in einer Beziehung zu einer Idee, welcher der Patient praktisch sein Leben geweiht hat. Auch die Geburt eines Kindes, welches die in der eigenen Kindheit erlebten Enttäuschungen durch die Mutter bei der Geburt eines Geschwisters reaktiviert, können eine depressive Erkrankung auslösen. Dabei ist die unbewußte Bedeutung des Verlustes, so wie er in der Kindheit erlebt wurde, der wahre Grund der Erkrankung, wogegen das offensichtlich auslösende Erlebnis als solches gar nicht so bedeutend zu sein braucht.
Die auslösenden Faktoren für eine Manie unterscheiden sich von denen einer Melancholie grundsätzlich nicht. Auch der Manie ging in infantiler Zeit eine entscheidende narzißtische Kränkung mit Depression voraus. Diese wird aus aktuellem Anlaß wiedererlebt, aber manisch abgewehrt. Es gibt indessen auch Fälle, wo die manische Abwehr schon in der Kindheit benutzt wurde und durch die aktuelle Auslösung wiederum in Gang gesetzt wird.

13. Psychotische Angst, psychotisches Schuldgefühl

Die *Angst* ist in der Pathogenese der Psychosen ein zentraler affektiver Faktor. Sie hat eine andere Qualität als in der Neurose. Sie ist intensiver, elementarer, vernichtend, panikartig. O. Fenichel spricht von ,,Es-Angst'' (1931 a) oder ,,*primärer* Angst'' (1945, S. 135) und charakterisiert sie durch folgende Eigenschaften:

1. fehlende Ich-Kontrolle;
2. überwältigender Affekt;
3. automatischer Ablauf.

Die durch diese „archaischen Ängste" (A. Freud, 1965, S. 161) im psychischen Apparat entstehende Spannung ist so groß, daß das Ich sie nicht meistern kann. Die primäre Angst entsteht um so eher, je unreifer das Ich ist. Während das Ich in der Neurose die Angst aktiv als „Signal" registriert (S. Freud, 1926, S. 194) und entsprechende Schritte unternimmt, sie zu meistern, erleidet das Ich in der Psychose die Angst passiv und ist unfähig, etwas dagegen zu tun (O. Fenichel, 1931 a; L. S. Kubie, 1941; P. Greenacre, 1953). Die Bedingungen für das Entstehen psychotischer Angst liegen in den Verhältnissen zwischen der Größe der Triebspannung einerseits und der Stärke des Ichs andererseits begründet. In der Psychose ist wie in der frühen infantilen Ich-Entwicklung die Triebspannung relativ groß und das Ich relativ schwach.

Auf die primäre Angst folgt in der Psychogenese die „*Trennungsangst*". Die größte Gefahr für das unreife Ich ist der drohende oder vollzogene Verlust des Objektes, und zwar desjenigen Objektes, auf das das Kind absolut angewiesen ist, um Sicherheit und Befriedigung zu erfahren. Die Angst ist Ausdruck der *Furcht vor dem Objektverlust*, d.h., das Kind fürchtet, mit seinen Bedürfnissen allein gelassen zu werden. Dazu kommt die *Angst vor der Intensität der eigenen Triebe*, d.h., die Angst, von unkontrollierbaren Kräften überwältigt zu werden und sich sozusagen als Person aufzulösen. Diese Angst entspricht der *Angst vor dem „Ich-Zerfall"* (R. Waelder, 1963, S. 150, 153). In ihrem Ausmaß läßt sich die Angst in der Psychose mit der Kastrationsangst in der Neurose nicht vergleichen. Sie ist nicht nur qualitativ andersartig, sondern auch quantitativ ungleich größer. P. Greenacre spricht von „Pan-Angst" (1953) und R. Waelder von „Groß-Angst" (1963, S. 190). Derartige Ängste treten besonders im Beginn der psychotischen Prozesse auf, wenn der Objektverlust droht oder soeben vollzogen wurde.

Das *Schuldgefühl* in der Melancholie ist ebenso wie die Angst in der Schizophrenie andersartig gegenüber der Neurose. In seiner Art ist es – analog der Angst in der Schizophrenie – gekennzeichnet durch fehlende Ich-Kontrolle, überwältigenden Affekt und automatischen Ablauf. Dazu kommt ein Gefühl völliger Vernichtung (O. Fenichel, 1945, S. 137) der eigenen Identität (L. Grinberg, 1964, S. 366). Wir unterscheiden ein *primäres* Schuldgefühl – dabei glaubt der Kranke, überhaupt kein Recht auf Existenz zu haben – von einem *sekundären* Schuldgefühl, welches dann vorliegt, wenn sich das Individuum vom Objekt getrennt hat oder sich lösen will (A. H. Modell, 1965, S. 329).

14. Psychotische Abwehrmaßnahmen

Auch hier gibt es bemerkenswerte Unterschiede gegenüber der Neurose. Die neurotischen Abwehrmaßnahmen haben alle die Voraussetzung, daß im frühesten handelnden Umgang mit dem ersten Liebesobjekt, in der Dualunion und in deren normalen Lösung, die Objekt- und damit die Realitätsbeziehung erworben und ungefragt erhalten bleibt. Dazu gehört das ,,Ur-Vertrauen'' (E. H. Erikson, 1950) und zu einem konstruktiven Fortleben unabdingbar erforderliches Hoffnungspotential. Gerade die ,,Hoffnung ist für ihr Beginnen angewiesen auf die erste Begegnung des neuen Wesens mit *vertrauenswürdigen mütterlichen Personen*, die auf sein Bedürfnis nach *Aufnahme* und *Kontakt* mit warmer und beruhigender Umhüllung und Umschließung antworten'' (E. H. Erikson, 1966, S. 245). Bei den Psychosen, insbesondere bei der Schizophrenie, ist hier ein entscheidender Bruch aufgetreten, der den Realitätsverlust einschließt. Die tragende Beziehung zum Objekt ist partiell oder total aufgegeben. Damit ist die Ur-Verdrängung (vgl. W. Loch, S. 51 ff.), d. i. metapsychologisch gesprochen die (primäre) Gegenbesetzung, außer Funktion gesetzt. Mit der Aufhebung der Ur-Verdrängung kommt es zur Überschwemmung des Bewußtseins mit bisher inkompatiblen Inhalten und zur Veränderung der Ich-Struktur, zur ,,Deformierung'' bzw. ,,Entdifferenzierung'' (M. S. Mahler, 1960, S. 300) oder gar völligen ,,Auflösung'' (K. Menninger, 1954) des Ichs. Diese strukturellen Veränderungen bilden die Grundlage für die psychotischen Symptome. Diejenigen der Schizophrenie unterscheiden sich dabei von denjenigen der Melancholie oder Manie. Die großen Psychosen haben spezielle, teilweise sogar *spezifische* Bearbeitungsweisen gegen die von der Realität oder vom Es einwirkenden Schädigungen, d. h., sie haben spezifische Abwehrmaßnahmen. Ihre Vorläufer sind physiologische Schutzmechanismen, die als Urformen der Abwehr die Modelle für die späteren psychologischen Prozesse abgeben R. A. Spitz, 1962, S. 265). Wie von W. Loch auf S. 57 schon erwähnt, sollen sie die ,,lebensnotwendige'' symbiotische oder anaklitische Beziehung zum Objekt unter allen Umständen erhalten. Wir bezeichnen sie im Gegensatz zu den echten oder sekundären Abwehrmaßnahmen bei der Neurose als primitive oder primäre Abwehrmaßnahmen. U. Moser (1964, S. 62) nennt sie ,,regressive'' Abwehrmaßnahmen, weil ihre Bedingung eine Regression auf ein früheres Entwicklungsstadium ist. Ihre Merkmale sind:

1. Sie spielen sich zwischen Ich und Objekt ab, also interpersonal. Sie sind somit im echten Sinne ,,soziale Abwehrmechanismen'' (E. Jaques, 1955, S. 484).

2. Sie gehören in den Bereich der Primärprozesse (vgl. W. Loch, S. 33 ff.).

3. Es sind Maßnahmen, die der Anpassung dienen (R. A. Spitz, 1962, S. 265).

Der Hauptabwehrmechanismus in der Psychose ist die *Regression*. Der Psychotiker sucht dem Konflikt in der Gegenwart dadurch auszuweichen, indem er sich in die Vergangenheit zurückzieht, d. h., auf frühere Entwicklungsstufen regrediert. Damit gerät er aber gewissermaßen „vom Regen in die Traufe" (J. N. Rosen, 1962, S. 71), denn gerade die früheren Entwicklungsphasen hat er ja nicht normal durchlaufen und ist deshalb an sie fixiert. Diese Phasen werden regressiv wiederbesetzt, was zur Wiederbelebung der gesamten primitiven Funktionsweise (des primären Narzißmus, der Dualunion, des Zeitraumes der Lösung aus der Dualunion) führt.

Zur Phase der Lösung aus der Dualunion gehören als Abwehrmaßnahmen die *Introjektion* und *Projektion* oder wie man mit R. A. Spitz (1962, S. 265) auch sagen könnte: „Inkorporation" und „Exkorporation". Sie ereignen sich wechselweise zwischen Mutter und Kind und sind die ersten Versuche, zwischen innerer und äußerer Welt zu unterscheiden.

Eine diesen primitiven Funktionsweisen zugeordnete Abwehrform ist die sogenannte *„projektive Identifikation"* (M. Klein, 1946). Dabei geschieht folgendes: Einerseits wird das Selbst vom Objekt überschwemmt. Andererseits werden Teile des Selbst abgespalten und ins Objekt projiziert. Sie werden darin gewissermaßen „als ein Ausläufer des Selbst" wiedererlebt. Wird in dieser Weise zuviel projiziert, so wird das Ich geschwächt (H. R. Rosenfeld, 1956/57, S. 497). Das Ergebnis ist die Vertretung des anderen Objektes sowohl in der Selbst- wie in der Objektrepräsentanz. Man kann von einer „magischen Partizipation" sprechen (E. Jacobson, 1954, S. 83).

Als weitere Abwehrmaßnahmen sind zu nennen: die *Verschiebung*, die *Verdichtung*, die *Isolierung*, die *Verkehrung ins Gegenteil* und die *Wendung gegen die eigene Person*. Sie sind aus der Traum- und Neurosenlehre (vgl. H. Roskamp, S. 81 f. und 143 ff.) bekannt.

Einer besonderen Erwähnung an dieser Stelle bedarf noch die *Verleugnung*. Sie bezieht sich immer auf ein Stück Realität und dient somit der Abwehr einer Realgefahr (A. Freud, 1946), und zwar a) mit Hilfe der Phantasie und b) in Wort und Handlung. Voraussetzung ihres Auftretens ist eine primitive Ich-Organisation. Sie ist also ein typisches Beispiel der primären oder primitiven Abwehrformen, wie wir sie oben gekennzeichnet haben. Wird die regressive Entdifferenzierung als solche noch abgewehrt, so kommt es entweder zur völligen Abkehr von jeglichem Objektbezug oder zum Rückzug auf die Tier- oder unbelebte Dingwelt.

Weitere in der neueren Literatur beschriebene Abwehrformationen bei Psychosen, Grenzfällen und narzißtischen Persönlichkeitsstörungen:

Weitere spezifische Abwehroperationen, die auch in der Pathologie der Grenzfälle eine große Rolle spielen, in den Psychosen nur ungleich stärker ausgeprägt sind, sind folgende: Die *Spaltung:* Hier sorgt eine spezifische Aktivität dafür, daß unverträgliche Selbst- und Objektrepräsentanzen auseinandergehalten werden mit dem Ergebnis, daß ausgesprochen positiv besetzte ,,gute" Selbst- und ausgesprochen negativ ,,bös oder schlecht" besetzte Objektanteile voneinander getrennt sind, was insofern ein existentiell wichtiges Resultat ist, als dadurch die Selbstrepräsentanz durch die hochgradig mit aggressiver Energie besetzte Objektrepräsentanz nicht zerstört werden kann; ein Abwehrmechanismus, der in schweren Fällen von Schizophrenie und Melancholie versagen kann, gefolgt von ,,Selbst-Zerstörung" (K. Menninger, 1938, 1974). Bei der primitiven *Idealisierung* (O. F. Kernberg, 1975, S. 30) kommt es in der Folge der Spaltung der Selbst- und Objektanteile zu einer gesteigerten Überhöhung des Wertes der positiv besetzten Repräsentanz. Sie kann sowohl das Selbst als auch das Objekt betreffen. Im Extrem führt die Idealisierung des Selbst zum Größenwahn, die des Objekts zu einer extremen Abhängigkeit von derart idealisiertem Objekt, das wir früher mehrfach kurz ,,Ideal-Objekt" genannt haben. Sowohl zur Schizophrenie als auch zu Erkrankungen des manisch-depressiven Formenkreises prädisponierte Persönlichkeiten können sich durch eine konstante und ungestörte Bindung an ein derartiges Ideal-Objekt, das übrigens auch durch eine Institution oder eine bestimmte Tätigkeit repräsentiert sein kann, vor dem Ausbruch der Erkrankung schützen (E. Jacobson, 1972). Zur primitiven Idealisierung gehört als Gegenpol der Abwehr die sogenante *Entwertung* (O. F. Kernberg, 1. c., 33); gleichermaßen Folge der sowohl der Idealisierung als auch der Entwertung zugrunde liegenden fundamentalen Abwehrfunktion der Spaltung. Wird nämlich nach Spaltung der Objektrepräsentanz in eine gute und eine schlechte Hälfte die gute idealisiert, dann wird gleichzeitig die schlechte entsprechend entwertet. Dasselbe gilt für die Selbstrepräsentanz. Dabei ist der eine Objekt- bzw. Selbstanteil bewußt, der andere unbewußt. Häufig ist die Selbstrepräsentanz idealisiert, und die Objektrepräsentanz entwertet oder umgekehrt. Für die Depression z. B. ist die Idealisierung des Objekts gegenüber der Entwertung des Selbst charakteristisch, während in Fällen von paranoider Schizophrenie und Manie eine extreme Selbstidealisierung einer ebenso weitreichenden Objektentwertung entspricht.

II. SPEZIELLE PSYCHOSENLEHRE

1. Schizophrenie

1.1 Eine fundamentale Störung des Ichs und der Objektbeziehungen

Die Schizophrenie ist keine Krankheitseinheit. Wir unterscheiden eine Kerngruppe, nämlich die Prozeßschizophrenie von einer Randgruppe, den schizophrenen Reaktionen. In der Pathogenese der letzteren überwiegen exogene psychoreaktive Faktoren, bei der ersteren endogene, insbesondere hereditäre Momente. Die Symptome der Schizophrenie lassen sich psychoanalytisch als Störungen der Ich-Struktur und Ich-Leistung beschreiben, wobei das Ich als ein durch seine Funktion charakterisiertes psychisches Organ verstanden wird.

Das Ich des späteren Schizophrenen ist nun durch die in Kapitel I beschriebenen angeborenen und erworbenen Faktoren in einer Weise gestört, daß es unter dem Einfluß bestimmter Belastungen[15] *in spezifischer Weise dekompensiert*. D. h., es reagiert nicht in neurotischer, sondern in psychotischer Form, und zwar wegen der leichten Verletzbarkeit der fundierenden Objekt- und Selbstrepräsentanzen. Diese sind durch die während der früheren strukturbildenden Entwicklungsprozesse in charakteristischer Weise defizitär ausgebildet (vgl. I. 7) und haben spezifisch disponierte Persönlichkeiten hinterlassen (vgl. I. 8). Im Falle der Schizophrenie sind es besonders Defekte in der Selbstrepräsentanz, die aber im Sinne einer psychoanalytischen Objektbeziehungspsychologie nie losgelöst von entsprechenden Schäden in den dazugehörigen Objektrepräsentanzen zu betrachten sind.

Wir können also Schizophrenie auf der einen Seite verstehen als eine „*Krankheit des Ichs*". Sie ist zunächst daran erkennbar, daß die bislang ohne Belastung eben noch gerade funktionierende schizoide Persönlichkeitsstruktur zusammenbricht, wobei die dahinter verborgene Ich-Störung manifest wird. Damit wird evident, wie wenig der präpsychotische Mensch in der Lage ist, seine zwischenmenschlichen Beziehungen, insbesonders die des Ödipuskomplexes, zu meistern. Sein Ich wird „deformiert . . . zerklüftet . . . zerteilt" (S. Freud, 1924 b, S. 391) „gespalten" (Ders., 1938 a, S. 59, 133).

Da das Ich sich über Objektbeziehungen und Identifikationen aufbaut, kann man bei der Schizophrenie auf der anderen Seite von einer „*Krankheit der Objektbeziehungen*" sprechen; genauer: der frühen fundierten Objektbeziehungen. Denn diese sind es, die im auslösenden Erlebnis belastet werden und die in der frühesten Kindheit nur mangelhaft ausgebildet werden konnten. Betroffen ist vor allem die auf S. 211 beschriebene Beziehung zum Ideal-Objekt, welches dem Ich einst in infantil-primitiver Weise passiv Befriedigung gewährte. Wird die Befriedigung entzogen, so erlebt das Ich dies als schwere Kränkung. Es zieht seine Besetzung vom Objekt zurück. Der Verlust des „narzißtischen Ideals" (M. Katan, 1954, S. 122) ist der eigentliche Beginn des psychotischen Geschehens, klinisch erkennbar als Weltuntergangsstimmung oder -phantasie, eine unmittelbare Folge des Aufgebens der Objektbeziehung und des gewaltigen Libidoverlustes (H. Nunberg, 1931, S. 329). Weitere Folgen sind Derealisation, Verschiebung, Projektion, Verdichtung (H. F. Searles, 1961 b) und die „Beseelung" der unbelebten Objektwelt (M. S. Mahler, 1960, S. 302).

Der Wegfall der tragenden Beziehung zum Objekt ist identisch mit der Auflassung der die Gegenbesetzung unterhaltenden Ur-Verdrängung. Das bedrohte Ich setzt nun alle ihm noch zur Verfügung stehenden Maßnahmen

---

[15] Auf dem Boden der in der frühen Sozialisation entstandenen „Ich-Störung" (vgl. I.6−7).

ein, um diesen unerträglichen Zustand abzuwehren, vorab die Regression. Dabei werden längst verlassene Entwicklungsstufen wiederbesetzt, und zwar in zeitlicher Umkehr der Reihenfolge der Entwicklung, nämlich zuerst die späteren Entwicklungsabschnitte wie Pubertät und Adoleszenz, dann die gestörte Phase des Ödipuskomplexes und schließlich die frühen infantilen Fixierungsstellen, wie wir sie auf den Seiten 204–209 beschrieben haben. Desintegration tritt anstelle von Integration; Differenzieurng wird durch Entdifferenzierung ersetzt. Die Regression kann soweit gehen, daß man von einem gänzlich undifferenzierten Zustand, ähnlich der undifferenzierten Ich-Es-Matrix, sprechen kann, in der primitive Teile des Ichs, des Ich-Ideals, der Objekt-Imagines, des Über-Ichs, bzw. Kerne dieser Instanzen neben primitiven Triebfragmenten gleichzeitig nebeneinander existieren.

Es sind also nicht nur „zwei psychische Einstellungen anstatt einer einzigen, die eine, die der Realität Rechnung trägt, die normale, und eine andere, die unter Triebeinfluß das Ich von der Realität ablöst" (S. Freud, 1938 b, S. 133), sondern mehrere, die wir heute auf der Basis der Repräsentanzenlehre (E. Jacobson, 1973; J. Sandler und W. J. Joffe, 1969) als unabhängig voneinander funktionierende, höchst unterentwickelte Selbst- und Objektrepräsentanzen begreifen.

So berichtete ein Patient über ständige, zu ein und derselben Zeit nebeneinander im Bewußtsein vorhandene Erinnerungsbilder. Verschiedene Szenen aus der Vergangenheit existierten gleichzeitig nebeneinander und überschnitten sich. „Anstatt in *einer* Situation in der Gegenwart lebe ich *gleichzeitig* in *zahllosen* Situationen der Vergangenheit."

Eine Patientin erlebte sich gleichzeitig als gefeierte Schauspielerin, als schmutzige Dienstmagd, als verschmähte Geliebte, vom Arzt verführt und vom Vater totgeschlagen. Wie Iphigenie sollte sie geopfert werden, um im nächsten Moment als strahlende Diva wieder aufzuerstehen. Im Laufe der Therapie ließen sich in beiden Fällen die scheinbar sinnlos gleichzeitig nebeneinander oder kurz nacheinander ablaufenden Erlebnisse auf reale Erfahrungen mit den primären Bezugspersonen zurückführen. Die bei geglückter Lösung der Dualunion als positive Leitbilder richtungsweisenden inneren Objekte oder Introjekte (H. Stierlin, 1971) sind desintegriert, in Stücke zerfallen und reißen ebenso zersplitterte Selbstanteile mit sich in eine zeitlich immer weiter zurückreichende Regression.

1.2 Verschiedene Schweregrade schizophrener Störungen

Entsprechend unserer Phaseneinteilung in Abschnitt I über allgemeine Psychosenlehre unterscheiden wir dabei drei Schweregrade schizophrener Störungen, die wir den unter I. 6.1–3 dargestellten entscheidenden Entwicklungsphasen und deren Fixierungsstellen zuordnen:

1.2.1 Die psychischen Störungen mit Regression auf die Separations-Individuations-Phase bzw. die Periode der Lösung aus der Dualunion (vgl. I. 6.3)

Auf der Stufe der nicht geglückten Lösung der Dualunion treten die primären Identifikationen wieder auf. Sie erklären die leichte Beeinflußbarkeit und Wandelbarkeit des Schizophrenen, der eben nicht aus sich selbst heraus, sondern nur in ständiger primärer Identifikation, gegenseitiger Introjektion und Projektion, bzw. Inkorporation und Exkorporation zu leben vermag. Mit dem „Zusammenbruch des Ichs" (P. Federn, 1956, S. 175) ist der Schizophrene der Eigenaktivität verlustig gegangen. Anstelle des gesunden nach der gelungenen Ur-Identifikation vorhandenen stabilen Ich-Kerns arbeiten „primitive archaische Ich-Kerne" (W. R. D. Fairbairn, 1952). Ihre einander widersprechende Arbeitsweise ist der Grund für die besondere Art der *Spaltung* der Persönlichkeit, welche der Krankheit ihren Namen gab. (E. Bleuler, 1911). Sie geht im Gegensatz zu sonstigen psychischen Störungen, wie bei der Neurose, bei der höchstens eine Spaltung zwischen verschiedenen Strukturen (in*ter*systemisch) besteht, gleichsam durch das Ich hindurch, ja durch dessen Kern (in*tra*systemisch; nach H. Hartmann, 1950).
Klinisch entspricht dieser Zustand einer Konfusion fast aller geistiger Funktionen, wobei wir eine Konfusion von Trieben, d.h., von aggressiven und libidinösen Impulsen von einer Konfusion der Selbst- und der Objektrepräsentanzen unterscheiden können (H. A. Rosenfeld, 1950, S. 54ff.). Solche Kranke fühlen sich vor allem in ihrer Identität gestört. Sie erleben sich als andere Personen, zeigen das Phänomen der Echolali bzw. Echopraxie und haben fast regelmäßig Depersonalisationsphänomene auto- und somatopsychischer Art (K. Haug, 1939, S. 139). Diese sind Folgen der Besetzungsveränderungen in den Repräsentanzen des Selbst- und Körperbildes. Parallellaufend damit kommt es zu Störungen in den Objekt-Repräsentanzen, klinisch erkennbar in illusionärer Verkennung der Objekte, erhöhter Suggestibilität bei erleichterter Aufnahme äußerer Reize, einer Schwierigkeit der Lokalisation der Herkunft solcher Reize, wobei jedoch Subjekt und Objekt als noch voneinander getrennt erlebt werden, mögen auch gleichzeitig auditorische Halluzinationen und fremderlebte Denkprozesse als Versuch, die gestörten Bilder des Selbst und der Objektwelt mit der Realität in Einklang zu bringen, vorkommen.
Die psychogenetisch durch Regression auf Fixierungsstellen während der nicht geglückten Lösung der Dualunion gekennzeichneten Schizophrenien möchten wir klinisch den weniger schweren Krankheitsbildern zuordnen, die, wenn keine weitere Regression auf noch frühere Fixierungsstellen erfolgt, auch eine gute Prognose haben und phänomenologisch vor allem durch Depersonalisation, Derealisation und Störungen der Identität bei

häufig wechselnden Indentifizierungen mit Objekten der Umwelt gekennzeichnet sind. Selbst- und Objektrepräsentanzen sind in Nur-gute und Nur-
schlechte Anteile aufgespalten (M. Klein, 1946; O. F. Kernberg, 1975).
Ziehen wir die Unterteilung der Separations- und Individuationsphase
heran, können wir gemäß den auf S. 217 genannten Zuordnungen der
klinischen Krankheitsbilder zu den Subphasen Margret Mahlers et al. (1975)
folgende Spezifizierung vornehmen:

1.2.1.1 *Grenzfallpersönlichkeiten* und *narzißtische Persönlichkeitsstörungen*
bei Wiederbelebung der *3. Subphase* des „Rapprochement",

1.2.1.2 *leichtere paranoide Schizophrenien* mit Größenwahn bzw. „Ich-
Mythisierung" (W. T. Winkler, 1970, S. 70) und Manie (vgl. II, 3) bei
Reaktivierung der *2. Subphase* und

1.2.1.3 *mittelschwere Schizophrenien* paranoider oder katatoner Ausprägung bei Regression auf die *1. Subphase.* Letztere zeichnen sich durch eine
relativ gute „Objektbeziehungs-Kapazität" aus (T. Freemann, J. L. Cameron und A. McGhie, 1965, S. 153), ihre Symptome einschließlich der
katatonen Stereotypien beziehen sich auf Objekte (F. Fromm-Reichmann,
1942, S. 21), und ihre Wahrnehmungs-, Denk-, Affekt- und Identitätsstö-
rungen sind im Gegensatz zu den Krankheitsbildern weniger tiefgreifend.

*1.2.2 Ausgeprägte Formen paranoider und katatoner Schizophrenie mit
Regression auf die Stufe der Dualunion bzw. der Symbiose*

Auf der Stufe der Dualunion sind die Ich-Grenzen aufgehoben. Nur
lustvolle Erlebnisse verbleiben im Ich, während unlustvolle eliminiert
werden. In Verschmelzungsphantasien werden „intensive symbiotische
Bedürfnisse" (R. Wilmann-Lidz und Th. Lidz, 1952) befriedigt. Das auf S.
205 erwähnte „Phänomen des Überfließens" tritt auf. Selbst- und Objektrepräsentanz sind fusioniert. Es bedarf kaum noch des Hinweises, daß auch der
sonst aufgrund von Ur-Verdrängung respektive Gegenbesetzungsstruktur
funktionierende „psychische Reizschutz" gestört bis aufgehoben ist. So ist
verständlich, wenn der Schizophrene wehrlos und verletzbar ist, in einer
Weise, die der Verletzbarkeit eines Säuglings vollkommen analog ist. Die
Regression auf diese Fixierungsstelle ist der Grund für eine ganze Reihe sonst
schwerverständlicher schizophrener Symptome: so für die Störungen der
Meinhaftigkeit des Denkens, Fühlens und Wollens; ferner für die Sinnestäuschungen, z. B. das bekannte Stimmenhören. Alle diese Erscheinungen sind

Folgen der Durchlässigkeit der Ich-Grenzen. Die *Sinnestäuschungen* repräsentieren verdrängte Wünsche, und zwar sowohl destruktive wie libidinöse, welche wie in der „Periode der magisch-halluzinatorischen Allmacht" (S. Ferenczi, 1913, S. 69) und wie im Traum (vgl. H. Roskamp, II) erlebt werden. Sinnestäuschungen können aber auch Re-Introjektionen von den auf das Objekt projizierten Impulsen sein. Dabei ist in der Regel das Liebesobjekt introjiziert, während das böse versagende Objekt projiziert ist. Auf diese Weise gelingt es dem Ich, „in der Verschmelzung mit dem guten Objekt das böse unschädlich zu machen" (R. C. Bak, 1954). Schließlich werden in der Halluzination noch „gefährliche Triebenergien" entladen, indem das Ich drohende Gefahren in Gestalt der Sinnestäuschungen gewissermaßen vorweg nimmt (M. Katan, 1960 S. 599). Für das Entstehen von körperlichen Beeinflussungserlebnissen ist übrigens die Wiederbesetzung der sogenannten „coenästhetischen Organisation" (vgl. S. 207) die Voraussetzung. Auf dieser primitiven Erlebnisstufe ist außerdem die Fähigkeit verloren gegangen, zwischen den einzelnen Sinnesmodalitäten zu unterscheiden. So können visuelle Reize akustisch repräsentiert werden und umgekehrt (Th. Freemann, J. L. Cameron und A. McGhie, 1965, S. 82). Die zu dieser Regressionsstufe gehörenden Ängste sind die auf S. 226 f. beschriebenen psychotischen Ängste bei oder nach der Trennung vom Objekt. Unter diesem Aspekt lassen sich die Sinnestäuschungen auch als „Kompensation für den Objektverlust" erklären (l. c., 122).

Den psychogenetisch auf die *zweite Fixierungsstelle* der Dualunion regredierten Schizophreniefällen entsprechen klinisch die *schweren Krankheitsbilder mit paranoiden und halluzinatorischen Symptomen*. Wegen der bei ihnen aufgehobenen Grenzen zwischen Ich und Nicht-Ich werden innere und äußere Wahrnehmungen als Kontinuum erlebt. Hinzu kommen die bekannten schizophrenen Denkstörungen, die eine Folge der regressiven Wiederbesetzung des durch Verschiebung und Verdichtung charakterisierten Primärprozeßdenkens sind, verbunden mit sogenanntem „konkreten Denken" (Th. Freemann et al., 1965, S. 25), das dadurch charakterisiert ist, daß die Abstraktion eines Objektes als begriffliche Repräsentanz im Ich-System nicht mehr möglich ist. Insgesamt handelt es sich klinisch um eine schwerere Form einer paranoid-halluz. Schizophrenie, in der der Kranke nicht mehr zwischen sich selbst und der Umwelt unterscheiden kann und sich gleichzeitig als Subjekt und Objekt erlebt.

Er hält sich in einer Art Zwischenreich mit Verschmelzung von Subjekt und Objekt auf, das durch polymorph-perverse Phantasien über Mund, After und Genitalien, durch kannibalistische Impulse und durch ein Gefühl, neben dem eigenen Geschlecht auch dem anderen zuzugehören, gekennzeichnet ist (vgl. T. Lidz, Kapitel H. Roskamp, VI).

1.2.3 Schwerste Formen der Schizophrenie (Hebephrenie, Katatonie) mit Regression auf die Stufe des primären Narzißmus

Bei weiterer „progressiver teleologischer Regression" (S. Arieti, 1959, S. 475) wird schließlich die Position des primären Narzißmus (S. Freud, 1914) wieder besetzt. Die klinische Folge ist der schon von E. Bleuler (1911) beschriebene Autismus. Dieses Phänomen ist besonders in der autistischen Psychose des Kindesalters (L. Kanner, 1949; vgl. S. 205) zu beobachten, ebenso wie in manchen (nicht allen) schizophrenen Erkrankungen des Erwachsenen, vor allem bei der Hebephrenie. In dieser tiefsten Regression taucht jetzt die primäre, archaische oder Es-Angst auf (vgl. S. 228). Die von uns unter I. 6.1 beschriebene erste Fixierungsstelle ist reaktiviert. Der Kontakt zur Umwelt wird völlig abgebrochen. Das Ich ist auf sich selbst zurückgezogen („Ich-Anachorese"; T. W. Winkler, 1970, S. 94), die Sprache ist hochgradig gestört, die Wahrnehmung eingeschränkt. Das Denken folgt dem Primärprozeß. Katatone Bewegungsabläufe gleichen primitiven Automatismen, die keinen Bezug zur Objektwelt haben. Es handelt sich um Bilder, die Ernst Kretschmer (1923, S. 7) genial „Erregungssturm" und „Totstellreflex" genannt hat.

Allen hier von uns im Hinblick auf die vorwiegend regressiv wieder besetzte Fixierungsstelle unterschiedenen Schizophrenieformen sind parallellaufend regressive Prozesse im Bereich der Trieborganisation korreliert.

Die Auflösung der Ich-Struktur ist gekoppelt mit einer Regression der Triebstruktur auf die oralsadistische Organisationsstufe der Libido (P. Schilder, 1925). Dazu gehört der ökonomische Aspekt der sogenannten „energetischen Regression" (E. Jacobson, 1954); hier sowohl der Libido wie der Aggressivität. Beide Energiearten verändern sich nicht nur regressiv, sondern auch im Grad der Neutralisierung. Es kommt zu einer Entneutralisierung bzw. Resexualisierung und Reaggressivierung (H. Hartmann, 1953). Damit treten primitive sexuelle und aggressive Triebkräfte auf, die das strukturell „schwache" Ich ebenso bedrängen wie die Objekte. Die nicht mehr genügend neutralisierte Aggressivität kann dabei durchaus in einer Art auftreten, daß die Annahme eines „nicht zu reduzierenden Restes als essentielle Destruktivität" (R. Waelder, 1963, S. 137) nicht mehr so abwegig erscheint, ohne daß wir hier auf die Problematik des Todestriebes eingehen möchten (vgl. W. Loch, S. 25ff.). Die energetische Regression bedeutet, daß eine Reihe von Ich-Funktionen im Dienst der Primärprozesse stehen. Dazu gehören in erster Linie Denken und Handeln. Unter diesen Umständen ist der Kranke ebensowenig zu einer „gerichteten Aufmerksamkeit" in der Lage, wie zu der Fähigkeit, größere Sinnzusammenhänge festzuhalten (L. C. Wynne und M. T. Singer, 1963). Die Konzentration sowohl auf innere wie äußere Objekte ist damit unmöglich geworden. Dieses Phänomen entspricht voll und ganz „der Auflockerung der Assoziation" (E. Bleuler, 1911) bzw. der bekannten „*Zerfahrenheit*" des Denkens.

Unabhängig von uns entwickelte Ping-Nie Pao (1979) eine Unterteilung der schizophrenen Störungen in vier Subtypen, wobei neben den Symptomen das Zeiterleben und der Grad der Wiederherstellung des Ich und, wie in unserem Modell der drei Fixierungsstellen, die Ebene der regressiv wieder-besetzten Entwicklungsphase die ausschlaggebenden Kriterien der Differen-zierung sind. Typ IV entspricht dabei der schwersten Form einer schizo-phrenen Störung mit extrem defizienten Ich-Funktionen. Typ III weist ebenfalls eine erhebliche strukturelle Ich-Störung auf, desgleichen Typ II, wenn auch in geringerem Ausmaß, während Typ I zwar floride psychotische Symptome entwickeln kann, in seinen Ich-Funktionen aber nicht durch Defizienz, vielmehr durch Konflikte beeinträchtigt ist. Typ I ist deshalb im Gegensatz zu den Typen II bis IV für psychoanalytische Psychotherapie gut geeignet.

Während *wir* auch die schwersten Störungen der Schizophrenie auf der Basis einer als Objektbeziehungspsychologie verstandenen psychoanalytischen Krankheitslehre verstehen, verdient folgender klinisch-psychologischer Ansatz zur Erforschung der „Basisstörungen" der Schizophrenie (L. Süll-wold, 1977) hier Erwähnung, zumal er sich teilweise mit frühen Vorstellun-gen S. Freuds über den „Reizschutz" (1933, S. 82) und P. Federns (1956) über die „Ich-Grenzen" deckt. Auch Sidney J. Blatt und Cynthia M. Wild (1976) führen die Schizophrenie auf eine entwicklungsbedingte Störung der Fähigkeit, Ich-Grenzen aufzubauen und aufrechtzuerhalten, zurück.

Wir wissen seit langem, daß das Ich bei hinreichender Besetzung seiner Grenzen seine inneren Strukturen vor dem Einfall schädigender Reize schützt. Gregory Bateson et al. (1956, S. 14) sehen im Reizschutz *die* Ich-Funktion schlechthin. Ist sie durch Besetzungsmangel defizient, dringen sowohl von der Triebseite als auch von der Umwelt her zahllose Reize ungeschützt bis in den Kern des Ichs ein und führen zu dem, was wir (P. Kutter, 1972, S. 120) „Kern-Störung" nannten. L. Süllwold sieht nun in der „Interferenz der Reaktionen", in der „Beeinträchtigung der Reizanalyse" bzw. im „Fehlen eines spezifischen Selektionsprozesses" eine grundlegende „Störung, die zahlreiche ‚Beeinträchtigungen' gut" zu erklären vermag: Die nicht mehr ausreichend fokussierte Aufmerksamkeit, die Diskriminations-schwäche, motorische Interferenz, kognitives Gleiten der Gedanken, Sprachstörungen, Verlust der Automatismen und eine beeinträchtigende Nutzung gespeicherter Erfahrungen. Die Folge sind die bekannten Wahr-nehmungs-, Gedächtnis- und Denkstörungen, wovon letztere besonderes Interesse beanspruchen. Das Ich bezieht in egozentrischer Weise alle Reize

auf sich und ist unfähig, belanglose Reize auszuschließen. Theodore Lidz
(1973, S. 10) spricht von ,,egozentrischem, überinklusivem Denken''. Nach
Thomas Freeman (1969, S. 127) ist vor allem die ,,Konzeptualisierung''
gestört, wozu u.a. gut funktionierende Kurzzeitspeicher mit ,,kurzfristig
verfügbaren Vorstellungsinhalten'' (F. Süllwold, 1964) Voraussetzung sind.
Während Psychologen und Psychiater die letzte Ursache der ,,Basisstö-
rung'' in einem *organischen* Substrat suchen und allenfalls eine ,,Amalgamie-
rung bzw. Interferenz mit der anthropologischen Matrix'' (G. Huber, 1974,
S. 32) einräumen, halten wir eine überwiegend durch exogene Traumata
entstandene *psychische* Ursache aufrecht und glauben, gerade in dem sinnge-
benden Zusammenhang von Symptomen[16], formalen Strukturveränderun-
gen[17] und bestimmten Objektbeziehungen[18] diese Hypothese hinreichend
belegt zu haben.

1.3 Wahn, Sinnestäuschungen und motorische Störungen

Neben den bisher geschilderten unmittelbaren Folgeerscheinungen der
,,Kern-Störung'' bleibt noch eine abschließende Erörterung der mittelbaren
Folgen, nämlich des Wahns und der Sinnestäuschungen, die wir mit S. Freud
(1914, S. 153) ,,Restitutionsversuche'' des Ichs nennen:

1.3.1 Wahn

Das interessanteste Symptom der Schizophrenie ist wohl der *Wahn*. Er hat
die Erforscher dieser Geisteskrankheit schon von jeher fasziniert. Deswegen
wollen wir hier noch gesondert darauf eingehen.
J. H. Jackson (1894) hebt die Wahnbildungen neben den Sinnestäuschungen
gegenüber den sonstigen mehr ,,negativen'' Erscheinungen als ,,positive''
oder ,,produktive'' Symptome besonders hervor. Sie finden sich, vielfach als
ganzes Wahnsystem ausgebaut, besonders bei der *paranoiden* Schizophrenie. Seit S. Freud (1911) werden sie als Restitutionsversuche erklärt. In ihnen
versucht der Schizophrene eine gewisse Weltintegration wieder aufzubauen,
die ob ihrer Labilität freilich allzu leicht wieder zu zerfallen droht. Der Wahn
tritt an die Stelle der äußeren Realität (S. Freud, 1924 a). Damit ,,bilden sich
zwei psychische Einstellungen anstatt einer einzigen, die eine, die der
Realität Rechnung trägt, die normale, und eine andere, die ... das Ich von

---

[16] Hier: Z.B. Wahrnehmungs- oder Denkstörungen.
[17] Hier: Ich-Störung mit erhöhter Durchlässigkeit für Reize.
[18] Hier: Versagen der Mutter in ihrer Funktion als Reizschutz des Kindes in frühesten
Entwicklungsphasen.

der Realität ablöst'' (S. Freud, 1938 b, S. 133). Im Wahn ist es dem Ich im Gegensatz zur Halluzination nicht gelungen, die Gefahr vorwegzunehmen (M. Katan, 1960). Dem Ich bleibt nichts anderes übrig, als zu versuchen, den bereits eingetretenen Schaden wiedergutzumachen. Dazu dienen folgende psychoserelevante Abwehrmechanismen:

a) die Verleugnung,

b) die Projektion und

c) die Rationalisierung.

Im *Verfolgungswahn* entspricht zum Beispiel der Satz ,,ich liebe ihn nicht, ich hasse ihn'' der Verleugnung, ,,nicht ich hasse ihn, er haßt mich'' der Projektion und ,,ich hasse ihn, weil er mich verfolgt'' der Rationalisierung. Dabei repräsentieren die Verfolger abgesprengte Triebteile, meist homosexueller (S. Freud, 1911; K. Abraham, 1924), aber auch aggressiver Art (M. Klein, 1946), die verleugnet, projiziert und rationalisiert werden.

Der *Liebeswahn*[19] folgt dem Modell ,,ich liebe nicht ihn, ich liebe sie, weil sie mich liebt; der *Eifersuchtswahn* ist nach dem Motto strukturiert: ,,Ich liebe ihn nicht, sie liebt ihn ja''; im *Größenwahn* endlich ist es das Ich selbst, welches geliebt wird. Bei allen genannten Wahnarten spielt die Abwehr von homosexuellen Tendenzen eine wesentliche Rolle. Wahnbildungen sind durchaus schöpferische Symptome. Sie gestatten dem Kranken wie neurotische Symptombildungen eine neue Reaktionsbasis mit Sinn und Bedeutung. Mag die damit konstituierte Welt gegenüber der gesunden und neurotischen auch im wahrsten Sinne des Wortes ver-rückt sein, so ist sie doch stets eine allerdings sehr pervertierte Weise des Umgangs mit den Objekten (Th. Freeman et al., 1965, S. 94).

1.3.2 Sinnestäuschungen

Nicht weniger interessant sind die *Halluzinationen* oder Sinnestäuschungen. Sie entstehen aus Wunschphantasien; sowohl libidinös wie aggressiv besetzten; sie werden als gehörte Stimmen oder gesehene Gestalten erlebt. Im Sinne der von uns vertretenen psychoanalytischen Objektbeziehungspsychologie weisen sie stets einen sinnvollen Zusammenhang mit wichtigen Bezugspersonen auf. Sie sind insofern immer Reaktionen auf einen Konflikt, der dadurch abgewehrt wird, daß via Projektion die belastenden Ich-Anteile nach außen verlegt und gleichzeitig wegen der Durchlässigkeit der Ich-Grenzen als von außen kommend erlebt werden. Oft sind sie ein Kompromiß für einen real erlebten oder eingebildeten Verlust einer wichtigen Beziehungsperson, die –

---

[19] Liebes- und Eifersuchtswahn hier vom Mann aus gesehen.

im Sinne der „Restitutionstheorie" S. Freuds – gleichsam als Ersatz in der Phantasie wieder aufgerichtet wird.

Wahn wie Sinnestäuschungen sind insofern echte schöpferische Leistungen, mit deren Hilfe der Kranke versucht, unbewußt eine gewisse Ordnung in sein persönliches Erlebnischaos zu bringen. Dies gilt auch für jene noch nicht besprochene besondere Form der Schizophrenie, die

1.3.3 Motorische Störungen

Die Katatonie ist durch automatisch und stereotyp ablaufende Motorik gekennzeichnet, über die destruktive Energien abgeführt werden. Diese archaischen motorischen Äußerungen sind unmittelbar die Folge der Entdifferenzierung des Ichs. In einem Teil der katatonen Symptome kann man auch Wiederherstellungsversuche erblicken, etwa dann, wenn Mimik und Gestik zu primitiven Kommunikationsmitteln (vgl. F. Fromm-Reichmann, 1942) werden, sowie, wenn Stereotypien und Manirismen Emotionen ersetzen (O. Fenichel, 1945, S. 438).

1.4 Abschließende Bemerkung

Wir wollen dieses Kapitel über die Schizophrenie mit der Bemerkung schließen, daß mit der Regression des Ichs immer auch Teile des Über-Ichs und des Ich-Ideals gewissermaßen „mitwandern". Stets bleiben aber mehr oder weniger höhere wirklichkeitsgerechte Anteile dieser Instanzen neben den der Regression verfallenen wirklichkeitsfremden Bereichen besetzt. Charakteristisch für die schizophrene Psychose ist das Nebeneinander verschiedener Entwicklungsstufen von den reifsten bis zu den unreifsten Strukturen.

2. Melancholie bzw. depressive Psychose

2.1 Eine fundamentale Störung der Ich-, Über-Ich- und Ich-Ideal-Regulation

Die Melancholie ist wie die Schizophrenie die besondere Antwort einer prädisponierten Psyche auf exogene Belastungen. Nach K. Abraham (1924, S. 48, 46) kann diese in einer „Liebesenttäuschung" mit „Verletzung des kindlichen Narzißmus" in Reaktivierung eines „ursprünglichen traumatischen Erlebnisses in der Kindheit" bestehen. Nach P. C. Kuiper (1968, S. 245) sind es „frustriertes passives Liebesverlangen" und „Frustrationen der Größenphantasien'', welche die Erkrankung einleiten. In jedem Fall sind die auslösenden Faktoren in einer Störung der Beziehung des Subjektes zu einem für den zu Melancholie prädisponierten Menschen so wichtigen Ideal-Objekt zu suchen. Oben wurde auf S. 219 bei der Besprechung der Entwicklung des Ich-Ideals erwähnt, daß bei bestimmten Menschen die Integration dieser Instanz aus verschiedenen Gründen nicht vollständig geglückt ist, wobei ein Übermaß an eigenen sadistischen Impulsen gegen das Objekt, größtenteils durch Frustration bedingt, eine zusätzliche große Rolle spielt. Diese Menschen sind somit dauernd von einem als Ich-Ideal fungierenden Objekt abhängig. Stößt diesem etwas zu oder verliert das Individuum das Objekt (Objektverlust), so tritt ein unerträglicher Zustand ein, der über das Ausmaß der normalen Trauer weit hinausgeht und durch ,,eine außerordentliche Herabsetzung (des) Ichgefühls'' und eine ,,großartige Ichverarmung'' (S. Freud, 1916, S. 431) gekennzeichnet ist.

Dieser unerträgliche Zustand nach dem Objektverlust wird erträglich, wenn das verlorene Objekt aus Abwehrgründen introjiziert und im Ich wieder aufgerichtet wird. ,,Die Schockwirkung des Verlustes wird (also) ausgeglichen durch den unbewußten Vorgang der Introjektion des verlorenen Objektes'' (K. Abraham, 1924, S. 25). Das Ich versucht verzweifelt, diejenigen vitalen narzißtischen Zufuhren vom introjizierten Objekt zu erhalten, die ursprünglich vom realen Objekt gefordert wurden (E. Bibring, 1951, S. 17). Die Introjektion geschieht nach dem Prinzip der primären bzw. narzißtischen Identifikation; d. h., das Objekt wird in der Formulierung von O. Fenichel (1945, S. 397) ,,durch eine Veränderung des Ichs ersetzt'', was m. a. W. einer Regression von der Objektbeziehung zum Narzißmus entspricht.

2.2 Die verschiedenen Störungen der einzelnen Regulationskreise

2.2.1 Störungen des narzißtischen Regulationskreises zwischen Ich und Ich-Ideal:

Interpsychisch ist die Beziehung zum Ideal-Objekt mehr oder weniger abgebrochen. Entsprechend weniger oder mehr ist das Ideal-Objekt – intrapsychisch gesehen – inkorporiert[20]. Das Ausmaß der Melancholie ist um so schwerer, je umfassender die Introjektion des Ideal-Objektes vollzogen wurde. Ist es vollständig in das Ich aufgenommen, so ist damit jede Objektbeziehung aufgelassen. Das Individuum ist ,,wahrhaft narzißtisch''

---

[20] Und zwar im Gegensatz zur Introjektion bei der Schizophrenie nicht als Partialobjekt, sondern als ganzes Objekt.

(S. Nacht und P C. Racamier, 1959, S. 668); in totaler „narzißtischer Identifikation" mit dem Ideal-Objekt (E. Jacobson, 1971, S. 160).
Frühe verdrängte Entwicklungsstufen des narzißtischen Selbst im Ich-System werden als Fixierungsstelle[21] (vgl. S. 219) wieder besetzt. Die dazu gehörigen Größenphantasien führen zu um so schmerzlicheren Inferioritäts-gefühlen, je grandioser sie sind; stehen sie doch im größten Gegensatz zur Repräsentanz des realen Selbst.
Diese Psychodynamik führt zu einem „affektiven Zustand" von „Hilflosig-keit und Ohnmacht des Ichs" (E. Bibring, 1951, S. 27, 24) bzw. zu einem „Zustand geistiger Hemmung", verbunden mit der Unfähigkeit des Ichs, Gefahren zu begegnen. Das Ich wird natürlich um so leichter in diesen hilflosen und ohnmächtigen Zustand geraten, je mehr es zuvor vom Ideal-Objekt abhängig war.
Strukturell spielt sich dieser Konflikt im Ich-System ab. Man spricht deshalb von einem „intra-systemischen Konflikt" (H. Hartmann, 1950, S. 351). Somit ist die Melancholie ebenso wie die Schizophrenie eine "*Krankheit des Ichs*", wenn auch auf einem anderen Strukturniveau und deshalb mit anderen formalen Eigenschaften. Der wichtigste Unterschied gegenüber der Schizo-phrenie ist dabei der, daß bei dieser wegen ihrer spezifischen Genese und Struktureigentümlichkeiten des Ichs gerade der Abwehrmechanismus der Introjektion des Ideal-Objektes ins Ich nicht möglich ist. Mag es auch zu einer „malignen Regression" (P. C. Kuiper, 1968, S. 235) in der Melancho-lie kommen, charakterisiert durch eine Verschmelzung der Objektrepräsen-tanzen, verbunden mit einer regressiven Wiederbesetzung des narzißtischen bzw. grandiosen Selbst und der idealisierten Eltern-Imagines, wozu sich die Regression des Über-Ichs gesellt, so fehlt bei dieser Erkrankung im Gegen-satz zur Schizophrenie in jedem Fall ein „entdifferenzierter Zustand" mit Wiederbesetzung der frühesten Entwicklungsphasen des Ichs. Melancholi-ker haben hier nämlich im Gegensatz zum Schizophrenen eben keine entsprechenden Fixierungsstellen, so daß solche auch nicht regressiv wieder-besetzt werden können.
Diese für die Melancholie so wichtigen psychodynamischen Verhältnisse sind nun keineswegs nur so zu denken, daß das Ideal-Objekt immer in der Realität vorhanden bzw. verloren ist. Man kann sie sich in der metapsycho-logischen Sprache der Repräsentanzenwelt auch so vorstellen, daß innerhalb eines ausgewogenen narzißtischen Systems Veränderungen in der Besetzung der einzelnen Instanzen ablaufen, wobei wir in den Begriffen von H. Kohut (1966, 1969) die Repräsentanzen des narzißtischen bzw. grandiosen Selbst und die der idealisierten Eltern-Imagines *oder* in der Definition von E.

---

[21] Wie wir sie unter I.9.1 als eine Fixierungsstelle für Depression beschrieben haben.

Jacobson (1951, S. 80) eine noch besetzte „Selbstimago" und ein „idealisiertes Objektbild" neben reiferen Selbst- und Objektrepräsentanzen unterscheiden. Den Aspekten des narzißtischen Selbst und der idealisierten Eltern-Imagines fügen nun J. Sandler et al. (1969) eine weitere Repräsentanz hinzu, die *dem* Bild entspricht, wie die Eltern sich das Kind wünschen. Wir können somit drei Idealaspekte unterscheiden, die nach J. Sandler et al. (1969, S. 155) im Begriff des „*idealen Selbst*" zusammengefaßt werden und aus folgenden Anteilen bestehen:

1. Identifikation mit Aspekten der geliebten und bewunderten Eltern; entsprechend den idealisierten Eltern-Imagines H. Kohuts,

2. Identifikation mit frühen Formen des eigenen Selbst; identisch mit Kohuts narzißtischem bzw. grandiosem Selbst,

3. Identifikation mit dem Bilde, wie sich die Eltern das Kind wünschen; neu durch J. Sandler et al. (l. c.) eingeführt.

Diese Repräsentanzen des idealen Selbst müssen, um einen zur Depression disponierten Menschen im narzißtischen Gleichgewicht zu halten, genügend besetzt sein. Nur dann sind subjektiv Wohlbefinden und dem Objekt entsprechende Ich-Funktionen gewährleistet. Dazu gehört auch, daß die Repräsentanz des idealen Selbst überwiegend mit libidinöser Energie besetzt ist. Bei überwiegend aggressiver Energie und großer Diskrepanz zwischen Ideal-Selbst- und Real-Selbstrepräsentanz empfindet das Individuum gegenüber dem erhöhten Ideal schmerzliche Gefühle der Beschämung und Minderwertigkeit; Erscheinungen, die W. Loch (1967, S. 773), J. H. Jackson (1894) folgend, als die „stummen" negativen Symptome bezeichnet hat. Ist die Besetzung der Ideal-Selbstrepräsentanz zugunsten einer größeren Besetzung der Ideal-Objektrepräsentanz aufgegeben, deren Energie aufgezehrt (S. Freud, 1916, S. 432), was einem „Ich-Verlust" (l. c., S. 435) gleichkommt, sind Gefühle der inneren Leere die Folge (vgl. O. F. Kernberg, 1975, S. 213–226) oder das in der Psychiatrie so genannte „Gefühl der Gefühllosigkeit". Je unreifere Vorstufen der Ideal-Selbstinstanz im psychotischen Prozeß regressiv wiederbesetzt werden, wie wir sie unter I. 9.1 und 9.2 als wahrscheinliche Fixierungsstellen für Depression beschrieben haben, um so mehr werden um den Preis realitätsgerechten Verhaltens die wirklichen Verhältnisse nicht als solche wahrgenommen, verleugnet. Bei noch weiterreichender Regression auf den „Primärzustand" (H. Henseler, 1975, S. 198) entstehen ähnliche Zustände wie bei symbiotischer Verschmelzung im schizophrenen Prozeß; nur mit dem Unterschied, daß Selbst- und Objektrepräsentanz zwar partiell verschmelzen, ihre Grenzen aber gewahrt bleiben und die Repräsentanzen dabei stets als Ganzes, nicht partiell wie bei der Schizophrenie, betroffen sind. Der Kranke sucht in Verschmelzungs-phantasien einen Ausweg aus den sein Selbstwertgefühl schwer belastenden Konflikten; nicht selten im Suizid.

2.2.2 Störungen des Regulationskreises zwischen Ich und Über-Ich

Gleichzeitig mit diesen, die idealen Aspekte betreffenden psychodynami-schen Prozessen erfährt die Aggressivität des Über-Ichs durch die des Introjektes eine wesentliche Verstärkung. Sie richtet sich psycho-*dynamisch* von dem zum Über-Ich geschlagenen Introjekt gegen das Ich. *Strukturell* handelt es sich um einen inter-systemischen Konflikt. Unter diesem Aspekt ist es also richtig, wenn von der Melancholie als von einer ,,*Krank-heit des Über-Ichs*'' gesprochen wird (O. Fenichel, 1945, S. 398). Sie ist um so schwerwiegender, als im Prinzip analog der regressiven Wiederbesetzung verlassener unreifer Vorstufen des grandiosen Selbst ent-sprechend unreife Vorstufen des Über-Ichs[22] regressiv wieder aufgesucht werden. Dabei repräsentieren die so häufigen Anklagen und Entwertungen des Melancholikers gegen sich selbst, die sich übrigens gerade wegen der Besetzung primitiver archaischer Über-Ich-Vorstufen durch besondere Grausamkeit auszeichnen, Anklagen des verlorenen Objekts gegen das Ich. Etwaige Selbstmordimpulse gelten somit dem eigenen Selbst und sind also wirklich *Selbst*mord-Impulse.

Andererseits richtet sich die eigene Aggressivität gegen das Introjekt, wurde dieses aus Gründen der Ambivalenz doch immer schon auch gehaßt. Unter diesen Umständen sind Selbstanklagen und Selbstmordimpulse im Grunde Anklagen und Mordimpulse gegen das frustrierende *Objekt*.

2.2.3 Störungen der Triebdynamik

Die Folgen dieses Kampfes des Ichs ,,mit den Introjekten'' (G. Bychowski, 1959/60, S. 524) sind um so schwerwiegender, als zugleich regressive Vorgänge stattfinden. *Energetisch* gesehen kommt es nämlich – ganz analog der Schizophrenie – zu einer Entneutralisierung von aggressiver Energie, sozusagen zu einer ,,Re-Aggressivierung'' (E. Jacobson, 1954). Dieser Prozeß der ,,energetischen Regression'' wurde auf S. 236 schon beschrie-ben. Damit wird bislang gebundene aggressive Energie frei. P. Federn gab ihr den Namen ,,mortido'' (1956, S. 145, 259). Sie wirkt um so zerstörerischer, je mehr unreife Vorstufen sie enthält (J. Lampl-de Groot, 1960). *Genetisch* erfolgt die Regression auf die spätere oralsadistische oder kannibalische

---

[22] Vgl. I.9.2.

Organisationsstufe (K. Abraham, 1924), auf der das Objekt introjiziert wird. Auf der frühen analsadistischen Entwicklungsstufe kann das Ich noch versuchen, das Introjekt wieder auszustoßen bzw. zu vernichten, was allerdings deswegen schwierig ist, weil mit dessen Verlust derselbe unerträgliche Zustand wieder auftreten würde, wie er schon bei dem die Melancholie auslösenden Objektverlust entstanden war.

Sadistische Anklage, Vorwürfe, Wut und Zorn gegen das Objekt mit dem Ziel totaler Vernichtung, zumindest Entwertung, gefolgt von Schuldgefühlen mit masochistischen Selbstanklagen, Schuldbekenntnissen, Unterwerfung, Reue, Selbstentwertung und mitleidheischendem Werben um Verzeihung und Wiedergutmachung sind in der Einteilung von J. Hughlin Jackson (1894) die „lärmende" oder positive Symptomatik der Depression. Sie sind für Objekt- und Selbstseite so quälend, daß der Suizid auch ohne Verschmelzungsphantasie als Erlösung ersehnt wird: „Das ist kein Leben mehr, das ist nur ein Vegetieren, eine Qual, lieber sterben", klagt ein Patient, „ein Zustand, in dem ich Sie oder mich total fertig mache." Und die Ursache: „Ich hab' doch nie Liebe genossen, mußte immer nur schuften, alles recht machen, mich anpassen, um geduldet zu sein!' "

2.3 Verschiedene Schweregrade depressiver Störungen

Versuchen wir nun, diese psychodynamischen und genetischen Verhältnisse in derselben Weise, wie wir es oben für die Schizophrenie getan haben, in eine Beziehung zu den bekannten psychiatrischen Krankheitsbildern zu bringen, so glauben wir folgende Zuordnungen vornehmen zu können: Die „gehemmte" Depression ist genetisch die Folge früher emotionaler Mangelzustände mit Unterstimulation (vgl. S. 224) in der für die Ausformung der Ich-Ideal- und Über-Ich-Strukturen relevanten Entwicklungsphase, klinisch gekennzeichnet durch Selbstwertprobleme, ein Gefühl der Leere und durch Antriebsmangel. Psychodynamisch gesehen sind die Selbst- und Objektrepräsentanzen mangelhaft besetzt, teils hoch aggressiv aufgeladen, aber gegenseitig blockiert.

Die „agitierte" Depression führen wir auf Überreizung in denselben Entwicklungsphasen zurück; charakterisiert durch gleichermaßen hohe libidinöse und aggressive Besetzung von nicht ins Ich integrierten Selbst- und Objektrepräsentanzen, deren Triebdynamik unkontrolliert in die kognitiven Funktionen, die Affektivität und Motorik unter Formierung der bekannten Symptomatik durchschlägt.

Darüber hinaus können wir mit W. Loch (1967, S. 775) versuchen, die bekannten klinischen Unterscheidungen zwischen reaktiver, neurotischer und endogener Depression, bzw. Melancholie mit unseren psychoanalytischen Konzepten in Beziehung zu setzen. Danach wird bei der *reaktiven* Depression der Verlust des Objektes „durch äußere Umstände erwirkt", bei der *neurotischen Depression* dagegen wird das ideale Objekt respektive die entsprechende Selbstrepräsentanz infolge eines neurotischen Konflikts „ihres Ideal-Charakters" beraubt, bei der *endogenen* Depression bzw. Melancholie ist „jene Besetzung des Ideal-Objektes bzw. des Ideals gar nicht möglich". Die Ursache dafür sind u. E. weniger ein organischer Defekt, vielmehr massive frühinfantile erlittene exogene Entbehrungen, besonders in der für die frühe Ich-Ideal- und Über-Ichentwicklung wichtigen Zeit um das Ende des ersten Lebensjahres.

2.4 Die Schuldproblematik der Depression

Während wir die aus der Diskrepanz zwischen idealer und realer Selbstrepräsentanz resultierenden schmerzlichen *Schamgefühle* bereits oben erwähnt haben, müssen wir jetzt noch auf die in der Depression regelmäßig vorkommenden *Schuldgefühle* eingehen. Sie können aus verschiedenen Quellen entstehen

2.4.1 Schuld infolge Wut aus narzißtischer Kränkung:

Der Melancholiker ist aus Enttäuschung über den Verlust des Objektes auf dieses wütend und fühlt sich deshalb schuldig. Dabei sind die Aggressionen um so heftiger, je schmerzlicher die durch das Objekt erfolgende narzißtische Kränkung subjektiv erlebt wurde. Die Schuldgefühle wiederum sind dann um so schwerwiegender, je heftiger die Aggressionen gegen das Objekt wüten.

2.4.2 Schuld infolge von Haß auf das Objekt:

Zu der Schuld infolge Wut aus narzißtischer Kränkung addiert sich die ohnehin schon vorhandene Aggressivität des Subjektes gegenüber dem Objekt; hat doch das Individuum das Objekt aus Gründen der Ambivalenz immer schon gehaßt und glaubt, an seinem Verlust schuldig zu sein oder es gar selbst zerstört zu haben (M. Klein, 1935 b).

Darüber hinaus kann man noch zwei weitere Arten von Schuldgefühlen aufführen, die indessen mit den oben besprochenen psychodynamischen Vorgängen nicht unmittelbar zusammenhängen, jedoch oft in depressiven Zustandsbildern nachweisbar sind:

2.4.3 Primäre Schuld:

D. h., die Existenz als solche wird schon schuldhaft erlebt (vgl. S. 229); Grundlage nicht nur vieler depressiver, sondern auch schizophrener Störungen.

2.4.4 Trennungsschuld:

Das Individuum bildet vor dem Verlust des Objektes praktisch mit diesem eine Einheit, vergleichsweise der in der Dualunion, und fühlt sich schuldig, wenn es sich daraus eigenmächtig löst (A. H. Modell, 1965, S. 329); sei dies nun während der ersten oder zweiten Trennungsphase.

3. Manie

3.1 Eine fundamentale Abwehr psychotischer Depression

Die Manie ist die Abwehr eines unerträglichen depressiven Zustandes mit regressiven Maßnahmen. *Psychodynamisch* treten primitive Abwehrmechanismen in Tätigkeit, vor allem die Verleugnung; dies sowohl in der Phantasie wie in Wort und Handlung (A. Freud, 1946). Auf der einen Seite wird die Macht der Introjekte, auf der anderen die Schwäche des eigenen Ichs verleugnet. Frühkindliche Omnipotenz-Phantasien treten auf. Das entspricht einer sehr frühen Entwicklungsstufe des Ich-Ideals (vgl. S. 217), welche dadurch gekennzeichnet ist, daß das Ich-Ideal als ,,Instanz der Wunscherfüllung'' (J. Lampl-de Groot, 1962) Größe und Allmacht in bezug auf das Selbst phantasiert. Damit ist mit einem Ausdruck S. Ferenczis (1913, S. 67) die ,,Periode der bedingungslosen Allmacht'' wieder hergestellt.

Der auf dem Ich lastende ,,Schatten des Objekts'' (S. Freud, 1916, S. 435) ist gewichen. Statt dessen wird das sonst repressive und verfolgende Über-Ich vom Glanz eigener Selbstherrlichkeit überstrahlt und ist damit entmachtet. Noch vorhandene schlechte, entwertete Selbstanteile oder mächtige sadistische Objektimagines sind nach außen projiziert, klinisch erkennbar an wildem Agieren mit den dann als externalisierte Introjekte erlebten Mitmenschen.

3.2 Die entscheidende Dynamik zwischen Ich und Ich-Ideal

Die entsprechende, in der frühen Entwicklungsphase des Ich-Ideals bzw. des narzißtischen Selbst liegende Fixierungsstelle ist wieder besetzt. Wir können daher – pauschal – die Manie als eine *Krankheit des Ich-Ideals* bezeichnen. Die Introjekte bleiben bei den manisch-depressiven Erkrankungen im Gegensatz zur Schizophrenie unverändert. Zwischen ihnen und dem Ich spielt sich die Dynamik dieser Erkrankung ab. Qualitative Veränderungen von Ich und Introjekt wie bei der Schizophrenie finden nicht statt, lediglich quantitative Veränderungen der Besetzungsgrößen bzw. der Affektbeträge. *Strukturell* ist das Verhältnis von Ich und Über-Ich genau umgekehrt wie in der Depression. Das Ich triumphiert über das Introjekt. Darüber hinaus verschmilzt es mit ihm und partizipiert an seiner Macht. Die Folge ist, daß die vom Ich bisher in das Introjekt investierte Libido frei wird, was als Kräftezuwachs erlebt wird und das Gefühl der Omnipotenz verstärkt. Das Resultat ist ein anscheinend „totaler narzißtischer Sieg" (O. Fenichel, 1931 b) des Ichs über das Introjekt, der wie ein Rausch empfunden wird und der keine Grenzen zu kennen scheint.

Das Realitätsprinzip ist völlig durch das Lustprinzip ersetzt (M. Katan, 1953, S. 143).

Ökonomische Folgeerscheinungen dieses Sich-über-das-Introjekt-Hinweg-setzens sind Einsamkeit und Objekthunger. Neue Objekte müssen „in einer Orgie von kannibalischem Charakter" (K. Abraham, 1924, S. 62) rasch wieder aufgenommen werden, um allerdings mit demselben manischen Abwehrmechanismus ebenso rasch wieder verleugnet zu werden. Der „Stoffwechsel" im psychischen Organismus ist insgesamt gesteigert. Wie ein „Heißhunger" (S. Freud, 1916, S. 442) ist der Maniker somit ständig auf neue Objekte angewiesen.

*Trieb*psychologisch kommt es zu einer Regression auf die frühe orale Stufe, wobei „urethrale Faktoren" (M. Katan, 1953, S. 163) eine zusätzliche Rolle spielen. Sie äußern sich vorwiegend im manischen Denken und Reden. Auch die Modalität der Triebe, d. h. der Grad ihrer Neutralisierung ist verändert. Die aggressiven Impulse sind dynamisch aber meistens abgewehrt (l. c., S. 161). Ist dies nicht der Fall, haben wir klinisch anstatt der sonst heiter gestimmten Manie eine mehr gereizte, streitsüchtige Form vor uns.

3.3 Die Manie als pathologisch übersteigertes Hochgefühl

Metapsychologisch kann man das manische Verhalten auch mit einer besonderen Art Schlaf erklären (B. D. Lewis, 1961, S. 140), bei dem Phantasien in die Tat umgesetzt werden, die sonst nur geträumt bleiben (l. c., S. 91). Dazu kommt ein insofern „illusorischer" Wirklichkeitssinn, als das Hochgefühl in der Manie einen eigenen „inneren" Sinn von Wirklichkeit aufweist, der einem Wiedererinnern des subjektiven Gefühls, glücklich gestillt worden zu sein, entspricht.

Psychogenetisch gingen der Manie nicht minder traumatische Einwirkungen voraus wie bei der Depression, wobei wir die Fixierungsstelle in die 2. Subphase M. Mahlers lokalisiert haben (vgl. auch Ping-Nie Pao, 1971, S. 247), in der das Kind sich omnipotent fühlt und glaubt, ohne Mutter die Welt erobern zu können. Es kommen aber auch weiter zurückreichende Regressionen auf diejenigen Fixierungsstellen vor, wie wir sie für die Melancholie beschrieben haben. Daß der Maniker nicht in tiefe Depression verfällt, liegt an der besonderen manischen Abwehr (D. W. Winnicott, 1935), mit deren Hilfe er alle depressive Angst, Verzweiflung, Schuld, Hoffnungslosigkeit und Vergeblichkeit verleugnen, abspalten und projizieren kann. Wenn die manische Abwehr zusammenbricht, wird die latente Depressivität mit um so größerer Unerbittlichkeit wieder manifest; ein plausibler Grund für den psychisch so oft beschriebenen bi-polaren Verlauf der manisch-depressiven Störungen, die dringend weiterer Forschung bedürfen (R. H. Belmaker u. H. M. van Praag, 1980).

III. SONSTIGE PSYCHIATRISCHE KRANKHEITSBILDER

1. Grenzfälle oder Borderline-Störungen

1.1 Einleitung

Grenzfälle gibt es grundsätzlich auf der Grenze zwischen zwei Krankheiten; in der Körpermedizin etwa zwischen Bronchitis und Lungenentzündung, in der Psychiatrie zwischen organischen und endogenen Psychosen, zwischen endogenen Psychosen und Soziopathie oder zwischen endogenen Psychosen und Neurosen. Es sind Fälle, die nicht in Krankheitseinheiten eingeordnet werden können. M. Bleuler (1964) meint damit diejenigen Grenzfälle, die nicht in die ,,Gruppe der Schizophrenie'' (E. Bleuler, 1911) eingereiht werden können. Sie stellen die Grenzfälle im engeren Sinne des Wortes dar; es sind dieselben, die in den angelsächsischen Ländern als ,,borderlines'' in die Literatur eingegangen sind. Sie entsprechen zum Teil der sogenannten pseudoneurotischen Schizophrenie (P. Hoch und P. Polatin, 1949), dem sensitiven Beziehungswahn (E. Kretschmer, 1918), der homosexuellen Panik, den induzierten Psychosen und den sogenannten schizophrenen Reaktionen in engem Zusammenhang mit psychischen Traumen.
Neuerdings haben die Grenzfälle eine ungeahnte Aktualität erlangt. Sie scheinen in zunehmendem Maße die bekannten ,,klassischen'' Neurosen an Häufigkeit abzulösen.

1.2 Definition

Der Grenzfall ist nicht quantitativ auf der Grenze zwischen Neurose und Psychose einzureihen (M. Schmideberg, 1959, S. 398). Grenzfall bezeichnet vielmehr eine klinische Einheit, die *sowohl* Elemente einer Neurose *als auch* einer Psychose enthält. Zuweilen kommen dazu auch Züge einer Soziopathie. Charakteristisch für den Grenzfall ist also die Kombination von neurotischen, psychotischen und eventuell soziopathischen Persönlichkeitsanteilen in ein und demselben Menschen. Auf diese Tatsache macht schon S. Freud (1914, S. 153) aufmerksam, indem er ein gleichzeitiges Nebeneinander von Norm, Neurose und Psychose beschrieb. Bei der Diagnose wird man den Akzent auf *den* Persönlichkeitsanteil legen, welcher quantitativ am größten ist. Meist ist es der der Neurose neben der der Normalität, wozu sich dann in verschiedenem Ausmaße psychotische und vielleicht auch soziopathische Anteile mengen.

Insgesamt handelt es sich also um ein spezifisches Syndrom mit verhältnismäßig hohem Grad an Stabilität, wie es in jüngster Zeit besonders von Otto F. Kernberg (1967, 1968, 1975) erforscht wurde. Jene Fälle von Neurosen, aus denen sich im Laufe des Lebens eine Psychose entwickelt, fallen nicht unter den Begriff des Grenzfalles, ebensowenig die mit psychotischen Episoden. Auch sogenannte Rand-Schizophrenien können im Sinne der obigen Definition nicht als Grenzfälle bezeichnet werden.

1.3 Symptomatik

Die Erscheinungen des Grenzfalles sind schizophrenieähnlich, reichen zuweilen „bis an die Grenze zum Originär-Psychotischen" heran, „überschreiten diese Grenze aber nicht sicher" (W. Loch, 1965, S. 173). Das reflektierende Bewußtsein behält immer die Kontrolle über die Krankheitserscheinungen und empfindet diese als krank. Im einzelnen kommen neben vielfältigen neurotischen Erscheinungen und perversen Zügen an psychosenahen Symptomen vor:

a) wahnähnliche,

b) halluzinationsähnliche und

c) depersonalisationsähnliche Erscheinungen.

Die Kranken empfinden die Phänomene *wie* einen Wahn bzw. *wie* eine Halluzinatination oder Depersonalisation. Es sind aber keine echten schizophrenen Symptome. Wahngewißheit, unkorrigierbare Überzeugung und Krankheitsuneinsichtigkeit fehlen.

Darüber hinaus ist der Grenzfall in verschiedener Weise gestört: in den zwischenmenschlichen Beziehungen, in der Tiefe des Fühlens und Erlebens, im Ausmaß der Empathie mit anderen Menschen, in seiner Genußfähigkeit, in der Möglichkeit zur Sublimierung und zur Integrierung der Persönlichkeit. Enthält der Grenzfall außerdem soziopathische Züge, so neigt er zum Agieren mit asozialen Tendenzen.

1.4 Psychodynamik und Struktur

Die *Ich-Störung* des Grenzfalles entspricht der der Schizophrenie, nur daß sie nicht total, sondern *partiell* ist. Sie ist es in dem Maße, als die Grenzfallpersönlichkeit psychotische Anteile enthält. Die Ich-Störung ist gekennzeichnet durch

1. narzißtische Besetzung,
2. nicht genügend getrennte Selbst- und Objektrepräsentanz,
3. Abhängigkeit vom Idealobjekt und eine
4. infantile, primär passive Befriedigung suchende Liebe (M. Balint, 1937, 1966).

Ein derartig gestörtes Ich führt zu einer für die borderline-organisierte Persönlichkeit typischen „nicht-spezifischen Ich-Schwäche", gekennzeichnet durch niedrige Frustrationsschwelle, eine Neigung zu Triebdurchbrüchen und eine geringe Sublimationsfähigkeit. Dazu kommt ein Überwiegen des Primärprozeßdenkens gegenüber dem Sekundärprozeßdenken.

Die Ich-Störung ist mit einer typischen Pathologie der internalisierten Objektbeziehungen gekoppelt, die Otto F. Kernberg (1975, S. 34) zu Recht in das Zentrum der Struktur der Borderline-Persönlichkeit gestellt hat. Objekt- wie Selbstrepräsentanzen sind nicht ins Ich integriert, sondern bleiben als solche verdrängt im Es. Sie sind in gute und schlechte Anteile aufgespalten und können leicht projiziert werden. Psychoenergetisch gesehen sind sie mit unreifer, libidinöser wie aggressiver Energie besetzt, wobei der aggressive Anteil überwiegt.

Die *Über-Ich-Struktur* ist ungenügend entwickelt. Die *Ich-Ideale* entsprechen weitgehend denen eines kleinen Kindes und enthalten viele Omnipotenzphantasien. Die im Ich-Ideal lokalisierten Objekt- und Selbstrepräsentanzen enthalten als Folge der unter I. 14 abgehandelten primitiven psychosenahen Abwehrmechanismen der Spaltung, der Idealisierung und Entwertung einerseits über-idealisierte, ausschließlich „gute", andererseits extrem ''schlechte'', entwertete Selbst- und Objektanteile, während die im Über-Ich internalisierten Strukturen vergangener, zerstörender bzw. entwertender Objekte durchgehend sadistisch besetzt sind. Die Auswirkungen dieser spezifischen Strukturen von Über-Ich und Ich-Ideal sind folgende:

Die *Objektbeziehungen* sind labil. Grenzfälle reagieren auf Frustrationen mit Rückzug, obwohl dieser nur partiell und temporärer Natur ist (O. Fenichel, 1945, S. 444). Die Beziehung zum Objekt wird also nicht völlig abgebrochen wie in der Psychose, sondern nur teilweise. D. h. mit anderen Worten: die Besetzung der Objekte wird nie ganz aufgegeben; gerade auch die der Idealobjekte. Es kommt auch zu keiner Verschmelzung von Objekt- und Selbstrepräsentanz. Es besteht eine große Objektabhängigkeit: bei der geringsten Störung der Beziehung zu den Objekten ist der Grenzfall narzißtisch gekränkt. Er reagiert mit aggressiv-querulatorischem Verhalten, sensitiven Entwicklungen oder Wunschpsychosen. Dies ist häufig genug der Fall, da die Realität eine dauerhafte, ungestörte Beziehung zum Idealobjekt nicht erlaubt. Erwartungen werden daher laufend enttäuscht, was zu häufigen Aggressionen gegen andere und sich selbst Anlaß gibt (E. Mahler, 1963/64, S. 438).

Die *Abwehr* von Angst und Schuld geschieht für die psychotischen Persönlichkeitsmerkmale nach dem Muster der Psychose, also ohne Verdrängung mit Hilfe von primitiven Abwehrmaßnahmen wie Verleugnung, Verschiebung, projektiver Identifikation und Ich-Spaltung. Die Folge ist die schizophrenieähnliche Symptomatik. Die zur Verdrängung notwendige Gegenbesetzung kann von dem in seiner Struktur gestörten psychotischen Ich-Anteil nicht aufgebracht werden.

Für den soziopathischen Sektor werden soziopathische Abwehrmaßnahmen verwendet: Agieren mit den Objekten, passives Sichmanipulierenlassen von ihnen oder aktives Manipulieren mit ihnen. Die Objekte müssen dazu in eine entsprechende infantile wunschbefriedigende Position gebracht worden sein. Die neurotischen Persönlichkeitsanteile verwenden natürlich die besseren Abwehrmaßnahmen, besonders die der Verdrängung, aber auch der Isolierung, Reaktionsbildung usw.

Ein *Fallbeispiel* möge die Psychodynamik veranschaulichen: „Ich fühle mich wie ein Phantom, so leer. Ein unbändiger Zorn steigt in mir auf, ein wilder Haß. Sie haben alle keine Ahnung von meiner Not. Ich weiß, das ist alles irreal, aber es zerstört mich. Dabei lebt in mir ein kleines Kind, das nur Liebe sucht. Es ist irre, daß ich mich an jemand hänge, der mich zerstört. Wie aber kann ich mich dagegen schützen, wenn mich die Mutter nie geliebt hat? Wie soll ich das Gefühl der Ich-Erlaubnis bekommen, wenn ich überall nur abgelehnt werde? Da bleibt mir keine Ich-Kraft. Das Böse ist zum Totengräber des Guten geworden. Ohne das Gute zerbreche ich an der Mühe, meine vegetative Existenz zu tragen. Ich brauche ein gutes Ideal, weil ich auch keinen Vater hatte. Für ihn war ich nicht vorhanden, höchstens zu Vorwürfen."

1.5 Psychogenese

Wie oben (vgl. S. 209f.) darstellt, regrediert der Grenzfallpatient auf eine Fixierungsstelle in der dritten Subphase des Individuations-Separations-Prozesses. Hier sind Schädigungen erfolgt, die mit einem gestörten Verhalten der Bezugspersonen in dieser empfindlichen Entwicklungsphase der ersten Trennung ursächlich zusammenhängen. So sind Ablehnung, Unterdrückung oder Ausbeutung des Kindes für eigene Zwecke durch die Erwachsenen die letzten sozialen Ursachen für die spezifische Pathologie der Grenzfallpersönlichkeit. Die zu ihr gehörenden primitiven Abwehrmechanismen, insbesondere die der Idealisierung und Entwertung, müssen sich einst real zwischen Kind und Bezugsperson abgespielt haben; kein Wunder, daß dadurch reaktiv Neid oder orale Zerstörungslust ausgelöst werden. Dabei ist eine oral versagende, ,,kalte Feindseligkeit einer gleichermaßen selbstsüchtigen wie das Kind übertrieben beschützender Mutter" (O. F. Kernberg, 1975, S. 276) ebenso schädlich wie eine ihr Kind als Ausstellungsstück behandelnde Mutter (l. c., S. 235). Insofern halten wir die fundamentale Störung der Borderline-Persönlichkeit letztlich nicht für eine pathologische Reaktion auf die Umwelt, sondern für eine *normale* Reaktion eines ungeschützten, auf bewahrende Liebe angewiesenen Ichs auf pathologische Einwirkungen seitens der Erwachsenen. Während wir also die Grenzfall-Persönlichkeit als Folgezustand einer normalen Reaktion auf pathologische exogene Schäden in den ersten Objektbeziehungen auffassen, sind wir der Meinung, daß eine andere in den letzten Jahren wegen ihrer zunehmenden Häufigkeit theoretisch wie praktisch wichtig gewordene Gruppe von Charakterstörungen intrapsychisch durch ausgesprochene pathologische Prozesse ausgezeichnet ist; wir meinen

2. Narzißtische Persönlichkeitsstörungen

2.1 Struktur

Strukturell gesehen weisen sie zwar ebenfalls wie die Grenzfall-Persönlichkeit unreife, nicht in die entsprechenden Instanzen integrierte Selbst- und Objektrepräsentanzen auf, konnten aber im Gegensatz zu diesen zusätzlich eine Kompensation ihrer Ich-Störung dienende spezifische Struktur aufbauen, nämlich ein ,,grandioses Selbst" (H. Kohut, 1969, S. 321; O. F. Kernberg, 1975, S. 265), das es ihnen ermöglicht, die hinter dieser Struktur verborgenen defizitären Persönlichkeitselemente zu verbergen. Derartige narzißtische Persönlichkeiten können sich, oberflächlich betrachtet, sozial gut angepaßt verhalten, untersucht man sie aber tiefer, dann zeigt sich, daß dies nur unter *der* Bedingung möglich ist, daß die eigenen, entwerteten Selbstanteile projektiv in anderen Menschen untergebracht sind, während sie gleichzeitig sich selbst und andere Bezugspersonen idealisieren. Die unter diesen günstigen äußeren Bedingungen latente pathologische Struktur wird in dem Moment manifest, wenn in den sozialen Beziehungen Krisen auftreten oder nur befürchtet werden.

So konnte ein Patient sehr viele freundschaftliche und erotische Beziehungen unterhalten, eine angesehene berufliche Position ausfüllen und allseits geschätzte Arbeit leisten; allerdings nur unter der Bedingung, daß er eine frühere Freundin total entwertete, während er sich selbst und seine Freunde bewunderte. Eine derartige, unter günstigen aktuellen Umweltbedingungen nicht zu ahnende narzißtische Struktur stellt im Gegensatz zur ,,Borderline-Persönlichkeits-Organisation" eine ausgesprochen pathologische Reaktionsbildung im Sinne einer Charakterneurose dar.

2.2 Genese

Genetisch betrachtet sind narzißtische Persönlichkeitsstörungen ebenso wie die Grenzfall-Persönlichkeit auf Fixierungsstellen in der dritten Subphase der Lösung aus der Dualunion zurückzuführen, während der sie ähnlichen Traumatisierungen ausgesetzt waren wie die zur Grenzfallsymptomatik prädisponierten Kinder; nur mit dem Unterschied, daß bei diesen die defizitären konflikthaften Objektbeziehungen mit den Merkmalen der „Ich-Schwäche" unmittelbar zugänglich sind, während sie bei den narzißtischen Persönlichkeitsstörungen durch die spezielle Strukturbildung des „grandiosen Selbst" latent bleiben und nur bei Zusammenbruch dieser Struktur manifest werden.

3. Sexuelle Devianz (Perversionen)

3.1 Eine narzißtische Störung

Sexuelle Abweichungen oder sexuell deviantes Verhalten sind *dauernde*, sich stereotyp wiederholende ritualisierte sexuelle Verhaltensweisen, und zwar entweder im Hinblick auf den Befriedigungsmodus oder im Hinblick auf das Objekt, an dem oder durch das die sexuelle Befriedigung erfolgt. In jedem Falle wird die normale Vereinigung der männlichen und weiblichen Genitalien ausgespart bzw. in eine untergeordnete Rolle verwiesen. Ja, man kann sagen, daß alle perversen Verhaltensformen geradezu dem Zweck dienen, den normalen Sexualverkehr, insbesondere den Orgasmus, zu verhindern. Der letztere gelingt ja nur, wenn die mit dem orgastischen Ich-Verlust verbundenen Ängste toleriert werden können (S. Lorand und M. Balint, 1956). In dieser Perspektive imponiert der perverse Akt als ein Versuch, die Regression zur Ich-Objekt-Verschmelzung im orgastischen Akt zu vermeiden. Das Bedürfnis nach periodischer Regression in Gestalt des heterosexuellen Geschlechtsverkehrs wird nicht anerkannt. Zugleich wird die Notwendigkeit der „Eroberungsarbeit", d. h. der Verwandlung eines unerregten Objektes in einen kooperativen genitalen Partner, verbunden mit entsprechender Einfühlung in ihn, nicht bejaht (M. Balint, 1956, S. 180).
Diese Verhältnisse weisen auf Störungen in den frühen Objektbeziehungen der Perversen hin und klinisch finden wir in der Tat bei fast allen Perversen eine ganze Reihe von *narzißtischen* Charaktereigenschaften im Sinne der „Grundstörung" (M. Balint, 1970) oder einer „narzißtischen Persönlich-

keitsstörung" (H. Kohut, 1971). Nicht von ungefähr finden wir umgekehrt bei narzißtischen Persönlichkeitsstörungen häufig perverse Handlungen.

3.2 Eine Sexualstörung

Zugleich weist die Perversion auf Störungen der Sexualität im engeren Sinne, d.h. der Genitalität hin. Dabei gibt es grundsätzlich zwei Möglichkeiten: Die perverse Handlung ist
a) direkter Ausdruck einer persistierenden infantilen Sexualäußerung, d.h. eines sexuellen Partialtriebes und/oder
b) ein Kompromiß zwischen diesem Triebbedürfnis und einer ihm geltenden Abwehr.
Insofern ist der perverse Akt aufgebaut wie der Traum und wie das neurotische Symptom (H. Sachs, 1923; O. Rank, 1926; P. C. Kuiper, 1962/63 b). Abgewehrt werden insbesondere die dem Ödipuskomplex korrelierten Kastrationsängste, wobei die Regression wie auch bei vielen Neurosen als Abwehrmechanismus fungiert. Die Regression zu früheren psychosexuellen Organisationsstufen bringt ihrerseits noch einmal die „Infantilisierung der Genitalfunktion" (O. Rank, 1. c., S. 87) zustande. Im Unterschied zu den Symptomneurosen wird aber der infantile Trieb in dem perversen Akt wenigstens partiell ausgelebt, während er bei der Neurose nur in der Phantasie, im Traum oder im Symptom zum Ausdruck kommt (H. Nunberg, 1931). Man sagt deshalb auch, die Neurose sei das „Negativ" der Perversion (S. Freud, 1905, S. 65).

3.3 Eine Ich-Störung

P. C. Kuiper (1962/63 b, S. 497) unterscheidet zwei Gruppen im Hinblick auf die verschiedenen ich-psychologischen Merkmale:
Die eine Gruppe ist im oben beschriebenen Sinn mit der Neurose verwandt und durch autoplastische Reaktion, Leidensdruck, Identifikation mit den Mitmenschen, stärkeres Verantwortungsgefühl und erlebbare Schuld- und Angstgefühle gekennzeichnet. Die andere Gruppe ist mit der noch weiter unten näher zu beschreibenden Soziopathie verwandt und weist alloplastische Reaktionsform, Ausagieren der Spannungen, fehlende Identifikation mit den Mitmenschen, nicht erlebte Schuldgefühle und allenfalls als soziale Angst empfundene Angstgefühle auf.

3.4 Eine Aggressionsstörung

Die latente Aggressivität oder Feindseligkeit nennt Stoller (1975) eine „erotische Form von Haß". Das heißt: in der perversen Handlung wird neben Liebe mehr oder weniger Haß gegenüber dem Objekt ausgelebt. Dabei handelt es sich vielfach um Rache als Vergeltung für erlittene Demütigungen und Enttäuschungen vorwiegend in phallisch-exhibitionistischer Position. Im Triumph über sein Opfer erlebt sich der pervers Handelnde entschädigt. Sein Verhalten birgt hierbei freilich das Risiko, in der aktuellen Beziehung wieder so gedemütigt zu werden, wie er sich als Kind gedemütigt erlebt hatte. Die Entwertung, Geringschätzung und Verachtung gegenüber dem Opfer zeigt sich im Bericht eines Analysanden, der in einem Homosexuellenlokal einen potentiellen Partner just in dem Moment wortlos verließ, als dieser größtes Interesse an seinem erigierten Penis bekundete. In tieferer Schicht entsprach sein Verhalten einer Reaktion auf früher erlebte narzißtische Kränkungen. Nach psychoanalytischer Kasuistik liegt der sexuell devianten Handlung ein verzweifeltes Bemühen um Geliebtwerden zugrunde, eine Sehnsucht nach „primärer Liebe" im Sinne Balints (1937), die derartige Menschen nicht erfahren haben, die sie nun in Form einer Ersatzbefriedigung im perversen Handeln suchen.

3.5 Eine Störung der Männer

Sexuell deviantes Verhalten betrifft vorwiegend Männer. Der Grund dafür scheint darin zu bestehen, daß die psychosexuelle Entwicklung des Mannes, entgegen früherer Ansichten, in präödipalen Phasen der Separation und Individuation komplizierter verläuft: Ohne Objektwechsel bleibt der Mann mehr oder weniger an die Mutter gebunden. Insofern flieht er vor der die Mutter repräsentierenden Frau, weniger aus Kastrationsangst, vielmehr aus Angst vor der im Kindesalter allmächtig erlebten Mutter. Vielfach gelingt es dem Mann indessen, die entstandenen Ängste dadurch abzuwehren, daß er, erleichtert durch die Hochschätzung von Männlichkeit in der herrschenden Gesellschaft oder durch entsprechende Familienverhältnisse und begünstigt durch die Sichtbarkeit seines Gliedes, eine forciert phallische Position einnimmt.

3.6 Die einzelnen sexuellen Abweichungen

3.6.1 Exhibitionismus

Im Exhibitionismus zeigt der männliche Exhibitionist seiner Umwelt, meist kleinen Mädchen gegenüber, daß er nicht wie diese kastriert ist. Damit ist die Kastrationsangst durch Überbesetzung eines Partialtriebes abgewehrt und zugleich eine infantile Befriedigung wiederholt (S. Freud, 1905). Darüber hinaus ist im Exhibitionismus eine „Identifikation mit dem Angreifer" (A. Freud, 1946) enthalten, nach dem Motto: „Zeigt mir, daß ihr Angst habt, dann brauche ich keine Angst zu haben!" Die Angst bezieht sich dabei nicht nur auf den Penis, sondern im Grunde auf die ganze Person, deren Ich-Identität unsicher ist.

Von Exhibitionismus bei Frauen kann man sprechen, wenn der Körper gewissermaßen als Repräsentant des phantasierten Phallus zur Schau gestellt wird (O. Fenichel, 1945, S. 347). Im übrigen erscheint weiblicher Exhibitionismus, wenn auch überwiegend dem Voyeurismus der Männer dienend, weitgehend sozial akzeptiert, man denke nur an Erscheinungen der Mode; ein Grund dafür, daß Exhibitionismus als deviantes Verhalten bei Frauen praktisch nicht vorkommt.

3.6.2 Fetischismus

Beim Fetischismus ist das Syndrom nicht einfach eine Übersteigerung eines Partialtriebes. Die Abwehr der Kastrationsangst ist aber auch hier der Hauptzweck. Der Fetisch stellt ein Symbol dar. In ihm verehrt der Kranke etwas für ihn sehr Wichtiges. Meist ist es der phantasierte Phallus der Mutter (S. Freud, 1927, S. 312). Die Ursache ist eine gestörte präödipale Entwicklung mit einer unbewußten Bindung an eine phallische Mutter, deren Penislosigkeit verleugnet wurde. Diesen Abwehrmechanismus hat der Fetischist mit dem Psychotiker, insbesondere dem Maniker, gemeinsam (vgl. S. 225). Er hat damit zwar „die Realität verleugnet, aber seinen eigenen Penis gerettet" (S. Freud, 1938 a, S. 61). Zuweilen stellt der Fetisch auch ein prägenitales Symbol dar, etwa die Brust oder ein „transitorisches Objekt" (D. W. Winnicott, 1953, S. 299). Damit würde auch diese Perversion im Gegensatz zu den älteren, klassischen Auffassungen weniger auf einen ödipalen Konflikt, vielmehr auf eine frühe emotionelle Deprivation mit Ich-Störung zurückzuführen sein. Die Sexualität des Fetischisten ist hinsichtlich der Beziehung zu einem Mitmenschen stark reduziert. Seine Kommunikationsfähigkeit ist denkbar gestört. In seinem Verhalten zeigt er insofern eine große Hilflosigkeit und Unfähigkeit, Sexualität in einer konkreten Beziehung zu einem anderen Partner zu integrieren.

3.6.3 Transvestitismus

Beim Transvestitismus findet, wie beim Fetischismus, eine Verleugnung des eigenen Geschlechts statt. Dazu kommt eine Identifizierung mit dem Gegengeschlecht wie bei der Homosexualität. Der Transvestit fühlt sich als Frau wie ein Mann bzw. als Mann wie eine Frau, legt sich die betreffenden

Attribute zu und sucht sich dergestalt mit einer andersgeschlechtlichen Geschlechtsidentität einen gleichgeschlechtlichen Partner. Ängste und Unsicherheit in der eigenen Ich- und Geschlechtsidentität sind die wesentlichen psychischen Ursachen, hervorgehoben durch soziale Versagungen zärtlicher Wünsche nach Befriedigung durch den andersgeschlechtlichen Elternteil in der frühen Kindheit.

3.6.4 Transsexualismus

Interessant ist neuerdings der Transsexualismus: Transsexuell nennen wir Menschen, die ihr biologisch vorgegebenes Geschlecht wechseln wollen. Als Frau fühlen sie sich wie ein Mann beziehungsweise als Mann wie eine Frau. Eine Vorform des Transsexualismus ist der schon erwähnte Transvestitismus. Während sich aber der Transvestit mit der Kleidung des andern Geschlechts begnügt, wünscht der Transsexuelle die Veränderung seines Körpers. Er scheut daher keine Mühe, durch operative Eingriffe die körperlichen Merkmale des ihm verhaßten vorgegebenen Geschlechtes zu entfernen, und die Attribute des gewünschten Geschlechts zu erwerben. Dabei wünschen mehr Männer, Frau zu sein als Frauen, Mann zu sein.
Im Transsexualismus ist die Geschlechtsidentität zentral gestört. Dabei läßt sich die entstandene Störung psychoanalytisch darauf zurückführen, daß zum Beispiel ein als männlich geborenes Individuum in einer überwiegend weiblich bestimmten Umwelt die Erfahrung machte, als Junge abgelehnt und als Mädchen geliebt zu werden. Der Grund dafür, daß mehr Männer Frauen zu sein wünschen, liegt vielfach an der nicht genügend vollzogenen Abgrenzung aus der frühen symbiotischen Beziehung mit der Mutter. Über den Transsexualismus bleiben sie somit unbewußt mit der Mutter verbunden. Transsexualismus erscheint insofern als ein der Psychose nahestehendes Phänomen, als ebenso das biologisch vorgegebene Geschlecht geleugnet wird, wie die psychologisch unvermeidliche Trennung aus der Symbiose mit der Mutter.

3.6.5 Sadomasochismus

Während sadistische und masochistische Phantasien im einschlägigen Abschnitt über Neurosen abgehandelt sind (vgl. Roskamp, S. 103 f. u. 112 ff.), geht es hier um manifest sadistisches beziehungsweise masochistisches Verhalten. Die Wiederbelebung der analen sadistischen Entwicklungsphase ist dazu unabdingbare Voraussetzung. Im sadomasochistischen Akt sind beide beteiligten Personen gleichzeitig sadistisch und masochistisch engagiert. Das heißt: während der eine den anderen (aktiv) sadistisch quält, wird der andere (passiv) masochistisch gequält. In der Identifizierung mit dem Opfer ist aber der Sadist in ein und demselben Akt gleichzeitig masochistisch, während der Masochist in der Identifizierung mit dem Sadisten an dessen Genuß heimlich partizipiert. Im Gegensatz zu Exhibitionismus, Voyeurismus und Fetischismus ist die Kommunikationsfähigkeit der in einer Zweierbeziehung engagierten Person wesentlich größer. Dennoch dürfte latenter Haß, Rache, Entwertung oder Verachtung des Täters gegenüber dem Opfer in stärkerem Ausmaß beteiligt sein als den anderen achtende Liebe. Insofern wird im sadomasochistischen Akt der andere jeweils als Mittel zum Zweck benutzt oder mißbraucht. Stoller (1979) spricht von ,,Dehumanisierung'' des Sexualobjekts. Extremfall einer sadistischen Handlung ist der Sexualmord, in dem Angst, Lust und Zerstörung (E. Schorsch und N. Becker, 1977) eine tragische Trias bilden.

3.6.6 Voyeurismus

Voyeurismus ist das heimliche Zuschauen beim Geschlechtsakt anderer. Allerdings gibt es heute so viele Gelegenheiten (Pornographie), diesbezügliche Bedürfnisse in sozial akzeptabler Form zu befriedigen, daß derartiges sexuell abweichendes Verhalten selten geworden ist. Psychodynamisch spielen unbewußte Ängste vor dem konkreten Vollzug sexueller Handlungen eine wesentliche Rolle. Der Voyeurist begnügt sich insofern mit einer Vorform sexuellen Verhaltens. Dem Voyeurismus des Mannes korrespondiert der gesellschaftlich weitgehend tolerierte Exhibitionismus der Frau. Jedenfalls nutzt der Mann leicht exhibitionistische Tendenzen der Frauen für voyeuristische Ziele.

3.6.7 Weitere sexuelle Abweichungen

Bei *Sodomie* und *Nekrophilie* spielen ebenso wie bei den schon erwähnten Perversionen die Angst vor Ich-Verlust, der Mangel an Objektbeziehungen und die Unlust zur ,,Eroberungsarbeit'' eine wesentliche Rolle. Dazu kommt eine Ich-Störung, verbunden mit einem Defekt in der Realitätsprüfung, was diese seltenen Perversionsformen in die Nähe der Psychose rückt (M. Balint, 1956, S. 172). In einem selbst beobachteten Fall entsprach der Wunsch, mit einer Ziege zu verkehren, dem unbewußten Wunsch nach Schwester-Inzest. Aus Angst vor diesem Tabu wich der Patient also durch Verschiebung auf ein Tier aus, wobei die gleichzeitige Abwertung des Objektes als ,,Ziege'' zusätzliche sadistische Befriedigung verschaffte. Hinter seinem Verhalten verbarg sich letztlich eine große Hilflosigkeit gegenüber sexuellen Impulsen, verbunden mit einer Unfähigkeit, durch entsprechend zärtliches und sprachliches Verhalten um ein Sexualobjekt zu werben.

4. Homosexualität

4.1 Vorbemerkung

In der Psychiatrie wird Homosexualität ebenso wie auch weitgehend noch in der Psychoanalyse als eine Form abweichenden sexuellen Verhaltens, gemessen an der Norm der Heterosexualität, verstanden. Dies ist in der vorliegenden Krankheitslehre der Psychoanalyse nicht anders. Damit soll nicht geleugnet werden, daß es Menschen gibt, die in freier Entscheidung homosexuell leben, dabei aber ebenso wenig gestört sein müssen, wie sich heterosexuell verhaltende Menschen. In unserem Beitrag zur Homosexualität als Teil einer Krankheitslehre der Psychoanalyse geht es lediglich um diejenigen Menschen, die nicht nur wegen gesellschaftlicher Kriminalisierung, sondern vorwiegend an unbewußten, in der Kindheit erworbenen ungelösten inneren Konflikten *leiden*. Insofern kann Homosexualität durchaus Krankheit sein (Socarides 1967). Wir untersuchen also sich homosexuell verhaltende Menschen genau so wie heterosexuell orientierte Individuen daraufhin, inwieweit sie diejenigen Merkmale aufweisen, wie sie oben unter 3.1–3.5 genannt wurden. Finden wir dann Kastrationsängste oder Ängste vor einer regressiven Ich-Objekt-Verschmelzung, eine Unfähigkeit zu „Eroberungsarbeit", Merkmale narzißtischer Persönlichkeitsstörungen, die von Stoller (1979) beschriebene „erotische Form von Haß" oder Entwertung des Sexualobjektes, dann zählen wir nach wie vor homosexuelles Verhalten zu den Perversionen. Allerdings müßte man dann konsequenterweise auch heterosexuelles Verhalten, dem die genannten Merkmale in nicht unbeträchtlichem Ausmaß beigemengt sind, zu den Perversionen zählen. Logischerweise wäre dagegen ein von derartigen Merkmalen freies Verhalten zweier in gegenseitiger Achtung sich liebender homosexueller Partner nicht als Perversion einzustufen. Dasselbe trifft – mutatis mutandis – für die weibliche Homosexualität zu (D. H. Rosen, 1974).

4.2 Männliche Homosexualität

Inzest- und Kastrationsangst konzentrieren sich normalerweise beim Mann auf das weibliche Geschlecht. Am weiblichen Genitale erlebt der Knabe, daß es penislose Wesen gibt. Er fürchtet um seinen Penis, was ihm unerträglich ist. Diese Angst wird dadurch abgewehrt, daß die Penislosigkeit der Frau

verleugnet wird. Zugleich entgeht der Knabe seiner Angst dadurch, daß er sich mit der Mutter identifiziert. Die Identifikation mit der Mutter kann
a) ohne Regression auf phallisch-narzißtischer Stufe erfolgen,
b) mit Regression auf die anal-sadistische Organisationsstufe.
Der Homosexuelle verhält sich also wie seine Mutter und liebt zugleich, bei gleichzeitiger narzißtischer Identifikation mit dem Knaben, diesen so, wie ihn seine Mutter hätte lieben sollen (S. Freud, 1905). Diese Form der Homosexualität wird auch als „*Aktive* Homosexualität oder Objekt-Homoerotik" bezeichnet (S. Ferenczi, 1911, S. 155). Wir nennen sie deshalb „aktiv", weil dieser homosexuelle Mann subjektiv durchaus als Mann handelt (obschon er unbewußt mit der Mutter, also feminin narzißtisch identifiziert ist), meist auch männlich aussieht, während die Bezeichnung „Objekt-Homoerotik" daher kommt, weil das Liebesobjekt eben nicht im hetero-, sondern homosexuellen Sinne gewählt wird.
Die andere Möglichkeit ist die, daß der mit der Mutter identifizierte Mann so geliebt zu werden wünscht, wie der Vater die Mutter liebte. Dann handelt es sich um „*Passive* Homosexualität oder Subjekt-Homoerotik". Mit anderen Worten: Es liegt ein negativer Ödipuskomplex vor mit passiv-femininer Haltung, entstanden durch Regression auf die anal-sadistische Organisationsstufe (P. C. Kuiper, 1962/63 a). In diesem Fall fühlt sich der Betreffende im Gegensatz zum Objekt-Homoerotiker ganz als Frau und weist meist auch feminine Gesichtszüge auf; er ist subjektiv invertiert; daher Ferenczis Bezeichnung Subjekt-Homoerotik.
Die Mutterproblematik in der Psychogenese der männlichen Homosexualität ist typisch. Zuerst besteht eine enge Mutterbindung, darauf folgt eine Enttäuschung. Rücksicht auf einen kranken oder empfindlichen Vater oder eine Bruderrivalität erleichtern ihr Auftreten (S. Freud, 1922). Im Zusammenhang mit der Mutter-Problematik kommt es zu einer Fixierung auf oraler Stufe. In der Regression auf diese Stufe droht dem Homosexuellen eine neue Gefahr, nämlich die der Hingabe an die oralen Bedürfnisse. Sie spielt bei der manifesten Homosexualität eine große Rolle. Orale Bedürfnisse können im homosexuellen Akt in entstellter Form teilweise Befriedigung erfahren, oft jedoch nur in der Phantasie. Der äußerliche homosexuelle Akt wird innerlich oral erlebt (F. Morgenthaler, 1961/62). Wenn wir auch nicht, wie in der zweiten Auflage dieses Beitrags, Ich-Störungen und Objektabhängigkeit des Homosexuellen den zu Schizophrenie disponierten Persönlichkeiten gleichsetzen wollen, so sind wir mit C. W. Socarides (1967) der Meinung, daß der Homosexualität zumindest eine narzißtische „Persönlichkeits-Struktur" zugrunde liegt. Mit Otto F. Kernberg (1975, S. 328 f.) können wir dabei drei Schweregrade von Homosexualität unterscheiden.
1. den von uns oben formulierten mit der Mutter identifizierten Typ, der

seine homosexuellen Objekte als Repräsentanz seines eigenen infantilen Selbst behandelt,

2. einen weniger gestörten Typ, bei dem das homosexuelle Verhalten eine Unterwerfung unter die gleichgeschlechtliche Elternfigur als Abwehr ödipaler Rivalität bedeutet, und

3. eine schwer gestörte Form, bei der der homosexuelle Partner als Erweiterung des eigenen „grandiosen Selbst" erlebt wird, bei dem es also zu Verschmelzungsprozessen zwischen Selbst- und Objektrepräsentanz kommt. Diese Auffassung steht in Einklang mit F. Morgenthaler (1974), nach der es in der homosexuellen Handlung keinesfalls um Triebbefriedigung, sondern um die Aufrechterhaltung von desexualisierten Objektbeziehungen geht, die die Funktion hat, gleichsam als „Plombe" die „Lücken" (l. c., S. 1081) bzw. Defekte in der Ich- und Über-Ich-Struktur (P. Kutter, 1975 a, S. 220) zu schließen. Diese kompensierenden Strukturen haben die gleiche Funktion wie das „grandiose Selbst" der narzißtischen Persönlichkeit; fehlt sie dem Homosexuellen, rückt er in die Nähe der Grenzfallpersönlichkeit. Beides schließt nicht aus, daß er in seinen kognitiven Strukturen zu hohen intellektuellen Leistungen fähig ist.

Im Hinblick auf die Psychogenese sind wir im Gegensatz zu M. Dannecker und R. Reiche (1974) der Meinung, daß es weniger Probleme der sozialen Rolle sind, die homosexuelles Verhalten bedingen, sondern frühe Störungen speziell der Ich-Identität, natürlich aber auch der Geschlechtsidentität, die wir – soziogenetisch gesehen – mit einem Versagen der Mütter und Väter während der frühen Sozialisation des Kindes, die freilich wiederum gesellschaftlich vermittelt ist, ursächlich in Zusammenhang bringen.

4.3 Weibliche Homosexualität

Lesbische Liebe ist ein vielschichtiges Phänomen. Sie kann als ein „Way of life" frei gewählt werden (D. H. Rosen, 1974) oder Ausdruck einer mehr oder weniger tiefgreifenden Störung sein. Eine unsichere weibliche Identität spielt dabei eine ebenso große Rolle wie Ängste und Abwehr vor dem männlichen Geschlecht. Je nach Schweregrad lassen sich folgende Formen lesbischen Verhaltens unterscheiden:

1. eine Form mit Inferioritätsgefühlen und dem Wunsch, über die Beziehung zu einer anderen (F. S. Caprio, 1958) Frau, aufgewertet zu werden.

2. lesbisches Verhalten aus Angst und Abwehr vor dem männlichen Genitale. Jede Beziehung zu einem Mann bedeutet unbewußt eine Bedrohung. Ursache sind vorausgegangene Traumatisierung in der Beziehung zum Vater oder zu anderen Männern.

3. eine narzißtische Form weiblicher Homosexualität, die über eine Identifi-

zierung mit dem Vater zustande kommt. In phallisch-narzißtischer Position wird dann das andere (meist jüngere) weibliche Objekt so geliebt, wie das Mädchen gewünscht hatte, vom Vater geliebt zu werden (S. Freud, 1920).

4. Bei einer weiteren Form lesbischen Verhaltens bleibt die präödipal infantil gebliebene Frau symbiotisch an die Mutter fixiert, die sie unbewußt in der (meist älteren) Partnerin sucht. Gleichzeitig mag sie dabei versuchen, sich in progressiver Weise von der Mutter abzugrenzen (M. Widmer-Perrenoud, 1982).

Bei der *lesbischen Liebe* ist die Identifikation mit der Mutter wie bei der männlichen Homosexualität die Voraussetzung. Dazu kommt in Umkehr der männlichen Phantasie die Phantasie des Mädchens, einen Penis zu haben. Das Mädchen leugnet also die Penislosigkeit und fühlt sich entweder phallisch-narzißtisch selbst als Mann, indem es einer Frau aktiv begegnet oder es erlebt sich passiv nach Regression auf die anale Stufe von der Freundin so geliebt, wie die Mutter vom Vater geliebt wurde (O. Fenichel, 1931 b). Häufiger ist es, daß die eine Frau in der andern in gemeinsamer Regression auf eine harmonische Phase der Mutter-Kind-Beziehung Zärtlichkeit sucht. Eine weitere Ursache ist die offene oder uneingestandene Angst vor dem männlichen Genitale, vor Unterwerfung, vor Penetration im sexuellen Akt, Neid auf den Mann, Verachtung und Geringschätzung männlichen Verhaltens. Es kommt also unter Umgehung der die narzißtische Vollkommenheit der Frau bedrohenden Männer zu einer gegenseitigen Bestätigung narzißtischer Vollkommenheit (vgl. C. W. Socarides, 1967, S. 99).

Überhaupt scheinen in der lesbischen Liebe Ästhetik und Schönheit neben intensiver Emotionalität besonders betont zu sein (C. Wolff, 1971); Dimensionen, die durchaus geeignet sind, auf vernachlässigte Aspekte männlichen sexuellen Verhaltens hinzuweisen.

5. Soziopathie, dissoziales Syndrom

5.1 Definition

Anstelle des früheren Begriffs der Psychopathie als einer dauernden Störung in der Kernstruktur der Persönlichkeit trotz scheinbar äußerlicher psychischer Gesundheit sprechen wir heute in Übereinstimmung mit der angelsächsischen Nomenklatur von Soziopathie, dissozialem Syndrom oder Entwicklungspsychopathie (J. W. Reicher, 1976). Damit ist die frühere psychiatrische Nomenklatur mit ihrer Typologie psychopathischer Persönlichkeiten (K. Schneider, 1950) überwunden und durch eine psychodynamische Perspektive ersetzt.

5.2 Psychodynamik

5.2.1 Triebpsychologische Aspekte:

Im Vordergrund steht die Unfähigkeit, auf sofortige Triebbefriedigung zu verzichten. Die Sexualität ist auf der oralen Entwicklungsstufe fixiert und dreht sich vorwiegend um Gier und Neid. Der Bereich der Aggressivität zeigt archaische Züge, charakterisiert durch schwer steuerbare, destruktive Aggressivität.

5.2.2 Ich-psychologische Aspekte

Gemeinsame Grundlage von Soziopathie, dissozialem Syndrom und Entwicklungspsychopathie ist eine strukturelle Ich-Störung, gekennzeichnet durch mangelnde Impulskontrolle und geringe Frustrationstoleranz, schwerwiegende Störungen in den mitmenschlichen Kontakten, verbunden mit einer Unfähigkeit, Gefühle auszudrücken, und einer geringen Fähigkeit, aus Erfahrungen zu lernen (U. Rauchfleisch, 1981, S. 42). Dazu kommen, wie bei den Grenzfällen (vgl. S. 251 ff.) erhöhte narzißtische Besetzung des Ich zu Ungunsten der Objekte, nicht genügend getrennte Selbst- und Objektrepräsentanzen, hohe Abhängigkeit vom Idealobjekt und eine infantile, primär passiv Befriedigung suchende Liebe. Die Ich-Funktionen sind entsprechend eingeschränkt. Sie zeigen dieselben Merkmale wie die der Borderline Persönlichkeitsstörungen, nämlich niedrige Frustrationsschwelle, erhöhte Neigung zu Triebdurchbrüchen und geringe Sublimationsfähigkeit. Desgleichen ist die Realitätsprüfung beeinträchtigt. Dabei ist besonders die Fähigkeit, zwischen Innenwelt und Außenwelt zu unterscheiden, betroffen. Das heißt: innerseelische Konflikte werden leicht externalisiert und äußere Konflikte werden als innere wahrgenommen. Magisch-halluzinatorisches Denken zeugt von dem gestörten Wirklichkeitssinn (S. Ferenczi, 1913). Die diesbezüglichen Bedingungen prädisponieren zu delinquentem Verhalten (vgl. III, 6).

5.2.3 Über-Ich

Der strukturellen Ich-Störung korrespondiert eine strukturelle Über-Ich Störung. Das Über-Ich ist desintegriert und enthält verinnerlichte antisoziale Normen. Positive Identifikationsobjekte fehlen. Extrem gewährende und

extrem strafende Areale arbeiten unabhängig voneinander. Damit ist die „Binnensteuerung" der Person nur unzureichend ausgebildet: Triebregungen können sich unter derartigen Über-Ich-Bedingungen und bei dem ohnehin in seinen Funktionen eingeschränkten Ich relativ ungehindert auf das Verhalten auswirken. Auf diese Weise werden die Forderungen des in seiner Funktionsfähigkeit ohnehin eingeschränkten Über-Ich um so leichter umgangen, was mit folgender Abwehrkonstellation zusammenhängt:
a) projektive und introjektive Identifikationen,
b) Verleugnung, Bestechung, Isolierung sowie Ich-Einschränkung (P. Parin, 1961/62; W. Goudsmit, 1974 a, S. 107).

5.2.4 Abwehr

Wie bei den Borderline-Persönlichkeiten dominieren primitive Abwehrmechanismen wie Spaltung, projektive und introjektive Identifikation, Verleugnung, primitive Idealisierung und Entwertung. Bestimmte Über-Ich-Forderungen können auch durch Bestechung dadurch umgangen werden, daß in ein und demselben Akt bestimmte Forderungen erfüllt und andere übertreten werden (P. Parin, 1961/62; R. Battegay, 1979; U. Rauchfleisch, 1981, S. 106). Nach B. Joseph (1961) dient die projektive Identifizierung auch der Abwehr depressiver Gefühle, wie überhaupt die primitiven Abwehrmechanismen das prekäre Gleichgewicht der dissozialen Persönlichkeit schützen müssen.

5.2.5 Objektbeziehungen

Die *Objektbeziehungen* sind nicht stabil (W. Reich, 1925; J. Lampl-de Groot, 1949). Sie entsprechen primitiven Objektbeziehungen, so wie sie in der frühen Kindheit vor den primären Identifikationen bestanden. Das bedeutet Abhängigkeit vom Objekt. Wenn also die intrapsychischen Abwehrmaßnahmen versagen, muß interpsychisch mit den Objekten agiert werden, wobei diese x-beliebig ausgewechselt werden können; sie müssen nur „bedürfnisbefriedigende Objekte" sein. Der Soziopath verführt sie dazu, sich genauso zu verhalten, wie die früheren Bezugspersonen es taten. Gelänge dies nicht, so träte ein panikartiges Gefühl der Vernichtung auf, ähnlich dem in der schizophrenen Psychose, welches die Ich-Schwäche enthüllen würde. Der Soziopath ist nicht fähig, so wie der Neurotiker, Angst zu fühlen, denn das Ertragen von Angst setzt schon eine gewisse Ich-Reife voraus, die der Soziopath nicht hat (vgl. die Angst in der Psychose, S. 226 f.). Dasselbe gilt für Schuldgefühle; um diese Gefühle nicht ertragen zu müssen, projiziert der Soziopath seine Konflikte in die Gesellschaft, indem er sich durch „Agieren" mit anderen Menschen entlastet. Mit anderen Worten: Um sein Ich zu retten, wird er asozial. Der Soziopath ist somit „*narzißtisch und asozial in einer Person*".

5.3 Psychogenese und Soziogenese

Hier ergänzen sich wieder innere und äußere Faktoren.

a) Als innere Ursache verhindert eine *angeborene* Störung die normale Ich-Bildung trotz guter Milieubedingungen („angeborene Soziopathie im strengen Sinne des Wortes", H. G. van der Waals, 1943). Dabei scheint der Introjektionsvorgang als solcher aus konstitutionellen Gründen so gestört zu sein, daß keine brauchbaren Objekte introjiziert und in das Ich eingebaut werden können. Dasselbe Ergebnis kann auch durch u.U. „minimale organische Hirnschäden" (M. D. Gross und W. G. Wilson, 1974; M. Müller-Küppers, 1969) zustande kommen.

b) Soziopathie kann aber auch durch psychogene Schädigungen *erworben* werden. Der Soziopathie-Begriff deckt sich dann mit dem der Charakterneurose („Erworbene Soziopathie", H. G. van der Waals, 1. c.). Hier sind es asoziale Elternfiguren, auf die das Kind in den ersten Lebensjahren angewiesen ist und die es nach dem Motto „Friß Vogel oder stirb!" ebenso aufnehmen muß wie das zur Schizophrenie disponierte Kind die „schizophrenogene" Mutter. Das Kind übernimmt die labile Struktur des psychischen Organismus der Eltern: dasselbe labile Ich, dieselbe unreife Sexualität und Aggressivität und dasselbe gestörte Ich-Ideal und Über-Ich. Die Introjektion dieser dem Kinde schädlichen Persönlichkeitsanteile der Eltern findet in einem Stadium statt, in dem auch die Vorbedingungen zur Schizophrenie und der manisch-depressiven Erkrankung erworben werden: also viel früher als zu der Zeit, in der die Ursachen für die Neurosen zu suchen sind. Zugleich übernimmt das Kind die unreifen Objektbeziehungen der asozialen Elternfiguren. Der Soziopath ist somit zu einer regelrechten Objektliebe nicht fähig, sondern er bleibt auf primär narzißtischer Stufe fixiert und kann höchstens infantile Objektbeziehungen eingehen. Die letzte Ursache ist das Fehlen einer Vertrauen fördernden, liebevoll sorgenden Umwelt, in der die Mütter sich auf das Kind einstellen können und darin von der Gesellschaft unterstützt werden.

6. Delinquentes Verhalten

6.1 Definition

Delinquentes Verhalten ist ein Abweichen von den ethischen Normen der Gesellschaft und in den meisten Fällen Ausdruck einer seelischen Störung. Dabei kann der kriminelle Akt im Sinne einer sogenannten „funktionellen Delinquenz" ein psycho-somatisches, psycho-neurotisches oder psychotisches Syndrom „ersetzen" (E. Glover, 1950, S. 387). Es ist also keinesfalls möglich, von Delinquenz als einer nosologischen Einheit zu sprechen (W. Goudsmit, 1963/64, S. 664), sondern allenfalls von verschiedenen Formen, die einem pseudo-neurotischen, soziopathischen oder psychotischen Typ (E. Glover, 1922, S. 19) entsprechen.

6.2 Psychodynamik

Delinquentes Verhalten kann:
a) unmittelbar Ausdruck einer überstarken Triebregung sein und/oder
b) zugleich die Abwehr dagegen enthalten (W. Goudsmit, 1974 a, S. 112);
c) gleichzeitig kann der kriminelle Akt Symptomcharakter haben, insofern, als Angst (meist handelt es sich um Trennungsangst) oder Schuldgefühle reaktiv abgewehrt werden (E. Glover, 1954, S. 301).
Die Bedürfnisse werden dann „weder durch äußere noch durch verinnerlichte Angst zurückgehalten" (R. Waelder, 1963, S. 187). Triebpsychologisch handelt es sich naturgemäß meist um infantile, sadistische Triebregungen, die im kriminellen Akt teilweise oder ganz befriedigt werden. Die aggressiven Triebanteile haben sich im übrigen von den libidinösen weitgehend gelöst (Triebentmischung) und sind darüber hinaus wenig neutralisiert. Der grundsätzliche Unterschied der Kriminalität gegenüber Neurose, Psychose oder psychosomatischer Krankheit besteht darin, daß der Konflikt zwischen Trieb und Abwehr nicht internalisiert ist, sondern offen in der Außenwelt ausgetragen wird. So wird z.B. im Gegensatz zur phobischen Vermeidung bei der Angsthysterie das Objekt geradezu gesucht und gewaltsam attackiert, so daß man bei einem derartigen delinquenten Akt von einer Art Positiv der Phobie[23] sprechen kann. Autoplastisches Geschehen wird also durch alloplastisches ersetzt. Damit kommt es unweigerlich zu einem Zusammenstoß mit den Gesetzen der menschlichen Gesellschaft.
Im übrigen ist die Delinquenz durch folgende generellen Merkmale ausgezeichnet: Das Lustprinzip ist nicht durch das Realitätsprinzip abgelöst.

---

[23] Umgekehrt kann dann die Phobie das Negativ des delinquenten Verhaltens sein.

Charakterologisch entspricht der Kriminelle dem sogenannten triebhaften Charakter (W. Reich, 1925, S. 67), dessen besondere Kennzeichen die Isolierung der sadistischen Impulse von etwa auftretendem Schuldgefühl, die Verdrängung des Über-Ich und die Diskrepanz zwischen Ich und Über-Ich sind. Ein normales, sozial ausgerichtetes Über-Ich wird überhaupt vermißt (A. Aichhorn, 1925). Damit ist die Fähigkeit der Steuerung und Kontrolle der Triebansprüche unvollkommen.

Diese Verhältnisse werden am besten durch eine Fixierung an primitive Über-Ich-Kerne erklärt, auf die der durch frühkindliche Traumata zur Delinquenz prädisponierte Mensch in der kriminellen Handlung regrediert (E. Glover, 1954, S. 146). Darüber hinaus besteht „eine spezielle Diskordanz zwischen der Entwicklung des Über-Ichs und des Ich-Ideals" (J. Lampl-de Groot, 1962, S. 330), insofern als das erstere besonders hart und streng ist, während letzteres im Stadium der primitiven Größenphantasien verharrt.

Die Ich-Entwicklung ist auf einem frühkindlichen Niveau stehen geblieben. Dem Ich-Kern fehlen positive Identifikationen. Eine durchgehende Besetzung des primären Objektes ist nicht erfolgt, so daß wie in der Vorgeschichte der Psychosen ein Ich-Defekt vorliegt.

Der bevorzugte Abwehrmechanismus bei der Delinquenz ist die Projektion bzw. die Externalisierung. Hierbei sind es nicht nur sadistische Triebregungen, sondern besonders primitive Über-Ich- und Ich-Anteile, welche, da nicht hinreichend assimiliert, besonders leicht auf Objekte der Umwelt externalisiert werden. Der „soziale Organismus" ist somit (im Gegensatz zu der Projektion des psychosomatisch Kranken in den „biologischen Organismus") der „Projektionsschirm" (C. de Boor, 1976, S. 640) des Delinquenten. Dieser projiziert aber nicht nur, er agiert spezifisch kriminell, um einem innerseelisch unerträglichen Zustand zu entgehen, während ein und dieselbe intra-psychische Verfassung andere Menschen ebenso spezifisch, wenn auch auf formal anderen Wegen, in die Perversion, Psychose oder psychosomatische Erkrankung treibt.

Im übrigen sind die Kontakte zu anderen Menschen durch Abhängigkeit von bedürfnisbefriedigenden Objekten gekennzeichnet, die immer vorhanden sein müssen. Sind sie nicht da, so werden die sofort nach Befriedigung drängenden Bedürfnisse eben im kriminellen Akt, notfalls mit Gewalt, befriedigt. Eine besondere Untergruppe der Kriminalität bilden die Verbrecher aus Schuldbewußtsein, wobei in der Strafe ein Strafbedürfnis für ganz andere Taten gesucht wird, in der Regel aus Schuldgefühl aufgrund des Ödipuskomplexes (S. Freud, 1915 b, S. 389).

6.3 Psychogenese und Soziogenese

Die Ursachen der Delinquenz sind teils in exogenen frühen Schädigungen der Ich-, Über-Ich-, Ich-Ideal- und Triebentwicklung zu suchen, teils in einer angeborenen Abartigkeit des psychischen Organismus, vor allem in Defekten der Triebausstattung (E. Glover, 1954, S. 86). Die Eltern sind vielfach asozial, vermitteln dem Kind nicht die notwendige affektive Zuwendung, so daß man mit W. Goudsmit (1974 b, S. 690) von einer „frühen affektiven Verwahrlosung" sprechen kann. Es sind „ungewollte Kinder" (A. Hustinx, 1976, S. 571), wie sie in einer „mutterlosen Gesellschaft" (P. Kutter, 1974 b, S. 174) im Interesse einer die mütterliche Funktion ablehnenden Emanzipation der Frau häufig sind.

L. Böllinger (1979) entwickelte in Analogie zu den in diesem Buch vorgelegten drei für die Schizophrenie relevanten Fixierungsstellen (vgl. II. Spezielle Psychosenlehre, 1., 1.2.1–1.2.3) eine Typologie mit Zuordnung von bestimmtem delinquentem Verhalten einerseits und Traumatisierung in einer bestimmten Entwicklungsphase der Objektbeziehungen andererseits:

1. Wirtschaftskriminalität, Betrug und Hochstapeln, ist gekennzeichnet durch nahezu völlig fehlende menschliche Beziehungen oder soziale Gefühle mit einer ersten Fixierungsstelle während der Phase des Haltens im Sinne von D. W. Winnicott.

2. Akte offenen Hasses, aggressiv-gewalttätige Delikte und Terrorkriminalität lassen sich einer zweiten Fixierungsstelle zuordnen, die der primären Liebe im Sinne von Balint (1937), der Dual-Union oder der symbiotischen Phase im Sinne von M. Mahler (1968) entspricht.

3. Diebstahl und Raub können im Zusammenhang mit einer dritten Fixierungsstelle in der Phase der Auflösung der Dual-Union gesehen werden.

4. Eigentums- und Vermögensdelikte, die leicht als Ersatz für entbehrte mütterliche Zuwendung verstanden werden können, lassen sich schließlich einer ödipalen Fixierungsstelle zuordnen.

7. Prostitution

Prostituierte sind anorgastisch und in ihrer weiblichen Identität gestört, führt doch eine gesunde weibliche Identifikation niemals zur Prostitution (A. Aichhorn, 1925). Die wesentlichen psychodynamischen Merkmale sind unbewußte Eifersucht und Feindseligkeit gegenüber dem Mann, der die Prostituierte aufsucht und der vielfach Objekt ist, an dem die Prostituierte ihren manifesten und latenten Sadismus abreagiert (E. Glover, 1943, S. 256).

Dabei repräsentiert der die Prostituierte aufsuchende Mann vielfach unbewußt den in der Kindheit frustrierenden Vater, an dem sich die Prostituierte rächt. In tieferer Schicht gilt die Rache auch der Mutter[24].

Trieb-psychologisch bewegt sich die Prostituierte auf analsadistischer Organisationsstufe, wobei ihre sexuelle Entwicklung auf dieser Ebene überhaupt stecken geblieben ist oder auf die sie nach Erreichung des Genitalprimats wieder regrediert.

Rächt sie sich also einerseits in regressiv-sadistischer Weise am Klienten für die erlittenen Frustrationen durch den Vater, so schließt dies nicht aus, daß sie andererseits mit diesem auch identifiziert ist, woraus ihr männlicher Einschlag resultiert, übernimmt sie doch in ihrer Handlungsweise die Rolle des Mannes. Prostitution ist somit eine Form weiblicher Homosexualität (F. S. Caprio, 1958). Im übrigen erleichtern äußere Umstände als auslösende Faktoren das Auftreten dieser besonderen Form sexueller Tätigkeit (A. Hoff, 1956, S. 694). Conditio sine qua non sind jedoch die erwähnten triebpsychologischen Besonderheiten. Dazu kommen Ich-Störungen, wie wir sie bei Perversion, Soziopathie und Delinquenz beschrieben haben, die ihrerseits wieder Folge früher Sozialisationsschäden sind.

8. Sucht bzw. Drogenabhängigkeit

8.1 Definition

Unter dieser Bezeichnung verstehen wir eine ganze Reihe uneinheitlicher Phänomene, von denen wir wie bei den Psychosen und den anderen psychiatrischen Krankheitsbildern im Rahmen dieses Buches lediglich die psychoanalytischen Aspekte darstellen. In jedem Falle ist die Sucht durch eine Kombination von trieb- und ich-psychologischen Störungen gekennzeichnet. Dazu kommt als besonderes Merkmal eine Störung der Fähigkeit zur Objektbeziehung.

Mit S. Freud (1928, S. 385/86) kann man die Sucht so wie Neurose, Psychose und Humor als einen Versuch verstehen, sich allgemein menschlichem Leiden zu „entziehen", jedoch mit dem erheblichen Unterschied, daß im Humor innere Triebgefahren ebenso wie reale Belastungen durchaus anerkannt, nur nicht so ernst genommen werden, während in der Neurose um die Triebkonflikte unter oft erheblichem Leidensdruck gerungen wird, und in

---

[24] Gewissermaßen das Negativ der Prostitution sind die besonders bei Phobien so häufigen Prostitutionsphantasien.

der Psychose um den Preis des Abbruchs der Beziehungen zur Realität ein Ausweg unter psychotischer Symptombildung gesucht wird.

8.2 Psychodynamik

Ich-psychologisch liegt eine ,,insuffiziente psychologische Struktur'' vor (H. Kohut, 1959, S. 476), die auf der Unfähigkeit beruht, in sich selbst Ruhe zu finden, bzw.: nicht allein sein zu können (vgl. D. W. Winnicott, 1958). Die Struktur des Ich weist gleichsam ,,Lücken'' auf im Sinne einer Ich-Störung. Die Droge füllt diese Lücke genauso aus, wie es in der Perversion durch die perverse Handlung geschieht und durch den kriminellen Akt unter Bildung einer ,,Plombe'' (F. Morgenthaler, 1974, S. 1077). In jedem Fall wird dadurch die Ich-Störung kompensiert. Gleichzeitig hat sich der Süchtige dadurch vor anderen pathologischen Auswegen wie Psychose, Perversion und delinquentem Verhalten mit Erfolg geschützt.

Triebpsychologisch handelt es sich bei der Sucht um eine Störung der sexuellen Vorstufe der ,,Oralität''. In jedem Falle ist aber darüber hinaus zu beachten, daß die psychologischen Vorgänge zusätzlich durch pharmakologische – genauer gesagt pharmatoxische Prozesse überlagert werden. In der Sucht werden infantile sexuelle Bedürfnisse befriedigt. Anstatt sexueller Lust im engeren Sinne, als genitaler Lust, wird nach Regression auf frühere Entwicklungsstufen eine Art primitiver narzißtischer Genuß gesucht, der durch Introjektion gewonnen wird. Die Droge spielt dabei die Rolle eines Liebesobjektes, und zwar eines Partialobjektes. Sie ist für den Süchtigen ein geliebter Teil der Mutter oder des Vaters, der in infantiler Gier ersehnt und einverleibt wird. Die Vereinigung mit dem Objekt versetzt den Süchtigen in den Zustand der Befriedigung. Das Objekt kann ein gutes Objekt sein, so wie es früher die spendende Mutterbrust war, oder auch ein zerstörendes Objekt wie die einst versagende Brust (M. Klein, 1957; H. Rosenfeld, 1960/61). Mit der Droge und ihrer Wirkung vermeidet der Süchtige Manie und Depression. Der Süchtige ist also wie der manisch-depressive Kranke auf die spätere oralsadistische Stufe regrediert, wobei allerdings deren sadistischer Anteil masochistisch gegen die eigene Person gerichtet ist. Im Endeffekt überwiegt die orgiastische Wirkung des Rausches, da das Über-Ich durch Verleugnung und Projektion abgewehrt ist. Die orgiastische Lust des ,,High-seins'' entspricht dabei aber nicht der genitalen Lust, sondern in Gestalt eines ,,alimentären Orgasmus'' (S. Rado, 1926, 1976, S. 373) einer oralen Vorlust.

8.3 Psychogenese

Wir finden drei Bedingungen: *Erste* Bedingung ist eine prämorbide in ihrer Triebentwicklung gestörte Persönlichkeit, bei der die orale Phase nicht normal durchlaufen wurde. Entweder hat die Mutter das Kind mit Nahrung verwöhnt, ließ es dann aber an wirklich liebender Zuwendung fehlen („matrogene" Ursache, psychogen erworbene Sucht), oder das Kind hat aus konstitutionell gesteigerten oralen Bedürfnissen trotz normaler Zuwendung von seiten der Mutter keine Befriedigung gefunden („infantogene", angeborene Sucht). In beiden Fällen kommt es zu einem einseitigen Wuchern der oralen Gier, zu einer großen Abhängigkeit vom befriedigenden Objekt und zu einer weitgehenden Unfähigkeit, orale Triebbedürfnisse aufzuschieben. Die *zweite* Bedingung ist Angst vor genitaler Betätigung. Sexueller Vollzug ist nämlich für den Süchtigen ein unüberwindbares Problem, dem er durch Regression auf frühere Befriedigungsformen ausweicht. Mit der sexuellen Betätigung tauchen ungelöste ödipale Ängste auf (Inzestangst, Kastrationsangst), die wie bei der Neurose oder Perversion nicht ertragen werden können, sondern abgewehrt werden müssen.

Hierbei sind es besonders Ängste vor aktiv-männlichem Verhalten zugunsten einer passiv-femininen oder -infantilen Position (P. C. Kuiper, 1962/63 a, S. 621), die abgewehrt werden müssen. Andererseits ist gerade die Befriedigung passiver Wünsche im Sinne der frühen oralen Phase beim Alkoholismus besonders augenfällig, während die meist gleichzeitig homosexuellen Anteile eher verborgen sind (K. Abraham, 1908 b).

Die *dritte* Bedingung ist die Gelegenheit zu dieser besonderen Weise des Ausweichens vor den sexuellen Problemen, wobei der Druck durch die Gruppe eine zusätzliche soziologische Rolle spielt.

8.4 Soziogenese

Störungen des Familienlebens mit Todesfällen, Ehekonflikten und Scheidungen sowie eine ambivalente affektive Bindung an den Elternteil des gleichen Geschlechtes wurden in sehr hohem Prozentsatz festgestellt (H. Hoff, 1956, S. 373). Darüber hinaus fand man, daß die Väter männlicher Süchtiger meistens schwach oder ohne Verantwortungsgefühl, die Mütter hingegen dominant, verführerisch und inkonsequent sind (F. C. Redlich, D. X. Freedmann, 1966, S. 1008). Daraus resultieren verständlicherweise Schwierigkeiten in der Identitätsentwicklung, welche nach psychoanalytischer Erfahrung schon in allerfrühester Zeit die Entwicklung eines stabilen Ich-Kerns beeinträchtigen. In dieser Perspektive kann man die Sucht als Versuch eines Ausgleichs für diese frühen Entwicklungsstörungen ansehen.

Hier spielen ähnliche Störungen in der Mutter-Kind-Beziehung wie bei den unter I. 8 und I. 10 genannten zu Schizophrenie und Depression prädisponierten Persönlichkeiten eine Rolle. Damit stimmt überein, daß die zur Sucht prädisponierte Persönlichkeit die gleichen Charakteristika aufweist, wie wir sie auf S. 214 f. für die zur Schizophrenie prädisponierten Persönlichkeiten beschrieben haben. Unter diesen Umständen kann das süchtige Verhalten der Abwehr einer schizophrenen Psychose dienen, wie das gehäufte Auftreten psychotischer Reaktionen auch bei nicht ausgesprochen halluzinogen wirkenden Drogen wie Haschisch beweist.

Spielen bei dem heute so aktuellen Suchtproblem auch wichtige gesellschaftliche Faktoren eine Rolle, so sahen wir als Psychoanalytiker unsere Aufgabe vor allem darin, auf die Bedeutung frühkindlicher Störungen in der Entwicklung der fundierenden Objektbeziehungen bei allen Formen süchtigen Verhaltens, mit der nachfolgenden so typischen Abhängigkeit von einem Ideal-Objekt, hinzuweisen. Einen Beleg dafür sehen wir in dem zeitlichen Zusammenhang zwischen der Drogenwelle der späten sechziger und frühen siebziger Jahre und den durch die existentielle Not der Familien von 1945–1955 besonders schwer vernachlässigten Kindern (P. Kutter, 1972, S. 203). Die spezifische Art des Süchtigen, mit dieser unbewußten Abhängigkeit fertig zu werden, besteht eben darin, daß er das Objekt durch die Droge ersetzt. Damit ist die Sucht auch mit der Perversion verwandt, wird doch bei beiden Verhaltensweisen das Objekt als solches nicht respektiert, sondern dient lediglich zur Bedürfnisbefriedigung.

8.5 Zusammenhänge zwischen Persönlichkeit, Droge und Gesellschaft

Die Drogenabhängigkeit einer dazu prädestinierten Persönlichkeit wird natürlich durch die Verfügbarkeit der Droge in einem gegebenen sozialen Kontext erleichtert. Unvermeidliche aktuelle Konflikte, die, je nach Persönlichkeitsstruktur, vielleicht hätten anderweitig abgewehrt werden können, werden bei Verfügbarkeit von Drogen leichter unter Zuhilfenahme von Drogen zwar nicht gelöst, aber erträglicher gemacht. Insofern kann man von einem ,,sozialen Circulus vitiosus'' sprechen zwischen sozialer Umwelt mit verfügbaren Drogen, zu lösenden Konflikten und der Möglichkeit, diese über Drogengebrauch erträglich zu machen. Daneben besteht ein ,,pharmakologischer Circulus vitiosus'' zwischen Drogengebrauch, Stoffwechselveränderungen und zunehmendem Bedarf, während der ,,psychische Circulus vitiosus'' darin besteht, daß es über den Drogengebrauch zu einem Überwiegen des Lustprinzips über das Realitätsprinzip kommt, verbunden mit der Aktivierung primitiver Abwehrmechanismen, gefolgt von Abnahme der Fähigkeit, Angst und Frustration zu tolerieren, was wiederum zu einer

Zunahme des Bedarfs an Drogen führt (P. J. Geerlings & E. Ch. Wolters, 1980, S. 22 f.).

8.6 Spezifische Drogenabhängigkeiten

Je nach Art der Droge entwickelt sich eine Form der Abhängigkeit, die zwar die oben genannten gemeinsamen Persönlichkeits-Merkmale aufweist, aber zu unterschiedlichen Drogen-Karrieren führt.

8.6.1 Alkoholismus

Neben den genannten für jede Form von Drogenabhängigkeit geltenden Merkmalen der struktuellen Ich-Störung und der Regression bzw. Fixierung im Zusammenhang mit Traumatisierungen in der oralen Entwicklungsphase verdienen besondere Spaltungsprozesse und eine spezifische latente Destruktivität hervorgehoben zu werden (D. Rost, 1983). Da ein überwiegend benignes Objekt in der psychischen Struktur des Alkoholikers fehlt, soll der Alkohol die schmerzlich empfundene innere Leere ausfüllen. Kann nun mit der Droge ein überwiegend gutes Objekt erlebt werden, hält die wohltuende Wirkung wie bei einem gestillten Säugling eine Zeitlang an. Meist wiederholt sich indessen die erlebte frühe Traumatisierung, und das wohltuende Objekt verwandelt sich unter der Hand in ein böses und zerstörendes. Spaltungsprozesse mit Projektion des bewahrenden Anteils nach außen können das psychische Gleichgewicht wiederum eine gewisse Zeit aufrechterhalten, werden aber durch die letztlich aus früheren Traumatisierungen stammende Destruktivität immer wieder neu bedroht.

Schuld- und Schamgefühle wegen der latenten Destruktivität komplizieren die ohnehin diffizile unbewußte Psychodynamik des Alkoholikers in einer Weise, daß nur neuer Akoholgenuß in Form eines Teufelskreises das bedrohte prekäre psychische Gleichgewicht zu kompensieren vermag.

Daß im übrigen soziale Faktoren den deletären Zirkel zwischen selbstunsicherer Persönlichkeit, Droge und sozialer Umwelt mit bedingen, soll nicht verschwiegen werden (vgl. W. Feuerlein, 1975).

8.6.2 Moderner Drogenkonsum

Im Hinblick auf Heroin und andere Opiate, LSD und andere Halluzinogene sowie bezogen auf Kokain und Amphetamine fehlte es nicht an Versuchen, im Sinne einer „psychoanalytischen Pharmakologie", je nach verwendeter Droge, eine Typologie der Drogenabhängigkeit zu entwerfen (E. Haas, 1974). Danach kommt es während des *LSD-Trip* zu einer Reaktivierung des

Größenselbst und der idealisierten Elternimagines im Sinne von Kohut (1971). Unter *Heroineinfluß* wird ein eher oralsadistisches Größenselbst reaktiviert, verbunden mit einer Regression auf die symbiotische Phase mit Verschmelzung zwischen Selbst- und archaischem Mutterobjekt, wobei an Gefühlen schläfrige Lethargie, maniforme Zustände und ängstliche Panik einander folgen können. Unter *Kokain* und *Amphetaminen* scheint eher die phallisch-narzißtische Position wiederbelebt zu werden, verbunden mit Gefühlen der Macht und Euphorie. Insofern lassen sich also bei Abhängigkeit von modernen Drogen ein Halluzinogen-Typ, Opiat-Typ und Amphetamin-Typ unterscheiden.

8.7 Abschließende Bemerkungen

Die große Zahl von Drogenabhängigen, die zunehmenden Todesfälle nach dem „goldenen Schuß" und die Unübersichtlichkeit des Drogenhandels beweisen die Dringlichkeit politischer und sozialgesetzgeberischer Maßnahmen, um den Drogenmißbrauch einzudämmen. Dabei ist das Drogenproblem Symptom gesellschaftlicher Bedingungen, die hier abzuhandeln nicht der Ort ist. Uns ging es darum, die *klinischen Phänomene* der Drogenabhängigkeit ebenso verständlich zu machen wie die der Psychosen, der Grenzfälle, der Perversionen und anderer Verhaltensstörungen, wie sie im vorliegenden Beitrag abgehandelt werden. Verhaltensstörungen sind hierbei allemal *individuell* zu betrachtende pathologische Erscheinungen, deren *Ursachen in unbewußten Konflikten, Defiziten, Affekten und Abwehrprozessen* zu suchen sind, ganz im Sinne der hier intendierten *Krankheitslehre* der Psychoanalyse. Damit ist die *Grundlage* einer *Theorie psychischer Störungen* geschaffen, ohne die eine klare *Diagnose* und eine effektive *Therapie* schwer möglich wäre.

IV. Literatur

Abraham, K. (1908 a): Die psychosexuellen Differenzen der Hysterie und der Dementia Praecox. In: Klin. Beiträge zur Psychoanalyse IPV, 1921, 23–35.

Abraham, K. (1908 b): Die psychologischen Beziehungen zwischen Sexualität und Alkoholismus. 1. c., 36–44.

Abraham, K. (1924): Versuch einer Entwicklungsgeschichte der Libido, IPV, Wien.

Aichhorn, A. (1925): Verwahrloste Jugend, IPV. 3. erweiterte Auflage, Huber, Bern und Stuttgart 1951.

Arieti, S. (1959): Schizophrenia: The Manifest Symptomatology, the Psychodynamic and Formal Mechanisms. In: Am. Handbook of Psychiatry, Basic Books, New York, 455–484.

Arieti, S. (1974): Interpretation of Schizophrenia, 2. Auflage, Basic Books, New York.

Bak, R. C. (1954): Zit. W. Loch: Anmerkungen zur Pathogenese und Metapsychologie einer schizophrenen Psychose. Psyche 15, 713 (1961/62).

Bagley, C. (1973) Occupational class and symptoms of depression. Soc. Sci. Med. 7, 327. In: Depression and Human Existence. Ed. by Anthony, E. J., and Benedek, T., Boston 1975.

Balint, A. (1939): „Liebe zur Mutter und Mutterliebe". Int. Z. f. Psychoanalyse 24, Nackdruck in Psyche 16, 481–496 (1962/63).

Balint, M. (1937): Early Developmental Stages of the Ego: „Primary Object-Love". In: Primary Love and Psychoanalytic Technique. London, Tavistock Publs. 1965. Deutsch: Die Urformen der Liebe und die Technik der Psychoanalyse. Huber/Klett, Bern und Stuttgart 1966.

Balint, M. (1951): Über Liebe und Haß. In: Die Urformen der Liebe und die Technik der Psychoanalyse. Huber/Klett, Bern und Stuttgart 1965.

Balint, M. (1956): Perversionen und Genitalität. In: Urformen der Liebe und die Technik der Psychoanalyse. Huber/Klett, Bern und Stuttgart 1966.

Balint, M. (1957/58): Die drei seelischen Bereiche. Psyche 11, 321–344.

Balint, M. (1970): Therapeutische Aspekte der Regression. Die Theorie der Grundstörung. Klett, Stuttgart.

Basaglia, F. (1971): Die negative Institution oder die Gemeinschaft der Ausgeschlossenen. Suhrkamp, Frankfurt.

Basch, M. F. (1975): Toward a Theory that encompasses Depression: A Revision of existing Causal Hypotheses in Psychoanalysis. In: Depression and Human Existence. Ed. by Anthony, E. J., and Benedek, T.; Little, Brown and Co., Boston.

Bateson, G., Jackson, D. D., Haley, J., und Weakland, J. (1956): Toward a Theory of Schizophrenia. Behavioral Science 1, 251; zitiert nach der deutschen Ausgabe:

Bateson, G., Jackson, D. D., Haley, J., und Weakland, J. W. (1969): Auf dem Weg zu einer Schizophrenie-Theorie. In: Theorie 2, Schizophrenie und Familie, 11–43. Suhrkamp, Frankfurt.

Battegay, R. (1979): Aggression, ein Mittel der Kommunikation? Huber, Bern/Stuttgart/Wien.

Beland, H. (1976): Der Vorwurf-Patient. Vortrag Sprendlingen 21. 5. 76.

Belmaker, R. H. & van Praag, H. M. (1980): Mania. An Evolving Concept. SP Medical & Scientific Books, Spectrum Publs. New York.

Benedek, Th. (1956): Zit. Bowlby, J. (1958): Über das Wesen der Mutter-Kind-Bindung. Psyche 13, 428 (1959/60).

Benedict, R. (1938): Zit. Erikson, E. H.: The Problem of Identity. J. of the Am. Psychoanalytic Ass. 4 (1956). Deutsch in: Psyche 10, 127 (1956/57).

Bibring, E. (1951): The Mechanism of Depression. In: Affective Disorders. Ed. by Phyllis Greenacre. Int. Univ. Press, New York 1953.

Bion, W. R. (1954): Notes on the Theory of Schizophrenia. Zit. W. Loch, Psyche 15, 716 (1961/62).

Blatt, S. J. and Wild, C. M. (1976): Schizophrenia. A Developmental Analysis. Academic Press, New York/San Francisco/London.

Bleuler, E. (1911): Dementia praecox oder die Gruppe der Schizophrenien. Deuticke, Leipzig und Wien.

Bleuler, M. (1964): Ursachen und Wesen der schizophrenen Geistesstörungen. Dt. med. Wschr. 89, 1865.

Bleuler, M. (1972): Die schizophrenen Geistesstörungen im Lichte langjähriger Kranken- und Familiengeschichten. Thieme, Stuttgart.

Blos, P. (1962): On Adolescence. A Psychoanalytic Interpretation. The Free Press, New York. Deutsch: Adoleszenz. Eine psychoanalytische Interpretation. Klett, Stuttgart 1973.

Böllinger, L. (1979): Psychoanalyse und die Behandlung von Delinquenten. Beiträge zur Strafvollzugswissenschaft 21, C. F. Müller, Heidelberg/Karlsruhe.

Bowlby, J. (1958): The Nature of the Child's Tie to his Mother. Int. J. of Psycho-Analysis 39. Deutsch in: Psyche 13, 415–456 (1959/60).

Bolwby, J. (1973): Attachment and Loss. Vol. II, Separation. Basic Books, New York. Deutsch: Trennung. Kindler München 1976.

de Boor, C. (1976): Psychosomatisches Symptom und delinquentes Verhalten. Psyche 30, 624–641.

Bouvet, M. (1958): Technical Variations and the Concept of Distance. Int. J. of Psycho-Analysis 39, 211–221.

Bowen, M. (1960): Die Familie als Bezugsrahmen für die Schizophrenie-Forschung. In: Theorie II, Schizophrenie und Familie, 181–220. Suhrkamp, Frankfurt 1969.

Bräutigam, W. (1965): Zur Erkrankungssituation und psychotherapeut. Indikation bei Schizophrenien, 3. Symposium internat. Karger, Basel und New York, 177.

Burnham, Donald L., Gladstone, A. I., and Gibson, R. W. (1969): Schizophrenia and the Need-Fear Dilemma. Int. Univ. Press, New York.

Bychowski, G. (1959/60): Der Kampf mit den Introjekten. Psyche 13, 524–535.

Caprio, F. S. (1958): Die Homosexualität der Frau. Zürich: Rüschlikon.

Cohen, M. B. et al. (1954): An Intensive Study of Twelve Cases of Manic-Depressive Psychosis. Psychiatry 17, 103–137.

Cooper, D. (1971): Psychiatrie und Anti-Psychiatrie. Frankfurt.

Dannecker, M., und Reiche, R. (1974): Der gewöhnliche Homosexuelle. Eine soziologische Untersuchung über männliche Homosexuelle in der Bundesrepublik. S. Fischer, Frankfurt.

Deutsch, H. (1934): Some Forms of Emotional Disturbance and their Relationship to Schizophrenia, Psychoanal. Quarterly, 11, 303–305.

Dollard, J.; Doob, Leonhard W.; Miller, Neal E.; Mowrer, O. H., and Sears, Robert S. (1939): Frustration and Aggression. Deutsch: Pädagogisches Zentrum, Veröffentlichungen Reihe C: Berichte, Band 18. Verlag Julius Beltz, Weinheim/Berlin/Basel 1970.

Erikson, E. H. (1950): Childhood and Society. Deutsch: Kindheit und Gesellschaft, Stuttgart 1961.

Erikson, E. H. (1956): The Problem of Ego-Identity. J. of the Am. Psychoanalytic Ass. 4, Nr. 1. Deutsch in: Psyche 10, 114–175 (1956/57).

Erikson, E. H. (1966): Die menschliche Stärke und die Zyklen der Generationen. Psyche 20, 241–281.

Ernst, K. (1956): Zit. G. Benedetti: Symp. internat. sur la Psychothérapie de la Schizophrénie. Karger, Basel/New York 1957, 111.

Fairbairn, W. R. D. (1952): Psychoanalytic Studies of the Personality. London, Tavistock Publs. Vgl. deutsch: Objektbeziehungen und dynamische Struktur. In: Kutter, P., Die Psychologie der zwischenmenschlichen Beziehungen. Wiss. Buchgesellschaft Darmstadt, 1982, 64–81.

Federn, P. (1956): Das Ich und die Psychosen. Bern und Stuttgart. Huber, Bern/Stuttgart.

Fenichel, O. (1931 a): Hysterien und Zwangsneurosen. IPV, Wien. Nachdruck Wiss. Buchg. Darmstadt 1967.

Fenichel, O. (1931 b): Perversionen, Psychosen und Charakterstörungen. IPV, Wien. Nachdruck Wiss. Buchg. Darmstadt 1967.

Fenichel, O. (1945): The Psychoanalytic Theory of Neurosis. London. Deutsch: Psychoanalytische Neurosenlehre I–III, Walter-Verlag Olten und Freiburg 1974–77.

Ferenczi, S. (1909): Introjektion und Übertragung. In: Bausteine der Psychoanalyse, Band 1, 9–57. Bern und Stuttgart 1964.

Ferenczi, S. (1911): Zur Nosologie der männlichen Homosexualität. 1. c., 152–170).

Ferenczi, S. (1913): Entwicklungsstufen des Wirklichkeitssinnes. 1. c., 63–83.

Ferenczi, S. (1926): Das Problem der Unlustbejahung. 1. c., 89–100.

Fetscher, R. (1981): Das Selbst und das Ich. Psyche 35, 616–641.

Feuerlein, W. (1979): Alkoholismus, Mißbrauch und Abhängigkeit. 2. A. Thieme, Stuttgart.

Foudraine, J. (1973): Wer ist aus Holz? Neue Wege der Psychiatrie. Piper, München.

Freeman, Th.; Cameron, J. L.; und McGhie, A. (1965): Studies on Psychosis. Tavistock Publs., London.

Freeman, T. (1969): Psychopathology of the Psychoses. Int. Univ. Press, New York.

Freud, A. (1946): Das Ich und die Abwehrmechanismen. Imago, London.

Freud, A. (1952): The Mutual Influences in the Development of Ego and Id. The Psychoanalytic Study of the Child 7.

Freud, A. (1953): Some Remarks on Infant Observation. The Study of the Child 8, 9–19.

Freud, A. (1965): Normality and Pathology in Childhood. Int. University Press, New York. Deutsch: Wege und Irrwege in der Kinderentwicklung. Huber/Klett, Stuttgart 1968.

Freud, A. (1966): Vortrag anläßlich des 79. Geburtstages von R. A. Spitz. Zürich, 29. 1. 1966.

Freud, S. (1896): Zur Ätiologie der Hysterie. G. W. I, 423–459.

Freud, S. (1905): Drei Abhandlungen zur Sexualtheorie. G. W., Band V, 33–145.

Freud, S. (1906): Meine Ansichten über die Rolle der Sexualität usw. G. W., Band V.

Freud, S. (1910): Über Psychoanalyse. G. W., Band VIII, 3–60.

Freud, S. (1911): Psychoanalytische Bemerkungen über einen autobiographisch beschriebenen Fall von Paranoia (Dementia paranoides). G. W., Band VIII.

Freud, S. (1914): Zur Einführung des Narzißmus. G. W., Band X.

Freud, S. (1915 a): Triebe und Triebschicksale. G. W., Band X.

Freud, S. (1915 b): Über einige Charaktertypen aus der psychoanalytischen Arbeit, III: Der Verbrecher aus Schuldbewußtsein. G. W., Band X.

Freud, S. (1916): Trauer und Melancholie. G. W., Band X.

Freud, S. (1917): Vorlesungen zur Einführung in die Psychoanalyse. G. W., Band XI.

Freud, S. (1920): Über die Psychogenese eines Falles von weiblicher Homosexualität. G. W. Band XII.

Freud, S. (1921 a): Jenseits des Lustprinzips. G. W., Band XIII.

Freud, S. (1921 b): Massenpsychologie und Ich-Analyse. G. W., Band XIII.

Freud, S. (1922): Über einige neurotische Mechanismen bei Eifersucht usw., c) Homosexualität. G. W., Band XIII.

Freud, S. (1923): Das Ich und das Es. G. W., Band XIII.

Freud, S. (1924 a): Der Realitätswert bei Neurose und Psychose. G. W., Band XIII.

Freud, S. (1924 b): Neurose und Psychose. G. W., Band XIII.

Freud, S. (1925): Selbstdarstellung. G. W., Band XIV.

Freud, S. (1926): Hemmung, Symptom und Angst. G. W., Band XIV.

Freud, S. (1927): Fetischismus. G. W., Band XIV.

Freud, S. (1928): Der Humor. G. W., Band XIV.

Freud, S. (1933): Neue Folge der Vorlesungen zur Einführung in die Psychoanalyse. G. W., Band XV.

Freud, S. (1938 a): Die Ich-Spaltung im Abwehrvorgang. G. W., Band XVII.

Freud, S. (1938 b): Abriß der Psychoanalyse. G. W., Band XVII.

Fromm-Reichmann, F. (1942): A preliminary Note on the Emotional Significance of Stereotypies in Schizophrenics. Bulletin of the Forest Sanatorium 1, 17–21.

Geerlings, P. J. u. Wolters, E. Ch. (1980): Verslaving, Wetenschappelijke Uitgeverij Bunge, Ulrecht.

Glover, E. (1922): The Roots of Crime. In: Selected Papers, Vol. II. Imago, London 1960.

Glover, E. (1932): A Psychoanalytic Approach to the Classification of Mental Disorders. In: On the Early Development of Mind. In: Selected Papers, Vol. I. Imago, London 1960.

Glover, E. (1943): The Pathology of Prostitution. In: The Roots of Crime. In: Selected Papers, Vol. II. Imago Publ., London 1960.

Glover, E. (1950): Functional Aspects of the Mental Apparatus. In: On the Early Development of the Mind. 1. c., 364–389.

Glover, E. (1954): Recent Advances in the Psychoanalytical Study of Delinquency. In: Selected Papers, Vol. II. The Roots of Crime. Imago, London, 1960. 292–310.

Goudsmit, W. (1963/64): Psychotherapie bei Delinquenten. Psyche 17, 664–684.

Goudsmit, S. (1974 a): Delinquent en maatschappij. Capita selecta uit de forensische psychiatrie. Van Loghum Slaterus, Deventer 1974.

Goudsmit, W. (1974 b): Bemerkungen zur Indikation zur Psychoanalyse bei Tätern von sehr schweren Delikten. Psyche 28, 648–705, 1974.

Green, A. (1975): Aktuelle Probleme der psychoanalytischen Theorie und Praxis. Psyche 29, 503–541.

Greenacre, P. (1953): Trauma, Growth and Personality. Hogarth Press, London.

Grinberg, L. (1964): Two Kinds of Guilt, Their Relation with Normal and Pathological Aspects of Mourning. Int. of Psychoanal. 45.

Gross, M. D., and Wilson, W. G. (1974): Minimal Brain Dysfunction. New York.

Guntrip, H. (1969): Schizoid Phenomena, Object-Relations and the Self. Int. Univ. Press, New York.

Guntrip, H. S. (1971): Psychoanalytic Theory, Therapy and the Self. The Hogarth Press, London.

Haas, E. (1974): Selbstheilung durch Drogen? Zur Psychoanalyse der Drogenabhängigkeit von Jugendlichen. Fischer Taschenbuch 6262, Frankfurt (Main).

Hartmann, H. (1939): Ich-Psychologie und Anpassungsproblem. Int. Z. für Psychoanalyse 24. Nachdruck in: Psyche 14, 81(164 (1960/61).

Hartmann, H., Kris, E., und Loewenstein, R. M. (1949): Notes on the Theory of Aggression. The Psychoanalytic Study of the Child, Vol. 3, 9–36 (1949); hier zitiert aus: Psychological Issues, Monograph 14. Int. Univ. Press, New York, 56–85.

Hartmann, H. (1950): Comments on the Psychoanalytic Theory of the Ego. The Psychoanalytic Study of the Child, 5, 74–96. Deutsch in: P. Kutter u. H. Roskamp (Hg.). Psychologie des Ich, Darmstadt, Wiss. Buchgesellschaft, 185–214.

Hartmann, H. (1952): The Mutual Influences in the Development of Ego and Id. The Psychoanalytic Study of the Child, 7, 9–30.

Hartmann, H. (1953): Ein Beitrag zur Metapsychology der Schizophrenie. The Psychoanalytic Study of the Child, *8*, Deutsch in: Psyche *18*, 375–396 (1964/65).

Haug, K. (1939): Depersonalisation und verwandte Erscheinungen. In: Handbuch der Geisteskrankheiten. Hrsg. von O. Bumke. Ergänzungsband, Teil I, S. 134–204.

Heimann, P. (1942): Zit. M. Klein (1946) in: Das Seelenleben des Kleinkindes. Klett, Stuttgart 1962, S. 110.

Henseler, H. (1975): Suicidhandlung und Narzißmustheorie. Psyche 29, 191–207.

Hill, L. B. (1955): Psychotherapeutic Intervention in Schizophrenia. The University of Chicago. Deutsch: Der psychotherapeutische Eingriff in die Schizophrenie. Klett, Stuttgart 1958; zit. n. d. deutschen Ausgabe.

Hoch, P., und Polatin, P. (1949): Psychoneurotic Forms of Schizophrenia. Psychiatric Quart. *23*, 248.

Hoff, H. (1956): Lehrbuch der Psychiatrie. 2 Bände. Schwabe, Basel und Stuttgart.

Hoffer, W. (1952): The Mutual Influences in the Development of Ego and Id. Earliest Stages. The psychoanalytic Study of the Child, 7, 31–41.

Hollingshead, A. B., und Redlich, F. (1958): Social Class and Mental Illness, New York. Deutsch: Der Sozialcharakter psychischer Störungen. Eine sozialpsychiatrische Untersuchung. Fischer, Frankfurt 1975.

Huber, G. (1974): Indizien für die Somatose-Hypothese bei Schizophrenien. In: Das ärztliche Gespräch, 23. Tropon, Köln 1976, 22–48.

Hustinx, A. (1974): Soziotherapie für Delinquenten. Psyche 30, 571–578.

Jackson, J. H. (1894): The Factors of Insanities. In: Selected Wirtings, New York 1958.

Jacobson, E. (1951): Contribution to the Metapsychology of Cyclothymic Depression. In: Affective Disorders. Ed. by Phyllis Greenacre. Int. Univ. Press, New York 1953.

Jacobson, E. (1954): The Self and the Object World. The Psychoanalytic Study of the Child, Band 9, 75–127.

Jacobson, E. (1971): Depression. Comparative Studies of Normal, Neurotic, and Psychotic Conditions. Int. Univ. Press, New York. Deutsch: Depression. Suhrkamp, Frankfurt, 1977.

Jacobson, E. (1972): Psychotischer Konflikt und Realität. S. Fischer, Frankfurt.

Jacobson, E. (1973): Das Selbst und die Welt der Objekte. Literatur der Psychoanalyse. Hrsg. v. A. Mitscherlich. Suhrkamp, Frankfurt.

Jaques, E. (1955): Social Systems as Defence against Persecutory and Depressive Anxiety. In: New Directions of Psychoanalysis. Ed. by Klein, M., Heiman, P., and Money-Kyrle, R. E., Basic Books, New York.

Joseph, B. (1961/62): Über einige Persönlichkeitsmerkmale des Psychopathen. Psyche *15*, 132–141.

Kafka, J. S. (1971): Ambiguity for Individuation. A Critique and Reformulation of Double-Bind Theory. General Psychiatry, 25, 232–239.

Kanner, L. (1949): Early Infantile Autism. Am. J. Orthopsychiat. *19*, 416.

Katan, M. (1953): Mania and the Pleasure Principle: Primary and Secondary Symptoms. In: Affective Discorders. Ed. by Phyllis Greenacre. Int. Univ. Press, New York.

Katan, M. (1954): The Importance of the Nonpsychotic Part of the Personality in Schizophrenia. Int. J. of Psycho-Analysis *35*, 119.

Katan, M. (1960): Traum und Psychose. Int. J. of Psycho-Analysis *41*, 341–351. Deutsch in: Psyche *14*, 589–607 (1960/61).

Kemper, W. (1955): Der Traum und seine Be-Deutung: rowohlts deutsche enzyklopädie. Band 4.

Kernberg, O. F. (1967): Borderline-Personality-Organisation. J. of the American Psychoanalytic Asscn. 15, 641–685.

Kernberg, O. F. (1968): The Treatment of Patients with Borderline-Personality-Organisation. Int. J. of Psycho-Anal. 49, 600–619.

Kernberg, O. F. (1975): Borderline Conditions and Pathological Narcissism. Jason Aronson, New York. Deutsch: Borderline-Störungen und pathologischer Narzißmus. Suhrkamp, Frankfurt 1978.

Klein, M. (1935 a): The Psychoanalytic Playtechnique, its History and Significance. Am. J. of Orthopsychiatr. 25. Deutsch in: Das Seelenleben des Kleinkindes, 11–29. Klett, Stuttgart 1962.

Klein, M. (1935 b): A Contribution to the Psychogenesis of Manic-Depressive States. Int. J. of Psycho-Analysis *16*. Deutsch in: Das Seelenleben des Kleinkindes, 44–71. Klett, Stuttgart 1962.

Klein, M. (1940): Die Trauer und ihre Beziehungen zu manisch-depressiven Zuständen. In: 1. c., 72–100.

Klein, M. (1946): Notes on some Schizoid Mechanisms. Int. J. of Psycho-Analysis 27. Deutsch: 1. c., 101–126.

Klein, M. (1957): Envy and Gratitude. Tavistock Publs., London. Deutsch: 1. c., 177–191.

Klein, M. (1960): Über das Seelenleben des Kleinkindes. 1. c., 146–176.

Kohn, M. (1972): Soziale Klasse und Schizophrenie – ein kritischer Überblick. In: Sozialpsychiatrische Texte. Hg. v. V. Cranach, M. u. Finzenz, A. Springer, Berlin/Heidelberg/New York.

Kohut, H. (1959): Introspection, Empathy, and Psychoanalysis. J. of the Americ. Psychoanalytic Asscan. 7, 459–483. Deutsch: Introspektion, Empathie und Psychoanalyse. Suhrkamp, Frankfurt 1977.

Kohut, H. (1966): Formen und Umformungen des Narzißmus. Psyche *20*, 561–587.

Kohut, H. (1969): Die psychoanalytische Behandlung narzißtischer Persönlichkeitsstörungen. Psyche *23*, 321–348.

Kohut, H. (1971): The Analysis of the Self. New York. Deutsch: Narzißmus, Eine Theorie der psychoanalytischen Persönlichkeitsstörungen. Suhrkamp, Frankfurt 1973.

Kretschmer, E. (1918): Der senstive Beziehungswahn. Springer, Berlin/Göttingen/Heidelberg 1950.

Kretschmer, E. (1923): Hysterie, Reflex und Instinkt. Thieme, 6. Aufl., Stuttgart 1958.

Kretschmer, E. (1931): Körperbau und Charakter. Zitiert nach 21./22. Auflage. Berlin/Göttingen/Heidelberg, Springer-Verlag 1955.

Kubie, L. S. (1941): A physiological Approach to the Concept of Anxiety. Psychosom. Med. *III*.

Kuiper, P. C. (1962/63 a): Probleme der psychoanalytischen Technik in bezug auf die passivfeminine Gefühlseinstellung des Mannes, das Verhältnis der beiden Ödipuskomplexe und der Aggression. Psyche *16*, 321–344.

Kuiper, P. C. (1962/63 b): Perversionen. Psyche *16*, 497–511.

Kuiper, P. C. (1968): Die seelischen Krankheiten des Menschen. Psychoanalytische Neurosenlehre. Huber/Klett, Bern und Stuttgart.

Kutter, P. (1972): Psychiatrie. Eine Einführung für Laien. Klett, Stuttgart.

Kutter, P. (1974 a): Psychiatrie und Gesellschaft – Aktuelle Probleme der Nervenheilkunde. Universitas 29, 353–357, 1974.

Kutter, P. (1974 b): Neurose. In: Psychologie für Nicht-Psychologen. Hrsg. v. Schultz, H. J., Kreuz Verlag, Stuttgart 1974.

Kutter, P. (1975 a) Über moderne Neuroseformen und ihre gesellschaftliche Bedingtheit. In: Die Beziehung zwischen Arzt und Patient. Zur psychoanalytischen Theorie und Praxis. Festschrift für Wolfang Loch zum sechzigsten Geburtstag. List, München 1975, 215–226.

Kutter, P. (1975 b): Schuldgefühle. In: Familien- und Lebensberatung, ein Handbuch. Hrsg. v. S. Keil. Kreuz Verlag, Stuttgart/Berlin, 862–866.

Laing, Ronald D. (1965): Mystifizierung, Konfusion und Konflikt. In: Theorie 2, Schizophrenie und Familie, 274–304. Suhrkamp, Frankfurt 1969; zit. n. d. deutschen A.

Laing, R. D., und Esterson, A. (1975): Wahnsinn und Familie. Familien von Schizophrenen. Kiepenheuer & Witsch, Köln.

Lampl-de Groot, J. (1949): Ich-Idealbildung bei Neurotikern und Delinquenten. Nachdruck in: Psyche 19, 454–464 (1965).

Lampl-de Groot, J. (1960): Depression und Aggression. Jahrbuch der Psychoanalyse, Band 1. Köln und Opladen.

Lampl-de Groot, J. (1962): Ich-Ideal und Über-Ich. The psychoanalytic Study of the Child 17. Deutsch in: Psyche 17, 321–332 (1963/64).

Lewis, D. L. (1961): The Psychoanalysis of Elation. The psychoanalytic Quarterly. New York. Deutsch: Das Hochgefühl. Zur Psychoanalyse der gehobenen, hypomanischen und manischen Stimmung. Übersetzt v. H. Deserno. Suhrkamp, Frankfurt (Main), 1982.

Lichtenstein, H. (1961): Identity and Sexuality. J. Am. Psychoanal. Ass. 9.

Lidz, Th. (1958): Die Familienumwelt des Schizophrenen. Psyche 13, 243–256 (1959/60).

Lidz, Th. et al. (1957 a): The intrafamilial Environment of the Schizophrenic Patient. I. The Father, Psychiatry 20, 329. Deutsch: Psyche 13, 268–286.

Lidz, Th. et al. (1957 b): Marital Schism and Marital Skew. Am. J. of Psychiatry 114, 241. Deutsch: Psyche 13, 287–300.

Lidz, Th. et al. (1958): The Transmission of Irrationality. A. M. A. Archives of Neurology and Psychiatry 79, 305. Deutsch: Psyche 13, 315–329.

Lidz, T. (1973): The Origin and Treatment of Schizophrenic Disorders. Basic Books, New York.

Lidz, T. (1976): Theorie der Schizophrenie. Familiendynamik 1, 90–112.

Little, M. (1958/59): Über wahnhafte Übertragung. Psyche 12, 258–269.

Loch, W. (1961/62): Anmerkungen zur Pathogenese und Metapsychologie einer schizophrenen Psychose. Psyche 15, 684–720.

Loch, W. (1965): Zur Struktur und Theorie schizophrener Psychosen aus psychoanalytischer Perspektive. Psyche 19, 173–187.

Loch, W. (1967): Psychoanalytische Aspekte zur Pathogenese und Struktur depressiv-psychotischer Zustandsbilder. Psyche 21, 758–779.

Loch, W. (1968): Bemerkungen zur Rolle des Sexualtabus. Psyche 22, 720–737.

Loch, W. (1969): Über die Zusammenhänge zwischen Partnerschaft, Struktur und Mythos. Psyche 23, 481–506.

Loch, W. (1970): Zur Entstehung aggressiv-destruktiver Reaktionsbereitschaft. Psyche 24, 241–259.

Loch, W. (1974): Der Analytiker – Gesetzgeber und Lehrer. Psyche 28, 431–460.

Loch, W. (1979): Depression und Melancholie – oder depressive Position und Vatermord. In: Die Verarmung der Psyche. Hg. v. E. H. Englert. Campus, Frankfurt (Main).

Loch, W. (1981): Triebe und Objekte – Bemerkungen zu den Ursprüngen der emotionalen Objektwelt. Jahrbuch der Psychoanalyse, Bd. XII, Huber, Bern, S. 54–82.

Lorand, S., und Balint, M. (1956): Perversions, Psychodynamics and Therapy. New York Random House, New York.

Mahler, E. (1963/64): Therapeutische Chancen bei der Behandlung von Grenzfällen. Psyche 17, 436–449.

Mahler, M. S. (1952): On Child Psychosis and Schizophrenia: Autistic and Symbiotic Infantile Psychoses. In: The Psychoanalytic Study of the Child 7, 286–305.

Mahler, M. S. (1960): Entdifferenzierung der Wahrnehmung und psychot. Objektbeziehung. Int. J. of Psycho-Analyses, *41*, 298–305 (1961/62).

Mahler, M. S. (1961): On Sadness and Grief in Infancy and Childhoos: Loss and Restoration of the Symbiotic Love-Objekt. The psychoanalytic Study of the Child *16*, 332–351.

Mahler, M. S. (1968): On human Symbiosis and the Vicissitudes of Individuation, Vol. I, Infantile Psychoses. Int. Univ. Press, New York. Zit. n. engl. Ausgabe. Deutsch: Symbiose und Individuation. Band 1: Psychosen im frühen Kindesalter. Klett, Stuttgart 1972.

Mahler, M. S. (1975): Zur Genese der Borderline-Phänomene. Psyche *29*, 1078–1095.

Mahler, M. S., Pine, F., and Bergman, A. (1975): The Psychological Birth of the Human Infant, Symbiosis and Individuation. Basic Books, New York. Deutsch: Die psychische Geburt des Menschen. Fischer Taschenbuch Verlag, Frankfurt/M. 1980.

Menninger, K. (1954): Psychological Aspects of the Organism under Stress. Deutsch in: Jahrbuch der Psychoanalyse, Band I. Köln und Opladen 1960.

Menninger, K. (1938): Man against himself. Deutsch: Selbstzerstörung, Psychoanalyse des Selbstmords. Literatur der Psychoanalyse. Hrsg. v. Mitscherlich, A., Suhrkamp, Frankfurt 1974.

Mentzos, S. (1971): Stellung in Geschwisterreihe wichtig für Pathogenese der endogenen Psychosen. Medical Tribune, S. 15, 3. 9. 1971.

Mitscherlich, A. (1956/57)): Aggression und Anpassung. Psyche *10*, 177–193.

Mitscherlich, A. (1966): Krankheit als Konflikt. edition suhrkamp, Frankfurt.

Modell, A. H. (1965): On Having the Right to a Life. An Aspect of the Super-Ego's Development. Int. J. Psycho-Anal. *46*.

Morgenthaler, F. (1961/62): Psychoanalytische Technik bei der Behandlung homosexueller Patienten. Jahrbuch der Psychoanalyse, Band 2. Köln und Opladen, 174–198.

Morgenthaler, F. (1974): Die Stellung der Perversionen in Metapsychologie und Technik. Psyche *28*, 1077–1098.

Moser, U. (1964): Zur Abwehrlehre. Das Verhältnis von Verdrängung und Projektion. Jahrbuch der Psychoanalyse. Band 3. Huber, Bern/Stuttgart, 56–73.

Müller-Braunschweig, H. (1975): Die Wirkung der frühen Erfahrung. Das erste Lebensjahr und seine Bedeutung für die psychische Entwicklung. Klett, Stuttgart.

Müller-Küppers, M. (1969): Das leicht hirngeschädigte Kind. Stuttgart.

Nacht, S., und Racamier, P. C. (1959): Die depressiven Zustände. Psyche *14*, 651–677 (1960/61).

Nunberg, H. (1930): Die synthetische Funktion des Ich. Int. Z. für Psychoanalyse 16, 301–318. Auch in: Psychologie des Ich, hrsg. v. Kutter, P., und Roskamp, H. Darmstadt, 30–49, 1974.

Nunberg, H. (1931): Allgemeine Neurosenlehre. 2. Auflage. Huber, Bern/Stuttgart 1959.

Parin, P. (1961/62): Die Abwehrmechanismen der Psychopathen. Psyche *15*, 322–329.

Piaget, J. (1930): The Child's Conception of Physical Causality. Zit.: Searles, H. F.: The sources of the Anxiety in paranoid Schizophrenia. Brit. J. Med. Psychol. 34, 129–141, 1961.

Ping-Nie Pao (1971): Psychopathological considerations of a case of recurrent manic psychosis. Br. J. med. Psychol. 44, 239–248.

Ping-Nie Pao (1979): Schizophrenie Disorders. Theory and Treatment from a Psychodynamic Point of View. Int. Univ. Press, New York.

Pfeiffer, W. M. (1975): Das Bild der Psychosen im transkulturellen Vergleich. Therapiewoche, H. 2, 132–140.

Ploog, D. (1964): Verhaltensforschung und Psychiatrie. In: Psychiatrie der Gegenwwart, Band I/1. Springer, Berlin/Göttingen/Heidelberg.

Pohlen, M. (1969): Schizophrene Psychosen. Ein Beitrag zur Strukturlehre des Ichs. Huber, Bern/Stuttgart.

Rado, S. (1926): Die psychischen Wirkungen der Rauschgifte. Int. Z. für Psychoanalyse, 12, 540–556; Nachdruck in: Psyche 29, 360–376, 1976.

Rank, O. (1926): Perversion und Neurose. In: Sexualität und Schuldgefühl. IPV Wien.

Rapaport, D. (1959): The Structure of Psychoanalytical Theory. In: Psychology. A Study of a Science. Study I. Vol. 3, New York. Deutsch: Die Struktur der psychoanalytischen Theorie. Klett, Stuttgart o. J.

Rauchfleisch, U. (1981): Dissozial. Entwicklung, Struktur und Psychodynamik dissozialer Persönlichkeiten. Vandenhoeck & Ruprecht, Göttingen.

Redlich, F. C., und Freedman, D. X. (1966): Theorie und Praxis der Psychiatrie. Deutsche Ausgabe, hrsg. von A. Mitscherlich. Suhrkamp, Frankfurt 1970.

Reich, W. (1925): Der triebhafte Charakter. IPV Wien.

Reich, W. (1927): Die Funktion des Orgasmus. Int. Psychoanalytischer Verlag, Leipzig/Wien/Zürich.

Reichard, S., und Tillmann, T. (1950): Zit. Lidz, Th.: Die Familienumwelt des Schizophrenen. Psyche 13, 275 (1959/60).

Reicher, J. W. (1976): Die Entwicklungs-Psychopathie und die analytische Psychotherapie von Delinquenten. Psyche 30, 604–616.

Richter, H. E. (1963): Eltern, Kind und Neurose, Klett, Stuttgart.

Rosen, D. H. (1974): Lesbianism, a study of female sexuality. Springfield, Ill., Thomas.

Rosen, J. N. (1962): Direct Analysis. Selected Papers, New York. Deutsch: Psychotherapie der Psychosen. Hippokrates, Stuttgart 1964.

Rosenfeld, H. A. (1950): Notes on the Psychopathology of Confusional States in Chronic Schizophrenias. In: Psychotic States, a psychoanalytical approach. Int. Univ. Press, New York 1965. Deutsch: Zur Psychoanalyse psychotischer Zustände. Suhrkamp, Frankfurt 1981.

Rosenfeld, H. A. (1956/57): Bemerkungen zur Psychopathologie der Schizophrenie. Psyche 10, 497–509.

Rosenfeld, H. A. (1960/61): Über Rauschgiftsucht. Psyche 14, 481–495.

Rost, D. (1983): Der psychoanalytische Zugang zum Alkoholismus. Psyche 37, 412–439.

Sachs, H. (1923): Zur Genese der Perversionen. Int. Z. f. Psychoanalyse 9.

Sandler, J. (1960): The Background of Safety. Int. J. of Psychoanalysis 41, 352–356. Deutsch: Sicherheitsgefühl und Wahrnehmungsvorgang. Psyche 15, 124–131, 1961/62.

Sandler, J. (1964): Zum Begriff des Über-Ichs. Psyche 18, Teil I, 721–743; Teil II, 812–828.

Sandler, J., Holder, A., and Meers, D. (1969): The Ego Ideal and the Ideal Self. The Psychoanalytic Study of the Child 18, 139–158.

Sandler, J., und Joffe, W. J. (1969): Auf dem Wege zu einem Grundmodell der Psychoanalyse. Psyche 23, 461–480.

Scheff, T. J. (1966): Das Etikett ‚Geisteskrankheit'. Soziale Interaktion und psychische Störung. S. Fischer, Frankfurt 1973.

Scheunert, G. (1960): Entwicklung und Weiterentwicklung der Libidotheorie. Jahrbuch der Psychoanalyse, Band I. Westdeutscher Verlag, Köln und Opladen, 82–104.

Schilder, P. (1925): Entwurf zu einer Psychiatrie auf psychoanalytischer Grundlage. IPV.

Schorsch, E. u. Becker, N. (1977): Angst, Lust, Zerstörung, Sadismus als soziales und kriminelles Handeln. Zur Psychodynamik sexueller Tötungen. Rowohlt, Reinbek bei Hamburg.

Schmideberg, M. (1959): The Borderline Patient. In: American. Handbook of Psychiatry, Band I. Basic Books, New York, 398–416.

Schneider, K. (1950): Klinische Psychopathologie. 3. Auflage. Thieme, Stuttgart.

Schottleander, F. (1946): Die Mutter als Schicksal. Klett, Stuttgart.

Searles, H. F. (1959): Das Bestreben, den anderen verrückt zu machen – ein Element in der Ätiologie und Psychotherapie der Schizophrenie. In: Theorie 2, Schizophrenie und Familie, 128–167. Suhrkamp, Frankfurt 1969; zit. n. d. deutschen Ausgabe.

Searles, H. F. (1961 a): Sexual Processes in Schizophrenia. Psychiatry 24, 87–95, 1961.

Searles, H. F. (1961 b): Über schizophrene Kommunikation. Psychoanalysis and the Psychoanalytic Review 48 (1961). Deutsch in: Psyche 17, 198–217 und 292–315 (1963/64).

Simmel, G. (1908): Zit. Ra. A. Spitz: Die ersten Objektbeziehungen. Klett, Stuttgart 1954, 41.

Socarides, C. W. (1967): Der offen Homosexuelle. Literatur der Psychoanalyse. Hrsg. v. Mitscherlich, A. Suhrkamp, Frankfurt 1971.

Spiegel, J. (1957): The Resolution of Role-Conflict within the Family. Psychiatry 20, 1–16.

Spiegel, J. P., und Bell, N. W. (1959): The Family of the Psychiatric Patient. In: Americ. Handbook of Psychiatry, Band I, 114–149.

Spitz, R. A. (1946): Anaclitic Depression. The Psychoanalytic Study of the Child, Vol. 2, 113–117.

Spitz, R. A. (1954): Genèse des primières relations objectales. Revue Français de Psychanalyse. Presses Universitaires de France, Paris 1954. Deutsch als Beiheft zur Psyche: Die ersten Objektbeziehungen. Klett, Stuttgart, 2. Auflage 1961.

Spitz, R. A. (1955): The primal Cavity. A Contribution to the Genesis of Perception and its Role for Psychoanalytic Theory. The Psychoanalytic Study of the Child. Vol. 10 (1955). Deutsch in: Psyche 9, 641–667 (1955/56).

Spitz, R. A. (1957): „Nein und Ja". Klett, Stuttgart.

Spitz, R. A. (1962): Auterotism Re-examined. The Role of early Sexual Behavior Patterns in Personality Formation. The Psychoanalytic Study of the Child. Vol. 17. Deutsch in: Psyche 18, 241–272 (1964/65).

Spitz, R. A. (1976): Vom Dialog. Klett, Sutttgart.

Stüllwold, F. (1964): Das unmittelbare Behalten in seiner denkpsychologischen Bedeutung. Hogrefe, Göttingen.

Süllwold, L. (1977): Symptome schizophrener Erkrankungen. Uncharakteristische Basisstörungen der Schizophrenie. Springer, Heidelberg-New York-Wien.

Stierlin, H. (1971): Die Funktion innere Objekte. Psyche 25, 81–99.

Stierlin, H. (1974): Schizophrenie und Familie. Psyche 28, 116–134.

Stierlin, H. (1975 a): Von der Psychoanalyse zur Familientherapie. Klett, Stuttgart.

Stierlin, H. (1975 b): Eltern und Kinder im Prozeß der Ablösung. Familienprobleme in der Pubertät. Suhrkamp, Frankfurt 1975.

Stoller, R. J. (1975): Perversion: The Erotic Form of Hatred. Random House, New York. Deutsch: Perversion: Die erotische Form von Haß. Rowohlt, Reinbek bei Hamburg, 1979.

Stork, J. (1976): Versuch einer Einführung in das Werk von D. W. Winnicott. In: Winnicott, D. W.: Von der Kinderheilkunde zur Psychoanalyse. Kindler, München, 9–28.

Sullivan, H. S. (1953): Interpersonal Theory of Psychiatry. Norton, New York.

Waals, van der, H. G. (1943): Zit. Lampl-de Groot, J. (1949): Idealbildung bei Neurotikern und Delinquenten. Deutsch in: Psyche 19, 454–464 (1965).

Waelder, R. (1963): Die Grundlagen der Psychoanalyse. Huber/Klett, Stuttgart.

Widmer-Perrenoud, M. (1982): Einige Gedanken über den unsichtbaren weiblichen Raum und die Strukturbildung des Mädchens. Unveröffentlichtes Manuskript.

Wilmann-Lidz, R. und Lidz, Th. (1952): Zit. W. Loch: Anmerkungen zur Pathogenese und Metapsychologie einer schizophrenen Psychose. Psyche 15, 712 (1961/62).

Winnicott, D. W. (1935): Die manische Abwehr. In: Von der Kinderheilkunde zur Psychoanalyse. 238–260. Kindler, München 1976.

Winnicott, D. W. (1953): Übergangsobjekte und Übergangsphänomene. In: Von der Kinderheilkunde zur Psychoanalyse, 293–312. Kindler, München 1976.

Winnicott, D. W. (1954): Die Beziehung zwischen dem Geist und dem Leibseelischen. In: Von der Kinderheilkunde zur Psychoanalyse, 161–178, 1. c.

Winnicott, D. W. (1955 a): Metapsychologische und klinische Aspekte der Regression im Rahmen der Psychoanalyse. In: Von der Kinderheilkunde zur Psychoanalyse, 179–202, 1. c.

Winnicott, D. W. (1955 b): Die depressive Position in der normalen emotionalen Entwicklung. In: op. cit., 270–292.

Winnicott, D. W. (1956): Primäre Mütterlichkeit. Psyche *14*, 393–399, 1960/61. Auch in: Von der Kinderheilkunde zur Psychoanalyse, 153–160, 1. c.

Winnicott, D. W. (1958): Die Fähigkeit zum Alleinsein. In: Reifungsprozesse und fördernde Umwelt, 36–46. Kindler, München 1974.

Winnicott, D. W. (1960): Ich-Verzerrung in Form des wahren und des falschen Selbst. In: Reifungsprozesse und fördernde Umwelt, 182–199, 1. c.

Winnicott, D. W. (1962): Die Entwicklung der Fähigkeit der Besorgnis. In: Reifungsprozesse und fördernde Umwelt, 93–105, 1. c.

Winnicott, D. W. (1963): Abhängigkeit in der Säuglingspflege, in der Kinderpflege und im psychoanalytischen Milieu. In: Reifungsprozesse und fördernde Umwelt, 330–344, 1. c.

Winnicott, D. W. (1969): The Use of an Object and Relating through Identifications. In: Playing and Reality. New York, 1971. Deutsch: Objektverwendung und Identifizierung. In: Vom Spiel zur Kreativität. Klett, Stuttgart 1973.

Winkler, W. T. (1970): Übertragung und Psychose. Hans Huber, Bern.

Wolf, C. (1971): Love between women. Duckworth, London. Deutsch: Psychologie der lesbischen Liebe. Rowohlt, Reinbek, 1973.

Wynne, L. C., Ryckoff, I. M., Day, J., und Hirsch, St. J. (1958): Pseudo-Gemeinschaft in den Familienbeziehungen von Schizophrenen. In: Theorie 2, Schizophrenie und Familie, 44–80. Suhrkamp, Frankfurt 1969; zit. n. d. deutschen Ausgabe.

Wynne, L. C., und Singer, M. T. (1963): Denkstörungen und Familienbeziehung bei Schizophrenen. Archives of General Psychiatry 9. Deutsch in: Psyche *19*, 82–160 (1965).

Einführung in die psychosomatische Medizin

Wolfgang Wesiack

I. BEZEICHNUNG UND BEGRIFFSBESTIMMUNG

Der Ausdruck „psychosomatisch" ist mehrdeutig. Er wurde erstmals, wie Margetts (1954) mitteilt, 1818 von J. C. Heinroth (1818) gebraucht und 1822 benützte K. W. M. Jacobi (1822) den Ausdruck „somatopsychisch". Ottomar Rosenbach (Berl. Klin. XXV) sprach 1902 vom „psychosomatischen Betrieb". Im neueren Schrifttum wurde die Bezeichnung „psychosomatische Medizin" erstmals 1922 von Felix Deutsch (1922) verwendet und hat sich dann in den dreißiger Jahren durch die Arbeiten von Flanders Dunbar (1954),F. Alexander (1951, 1948), Th. M. French (1948) und anderen in Amerika und nach 1945 durch v. Weizsäcker, A. Mitscherlich und die Heidelberger Schule rasch verbreitet. Heute ist dieser Terminus aus der medizinischen Literatur nicht mehr wegzudenken. Man muß aber leider feststellen, daß er inzwischen zu einem Modewort geworden ist, bereits Eingang in den allgemeinen Sprachgebrauch gefunden hat und von vielen gerade dann verwendet wird, wenn klares und kritisches Denken aufhört. Dies ist natürlich der Wissenschaft nicht dienlich.

Es erscheint zweckmäßig, die Begriffe „psychosomatisch Kranker", „psychosomatische Krankheit" und „psychosomatische Medizin" auseinanderzuhalten. Da wir an jedem Kranken psychische und somatische Befunde erheben können, ist, so gesehen, jeder Patient, auch dann, wenn er an einer „reinen" Neurose oder aber an einer primär organischen Krankheit leidet, ein *psychosomatisch Kranker*. Anders verhält es sich mit den *psychosomatischen Krankheiten*. Wir verstehen darunter Krankheiten mit körperlicher Symptomatik, die durch psychische Faktoren bedingt, mitbedingt oder unterhalten werden. Die *psychosomatische Medizin* als ärztliche Disziplin schließlich hat nun die Aufgabe, sowohl die Forschung und Lehre der psychosomatischen Krankheiten als auch die Interaktion mit den psychosomatisch Kranken überhaupt, das heißt also mit allen Kranken, wissenschaftlich zu systematisieren. Daraus folgen gewisse Schwierigkeiten, wie z. B. die vieldiskutierte Frage: Ist die psychosomatische Medizin eine ärztliche Spezialdisziplin oder ist sie das integrierende Element, das den Zerfall der modernen Medizin in unübersehbar viele Spezial- und Subdisziplinen aufzuhalten sucht? Die Antwort auf diese Frage wird verschieden ausfallen müssen, je nachdem, ob man mehr die psychosomatischen Krankheiten oder aber den psychosomatisch Kranken im Auge hat.

Wenn wir nun den heute gebräuchlichen Begriff „Psychosomatik" genauer ansehen, so bemerken wir zwei völlig verschiedene Bedeutungen, die häufig unkritisch miteinander vermengt werden. Zunächs einmal bedeutet „Psychosomatik" die Lehre von der psychophysischen Totalität des Menschen. Mit anderen Worten also Ganzheitsmedizin. An anderer Stelle habe ich ausgeführt (Wesiack, 1974), daß eine Ganzheitsmedizin, sosehr wir uns auch danach sehnen mögen, für unser menschliches Begriffsvermögen nicht erfaßbar ist. Da wir lediglich mit Hilfe immer weiter fortschreitender Abstraktionen jeweils festumrissene einzelne Zusammenhänge zu erforschen vermögen, können wir bestenfalls anstelle einer romantischen Ganzheitsmedizin eine *pluriperspektive Komplementärmedizin* erarbeiten, bei der sich die einzelnen Perspektiven ergänzen. Leider haben wir dafür im deutschen Schrifttum, soweit ich sehe, noch keinen Terminus, der, allgemein anerkannt, diesen Sachverhalt eindeutig kennzeichnet. Es wird sowohl für die Ganzheitsmedizin als auch für den Versuch einer pluriperspektiven Komplementärmedizin im allgemeinen der Begriff psychosomatische Medizin verwendet und damit dieser Begriff überdehnt. Um diesen Sachverhalt zu kennzeichnen, hat man im amerikanischen Schrifttum den Terminus „comprehensive medicine" (Zit. nach Stokvis, 1959) geprägt und versteht darunter eine umfassende Medizin, die pluriperspektiv genetische, konstitutionelle, anatomische, physiologische, chemische, bakterielle, psychologische, soziale, kulturelle usw. Gesichtspunkte umfaßt. Hingewiesen sei besonders auf die Feldtheorie von R. Grinker (1953), der von der „Vorstellung eines Integrationsraumes, in dem Körperliches und Seelisches ineinandergreifende Glieder einer durchgehenden Ordnung darstellen" ausgehend „die These eines Kontinuum von Soma, Psyche, Gruppe, Gesellschaft, Kultur aufgestellt hat, in dem sich die psychosomatischen Vorgänge abspielen sollen" (zit. nach v. Uexküll, 1963). Meist aber wird der Begriff Psychosomatik in einem ganz anderen und viel engeren Sinne gebraucht, nämlich als *Lehre von der seelischen Verursachung* und Beeinflußbarkeit körperlicher Erscheinungen. In diesem Sinne ist also psychosomatisch gleichbedeutend mit psychogen und in dieser zweiten Bedeutung tritt die psychosomatische Forschung in ergänzenden komplementären Gegensatz zur bisherigen rein somatisch-naturwissenschaftlichen Forschung. Sie ist aus methodischen Gründen selbstverständlich ebenfalls einseitig und durchaus keine Ganzheitsmedizin. Sie versucht eben mit psychischen Untersuchungs- und Behandlungsmethoden jenes vielgesichtige Phänomen Mensch zu erfassen. Dabei hat sich die Psychoanalyse als eine besonders fruchtbare Methode erwiesen.

Ganz entschieden aber müssen wir uns gegen die große Verwirrung stiftende Vertauschung und Vermengung der beiden verschiedenen Bedeutungen des Begriffes Psychosomatik wehren, die im heutigen Schrifttum sehr häufig vorgenommen wird. Gearbeitet wird in der Forschung und Therapie mit dem Begriff psychosomatisch, gleich psychogen, auch dort, wo der Psychogeniebegriff ausdrücklich abgelehnt wird. Das ist dann Selbstbetrug oder ein Streit um Worte, denn man kann m. E. gar nicht anders, wenn man vom Seelischen aus forscht und behandelt. Dann aber werden kühn die Bedeutungen, oft für den Schreiber selbst unbemerkt, vertauscht im Sinne von: psychosomatisch ist gleich psychophysische Totalität. Damit aber hat man den Sprung in einen ganz anderen Denk- und Erlebnisbereich unternommen. Hat man bisher methodisch einwandfrei von dem seelischen Bereich her nach dem Wie und Warum, nach den wissenschaftlich erforschbaren Relationen (Eberhardt, M., 1952) geforscht, so hat man aus dem Wie plötzlich ein Was gemacht, aus der Frage nach den Relationen eine Frage nach dem Wesen, und damit ist man unbemerkt aus dem Bereich der Wissenschaft in den des Glaubens und der Dogmen gelangt. So aber hat man den Schritt von der Psychosomatik zu Psychik getan, mag man es mit Worten auch noch so bestreiten. Die zwangsläufige Schlußfolgerung ist dann die – und dagegen lehnt sich mit Recht die klassische Medizin empört auf – der Mensch sei letztlich ein psychisches Wesen, das nur einen körperlichen Ausdruck besitzt und jede echte Therapie müsse also Psychotherapie sein. Diese Schlußfolgerung ist m. E. ebenso einseitig dogmatisch, wie die entgegengesetzte, nämlich die der Somatik, für die der Mensch letztlich nur ein körperliches Wesen ist, das psychische Epiphänomene zeigt und in der daher nur eine rein körperliche Therapie sinnvoll, jede Psychotherapie aber Pseudotherapie ist.

Als Forschungsrichtung, im Denkansatz sind selbstverständlich Somatik und Psychik richtig und notwendig, nur müssen wir uns stets bewußt bleiben, daß wir dabei nicht den ganzen Menschen in den Griff bekommen, sondern immer mit bestimmten Abstraktionen somatischer bzw. psychischer Art arbeiten, die evtl. noch von weiteren Seiten her ergänzt werden müssen. Wenn wir aber unsere Abstraktionen verabsolutieren und für das Wesen des Menschen, der Krankheit usw. halten, dann haben wir von der Wissenschaft zum Glauben bzw. zur wissenschaftlichen Ideologie hinübergewechselt.

Nehmen wir beispielsweise einen Patienten mit essentieller Hypertension. Im Gegensatz zu anderen Hypertonieformen (renalen, arteriosklerotischen und kardialen), bei denen die Hauptursache bekannt ist, umschreibt das

Wörtchen essentiell hier nur unsere Unkenntnis der Ätiologie und Genese. Die Ursache oder, was wahrscheinlicher ist, das Konditionsbündel, das zu dieser nicht seltenen Erkrankung führt, ist noch nicht genügend geklärt. Als Arzt und Forscher habe ich nun die Möglichkeit, entweder im somatischen Bereich möglichst alle anatomischen, physikalischen und chemischen Faktoren zu analysieren, um dann aufgrund meiner Kenntnisse bestimmte physikalische oder chemische Maßnahmen zu treffen, oder ich kann als Psychotherapeut versuchen, die psychischen Bedingungen, die möglicherweise die Hypertension hervorgerufen haben könnten, zu erforschen, um dann entsprechende psychotherapeutische Verfahren anzuwenden. Genauso, wie sich meine pharmakologische Therapie nach meinen jeweiligen pathophysiologischen Kenntnissen, manchmal auch noch mehr nach noch ungesicherten Vermutungen und Hypothesen richten und dementsprechend im Laufe der Zeit einem Wandel unterworfen sein wird, wird sich auch meine Psychotherapie nach den jeweiligen Kenntnissen, d. h. in der derzeitigen Situation noch vorwiegend nach mehr oder weniger gesicherten Hypothesen richten müssen. Auf eine weitere Schwierigkeit muß hier noch kurz hingewiesen werden: Da wir gezwungen sind, uns in der psychosomatischen Medizin sowohl mit den psychischen als auch mit den somatischen Phänomenen des Krankseins zu befassen, ist es im Gegensatz etwa zur psychoanalytischen Neurosenlehre nicht möglich, eine geschlossene Theorie der psychoanalytischen Psychosomatik zu entwerfen, denn die primär somatischen Phänomene, das „somatische Entgegenkommen" (Freud, S., 1905), muß stets mitberücksichtigt werden. Dieses aber entzieht sich weitgehend einer psychologischen, also auch psychoanalytischen Interpretation.

Fassen wir also die Ergebnisse unserer bisherigen Überlegungen kurz zusammen, so können wir feststellen:

Der Begriff *Psychosomatik* ist *mehrdeutig*. Er bezeichnet einerseits das Bestreben, die psychophysische Totalität des Menschen zu begreifen. Als solcher ist er ein metaphysisch-philosophischer Begriff und sollte in der Wissenschaft möglichst nicht verwandt werden. Hier wird er als Lehre von der seelischen (Mit-)Verursachung und Beeinflußbarkeit körperlicher Erscheinungen definiert und beinhaltet ein bestimmtes methodisches Programm. Oder anders ausgedrückt: Wir können zwar den Cartesianischen Körper-Seele-Dualismus ontologisch (d. h. philosophisch) überwinden, methodisch (d. h. in der wissenschaftlichen Forschung), so scheint es jedenfalls bisher, können wir es nicht. Das führt uns zwangsläufig zu dem die Menschheit seit Jahrtausenden beunruhigenden Leib-Seele-Problem, dem wir auch hier nicht ganz ausweichen können.

II. DAS LEIB-SEELE-PROBLEM

Es kann sich natürlich nicht darum handeln, in dieser kurzen Einführung in die psychosomatische Medizin eine umfangreiche Darstellung des Leib-Seele-Problems zu geben, sondern nur soweit darauf einzugehen, wie es für unsere Fragestellung wichtig ist.

Für das Kind, den Naturmenschen und die naive vorwissenschaftliche Erfahrung (soweit es diese wirklich gibt, da auch der wenig gebildete unwillkürlich von dem Kulturkreis, in dem er aufwächst, geprägt wird) gibt es noch kein Leib-Seele-Problem. Der Mensch erscheint als ein Ganzes, als beseelter Leib, an dem wir weder eine Seele noch einen rein materiellen Körper wahrnehmen können. Auch dem Physisbegriff der Hippokratiker liegt noch diese ungebrochene Ganzheitsbetrachtung zugrunde, und nicht zuletzt deshalb bleiben die Hippokratiker über die Jahrtausende das unbestrittene Vorbild für jede Ganzheitsmedizin. Aber schon seit Platon, dem ersten Philosophen, der sich systematisch mit der Seele beschäftigte und ihr eine eigene Wesenheit zuschrieb, gibt es ein psychophysisches Problem, das seither aus der abendländischen Geistesgeschichte und Wissenschaft nicht mehr wegzudenken ist, denn sobald zwei wesensverschiedene Welten, eine seelische und eine körperliche postuliert werden, wird ihr Verflochtensein, ihr Aufeinanderwirken zum Problem. In diesem Zusammenhang sei auch die Bemerkung gestattet, daß die uns so modern anmutende Bezeichnung Psychotherapie eine platonische Wortschöpfung ist (Leibbrand, W., und Wettley, S., 1961).

Mit dem Verlust der vordualistischen Ganzheitsbetrachtungen werden Psyche und Soma und ihr Zusammenwirken, wie auch die Psycho- und die Somatherapie zu einem Problem. Und schon Platon läßt seinen Sokrates sagen:

„... so wie man nicht unternehmen dürfte, die Augen zu heilen ohne den Kopf, noch den Kopf ohne den ganzen Leib, so auch nicht den Leib ohne die Seele; sondern dieses eben wäre auch die Ursache, weshalb bei den Hellenen die Ärzte den meisten Krankheiten noch nicht gewachsen wären, weil sie nämlich das Ganze verkennten, auf welches man seine Sorgfalt richten müßte, und bei dessen Übelbefinden sich unmöglich irgend ein Teil wohlbefinden könnte. Denn alles, sagte er, entspränge aus der Seele ..." (Platon, Charmides, S. 156e).

Diese Spaltung in Körper und Seele wurde vor allem durch Descartes (1596–1650) verschärft, der zwei getrennte Substanzen, die *res cogitans* und die *res extensa* postulierte, die über die Zirbeldrüse miteinander in kausaler Wechselbeziehung stehen sollen. Er ist damit der Schöpfer der *Wechselwirkungstheorie*, die sich über die Jahrhunderte erhalten hat. Andererseits schuf er durch die scharfe Subjekt-Objekt-Spaltung den geistigen Rahmen für die objektivierende Naturwissenschaft, die im 19. Jahrhundert auch die klinische Medizin ganz in ihren Sog aufnahm.

Für die Wechselwirkungstheorie sprach die Alltagserfahrung. Man konnte jederzeit beobachten, daß körperliche Veränderungen, etwa am Gehirn, psychische Folgen und daß umgekehrt psychische Akte, etwa das Wollen, körperliche Bewegungen nach sich ziehen. Die Situation blieb aber logisch äußerst unbefriedigend, denn es ist mit bestem Willen nicht einzusehen, wie diese wesensverschiedenen Substanzen Psyche und Soma kausal aufeinander einwirken könnten.

Aus dieser logischen Schwierigkeit versuchte man sich durch die Annahme der *Parallelitätstheorie* zu befreien. Körperliches und seelisches Geschehen seien demnach völlig inkommensurabel und laufen ohne sich wechselseitig zu beeinflussen parallel nebeneinander ab. Leibniz (1646–1716) drückte das so aus, daß Gott die Welt in „prästabilierter Harmonie" geschaffen habe, in der Körperliches und Seelisches wie zwei gleichgehende Uhren nebeneinander laufen ohne sich gegenseitig zu beeinflussen. Damit ist zwar nichts erklärt, sondern nur ein Tatbestand der Alltagserfahrung beschrieben bzw. ein Postulat aufgestellt, das aber immerhin eine methodisch klare Trennung der wissenschaftlichen Bemühungen ermöglicht. Unter Zugrundelegung der Parallelitätstheorie ist also durchaus systematische, entweder somatische (physikalische) oder aber psychologische Forschung möglich. Die philosophisch-metaphysische Frage nach dem Zusammenhang von Körper und Seele wird dabei einfach ausgeklammert. Viele Psychophysiologen, aber auch die meisten von der Psychoanalyse ausgehenden Psychosomatiker arbeiten mit der Parallelismustheorie. Mitscherlich (1961, S. 8) spricht deshalb vom „psychosomatischen Simultangeschehen" und schreibt:

„Wie das Problem Leib-Seele-Einheit sich also auch metaphysisch ausnehmen mag, vom pragmatischen Standpunkt des Arztes aus kann ein somatisches Organisationsmodell nicht genügen. Die Anerkennung eines psychischen und eines somatischen *Organisationskernes* wird in dem Augenblick unerläßlich, in dem man die Organisationsform seelischer Abläufe *verstehen* will, und zwar über die Analyse des biologischen Funktionsträgers hinaus."

Sein für die praktische Arbeit entworfenes Denkmodell aber sieht folgendermaßen aus:

„Das psychosomatische Simultangeschehen ist durch hohe Integrationskraft (z. T. auch Reparationskraft) gegenüber Noxen ausgezeichnet. Die Homöostase (Cannon) wird von zwei Organisationsprinzipien (oder -kernen), dem somatisch-organismischen und dem psychischen, gewahrt, die ohne ihre wechselseitigen Beziehungen allein nicht funktionsfähig bleiben. Unter dem psychischen Organisationsprinzip verstehe ich aber nicht das ZNS mit seiner biologischen Differenzierung, sondern die Ordnung des Wahrnehmens, Verstehens, des Bewußtseins, Phantasierens, des unbewußt Gewordenen; das „System Ubw" im Sinne Freuds scheint die psychisch erfahrbare Organisationsform darzustellen, die dem Organisationsbereich des Organismischen am nächsten steht, den wir nicht mehr als Psychisches unmittelbar, sondern *durch* Psychisches erfahren können" (Mitscherlich, 1961, S. 3).

Das Unbefriedigende dieser dualistischen Theorien wurde bereits von Spinoza (1632–1677) erkannt, der ihnen die *Identitätstheorie* gegenüberstellte, nach der Leibliches und Seelisches als verschiedene Äußerungsformen der gleichen Substanz definiert wurden, ohne sich mit diesen Gedankengängen jedoch damals durchsetzen zu können. Erst viel später, in der Zeit der Romantik (Leibbrand, 1937), wurde der Versuch einer spekulativen Ganzheitsauffassung unternommen, ohne ihn natürlich mehrdimensional, integrativ oder pluriperspektiv, wie wir heute fordern müssen, durchführen zu können. So standen sich damals unter den deutschen Psychiatern bald die Psychiker und die Somatiker diametral gegenüber, die zwar beide Monisten waren, sich aber dadurch unterschieden, daß sie entweder der Psyche das Attribut des Wesentlichen und dem Soma das des Akzidentellen gaben oder aber umgekehrt verfuhren. Interessant ist, wie oben bereits erwähnt, daß der Psychiker Heinroth 1818 den Ausdruck *psycho*somatisch, der Somatiker Jacobi aber 1822 den Ausdruck *somato*psychisch prägte, wobei bis in die Namensgebung hinein die konträre Auffassung ersichtlich wird.

Nach dem Zusammenbruch der Romantik begann der beispiellose Siegeszug der naturwissenschaftlichen Medizin. Mit den Methoden der Mathematik, Physik und Chemie wurde der körperliche Aspekt des gesunden und kranken Menschen analysiert. Dieser Prozeß, der noch keineswegs abgeschlossen ist, hat zu dem heute gültigen System der naturwissenschaftlich-klinischen Medizin geführt. Das Maschinenmodell der klassischen Physik lag diesen Untersuchungen zugrunde. Im Bezug auf das Leib-Seele-Problem war man im allgemeinen materialistischer Monist oder Dualist. Die Seele wurde zum Epiphänomen der Materie oder zum unlösbaren Rätsel im Sinne der Wechselwirkungs- oder Parallelismustheorie. Das pathogenetische Schema (Boss, 1954) lautete: exogene oder endogene anatomische Strukturläsion im Organ – pathologische Organfunktion – organische Krankheit. Die Grundwissenschaft war die pathologische Anatomie (Virchow). Dieses pathogenetische Schema konnte jedoch nicht auf die Dauer befriedigen, denn das große Heer der Neurosen und der funktionellen Erkrankungen, bei denen man keine organische Strukturläsion fand, ließ sich nicht in dieses Schema einordnen. G. v. Bergmann (1936) drehte deshalb das pathogenetische Schema um, setzte die vegetative Dystonie bzw. die funktionelle Organneurose an den Anfang, die dann zur anatomischen Strukturläsion im Organ und schließlich zur organischen Krankheit führen soll. Die pathologische Physiologie wurde zur Grundwissenschaft. Aber auch mit diesem Schema war das Phänomen der Neurosen nicht zu erfassen, unklar blieb fernerhin, wer oder was denn die am Anfang des pathogenetischen Schemas stehende vegetative Dystonie bzw. funktionelle Organneurose hervorrufe. Hier wurde nun das Subjekt (V. v. Weizsäcker, 1951) bzw. die Psyche in das bisher rein organische pathogenetische Schema eingeführt, das somit folgendermaßen lautete: Psyche oder Subjekt – vegetative Dystonie bzw. funktionelle Organneurose – anatomische Strukturläsion – organische Krankheit.

Die Einführung des Subjekts bzw. der Psyche in die klinische Medizin wurde einerseits von Freud, von dessen großer Bedeutung die vorhergehenden Beiträge handeln, und zum Teil bereits von Klinikern wie Kraus und Krehl (Kütemeyer, S., 1963) vollzogen. Damit erhielt die Psyche zwar wieder ein, wenn auch noch stark umstrittenes Hausrecht im Gebäude der klinischen Medizin zurück, das sie seit der Zeit der Romantik verloren hatte, an dem Körper-Seele-Dualismus aber änderte sich zunächst nichts Grundsätzliches. So blieb Freud sein ganzes Leben unter dem Eindruck des materialistisch-positivistischen Zeitalters, das ihn hervorgebracht hat, beschrieb seine großartigen Entdeckungen in der Sprache der Physik und orientierte sich am Maschinenmodell des Organismus des 19. Jahrhunderts (Wyss, D., 1961). Die Konversion psychischer Energie in ein körperliches Symptom, die er bei der Hysterie entdeckte, blieb ihm bis zuletzt rätselhaft und mußte es bleiben, da es mit seinem Denkmodell nicht verständlich zu machen ist.

In jüngster Zeit wurde von mehreren Seiten der Versuch unternommen, den Leib-Seele-Dualismus durch den Entwurf einer Identitätstheorie zu ersetzen. In erster Linie ist hier V. v. Weizsäckers Gestaltkreislehre zu nennen (1947). Im biologischen Akt sind immer Wahrnehmungen und Bewegungen untrennbar verbunden, doch stehen beide Seiten des biologischen Aktes nach dem *Drehtürprinzip* in gegenseitiger Verborgenheit. Nur jeweils eine Seite des biologischen Aktes vermag man bewußt zu erleben. Die andere ist zwar ebenfalls immer mitenthalten, bleibt jedoch verborgen. Wenn ich z. B. einen Vogel im Fluge beobachte, nehme ich ihn und seine Ortsveränderung wahr. Daß ich aber gleichzeitig auch mich, meine Augenmuskeln usw. bewege, bleibt mir verborgen. Wenn ich umgekehrt bewußt eine Ortsveränderung vornehme, bleibt mir die Wahrnehmung kleiner Unebenheiten des Weges, nach denen sich unwillkürlich meine Gangart richtet, verborgen. Das Drehtürprinzip der gegenseitigen Verborgenheit versucht in der Biologie analog zur Mikrophysik etwas ähnliches auszudrücken wie Heisenberg mit der Unschärferelation, derzufolge im subatomaren Bereich Korpuskel und Welle nicht gleichzeitig genau beschrieben werden können.

Ein weiterer Versuch, das Leib-Seele-Problem im Sinne einer Identitätstheorie zu lösen, wurde aus der daseinsanalytischen Sicht, deren wichtigster Vertreter neben L. Binswanger M. Boss ist (1954), unternommen. Boss geht von der Existentialontologie Heideggers aus. Der Subjekt-Objekt-Gegensatz und das Leib-Seele-Problem werden gleichsam daseinsanalytisch übersprungen. Seine Gedankengänge entziehen sich einem Referat in wenigen Sätzen und durch einige aus dem Zusammenhang gerissene Zitate, die wie eine Karikatur wirken, würde man Boss Unrecht tun. Man muß schon dem Leser empfehlen, seine Werke zur Hand zu nehmen und sich selbst ein Bild zu machen. Man hat aber den Eindruck, daß, abgesehen von ausgezeichneten Falldarstellungen, hier der Versuch unternommen wird, in schöner dichterisch-philosophischer Sprache die tiefsten Tiefen auszuloten, daß aber demgegenüber der wissenschaftliche Ertrag, der ja immer an begrenzte Zielsetzungen und eine bestimmte Methodik gebunden bleibt, etwas zurücktritt.

Auch von psychoanalytischer Seite wurde versucht, das Problem Leib-Seele-Dualismus neu zu durchdenken und Lösungen anzubieten (Th. v. Uexküll, 1961; W. Loch, 1961). Als Ausgangspunkt wird die ursprüngliche vorwissenschaftliche Erfahrung genommen. v. Uexküll (1963, S. 42) drückt das folgendermaßen aus:

,,Die Frage, wie seelische und körperliche Vorgänge sich gegenseitig beeinflussen und verändern sollen, läßt sich nämlich weder mit physikalischen noch mit psychologischen Methoden beantworten. Beide Methoden sehen nur ihre Ausschnitte, sind aber außerstande, die Beziehungen zu erkennen, die zwischen beiden bestehen. Hier stoßen wir innerhalb der Medizin also auf ein philosophisches Problem. Es ist unlösbar, solange wir im Sinne der traditionellen Vorstellungen davon ausgehen, daß die Wirklichkeit aus psychischen und physischen Bestandteilen zusammengesetzt ist. Hier muß die Medizin die eiserne Ration von Begriffen und Vorurteilen, die ihr die Schulphilosophie verkauft hat, über Bord werfen und ihre eigenen Lösungen suchen. Dazu ist aber die Besinnung auf die philosophische Ursituation nötig. Wir müssen uns darüber klarwerden, daß sowohl die physikalischen wie die psychologischen Methoden nichts weiter sind als Versuche, uns in einer unbekannten und rätselhaften Welt zurechtzufinden. Beide Methoden machen Ausschnitte und deuten das, was sich in ihnen zeigt, aufgrund bestimmter, in der Methode festgelegter Voraussetzungen einmal als physikalisch-chemische Vorgänge und das andere Mal als psychologische Abläufe. Psychische und physische Faktoren, die sich dann als inkommensurable Gegensätze gegenüberstehen, sind also – das ist das Ergebnis dieser Besinnung – nicht schon von Anfang an in der Wirklichkeit enthalten. Beide entstehen vielmehr erst innerhalb der Ausschnitte, die wir für bestimmte Umgangsmöglichkeiten dort abgrenzen. Wir sind es, die den Gegensatz in die Natur hineintragen.''

Im physiologischen Geschehen ist die Trennung in Seelisches und Körperliches außerordentlich schwierig und künstlich. Man denke etwa an den Vorgang der Nahrungsaufnahme oder der sexuellen Betätigung. Beim Appetitkriegen, Wahrnehmen und Ergreifen der Nahrung, dem Essen, Verschlingen und Verdauen ist es außerordentlich schwierig, Psychisches und Somatisches zu unterscheiden. Lediglich bei den Randvorgängen dieses biologischen Aktes, dem Wahrnehmen und dem Verdauen, will uns das einigermaßen vereinfachend gelingen. Beim zentralen Vorgang des Essens ist es so gut wie unmöglich. Solange der Vorgang ungestört abläuft, das ,,psychosomatische Simultangeschehen'' (Mitscherlich) noch nicht zerrissen ist, können wir nur mit Hilfe bestimmter künstlich eingeführter Untersuchungsmethoden an diesem einheitlichen biologischen Akt eine psychische und eine somatische Seite abtrennen. Am pathologischen Vorgang, nach der ,,Zerreißung des psychosomatischen Simultangeschehens", wird dann „Seelisches" und auch „Körperliches" der Beobachtung und den verschiedenen Untersuchungsmethoden besser zugänglich. v. Uexküll bringt als Beispiel zwei Krankengeschichten mit Schluckstörungen. Bei einem Patienten, der vor kurzem eine Diphtherie durchgemacht hatte, traten an der gemeinsamen Familientafel plötzlich Schluckbeschwerden auf. Die Nahrung lief, anstatt durch die Speiseröhre in den Magen, plötzlich zur Nase heraus. Ein Glied in der Kette des komplexen Zusammenhanges einer Handlung, der gemeinsamen Mahlzeit am Familientisch, nämlich der Schluckakt, war gestört. Die Untersuchung ergab, daß es sich um eine Gaumensegellähmung handelte, die nach Diphtherie öfters beobachtet wird. Durch die Lähmung des Gaumensegels, das beim normalen Schluckakt den Zugang vom Rachen zum Nasenraum verschließt, war nun plötzlich eine Reihe sonst automatisch ablaufender Funktionszusammenhänge gestört.

Dieser Krankheitsgeschichte wird eine auf den ersten Blick ähnliche gegenübergestellt, bei der es sich ebenfalls um einen Patienten handelt, der bei der gemeinsamen Familientafel Schluckstörungen bekommt. Die Beschwerden werden als mit Brechreiz einhergehendes Druck- und Würgegefühl beschrieben, die es dem Patienten unmöglich machen, zu schlucken. Nach der Ermahnung des Vaters, sich doch zusammenzunehmen, ist es sogar zum Erbrechen gekommen. Allein und bei Fremden ist der Patient beschwerdefrei. Auch hier ist der Schluckakt als Glied einer Kette des komplexen Zusammenhanges der gleichen Handlung, nämlich der gemeinsamen Mahlzeit am Familientisch, gestört. Bei beiden Patienten sind nun plötzlich sonst völlig automatisch ablaufende Funktionszusammenhänge zerrissen und während es uns beim normalen Schluckakt sehr schwer gefallen ist, zu bestimmen, was daran denn seelisch und was körperlich sei, gelingt uns das nun am Krankheitsgeschehen besser. Bei der Untersuchung des ersten Patienten stellen wir fest, daß es sich um eine „organische" postdiphtherische Gaumensegellähmung handelt, während wir beim zweiten erkennen, daß eine „psychogene" Störung in der Beziehung des Patienten zu seiner Familie bzw. einzelnen Angehörigen derselben, vorliegt. In Anlehnung an die Feldtheorie Grinkers (1953), der von der Vorstellung eines Integrationsraumes ausgeht, in dem Soma, Psyche, Gruppe, Gesellschaft und Kultur ein Kontinuum verschiedener ineinander verwobener Funktionskreise darstellt, können wir feststellen, daß bei dem ersten Patienten ein ziemlich niederer Funktionskreis, den er zum Beispiel auch mit den Säugetieren gemeinsam hat, gestört ist, während bei dem zweiten Patienten das „psychosomatische Simultangeschehen" auf der Ebene eines höheren Funktionskreises, nämlich der Beziehung des Patienten zu seiner Familie, zerrissen ist. Zweckmäßigkeit, Erfahrung und wissenschaftliche Tradition legen es nahe, den ersten Fall mit physikalischen

Methoden zu untersuchen und als organisch anzuschauen, den anderen aber psychologisch zu untersuchen und als psychogen zu bezeichnen. Nirgends aber erscheinen hier Psyche und Soma als getrennte Wesenheiten, sondern lediglich als Abstraktionen, als wissenschaftliche Hilfsbegriffe, um die Phänomene der Welt ordnen zu können. Nur da, wo wir eine Hypostasierung vornehmen und den Begriffen Seele und Körper, die für uns lediglich einen operativen Gehalt haben, ein Für-sich-Sein, eine eigene Wesenheit, einen eigenen Substanzcharakter unterschieben, gibt es „die Seele" und „den Körper" als wesensverschiedene und inkommensurable Teilwelten.

Ich möchte dabei besonders auf Helwig (1950/1951) Bezug nehmen, der die Hypostasierung im Begriff der Seele klar und unmißverständlich herausgearbeitet hat. Er führt aus, daß man durch dreifache Hypostasierung die Einheit des Organismus, der psychophysischen Totalität „auseinandernehmen" kann:

1. durch das für sich gesetzte Ding selbst,
2. durch die für sich gesetzte Funktionsweise und
3. durch die für sich gesetzte Form.

„Entsprechend haben wir beim Denken: das Substrat des Denkens (das für sich gesetzte Gehirn), das Denken selbst (zeitlich, aber unräumlich) und das für sich gesetzte Gedachte (der begriffliche Gehalt des Denkens, der unzeitlich ist, unräumlich und objektiv = unabhängig von einem denkenden Subjekt)" (S. 374). Dann schreibt er: „Zusammengefaßt: Psychosomatisch denken heißt, das Bild der Einheit des menschlichen Lebens dadurch wiederherstellen, daß die ‚Einheit der Funktionen' nicht mehr in körperliche und seelische auseinanderfällt, sondern als fließender Übergang und mannigfaltiges Ineinandergreifen von niederen (= physischen) und höheren (= psychischen) begriffen wird. Vom Ehrfurchtsgefühl Gott gegenüber bis zu den Ausscheidungsprozessen (um die Spanne des ‚Normalen' zu nennen) und vom politischen Fanatismus bis zum Wadenkrampf (um Krankhaftes zu nennen) handelt es sich um unterschiedliche Grade an Differenzierung und Komplizierung der ‚Funktionsweise unseres Organismus'" (S. 380).

Von anderen Voraussetzungen ausgehend kommen der Physiologe Rothschuh (1963) und der Kybernetiker Steinbuch (1963) zu ähnlichen Resultaten. Wir müssen es uns aber versagen, in diesem Rahmen darauf weiter einzugehen.

S. Freud (1925, S. 214) hat einmal von den Trieben gesagt, sie seien „Grenzbegriff zwischen Seelischem und Somatischem" und er definierte sie als „psychischer Repräsentant, der aus dem Körperinnern stammenden, in die Seele gelangenden Reize, als ein Maß der Arbeitsanforderung, die dem Seelischen infolge seines Zusammenhanges mit dem Körperlichen auferlegt ist".

Da nun die Aufgabe der Psychoanalyse gerade in der Erforschung der Triebe besteht oder wie v. Uexküll sich ausdrückt, Motivforschung betreibt, ist es ohne weiteres ersichtlich, daß ihr Forschen an einem ganz zentralen Punkt des menschlichen Organismus ansetzt. Das, was wir mit Freud „die Triebe" und mit v. Uexküll „die Motive" nennen, sind sicherlich der, oder was wahrscheinlicher erscheint, ein psychischer Repräsentant dessen, was wir umfassend als das große Geheimnis des Lebensprozesses ansprechen können. Die Lösung des Leib-Seele-Problems ist auf das engste mit definitorischen Fragen verbunden. Es ist zwar einfach und unproblematisch, den „Körper" bzw. den Organismus als den ausgedehnten, mit den Sinnen erfaßbaren, wäg- und meßbaren Anteil der menschlichen Existenz zu definieren, unmöglich wird es aber, sobald wir dies mit der „Seele" versuchen, denn dabei handelt es sich offenbar um eine Hypostasierung. Es ist aber auch sehr schwierig, die Funktionen „seelisch" bzw. „psychisch" eindeutig zu definieren. Ich neige dazu, sie mit *Information* und *Informationsverarbeitung* gleichzusetzen, zumal wir das „Psychische", nämlich alle unsere subjektiven Erlebnisse, unsere bewußten und unbewußten Phantasien, unter diese Begriffe subsumieren können. Durch Information und Informationsverarbeitung werden *Beziehungen* zwischen den Zellen, den Organen, den Organsystemen und den Menschen untereinander hergestellt. Ohne Information und Informationsverarbeitung gibt es keine lebenden organischen Systeme. Der tote Körper des Pathologen und Anatomen ist ein „geschlossenes System" (v. Bertalanffy) ohne Stoffwechsel und ohne intraorganismischen und interorganismischen Informationsaustausch. Im Gegensatz dazu ist der lebende (= „beseelte") Organismus ein „offenes System" (v. Bertalanffy) mit Stoffwechselprozessen und Informationsaustausch.

Zur Überwindung des Leib-Seele-Dualismus hat Thure v. Uexküll[1] jüngst diese Gedanken aufgegriffen und sein „*Situationskreiskonzept*" entwickelt. Ausgehend von der Funktionskreislehre Jakob v. Uexkülls, derzufolge jeder Organismus mit seiner Umwelt durch seine „Merk-" und „Wirkorgane" zu einem „Funktionskreis", also einer neuen Einheit verbunden ist, stellt Thure v. Uexküll fest, daß auch der Mensch mit seiner jeweiligen Umwelt durch „Bedeutungserteilung" und „Bedeutungsverwertung" zu einem „Situationskreis" verwoben ist. Die so hergestellten subjektiven „Ausschnitte" aus der Welt sind seine jeweilige „individuelle Wirklichkeit".

Im Situationskreis sind „Psychisches" und „Physisches" noch ungeschieden zu einer Einheit verwoben, die wir nur künstlich durch Abstraktionen bzw. Hypostasierungen voneinander trennen können.

Da wir aber in der konkreten Forschung immer mit Abstraktionen und begrenzten Methoden arbeiten müssen, wird sich medizinische Forschung auch in Zukunft auf physikalische, chemische, psychologische, soziologische und

---

[1] Eingehendere Ausführungen zum Situationskreiskonzept, zum Leib-Seele-Problem und zu den wissenschaftstheoretischen Voraussetzungen der psychosomatischen Medizin findet der Leser in Th. v. Uexkül u. W. Wesiack: Theorie der Humanmedizin, Urban u. Schwarzenberg, München, 1988.

andere Methoden stützen müssen, was uns zum Problem der Integration der Ergebnisse der verschiedenen Forschungsmethoden führt. Diese Integration, so scheint mir, ist aber zur Zeit am besten vor dem Hintergrund des Situationskreismodells zu vollziehen.

III. ALLGEMEINE PSYCHOSOMATIK

1. Historischer Überblick

Da es noch keine abgeschlossene Theorie der psychosomatischen Medizin gibt, sondern höchstens Ideen zu einer solchen (Mitscherlich, 1961), will ich zunächst versuchen, einen kurzen, zwangsläufig unvollständigen Überblick über die Entwicklung der psychosomatischen Anschauungen von Freud bis zur Gegenwart zu geben, wobei ich mir natürlich bewußt bin, daß ich mich in diesem Rahmen auf die wesentlichsten Etappen der Theorienentwicklung beschränken und vieles, selbstverständlich auch sehr Wichtige, weglassen muß. Paul Federn war der erste Psychoanalytiker, der 1913 im Rahmen von Freuds berühmten Mittwochgesellschaften über die psychoanalytische Behandlung eines Falles von Asthma bronchiale berichtet hat[2]. Cremerius (1957, S. 125) stellt in seiner Untersuchung über Freuds Konzept von der Entstehung psychogener Körpersymptome fest, daß Freud selbst nie Organkranke behandelt hat, und daß er lange Zeit die Psychoanalyse als therapeutisches Verfahren nur bei Psychoneurosen (1915, S. 225) und ,,allen somatischen Ausprägungen der Hysterie" (1904, S. 9) für indiziert hielt. Er stand allen Versuchen einiger seiner Schüler, die psychoanalytische Methode auch auf Organkranke anzuwenden, mit Zurückhaltung gegenüber. V. v. Weizsäcker (1947, S. 6) hat uns einen Brief Freuds aus dem Jahre 1932 mitgeteilt, in dem Freud schreibt:

,,Von solchen Untersuchungen (gemeint ist die Psychoanalyse eines Organkranken, Anm. des Ref.) mußte ich die Analytiker aus erziehlichen Gründen fernhalten, denn die Innervationen, Gefäßerweiterungen, Nervenbahnen wären zu gefährliche Versuchungen für sie gewesen, sie hatten zu lernen, sich auf psychologische Denkweisen zu beschränken. Dem Internisten können wir für die Erweiterung unserer Einsicht dankbar sein."

Trotzdem wurde Freud dank seiner theoretischen Konzeption und seiner analytischen Technik zum Initiator der modernen Psychosomatik. Beim

---

[2] Herrn und Frau Federn jun. sei an dieser Stelle herzlich dafür gedankt, daß sie mir eine Ablichtung des Protokolls jener denkwürdigen Sitzung zur Verfügung gestellt haben. Herr Federn jun. hat alle erhaltengebliebenen Sitzungsprotokolle von Freuds berühmten Mittwochs-Gesellschaften im Suhrkamp-Verlag, Frankfurt/M., veröffentlicht.

Studium der Hysterie und bei der Angstneurose konnte er die Entstehung von psychogenen Körpersymptomen beobachten. Sehr früh schon beschrieb er bei der Hysterie die *Konversion* von Affekten in körperliche Symptome und meinte, daß „unerträgliche Vorstellungen" dadurch unschädlich gemacht werden, daß ihre „Erregungssumme ins Körperliche umgesetzt wird". Beim Studium der Abwehrmechanismen stieß er unter anderem auf den Vorgang der *Identifikation* und den der *Hemmung*, die beide bei der Entstehung eines körperlichen Symptoms eine Rolle spielen können. Bei der ersteren handelt es sich um die unbewußte Identifikation mit der Erkrankung eines anderen, ein Vorgang, den wir häufig in der Sprechstunde beobachten können, und bei der letzteren werden sonst normal ablaufende Funktionen eingeschränkt oder es wird auf sie verzichtet wie etwa bei der psychischen Impotenz, bei Eßstörungen, Störungen der Lokomotion und der Arbeitsfreudigkeit.

„Wir haben ganz allgemein die Einsicht gewonnen, daß die Ich-Funktion eines Organs geschädigt wird, wenn seine Erogeneität, seine sexuelle Bedeutung zunimmt." „Das Ich verzichtet (dann) auf diese ihm zustehenden Funktionen, um nicht eine neuerliche Verdrängung vornehmen zu müssen, um einem Konflikt mit dem Es auszuweichen" (Freud, 1926).

Bezüglich der Frage der *Organwahl* lassen sich die Freudschen Gedanken (zit. nach Cremerius) folgendermaßen zusammenfassen:

1. Hysterische Organsymptome können sich grundsätzlich an allen Organen abspielen, entsprechend der allgemeinen Erogeneität aller Organe.
2. Zu einer Wahl (bei der Hysterie und allgemein bei allen Übertragungsneurosen), zu einer Festlegung der Symptomatologie an einem bestimmten Organ oder dessen Funktion, kommt es durch eine Fülle von Determinanten: individuelle Fakten der Biographie, somatische wie psychische Traumen der ersten Lebensjahre, Eignung bestimmter Organe zur symbolischen Darstellung bestimmter psychischer Konflikte, Art des Abwehrmechanismus, Zeitpunkt und Stärke von Libidofixierungen und der sich daraus ergebenden Regression.

Völlig anders geartete Körpersymptome entdeckte Freud beim Studium der Angstneurose: Es sind dies vasomotorische Störungen, wie Tachykardie und Schwindelerscheinungen, Störungen der Atmung, Schweißausbrüche, Zittern und Schütteln, Heißhunger, Durchfälle und Parästhesien. Er schreibt, daß sich die Psyche so verhalte, „als projiziere sie die Erregung nach außen" und „das Nervensystem reagiert gegen eine innere Erregungsquelle wie in dem entsprechenden Affekt gegen eine analoge äußere" (1895, S. 339). Der Mechanismus der körperlichen Symptomentstehung ist also bei der Hysterie und bei der Angstneurose nach Freud *wesensverschieden*. Bei der Hysterie entsteht das Symptom durch *Konversion* und es ist der *Repräsentant* eines ins Unbewußte verdrängten Erlebnisses. Bei der Angstneurose entsteht jedoch das Symptom durch *Projektion* der Angstquelle nach außen oder ist überhaupt nicht im Bewußtsein enthalten und es ist lediglich das somatische *Äquivalent* eines psychischen Zustandes, nämlich der Angst. Während man bei der Konversion den Repräsentanten eines ins Unbewußte verdrängten Erlebnisses symbolisch interpretieren, deuten, wieder ins Bewußtsein heben und damit therapeutisch auflösen kann, ist dieses Vorgehen beim somatischen Äquivalent eines psychischen Zustandes wenig erfolgversprechend. Um kausale Therapie zu treiben, muß man die dem „psychosomatischen Stimultangeschehen" (Mitscherlich) zugrunde liegende Ursache, bei der Angstneurose also den die Angst verursachenden Konflikt beseitigen. Die therapeutische Deutungsarbeit muß also auf einer tieferen Ebene einsetzen. Diese Unterscheidung, nämlich das Körpersymptom einmal als Repräsentanten eines verdrängten relativ hoch strukturierten psychischen Erlebnisses und das andere Mal als somatisches Äquivalent eines relativ unstrukturierten und basis- bzw. biosnahen Empfindens anzusehen, ist außerordentlich wichtig. Während wir nämlich infolge Anschaulichkeit und größerer Kenntnisse sofort den Unterschied zwischen einer „primitiven" Körperzelle und einem hochstrukturierten und differenzierten Organ, wie etwa dem Gehirn, erkennen, ist uns die ebenso unterschiedliche und differenzierte Strukturierung des Seelischen keineswegs von vornherein einleuchtend. Wir sind aus Unkenntnis nur allzuleicht versucht naiv psychisches = psychisches zu setzen. Wenn wir jedoch, wie im vorhergehenden Abschnitt ausgeführt, von der Vorstellung eines Integrationsraumes ausgehend auch den psychophysischen Organismus als Kontinuum niederer und höherer Funktionskreise zu begreifen suchen, dann bereitet uns die Vorstellung von verschieden strukturiertem und differenziertem Seelischen keine Schwierigkeiten mehr. Gerade die Erfahrungen der Psychoanalyse lehren uns eine Strukturierung und Differenzierung des Psychischen anzunehmen und wir machen die Erfahrung, daß wir durch die Methode des Bewußtmachens hoch ausdifferenziertes Psychisches, also klar formulierbare Vorstellungen und Wünsche, wie sie uns, wenn auch verdrängt, etwa bei der Hysterie begegnen, viel leichter erreichen können als tiefere und weniger differenzierte Funktionskreise, wie sie uns etwa bei den Psychosen und den Organkrankheiten vorzuliegen scheinen. Hier finden wir auch irgendwo nach unten hin im präverbalen Bereich prinzipielle Grenzen der Psychoanalyse als Forschungsmethode und als Therapie. Wahrscheinlich werden wir noch unseren Verdrängungsbegriff, der an hochausdifferenzierten seelischen Strukturen, nämlich der Hysterie, gewonnen wurde, neu überdenken und seinen Geltungsbereich nach unten zu modifizieren müssen.

Kehren wir nach diesen noch vorwiegend andeutungsweisen Gedankengängen zum Ausgangspunkt, nämlich zu der Erkenntnis Freuds zurück, daß es zwei grundverschiedene Mechanismen der körperlichen Symptomentstehung gibt, nämlich das Konversionssymptom bei der Hysterie und das somatische Äquivalent der Angst bei der Angstneurose, so müssen wir feststellen, daß die ersten Psychoanalytiker, die sich den Organkrankheiten zuwandten, sosehr vom Konversionsschema fasziniert waren, daß sie es – obwohl nur an dem hochdifferenzierten psychischen Funktionskreis, dem die Hysterie angehört, gewonnen und vermutlich auch nur für diesen Bereich ganz gültig – in ihrer Entdeckerfreude auch auf die Organkrankheiten anwandten. Es begann eine *spekulative Phase* der Psychosomatik (v. Uexküll, 1963, S. 276), in der auch alle organischen Erkrankungen unverbindlich und mit wenig Kritik als symbolische Ausdrucksformen eines mythologisierten und hypostasierten allmächtigen Es gedeutet wurden. Und wenn Groddeck (1951, S. 484), ein markanter Vertreter dieser Richtung, etwa schreibt:

„Der Herzfehler pflegt von Liebe und ihren Verdrängungen, von Liebesschuld zu erzählen, das Magenleiden berichtet von dem tiefsten der Seele, denn den Sitz der Seele hat das Es in den Bauch verlegt, der Gebärmutterkrebs spricht von Sünden wider Mutterpflicht und von bereuter Wollust, die Syphilis von allzustrenger Geschlechtsmoral des Es . . . Das Es entscheidet darüber, . . . ob beim Fallen der Knochen zerbrochen wird oder nicht."

dann können wir der „Kritik der Psychosomatik" Weitbrechts (1955) in diesem Punkt nur Recht geben. Wir können aber auch Freuds Bedenken in dem oben zitierten Brief an v. Weizsäcker verstehen, in dem er schreibt, daß „Innervationen, Gefäßerweiterungen, Nervenbahnen . . . zu gefährliche Versuchungen" für die Analytiker wären, von denen er sie fernhalten müsse. Er wußte offenbar, daß seine Denkmodelle nicht auf alle Lebensbereiche gleichermaßen anwendbar sind.

Diese erste spekulative Phase der Psychosomatik, die von der wissenschaftlichen Welt nicht ernst genommen werden konnte und ihr den Ruf unverbindlicher Phantasterei eintrug, krankt an zwei schweren methodischen Mängeln. Den ersten haben wir bereits erwähnt. Er beruht darauf, daß ein Denkmodell, nämlich das der hysterischen Konversion, das nur in einem bestimmten eng umgrenzten Wirklichkeitsbereich Gültigkeit hat, kritiklos auf alle Lebensbereiche übertragen wird. Der andere, und dies kann man ebenfalls der gleichen Arbeit Groddecks, aus der oben zitiert wurde, entnehmen, besteht darin, daß ein Begriff, hier der des Es, so erweitert und überdehnt wird, daß er eigentlich mit dem des Lebens schlechthin übereinstimmt. Dann hat man aber nichts anderes getan, als ein Phänomen, das bisher mit einem bestimmten Wort bezeichnet wurde, mit einem neuen benannt, ohne auch nur das geringste an wissenschaftlicher Differenzierung zu gewinnen.

Die Wendung zu einer wissenschaftlichen Psychosomatik ist einerseits durch die Hypnose-Experimente Heyers (1925) und Wittkowers (1936) gekennzeichnet, in denen versucht wird, wissenschaftlich nachprüfbare und reproduzierbare Korrelationen zwischen dem psychischen und somatischen Geschehen herauszuarbeiten und andererseits durch „die Bemühungen Deutschs um eine Eingliederung der Psychoanalyse in die innere Medizin zu

Beginn der zwanziger Jahre". Mit v. Uexküll (1963) könnte man diese Phase die *psychophysiologische* nennen, ,,in der man sich um eine Synthese zwischen naturwissenschaftlichen und psychologischen Methoden bemühte". Als Markstein einer wissenschaftlichen Psychosomatik aber muß das erstmals 1935 erschienene Buch von Flanders Dunbar (1954) ,,Emotions and Bodily Changes" genannt werden, in der auch eine Übersicht über die bis damals vorliegende Literatur von immerhin 2000 Titeln versucht wird. F. Dunbar hatte ihre psychoanalytische Ausbildung in Europa erhalten und war dabei zur Erkenntnis gelangt, daß lebensgeschichtliche Einflüsse, vor allem die in der frühen Kindheit, entscheidend für die Ausprägung des Charakters sind, der ja dadurch gekennzeichnet ist, daß infolge einer bestimmten emotionalen und affektiven Struktur gefühlsmäßig stereotyp auf Reize aus der Umwelt reagiert wird. Sie stellte nun die Frage, ob nicht dadurch auch die körperliche Reaktionslage beeinflußt werde und damit die Anfälligkeit für bestimmte körperliche Erkrankungen. Um diese Frage zu prüfen, untersuchte sie eine große Anzahl von Patienten einer New Yorker Klinik eingehend psychologisch. Sie kam zu dem Ergebnis, daß zwischen bestimmten Erkrankungen und dem Persönlichkeitstypus der Menschen Beziehungen bestehen und stellte *Persönlichkeitsprofile* auf, die für bestimmte Erkrankungen typisch sein sollen. Das Persönlichkeitsprofil des Angina-pectoris- und Herzinfarktpatienten wird (zit. nach v. Uexküll, 1963) folgendermaßen geschildert:

,,Es sind zielbewußte und strebsame Persönlichkeiten, die sich besonders durch Beharrlichkeit auszeichnen. Sie besitzen in hohem Maße die Fähigkeit, spontane Aktionen zurückzustellen und ihr ganzes Handeln Fernzielen unterzuordnen. Ihr Leben ist ausgerichtet auf Leistung und Erfolg" (S. 51).

Abgesehen von wenigen, wie z. B. Glatzel (1947, 1955), der einen Ulkustyp aufstellte, wurde diese Arbeitsrichtung wieder verlassen, denn es zeigte sich, daß die Beschreibung der Profile doch zu wenig bestimmt und zu allgemein war und daß es jeweils zu viele Ausnahmen gab. Es besteht zwar anscheinend eine Korrelation zwischen Persönlichkeitstyp und Erkrankung, die Art und Zahl der diese Korrelation beeinflussenden Faktoren schien jedoch so unübersehbar, daß es wenig erfolgversprechend zu sein versprach, diesen Forschungsansatz weiter zu verfolgen. Eine hochinteressante Überraschung aber widerfuhr der Autorin bei der Analyse ihrer Kontrollgruppe, die sie aus den Patienten einer Unfallstation bildete, in der Annahme, daß es sich dabei wohl mit Sicherheit um Patienten handeln müsse, deren Ursache des Leidens rein physischer Natur, abhängig nur vom Zufall und von mechanischen Bedingungen, sei. Die Mehrzahl der Patienten hatte nämlich schon eine Reihe von Unfällen erlebt, jedenfalls wesentlich mehr als der statistischen Erwartung entsprochen hätte. Es gab also doch – und dies ist seither durch viele Un-

tersuchungen bestätigt worden – einen *Unfalltyp*, der, wie man weiter fest-
stellte, durch besondere emotionelle Gespanntheit und Neigung zu Fehlleistungen und zu „kurzschlüssigen Impulsreaktionen" (Boss, 1954) gekennzeichnet ist. Durch diese emotionelle Haltung ist natürlich eine erhöhte Un-
fallgefährdung gegeben.

Kehren wir nun an den Ausgangspunkt unserer Betrachtung in diesem Abschnitt zurück. Wir stellen fest, daß bereits Freud bei der Beobachtung von
körperlichen Symptomen bei Neurosen aufgefallen war, daß es zwei grundverschiedene Arten von körperlichen Symptomen gab, nämlich das Konversionssymptom bei der Hysterie und das somatische Äquivalent der Angst bei
der Angstneurose. Während der im Konversionssymptom gebundene und
symbolisch ausgedrückte Affekt relativ leicht erkenn- und deutbar ist, kann
am somatischen Äquivalent der Angst nichts gedeutet, sondern nur festgestellt werden, daß es sich dabei um eine psychophysische Parallelerscheinung
handelt, die nicht voneinander kausal ableitbar ist. Die Ursachenforschung
kann allerdings auf einer tieferen Ebene erfolgen, indem man versucht, die
die Angst erzeugenden Bedingungen, bei der Angstneurose also den zugrunde liegenden Konflikt zu erforschen. Es lag nun nahe, diesen Denkansatz auf jene Organerkrankungen anzuwenden, bei denen schon seit langem
die ärztliche Erfahrung zeigte, daß psychische Faktoren höchstwahrscheinlich mit eine wesentliche Rolle spielen dürften. Gemeint sind die Gastritis,
das Magenulkus, die Colitis, das Asthma bronchiale, die essentielle Hypertonie und andere.

Diesen Weg konsequent gegangen zu sein ist das große Verdienst von Alexander (1951) und Mitarbeitern. Er trennt scharf zwischen dem *Konversionssymptom* und der zur Organkrankheit führenden *Vegetativen Neurose* und
definiert den Unterschied folgendermaßen:

„Ein Konversionssymptom ist ein symbolischer Ausdruck eines emotional geladenen psychischen Inhalts: Es ist der Versuch, die emotionale Spannung zu entladen. Es spielt sich daher in
den willkürlichen neuromuskulären oder den sensorisch-perzeptiven Systemen ab, deren Primäre Funktion es ist, emotionale Spannungen auszudrücken und abzuführen. Eine vegetative
Neurose bedeutet nicht einen Versuch, eine Emotion zum Ausdruck zu bringen, sondern ist die
physiologische Reaktion der vegetativen Organe auf anhaltende oder periodisch wiederkehrende emotionale Zustände" (S. 22).

Die chronisch oder exzessiv gewordene vegetative Neurose führt zur „Organneurose", zu „psychogenen organischen Störungen" und allmählich
„führt die chronische funktionale Störung zu Gewebsveränderungen und zu
einer irreversiblen organischen Krankheit".

Während die Erregung des vegetativen Nervensystems, die beim Kampf oder
bei der Flucht in der Notfallsituation vorwiegend über den sympathischen
Anteil und umgekehrt bei den anabolen Prozessen vorwiegend über den pa-

rasympathischen Anteil laufen, nach den ausgeführten Handlungen des Organismus wieder abklingen und zur Ruhelage zurückkehren, kommt es bei der Blockierung des Erregungsablaufes einer emotionalen Dauerspannung zu den Erscheinungen einer vegetativen Neurose, die dann wie oben beschrieben schließlich zu einer organischen Erkrankung führt. Alexander veranschaulicht diesen Vorgang in einem Schema, das wir seiner „Psychosomatischen Medizin" entnehmen und nachfolgend abbilden:

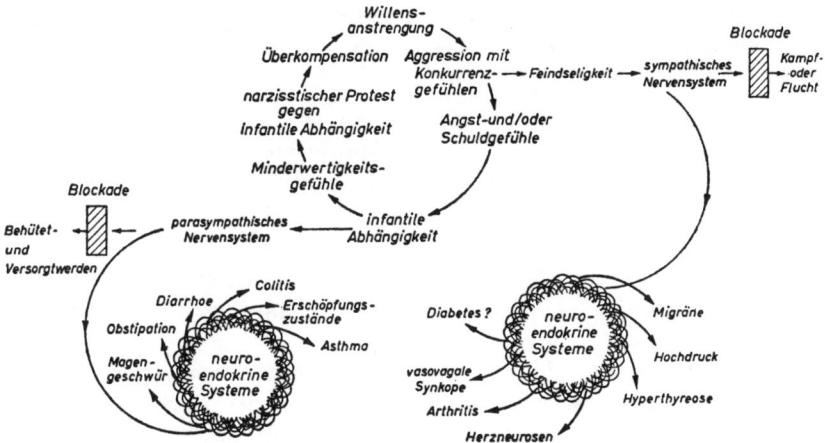

Abb. 1. Schematische Darstellung des Spezifitätsbegriffs bei der Ätiologie von vegetativen Funktionsstörungen.

Das Schema zeigt die beiden Arten von vegetativen Reaktionen auf emotionale Zustände. Auf der rechten Seite sind diejenigen Zustände dargestellt, die sich entwickeln können, wenn die Abfuhr feindseliger aggressiver Antriebe (Kampf oder Flucht) blockiert und im Oberflächenverhalten vermißt wird; auf der linken Seite erscheinen diejenigen Zustände, die sich entwickeln, wenn die abhängigen hilfesuchenden Strebungen blockiert sind.

Die Frage nach der *Organwahl*, also danach warum die vegetative Neurose einmal zu einem Magengeschwür, dann wieder zu einer Colitis oder zum Asthma und das andere Mal zur Migräne oder zu einer Hypertonie führt, beantwortet er einerseits mit der Annahme eines der vegetativen Neurose zugrunde liegenden und sie in Gang haltenden *spezifischen Konfliktes*. Alexander und seine Schule haben sehr viel Mühe und Fleiß darauf verwandt, durch sorgfältige psychoanalytische Untersuchungen psychosomatischer Erkrankungen deren spezifische Konflikte herauszuarbeiten. So wird z. B. bei der Hypertonie ein „Konflikt zwischen passiv-abhängigen oder femininen Tendenzen und kompensatorischen aggressiv-feindseligen Antrieben" beschrieben, und beim Magengeschwür als eine der Möglichkeiten die andauernde

Versagung oral-rezeptiver Wünsche. Im einzelnen war man bestrebt, für jede Erkrankung ein Spezifitätsmuster aufzustellen. Etwas genauer wollen wir darauf noch im Abschnitt über die spezielle Psychomatik eingehen. Andererseits läßt Alexander auch weitere Faktoren bei der Krankheitsentstehung nicht unberücksichtigt und gibt folgendes Schema an:

,,K (Krankheit) = f (Funktion von) a, b, c, d, e, g, h, i, j, ... n
a – Erbanlage
b – Geburtstraumen
c – organische Krankheiten der frühen Kindheit, die die Anfälligkeit gewisser Organe erhöhen
d – Art der Säuglingspflege und Kleinkindererziehung (Abstillgewohnheiten, Reinlichkeitstraining, Schlafzimmeranordnung usw.)
e – akzidentelle physikalische traumatische Erlebnisse der frühen und späten Kindheit
g – akzidentelle emotionale traumatische Erlebnisse der frühen und späten Kindheit
h – Seelisches Familienklima und spezifische Persönlichkeitszüge von Eltern und Geschwistern
i – spätere physische Verletzungen
j – spätere emotionale Erlebnisse bei nahegehenden persönlichen und beruflichen Beziehungen.''

Die Faktoren a, b, c, e und i sind von der klinischen Medizin schon seit jeher berücksichtigt worden. Neu hinzugefügt wurden von Alexander die ätiologischen Faktoren d, g, h und j.

Man kann sicherlich ohne Übertreibung sagen, daß es Alexander erstmals gelungen ist, Überblick und System in die große Zahl der psychosomatischen Krankheitsbilder zu bringen. Sein Werk bleibt ein Markstein auf dem Wege des Aufbaus einer psychosomatischen Medizin.

Neben Detailfragen sind es aber zwei Kardinalpunkte, die sein Entwurf nicht klären konnte: Wie für Freud mußte auch für Alexander, der die gleichen Denkmodelle benützt, der Sprung vom Psychischen ins Physische, wie er uns etwa im hysterischen Konversionssymptom begegnet, letztlich völlig rätselhaft bleiben. Der Körper wird mit den Denkkategorien der klassischen Naturwissenschaft als ,,komplizierte Maschine'' aufgefaßt, und die psychischen Vorgänge sind für ihn ,,die subjektiven Spiegelungen (Reflexionen) physiologischer Prozesse''. Mit diesem dualistischen oder eigentlich materialistisch-monistischen Denkmodell ist das Konversionsphänomen nicht begreiflich zu machen. Die andere bis heute noch ungelöste Frage ist die nach der Bedeutung des spezifischen Konfliktes im Sinne von Alexander. Daß psychische Konflikte in der Pathogenese der psychosomatischen Erkrankungen im engeren Sinne (also den vegetativen Neurosen bzw. Organneurosen im Sinne von Alexander, wie Magenulcus, Colitis, Asthma, essentielle Hypertension usw.) eine entscheidende Rolle spielen, ist wohl unbestritten. Fraglich ist aber nach wie vor die Art und die Spezifität des Konfliktes, obwohl gerade die psychoanalytischen Forschungen die Annahme einer Spezifität nahelegen. Man hat aber beim Studium des Alexanderschen Werkes oft den Eindruck, daß sich die Konfliktmuster z. T. zu wenig voneinander unterscheiden, also eigentlich noch zu wenig spezifisch sind. So muß denn *auch* der Einwand Grinkers (1961/62, S. 40) sehr ernst genommen werden, daß es sich dabei um die gleiche Verkettung von Abhängigkeit, Versagung und Feindseligkeit handelt, ,,die in monotoner Weise bei allen Menschen vorkommen". Wahrscheinlich ist jedoch die Monotonie nur eine scheinbare, hervorgerufen nämlich durch die mangelhafte Differenzierungsfähigkeit der Untersucher. Abhängigkeit und Feindseligkeit sind eben Begriffe, die sehr Verschiedenes bedeuten können, je nachdem auf welcher Höhe der Entwicklung und Ausdifferenzierung des Psychischen sie verwendet werden.

In der weiteren Entwicklung der Psychoanalyse wurde an der prinzipiellen Unterscheidung von Konversion und Äquivalent (Freud) bzw. von Konversion und vegetativer bzw. Organneurose (Alexander) nicht immer festgehalten. So weist Fenichel (1945) darauf hin, daß es auch ,,prägenitale Konversionsneurosen" gibt und meint damit, daß wir auch bei an und für sich prägenital orientierten Patienten Konversionsprozesse beobachten können. Rangell (1969) schließlich löst den Konversionsbegriff von dem der Hysterie und versteht unter Konversion ganz allgemein ,,eine Ableitung oder Verschiebung psychischer Energie von der Besetzung seelischer Prozesse zur Besetzung somatischer Innervationen" (1969, S. 124/25). Das entscheidende Kriterium der Konversion ist nach Rangell, daß sie abgewehrte Triebwünsche ausdrückt. ,,Konversion ist unseres Erachtens der umfassendere Begriff, zu dem die Attribute hysterisch, phallisch oder prägenital als nähere Beschreibungen hinzuzufügen sind" (Rangell 1969, S. 126).

Deutsch (1959) wiederum sieht in der Konversion einen aus Projektion, Objektverlust, Symbolisierung und Retrojektion bestehenden nicht nur die ganze Psychopathologie, sondern ebenso die Psychophysiologie durchziehenden aktiven Prozeß.

In jüngster Zeit hat nun v. Uexküll (1963) einen Entwurf der psychosomatischen Medizin vorgelegt, der auf den Arbeiten Alexanders aufbaut, aber den großen Vorteil besitzt, durch Einführung neuer Denkmodelle mit dem traditionellen Leib-Seele-Dualismus und dem Maschinenmodell des Organismus der klassischen Naturwissenschaft zu brechen, ohne dabei in einen einseitigen Psychologismus und unverbindliche Symboldeuterei zu geraten. Dadurch eröffnen sich neue Perspektiven und auch die beiden oben erwähnten ungelösten Kardinalpunkte des Alexanderschen Entwurfs werden gelöst bzw. einer Lösung wesentlich näher gebracht. Auch v. Uexküll geht, wie die anderen, von der Psychoanalyse herkommenden Psychosomatiker vom hysterischen Konversionssymptom aus, das wir grundsätzlich nach drei verschiedenen Vorstellungsmodellen erklären können:

1. Nach dem Vorstellungsmodell der klassischen Physik:
Die psychische Energie des Affekts wird in ein körperliches Symptom konvertiert und dort gebunden.
2. Nach dem psychologischen Vorstellungsmodell:
Das Konversionssymptom drückt einen psychischen Konflikt aus und kann daher symbolisch gedeutet werden.
3. Nach einem Vorstellungsmodell, das weder mit rein physikalischen noch mit rein psychologischen Begriffen und Analogien arbeitet und den ursprünglichen biologischen Akt darzustellen sucht, wie er sich unserer unmittelbaren Erfahrung, also vor der künstlichen Trennung in eine körperliche und seelische Welt darstellt.
Während Freud und die Psychosomatiker bis Alexander simultan entweder in der Sprache der Physik oder in der Sprache der Psychologie reden mußten und damit zwangsläufig nur jeweils eine Seite des Lebensgeschehens auf Kosten der anderen darstellen konnten, was zu Einseitigkeiten geführt hat, z. B. bei den reinen Symboldeutern wie etwa bei Groddeck, versucht v. Uexküll mit seinem Vorstellungsmodell der Handlung das psychophysische Lebensgeschehen wirklichkeitsnäher und adäquater zu beschreiben.

2. Die Handlung als psychosomatisches Denkmodell

v. Uexküll weist darauf hin, daß der Organismus von der klassischen Naturwissenschaft als komplizierter Apparat, als Mechanismus begriffen wurde, was zur Folge hatte, daß die physikalisch-chemischen Vorgänge des Organismus in bisher ungeahnter Weise erforscht und damit die großartigen Erfolge der modernen klinischen Medizin erreicht werden konnten. Es wurde aber dabei nur die eine Seite des kranken Menschen, die somatisch-objektive gesehen, die subjektive, die Person, mußte unberücksichtigt bleiben. Durch die rein psychologische Interpretation andererseits ist die bisher völlig aus dem Blickfeld geratene psychische Seite wiederum in ihrer Bedeutung erkannt worden und in den Vordergrund gerückt, wobei zwangsläufig die somatische Seite wieder zu kurz kam. Nun wird ein Ansatzpunkt gesucht, der vor der künstlichen Trennung in Körper und Seele liegt.
Schon Bleuler (zit. nach v. Uexküll, 1963, S. 86) hatte seinerzeit den Vorschlag gemacht, die hysterischen Symptome wie die Willenshandlungen zu deuten und sich unseren Körper als einen ,,Gelegenheitsapparat" für unseren Willen vorzustellen. Unser Körper sei nach dieser Vorstellung einer Art ,,Allroundgerät", das sich von Gelegenheit zu Gelegenheit auf jene Ziele ausrichtet, die ihm von unserem Willen vorgeschrieben werden. Beim hysterischen Symptom ist es allerdings nicht der bewußte Wille, sondern ein unbewußter Willensimpuls, der dem ,,Gelegenheitsapparat" Körper die Anwei-

sung gibt, sich auf dieses oder jenes Ziel auszurichten. Dieses Vorstellungsmodell erklärte nicht nur das Konversionssymptom als pathologische Variante eines normalen Naturgeschehens, sondern machte auch die bis dahin völlig rätselhafte Tatsache verständlich, daß sich die Konversionshysterie fast ausschließlich auf jene Organsysteme beschränkt, die normalerweise von unserer willkürlichen Sensomotorik beherrscht werden. Ein weiteres bisher rätselhaftes Geschehen findet durch diese Modellvorstellung eine befriedigende Erklärung. Es handelt sich um die die Forscher schon seit langem beschäftigende Frage, warum immer wieder ein Gelähmter, ein Tauber oder ein Erblindeter auch nach jahrelangem Bestehen seines Symptoms oft plötzlich „wie durch ein Wunder" geheilt werden kann, ohne daß nennenswerte Schäden zurückbleiben, während das bei Erkrankungen der inneren Organe nicht der Fall ist. Bei den „Wunderheilungen" hat es sich eben um hysterische Konversionssymptome gehandelt, bei denen, nach der Modellvorstellung des Gelegenheitsapparates lediglich die Zielsetzungen pathologisch, die Innervationsvorgänge des sensomotorischen Systems aber genauso „normal" ablaufen, wie bei jedem Willensvorgang auch. Es kann dabei also nur zur Inaktivitätsatrophie eines Organs, die ja meist wieder reparabel ist, und nicht zu irreparablen Organschädigungen kommen. Grundsätzlich anders liegen die Dinge bei den „Organneurosen" im Sinne von Alexander bzw. den sog. psychosomatischen Erkrankungen im engeren Sinne (Magenulcus, Colitis, Asthma, essentielle Hypertension usw.), bei denen eine Dauerfehlinnervation des vegetativen Nervensystems zu häufig irreparablen Schäden an den inneren Organen durch Dauerfunktionsstörungen, Fehlernährung usw. führen.

Das Vorstellungsmodell, auf das die Tätigkeit des „Gelegenheitsapparates" nach v. Uexküll bezogen wird, ist die *Handlung*.

„Um die Handlung unverfälscht und unreduziert auf irgendwelche Teilaspekte zum Modell für unsere Deutungen zu machen, müssen wir zunächst fragen, was sie als eigenständiges Phänomen darstellt.

Ursprünglich und auf die allgemeinste Form gebracht ist Handlung: *Umgang mit der Welt.* An diesem Umgang sind wir in irgendeiner Weise beteiligt.

Wenn wir zunächst das Gesamtgeschehen einer Handlung analysieren, lassen sich darin verschiedene Phasen oder Etappen unterscheiden. Nehmen wir als Beispiel irgendeine Handlung, z. B. die, in der ich einen Baum ersteige und einen Apfel pflücke.

Dabei geschieht folgendes:

1. Ich sehe etwas, z. B. Farben und Formen, die durch eine gleichzeitig einsetzende Deutung als Baum vor einer Mauer mit einem Apfel im Geäst interpretiert werden.

2. Apfel, Baum und Mauer geben mir Handlungsanweisungen, die Mauer als Stütze und den Baum als Leiter zu benützen und den Apfel zu ergreifen.

3. Sobald ich versuche, diese Anweisungen auszuführen, stellt sich heraus, ob die Deutung richtig war. Es könnte ja sein, daß die Mauer nachgibt, der Stamm bricht oder der Apfel faul ist" (v. Uexküll, 1963, S. 93).

Eine Handlung läuft also nach v. Uexküll nach folgendem Schema ab:
1. Ein Ausschnitt der mich umgebenden Welt wird *gedeutet.*
2. Das Gedeutete gibt uns bestimmte *Handlungsanweisungen.*
3. Im Umgang erfolgt eine *Prüfung,* ob die Deutung und Handlungsanweisungen richtig waren.
Nach diesem Grundschema entsteht alle menschliche Erfahrung, und zwar sowohl vorwissenschaftlich als auch im Bereich der empirischen Wissenschaften.
Das aber, das den Ausschnitt der umgebenden Welt deutet, ist nicht das bewußte Ich, sondern das *Motiv.* Im angeführten Beispiel ist das Motiv der Appetit auf Äpfel. Die Deutungen und die Handlungsanweisungen gehen also vom Motiv aus und erst der dritte Teil des Handlungsablaufes, nämlich die Prüfung, erfolgt durch das *Ich.*

„Auf das Wesentliche und Unvertauschbare zurückgeführt, meint unser Modell also jetzt den *Übergang eines Motivs in seine spezifische Handlung.* Dabei müssen wir im Motiv die Potenz sehen, welche die Handlung erzeugt, die Handlung, in der Wirklichkeit entsteht . . .“

Wenn sich das Ich mit den Motiven, die der Handlung zugrunde liegen, identifiziert, dann sprechen wir von Willenshandlung. Nach v. Uexküll gibt es sowohl bewußte als auch unbewußte Motive, wie es ja auch bewußte und unbewußte Handlungen gibt. Er spricht von den „verschiedenen Motivbereichen und ihrer Interferenz“. Im „Bereich des biologischen Lebens, in dem Hunger, Durst, Sexualität und andere Motive über die Erhaltung des Individuums und der Art wachen, in dem aber auch selbstzerstörerische Kräfte zu Hause sind“, deckt sich sein Motivbegriff vollständig mit dem Freudschen Triebbegriff. Er ist nur weiter als dieser, dadurch, daß er nicht nur die Motivationen aus dem Es-Bereich, sondern ebenso diejenigen aus dem Ich- und Über-Ich-Bereich umfaßt. Die Freudschen Primärprozesse sind in seiner Terminologie die Urmotive. Die angeborenen Urmotive sind die Instinkte. Die Wahnbildung etwa in der Paranoia wird zur Verdeutlichung der Macht der Motive angeführt. Aus den Motiven heraus wird die Welt (fehl)gedeutet und daraus entstehen die manchmal bei den Psychotikern sehr folgenschweren Handlungsanweisungen. Aber erst das Versagen der Realitätsprüfung des Ich – des dritten Schrittes seines Handlungsschemas – macht die Fehldeutungen zum Wahn. Sonst wäre es nur eine harmlose Sinnestäuschung, die wir ja auch täglich erleben, etwa wenn wir einen Bekannten zu erblicken meinen, der sich beim Näherkommen (der Realitätsprüfung) doch als ein Fremder entpuppt.
Subjekt und Objekt sind im Motivzusammenhang unlösbar miteinander verbunden und ungeschieden wie etwa beim Tier und beim Säugling. Die amorphe Vorwirklichkeit der Welt wird erst durch die Motive zur Wirklichkeit,

und erst durch die Motive beginnen sich Objekte abzuzeichnen. Die Subjekt-Objekt-Spaltung ist also ein relativ später sekundärer Vorgang, der eigentlich erst auf der dritten Stufe des Handlungsschemas, der Prüfung auftritt. Wir alle wissen, daß die Motive nicht nur aus Vorwirklichkeit Wirklichkeit entstehen lassen – Dinge, die uns überhaupt nicht interessieren, nehmen wir gar nicht wahr –, sondern diese Wirklichkeit auch verschieden färben und tönen. Der gleiche Apfelbaum, den z. B. ein Hungernder, ein Maler, ein Holzfäller und ein Deckung suchender Soldat sehen, ist eben nicht derselbe. Es sind trotz physikalischer Identität vier völlig verschiedene Bäume. Das gleiche Ereignis, der gleiche Ort werden eben von verschiedenen Menschen völlig verschieden erlebt, je nach verschiedener Motivkonstellation. So kann man die Motivationsräume eines Menschen als seine Gefängnisse ansehen, die er nicht verlassen kann, und man spricht von weitem und engem geistigem Horizont, je nach Weite der Motivationsräume. Beim Neugeborenen sind die Motive noch ganz undifferenziert. Zunächst sind nur die Urmotive vorhanden. Im Umgang mit der Mutter und der Umwelt kommt es zur Differenzierung und Erziehung der Motive.

Für v. Uexküll ist das *Motiv ein psychosomatischer Grundbegriff* und die Methode der Psychoanalyse ist ihm Motivforschung. Es gibt drei Möglichkeiten der Modifizierung der Motive:

1. Die Realisierung,
2. den (Motiv-) Triebverzicht, den (Motiv-) Triebaufschub und die Sublimierung und
3. die Verdrängung bzw. Abwehr.

Die v. Uexküllschen Gedanken und Bezeichnungen sind nicht deshalb hier so relativ ausführlich referiert worden, um eine neue Terminologie zu schaffen und dadurch Verwirrung zu stiften, sondern weil diese Gedankengänge und insbesondere die Konzipierung der Handlung als Denkmodell einen wesentlichen Fortschritt gegenüber den bisherigen Denkmodellen darstellen. Der Motivbegriff, der Bewußtes wie Unbewußtes, den Es-, Ich- und Über-Ich-Bereich umspannt, ist zwar außerordentlich weit und wird in Zukunft noch genauer differenziert werden müssen, er ist aber ein echter psychosomatischer Grundbegriff.

Wie fruchtbar die neue Modellvorstellung ist, zeigt sich besonders bei der Analyse des Konversionssymptoms. Bei einer Willens- und auch bei einer Triebhandlung geht das bewußte bzw. unbewußte Motiv unmittelbar in eine Handlung über. Dieser vereinfacht dargestellte Vorgang wird im menschlichen Leben nur verhältnismäßig selten anzutreffen sein, denn meistens handelt es sich nicht um die Konversion eines Motivs, sondern einer ganzen *Motivkonstellation* in Handlung. Diese Motive, die in der einzelnen Handlung interferieren, also sowohl zusammen als auch gegeneinander wirken können, entstammen den verschiedenen Bereichen der Person, also dem Es (die unbewußten Triebe), dem Ich (die bewußten Zielsetzungen) und dem Über-Ich (die Normen der Sozietät) und man kann sagen, daß sich im Normalfall „unser Ich die Motive des Es nach den Anweisungen des Über-Ich adaptiert". Wenn es unserem Ich gelingt, die z. T. widerstrebenden und entgegengesetzten Motive zu integrieren und zu koordinieren, dann wird die Motivkonstellation in eine ganze Handlung umgesetzt. Sind aber die Motive aus dem Es- und aus dem Über-Ich-Bereich zu konträr und das Ich zu schwach, eine Integration oder einen Ausgleich zu schaffen, dann kann es nicht zu einer Handlung, sondern nur zu einem *Handlungsbruchstück,* zu einer mißglückten Handlung kommen. Ist die Integrationskraft des Ich bei völlig unakzeptablen und starken Triebregungen zu schwach, dann kann es auch nicht zum Triebverzicht, zum Triebaufschub oder zur Sublimierung kommen. Das Ich sucht sich nun dieser Motive aus dem Es-Bereich, der Triebansprüche, auf verschiedenste Art zu erwehren und es kommt zu den aus der Psychoanalyse bekannten Abwehrmechanismen, auf der Ebene der Hysterie vorwiegend zur *Verdrängung* des unannehmbaren Triebes. Erinnern wir uns an die im Abschnitt über das Leib-Seele-Problem angeführte Krankengeschichte der psychogenen Schlucklähmung. Hier besteht ein Motivkonflikt zwischen dem Ich-Motiv des Schluckenwollens und den Über-Ich-Motiven der Essens- und Tischregeln einerseits und einem unannehmbaren Es-Motiv andererseits, nämlich vermutlich dem, das vom (gehaßten) Vater gespendete Essen diesem ins Gesicht zu „kotzen". Das Resultat dieses ungelösten Triebkonfliktes kann nun keine Handlung, sondern nur ein Handlungsbruchstück sein. Das unakzeptable Es-Motiv aber wird vollständig aus dem Bewußtsein verdrängt. Dieser Vorgang ist hier natürlich vereinfacht und schematisch dargestellt, denn ohne genaue Analyse der unbewußten Motivationen können diese nur mehr oder minder genau vermutet werden. Aber gerade das Schematische hat den Vorteil, das Wesentliche des Vorgangs besonders deutlich erscheinen zu lassen.

Wenn wir jedoch nach dieser Modellvorstellung den ganzen Organismus als den Integrationsraum niederer und höherer Funktionskreise auffassen, können wir ein Kontinuum von Handlungen auf den verschiedenen Differenzierungsstufen desselben feststellen. Niedere, basisnahe Handlungsabläufe werden von höheren „in Dienst genommen", so wie sich ja unsere willkürliche Motorik, etwa beim Gehen, auch der subkortikalen Handlungsabläufe bedient, ohne sie jedoch im einzelnen beeinflussen zu können. Wir können also eine durchgehende Differenzierung und Hierarchie sowohl der Motive als auch der Handlungsabläufe (Funktionskreise) sehen, wobei jeweils der niedrige, basisnähere Handlungsablauf die Voraussetzung und das „Werkzeug" des Höheren ist, das dieses „in Dienst nimmt", ohne es jedoch in seiner Automatik stören zu können. Bei der diphtherischen Schluckstörung (Gaumensegellähmung) war ein niederer basisnaher oder elementarer Handlungsablauf unterbrochen, bei der Schluckstörung infolge einer Beziehungsstörung zu den Familienangehörigen war ein höherer Handlungsablauf gestört. Im ersten Fall sprechen wir von einer „organischen", im zweiten von einer „psychogenen" Störung. Immer aber werden diese Handlungsabläufe von noch höheren, zuletzt von dem bewußt gewollten Schlucken „in Dienst genommen". Ist aber auf irgendeiner Ebene ein Handlungsablauf gestört, dann kann er vom höheren nicht mehr „in Dienst genommen" werden. Bei beiden Patienten, so verschieden auch die Ursachen sind, gelingt es auch durch bewußte Willensanstrengung nicht mehr, den Schluckakt zu vollziehen. Jetzt erst, wenn die Handlung gestört ist, wird für uns Physisches und Psychisches getrennt sichtbar.

3. Versuch einer Systematik der psychosomatischen Krankheitsbilder

Nach diesen Ausführungen können wir also das Konversionssymptom besser verstehen, das bisher nur entweder in der Sprache der Physik als Umwandlung der psychischen Energie des Affektes in ein Körpersymptom oder aber in der Sprache der Psychologie als psychischer Konflikt, der symbolisch gedeutet werden kann, beschrieben werden mußte. „Konversion bedeutet also die Umsetzung eines unbewußten Motivs in Handlungsbruchstücke, die aufgrund ihrer Ausdrucksbedeutung bruchstückhaft bleiben müssen und damit dem Einbau in andere Handlungen entzogen werden." In unseren Willenshandlungen, die ja immer einen Kompromiß zwischen individuellen und sozialen Motiven darstellen, finden wir immer zweierlei ausgedrückt, nämlich das individuelle Motiv, das zur Handlung drängt, und das soziale Motiv, die Normen unserer Gesellschaft, die die Handlung modifizieren und für die Gemeinschaft akzeptabel machen. Wir können daher die Willenshandlungen unserer Mitmenschen, die Motive ausdrücken, verhältnismäßig leicht verstehen. Ähnlich geht es uns mit den Konversionssymptomen, die Handlungsbruchstücke darstellen und durch Konflikte zwischen individuellen (Es-) und sozialen (Über-Ich-) Motiven entstehen. Auch sie lassen sich als Ausdruck dieses Motivkonfliktes deuten. Sie werden daher von v. Uexküll die *Ausdruckskrankheiten* genannt. Hierher gehören alle monosymptomatischen Hysterien, wie z. B. die psychogenen Lähmungen und Sensibilitätsstörungen oder die psychogenen Ertaubungen oder Erblindungen usw. Sie bedienen sich fast ausschließlich des sog. animalischen, sensomotorischen Nervensystems, benötigen einen Partner, zumindest den als Über-Ich – introjizierten, dem gegenüber sie etwas ausdrücken, und sind durch Deutung, d. h. Bewußtmachung des verdrängten Motivkonfliktes zu heilen. Sie setzen aber eine vollständige und stabile Verdrängung eines Motivs voraus, so daß der Affektbetrag dieses Motivs gleichsam im Symptom gebunden ist.

Aber nur ein relativ kleiner Teil der offensichtlich psychisch beeinflußten Erkrankungen läßt sich unter diese Gruppe der Ausdruckskrankheiten oder monosymptomatischen Konversionshysterien unterordnen. Bereits Alexander hat davon streng die vegetativen Neurosen bzw. die Organneurosen, wie das Asthma, das Magenulcus usw., unterschieden, die nicht einen Konflikt ausdrücken, sondern „die physiologische Reaktion der vegetativen Organe auf anhaltende oder periodisch wiederkehrende emotionale Zustände" darstellen.

Kehren wir nochmals kurz zum v. Uexküllschen Modell der Handlung zurück. Wir können bei ihm nicht nur Motive feststellen, die, wenn nicht von vornherein bewußt, zumindest prinzipiell bewußtseinsfähig, d. h. verbalisierbar sind und die die Tendenz haben, sich in einer Handlung zu verwirklichen, sondern können beobachten, daß die Motive gleichzeitig in den tieferen Funktionskreisen des Organismus bestimmte Stimmungen und Bereitstellungen wecken. Wenn ich z. B. das Motiv habe, jemand anzugreifen oder vor ihm zu fliehen, so wird das in mir eine Reihe von vegetativen Bereitstellungen hervorrufen, wie z. B. eine Erhöhung der Herzfrequenz und des Herzschlagvolumens, des Blutdrucks, eine Bereitstellung der gesamten Motorik usw. Diese Bereitstellung aber ist gleichzeitig verbunden mit einer ganz bestimmten Stimmung, etwa Wut, Angriffslust oder aber Angst, und diese Stimmung, die also einem tieferen Funktionskreis des psychophysischen Organismus angehört, kann ich kaum noch präzise in Worte fassen, denn sie drückt ja nur ein dumpfes Körpergefühl aus. Wut oder Angst läßt sich viel intensiver erleben als beschreiben. Beschreibbar werden diese Stimmungen eigentlich erst richtig, wenn sie sich mit Motiven verbinden, also Wut auf jemand, Angst vor jemand und dann beschreibe ich eigentlich streng genommen bereits die Motivationen und nicht die Stimmungen. Haben wir oben zwei psychosomatische Grundbegriffe, nämlich das Motiv und die Handlung kennengelernt, so müssen wir diesen nun zwei weitere hinzufügen, nämlich die *Stimmung* und die *Bereitstellung*. Unser Organismus, den wir auch als „Gelegenheitsapparat" auffassen können, ist ja in der Lage, für alle möglichen Handlungen mehr oder weniger voneinander unterscheidbare Bereitstellungen herzustellen. Die ergotrope-sympathikotone und umgekehrt die trophotrope-vagotone sind nur zwei polar entgegengesetzte relativ grobe Bereitstellungskonstellationen, die für die einzelnen möglichen Handlungen sicherlich noch in eine sehr große Zahl von Bereitstellungen differenziert werden können.

Normalerweise, wenn es zur Handlung kommt, wird die Bereitstellung in der Handlung aufgebraucht, und das vegetative Nervensystem und die von ihm bereitgestellten Organe kehren zur mittleren Ausgangslage zurück, um für neue Bereitstellungen verfügbar zu sein. Im Bereich der Stimmung ist das in einem Gefühl der Entspannung und Befriedigung wahrzunehmen. Ein ganz anderes Bild bietet sich uns aber, wenn es nie zur entspannenden Handlung kommt, die Stimmung und Bereitstellung aber ununterbrochen weiterläuft. Wenn z. B. der Organismus dauernd zur Nahrungsaufnahme bereitgestellt wird, ohne daß der Zustand der Sättigung je richtig eintritt, dann wird sich das am Magen durch dauernde Hypermotilität, Hypersekretion und Übersäuerung des Magensaftes kundtun, also dem Zustand des chronischen Reizmagens, der bei entsprechendem „somatischem Entgegenkommen" leicht zu einem Ulcus duodeni führen kann. Analog kann man etwa die essentielle Hypertension als Bereitstellung zur Aggression, die nie erfolgt, auffassen. Dies sind dann Fragen der speziellen Psychosomatik. Hier sollen diese Beispiele nur erläutern, daß man mit v. Uexküll neben den Ausdruckskrankheiten noch eine weitere Krankheitsgruppe unterscheiden muß, nämlich die *Bereitstellungskrankheiten,* die sich mit dem Begriff der Organneurose nach Alexander oder den psychosomatischen Erkrankungen im engeren Sinne decken.

Die prinzipielle Trennung der psychosomatischen Erkrankungen in Ausdruckserkrankungen (hysterische Konversion) und Bereitstellungserkrankungen (Organneurosen, psychosomatische Erkrankungen im engeren Sinne) genügt aber noch nicht, um die Fülle der offenbar psychogen beeinflußten Krankheitsbilder zu erfassen. Eine weitere, in der Sprechstunde des Arztes ausgesprochen stark vertretene Gruppe stellen die sog. *funktionellen Syndrome* dar. Es handelt sich um nervöse vegetativ labile Patienten, die meist recht wechselnd und inkonstant über Herz- und Kreislaufbeschwerden oder aber über Störungen des Magen- und Darmtraktes oder anderer Organe klagen, an denen dann außer einer leichten funktionellen Irritation kein eigentlich organpathologischer Befund erhoben werden kann. Zum Unterschied zu den Bereitstellungskrankheiten, die bei längerer Dauer fast immer zu oft irreparablen Organveränderungen führen, pflegen die funktionellen Syndrome auch bei jahrelangem Bestehen meist keine nachhaltigen organpathologischen Veränderungen zu hinterlassen, offenbar deshalb, weil sie sehr flüchtiger Natur sind. Wenn wir sie mit unserem Modell der Handlung zu erklären suchen, können wir feststellen, daß hier ein Kampf verschiedener Handlungsmotivationen stattfindet und daß diese *rasch wechselnden Motivkonstellationen mit* starken Stimmungsschwankungen und *wechselnden vegetativen Bereitstellungen verbunden* sind. Auch hier besteht wie bei den Ausdruckskrankheiten eine Unverträglichkeit zwischen den aus dem Es stammenden Motiven (den Trieben) und den Motiven aus dem Über-Ich, aus dem sozialen Normbereich. Die Verdrängung ist aber meist unvollständig und unzureichend und die Integrationsfähigkeit und Stabilität des Ich recht mangelhaft, so daß auch die Motivkonstellationen häufig wechseln. Man findet unter diesen Patienten besonders häufig jene, die man als labile hysterische Charaktere bezeichnen kann und die zwar leicht oberflächlich beeinflußbar, aber im Grunde recht schwer erfolgreich zu behandeln sind. Demgegenüber ist die Verdrängung bei der Ausdruckskrankheit vollständig und richtet sich gegen ein bestimmtes aus dem Es stammendes und für das Ich und Über-Ich unannehmbares Motiv, dessen Affektbetrag im Symptom (dem Handlungsbruchstück) geradezu einfriert. Noch tiefer und stärker scheint der Verdrängungsvorgang bei den Bereitstellungskrankheiten zu sein, bei denen die Motivationen überhaupt nicht mehr nachgewiesen werden können und die Bereitstellungen und Stimmungen gewissermaßen dauernd leer laufen. Mitscherlich (1961) hat deshalb bei den Bereitstellungskrankheiten von einer zweiphasigen Verdrängung gesprochen, deren erste Phase unter Zugrundelegung des v. Uexküllschen Handlungsmodells die Verdrängung eines Motivs mit dem Resultat eines Konversionssymptoms (Handlungsbruchstück) wäre, die zweite Phase der Verdrängung aber in einer so vollständigen Beseitigung des Motives bestünde, daß nur noch die Bereitstellungen und Stimmungen nachweisbar sind, die nun, beraubt ihrer Motive (Ziele), sich nicht in einer Handlung, nicht einmal unvollständig in einem Handlungsbruchstück entspannen können.

Die funktionellen Syndrome stellen zwar zahlenmäßig einen recht großen Anteil des Krankengutes dar, bilden aber gewissermaßen einen Übergang zwischen dem Bereich der Gesundheit und dem der Krankheit. Ernste Funktionseinschränkungen oder gar organpathologische Veränderungen sind so gut wie niemals zu beobachten. Wenn wir, wie oben geschehen, die psychophysischen Abläufe des Organismus nach dem Modell der Handlung zu begreifen suchen, wird ja ohnehin klar, daß jede Motivkonstellation von einer bestimmten Bereitstellung des Organismus begleitet sein muß. Die Wahrnehmung von funktionellen Erscheinungen insbesondere am Kreislaufsystem und am Magen-Darm-Trakt ist daher auch jedermann geläufig. Bei starken affektiven Erregungen, wie etwa bei der Wut oder Angst, ist die Wahrnehmung der vegetativen Bereitstellung geradezu obligatorisch. Ihr quantitatives Ausmaß unterliegt aber einer großen individuellen Variationsbreite, abhängig von der Struktur der Persönlichkeit und sicherlich auch von konstitutionellen Faktoren. Noch größer aber wird die Variationsbreite, wenn wir die Art betrachten, *wie* der einzelne Mensch seine Motiv-(Trieb-)-Konflikte bewältigt, denen er ja fast dauernd ausgesetzt ist. Wenn er, was sehr häufig geschieht, leichte und flüchtige Verdrängungen vornimmt, dann werden auch flüchtige funktionelle Syndrome die Folge sein. Hier sind die Übergänge zwischen dem Bereich des Gesunden und dem des leicht Pathologischen wirklich fließend. Jetzt können wir auch verstehen, warum wir so häufig vor dem Auftreten sowohl eines psychoneurotischen Symptoms als auch einer Ausdrucks- oder einer Bereitstellungserkraknung ein Früh- oder Zwischenstadium funktioneller Syndrome beobachten können.

Obwohl also die funktionellen Bereitstellungen schon an jedem „Gesunden" zu beobachten sind (auf die Abgrenzung der Begriffe Gesundheit und Krankheit kann natürlich hier in diesem Rahmen nicht eingegangen werden) und erst recht im Zwischenbereich zum Krankhaften hin eigentlich immer gefunden werden, sollte der Krankheitsbegriff „funktionelle Syndrome" doch ausschließlich für die große Gruppe jener Kranken vorbehalten bleiben, deren relativ schwaches Ich nicht über die Integrationsfähigkeit verfügt, widerstrebende und sich ausschließende Motive zum Ausgleich zu bringen und deren rasch wechselnde Motivkonstellationen mit starken Stimmungsschwankungen und wechselnden vegetativen Bereitstellungen verbunden sind. Wir beobachten aber bei den funktionellen Syndromen nicht nur eine mangelhafte Integrationsfähigkeit, sondern ebenso eine mangelhafte Verdrängungsfähigkeit des Ich, die weder eine Ausdruckskrankheit noch eine Bereitstellungskrankheit durch stabile Verdrängung zustande bringt.

Mit der Unterscheidung dieser drei prinzipiell verschiedenen Krankheitsgruppen gelingt uns schon ein recht guter Überblick über das mannigfache psychosomatische Krankheitsgeschehen. Um jedoch die dem Arzt in der täglichen Sprechstunde begegnenden vielgestaltigen Krankheitserscheinungen noch besser differenzieren zu können, müssen wir noch eine vierte Krankheitsgruppe herausstellen, die ich die *sekundären Ausdruckskrankheiten* nennen möchte. Darunter ist folgender wiederum alltäglicher Vorgang zu verstehen: Ist ein Patient bereits Träger einer primär organischen Erkrankung, etwa eines schweren organischen Herzfehlers, einer Deformierung des Skelettsystems oder eines Amputationsstumpfes, um nur einige Beispiele zu nennen, die beliebig vermehrt werden können, so ist damit für ihn eine völlig neue Situation entstanden. Die damit verbundenen Funktionseinschränkungen und Beschwerden haben nicht nur eine Veränderung des Selbstwertgefühls zur Folge, sondern verändern gegenüber dem Gesunden auch seine Motivkonstellationen beträchtlich. Die Krankheit wird nicht nur (passiv) erlebt und erlitten, sondern wie eine Eigenschaft oder Fähigkeit des Patienten in seinem Motivgeflecht in der Auseinandersetzung mit der Umwelt und den Mitmenschen (aktiv) manipulierbar. Dies kann gelegentlich bewußt geschehen, wird aber meist wohl völlig unbewußt agiert. Die primär organische Erkrankung bekommt also sowohl für den Träger als auch für dessen Umwelt sekundär einen Ausdrucksgehalt. Freud sprach vom sekundären Krankheitsgewinn, die alte Klinik von psychogener Überlagerung.

„Es kommt bei Personen, die zur Neurose disponiert sind, . . . gar nicht selten vor, daß eine krankhafte Körperveränderung – etwa durch Entzündung oder Verletzung – die Arbeit der Symptombildung weckt, so daß diese das ihr von der Realität gegebene Symptom eiligst zum Vertreter aller jener unbewußten Phantasien macht, die nur darauf gelauert hatten, sich eines Ausdrucksmittels zu bemächtigen" (Freud, 1917, S. 406).

Ich habe den Vorgang des Entstehens einer sekundären Ausdruckserkrankung eben nur bei primär organischen Erkrankungen dargestellt, muß aber darauf hinweisen, daß auch die Bereitstellungskrankheiten, wenn sie einmal ausgebildet sind, für den Träger die gleiche Bedeutung wie ein primär organisches Leiden haben. In bezug auf die Entstehung einer sekundären Ausdruckskrankheit bestehen für den Träger zwischen einem Herzvitium und einem Ulcus duodeni oder einer Skelettdeformierung und einem Asthma bronchiale keine prinzipiellen Unterschiede. Primär organische Erkrankungen wie auch Bereitstellungserkrankungen werden in das Motivationsgeflecht des Patienten aufgenommen und in seiner Auseinandersetzung mit der Umwelt „benützt" bzw. „in Dienst genommen". Ob ein organisches Leiden oder eine Bereitstellungskrankheit zu einer sekundären Ausdruckskrankheit wird, hängt einzig und allein davon ab, wie neurotisch der Träger der Erkrankung ist und inwieweit sich das Krankheitssymptom zum Einbau in eine Neurose bzw. in die Beziehungsstörungen eignet.

Für die Untersucher und Therapeuten ist es aber von entscheidender Bedeutung, die beiden Konfliktebenen zu unterscheiden, und zwar die prägenitale, die die Bereitstellungserkrankung mitverursacht hat (beim Ulcus duodeni etwa die orale Frustration) und die genitale, auf der die Erkrankung wie ein Konversionssymptom etwas ausdrückt und gedeutet werden kann (z. B. die Benützung des Ulcusleidens in der Auseinandersetzung mit der Umwelt).

Die Rentenneurose in allen ihren Spielarten ist ein besonders krasses Beispiel für eine sekundäre Ausdruckskrankheit. Wie aber primär organisches Leiden von den Motivationen des Patienten „in Dienst genommen" werden kann, soll folgendes Beispiel aus der Praxis, das beliebig vermehrt werden könnte, erläutern:

Eine 48jährige Kriegerwitwe wird zur fachärztlichen Untersuchung überwiesen mit der Bitte um Abklärung der Frage, ob die Ohnmachtsanfälle, die seit der drohenden Einberufung ihres jüngeren Sohnes zur Bundeswehr auftreten, psychogen oder, wie die Patientin annimmt, von „ihrem Herzleiden" verursacht werden. Nach dem ersten Eindruck sind neben einer klimakterischen Dystonie hysterische Züge unverkennbar. Dieser Eindruck, daß es sich um eine Ausdruckskrankheit handeln müsse, wird noch durch die genaue Erhebung der Anamnese verstärkt. Es stellt sich heraus, daß die Patientin, insbesondere seit der ältere Sohn das Haus verlassen hatte, in besonders enger Gemeinschaft mit dem jüngeren Sohn lebt, der für sie einen Ersatz des im Kriege verlorenen Ehemannes darstellt. Bis zu diesem Zeitpunkt war sie, abgesehen von einigen flüchtigen funktionellen Syndromen, nie ernstlich krank gewesen. Es war ihr insbesondere nichts von einer Herzerkrankung bekannt, obwohl sie gelegentlich leichte Herzbeschwerden hatte, die sie selber aber für nervös hielt. Erst als ihr geliebter Sohn zur Bundeswehr einberufen werden sollte, traten plötzlich schon nach relativ leichten Anstrengungen, die früher ohne Beschwerden oder höchstens mit leichtem Schwindelgefühl ausgeführt werden konnten, kurzdauernde Anfälle von Bewußtlosigkeit auf, die den Sohn zwangen, immer in erreichbarer Nähe der kranken Mutter zu bleiben. Eine gründliche internistische Untersuchung ergab nun überraschenderweise das Vorliegen einer wahrscheinlich angeborenen Aortenstenose.

Dieser Befund erklärte durchaus vom rein Somatischen her die Ohnmachtsanfälle. Er vermochte aber nicht zu erklären, warum bei diesem Befund, der sicherlich schon alt war, die Anfälle erst in dem Augenblick auftraten, in dem die Frau befürchten mußte, ihren geliebten Sohn (Ehemann-Ersatz) durch das Militär zu verlieren, das ihr schon den Ehemann genommen hatte. Hier wurde das bereits präformierte organische Syndrom „benützt", um bestimmte Tendenzen zum Ausdruck zu bringen. Oder anders ausgedrückt: Hier wurde ein organisches Leiden von einer sekundären Ausdruckskrankheit „in Dienst genommen" bzw. überformt. Auch hier soll nicht weiter darauf eingegangen werden, daß hinter dem Symptom des Ohnmächtigwerden nicht nur das unbewußte Motiv den Sohn zu behalten, sondern weitere unbewußte Motivationen (Triebwünsche), wie etwa das Motiv, sich hinzugeben, eventuell gleichzeitig verbunden mit einer Selbstbestrafungstendenz, wahrscheinlich durch genaue Analyse, die hier nicht stattgefunden hat, gefunden werden könnten. Es kommt uns ja in diesem Rahmen nur auf das Prinzipielle an.

Dieser Vorgang der sekundären Ausdruckskrankheit ist so ungemein häufig, daß er uns erst richtig die Buntheit und Vielgestaltigkeit der uns in der Sprechstunde begegnenden Krankheitsbilder erklärt. Er läßt uns aber auch verstehen, warum so viele Erkrankungen zumindest vorübergehend von oft primitiven Suggestivmethoden oder durch Placebos günstig zu beeinflussen sind. Das was am Leiden sekundären Ausdruckscharakter hat – und es gibt wohl kaum ein organisches oder ein Bereitstellungssyndrom, das davon frei wäre –, wird immer dem unmittelbaren menschlichen Einfluß, also der „Suggestion" in allen ihren Variationen besonders zugänglich sein. Vor einiger Zeit hat Balint (1957) der Wirkung der „Droge Arzt" eine besonders hervorragende, eingehende und umfassende Studie gewidmet. Ich kenne kein anderes Werk, aus dem annähernd soviel über die hier sekundäre Ausdruckskrankheit genannte Krankheitsgruppe zu erfahren wäre. Die Kunst des Arztes aber besteht nicht darin, nur die primären und sekundären Ausdruckskrankheiten zu verstehen und günstig zu beeinflussen, denn das kann oft der Naturheilkundige auch, nicht selten sogar besser als der wissenschaftlich gebildete Arzt, sondern hinter den sekundären Ausdruckskrankheiten die primär organischen Syndrome und die Bereitstellungskrankheiten zu erkennen und diese, wenn möglich zu heilen oder zu bessern. Bisher hatten wir in der Medizin nur entweder spekulative Richtungen, die sich dem Verstehen der

Ausdruckskrankheiten widmeten, oder aber rein naturwissenschaftliche, die lediglich die physikalisch-chemische Seite zu erforschen suchten. Es wird jetzt höchste Zeit, daß wir uns dem Phänomen Mensch in wissenschaftlicher und auch in therapeutischer Hinsicht „mehrdimensional", pluriperspektiv nähern.

Wir haben jetzt die Voraussetzungen erarbeitet, um die Vielfalt der Krankheitsprozesse für eine psychosomatische Medizin gliedern und differenzieren zu können. Die Tatsache, daß uns jeder Lebensprozeß sowohl einen somatischen als auch einen psychischen Aspekt bietet, bedeutet aber noch keineswegs, daß auf jeder Ebene organismischer Lebensentfaltung somatische und psychische Faktoren von gleicher Relevanz wären. Gerade wenn wir den Organismus als Kontinuum bzw. Integrationsraum niederer und höherer Funktionskreise zu begreifen suchen, wird klar, daß psychische Faktoren in dem Ausmaß an Bedeutung zunehmen müssen, in dem wir aus dem Bereich des elementar biosnahen in den der höheren und differenzierteren Funktionskreise geraten.

Der Mensch unterscheidet sich ja gerade dadurch vom Tier, daß in seinen Lebensäußerungen psychische Faktoren eine so eminent wichtige Rolle spielen. Wie sollte es im Krankheitsgeschehen anders sein. Jores (1959) hat deshalb den Terminus der „spezifisch menschlichen Krankheiten" geprägt und versteht darunter alle jene Erkrankungen, die der Mensch nicht mit dem Tier gemein hat und bei deren Entstehung höchstwahrscheinlich psychische Faktoren eine ganz wesentliche Rolle spielen müssen. Er weist darauf hin, daß von den etwa 350 internen Krankheitsbildern nur etwa bei 70 eine somatische Ursache bekannt ist. Von den etwa 2000 beschriebenen Krankheitsbildern der wissenschaftlichen Medizin ist lediglich bei etwa 500 eine spezifische somatische Ursache bekannt und es sei doch äußerst unwahrscheinlich, daß alle verbleibenden 1500 Krankheitsbilder ohne bekannte spezifisch somatische Ursache auch eine haben, nur sei sie uns bisher noch unbekannt. Viel wahrscheinlicher sei demgegenüber, daß eben hier psychische Faktoren die entscheidenden Ursachen darstellen.

Versuchen wir also die Vielfalt der Krankheitsbilder zu systematisieren, dann werden wir eine Ergänzungsreihe aufstellen können, an deren einem Ende die primär somatischen Krankheiten stehen, also jene Krankheitsbilder, für die somatische Ursachen bekannt bzw. sehr wahrscheinlich sind. Am anderen Ende der Ergänzungsreihe werden wir die Psychoneurosen finden, bei denen in erster Linie psychische Faktoren die entscheidende Rolle spielen. Natürlich können wir auch bei den primär somatischen Erkrankungen eine psychische Seite finden und diese zu erforschen suchen (etwa psychische Faktoren der Immunität und Resistenz sowohl bei Infektionskrankheiten, wie z. B. bei malignen Prozessen) und andererseits bei den Psychoneurosen nach den somatischen Faktoren der Konstitution suchen. Das ist gewiß alles wichtig. Die schwerwiegendsten Krankheitsbedingungen scheinen aber doch bei der ersteren Gruppe eindeutig im Bereich des Somatischen und bei der letzteren im Psychischen zu suchen sein. Wir können deshalb diese Krankheitsgruppen nicht mehr eigentlich zu den psychosomatischen Erkrankungen zählen und werden vereinfachend sagen, hier handle es sich um primär somatogene bzw. primär psychogene Erkrankungen, mit der oben gemachten Einschränkung. Dazwischen aber liegt das breite Feld der psychosomatischen Erkrankungen, von denen die Ausdruckserkrankungen auch noch dem psychogenen Pol nahestehen, die funktionellen Syndrome schon weniger und bei den Bereitstellungskrankheiten verflechten sich psychische und somatische Faktorenreihen so stark, daß sie in diesem Schema schon in die Nähe der primär somatischen Erkrankungen rücken.

Aufgabe der psychosomatischen Forschung aber ist es nicht, etwa die Ergebnisse der somatischen Forschungsrichtungen zu ignorieren oder gar zu leugnen, sondern sie von der psychischen Seite her auf der anderen Seinsebene zu ergänzen. Wir haben oben gesehen, daß uns die psychologische Erklärung bei den Ausdruckserkrankungen, z. T. auch noch bei den funktionellen Syndromen, nicht schwer fällt. Von den Ausdruckserkrankungen können wir wohl mit Recht behaupten, daß es kein somatisches Konzept gibt, das uns nur annähernd so gut diese Phänomene zu erklären vermöchte und uns praktikable therapeutische Anweisungen in die Hand gäbe. Wir dürfen dabei aber nicht vergessen, daß wir es hier mit psychischen Prozessen zu tun haben, die ausdifferenziert und ausgereift sind. Hier sind eindeutig verbalisierbare Motive nachzuweisen. Die Libidoorganisation hat die genitale Stufe längst erreicht, und die Konflikte werden intrapsychisch zwischen den ausstrukturierten Instanzen Es und Über-Ich einerseits und interpersonell zwischen dem Selbst und den Beziehungspersonen ausgetragen. Unannehmbare Motive (Triebregungen) aus dem Es-Bereich werden zwar durch Verdrängung abgewehrt, können aber durch entsprechende Technik jederzeit wieder ins Bewußtsein zurückgeholt werden.

Ganz anders liegen die Verhältnisse bei den Bereitstellungskrankheiten. Hier spielt sich alles auf einer tieferen Ebene ab. Das psychische Korrelat dieser Seinsstufe sind nicht die ausdifferenzierten und klar verbalisierbaren Motive, die finden wir hier nicht mehr, sondern die vagen und unausdifferenzierten Stimmungen, die nur noch umschrieben, aber nicht mehr klar in Worten ausgedrückt werden können. Hier gibt es weder intrapsychisch klar unterscheidbare Instanzen (Es, Ich, Über-Ich), noch eine Trennung zwischen Subjekt und Objekt. Die Konflikte werden auf der prägenitalen (oralen und analen) Stufe ausgetragen, und da die undifferenzierten libidinösen und destruktiven Partialtriebe noch keine äußeren Objekte kennen, richten sie sich gegen den eigenen Organismus. Die große prinzipielle Schwierigkeit der psychosomatischen Medizin aber besteht darin, daß sie versuchen muß, mit der Sprache des hoch ausdifferenzierten Psychischen Primitivpsychisches, das eigentlich weder strukturierbar noch verbalisierbar ist, zu beschreiben oder besser gesagt zu umschreiben. Diese methodische Schwierigkeit teilt die psychosomatische Medizin mit der modernen Physik, die ja auch vor der großen Schwierigkeit steht, unanschauliche mikrophysikalische Vorgänge mit den Begriffen der Makrophysik beschreiben zu müssen. Konflikte auf der prägenitalen Stufe, die Grundstörung Balints, lassen sich eben nicht mehr so präzise formulieren wie ein Motivkonflikt.

4. Neuere psychoanalytische Konzepte zur Genese psychosomatischer Symptome

Wohl alle von der Psychoanalyse ausgehenden Psychosomatiker stimmen heute darin überein, daß wir die primären Schädigungen, die zu den hier „Bereitstellungskrankheiten" genannten psychosomatischen Erkrankungen führen, in den sehr frühen Stadien der Ich-Entwicklung und Objektfindung suchen müssen[3]. Aufmerksamen Beobachtern war nicht entgangen, daß man bei diesen Patienten auf eine merkwürdige Armut an Phantasien stößt, die Nemiah und Sifneos als „Alexithymie" und die französische psychosomatische Schule, auf die wir weiter unten noch zu sprechen kommen werden, als „pensée opératoire" beschrieben haben. Die „psychische Leere" (Stephanos) dieser Patienten legt den Gedanken nahe, daß die erste Schädigungsstelle noch vor derjenigen für die Psychosen und die Charakterstörungen liegen müsse, also bereits vor bzw. in den ganz frühen Stadien der eigentlichen Ich-Entwicklung und Objektfindung.

Meng schlug daher bereits 1935 und 1944 vor, die hier Bereitstellungserkrankungen genannten psychosomatischen Leiden Organpsychosen zu nennen. Im Gegensatz jedoch zu den echten Psychosen, die in ihren Realitäts- und psychosozialen Beziehungen schwerst gestört sind, finden wir bei diesen psychosomatischen Leiden (den Bereitstellungserkrankungen) trotz schwerer Ich-Schädigungen die psychosozialen Beziehungen primär nicht gestört. Die psychosozialen Spannungen pflegen erst in dem Maße anzuwachsen, in dem die Bereitstellungserkrankungen sekundär in das psychosoziale Beziehungsgeflecht eingebaut, also zu sekundären Ausdruckserkrankungen werden.

Michael Balint (1970) verdanken wir die Theorie der „Grundstörung", die besagt, daß die hier geschädigten Patienten ihre entscheidenden traumati-

---

[3] Um Wiederholungen zu vermeiden, sei deshalb hier ausdrücklich auf die entsprechenden Abschnitte in den vorhergehenden Beiträgen von Loch, Roskamp und Kutter verwiesen. Außerdem sei die Aufmerksamkeit des Lesers auf einschlägige Arbeiten O. Kernbergs gelenkt.

schen Erfahrungen bereits auf der Ebene der ersten „symbiotischen" Mutter-Kind-Beziehung, also noch vor der Subjekt-Objekt-Spaltung und damit auch vor der Differenzierung in „Soma" und „Psyche" erhalten haben. Mit Max Schur (1955) können wir die psychischen Reifungsvorgänge als eine zunehmende *Desomatisierung* auffassen. Frühkindliche Affekte werden noch durch ganz undifferenzierte und unkoordinierte somatische Aktionen abreagiert. Der zunehmenden Ausreifung und Beherrschungsmöglichkeit des somatischen Apparates steht auf der anderen Seite eine zunehmende Reifung, Differenzierung und Desomatisierung des psychischen Apparates gegenüber. Das Ich erhält in steigendem Maße die Fähigkeit, Sekundärprozesse zu benützen und Konfliktspannungen zu ertragen, ohne sich dabei der primitiv-somatischen frühkindlichen Energieabfuhrmechanismen bedienen zu müssen. Umgekehrt findet bei der *Resomatisierung* der Affekte eine Regression auf die frühkindliche Stufe statt, in der die Primärprozesse vorherrschen und die Affekte somatisch abreagiert werden. Der Entlastungseffekt des resomatisierten Affektes ist aber offenbar geringer als der des bewußt erlebten desomatisierten. Hierin sieht Mitscherlich (1961) ein spezifisch ätiologisches Moment der Chronifizierung des psychosomatischen Symptoms.

Mitscherlich (1961) nennt vier Faktoren, die er für die Entstehung einer chronisch psychosomatischen Erkrankung, also einer Bereitstellungserkrankung im Sinne von Uexküll, für wichtig hält:

1. Eine vorausgehende neurotische Fehlentwicklung.
2. Eine Regression im Sinne der Resomatisierung der Affekte.
3. Ein realer oder phantasierter Objektverlust.

„Auslöser dieses Geschehens ist ein realer oder phantasierter Objektverlust, der das Gefüge von Reaktionsbildungen und Abwehrvorgängen endgültig stört, das bisher relativ stabil war und die aktuellen Forderungen der sozialen Anpassung mehr oder weniger eingeschränkt zuließ."

4. Die Stimmung der Hoffnungslosigkeit und Hilflosigkeit als

„Ausdruck der Ich-Verarmung durch die regressiven Vorgänge, welche durch den Objektverlust und die mit ihm verbundene neurotische Angst ausgelöst werden. Das Welterlebnis der endgültigen Feindseligkeit und des Gescheitertseins entspricht einem Projektionsvorgang. Das Diktat liegt bei den inneren Objekten von der Art eines archaischen Über-Ichs."

Die Bedeutung des Objektverlustes und der Stimmung der Hoffnungs- und Hilflosigkeit haben vor allem G. E. Engel und Schmale (1969) betont.

Einen wichtigen Gedanken zur Frage des Desomatisierung hat kürzlich De Boor (1965) beigesteuert. Er weist darauf hin, daß wir in der Embryologie bestimmte Zellgruppen, „Organisatoren" (Spemann) genannt, kennen, die den zeitlichen und räumlichen Verlauf der Organentwicklung steuern. Ihr Wirken ist jeweils auf einen spezifischen Zeitraum beschränkt. Wird der Organisator innerhalb dieses Zeitraums außer Funktion gesetzt oder in seiner Funktion stark behindert, so resultiert daraus ein irreparabler, auch durch die weitere normale Entwicklung nicht mehr auszugleichender Defekt. De Boor meint nun, und sehr vieles spricht dafür, daß analog zu diesen Organisatoren, die am somatischen Organisationssystem nachzuweisen sind, auch Organisatoren des psychischen Organisationssystems angenommen werden müssen, die ebenfalls nur in einem spezifischen Zeitraum die Desomatisierung, das heißt die Entwicklung hochdifferenzierter Ich-Funktionen, beeinflussen können. Werden diese psychischen Organisatoren in der frühen Kindheit durch entsprechende Milieueinflüsse behindert oder ausgeschaltet, dann unterbleibt die Ausreifung der psychischen Organisation partiell für jene Bereiche, für die der gestörte oder ausgeschaltete Organisator zuständig war. Es resultiert ein ,,Defekt auf sehr frühen Stadien der infantilen Organisation" (S. 84).

Dieses Vorstellungsmodell der Entstehung einer Schädigung des psychischen Organisationskerns durch unzureichende Desomatisierung muß, zumindest theoretisch, von dem sonst geläufigen Vorstellungsmodell, wonach die Erkrankung durch Resomatisierung infolge einer Regression erfolgt, scharf unterschieden werden. Denn hier liegt, wie leicht einzusehen, möglicherweise eine absolute Grenze der Therapie. Wahrscheinlich sind häufig beide Vorgänge miteinander verbunden in der Weise, daß eine partiell defekte Desomatisierung die Voraussetzung, gleichsam das konstitutionelle, scheinbar angeborene Moment darstellt, daß es unter entsprechenden Belastungen des Lebens wieder zu einer Regression und damit verbundenen Resomatisierung kommen kann. Ganz allgemein können wir in Anlehnung an De Boor (1965, S. 85) das Entstehen psychosomatischer Symptombildung folgendermaßen formulieren: Aus methodischen und erkenntnistheoretischen Gründen können wir an der psychophysischen Totalität des Menschen eine somatische und eine psychische Organisation unterscheiden, ,,deren spezifische Regulationsvorgänge entwicklungsbedingte Gesetzmäßigkeiten aufweisen". Das Ziel beider Organisationskerne ist die Homöostase. Durch spezifische Reizsituationen sowohl aus dem innerseelischen Raum wie auch aus dem der sozialen Mit- und Umwelt wird diese Homöostase bedroht. Werden im psychischen Bereich diese Reizsituationen nicht bewältigt, bekommen sie Konfliktcharakter und lösen neurotische Abwehrmechanismen und Fehlanpassungen aus. Werden diese hochdifferenzierten Abwehrregulationen überfordert, kommt es zur Regression auf niedrigere Funktionskreise (Bereitstellung), wobei die Regulationssysteme höherer Ordnung auseinanderbrechen und undifferenzierte Formen der Abwehr in Erscheinung treten lassen. Bei der Entstehung psychosomatischer Symptombildung spielt darüber hinaus wohl immer ein mehr oder weniger großes somatisches Entgegenkommen eine wichtige Rolle.

Abschließend sei noch die französische psychosomatische Schule erwähnt, die in letzter Zeit zunehmend auch in anderen Ländern Beachtung findet und deren bedeutendster Vertreter in Deutschland Stephanos ist. Forscher wie Marty, Fain, de M'uzan, David und andere haben bei den von ihnen untersuchten psychosomatischen Patienten ein Phänomen beschrieben, das sie das „psychosomatische Phänomen" nannten und das durch einen ausgesprochenen Mangel an Phantasien, die Unfähigkeit psychisch zu verarbeiten und Identifizierungen zu vollziehen und durch eine charakteristische psychische Leere im ärztlichen diagnostischen und therapeutischen Gespräch gekennzeichnet ist. In der Übertragung treten das auch aus der Narzißmusforschung bekannte Phänomen der Reduplikation und rein mechanisierte Objektbeziehungen in Erscheinung. Die französische Schule spricht deshalb von der „pensée opératoire" und ist der Meinung, daß es sich bei diesen Erkrankungen um Störungen handelt, die wir als Erkrankungen sui generis von den Neurosen streng unterscheiden müssen. Sie weist ferner darauf hin, daß wir diese Patienten deshalb auch nicht mehr, wie die Neurosen durch deutende Bearbeitung von Übertragung und Widerstand behandeln können, sondern hier zunächst eine basale Stütztherapie durchführen müssen, um sie erst die „holding function" (Winnicott) erleben zu lassen. Der Therapeut muß als „tragendes Objekt" für den Patienten erst den ermöglichenden Raum („facilitating environment") schaffen, in dem der Patient, der bisher auf der symbiotischen Stufe fixiert war, eine Ich-Reifung nachvollziehen und damit einen „Neubeginn" im Sinne von Balint (1970) wagen kann.

Wenn wir nun das ganze Spektrum der psychosomatischen Erkrankungen überblicken von den Konversionshysterien über die funktionellen Syndrome bis zu den oft lebensbedrohlichen Psychosomatosen, dann finden wir das verbindende Band in den Beziehungsstörungen. Bei den Konversionshysterien sind es die pathologischen Objektbeziehungen auf der ödipalen Drei-Personen-Ebene, bei den schweren Psychosomatosen die pathologischen Objektbeziehungen auf der symbiotischen Zwei-Personen-Ebene. Demnach wäre, so können wir abschließend definieren, die psychoanalytische psychosomatische Medizin eine Medizin der *Beziehungs*diagnostik, -pathologie und -therapie.

IV. SPEZIELLE PSYCHOSOMATISCHE MEDIZIN

Der Zweck dieses Beitrages, eine Einführung in die psychosomatische Medizin zu geben, kann nicht darin bestehen, eine umfassende spezielle Psychosomatik zu entwickeln. Dies ist innerhalb des engen hier gestellten Rahmens weder möglich noch erwünscht. Ich will lediglich anhand einiger klinisch bekannter Krankheitsbilder und Symptome darzustellen versuchen, welche Aspekte sie aus psychosomatischer Sicht (genauer aus psychologisch-psy-

choanalytischem Blickwinkel) bieten. Es kommt dabei natürlich nicht darauf
an, eine vollständige Übersicht über alle psychosomatischen Krankheitserscheinungen zu geben, sondern vielmehr auf den Versuch, konkrete Krankheitsbilder von der psychischen Seite her zu durchleuchten und zu verstehen,
was natürlich auch weitgehende Konsequenzen für die Therapie hat. Der
enge Rahmen dieses Beitrages erzwingt aber eine knappe, nahezu schlagwort-
artige Berichterstattung der Forschungsergebnisse, wobei leider auf illu-
strierende Kasuistik und subtile Details, die ja gerade in der psychoanalytischen Forschung so eminent wichtig sind, verzichtet werden muß. Dadurch
verliert die Darstellung zwangsläufig an Anschaulichkeit und Überzeu-
gungskraft und bietet nur das, was sie will, nämlich einen gedrängten Überblick. Wer mehr will und sein psychosomatisches Wissen vertiefen möchte,
der sei auf die umfangreiche Literatur verwiesen[4].
Da es Aufgabe der psychosomatischen Medizin ist, den psychischen Aspekt
des Krankheitsgeschehens zu erforschen, kann es natürlich auch nicht aus-
bleiben, daß vieles seit langem Bekannte und Selbstverständliche angeführt
wird. Das Bekannte ist aber eben erst dann selbstverständlich, wenn es sich
widerspruchslos in einen größeren theoretischen Gesamtrahmen einordnen
läßt. Ferner muß stets bedacht werden, daß nicht Einzelursachen, sondern
ein *Konditionenbündel* mehr oder weniger wichtiger psychischer und somatischer Faktoren zu einem konkreten Krankheitsbild führen. Außerdem ist
es zumindest sehr wahrscheinlich, daß häufig die gleichen Krankheitsphäno-
mene durch sehr verschiedene ätiologische und pathogenetische Faktoren
hervorgerufen werden können. Die essentielle Hypertonie z. B. oder eine
chronische Obstipation *kann*, muß aber keineswegs durch einen ungelösten
psychischen Konflikt bedingt sein. Hier gilt es eben wie überall in der
Medizin zu differenzieren und die wichtigsten ätiologischen und pathogenetischen Faktoren möglichst klar herauszuarbeiten. Natürlich werden wir das
Konditionenbündel mit allen seinen Faktoren in ihrer gegenseitigen Abhängigkeit und Verflochtenheit wohl kaum je ganz entwirren können, denn
immer wirft hier eine gelöste Aufgabe sofort neue Probleme auf. Aber das ist
natürlich kein Grund auf eine psychosomatische, genauer psychologische
Erforschung des Krankheitsgeschehens zu verzichten. Es ist aber wichtig,
sich diese einschränkenden Vorbemerkungen vor Augen zu halten, um den
nun folgenden sehr gerafften speziellen Teil nicht mißzuverstehen.

---

[4] Außer auf das klassische Werk von Alexander sei noch besonders auf Bräutigam, Christian:
Psychosomatische Medizin, Thieme, Stuttgart 1973, und auf das von Thure v. Uexküll u.a.
herausgegebene Lehrbuch der psychosomatischen Medizin (dritte Aufl. 1986) hingewiesen.
Einige psychosomatische Krankengeschichten wurden auch in Wesiack: Grundzüge der psy-
chosomatischen Medizin, München 1974, und in Wesiack: Psychoanalyse und praktische
Medizin, Stuttgart 1980, veröffentlicht.

1. Eß- und Schluckstörungen

Allgemeine psychologische Vorbemerkungen

Das Leben des Säuglings wird fast ganz von den Vorgängen der Nahrungsaufnahme ausgefüllt. Fast alle seine Gefühle, sowohl die der Lust als auch die der Unlust, kreisen um Hunger und Sättigung. Deshalb wurde ja auch diese erste Entwicklungsphase von der Psychoanalyse die orale Phase genannt. Für das Kleinkind ist in dieser Entwicklungsphase das Gefüttertwerden gleichbedeutend mit Geliebtwerden und das primäre Sicherheitsgefühl ist weitgehend mit dem der Sättigung verbunden. Daraus erklärt sich ja auch die Tatsache, die wir bei vielen Neurotikern und Psychotikern beobachten können, daß meist Zeitlebens die Angst vor dem Verhungern den Kern aller Unsicherheitsgefühle darstellt.

Neben dieser passiven oralen *Rezeptivität* bildet sich schon bald eine aktivere orale *Possessivität* aus, jenes Besitzstreben, das zwangsläufig auch mit Gier, Neid und Eifersucht verbunden ist. Wenn die orale Rezeptivität nicht genügend befriedigt wird, wird reaktiv die Possessivität zur oralen *Aggression* und es ist ja allgemein bekannt, daß das Beißen der primitivste Ausdruck von Feindseligkeit ist. Diese oral-aggressiven Tendenzen werden auch zur Quelle der ersten *Schuldgefühle*. Kein Wunder also, daß Schuldgefühle fast immer auch mit Störungen des Appetits und der Nahrungsaufnahme verbunden sind und daß das Fasten seit jeher zu den wesentlichsten Bestandteilen eines Bußvorganges gehörte.

Während so die orale Rezeptivität zu einem unlösbaren psychischen Zusammenhang zwischen Saugen und Lustgefühlen, zwischen Sättigung, Sicherheit und Geliebtwerden einerseits führt, werden andererseits schon sehr früh die Vorgänge der Nahrungsaufnahme durch die orale Possessivität mit Gefühlen der Aggression und reaktiv mit solchen der Schuld, des Ekels und des Abscheus verbunden.

Die Kenntnis dieser psychologischen Grundtatsachen ist für das psychosomatische Verständnis der Erkrankungen des oberen Verdauungstraktes unentbehrlich.

a) Die Inappetenz

Sie ist ein Alltagssymptom und vieldeutig. Als *Protestreaktion* gegen die Umwelt begegnet sie uns vor allem bei den so häufigen Essensschwierigkeiten der Kinder und ist hier eindeutig als *Ausdruckskrankheit* aufzufassen. Andererseits ist sie Begleiterscheinung vieler vegetativer *Bereitstellungen*, so etwa beim Angriff, bei der Flucht und bei der Angst. Sie tritt ferner auf, wenn ganz allgemein gesprochen die Welt für den Menschen aus psychischen oder somatischen Gründen ihren Appetenzcharakter *verloren* hat. Nach dem oben Gesagten ist es auch klar, daß die *Abwehr oraler Aggressivität,* die wir psychisch in den Gefühlen der Schuld, des Ekels und des Abscheus wahrnehmen, fast immer mit Inappetenz verbunden ist. Bei der libidinösen Bedeutung, die die orale Rezeptivität beim Menschen hat, ist es auch nicht weiter verwunderlich, daß häufig spätere *sexuelle* Konflikte auf den oralen Bereich „verschoben" und hier abreagiert werden.

b) Die Bulimie

Beim anfallsweise auftretenden Heißhunger, der, wenn er nicht durch einen Hyperinsulinismus hervorgerufen wird, so gut wie immer psychisch bedingt ist, kann man diese Verschiebung sexueller Konflikte auf den oralen Bereich besonders schön beobachten. Beinahe jeder Arzt kennt wohl Patienten, vor allem weiblichen Geschlechts, die ihre nicht realisierbare Liebessehnsucht oral zu befriedigen suchen. Da sich das Begehren dieser Patientinnen natürlich besonders auf „süße" Speisen erstreckt, ist die Folge meist eine recht unerwünschte Gewichtszunahme.

Der „Kummerspeck" ist andererseits auch eine dem Volksmund längst bekannte Erscheinung. Als Reaktion auf eine *emotionale Versagung* kommt es zu einer Ersatzbefriedigung durch Nahrungsaufnahme. Die unbewußten Grundlagen für den enorm gesteigerten Appetit bilden „ein intensives Verlangen nach Geliebtwerden und aggressive Tendenzen, zu verschlingen oder zu besitzen" (Alexander, 1951, S. 63), also sowohl die rezeptive als auch die possessive (kaptative) Oralität.

c) Die Schluckstörungen

Bei den Schluckstörungen können wir die *Ärophagie,* das Luftschlucken, das *Globusgefühl,* ein Engegefühl („Kloß im Hals") durch Verkrampfung der oberen und mittleren Speiseröhre und den *Kardiospasmus* unterscheiden. Beim Kardiospasmus kommt es zu einer hochgradigen Verkrampfung der unteren Speiseröhre kurz vor dem Übergang in den Magen. Unbehandelt führt diese Erkrankung oft durch mangelnde Nahrungsaufnahme zu bedrohlichen Erscheinungen der Unterernährung. Gemeinsam ist allen Schluckstörungen die unbewußte Ablehnung der Einverleibung, die man etwa auf die Formel bringen könnte: „Das kann ich nicht herunterschlucken." Bei der *Ärophagie* mit dem häufig anschließenden Ructus ist der *Protest-* und *Ausdruckscharakter* unverkennbar. Hier wird ja auch vorwiegend das sogenannte animalische sensomotorische System benützt.

Beim *Kardiospasmus* handelt es sich primär bereits um die begleitende vegetative *Bereitstellung* zum Handlungsbruchstück des Nichtherunterschlukkenkönnens, das natürlich *sekundär* wieder zu einem *Ausdrucksgeschehen* werden kann. Dementsprechend läßt sich die Ärophagie meist relativ leicht, oft durch ein ärztliches Gespräch, das die psychologischen Hintergründe dem Patienten klar vor Augen stellt, beseitigen, was man leider vom Kardiospasmus, insbesondere dann, wenn er schon stark chronifiziert und automatisiert ist, nicht behaupten und bei einer Bereitstellungserkrankung auch gar nicht erwarten kann.

Zwischen diesen beiden Polen, der Ausdruckskrankheit Ärophagie und der Bereitstellungskrankheit Kardiospasmus, steht das Globusgefühl, das wir als relativ *flüchtige* vegetative *Bereitstellung* zu dem nur unvollständig verdrängten Motivkonflikt: ,,das kann ich nicht herunterschlucken" auffassen können. Bezeichnenderweise finden wir es ja auch vorwiegend bei den funktionellen Syndromen.

d) Das nervöse Erbrechen

Das Erbrechen ist ein Schutzvorgang des Organismus, um unassimilierbare, schädliche und giftige Stoffe rasch zu entfernen. Verbunden ist der Akt des Erbrechens, gleichgültig wodurch er auch ausgelöst sein mag, mit einem intensiven Gefühl des Ekels und des Abscheus. Insbesondere auf der Stufe des noch nicht ,,desomatisierten" Säuglings – aber auch später das ganze Leben hindurch – stellen Ekelgefühle und Erbrechen jeweils die psychische bzw. die somatische Seite eines einzigen biologischen Aktes dar. Kein Wunder also, daß umgekehrt bei Erregung eines starken Ekelgefühls ein mehr oder minder starkes körperliches ,,Mitsprechen" zu erwarten ist. Wie stark dieses Mitsprechen sein wird, hängt natürlich von dem Grad der ,,Desomatisierung" bzw. regressiven ,,Resomatisierung" ab. Aber auch der vollendet ,,desomatisierte" gesunde Erwachsene findet in dieser Welt noch so manches einfach zum ,,Kotzen".

Die psychoanalytische Untersuchung von Patienten mit nervösem Erbrechen ergibt im allgemeinen intensive *Ekel- und Schuldgefühle gegen oral possessive und aggressive* Strebungen. Was im einzelnen vorliegt, kann natürlich nur durch Analyse des konkreten Krankheitsfalles geklärt werden. Recht allgemein bekannt ist aber das nervöse Erbrechen als körperliche Begleiterscheinung des Ekels und der Abwehr gegen einen ungeliebten Ehepartner, gegen eine Gravidität, gegen sexuelle, teilweise perverse Zumutungen oder abgewehrte Wünsche.

Primär ist das Erbrechen natürlich nach unserem Schema eine *Bereitstellung* und kein Ausdrucksgeschehen. Es wird aber unweigerlich sofort *sekundär zu einem Ausdrucksgeschehen,* und dies aus mehreren Gründen. Zunächst muß festgehalten werden, daß das Erbrechen, auch dann, wenn es etwa durch Intoxikation rein somatisch ausgelöst wurde, ein so auffallender, alarmierender und die mitmenschlichen Beziehungen auf das stärkste störender Vorgang ist, daß er zwangsläufig sofort einen großen Stellenwert im mitmenschlichen Motivationsgeflecht bekommt und so sekundär zum Ausdrucksgeschehen wird. Hinzu kommt, daß die Parallelität der Erscheinungen Erbrechen bzw. abgeschwächt „körperlicher" Brechreiz und „psychisches" Ekelgefühl jedem aus eigener Erfahrung so bekannt ist, daß ein sofortiges „Verstehen" des Erbrechens als Ekel vor etwas möglich wird. Ferner muß bedacht werden, daß es keine scharfe Grenze im Organismus gibt zwischen den Bereichen, die vom sogenannten willkürlichen Nervensystem innerviert werden und jenen, die lediglich vom autonom-vegetativen System versorgt werden. Bekanntlich muß ja gerade das Kleinkind auch erst allmählich die willkürliche Beherrschung seiner Motorik erlernen. Und daß später die Grenzen zwischen dem sogenannten animalischen und dem vegetativen Bereich noch verschiebbar sind, beweisen übende (lernende) Verfahren, wie etwa das autogene Training oder die Yogatechnik. Gerade im Bereich des Anfangs- und des Endabschnittes des Verdauungstraktes sind diese Grenzen fließend. Der früher geführte langwierige Streit, ob nun etwa das nervöse Erbrechen oder z. B. die Erythrophobie, die ja beide eigentlich einerseits vegetative Neurosen sind, andererseits aber etwas ausdrücken, nicht doch als Konversionshysterie aufgefaßt werden müssen, ist also müßig. Denn die Frage Konversion oder vegetative Neurose, bzw. in der Uexküllschen Terminologie Ausdrucks- oder Bereitstellungskrankheit, ist eine Unterscheidung des grundverschiedenen „Entstehungsmechanismus, hindert aber nicht, daß eine primäre Bereitstellungskrankheit, ebenso wie eine primär-organische Erkrankung im mitmenschlichen Motivationsgeflecht zu einer sekundären Ausdruckskrankheit wird.

2. Die psychosomatischen Magenerkrankungen

Das Wissen um den Zusammenhang zwischen Emotionen und Erkrankungen des Magens ist uralt. Bis zur Einführung der Röntgendiagnostik wurden die Magenerkrankungen, abgesehen vom Karzinom, im allgemeinen als nervöse Leiden angesehen. Durch die verfeinerte Ulcusdiagnostik kam man dann zu der Überzeugung, daß es sich wahrscheinlich mehr um ein lokales organisches Leiden handeln müsse. Die weitere ärztliche Erfahrung lehrte aber, daß man bei dem gleichen Patienten mit denselben „typischen Ulcusbeschwerden" gelegentlich röntgenologisch einen organpathologischen Befund erheben kann, ein anderes Mal, wenn man nach den Beschwerden wiederum ein Ulcus vermuten würde, kann aber trotz subtiler Untersuchungstechnik keines gefunden werden. Ja, man findet häufig Magenkranke, deren Beschwerden und klinischer Befund sich außerordentlich ähneln und die darüber hinaus auch große Ähnlichkeit in ihrem Charakter und Wesen aufweisen und zweifellos eine Krankheitsgruppe darstellen, und doch kommen die einen fast alle paar Wochen oder Monate zum Arzt mit einem frischen Ulcus, während man bei anderen bei gleichem Beschwerdebild und trotz häufiger Röntgenuntersuchungen so gut wie nie ein umschriebenes Ulcus finden kann. Aus rein somatischer Sicht betrachtet ist nicht nur das Entstehen des Ulcus rätselhaft, das Vergehen und Abheilen ist es nicht minder. Oft heilen schwerste Ulcera ohne jegliche Therapie, dann wiederum trotzen sie allen therapeutischen Bemühungen. Die Zahl der gegen Magenulcus und Gastritis empfohlenen Mittel ist daher unübersehbar. Jores und Droste (1956) haben festgestellt, daß allein innerhalb von 10 Jahren 315 verschiedene Medikamente und Behandlungsmethoden in der Literatur angegeben wurden. Einigermaßen therapeutisch sicher wirken nach allgemeiner ärztlicher Erfahrung nur Bettruhe, eine Diät, die im wesentlichen dem Säuglings- bzw. Kleinkindalter entspricht, und Medikamente, die die Hypermotilität und Hypersekretion des Magens dämpfen. Bei dieser Sachlage drängt sich dem Beobachter geradezu der Gedanke auf, daß nicht das Ulcus das Wesentliche an der Erkrankung ist, sondern daß es vielmehr eine Krankheitseinheit gibt mit typischen Magenbeschwerden, leptosomer Konstitution, einer ,,Facies gastrica'' und einem bestimmten Charaktertyp, der als einerseits sehr sensibel, verletzlich und erregbar, andererseits aber sehr ehrgeizig, geltungssüchtig und aggressiv beschrieben wird, bei dem wohl das Ulcusgeschehen selbst nicht im Zentrum steht, sondern mehr akzidentiellen Charakter hat. Das soll natürlich nicht heißen, es sei für den Patienten gleichgültig, ob und wo er ein Geschwür bekomme und wie die Erkrankung weiter abläuft, ob es etwa zur lebensbedrohlichen Blutung oder zur Perforation, zur narbigen Stenosierung oder zur glatten Abheilung kommt. So gesehen ist das Ulcusgeschehen selbstverständlich alles andere als ein akzidentielles Ereignis. Lediglich vom Typ des Magenkranken her gesehen, pathogenetisch betrachtet, erscheint es mehr zufällig, ob ein Magenkranker ein Ulcus bekommt oder nicht. Die weiter unten angeführten Arbeiten Mirskys und seiner Mitarbeiter scheinen die Klärung dieser Fragen wesentlich vorangetrieben zu haben.

Kein Wunder, daß sich psychosomatisch eingestellte Forscher schon sehr früh und eingehend von der psychologischen Seite her mit dem Problem der Ulcuskrankheit und der Gastritis beschäftigt haben und so ist denn auch die diesbezügliche psychosomatische Literatur bereits so umfangreich, daß sie kaum noch zu übersehen ist. Bei dieser Darstellung geht es aber, wie schon mehrfach betont, nicht darum, eine umfassende oder gar möglichst vollständige Darstellung der Probleme und Ergebnisse zu geben, sondern lediglich um einen ersten, einführenden Überblick.

Schon früher wurde in Hypnoseversuchen nachgewiesen, daß sowohl die

Menge und Zusammensetzung des Magensaftes (Heyer, 1925) als auch die Motilität des Magens (Wittkower, 1936) stark von den jeweils gegebenen Suggestionen abhängt. Bei einem Patienten mit einer Magenfistel konnten Wolf und Wolff (1947) über viele Monate hinweg genau beobachten, daß der Säuregehalt des Magensaftes und die Durchblutung der Magenschleimhaut ausgesprochen affektabhängig sind.

Bereits 1927 gelang es Silbermann (1927), durch Scheinfütterung von Hunden Magenulcera zu erzeugen. Er legte bei seinen Versuchstieren operativ eine Speiseröhrenfistel an, durch die die aufgenommene Nahrung herausfiel, ohne in den Magen zu gelangen. So gerieten die Tiere künstlich in den Zustand der Bereitstellung zur Nahrungsaufnahme, ohne daß es zur entspannenden Sättigung kam. Das Ergebnis waren Magenulcera, wie sie sonst nur in der menschlichen Pathologie bekannt sind, denn mit Ausnahme von sehr jungen Kälbern, die zu früh Rauhfutter erhalten haben, gibt es in der Tierpathologie keine Magengeschwürsbildung. Ein weiterer Hinweis darauf, daß es sich dabei um eine ,,spezifisch menschliche Erkrankung'' im Sinne von Jores (1959) handeln müsse.

Die besonders umfangreichen Untersuchungen, die Engel, Reichsman und Segal (1956) am Kleinkind Monika durchführten, bestätigten und erweiterten die Untersuchungen von Wolf und Wolff und stehen ebenfalls mit den theoretischen Konzepten der Psychoanalyse in vollem Einklang. Bei libidinösen und/oder aggressiven Zuwendungen zu Beziehungspersonen verhielt sich der wiederum durch die Magenfistel der direkten Beobachtung zugängliche Magen bzw. Magensaft des Kindes so, als hätte er ,,die Objektrepräsentanzen introjiziert'', also gleichsam ,,gefressen''. Beim depressiven Rückzug von der Außenwelt aber, der in irritierenden, vom Kind nicht zu bewältigenden Situationen auftrat und der dann oft in Schlaf einmündete, versiegte die Magenaktivität und die Sekretion so gut wie ganz. Die Autoren deuteten dies als Regression auf ein ganz frühes präorales primärnarzißtisches Stadium, wie es das Kind etwa intrauterin erlebt, wo es ja auch noch nicht durch den Magen, sondern durch die Blutbahn passiv ernährt wird. Daß es sich aber bei der Ulcuskrankheit um ein psychosomatisches Leiden im weitesten Sinne des Wortes handelt, bei dem sowohl psychische als auch somatische Faktoren eine entscheidende Rolle spielen, konnte vor allem durch die schönen Arbeiten von Mirsky und Mitarbeitern (1961) gezeigt werden. Er stellte fest, daß das Pepsinogen im Blut und das Uropepsin im Urin ein zuverlässiger und relativ leicht erreichbarer Maßstab für die Säurebildung des Magensaftes ist. So konnte zunächst festgestellt werden, daß bewußt erlebte Affekte wie offener Ärger und bewußte Versagungen die Magensäureproduktion nicht oder nur sehr wenig beeinflussen, daß aber unterdrückte und verdrängte oral rezeptive und auch oral possessive Regungen die Säureproduktion stark ansteigen lassen. Mirsky (1961) konnte ferner feststellen, daß ein gewisser Prozentsatz der gesunden Bevölkerung, auch schon der Neugeborenen, erhöhte Pepsinogen- und Uropepsinwerte aufzuweisen haben und daß hierin zweifellos ein konstitutionell-somatischer Faktor für die Entstehung des Ulcusleidens zu sehen ist. Besonders eindrucksvoll aber ist seine Arbeit, in der er 2073 Rekruten, also gesunde junge Männer untersuchte, von denen er bei 63 ein erhöhtes Uropepsin, also die konstitutionelle Bereitschaft mit einer Übersäuerung des Magensaftes zu reagieren, fand und diese nun tiefenpsychologisch untersuchte. Dabei fand er bei 10 Rekruten eine Psychodynamik, die es als wahrscheinlich erscheinen ließ, daß diese jungen Männer unter den Belastungen des Wehrdienstes und der militärischen Ausbildung ein Ulcus entwickeln werden. Diese bezeichnete er als besonders gefährdet und nach wenigen Wochen hatten tatsächlich 7 von diesen 10 durch ihre psychische Struktur gefährdeten Soldaten ein Ulcus duodeni.

Diese Untersuchungen Mirskys zeigen sehr schön, daß es in der Regel neben konstitutionellen Momenten, einer angeborenen Übersäuerung des Magensaftes, auch noch einer bestimmten Psychodynamik, nämlich verdrängter oral-rezeptiver und oral-aggressiver Tendenzen bedarf, um ein Ulcus duodeni hervorzurufen. Sie erklären aber auch oder machen zumindest die Beobachtungstatsache sehr verständlich, daß es viele typische Magenkranke gibt, die nie ein Ulcus bekommen. Es dürfte sich dabei um jene handeln, die zwar eine ulcustypische Psychodynamik, aber keine konstitutionelle Neigung zur Hyperazidität aufweisen, denn offenbar kommt es nur bei Vorhandensein beider Faktoren zur manifesten Ulcusbildung. Andererseits legt der Befund Mirskys, nämlich die Tatsache, daß schon bei einem gewissen Prozentsatz der Neugeborenen hyperazide Magensaftwerte gefunden werden, den Gedanken nahe, daß es konstitutionelle Varianten gibt, die durch Hyperazidität des Magensaftes auch von einer normal reagierenden und nicht versagenden Mutter nicht oral befriedigt werden können, was dann zu ähnlichen Folgen, auch im psychischen Bereich, wie bei einer oral versagenden Mutter führen müßte.

Engel (1970) spricht deshalb von „somatopsychisch-psychosomatischen" Vorgängen.

Nachdem man anhand der Arbeiten Mirskys besonders schön die Verschränkung somatischer und psychischer Faktoren aufzeigen kann, wollen wir uns noch kurz der spezifischen Psychodynamik des Magenkranken zuwenden.

Viele bisher durchgeführte psychoanalytische Untersuchungen von Magen- und Ulcuskranken haben immer wieder ergeben, daß als psychischer Kern der verdrängte Wunsch nach Befriedigung der infantilen *oral-rezeptiven* Strebungen aufweisbar ist. Es ist dies der Wunsch so mit Liebe „gefüttert" und umsorgt zu werden wie es der Säugling auf der oralen Stufe seiner Entwicklung erlebt hat. Diese infantilen Wünsche sind aber mit den Motiven des erwachsenen Ich unvereinbar und werden daher verdrängt, was eine dauernde Hyperfunktion und Hypersekretion des Magens zur Folge hat, denn der verdrängte und dauernd unbefriedigte Wunsch nach oraler Rezeptivität ruft am Magen die chronische Bereitstellung zur Nahrungsaufnahme hervor, vergleichbar etwa den tierexperimentellen Befunden von Silbermann mit allen entsprechenden Folgen.

Der *Ulcustyp*, wie ihn etwa Glatzel (1947, 1955) beschrieben hat und der in unserem Krankengut einen sehr großen Raum einnimmt, also jener empfindliche, erregbare, ehrgeizige und oft sehr erfolgreiche und aggressive Streber entsteht durch *Überkompensation* dieser *oral-rezeptiven Wünsche.* Alexander (1951, S. 81) hat dafür folgendes spezifisch dynamische Grundschema angegeben: Versagung oral-rezeptiver Wünsche – oral-aggressive Reaktion – Schuldgefühle – Angst – Überkompensation für orale Aggression und Abhängigkeit durch real erfolgreiche Leistungen bei verantwortlichen Tätigkeiten – Verstärkung unbewußt oral-abhängiger Strebungen als Reaktion auf exzessive Anstrengungen und Konzentration – Hypersekretion des Magens. Dieser Typ ist oft sehr erfolgreich, „er frißt sich in seinem Ehrgeiz auf", wird natürlich von seinen Mitmenschen meist als unangenehmer Konkurrent empfunden, hat aber oft sehr beachtliche objektive Leistungen aufzuweisen, die er zu seiner Selbstbestätigung benötigt.

Ganz anders wirkt der andere *weichliche* und leistungsarme *Typ* des Magenkranken, der diesen reaktiven Überbau nicht aufzuweisen hat, aber ebenso auf jede Versagung im Leben (wie Verlust der Sicherheit, Kränkungen, Übergangenwerden bei Beförderungen usw.) mit Magenbeschwerden oder gar Ulcusbildung reagiert. Alexander hat dafür folgendes psychodynamisches Schema angegeben:

Andauernde Versagung oral-rezeptiver Wünsche – Verdrängung dieser Wünsche – Hypersekretion des Magens (S.81).

Diesen Typ findet man vorwiegend bei primitiveren, auch älteren Menschen. Dabei hat man oft den Eindruck, daß hier die oral-rezeptiven Wünsche viel weniger stark verdrängt sind und gleichsam verbunden mit einer Stimmung der Hilfs- und Hoffnungslosigkeit recht deutlich zutage treten. Kommt es zu einer Überwindung dieser Hoffnungslosigkeit, dann verschwinden nicht nur sehr rasch alle Beschwerden, es heilen auch die oft sehr großen, vorwiegend im Bereich des Magens und nicht des Zwölffingerdarms anzutreffenden Geschwüre rasch ab. In der Kriegs- und Nachkriegszeit konnte man diesen Ulcustyp, bei dem sicherlich auch noch zusätzliche somatische Faktoren eine Rolle spielen, häufig beobachten. Heute noch gelegentlich als Altersulcus etwa nach dem Verlust des langjährigen Ehepartners.

Neben diesen beiden eben beschriebenen Typen des Magenkranken, dem häufigeren aktiven, überkompensierenden, meist jüngeren hyperaziden und vorwiegend Ulcus-duodeni-Kranken einerseits und dem passiven älteren meist Ulcus-ventriculi-Kranken andererseits wäre noch ein dritter Typ zu erwähnen: Der haltlose Trinker und *Süchtige*, der in der Sucht seine unbefriedigten oral-rezeptiven Wünsche agiert. Die bei starken Trinkern und exzessiven Rauchern so gut wie immer anzutreffenden Magenbeschwerden, Gastritiden und nicht seltenen Ulcusschübe sind wohl sehr wahrscheinlich nicht nur durch das schädigende Agens Alkohol und Nikotin hervorgerufen, sondern ebenso durch die Nichtbefriedigung der rezeptiv-oralen Wünsche bedingt, die eine entsprechende chronische Bereitstellung des Magens mit den bekannten Folgen bedingt.

W. Zander (1977) hat mit Hilfe von Röntgenuntersuchungen des Magens bei einem gleichzeitig stattfindenden tiefenpsychologischen Interview zeigen können, daß es immer dann zu Spasmen und Motilitätsstörungen im Bereich des Magenausgangs (also zu vermutlichen Vorstadien der Ulcusbildung) kommt, wenn durch das Interview unbewußter ,,Neidärger'' auf Geschwister oder Geschwisterersatzfiguren mobilisiert wurde.

In jüngster Zeit konnte G. Overbeck (1975) durch sorgfältige psychoanalytische und testpsychologische Untersuchungen die Ulcuskrankheiten vom psychodynamischen Standpunkt aus in fünf Gruppen einteilen.

1. Die psychisch gesunden Ulcuskranken mit normaler Ichstärke und unauffälligen Objektbeziehungen, die unter besonders schweren Belastungen im Sinne einer psychosomatischen Reaktion einmal an einem Ulcusschub erkranken.

2. Die charakterneurotischen Ulcuskranken mit pseudounabhängigen Reaktionsbildungen oder zwanghaft-depressiven Zügen.

3. Die soziopathischen Ulcuskranken. Es sind dies ichschwache, passivabhängige Patienten, die Versagungen nicht ertragen, oft in den Alkoholismus flüchten und zur Rentenneurose tendieren.

4. Die psychosomatischen Ulcuskranken sind ausdruckslose, phantasiearme Persönlichkeiten, also jene typischen Alexithymiker, die habituell mit psychosomatischen Erkrankungen, also nicht nur mit Ulcusschüben reagieren.

5. Die normopathischen Ulcuskranken sind durch Icheinschränkungen und Verleugnungstaktiken extrem an die Umwelt angepaßt, was ihnen nur unter großen Anstrengungen und Dauerstreß gelingt, bis sie schließlich an einer foudroyanten Ulcussymptomatik erkranken.

Obwohl uns die Kenntnis verschiedener Ulcustypen das allgemeine Verständnis der Kranken erleichtert, sei zum Schluß noch einmal hervorgehoben, daß wir natürlich versuchen müssen, jeden einzelnen Patienten genau zu erfassen und zu verstehen, um einen aussichtsreichen individuellen Therapieplan für ihn erstellen zu können.

Wenn wir noch einen kurzen Blick auf die *Therapie* der Magenerkrankungen werfen, so haben wir bereits festgestellt, daß unter den unzähligen empfohlenen Behandlungsmethoden eigentlich nur drei als gesichert gelten können. Es sind dies die Bettruhe, eine entsprechende Diät und Medikamente, die die Hypermotilität und die Hypersekretion des Magens dämpfen. Wenn wir von der letzten Gruppe einmal absehen, die ja rein symptomatisch wirkt, so können wir die Bettruhe und die Diät unter anderem auch auf ihre psychische Wirkung hin betrachten. Beide stellen annähernd wieder die *Säuglingssituation* des Gefüttert- und Gepflegtwerdens her. Die strenge Magendiät ist ja eigentlich eine Säuglings- bzw. Kleinkindernahrung. Und jeder Arzt hat schon beobachtet, daß ein Ulcus, das zunächst nicht abheilen wollte, im Krankenhaus unter der mütterlich-liebevollen Pflege der Schwestern dann rasch abgeheilt ist. Ruhe und Entspannung mögen gewiß sehr wichtig sein. Es muß aber dabei überlegt werden, ob nicht vielleicht die Befriedigung der unbewußten oral-rezeptiven Wünsche das wichtigste therapeutische Agens ist. Sehr vieles zumindest spricht für diese Annahme.

3. *Störungen der Ausscheidungsfunktionen*

Psychologische Vorbemerkungen

Ebenso wie für das Verständnis der Störungen der Nahrungsaufnahme die Kenntnis der Psychologie der oralen Phase, bei der wir eine rezeptive und eine possessiv-aggressive Seite unterscheiden können, die Voraussetzung ist, so müssen wir uns auch vor der Beschäftigung mit den Erkrankungen der Ausscheidungsfunktionen mit der psychologischen Seite derselben kurz befassen. Neben der Nahrungsaufnahme nehmen ja im Leben eines Kleinkindes die Ausscheidungsfunktionen und die damit verbundenen unmittelbaren und mittelbaren seelischen Erlebnisse eine zentrale Stellung ein. Die Psychoanalyse spricht deshalb von der *analen* Phase der Entwicklung. Das Kind erlebt, daß nicht nur die Nahrungsaufnahme und das Saugen mit Lustgefühlen verbunden ist, sondern daß auch der Akt der Defäkation lustvoll empfunden wird. Bei der Reinlichkeitserziehung erfährt es ferner, daß es in den Faeces etwas „be-sitzt", um dessen regelmäßige Hergabe sich die Erzieher sehr bemühen. Dieses Hergeben wird dann als ausgesprochene Leistung, als eine „Bescherung" prämiiert. Zunächst ist die Einstellung des Kindes durchaus koprophil. Es schätzt seinen Besitz und wird darin anfänglich auch von seinen Erziehern bestätigt. Später wird diese primär koprophile Einstellung von der Erziehung gehemmt und in ihr Gegenteil verkehrt, so daß alles mit den

Fäkalien Zusammenhängende die Tönung des Mißachteten, Ekelhaften und Abscheulichen bekommt. Im Umgang mit den Erziehern wird es so zu einer Waffe, die aggressiv-sadistisch durch Beschmutzen und Besudeln eingesetzt werden kann. Der Vorgang der Defäkation wird also in dieser *analen* Phase der Entwicklung assoziativ untrennbar mit der Bedeutung

1. des *Besitzes,*
2. der *Leistung* und
3. der *Aggression* verbunden. Wenn auch diese feste assoziative Bindung im Wachbewußtsein des Erwachsenen nicht mehr klar in Erscheinung tritt, so können wir sie doch sowohl in den Träumen als auch in vielen Phantasien und Haltungen (z. B. in dem von der Psychoanalyse beschriebenen sogenannten analen Charakter) nachweisen. Bekannt ist nicht nur die Beziehung von Besitz, Geld und Faeces (z. B. der Dukatenscheißer), sondern auch die Tatsache, daß die am häufigsten gebrauchten primitiv-aggressiven Verbalinjurien dem analen Bereich entnommen sind.

a) Chronische habituelle Obstipation

Wir können dieses Symptom nicht nur, wie nach der psychoanalytischen Neurosenlehre nicht anders zu erwarten, fast regelmäßig bei allen „analen" Neurosenstrukturen vor allem bei den Depressionen und Zwangsneurosen finden, sondern auch bei allen denen, die die Psychoanalyse als anale Charaktere bezeichnet. Diese Menschen sind depressiv, mißtrauisch, hingabegehemmt, zwanghaft pedantisch, besonders reinlichkeitsliebend und geizig. Alexander (1951, S. 93) hat die Grundstimmung des chronisch Obstipierten auf folgende Formel gebracht:
„Ich kann von niemandem etwas erwarten und brauche daher auch niemandem etwas zu geben. Ich muß mich daran halten, was ich habe."
Besonders häufig finden wir dieses Symptom in unserem Kulturkreis bei Frauen, nicht selten verknüpft mit Frigidität und Anorexie. Erinnert sei daran, daß „obstipare" eigentlich verdrängen bedeutet. Da unsere Gesellschaft alle genitalen und analen Äußerungen insbesondere bei den Frauen für unästhetisch, unschicklich und also verdrängungswürdig hält, ist die Häufigkeit der Obstipation nicht weiter verwunderlich.

b) Die psychogenen Durchfallerkrankungen

Daß der Durchfall ein somatisches Äquivalent der Angst sein kann, ist wohl allgemein bekannt. Es heißt ja auch im Volksmund, daß jemand vor Angst in die Hosen gemacht habe.
Unter den chronisch Durchfallkranken findet man meist weichliche, abhän-

gige Typen, die bei dem *Versuch, ihre Abhängigkeit durch Leistungen über-zukompensieren,* anstelle von realen Leistungen auf die infantile Stufe regre-dieren und jede Leistungsanforderung mit Durchfällen beantworten. Alex-ander (1951, S. 92) hat für die Diarrhoe folgendes spezifisch-dynamisches Grundschema angegeben:
Versagung oral-abhängiger Wünsche – oral-aggressive Reaktion – Schuldge-fühl – Angst – Überkompensation für die orale Aggression durch den Drang zu schenken (Wiedergutmachung) und zu vollbringen – Hemmung und Fehlschlag der Bemühung, zu geben und zu vollbringen – Diarrhoe.
Ein besonders schweres Durchfalleiden stellt die *Colitis ulcerosa* dar, bei der es infolge von multiplen Geschwürsbildungen im Dickdarmbereich nicht nur zu schweren Durchfällen, vermischt mit Blut, Eiter und Schleim, sondern auch zu hochfieberhaften Schüben durch Gewebszerfall und Infektionen kommt. In verzweifelten Fällen ist man daher gelegentlich gezwungen, große Dickdarmabschnitte operativ zu entfernen, um die Patienten am Leben er-halten zu können. Es handelt sich meist um psychisch schwer geschädigte Pa-tienten, überwiegend Frauen, die gelegentlich in psychotische Schübe abglei-ten. Die bisher durchgeführten psychoanalytischen Untersuchungen solcher Patienten sprechen dafür, daß hier schwerste Schuld- und Aggressionsge-fühle in selbstzerstörerischer Weise gegen den eigenen Organismus gewendet werden, was Melitta Sperling (1946) veranlaßte, die These aufzustellen, daß die Colitis ulcerosa die „somatische Dramatisierung" der Depression dar-stelle. Bei anderen Patienten stehen wieder mehr zwangsneurotische und pa-ranoide Abwehrmechanismen im Vordergrund. Immer aber ist die schwere psychische Schädigung und Fixierung auf der analen Stufe bei diesen Patien-ten unverkennbar.

4. Die Fettsucht

Schon bei der Erwähnung der Bulimie, des anfallsweise auftretenden Heiß-hungers, haben wir festgestellt, daß es dabei als Reaktion auf eine emotionale Versagung zu einer *Ersatzbefriedigung durch Nahrungsaufnahme* komme. Die Voraussetzung ist eine entsprechende Fixierung auf der oralen Stufe. Be-sonders bei Frauen kann man häufig beobachten, wie sie ihre nicht realisier-bare Liebessehnsucht oral zu befriedigen suchen. Hoff (1952) hat darauf hin-gewiesen, daß die orale Ersatzbefriedigung nicht nur bei den Menschen stets bereitliege, sondern auch bei den Tieren als sogenannte Übersprungsreaktion beobachtet werde.
Den Untersuchungen von Hilde Bruch (1961) verdanken wir die Erkenntnis, daß Fettsucht oft durch *falsche Lernvorgänge* und Gewöhnungen hervorge-rufen wird, z. B. wenn die Mütter, selbst unfähig die Bedürfnisse ihrer Kin-

der richtig zu erkennen, auf jede Unlustreaktion des Säuglings reflexartig mit Nahrungsangebot reagieren und damit Bahnungen schaffen, die sich später verhängnisvoll auswirken müssen. Ähnliches geschieht durch *Verwöhnung* in der frühen Kindheit. Man kann ja tatsächlich bei Einzelkindern und bei den einzigen und recht verwöhnten Söhnen unter mehreren Geschwistern besonders oft Übergewicht und Fettsucht beobachten. H. Bruch (zit. nach Jores, 1961, S. 127) schreibt, daß die Kinder für einen Elternteil oder beide „als ein Objekt zur Erfüllung der elterlichen Bedürfnisse dienen, um deren eigene Fehlschläge und Enttäuschungen zu kompensieren".

5. Die Magersucht

Die psychogene Magersucht, Anorexia nervosa, ist ein Krankheitsbild, das fast ausschließlich junge Mädchen befällt und durch völlige Appetitlosigkeit bzw. Nahrungsverweigerung, Erbrechen, Amenorrhoe und Obstipation gekennzeichnet ist. Durch hochgradige Abmagerung führt es nicht selten zum Tode. In jüngster Zeit hat Helmut Thomä (1961) eine umfassende Monographie über dieses Thema verfaßt, in der er nicht nur die bisherige Literatur, sondern auch die eigenen Erfahrungen an 30 psychoanalytisch untersuchten und behandelten Kranken berücksichtigt. Es sei daher ausdrücklich auf diese Arbeit verwiesen.

Im Mittelpunkt des Krankheitsgeschehens steht die Appetitlosigkeit bzw. die Nahrungsverweigerung. Schon bei der Beschreibung der Inappetenz wurde darauf hingewiesen, daß diese mehrdeutig ist und entweder als Protestreaktion (Hysterisches Symptom, Ausdruckskrankheit) oder aber als Bereitstellung, und zwar als Abwehr oraler Aggression begriffen werden kann. Dementsprechend finden wir auch Magersuchtsformen, denen eine vorwiegend hysterische Neurosenstruktur zugrunde liegt und die daher auch therapeutisch leichter angehbar und prognostisch günstiger sind, und andererseits die wirklich schweren und oft lebensbedrohlichen Krankheitsbilder, bei denen wir immer als neurotischen Kern eine *phobisch-zwanghafte* oder *depressive Struktur* nachweisen können. Mit Thomä kann man sagen, „daß eine orale Ambivalenz der Symptomatologie zugrunde liegt und die Abwehrformationen dem Gesamtbild der Anorexia nervosa das Gepräge geben". „Zärtliche, sexuelle oder aggressive Strebungen oder andere an sich bewußtseinsfähige Akte werden durch automatisch sich vollziehende Abwehrvorgänge unbewußt gemacht." Nach den Erfahrungen von Thomä läßt sich nicht entscheiden, ob die neurotische Angst „mehr durch die erotische oder mehr durch die aggressive Komponente des Geschehens motiviert wird". „Im äußeren Feld ist es die Nahrung, in welcher Gefahren konkretisiert werden, im inneren Erlebnisraum ist die Furcht, dick zu werden oder zu sein, in welcher Triebängste verdichtet oder verdrängt sind." Die weitere Magen-Darm-Symptomatik wie das Erbrechen und die hartnäckige Obstipation sind uns ja bereits aus der Beschreibung des nervösen Erbrechens, hervorgerufen durch Ekel- und Schuldgefühle gegen oral possessive und aggressive Strebungen, und der chronisch habituellen Obstipation bekannt.

Ein weiteres Kardinalsymptom, nämlich die Amenorrhoe, ist als sogenannte psychogene Flucht- oder Lageramenorrhoe bekannt. Es handelt sich dabei um ein somatisches Äquivalent der Angst. Schon seit langem (Stieve) ist bekannt, daß es z. B. bei zum Tode Verurteilten zu einer Insuffizienz und Atrophie der Keimdrüsen kommt. Von sehr vielen Autoren (anthropologischer und philosophisch bestimmter daseinsanalytischer Richtungen), die mehr Gewicht auf ein Verstehen als auf das wissenschaftliche Erklären der Symptome legen, wird die Amenorrhoe als Abwehr gegen die Übernahme der weiblichen Rolle verstanden.

Der häufig zu beobachtende Bewegungsdrang und die Kleptomanie stellen nach Thomä Folgeerscheinungen des Hungers im Bereich der Motorik dar. Bei den immer wieder auftretenden Speisekammerdiebstählen, die von den Patientinnen sorgfältig zu verbergen gesucht werden, handelt es sich wohl um Triebdurchbrüche.

Man kann ohne Übertreibung sagen, daß das Krankheitsbild der Anorexia nervosa, das immerhin schon seit Morton (1689) bekannt ist, erst durch die psychologische, vor allem psychoanalytische Forschung unserem Verständnis und damit auch einer sinnvollen Therapie zugänglich gemacht wurde.

6. Die psychogenen Atemstörungen und das Asthma bronchiale

Der Einfluß von Emotionen auf das Atemgeschehen ist ebenfalls von altersher bekannt. Im Gegensatz zu den Funktionsvorgängen des Magen-Darm-Traktes und auch des noch weiter unten zu besprechenden Kreislaufsystems, die beide unserem Willen völlig entzogen sind, nimmt die Atmung eine Zwischenstellung ein, denn sie wird nicht nur unbewußt vom vegetativen Nervensystem gesteuert, sondern kann auch vom Zentralnervensystem aus willentlich beeinflußt werden. Durch diese doppelte Innervierung ist die Atmung besonders geeignet zum Symptom, sowohl von Ausdrucks- als auch von Bereitstellungserkrankungen. Obwohl wir der Atemfunktion keine entsprechende psychische Entwicklungsphase zuordnen können, wie den Funktionen des Magen-Darm-Traktes, nämlich die orale und anale Phase, so bedeutet das keineswegs, daß nicht auch bereits der erste Atemzug mit einem sogar sehr einschneidenden Erleben verbunden wäre. Es handelt sich aber dabei nicht um eine Entwicklungsphase, sondern um ein höchst dramatisches, *krisenhaftes* Geschehen, und zwar um die Geburt, die physische Trennung vom mütterlichen Organismus. Obwohl wir natürlich über die psychischen Erlebnisse eines Neugeborenen nichts aussagen können, scheint es zumindest sehr wahrscheinlich zu sein, daß das ,,Trauma der Geburt" auch in irgendeiner Weise ,,erlebt" wird und somit die Verknüpfung des ersten Atemzuges mit der *Trennung von der Mutter.* Rein phänomenologisch bietet uns die Atmung nach E. W. Straus (1957) drei Aspekte, und zwar

1. den der Teilhabe und des Austausches mit der Welt,

2. durch das Schreien und die Sprache den der Macht und der Ohnmacht und

3. den der Anziehung und der Abstoßung.

Christian und Mitarbeiter (1959) haben drei Formen des ,,nervösen Atemsyndroms" unterschieden:

a) Die Seufzeratmung als Ausdrucksphänomen einer sehr schwer empfundenen Last, einer geforderten Leistung.

b) Die Tachypnoe des kardiorespiratorischen Syndroms, bei dem es sich um ein somatisches Äquivalent der Angst handelt.

c) Die sogenannte ,,verhaltene Atmung", bei der es sich um eine regelmäßige, aber sehr oberflächliche, die Thoraxmuskulatur kaum beanspruchende Atmung handelt. Sie ist Ausdruck ,,der Gehemmtheit, der Zurückhaltung mit der Tendenz des Sichverschließens und der Abwehr" (Christian, 1959).

Diesen nervösen Atemsyndromen könnte man als weiteres das nervöse Hüsteln hinzufügen, das unverkennbar aggressiven Charakter hat und wohl in erster Linie als Ausdrucksgeschehen aufzufassen ist.

Im Gegensatz zu diesen leichteren funktionellen Atembeschwerden stellt das *Asthma bronchiale* in ausgeprägter Form ein sehr schweres chronisches Leiden dar, das gelegentlich im Status asthmaticus sogar zum Tode führen kann. Bei den Anfällen ringt der aufrecht sitzende Patient in hochgradiger Erstickungsangst nach Luft, während er andererseits durch Verkrampfung der Bronchialmuskulatur und des Zwerchfells die in seiner Lunge angesammelte Luft nicht loswerden kann. Vom Phänomen des Asthmaanfalles ausgehend stellte Halliday (1937) Beziehungen zum Vorgang des Weinens fest und E. Weiss (1922) sprach vom unterdrückten Schrei nach der Mutter. French und Johnson (1944) und auch Jores (1961) machten die Beobachtung, daß man oft bei Patienten schwere Schuldgefühle mit der Erwartung der Zurückweisung beobachten könne, wobei nach dem Geständnis der Schuld oft eine schlagartige Besserung eintrete.

Die umfassendste Arbeit über die Psychosomatik der Allergie und des Asthma bronchiale verdanken wir De Boor (1965), der sich in seiner umfassenden Monographie, auf die hier ausdrücklich verwiesen sei, unter Berücksichtigung der Literatur auf insgesamt 133 untersuchte und 94 psychoanaly-

tisch behandelte Patienten bezieht. Er stellt fest, daß neben der pathoplasti-
schen Bedeutung von genetischen, konstitutionellen und allergischen Faktoren das psychische Moment einen zentralen und in zahlreichen Fällen auch
dominierenden Faktor darstellt.

Bei der Herausarbeitung der Psychodynamik stellt er in Übereinstimmung
mit älteren psychoanalytischen Untersuchungen fest, daß für den Asthmatiker die *Mutter* die zentrale und *dominierende Beziehungsfigur* darstellt.
Durch eine versagende oder (und) überfürsorgliche Haltung dem Kind gegenüber schafft sie eine besondere Bindung an sie, ,,die durch die Ambivalenz von Anziehung und Ablehnung, Anklammerungs- und Distanzierungs-
tendenz gekennzeichnet ist'' (De Boor 1965). Durch die Unterdrückung
jeder gesunden Aggressivität des Kindes durch die Mutter werden bei diesem
die Schuldgefühle und die Abhängigkeit erhöht. Andererseits läßt diese
intensive Zweierbeziehung alle anderen Familienmitglieder zu Rivalen werden. Bei allen Asthmatikern ist die reife sexuelle Erlebnisfähigkeit gestört,
und es werden orale und anale Modalitäten und Objekte der Triebentwicklung bevorzugt. Im Gegensatz aber etwa zum Ulcuskranken, der oral-
rezeptiv von der Mutter Befriedigung ersehnt und diese auch voll akzeptieren
kann, ist der Asthmatiker ihr gegenüber *ambivalent* eingestellt, ,,daß er das
Objekt, von dem er Befriedigung erhofft, anzieht und zugleich abstößt'' (De
Boor 1965). Um angstfrei zu sein, muß er einen sehr schmalen Raum
mittlerer Distanz einhalten. In der Charakterstruktur sind orale (Ängstlich-
keit), vor allem aber anale Züge (Mißtrauen, pedantisch-eigensinniger Trotz,
manchmal auch Übergefügigkeit und zwanghafte Ordentlichkeit) nachzuweisen.

Vom Asthmatiker unterscheidet sich der *Allergiker* psychodynamisch dadurch, daß bei ihm ,,das Konflikterleben aus den ursprünglich menschlichen
Bezügen herausgelöst und auf die nichtmenschliche Umwelt verschoben ist''.
Für ihn ist nicht mehr die Mutter oder eine Ersatzfigur das Aggressionsob-
jekt, gegen das er sich schützen muß, sondern das Konflikterleben wird projektiv auf ein totes Allergen verschoben, was ihm einen spannungsärmeren
und befriedigenderen Kontakt mit der Beziehungsperson ermöglicht.

Bisher haben wir die überwiegend parasympathikotonen, trophotropen Bereitstellungskrankheiten erörtert und wollen uns jetzt noch kurz den überwiegend sympathikotonen, ergotropen zuwenden.

7. Nervöse Kopfschmerzen und Migräne

Durch die Untersuchungen von Wolff (1948) wissen wir, daß der vasomotorische Kopfschmerz in erster Linie durch eine Überdehnung und starke Fül-
lung der Blutgefäße, vor allem der venösen Sinus bedingt ist. Neben vielen

organischen Kopfschmerzursachen, die hier nicht interessieren, scheinen beim vasomotorisch-nervösen Kopfschmerz neben psychischen Momenten auch konstitutionelle und hereditäre Faktoren eine Rolle zu spielen. Bei der Frage nach genetischen und konstitutionellen Faktoren darf aber niemals vergessen werden, daß gerade die psychischen Einflüsse der frühesten Kindheit ausgesprochen prägend und „konstitutionsformend" wirken, so daß oft später am Phänotyp nicht mehr entschieden werden kann, was genetisch und was peristatisch bedingt ist. So gut wie immer ist wohl eine Wechselwirkung beider Faktorenreihen anzunehmen.

Gerade bei Patienten mit habituellen Kopfschmerzen finden wir im allgemeinen sehr sensitive, äußerst pflichtbewußte, pedantische und intellektuell betonte leptosome Typen mit vorwiegend *analer* Charakterstruktur und einem *hohen Leistungsstandard*. Eine gewisse charakterologische Ähnlichkeit mit dem Asthmatiker ist unverkennbar. Die Frauen, die ja eindeutig überwiegen, klagen meist auch über Menstruationsanomalien, Frigidität und Obstipation. Man hat den Eindruck, daß bei diesen devitalisierten intellektuellen Typen immer dann ein Kopfschmerzanfall auftritt, wenn sie Triebansprüche aus dem aggressiven oder erotischen Bereich nicht verarbeiten können und abwehren müssen.

Bekannt sind die vielfältigen Kopfschmerzformen, die bei *Leistungsüberforderungen* auftreten. Wir können sie schon bei Schulkindern, dann aber auch im späteren Leben in mannigfachen Abwandlungen immer dann beobachten, wenn eine erhebliche Diskrepanz zwischen subjektivem Leistungswillen und objektiven Möglichkeiten auftritt. Leistung hat ja zweifellos tiefenpsychologisch etwas mit Konkurrenz und Aggressivität zu tun und so gut wie alle bisher an Kopfschmerz- und Migränepatienten durchgeführten psychoanalytischen Untersuchungen haben ergeben, daß der psychodynamische Kern in verdrängter *Feindseligkeit* zu suchen ist. Frieda Fromm-Reichmann (1937) konnte bei den 8 von ihr psychoanalytisch behandelten Migränekranken eine spezifisch feindselig-neidische Haltung gegen intellektuelle Leistungen anderer feststellen.

Aber nicht nur beim Kopfschmerzkranken, sondern auch beim Hypertoniker und bei gewissen myalgischen und arthritischen Beschwerden (z. B. Lumbago, früher im Volksmund sinnigerweise der „Hexenschuß" genannt) können wir psychodynamisch eine gehemmte Aggressivität feststellen. Alexander (1951, S. 121) hat zur Klärung der Frage, warum sich gehemmte Aggressivität einmal im psychosomatischen Symptom Kopfschmerz, dann wieder als Hypertension und bei einem anderen Patienten als Lumbago äußert die Hypothese aufgestellt, daß wir beim voll ausgeführten Angriff drei Phasen unterscheiden können. Erstens die Vorstellungsphase (die gedankliche Vorbereitung), zweitens die Phase der vegetativen Vorbereitung (vor allem die Bereitstellung des Kreislaufs und der inneren Organe – Hypertonie) und drittens die neuromuskuläre Phase (die den aggressiven Akt durch muskuläre Tätigkeit ausführt). Bei Hemmung der Vorstellungsphase träten Kopfschmerzen, bei Hemmung der vegetativen Vorbereitung (Bereitstellung) Blutdruckerhöhungen und bei Hemmung der neuromuskulären Phase myalgischarthritische Beschwerden auf. Diese interessante Hypothese, die vieles für sich hat, sollte an einem großen Krankengut durch psychoanalytische Untersuchungen nachgeprüft werden.

Der typische Migräneanfall, der ja mit heftigen halbseitigen Kopfschmerzen, Flimmern, Schwindel und Erbrechen einhergeht, zwingt den Patienten meistens sich allein in ein abgedunkeltes Zimmer zurückzuziehen. Schwöbel (1960) hat darauf hingewiesen, daß an dem so Erkrankten die Haltung des Ekels und der Abwehr unverkennbar wäre und daß Beziehungen zur Allergie und zum Asthma bestünden. Hier führt die daseinsanalytische Betrachtung vom Phänomen ausgehend zum gleichen Ergebnis wie die psychoanalytische, die die eng verwandten psychodynamischen Strukturen aufzuweisen sucht.

Zum Abschluß dieses speziellen Abschnittes wollen wir noch einen kurzen Blick auf die psychosomatische Betrachtung der Kreislauferkrankungen werfen.

8. Psychosomatische Kreislauferkrankungen

a) Herzerkrankungen mit Organveränderungen

Hier sind in erster Linie die angeborenen und erworbenen Herzfehler und die Schädigung des Arbeitsmyokards (Myokarditis usw.) zu erwähnen. Diese Erkrankungen, die auch bei Tieren vorkommen, können wir wohl als primär organische ansehen. Bis heute jedenfalls wissen wir nichts darüber, ob bei der Entstehung dieser Erkrankungen auch psychische Faktoren eine Rolle spielen.

Liegt aber bereits ein organischer Herzfehler vor, dann hängt es nicht mehr nur von somatischen Faktoren, sondern auch in hohem Maße von psychischen Einflüssen ab, ob es zur Dekompensation und damit erst zum eigentlichen Leiden kommt oder nicht. Hier läßt sich zweifellos eine Ergänzungsreihe von der primären Organschädigung und Leistungseinschränkung des Herzens zu dem Grad der später noch zu tolerierenden psychischen und somatischen Belastung bilden. Welch große Rolle gerade psychische Belastungen und Konflikte bei der Dekompensation eines organischen Herzleidens spielen, ist wohl jedem aufmerksamen Arzt bekannt. Chambers und Reiser (1953) haben eine sorgfältige Untersuchung darüber angestellt und konnten feststellen, daß der emotionale Streß in 76 Prozent der von ihnen eingehend untersuchten 25 Patienten mit Herzdekompensation der ausschlaggebende Faktor zur Auslösung der Dekompensation war.

Ferner führt das subjektive Erleben des Herzfehlers mit der dadurch bedingten verminderten Leistungsfähigkeit und den Beschwerden dazu, daß der Herzfehler einen ganz bestimmten Stellenwert im Motivationsgeflecht des Patienten bekommt und ein wichtiger Faktor in seinen Beziehungen zu den Mitmenschen wird. Deshalb werden diese Erkrankungen, insbesondere dann, wenn gleichzeitig eine neurotische Störung vorliegt, so häufig zu *sekundären Ausdruckserkrankungen*. Bekannt ist die große Zahl jener Patienten, die an „ihrem Herzfehler" oder an „ihrem Herzmuskelschaden" leiden, in Wirklichkeit aber organisch gesund oder zumindest nur geringfügig geschädigt sind, aber immer eine mehr oder weniger schwere und meist auch stark chronifizierte Neurose haben. Leicht kann hier der rein somatisch orientierte Arzt, der ohne Blick für die psychischen Zusammenhänge seiner Kranken zwangsläufig dazu neigt, relativ harmlose somatische Symptome überzubewerten, dazu verführt werden, die Diagnose eines Herzleidens zu stellen, den Patienten damit oft fürs ganze Leben zum „Herzkranken" zu stempeln und ihm die Möglichkeit zu einer Heilung zu nehmen. Anstatt ihn, entsprechend vorsichtig natürlich, mit seinen Konflikten zu konfrontieren und ihm entweder selbst bei der Lösung dieser behilflich zu sein, oder aber, wenn das seine Möglichkeiten übersteigen sollte, an einen Psychotherapeuten zu überweisen, läßt sich der behandelnde Arzt nur allzuoft in die Neurose des Patienten hereinziehen und wird anstatt zum Helfer zum krankmachenden und zum chronifizierenden Agens. Der dadurch angerichtete Schaden ist zweifellos sehr groß und natürlich nicht nur auf die Herz- und Kreislaufstörungen beschränkt, sondern bei vielen Erkrankungen zu beobachten.

b) Herzbeschwerden ohne organpathologische Veränderungen

Sie sind ungemein weit verbreitet und werden bei „nervösen" Menschen fast nie vermißt. Erlebt und geschildert werden sie in mannigfachen Abwandlungen vom leichten Mißbehagen bis zum „unerträglichen" Schmerz, der wiederum unterschiedlich als Stechen, Bohren oder schwerer Druck beschrieben wird. Am häufigsten ist es die Wahrnehmung der beschleunigten oder unregelmäßigen Herztätigkeit, die den Patienten beunruhigt. Es ist eine alte Erfahrung der Klinik, daß die Intensität der vorgebrachten Beschwerden im allgemeinen im umgekehrten Verhältnis zur Schwere des organischen Befundes steht. Eine Ausnahme davon macht eigentlich nur die Koronarsklerose. Sieht man von dieser einmal ab, so findet man ganz allgemein, daß die intensivsten Herzbeschwerden bei organisch Herzgesunden gefunden werden.

Um die Häufigkeit der Herzbeschwerden zu begreifen, muß man sich vor Augen halten, daß für uns alle das Herz die Bedeutung des zentralen Lebensorgans hat und nicht nur bei allen Anstrengungen körperlicher Art, sondern auch bei allen stärkeren Emotionen, wie Liebe, Freude, Wut, Haß und Angst, „mitspricht". Es gibt wohl überhaupt keine Emotion, die nicht im körperlichen Bereich mit einer Veränderung der Herz- und Kreislauftätigkeit verbunden wäre. So ist es nicht weiter verwunderlich, daß der Patient insbesondere dann, wenn er aus Gründen der Verdrängung die psychische Emotion nicht wahrzunehmen vermag, nur das somatische Äquivalent, nämlich die geänderte Herztätigkeit bewußt erlebt. Aber auch dann, wenn ein Konflikt durchaus weitgehend bewußt erlebt wird, derzeit aber nicht gelöst werden kann, kommt es sehr häufig vor, daß der Patient beunruhigt durch die gleichzeitig mit den Emotionen wahrgenommenen Herzsensationen den Arzt aufsucht. In dieser Situation kann eine Aussprache und Beruhigung segensreich, eine falsche Bewertung eines Herzgeräusches oder einer geringen EKG-Abweichung aber katastrophale Folgen haben.

Herzbeschwerden sind also in psychologischer Hinsicht mehrdeutig, da sie vielen verschiedenen Emotionen zugeordnet werden müssen. Was im einzelnen vorliegt, kann nur eine genaue Untersuchung des Patienten ergeben. Deshalb finden wir ja die Herzbeschwerden nicht nur ganz allgemein sehr häufig, sondern besonders oft bei den im allgemeinen Teil beschriebenen *funktionellen Syndromen.*

Eine besonders wichtige Korrelation müssen wir aber noch besonders herausheben, nämlich die mit der *Angst.* Es gibt keine Angst, weder Realangst (Furcht), noch Über-Ich- oder Es-Angst, die nicht mit mehr oder weniger starken Herzbeschwerden verbunden wäre. So gibt es wohl keine Phobie, bei der nicht gleichzeitig über Herzbeschwerden geklagt wird. Da aber neurotische Angst sehr oft verdrängt wird, nimmt der Patient nur das Korrelat der Angst, nämlich die Herzbeschwerden wahr. Bei Herzbeschwerden wird also der Arzt auch immer nach der eventuell dahinterstehenden Angst suchen müssen. Was aber die Angst verursacht, ob sich dahinter eine sexuelle oder eine aggressive Problematik verbirgt, kann nur die Analyse des Einzelfalles ergeben, hier kommt alles in Betracht, was wir von der Neurosenlehre her wissen, denn den Herzbeschwerden als Angstäquivalent ist nicht anzusehen, wodurch die Angst hervorgerufen wurde.

In jüngster Zeit haben Richter und Beckmann (1969) der Herzneurose eine Monographie gewidmet. Sie stellen durch umfangreiche psychoanalytische und psychodiagnostische Untersuchungen fest, daß der Störung regelmäßig ein früh erworbener Ich-Defekt zugrunde liegt und daß die psychische Struktur dieser Kranken der depressiver Patienten ähnelt. Durch die Art der Abwehr der bestehenden Trennungsängste unterscheiden sie zwei Typen:

Kranke des Typs A klammern sich in klagsamer hilflos-infantiler Weise an Sicherheit gewährende Personen, während die Kranken des Typs B ihre Ängste in kontraphobischer Weise zu verleugnen suchen.

c) Herzrhythmusstörungen

Hierher gehören die Tachykardien, von denen die anfallsweise auftretende paroxysmale Tachykardie manchmal zu bedrohlichen, ja gelegentlich tödlichen Kreislaufzusammenbrüchen führen kann, und die nervöse Extrasystolie. In psychologischer Hinsicht kann nur das eben im vorhergehenden Abschnitt Gesagte wiederholt werden. Meist ist es *Angst* in allen ihren vielfältigen Formen, die die Rhythmusstörungen auslöst. Die Frage, warum die Angst einmal nur Herzbeschwerden ohne jede Organsymptomatik bzw. reine Sinustachykardien und dann wieder Rhythmusstörungen hervorruft, kann von psychischer Seite bisher nicht beantwortet werden. Es ist wahrscheinlich, daß hier das *somatische Entgegenkommen*, nämlich eine leichte Vorschädigung des Reizleitungssystems, darüber entscheidet. Wir wissen darüber noch zu wenig.

d) Vago-vasale Anfälle

Die mit erhöhter Vagotonie und Blutdruckabfall einhergehenden Schwächezustände und Ohnmachten sind nicht allzu selten. Nach Alexander (1951, S. 115) wird dabei „eine spezifische Phase der Fluchtreaktion, nämlich die Vorbereitung der Muskulatur auf die Handlung durch Steigerung der Blutzufuhr angeregt und dann abgebrochen". Es handelt sich dabei natürlich primär um ein Bereitstellungsgeschehen, das aber sekundär zum Ausdrucksgeschehen werden kann, wie z. B. bei den häufig in Ohnmacht fallenden Damen des vergangenen Jahrhunderts. Dies letztere wird heute im allgemeinen Bewußtsein als hysterisches Symptom durchschaut, ist nicht mehr modern und wird nur noch selten demonstrativ-theatralisch „benützt", kann aber immer noch beobachtet werden.

e) Angina pectoris – Herzinfarkt

Es ist den Ärzten immer schon aufgefallen, daß bei der Angina pectoris und beim Herzinfarkt psychische Faktoren eine große Rolle spielen. Meist sind es gehetzte und überforderte Menschen in führender Position, die daran erkranken. Das Wort Managerkrankheit ist ja heute in aller Munde. Man weiß heute, daß es durch alle möglichen Streßereignisse, insbesondere aber durch anhaltende Spannungs- und Erregungszustände zu einer vermehrten Ausschüttung von Katecholaminen (Adrenalin und Noradrenalin) kommt, die nicht nur eine spastische Mangeldurchblutung der Herzkranzgefäße hervorrufen, sondern auch die Verkalkungsprozesse an diesen für die Ernährung des Herzmuskels lebenswichtigen Blutgefäßen stark beschleunigen. Eine Reihe weiterer Faktoren wie fettreiche Ernährung, Rauchen und Bewegungsmangel beschleunigen diese Prozesse zusätzlich, so daß dieses Krankheitsbild zweifellos sehr vielschichtig ist.

Von psychischer Seite ist also die *Daueranspannung*, die selten oder nie zur entlastenden und erholenden Entspannung führt, entscheidend. Sicherlich ist ganz allgemein gesprochen die Hetze und der Konkurrenzkampf der modernen Welt sehr dazu angetan, die Menschen zu überfordern, und doch tritt bei gleichen objektiven Anforderungen das anscheinend für diese Kranken typische Überforderungssyndrom vorwiegend bei psychisch bestimmt strukturierten Menschen auf. Es sind dies nach Seemann (1964), der ein sehr großes entsprechendes Krankengut übersieht, im Grunde sensible, anlehnungsbedürftige und meist musisch begabte Naturen, die alle echten *Gefühlsqualitäten verdrängt* haben und *zwanghaft an Leistung gebunden* sind. Im Gegensatz zu den funktionellen Stenokardien, deren ganze Aufmerksamkeit um den eigenen Körper kreist und die stets mit sich selber beschäftigt sind, widmet der echte Angina-pectoris-Patient seinem Körper keine Aufmerksamkeit zu, verdrängt alle Gefühle und ist mit allen seinen Intentionen nach außen auf Leistung zentriert, bis es häufig gerade in einer kurzen, seiner ganzen Haltung entgegenstehenden Entspannungsphase zur Katastrophe kommt.

R. H. Roseman, M. Friedman und Mitarbeitern (1964) verdanken wir das präzise Herausarbeiten von Persönlichkeitszügen – das sogenannte Typ A-Verhalten –, die wir besonders häufig bei Patienten mit koronarer Herzkrankheit antreffen. Unter Typ A-Verhalten werden folgende Persönlichkeitszüge zusammengefaßt:

a) ein anhaltendes intensives Bemühen, um selbstgewählte, aber meist schlecht definierte Ziele zu erreichen,

b) eine tiefe Neigung zu rivalisierendem Verhalten,

c) ein andauerndes Bedürfnis nach Anerkennung und Vorwärtskommen,

d) ein unentwegtes Engagement in verschiedensten Funktionen unter ständigem Zeitdruck,

e) eine tief verwurzelte Angewohnheit, die Ausführung geistiger und körperlicher Tätigkeiten zu beschleunigen und

f) eine außerordentliche geistige und körperliche Aufmerksamkeit und Bereitschaft.

Die Beschreibung dieses Typ A-Verhaltens hat sich nicht nur in retrospektiven, sondern auch in zahlreichen prospektiven Studien sehr bewährt.

Hahn (1971) hat in einer klinisch-retrospektiven Pilot-Studie 50 männliche Herzinfarktpatienten eingehend somatisch, testpsychologisch und psychoanalytisch untersucht. Bei 26 Patienten wurde eine psychotherapeutische Einzel- oder Gruppenbehandlung mit Verlaufskontrollen durchgeführt. Als infarktauslösende Situation konnte er bei etwa zwei Drittel der Patienten psychische Belastungen und bei der Hälfte der Patienten somatische Belastungen feststellen. Bezüglich der Persönlichkeitsstruktur fand er bei zwei Drittel der Patienten ,,ausgeprägte Merkmale zwanghafter Rigidität'', mit der die depressiven Grundkonflikte abgewehrt wurden. Zur Prophylaxe und Rehabilitation bewährten sich bei Coronarpatienten Gruppengespräche über 1. Aufklärung über allgemeine Lebensführung, 2. dosierte und überwachte sportliche Tätigkeit und 3. Besprechung von Ängsten und Konfliktsituationen (O. A. Brusis, 1986).

f) Psychogener Bluthochdruck

Abgesehen von mannigfachen somatischen Ursachen des Bluthochdrucks, die hier nicht interessieren, sind psychische Einflüsse auf die Höhe des Blutdruckes seit langem bekannt. Seit den Arbeiten von Cannon wissen wir, daß bei Angst und Wut, bei Schmerz und bei einer geforderten Leistung durch Adrenalinausschüttung der Blutdruck in die Höhe getrieben wird. Immer dann, wenn der Organismus entweder auf einen Angriff oder aber zur Flucht bereitgestellt wird, erhöht sich der Blutdruck. Dies ist durch viele Tierversuche und Beobachtungen an Menschen erwiesen.

Dieser situationsbedingte und nach erfolgter Handlung wieder zur Norm zurückkehrende Bluthochdruck muß vom Dauerhochdruck, der sogenannten essentiellen Hypertonie, unterschieden werden. Es handelt sich dabei um eine typische *Bereitstellungskrankheit,* bei der die Bereitstellungen infolge eines intrapsychischen Konfliktes leer laufen. Nach den psychoanalytischen Untersuchungen von Alexander (1951) und vielen anderen handelt es sich um einen ausgeprägten ,,*Konflikt zwischen passiv-abhängigen* oder femininen Tendenzen *und* kompensatorischen *aggressiv-feindseligen Antrieben''* (S. 110 – hervorgehoben vom Ref.). Alexander weist darauf hin, daß man aus der Anamnese von Hypertonikern auffallend häufig erfährt, daß sie in der Kindheit und Jugend ausgesprochen aggressiv gewesen seien, um dann innerhalb eines ganz kurzen Zeitraumes – oft in der Pubertät – ihr Temperament vollständig zu ändern. Sie werden verschüchtert und äußerlich sanftmütig und verlieren die Fähigkeit, ihre Aggressivität zu äußern. Wyss (1955) fand bei der Untersuchung juveniler Hypertoniker, daß bei ihnen das Problem der Leistung eine große Rolle spiele und erklärt den großen Prozentsatz der Spontanheilungen um das 30. Lebensjahr herum damit, daß dann meist eine

Lebensposition erreicht sei, die einen gewissen Ausgleich für den Leistungsanspruch schaffe.

Leistung setzt aber immer die Möglichkeit voraus, die eigene Aggressivität bewußt erleben und in Handlungen umsetzen zu können. Ein schwer aggressionsgehemmter Patient wird demnach auch nicht zu echten Leistungen befähigt sein. So gesehen kann man in den Untersuchungen von Wyss eine Bestätigung der allgemeinen psychoanalytischen Erfahrung sehen. Alexander aber macht noch darauf aufmerksam, daß sehr viele neurotische Menschen unter dem Konflikt zwischen passiv-abhängigen und aggressiv-konkurrierenden Tendenzen, also dem typischen Kernkonflikt der Hypertoniker leiden, ohne an Hypertonie zu erkranken, und betont, daß psychodynamische Einflüsse nur in Verbindung mit somatischen Faktoren zu psychosomatischen Erkrankungen führen.

Abschließend sei noch kurz auf die Schwierigkeiten der Behandlung von Hochdruckkranken eingegangen. Pflanz (1972) hat darauf hingewiesen, daß in allen Ländern mit hohem medizinischen Standard nur eta 50 Prozent aller Hypertoniker diagnostiziert, aber nur 25 Prozent ausreichend behandelt werden. Aber auch von diesen 25 Prozent haben nach einem Jahr über die Hälfte die Behandlung abgebrochen. Das heißt, daß nur rund 10 Prozent aller Hypertoniker ausreichend behandelt werden. Wenn man nun zuverlässigen Schätzungen zufolge annehmen muß, daß in der Bundesrepublik Deutschland rund 6,3 Millionen Hypertoniker leben, von denen wiederum 80 bis 90 Prozent der Gruppe der essentiellen Hypertonie zuzurechnen sind, dann ist das schon ein medizinisches Problem von großer Tragweite!

V. THERAPEUTISCHE ÜBERLEGUNGEN

An den Schluß unserer kurzen und zwangsläufig unvollständigen Einführung in die psychosomatische Medizin wollen wir noch einige therapeutische Überlegungen anfügen. In der Psychotherapie kann man mit Loch (1964) ganz allgemein fünf verschiedene technische Verfahren unterscheiden:

a) Das suggestive, und zwar sowohl heterosuggestive (Hypnose und Persuasion) wie autosuggestive Verfahren. Diese Therapieform kann man auch die magische nennen.

b) Das abreaktive Verfahren, die Psychokatharsis.

c) Das manipulative Verfahren, bei dem es darauf ankommt, unter geschickter Benutzung der Motivationssysteme des Patienten ihn so zu beeinflussen bzw. seine Umgebung so zu ändern, daß seine Konflikte ausgeschaltet bzw. überformt werden.

d) Das konfrontierende Verfahren, in dem der Patient mit seinen Problemen konfrontiert wird.

e) Das interpretierende Verfahren, bei dem gefordert ist „die Hintergründe, die unbewußten Determinanten seines Tuns, die Motive, die sein Denken und Handeln bestimmen, bloßzulegen, zu deuten" (Loch, 1964, S. 75). Das suggestive und das manipulative Verfahren hat man direktive, zudeckende Methoden genannt, sie wirken rein symptomatisch. Das konfrontierende und interpretierende Verfahren, wie die Psychoanalyse, wirken aufdeckend und kausal, indem sie den zugrunde liegenden Konflikt ins Bewußtsein zu heben und zu lösen suchen. Das abreaktive Verfahren, der Vorläufer der Psychoanalyse, steht zwischen den zudeckenden und aufdeckenden Verfahren. Es wird heute noch gelegentlich im Zusammenhang sowohl mit den ersteren als auch mit den letzteren Verfahren verwandt, hat aber so gut wie keine Bedeutung mehr als selbständiges Behandlungsverfahren.

Da die psychosomatischen Erkrankungen, wie wir gesehen haben, weder rein „psychogene" noch rein „somatogene" Erkrankungen sind, wird man sie sowohl von der psychischen als auch von der somatischen Seite her beeinflussen können. Um jedoch optimale Wirkungen zu erzielen, wollen wir noch, ausgehend von der im allgemeinen Teil entwickelten Systematik, folgende Überlegungen anschließen.

Bei den primär *organischen Erkrankungen* wird selbstverständlich die somatische Therapie dominieren. Nur von ihr sind echte kausale Einwirkungen zu erwarten. Die Psychotherapie vermag aber auch hier die Behandlungsbedingungen, das therapeutische Klima so zu verbessern, daß sich die somatischen Behandlungsverfahren und die Selbstheilungskräfte des Organismus optimal auszuwirken vermögen. Eminent wichtig aber wird die Psychotherapie dann, wenn, wie so oft, die primär organische Erkrankung zu einer sekundären Ausdruckserkrankung geworden ist, denn diese reagiert nur auf psychische Einflüsse, gleichgültig, ob diese bewußt und gezielt oder durch auch dem Arzt unbewußte Suggestion (Placebo) hervorgerufen wird.

So konnte z. B. an Verlaufsuntersuchungen gezeigt werden, daß von den operativ behandelten Patienten eines chronischen Krankengutes nur diejenigen wirklich entscheidend gebessert werden konnten, die auch psychotherapeutisch behandelt wurden und bei denen also nicht nur eine operative Korrektur eines Defektes vorgenommen, sondern gleichzeitig auch eine psychotherapeutische Konfliktbearbeitung der sekundären Ausdruckserkrankung durchgeführt wurde (Wesiack, 1984). Die psychotherapeutische Behandlung dieser Patienten erfolgte in Form von psychoanalytisch orientierten ärztlichen Gesprächen.

Die *Ausdruckskrankheiten*, sowohl die primären als auch die sekundären, die ja Handlungsbruchstücke sich gegenseitig ausschließender Motive und Motivkonstellationen sind, können also nur psychotherapeutisch beeinflußt werden, und zwar symptomatisch, zudeckend mit suggestiven oder manipulativen Verfahren, gelegentlich auch abreaktiv oder aber ursächlich, aufdeckend konfrontierend und interpretierend durch ein analytisch orientiertes Gespräch oder eine psychoanalytische Behandlung. Somatische Behandlungsverfahren sind wirkungslos bzw. wirken tatsächlich nur rein suggestiv, wie etwa die Placebos.

Recht schwierig gestaltet sich die Behandlung der *funktionellen Syndrome,* bei denen es sich ja um eine Schwäche und mangelnde Integrationsfähigkeit des Ich und relativ flüchtige Motivkonstellationen mit flüchtigen vegetativen Bereitstellungen handelt. Diese Patienten sind zwar ungemein leicht suggestiv zu beeinflussen, doch hält die Wirkung dieser Suggestionen meist nur kurz an.

Bei der Beurteilung funktioneller Syndrome in der Praxis ist es stets wichtig, zwischen flüchtigen unter aktuellen Belastungen aufgetretenen Reaktionen und chronifizierten Krankheitsprozessen zu unterscheiden. Während man bei den Reaktionen, sofern sie nicht unbehandelt wieder abheilen, durch psychoanalytisch orientierte ärztliche Gespräche eine Chronifizierung meist verhindern kann, ist bei den bereits chronifizierten Patienten meist ein großer therapeutischer Aufwand nötig, um, wenn überhaupt, Erfolge zu erzielen.

Bei diesen chronifizierten funktionellen Syndromen muß auch zwischen Neurosen (meist Hysterien und Phobien, aber auch neurotischen Depressionen) einerseits und schwerer Ich-geschädigten Patienten im Sinne einer Grundstörung nach Balint unterschieden werden. Während man die erste Gruppe psychoanalytisch wie Neurosen behandeln sollte, muß man bei der zweiten Gruppe wie bei den Bereitstellungskrankheiten verfahren.

Die Behandlung der *Bereitstellungskrankheiten* ist außerordentlich schwierig. Solange man auch bei dieser Erkrankungsgruppe mehr an eine Neurosenätiologie dachte und daher vor allem den wenn auch tief ins Somatische verdrängten Grundkonflikt im Auge hatte (z. B. Mitscherlichs Lehre von der „zweiphasigen Verdrängung"), wurde zur Bearbeitung dieses Grundkonfliktes eine klassische psychoanalytische Behandlung mit der deutenden Bearbeitung von Übertragung und Widerstand als einzige kausal wirkende Therapie empfohlen. Dabei zeigte sich bald, daß der überwiegende Teil dieser Kranken einer klassischen psychoanalytischen Behandlung gar nicht zugänglich ist, weil es sich bei ihnen ja um Grundstörungen im Sinne von Balint handelt, die zunächst einer anaklitischen, also einer stützenden Behandlung bedürfen. Diese läßt sich nun auch recht gut, ganz im Gegensatz zur Neurosentherapie, wo dies kontraindiziert wäre, mit verschiedenen somatischen Behandlungsmethoden kombinieren.

Bei akuten Exazerbationen, wie etwa bei einem blutenden Magenulcus oder bei einem Status asthmaticus, sind somatische Behandlungsmethoden oft lebensrettend und daher nicht zu vermeiden. Sie sind aber darüber hinaus auch oft zur Linderung der Beschwerden und zur Vermeidung ernster somatischer Folgen indiziert. Nicht ausreichend und oft sogar schädlich ist jedoch eine nur einseitig somatische Behandlung dieser Kranken, weil sie meist nur zur symptomatischen Besserung, darüber hinaus aber zur Chronifizierung führt. Gegenwärtig werden verschiedene Formen anaklitischer Therapie erprobt. Häufig verwandt wird das autogene Training, nach J. H. Schultz in Kombination mit analytisch orientierten ärztlichen Gesprächen. Sehr bewährt hat sich in diesem Zusammenhang auch die „funktionelle Entspannung" nach M. Fuchs, weil diese Methode den bruchlosen Übergang von der entspannenden Körperwahrnehmung zum konfliktbewußten analytisch orientierten ärztlichen Gespräch ermöglicht. Die französische psychosomatische Schule spricht von der „relaxation analytique". Stephanos, Biebl und Plaum (1976) haben kürzlich darüber berichtet. Den ermutigenden Erfahrungen dieser Autoren kann auch der Autor dieses Beitrages aus eigener Erfahrung beipflichten. Stephanos (1973) hat aber vor allem über gute Ergebnisse einer stationären Behandlung dieser Kranken durch eine analytisch gelenkte Therapeutengruppe berichtet.

Gegenwärtig befinden wir uns in einer Phase der Erprobung verschiedener therapeutischer Methoden, d. h. auch verschiedener psychoanalytischer Parameter. Noch ist unentschieden, ob wir bessere Erfolge erzielen, wenn die Behandlung in den Händen *eines psychosomatischen* Arztes, dessen Ausbildungs- und Weiterbildungsstandard noch definiert werden müßte, oder aber in den Händen eines *Therapeutenteams* liegt, das aus einem Analytiker, einem Somatiker und mehreren psychoanalytisch ausgebildeten Krankenschwestern und Sozialarbeitern besteht. In der Praxis des niedergelassenen Arztes wird man wohl nicht ohne das erstere Modell auskommen. Im klinischen Bereich wird sich wahrscheinlich vor allem das zweite Modell bewähren. Wie auch immer die weitere Entwicklung verlaufen wird, zweierlei scheint sich abzuzeichnen: Es ist zu hoffen, daß wir durch eine verbesserte psychosomatische Medizin auch verbesserte ärztliche Leistungen zu erbringen imstande sein werden und daß wir in viel stärkerem Maße als in der Vergangenheit auch die Resultate von Balints Lebensarbeit werden berücksichtigen müssen, der uns sowohl mit seiner Theorie der Grundstörung als auch mit seiner Arbeit mit praktischen Ärzten neue Wege gewiesen hat.

VI. LITERATUR

Alexander, F. (1951): Psychosomatische Medizin. Berlin.

Alexander, F., and French, F. M. (1948): Studies in Psychosomatic Medicine. New York.

Balint, M. (1957): Der Arzt, sein Patient und die Krankheit. Klett, Stuttgart.

Balint, M. (1966): Die Urformen der Liebe und die Technik der Psychoanalyse. Huber, Bern; Klett, Stuttgart.

Balint, M. (1970): Therapeutische Aspekte der Regression. Klett, Stuttgart.

Balint, M., Ornstein, P. H., und Balint, E. (1973): Fokaltherapie. Frankfurt.

Balint, E., und Norell, J. S. (1975): Fünf Minuten pro Patient. Frankfurt.

Bergmann, G. v. (1936): Funktionelle Pathologie.

Bertalanffy, L. v. (1951): Theoretische Biologie. Francke, Bern.

Bertalanffy, L. v. (1968): General System Theory, Foundations, Developments, Applications. Braziller, New York.

Boss, M. (1954): Psychosomatische Medizin. Bern/Stuttgart.

Boss, M. (1971): Grundriß der Medizin. Bern/Stuttgart/Wien.

Bräutigam, W., und Christian, P. (1973): Psychosomatische Medizin. Thieme, Stuttgart.

Brede, K. (1972): Sozioanalyse psychosomatischer Störungen. Athenäum, Frankfurt.

Brede, K. (1974): Einführung in die psychosomatische Medizin. Frankfurt.

Bruch, H. (1971): Psychiatric quarterly 35, 458.

Bruch, H. (1957): The Importance of Overweight. Norton a. Comp., New York.

Brusis, O. A. (1986): Handbuch der Koronargruppenbetreuung. 2. Aufl., Erlangen.

Chambers, W. N., and Reiser, M. F. (1953): Psychosom. Med. 15, 38.

Chambers, W. N., and Rosenbaum (1953): Ulcerative Colitis. Psychosom. Med. 15, 523.

Christian, P. (1959): Atmung. In: Handbuch Neurosenlehre und Psychotherapie. Band II, 519. Urban und Schwarzenberg, München/Berlin.

Cremerius, J. (1957): Freuds Konzept über die Entstehung psychogener Körpersymptome. Psyche XI, 2, 125.

Cremerius, J. (1971): Die sozialmedizinische Bedeutung funktioneller Syndrome. Therapeutische Umschau 28, S. 391–396.

De Boor, Cl., und Künzler, E. (1963): Die Psychosomatische Klinik und ihre Patienten. Huber-Klett, Stuttgart.

De Boor, Cl. (1964): Die Colitis unlcerosa als psychosomatisches Syndrom. Psyche XVIII, 107.

De Boor, Cl. (1965): Strukturunterschiede unbewußter Phantasien bei Neurosen und psychosomatischen Krankheiten. Psyche XVIII, 664.

De Boor, Cl. (1965): Zur Psychosomatik der Allergie insbesondere des Asthma bronchiale. Huber, Bern, und Klett, Stuttgart.

Deutsch, F. (1922): Das Anwendungsgebiet der Psychotherapie in der inneren Medizin. Wiener Med. Wschr. 72, 809.

Deutsch, F. (1953): The Psychosomatic Concept in Psychoanalysis. New York.

Deutsch, F. (1959): Symbolization as a formative stage in the conversion process. In: On the mysterious Leap from the Mind to the Body. New York.

Dunbar, F. (1954): Emotions and Bodily Changes. New York, 4. Aufl.

Eberhardt, M. (1952): Das Erkennen. R. Meiner, Hamburg.

Engel, G. (1970): Psychisches Verhalten in Gesundheit und Krankheit. Huber, Bern/Stuttgart/Wien.

Engel, G., Reichsman, F., and Segal, H. L. (1956): Study of an Infant with Gastric Fistula. Psychosom. Med. 18, S. 374.

Engel, G. u. A. H. Schmale (1969): Eine psychoanalytische Theorie der somatischen Störung. In: Psyche 23, S. 241–261.

Fain, M. (1971): Prélude à la vie fantasmatique. In: Rev. franc. Psych. 35, 291–364.

Feiereis, H. (1970): Klinik und Therapie der Colitis ulcerosa. München.

Fenichel, O. (1945): The Psychoanalytic Theory of Neurosis. New York.

French, T. M., and Johnson, A. M. (1951): Brief Psychotherapy in Bronchial Asthma. In: Proceedings of the Second Brief Psychotherapy Council. Chicag. Institute for Psychoanalyses, 1944, zit. nach Alexander.

Freud, S. (1895): Über die Berechtigung von der Neurasthenie einen bestimmten Symptomenkomplex als „Angstneurose" abzutrennen. Ges. W., Bd. I.

Freud, S. (1904): Die Freudsche psychoanalytische Methode. Ges. W., Bd. V.

Freud, S. (1905): Bruchstücke einer Hysterieanalyse. Ges. W., Bd. V.

Freud, S. (1915): Trieb und Triebgeschehen. Ges. W., B.D. X.

Freud, S. (1917): Vorlesungen zur Einführung in die Psychoanalyse. Ges. W., Bd. XI.

Freud, S. (1926): Hemmung, Symptom und Angst. Ges. W., Bd. XIV.

Freyberger, H. (1969): Psychosomatische Therapie bei Colitis ulcerosa. Med Klin. 64, 969.

Fromm-Reichmann, F. (1937): Contribution to the Psychogenesis of Migraine. Psychoanalytic. Rev. 24, 26, zit. nach Alexander 1951.

Fuchs, M. (1979): Funktionelle Entspannung. Stuttgart.

Glatzel, H. (1947): Über die Ursachen der Ulcuskrankheit. Med Klinik 42, 9.

Glatzel, H. (1955): Zur Psychosomatik der Ulcusleiden. Z. psychosomat. Med. 1, 11.

Gottschalk, L. A. et al. (1971): Psychosomatic Classics. S. Karger, Basel/München/Paris/London/New York/Sydney.

Grinker, R. R. (1953): The Psychosomatic Concept in Psychoanalysis. New York.

Grinker, R. R. (1961/62): Die Physiologie der Affekte. Psyche XV, 38.

Groddeck, G. (1951): Psychosomatische Forschung als Erforschung des Es. Psyche IV, 10, 842.

Hahn, P. (1971): Der Herzinfarkt in psychosomatischer Sicht. Vandenhoeck und Ruprecht, Göttingen.

Halliday, J. L. (1937): Approach to Asthma. Brit. J. M. Psychol. 17, 1.

Heinroth, J. C. (1818): Lehrbuch der Störungen des Seelenlebens oder der Seelenstörungen und ihre Behandlung. Teil II. Leipzig, zit. nach Stokvis.

Helwig, P. (1950/51): Die Hypostasierung im Begriff der Seele. Psyche IV, 366.

Henry, J. P., and Cassel, J. C. (1969): Psychosocial Factors in essential Hypertension. Amer. J. Epidem. 90, 171–200.

Hess, H. (1962): Psychologie in biologischer Sicht. Stuttgart.

Heyer, G. R. (1925): Das körperlich-seelische Zusammenwirken in den Lebensvorgängen. München.

Hoff, F. (1952): Klinische Physiologie und Pathologie. Thieme, Stuttgart.

Hoff, H., und Ringel, E. (1964): Aktuelle Probleme der psychosomatischen Medizin. München.

Jacobi, K. W. M. (1822–30): Sammlungen für die Heilkunde der Gemütskrankheiten. Elbersfeld, zit. nach Stokvis.

Jaspers, K. (1954): Psychologie der Weltanschauungen. 4. Aufl. Springer, Berlin/Göttingen/Heidelberg.

Jores, A. (1961): Vom kranken Menschen. 2. Aufl., Thieme, Stuttgart.

Jores, A. (1959): Der Mensch und seine Krankheit. 2. Aufl., Klett, Stuttgart.

Klauber, J. (1961): Psychiater in der internistischen Abteilung. Psyche XV, 363.

Klauber, J. (1966): Psychoanalytische Beiträge zur psychosomatischen Medizin. Psyche XX, 294.

Kütemeyer, W. (1963): Die Krankheit in ihrer Menschlichkeit. Vandenhoeck und Ruprecht, Göttingen.

Leibbrand, W. (1937): Romantische Medizin. Goverts, Hamburg/Leipzig.

Leibbrand, W., und Wettley, A. (1961): Der Wahnsinn. K. Alber, Freiburg/München.
Loch, W. (1964): Behandlung psychosomatischer Erkrankungen in der Praxis. Deutsches Ärzteblatt 2, 73.
Loch, W. (1961): Zur Problematik des Seelenbegriffes in der Psychoanalyse. Psyche XV, 1, 88.
Loch, W. (1972): Zur Theorie, Technik und Therapie der Psychoanalyse. Frankfurt.
Loch, W. (1975): Über Begriffe und Methoden der Psychoanalyse. Bern/Stuttgart/Wien.
Malan, D. (1965): Psychoanalytische Kurztherapie. Stuttgart.
Margetts, E. L. (1954): Historical notes on psychosomatic medicine. In: Eric D. Wittkower and R. A. Cleghorn: Recent developments in psychosomatic medicine. London, zit. nach Stokvis.
Marty, P. (1969): Notes cliniques et hypothèses à propos de l'economie de l'allergie. In: Rev. franc. psych. 33, 243–250.
Meerwein, F. (1969): Die Grundlagen des ärztlichen Gesprächs. Bern/Stuttgart.
Meng, H. (1934): Das Problem der Organpsychose. Int. Zschr. Psychoanal. 20, 443.
Meng, H. (1944): Psyche und Hormon. Bern.
Mitscherlich, A. (1961): Anmerkungen über die Chronifizierung psychosomatischen Geschehens. Psyche XV, 1.
Mitscherlich, A. (1960): Der Beitrag der Psychoanalyse zur psychosomatischen Medizin. Fortschr. Psychosom. Med. 1, 31.
Mitscherlich, A. (1966): Krankheit als Konflikt, Bd. I. Frankfurt.
Mitscherlich, A. (1967): Krankheit als Konflikt, Bd. II. Frankfurt.
Mirsky, H. A. (1961): Körperliche, seelische und soziale Faktoren bei psychosomatischen Störungen. Psyche XV, 1, 26.
Morgan, W. L., and Engel, G. L. (1969): The Clinical Approach to the Patient. Philadelphia/London/Toronto.
De M'uzan, G. (1972): Utilisation de la relation transférentielle au cours d'une cure de relaxation. In: Rev. franc. psych. 36, 111–119.
Nemiah, J., and Sifneos (1972): Physiology, emotion and psychosomatic illness. Excerpta Medica, Amsterdam.
Overbeck, G. (1975): Objektivierende Beiträge zur Pensée opératoire der französischen Psychodynamik. Habilitationsschrift. Gießen.
Pflanz, M. (1972): Die medizinische Versorgung der Hypertoniker in der Bevölkerung. Rheinisches Ärzteblatt, 22.
Platon (1957): Charmides, 156c in Platon. Sämtliche Werke. Bd. I, rororo.
Rangell, L. (1969): Die Konversion. Psyche XXII, 121.
Richter, H. E., und Beckmann, D. (1969): Herzneurose. Stuttgart.
Roseman, R.H., Friedman, M. u.a. (1964): A predictive study of coronary heart disease. In: J. Amer. Med. Ass. 189, S. 15–26.
Rosenbach, O. (o. J.): Über psychische Therapie innerer Krankheiten. Berl. Klin. XXV.
Rothschuh, K. E. (1963): Theorie des Organismus. 2. Aufl. Urban und Schwarzenberg, München/Berlin.
Ruffler, G. (1953): Grundsätzliches zur psychoanalytischen Behandlung körperlich Kranker. Psyche VII, 521.
Schultz, J. H. (1960¹⁰): Das autogene Training. Stuttgart.
Schur, M. (1955): Comments on the Metapsychology of Somatization. The psychoanalytic Study of the Child. Vol. 10, S. 119. New York.
Schwöbel, G. (1960): Psychosomatische Medizin. Rascher, Zürich/Stuttgart.
Seemann, W. F. (1964): Psyche und Herzinfarkt in Krankheit als psychisches Phänomen. Klett, Stuttgart.
Silbermann (1927): Zbl. Chir. 54, 2385.

Sperling, M. (1946): Psychoanalytic Study of ulcerative Colitis in children. Psychoanalyt. Quart. 15, 302.

Spiegelberg, U. (1965): Colitis ulcerosa. Stuttgart.

Steinbuch, K. (1963): Automat und Mensch. 2. Aufl. Springer, Berlin/Göttingen/Heidelberg.

Stephanos, S. (1973): Analytisch-psychosomatische Therapie. Bern/Stuttgart/Wien.

Stephanos, S., Biebl, W., und Plaum, F. G. (1976): Die ambulante analytisch orientierte Psychotherapie von Patienten mit psychosomatischen Störungen. In: Zeitschr. f. Psychoth. u. Med Psych. 26.

Stokvis, B. (1959): Psychosomatik. In: Handbuch der Neurosenlehre und Psychotherapie. Bd. III. Urban und Schwarzenberg, München/Berlin.

Straus, E. W. (1954): Jahrb. Psychol. a. Psychoth. 2, 113; zit. nach Jores 1961.

Thomä, H. (1961): Anorexia nervosa. Huber, Bern, und Klett, Stuttgart.

Thomä, H. (1954): Über die psychoanalytische Behandlung eines Ulcuskranken. Psyche VIII, 92.

Thomä, H. (1962): Bemerkungen zu neueren Arbeiten über die Theorie der Konversion. Psyche XVI, 801.

Uexküll, Th. v. (1963): Grundfragen der psychosomatischen Medizin. rororo.

Uexküll, Th. v. (1961): Der Körper als Problem der psychosomatischen Medizin. Psyche XV, 1, 76.

Uexküll, Th. v. (1973): Psychosomatic Medicine. Subspecialty or Integrated Discipline. Psychother. Psychosom. 22, 185–188.

Uexküll, Th. v. u.a. (1979): Lehrbuch der psychosomatischen Medizin. München – Wien – Berlin.

Uexküll, Th. v., und Wick, E. (1962): Die Situationshypertonie. Arch. Kreisl.-Forschg. 39, S. 236.

Uexküll, Th. v. und W. Wesiack (1988): Theorie der Humanmedizin. München.

Weiner, H., Thaler, M., Reiser, M. F., and Mirsky, I. A. (1957): Etiology of Duodenal Ulcer. Psychosom. Med. 19, S. 1–10.

Weiner, H. (1977): Psychobiology of human disease. New York, Amsterdam.

Weiss, E. (1922): Psychoanalyse eines Falles von nervösem Asthma. Internat. Zschr. Psychoanal. 8, 440; zit. nach Alexander 1951.

Weiss, E., and English, O. S. (1957): Psychosomatic Medicine. Philadelphia/London.

Weitbrecht, H. J. (1955): Kritik der Psychosomatik. Thieme, Stuttgart.

Weizsäcker, V. v. (1947): Der Gestaltkreis. 3. Aufl. Thieme, Stuttgart.

Weizsäcker, V. v. (1951): Der kranke Mensch. Koehler, Stuttgart.

Weizsäcker, V. v. (1947): Körpergeschehen und Neurose. Klett, Stuttgart.

Wesiack, W. (1964): Über die Stellung der Psychotherapie und Psychosomatik in der Medizin. In: Krankheit als psychisches Phänomen. Klett, Stuttgart.

Wesiack, W. (1971): Das ärztliche Gespräch. Hippokrates 41, Heft 3.

Wesiack, W. (1974): Grundzüge der psychosomatischen Medizin. Becksche Schwarze Reihe, Bd. 114, München.

Wesiack, W. (1975): Psychosomatische Aspekte funktioneller Syndrome. In: Internist. Praxis 15, 571–578.

Wesiack, W. (1975): Realitäten der psychotherapeutischen Versorgung. In: Prax. d. Psychoth. 20, 194/204.

Wesiack, W. (1980): Psychoanalyse und praktische Medizin. Stuttgart.

Wesiack, W. (1984): Psychosomatische Medizin in der ärztlichen Praxis. München.

Winnicott, D. W. (1973): Vom Spiel zur Kreativität. Stuttgart.

Wittkower, E. (1936): Einfluß der Gemütsbewegungen auf den Körper. Leipzig.

Wold, St., und Wolff, H. G. (1947): Human gastric funktion. Oxford.

Wolff, H. G. (1948): Headache and other head pains. Oxford.

Wyss, D. (1961): Die tiefenpsychologischen Schulen von den Anfängen bis zur Gegenwart. Vandenhoeck und Ruprecht, Göttingen/Zürich.

Wyss, D. (1955): Die Psychotherapie der juvenilen Hypertonie. Deutsch. Med. Wschr. 80, 822.

Zander, W. (1977): Psychosomatische Forschungsergebnisse beim Ulcus Duodeni. In: Z.f. Psychosom. Med., 7.

Sachregister